多维视角下的西方哲学

黄颂杰先生从教55周年师生文集

汪行福 朱晓红 王新生 佘碧平 编

上海三联书店

黄颂杰教授

目录 CONTENTS

黄颂杰　严谨治学问　悉心育学生——忆恩师全增嘏先生 / 1

第一编

黄颂杰　哲学要素论和哲学前景论：走向实践哲学 / 11
张庆熊　评黄颂杰对形而上学和本体论的研究 / 20
汪帮琼　论赫拉克利特哲学和巴门尼德哲学的内在关系 / 25
吴树博　论"比较"在斯宾诺莎哲学中的意义 / 37
张小勇　维柯的新英雄主义：堕落时代的大学教育理念 / 48
李学生　论休谟反形而上学思想 / 56
王建军　康德与西方形而上学的命运 / 68
赵晓芳　康德性别正义论的双重根据 / 88
汪行福　双重视角下的黑格尔哲学 / 101
邓安庆　从"自然伦理"的解体到伦理共同体的重建 / 129
徐长福　黑格尔 Subjekt 概念的两个维度与三层含义 / 151
孙玉良　试论狄尔泰历史解释学基本原则 / 165
吴新文　哲学的危机与尼采的哲学革命 / 177
吕　翔　重新理解主、客体及其辩证关系 / 193
朱连增　非意向性与核心自我 / 206
余永林　古典灵魂论简评 / 218
胡传顺　自识、辩证法与实践智慧——伽达默尔对苏格拉底、柏拉图和亚里士多德伦理学的释义学研究 / 227

王礼平　超越还是内在？论列维纳斯与柏格森之间的差异以及殊途同归 / 237

佘碧平　论保尔·利科的"确信"概念 / 259

陈联营　阿伦特论康德的思辨理性概念 / 269

陈华兴　论安东尼·吉登斯的生态政治观 / 282

王春梅　李世平　"他律道德"是否合法？/ 295

李　虎　道德哲学若干基础概念的复杂性 / 303

宋宽锋　研究西方哲学的诸种方式及意义 / 314

第二编

黄颂杰　论西方哲学的宗教和神学之品性 / 325

刘光顺　西方哲学的神学品性——黄颂杰老师关于西方哲学和宗教关系的论述 / 336

寇爱林　基督教：两希文化的"道成肉身" / 349

林庆华　简论托马斯·阿奎那的财物权学说 / 360

刘　芳　上帝·世界·人——透析哥德曼悲剧观的生存论意义 / 368

潘明德　索洛维约夫的"一切统一"概念及其当代意义 / 380

朱彦明　后现代哲学的"宗教转向" / 390

朱晓红　德日进的"宇宙性基督" / 407

徐卫翔　从歌剧《茶花女》看西方艺术的宗教维度 / 422

王新生　后矇昧时期阿拉伯圣俗秩序的解构与重构 / 435

季桂保　吴新文　我只是一个平凡的教师——黄颂杰教授访谈 / 454

作者简介 / 468

后记 / 474

严谨治学问　悉心育学生
——忆恩师全增嘏先生

黄颂杰

学贯中西

全增嘏先生生于 1904 年,原籍浙江绍兴,但自幼随做官的祖辈和父辈生活在贵州、上海等地,所以说话没有一点浙江乡音,完全是云贵一带的口音。他出身于书香门第,是清代大史学家、文学家全祖望的后裔。由于家学渊源,他从小就熟读经书典籍,具有非常厚实的国学功底。同时,他又接触了当时传入中国的西方科学和文化。他 13 岁进清华留美预备学堂,在那里学会了一口流利英语。中学和西学、仁义礼智和科学民主同时进入他的心灵。1923 年至 1927 年他留学美国,先后在斯坦福大学和哈佛大学攻读哲学。深受当时在美国盛行的新实在论哲学思想的影响。留美回国后在上海各大学任教。1942 年起任复旦外文系教授,并任系主任,同时任复旦图书馆馆长。1955—1956 年哲学系创建时,他从外文系转到哲学系,担任逻辑学和外国哲学史两个学科的教授和教研室主任。他是我国建立学位制度以来全国第一批、复旦哲学系第一位获得博士生导师资格的教授,在国内学术界的地位和声望是很高的。无论从学术思想还是从生活方式来看,他都是 20 世纪中国知识界中中西教育和中西学术文化相结合的典型代表。学术研究要贯通中西、贯通古今是那个时代我国知识精英自然形成的理念或追求。全增嘏先生留在我头脑中的第一个印象就是他贯通中西的学养异常深厚、非同一般。

公众一般认为全增嘏先生是位西方哲学专家,其实他对中国学术经典的研读并不亚于对西方哲学经典的研读。全增嘏是名副其实的学贯中西的学者。他在指导我们学习西方哲学时，常常引导我们注意学习中国哲学。我曾注意到，他关于中国学术文化的藏书量远超过西方学术文化的藏书量。他的书桌案头、沙发椅子上，少不了随时阅读的中国古代典籍，去他家时第一眼看到的常常是他手中的古书，这大概是他从幼年时代起就养成的"手不释卷"的习惯。上世纪30年代全增嘏在上海各大学任教的同时，还兼任当时中国最具国际影响的二份英文学术期刊《中国评论周刊》和《天下月刊》的英文编辑。编辑部周围聚集了当时中国的大批学术文化精英，而且很多是留学欧美名校的回国青年才俊。他们不同于五四时期知识界激烈反传统的态度，注重在民族历史特性基础上的文化再造。在日本侵华紧逼的形势下，中日关系日显突出，抗日成为这二份英文期刊的主导思想。《周报》的时政性更强烈，《月刊》则更重文化语境，着力于向国外介绍传播中国文化，包括传统的和现代的。全增嘏和林语堂从30年代后期起致力于办《月刊》，1938年随编辑部迁至香港，直至1941年香港沦陷，全增嘏回重庆。他们不仅是期刊的编辑，也是主要的撰稿人。全增嘏在此期间写下了大批诠释中国文化的文章。1938年起，《天下月刊》在香港发行，国内学者所知甚少，但对海外学者很有影响，有些读过全先生当年英文文章的港台学者现在还对全先生非常尊敬，不过这样的学者现在已经很少了。贯通中西不仅是求知治学问的事，同时也应该是我国建设现代化事业中付诸实践的事。西方的现代化走在我们前面，确实有许多值得学习和借鉴的东西，但必须与我国历史的和现实的实际情况相结合才能行之有效，这里面也有个"贯通中西"的问题。

贯通古今

全增嘏教授在学术思想上是有自己的一套想法看法的，但由于种种原因未能充分地自由地展现出来。从方法论上看他奉行客观主义，强调哲学思想、哲学史的客观性。他在上世纪30年代初写过一本《西洋哲学小史》，由商务印书馆出版。这本书恐怕是最早出版的由我国学者撰写的西方哲学史著作之一，它简明扼要，言简意赅。值得注意的是，他在书中倡导，学哲学是要我们受智慧的指导，不要被偏见和权威所支配，哲学的功用在于解放思想，改变人类好作武断的怪癖，保持人类的好奇心，使人类努力求知，以尽人的天职。受这种思想指导，全先生一直主张应当把哲学研究的范围理解得宽泛些，除了宇宙论、知识论，还应包括政治哲学、道德哲学、历史哲学、法律哲学、文化哲学等等。这个主张是合乎20世纪初以来现当代西方哲学发展的趋势和潮流的，也与中国哲学的实际相符合。这与他上世纪20年代留学美国攻读哲学而同时又有深厚的国学功底有关，他贯通中西，也主张贯通古今。

对于从古到今的哲学发展史，全先生从不偏废哪一段。他重视古希腊哲学，认为那是西方哲学的根，不懂古希腊哲学，对西方哲学的理解将会是肤浅的。他非常喜爱读柏拉图的对话，收集了许多版本的柏拉图对话的英译本注释本和研究柏拉图哲学的专著，供我们研读。上世纪60年代初，全先生对当时西方关于古希腊哲学研究情况非常了解，要我们阅读许多这方面的研究成果，我印象最深的是他指定要我们读的康福德(Conford)关于柏拉图对话的详情的注释-评析本。至今我还保存着阅读时所做的札记。为了对亚里士多德哲学学得实在，他特地邀请华东师范大学徐怀启教授讲解亚氏的经典《形而上学》。徐先生精通古希腊文、拉丁文，是基督教神学-哲学家，他将《形而上学》的古希腊文本、拉丁文本和英文本相互对照，逐字逐句仔仔细细地进行解读。(其实全先生也懂古希腊文)从此徐先生成了复旦哲学系外国哲学史教研室的常客，他与全先生和其他教师结下了友谊。1964/1965年，根据毛主席关于加强对国际问题和世界三大宗教研究的批示，复旦哲学系聘请徐怀启教授开设"基督教史"课程，我曾根据他的讲课整理了一份书稿交给系里，可惜在"文革"中丢失了。就从那时起复旦哲学系开始了对宗教和宗教哲学的教学和研究，这在全国也是起步最早的，记得中国社科院世界宗教研究所也是在1964年成立的，它的首任所长任继愈教授曾致信我系胡曲圆主任，希望能派遣外国哲学专业研究生去该所工作。

全增嘏教授对现代西方哲学的重视在20世纪老一辈中国哲学家中间是比较突出的。早在20世纪30年代初他就打算写一本书，专讲现代西方哲学，由于抗战爆发而未能如愿。但他在篇幅不大的《西洋哲学小史》中就专列一章，从科学飞速发展引起哲学与科学的关系这个视角讲述现代西方哲学，这是符合20世纪初叶西方哲学的状况的。上世纪50年代至60年代初，全先生曾深入钻研罗素、维特根斯坦、逻辑实证主义及存在主义，并发表有深度有见地的学术论文，刊登在《复旦学报》和《学术月刊》上。1961年春，他给我们高年级学生开设了一门名为"现代西方资产阶级哲学批判"的新课，系统讲述现代西方哲学各个流派和代表人物的哲学思想，在当时的高校这是绝无仅有的"首创"。那时我国的西方哲学教学和研究一般都止于黑格尔哲学，后黑格尔哲学统统都被看作腐朽没落反动的反面教材，从政治上说这是一个"禁区"，而从学术上说也是荆棘丛生，因为要将黑格尔之后一个多世纪以来的西方哲学加以梳理，进行评论，使之系统化为一门学科，实在是一件非常艰难的事。然而这一个多世纪正是西方国家现代化进程中的重要时段，是世界政治经济和社会发展激变动荡的历史时期，了解这一时期的西方哲学的重要性是不言而喻的。70年代末哲学系成立了现代西方哲学研究室，80年代初以刘放桐教授领衔编著的《现代西方哲学》和以全增嘏教授为主编的《西方哲学史》相继问世，在教育界学术界产生了巨大影响，随着成果的出现是人才的成长和西方哲学学科群体的形成，并且带动了全系的发展，全增嘏教授在这一学科建设中的开拓和奠基作用是毋庸置疑的。

严谨踏实的治学态度

全增嘏教授治学的最大特点是严谨，认真，踏实。就教学而言，他讲课总是有准备得很充分的讲稿，无准备的课他是不会讲的，也不会在课上随意引申发挥，但他也不是照本宣科，而着重于分析讲解，条理非常清晰，逻辑性特强，他声音响亮，口齿清楚，抑扬顿挫，只要认真听讲，大都能记下来，而且记下来的笔记几乎就像一篇文章。他讲课的内容非常实，有材料有观点，不随意加水分，不把意识形态的东西强加于人。抱着求知的心态听他讲课，你必定会有所得，会觉得很值得，时间过得很快，期盼下次课的到来。他在上世纪五六十年代讲授西方哲学史和现代西方哲学课的时候，国内还没有系统像样的完整的教材，尤其是现代西方哲学国内高校还没有人讲过，课程内容特别是材料都来自国外文献资料，必须要有很高的英语水平，而且要运用马克思主义观点进行分析批判，课程难度之高可想而知。

就科研而言，他总是反复思考、琢磨，还没有搞清楚的问题、观点，他是不会下笔的，他写的文章比讲课更严谨，逻辑性也更强，思路非常清晰，分析层层递进，深入浅出，把晦涩难懂的西方学说表达得好懂好理解。他告诉我们，写文章一定先要有自己的想法，不要堆积大量自己也没有消化理解的材料，也不要装腔作势说空话。他的英语堪称一流，有很深的造诣很高的水平，我在学生时代曾听说他是中国英语四大家之一。上世纪60年代初美国著名黑人历史学家杜波依斯来复旦大学讲学访问，指名请他做翻译。70年代美国总统尼克松访问上海时，接待工作中的许多话语，诸如菜单等等，都请他过目审定。他做翻译非常严肃认真和谨慎。他和夫人中文系胡文淑教授共同翻译的英国大文豪狄更斯的《艰难时世》，称得上是翻译书籍中的楷模佳作。这是狄更斯小说中哲理最强也最难译的一本书，两人常常为求一字一句的最佳翻译而争得不可开交。"文革"的中后期全先生被安排到"自然科学哲学翻译组"，他和复旦物理系王福山教授等翻译了好几本高难度的名著，如康德的《自然通史和天体理论》，梅森的《科学史》等等，翻译这些书既要有很高的外语水平又要丰厚的哲学和自然科学知识。70年代末他有次跟我谈起翻译方面的事，他说他译《科学史》前后看了20多遍，书出版后还感到不满意。现在我们往往因急于出版匆匆忙忙交稿，出版后除非某种需要否则也不会再去阅读，而全先生在书出版以后还总要再仔细校看。有一次我去他家，看到他在自己翻译出版的书上还作了好多修改。这种精益求精的态度现在是很少见了。复旦哲学系很多教师都知道，全先生不仅在哲学系而且在外文系也有很高的声誉，与我同辈或比我高一辈的外文系教师一谈到全增嘏，都肃然起敬。全先生满肚子的学问，可是他不动声色，不愿意流露，不喜欢张扬，功夫本领一般只用上几分，决不会全部使出来。他讨厌卖弄学问，炫耀自夸，也反对读书光求快而不求甚解，更反对不懂装懂。这是他那一辈许多学者的共同特点，不过在全先生身上表现得更加突出和典型。他们做学问是注重积累，循序渐进，厚积薄发，谨慎创新。作为学者，谁都希望发前人之所未发，说前人之所未说，而影响他们大胆创新的因素大而言之有两个。一是学理方面的，学问之大之深超过大海，因为海再大再深总是有限的，而学问则是无限的，一旦深入学问，就会感觉到自己的不足，而且越深入就越会有不足之感，不知不觉之中形成一些约束，就会有降低甚至丧失超越能力的危险；另一个则是政治方面的，连绵不断的政治运动使许多学者尤其是文科学者小心翼翼，甚至战战兢兢，生怕失去政治生命。相比之下，我们现在的风尚是急于求成，急功近利，有了一点本领、能力，稍有积累，就急于表现，惟恐别人不知道，生怕巷子太深公众闻不到自己的酒香，动不动就标榜创新，"最"字头的名词形容词放肆滥用。学一点老一辈学者之所长，补一点我们今日之所短，恐怕还是很有必要的。

悉心培养弟子

让我终生难忘的是全增嘏教授对我们晚辈的悉心培养。60 年代初我国政治舞台上出现了一个短暂的休整期,高教部制订了高教六十条,旨在使高等教育走向正规化有序化,研究生制度是其中的重要方面。1962 年即我们本科毕业的那一年,教育部正式实施研究生报考录取制度,我和姚介厚先生(中国社科院哲学研究所研究员、荣誉学部委员)有幸成为全先生的研究生。这是他第一次正式招收的西方哲学的研究生,他一扫平时那种严肃冷峻和寡言淡漠的神态,情绪高昂,心情愉快,满腔热情,大有一展宏图的架势。我还大致记得第一次上他家求教的情景。在简短谈了一些基本情况后,他随手拿起桌上的英文书,记得一本是斯泰士(Stace)的《批评的希腊哲学史》(*A Critical History of Greek Philosophy*),一本是伯奈特(Bernet)的《早期希腊哲学》(*Early Greek Philosophy*),每人一本,要我们俩依次一边看一边译成中文念给他听。随后他选定罗杰斯(Rogers)的《学生哲学史》(*A Student's History of Philosophy*),要我们回去仔细阅读,以后每次上课辅导第一件事就是由他任选一段让我们译给他听。这是上世纪二三十年代美国大学生用的一本哲学教材,后来我们明白,他之所以选这本书是因为此书论述比较客观,更重要的是因为该书引用西方哲学经典原著特别多,常常是一段接着一段。全先生坚决主张,学西方哲学必须学会读原著和专著,刚起步读大部头原著有困难,从引用原著较多的教材读起可以逐步提高和深入。全先生在听我们读、译英语著作时非常认真仔细,听到译错或不准确之处,即时打断读纠正。全先生对我们研究生三年的学习培养计划制定得非常明确实在,并口述了具体详情的说明。他把西方哲学史分成古代、近代、现代三大段或三大专题,古代以柏拉图、亚里士多德为主,全面学习古希腊罗马哲学;近代以康德、黑格尔为主,兼及笛卡儿、斯宾诺莎、休谟,全面学习经验论、唯理论和德国古典哲学;现代以罗素、维特根斯坦、逻辑实证主义和存在主义为主,全面了解现代各哲学流派。每一段的学习均以读经典原著为主。每个学期学一段,第四学期为机动,最后一年写毕业论文。他还规定,每两周去他家上课辅导,每个月交一篇文章或读书报告。在学习计划中他还规定了每个阶段的必读书目和参考书目。使我们感动的是,他常常准备了一大批图书让我们带回去学习,这些书有的是从图书馆借的,有的是他自己收藏的。那时他对西方哲学的发展动态和图书资料情况很熟悉,而且知道在复旦、华师大、上图能借到哪些书,他或是自己设法借好,或开出书目让我们去借。从那时起,他家的起居室就成了我们的课堂,他夫人胡文淑先生毫无怨言,而且每次都热情招待我们,有次她对全先生开玩笑说:"你们这倒像是手工作坊,师傅带徒弟,精工细作啊!"全先生说:"就应该这样才学得好嘛!"至今我还清楚地记得他家起居室墙上挂的徐悲鸿的栩栩如生的骏马图,那只时而活蹦乱跳时而安静地躺在沙发上的小花猫。除了校内学习之外,他还带我们参加上海市哲学学会有关外国哲学的各种学术活动,最常去的地方是南昌路科学会堂。

我们的学习计划在第一学年实行得很顺利,很好,全先生非常满意,我们也感到实实在在学到了很多很多。每次我们总期盼着去他家汇报我们的学习,听他纠正我们的英文错误,听他对问题的解答,对各种哲学思想的解释,对自己观点的阐述、发挥,或者听他对我们的作业的评论。全先生是非常重视写作训练的,他批阅我们写的文章很仔细,除了口头评述,还在作业上写些简短的评语。在后来的岁月里我们都发生过许多的动荡变迁,多次的搬家迁移,我丢弃了很多资料文书,但当年全先生为我们制定的研究生培养计划,我就学于全先生门下时候的读书札记以及全先生作辅导讲课时我所记下的笔记,我都保存着,有时还拿出来翻看。我们的学习计划在第二学年实行得虽不如第一年那样顺利,但大致还可以。由于学习内容扩展,加之政治活动又开始多起来,我们的计划不断往后推延。1964年以后国际国内政治斗争又开始逐步升温、中苏论战、四清运动、反修防修,等等。参加农村四清长达半年多,我们的学习计划被迫中断。第三学年撰写毕业论文,全先生原定要我们一个写古希腊方面的,一个写德国古典哲学方面的(在那时现代部分是难以写成毕业论文的,除非是批判式的),但政治形势迫使我们转而去写批判"苏修"的文章,作为毕业论文。也许是太热衷于专业,太投入了,全先生对政治形势的变化起初没太在意,但不久就意识到了,他的情绪开始下沉,神态又重新严峻起来,话也少了,对我们毕业论文的"转向"他保持沉默。1965年夏我们理应毕业,却被安排去搞"学术大批判",后来就是史无前例的"文化大革命",全先生的研究生教育成了"修正主义"教育路线的典型,不久他被关进了"牛棚"。事实上,像全增嘏教授这样悉心培养研究生的导师恐怕并不多见。他这样做并不关乎自身的名利,而是一种职责,一种施展自己才能或实现自身的机缘,他由此而获得的愉悦是任何他人所不可能得到的,这是他从事哲学研究心情最佳想法最多的时期。遗憾的是这样的机缘对他(和他的同辈学者)而言实在是太少了,时间太短了,对我们学生而言无法把他(们)的功夫本领悉数学到。幸运的是我们在这难得的短暂的机遇中总算学到了一些对我们终身有用的东西,在我和姚介厚身上留下了永恒的烙印。全先生对研究生教育如此精心设计,认真负责,全身心地投入,在当时实属少见,在今天更值得学习和发扬。

70年代末起全增嘏先生致力于主编《西方哲学史》,经历了漫长的过程。其实,早在1960年,当时的高教部就已邀请全先生整理西方哲学史讲稿并编写为通用教材,1966年"文革"前已完成初稿,遗憾的是在全先生遭冲击被抄家期间书稿全部遗失。80年代初起学术研究的形势和环境逐渐好转,可是,在经历了"文革"的劫难以后,此时的全先生又不断遭受病魔的侵害,常常显得心力交瘁,力不从心,他的夫人在"文革"期间去世无疑使他的身心和生活遭受重创。1984年他病重住院期间我曾去华东医院陪夜。夜深人静,坐在他的病床旁我凝视着他痛苦的脸庞,听他不断地反复地说梦话,声音惊恐,内容都是关于政治运动特别是"文革"中遭受的批判斗争。精神的创伤尚未治愈,对于身体的疾病就更难以制胜。未及把他积累深厚的学识充分发挥出来,全先生就回归了自然。

第一编

哲学要素论和哲学前景论：
走向实践哲学[①]

黄颂杰

西方哲学的内涵其核心当然是本体论和知识论，我所谓的构成要素则是指神学、科学、逻辑和政治四个方面。我所要谈的并不是哲学与这四者作为独立学科之间的一般关系，而是从本体论和知识论的追求与这四者的内在相互关联之中来谈西方哲学的演化发展，以便更好地理解和把握西方哲学并展示其前景。换句话说，要正确地理解和把握西方哲学，就必须要从这四者切入进去或从这四种视角去加以考察，撇开这四者就不可能正确理解和把握西方哲学，正是在这个意义上我把它们称之为"要素"。这四者从西方哲学形成起就已存在，直至今日，当然这也是经历一个发展过程的。谈论这四要素不能停留在西方哲学的某一阶段上，而是贯穿于从古至今，因此我又称之为"西方哲学纵横谈"。

神学与科学

西方哲学是从原始宗教和神话之中脱颖而出的，但它同时又具有浓厚的宗教和神学之品性。这与西方哲学的本体论追求密切相关。

西方哲学起始于对宇宙万物"本原"（或译"始基"）的探求，即从纷繁复杂的自然世界出发，寻求万物生成变化的始源、起点，这意味着想要从个别、具体

---

① 【编者语】作者在长期从事西方哲学教学研究过程中，在许多学术期刊发表的文章和多所大学的哲学讲演中一再提出，要全方位、多维度、多视角研究西方哲学。所谓"四要素"实即四个切入点，四要素综合成"形而上"与"形而下"两种张力，形成思辨（理论）哲学与实践哲学之分。作者特别强调从思辨（理论）与实践、思辨哲学与实践哲学的进路解读西方哲学。

之中寻求普遍、一般,从多样性中寻求统一性、共同性,开创了一种形而上的超越的追求。由本原论西方哲人又发展出关于"存在"或"是"的理论,即汉译为本体论(Ontology)的学说。第一个真正意义上的本体论当推柏拉图的理念论(又译"理型论"或"相论")。这理念论讲的是超感知世界的原理,它是建立在可感知世界与超感知世界二个世界划分的基础之上的。这种把世界二重化即关于二个世界的划分当然是一种理论上的设定,这个理论不仅是柏拉图的而且也是整个西方哲学的本体论的前提和基础,对于我们理解西方哲学来说,懂得这一点是非常重要的,因为我们往往会从常识、从日常生活经验、从素朴实在论的视域来理解问题,而按照西方传统本体论的观点,常识、经验、感觉世界是变化无常的、不真实、不可靠的,恰恰要求我们超越常识超越经验超越感觉世界,从超感觉世界中寻求真实的存在、永恒的真理,即求存在的终极原因、终极(最高)实体,这种追求又导向对目的的追求,最终必定导致对绝对者的追求,导致"神"、"上帝"的观念。基督教的产生并发展成为西方社会的精神支柱与这种追求直接相关,二者结为一体,随着历史的演进,在西方人的心中积淀成为深厚的传统观念和思维方式。西方哲学的主流几乎无例外地具有神学和宗教的特性。

　　西方哲学自产生起就一直与数学自然科学连结在一起。数学自然科学是西方哲学研究的起点和基地、根据。数学的确定性明晰性一直为哲学家们所推崇。数学、天文学、物理学是哲学家们创建宇宙论学说的重要资源,也是本体论的来源。早期希腊哲学几乎同时又是自然科学,诸如毕达哥拉斯的数论、和谐论,恩培多克勒的元素论和阿那克萨戈拉的种子说,德谟克利特的原子论等等。柏拉图哲学离不开数学。数学和数的理念、伦理道德的理念是理念论的主要内容,数理科学是通达知识论理念论的重要环节,数学图形是神创宇宙的重要工具,而宇宙起源论是理念论的重要表现。亚里士多德的四因说、第一推动说、潜能现实说都是在物理学(自然哲学)中提出的,物理学和第一哲学同属理论知识的科学,亚氏不仅是哲学家,也是自然科学家,而且在两方面都是有原创性的。近代实验科学的兴起导致自然科学和哲学的分离,形成了各门具体科学。牛顿力学是近代科学的典范,也是近代哲学的思想来源。寻求科学知识的确定性的根据、基础是近代哲学知识论的中心任务,而在这一追求中哲学又把自己看成是"科学的科学"、"普遍科学",高踞于科学之上。与此同时,哲学也苦苦追求自身的科学性,努力使自己成为严格的科学,维护科学的明证性和客观性。如今哲学虽然已经从科学的王位上跌落下来,但仍然与科学相依相存。人类文明史表明,哲学形态的变化和哲学观的变革与数学自然科学的发展密切相关。

神学和科学形成一种张力,西方哲学就是在这种张力中成长起来的。有时它们矛盾尖锐冲突,相互敌对;有时两者各据一方,相互宽容;有时两者媾和,寻求对话合作。科学理性精神和宗教神学的品性一直伴随着西方哲学的进程。

逻辑与政治

运用逻辑、构造概念范畴体系是西方哲学家进行研究的基本方法和表达自己思想的基本方式。从古希腊的爱利亚派开始,逻辑论证成为西方哲学家们的基本表达方式。西方哲学是与一套成熟的逻辑体系和概念范畴体系结合在一起的。西方哲学的概念、范畴是排除感觉经验的纯粹的普遍的逻辑概念、范畴,是通过逻辑论证推演出来的。西方哲学是重逻辑的,本体论就是用逻辑方法建构起来的概念范畴体系。辩证法也是在逻辑中在概念范畴的演绎中发展起来的。传统的本体论、辩证法是与逻辑学同一的。从柏拉图经笛卡儿到黑格尔,西方哲学形成了一个超感觉的思辨王国,哲学家们在这里殚思极虑,他们制造的概念、话语令生活在可感世界中的人们难以理解是毫不奇怪的,对于生活在中国文化背景中的中国人来说就更难理解了。因为中国传统文化虽然也有追根究底的形而上的探求,但没有西方传统哲学中的二重世界的划分,也没有开辟出超感觉的纯粹思辨领域,并不注重逻辑和概念范畴体系,没有形成柏拉图式、黑格尔式的本体论,中国文化以自身独特的理路塑造中国人的思维、阅读、理解的模式。对于西方哲学而言,没有概念和逻辑,就没有立足之地,也就无法生存。

西方哲学家始终把伦理道德、社会政治融进自己的体系,西方哲学家强烈地受社会政治变革的影响。西方哲学一方面引导人们超越感性世界追求存在的原理和真理,另一方面又引导人们积极投身现实的社会政治,它既"出世"又"入世"。对人和社会的观察从早期希腊自然哲学家起就已开始,但那时的哲学家把人和社会与整个自然混合在一起的,他们的"自然论"包含着人和社会的学说。把人和社会与自然明确区分开来并将哲学指向人间事务(净化灵魂)

和社会问题始于苏格拉底；而把伦理道德、社会政治与本体论结合在一起并形成系统理论的当推柏拉图，他的正义论是伦理道德和社会政治的核心，也是理念论的重要资源，最高的理念"善"既是本体论的终极存在，是最高的范畴、真理，也是伦理道德和社会政治的最终目标。亚里士多德将"第一哲学"（形而上学，本体论）归之于理论的知识，将伦理学和政治学归之于实践的知识，这是从分类的角度将它们划分为不同类的知识，而不是割断它们之间的关联，因为第一哲学和伦理学、政治学都是亚里士多德哲学体系的组成部分，前者是最高的知识和学问，后者则是体现第一哲学原理的实践哲学。亚氏关于理论（思辨）与实践所作出的区分至今仍是很有意义和价值的。从古希腊哲学家到19世纪初的黑格尔，哲学家们不仅是社会的精神领袖、导师，而且也是社会政治活动家，位居社会政治舞台的中心，许多哲学家卷入社会政治斗争的旋涡之中，为政治变革和社会革命著书立说，提供思想武器。他们的伦理道德和政治学说与他们的本体论知识论是相互渗透融会一起的。

逻辑是超时空超经验超现实的，伦理道德和社会政治则是时空的经验的现实的。它们之间也构成一种张力，西方哲学的演进也离不开这种张力，撇开任何一方都不可能全面正确地理解西方哲学。打个粗浅的比喻，两者好比骨架与血肉。

思辨哲学与实践哲学

上述四要素综合起来构成了西方哲学的形而上追求与形而下努力之间的张力，形成了思辨哲学与实践哲学之分。

从柏拉图到黑格尔，西方哲学重思辨、重认识。总体而言，前黑格尔哲学主流是思辨或理论哲学，但包含丰富的实践哲学的内容，程度不等地具有实践哲学的色彩。

思辨或理论哲学的特征大致可概括如下：它追求超感觉的终极存在、最高实体、终极原因、终极真理，即追求超感觉的绝对者；这一追求目标决定了它总是将超感觉的存在（世界）看作高于优于感觉的存在（世界）；超感觉的东西必须借助理性的功能，理性的凸显以致成为独立的实体，重理性或理性主义是思辨哲学的不可或缺的特性；运用逻辑方法是思辨哲学达到其追求目标的根本手段；建构概念范畴体系，并力求圆满完全（大而全），囊括宇宙万事万物，对世界作出完整圆通的解释说明。作为学科知识的名称思辨哲学主要表现为第一哲学、本体论、知识论等。

黑格尔之前,哲学家们已经认识到理论(思辨)与实践的区分,在他们的哲学体系中,有的是将二者明确区分开来,但更多的是二者结合在一起的。例如:柏拉图的《巴门尼德篇》无疑是思辨哲学,而《国家篇》论述伦理道德和社会政治中的正义,是一种实践哲学,但柏拉图强调的是正义的理念,伦理道德和社会政治只是理念论的体现,思辨高于实践。柏拉图哲学的性质是思辨的,但其中有很多实践的内容。亚里士多德哲学将思辨与实践区分开来,他的"第一哲学"即后人称为"形而上学"的,是典型的思辨哲学;他的伦理学、政治学则归为实践哲学。笛卡儿、斯宾诺莎、莱布尼兹等17世纪哲学家的著作主要是思辨哲学,但包含实践哲学,如斯宾诺莎的《伦理学》,思辨与实践融合为一体,但主导面是思辨的。康德通过对理性的批判,将理性的功能和活动明确地划分为理论与实践两个方面,相应地作用于两个不同的领域(世界)。前者主要通过认识、求知解决现象世界、经验世界的问题,做一个有知识有科学的人;后者主要通过信仰意志解决本体世界的问题,做一个有道德的人。所以康德不仅要为知识寻求基础和根据,而且要为人的行为、实践寻求基础和根据。他强调实践的优先和重要,将传统本体论所要解决的问题(寻求宇宙万物的终极存在和真理)从认识、求知转变为实践、行为,从思转向行;换言之,本体论问题不是理论、求知的问题,而是实践、信仰的问题。康德关于理论与实践的划分为西方哲学的发展指出了新的路向。但康德所谓的实践是指道德和宗教,主要指人的道德修养和行为,也就是说,他并没有突破古希腊以来哲学家们在实践观念上的片面和局限。而且,康德将理论与实践、知识与信仰(信念)、现象界与本体界截然分割为对立的两面,缺乏辩证的思维。黑格尔哲学无疑是大而全的思辨哲学体系,是哲学史上思辨哲学发展的顶峰,但其中包含政治哲学、道德哲学、历史哲学、法哲学、宗教哲学等等丰富的实践哲学内容。但我不赞成据此称他为实践哲学家,因为他的哲学体系总体而言是属于思辨性质的。

黑格尔之后,西方哲学展开对传统的批判,其矛头首先和主要指向思辨或理论的方面。后黑格尔哲学开始走向实践哲学,并成为哲学发展的趋势,但仍具有浓厚的思辨哲学的特性;而且并非所有的哲学都走向实践哲学。

大体而言,实践哲学具有两重含义:一是作为哲学的性质,与思辨哲学、理论哲学相对;二是作为知识学科的名称与第一哲学、本体论、知识论相对,在哲学史上主要表现为伦理学、政治学、宗教哲学等。黑格尔之后，实践哲学逐渐由知识学科的名称演化为哲学的性质，它否定思辨哲学的追求目标，反对感觉世界与超感觉世界的划分和对立，尤其反对将超感觉世界看作是真实的存在、真正的实在；它以"意义论"取代"终极论"；强调面向"事物本身"，返回"生活世界"，取代超感知世界；不再致力于建构大而全的概念范畴体系，强调行为、实践的首要性。

黑格尔之后哲学家们在对传统本体论知识论的不满、反对、批判之中，自觉或不自觉地、程度不等地趋向实践哲学。（当然，还是有相当多哲学家继续思辨哲学的研究。）他们有两种表现形式，一是总论式的，如尼采的《苏鲁支语录》、海德格尔的《存在与时间》、萨特的《存在与虚无》、杜威的《经验与自然》、伽达默尔的《真理与方法》等等。另一种是具体知识学科式的，即政治哲学、道德哲学、社会哲学、法哲学、历史哲学、宗教哲学等，如罗尔斯的《正义论》、麦金太尔的《寻求德性》、列维-斯特劳斯的《野性的思维》等等。这里有一个问题，就是实践哲学有没有一般原理？有没有本体论知识论？对本体论、知识论是抛弃还是扬弃？否定还是改造？应该说实践哲学有一般原理，就是说它并不排斥思辨、理论，但它并不限于认知、解释，而致力于引导人们去实践、行动。实践哲学也谈论本体论、知识论，但其问题和话语、形式和内容、目标和思路都与传统不同，已经发生了变革或转型。

走向实践哲学

实践哲学是否未来哲学发展的方向？我倾向于肯定它，而且认为应当有两类形态。一是作为一般原理的实践哲学，一是分门别类的实践哲学。传统思辨哲学是该到"终结"的时候了，但这并不是抛弃，而是扬弃。实践哲学并非不要思辨、不要理论。实践、行动不应该是任意的盲目的。实践哲学还是应当要有形而上的追求，要有超越性，超越个体、经验、感性等等。传统的理性主义、本质主义、绝对主义、基础主义、唯智主义等等可以批判，但理性、本质、绝对、基础、知识等等还是要的。将规律神秘化、绝对化、宿命化是不对的，但完全否定、抛弃规律也是不对的。重视差异性、不确定性、流变性是对的，但不能因此而否定同一性、确定性、稳定性。实践哲学与思辨哲学是相对立的，但应当（也可以）超越、克服这种对立，实现实践与思辨、理论的综合、统一、融合。

这样的哲学可以称为实践哲学,也可以用另一个名称。

马克思的哲学是实践哲学。马克思哲学追求的目标、探求的思路与传统思辨哲学根本不同。马克思哲学破坏了传统哲学的上述四要素的运行,是要为人特别是无产阶级的革命行动确立根据和基础。康德将理性划分为理论的和实践的两种功能,通过对实践理性的批判为人的行为寻找基础、根据,那就是先验的道德律,康德的实践哲学是先验主义的。马克思则面向社会现实,面向社会物质生产方式,论证了无产阶级革命的必然性合理性,即为无产阶级反对资产阶级、推翻资产阶级统治建立无产阶级专政的行动、实践找到了根据、基础。马克思在哪里找到这个根据、基础的呢?马克思通过对资本主义经济形态的剖析,发现了资本家剥削工人的秘密:剩余价值,也就是工人造反有理的根据。马克思对西方哲学的神学品性的批判毫不留情,不给丝毫余地;而马克思在批判黑格尔"把世界头足倒置起来"之后,并没有循着传统本体论的思路去寻求超感知的"实在",而是转向现实社会的政治经济领域,揭示了生产力和生产关系的的辩证运动,创立了唯物史观。马克思哲学所追求的目标不光是解放无产阶级,而且要解放全人类,是要实现个人的全面发展。康德的实践哲学提出了"人是目的"这个响亮的命题;马克思的实践哲学则远远超越了康德。马克思的实践哲学无疑首先是历史唯物论,同时也应包括马克思的经济哲学、历史哲学、政治哲学、社会哲学等等。上世纪 30 至 80 年代流行的马克思主义哲学教科书实际上具有很深的西方思辨哲学的烙印,虽然也强调马克思主义哲学的实践性,但并没有凸显马克思实践哲学的根本特性。

现当代西方哲学在走向实践哲学的道路上遇到重重阻力和难题,尤其与四大要素有关。黑格尔之后西方哲学加快了世俗化的步伐,越来越多的西方哲学家倾向于将神学因素从哲学中清除出去,尼采和罗素对上帝的批判和否定震撼了西方思想文化界,这与他们对西方传统思辨哲学(形而上学)的批判和否定是结合在一起的。海德格尔批评传统西方哲学(形而上学)是"存在—神—逻辑学"三位一体,坚决主张哲学与神学相分离,从哲学中清除神学因素,力图改变西方哲学的神学化思路。但是,这样彻底走下去,就必然会动摇瓦解基督教这根西方社会的精神支柱,对于西方人而言这是难以接受的,而若要保留基督教这根精神支柱,就无法从哲学中彻底清除神学因素。哲学家谁都绕不过这道难题,绝大多数哲学家无法逾越这根精神支柱,不得不让步、妥协、退却。

随着科学日新月异的发展,哲学家寻求建立统一科学(逻辑实证主义)和建立普遍科学、总体科学(胡塞尔)的努力宣告失败,哲学家与科学之间的差距日益拉大,现当代西方哲学家很少有人能像古代近代哲学家那样站到科学的前沿,几乎没有人能像古代近代哲学家那样同时也是当代科学的顶尖人物。这就影响了对现代科学发展所带来的社会学、伦理学和哲学方面的大量问题的解决。按照传统,哲学要为科学知识的确定性必然性寻求基础、根据,但科学的发展并不完全遵循哲学家的理论。科学发展与哲学之间的距离越来越大,而科学发展所引发的哲学问题却越来越严重。许多哲学家对科技给社会发展带来的负面影响进行了严厉的抨击和批评,却缺乏真正建设性的理论。哲学必须重新思考与科学的关系,哲学究竟能对科学做什么?科学要求于哲学的究竟是什么?

对于逻辑,哲学家们也是意见分歧:在哲学上究竟是强化还是削弱逻辑的功能?强化派所说的逻辑已非传统逻辑,而是现代逻辑。从一方面看,逻辑在现当代哲学中的地位已明显不如古代近代,尤其在非理性主义哲学思潮中逻辑的作用或功能一落千丈,在19世纪下半叶以来的哲学中我们再也看不到黑格尔式的纯概念范畴构成的逻辑体系。另一方面,我们丝毫不能低估现代逻辑对于现当代西方哲学的巨大影响,造成20世纪西方哲学中的"语言转向"的强大动因正来自现代逻辑的理论和方法。罗素关于逻辑是哲学的本质的观点虽然是一家之言,却颇具代表性,有影响力。遗憾的是我国哲学界大都缺乏现代逻辑知识,对现代逻辑在哲学上的影响缺乏真切的理解和领会。

政治依然是现当代哲学家们关注的热点,德性、正义(公正)、自由、民主、权利、责任(义务)是各种政治哲学、道德哲学、社会哲学、法哲学的热门论题。翻开历史,这些论题自古至今未曾中断过。哲学家们对政治和社会问题的关注和兴趣超过了对传统本体论知识论的研究,甚至将目光转向疾病、精神失常、犯罪、监狱、性欲等具有普遍性的和"离轨"的社会问题。这类实践哲学的理论和主张所产生的社会影响是巨大的,超过了哲学家们在科学技术领域中的影响。但是,哲学家未能占据政治舞台的中心地位,而且常常被边缘化;在精神领域哲学家也难担当领袖的角色,现当代哲学家的政治地位、社会地位远不如古代近代哲学家。柏拉图的"哲学王"依然是未能实现的理想。

总体而言实践哲学尚未达到成熟地步。一方面要在对传统思辨哲学的批判继承中探索实践哲学的一般原理;另一方面要在与各门具体学科的结合中建立各种名目的实践哲学,为此哲学家必须通晓某一学科知识领域。我国学术界虽然很重视实践性,但实践哲学并不发达,甚至可以说尚在起步之中。我们不妨改变一下哲学内部的学科设置,即除了现有的哲学二级学科之外,再按各门实践哲学来设置二级学科,促进各门实践哲学的快速发展。实践哲学的发展和繁荣不仅是哲学的巨大进步,也必将促进推动其他知识学科的进步和繁荣。

［编者按］此文源自 2003 年 11 月 26 日作者给复旦哲学系学生的一次学术讲演和 2004 年 5 月 15 日北大哲学系与复旦哲学系合办的首届"南北哲学论坛"上的发言。2004.9.5《文汇报》以"走向实践哲学"为题刊发全文,《新华文摘》2004 年第 23 期全文转载。这些文章和讲演汇集于黄颂杰《西方哲学论集》(上海人民出版社,2016 年 12 月版)。

评黄颂杰对形而上学和本体论的研究

张庆熊

黄颂杰老师在对形而上学和本体论的研究方面取得显著成果。他对此的研究不单从某个哲学家的某个定义出发,不单从"形而上学"和"本体论"的词源的考证出发,而且是纵观西方两千年的哲学史,考察古希腊、近代和当代西方各个时期的哲学思想的特色,通过认真梳理和分析而达到的一种全方位的把握。因而,他的立论可靠,结论令人信服。

黄颂杰对此的研究集中体现在《西方哲学多维透视》[①]一书中。该书第一章为"西方形而上学的产生发展及其历史命运",第二章为"西方本体论的兴衰"。这两章共计二百余页,内容十分丰富,这是我所见到的对同类问题所做的最周详的研究之一。在我看来,黄颂杰老师对此的研究具有如下亮点:

一、 把传统的形而上学分为"本体论的形而上学"和"知识论的形而上学",确切地刻画了西方古代和近代两种不同的形而上学的特色

黄颂杰注意到了西方古代和中世纪的形而上学与西方近代的形而上学的不同。在古希腊,形而上学主要表现为寻求宇宙万物存在的最终原因、最高实体、最普遍最一般的原理。在中世纪,这种对最终原因和最高实体的追求又与一个绝对者(神)联系起来,与基督教神学结合为一体。但就哲学本身而言,这种本体论的旨趣仍然没有改变。因此古代和中世纪的形而上学可以刻画为本体论的形而上学。在近代,形而上学主要表现为对知识的基础和确定性的追求,具有理性至上和主客两分的特点。因此近代的形而上学可以刻画为知识

[①] 黄颂杰:《西方哲学多维透视》,上海人民出版社,2002年。

论(认识论)形而上学。近代哲学虽然十分重视知识论,但并没有放弃有关宇宙万物终极实体的观念。确切地说,对知识论的研究是为了更好地找到一条把握宇宙万物终极实体的道路。在这个意义上近代哲学依然是形而上学的哲学。① 黄颂杰提出"本体论形而上学"和"知识论形而上学"的概念,有助于我们充分认识西方古代和近代哲学的差别及其共同特征。后来,黄颂杰在一篇总结西方哲学演进的论文中更加明确提出:"对于近代哲学的理解我们不能局限于唯理论与经验论之争,更应看到形而上学与对形而上学的怀疑、反对之争。""17、18世纪是建构还是怀疑建构、反对建构形而上学体系的时代,如果说唯理论是通达这一目标的方法、途径,那么,经验论则是通达怀疑论、不可知论以否定传统形而上学的工具、手段、途径。"②

二、既反对把本原论等同于本体论,又指明本原问题与存在问题相关

西方哲人是从寻求宇宙万物的"本原"(arche)开始他们的哲学探索的。对本原的研究是否属于本体论呢? 对此,在国内学界存在两种不同的意见:一种是把本原问题与本体问题完全等同起来,另一种意见是完全否认本原问题属于本体论问题。黄颂杰认为这两种观点都有片面性。本体论是关于"存在"或"是"(being)的学说,中文译为"本体论",容易使人联想到本原,但"存在"的含义多于本原,对本原的研究不能简单地等同于对存在的研究。但是主张本原问题完全不属于本体论问题也是错误的,因为对本原的探讨与存在问题相关,可以归入本体论问题。黄颂杰指出:"总起来说,早期希腊哲学家关于世界本原的学说是从纷繁复杂的自然世界出发,试图从宇宙万物中寻找万物生成变化的始源、起点,它是一种宇宙生存论,是一种自然哲学。这意味着要从个别、具体之中寻求一般、普遍,从多样性中寻求统一性、共同性,是一种形而上学的追求,可以纳入本体论问题(广义),但还不是本体论,只是本体论的萌芽或胚胎。亚里士多德是用自己的本体论观点解释本原,也就是把本原本体论化了,后人对本原的理解也多少带有本体论的意思。在早期希腊哲学家

---

① 参见黄颂杰等:《西方哲学多维透视》,上海人民出版社,2002年,第3页。
② 黄颂杰:《论西方哲学演进的思路和问题》,《河北学刊》2003年第4期,《新华文摘》2003年第12期。

中只有埃利亚学派的巴门尼德才真正算得上是本体论哲学的先驱。"[1]我觉得黄颂杰老师的这一立论全面而中肯。

三、澄清存在的多种涵义，为正确理解本体论铺平道路

有关"本体论"(ontology)的译名是否正确的问题，是今年来中国学界讨论的热点问题。有的主张"本体论"应该译为"存在论"，有的主张"本体论"应该译为"是论"。他们的理由大多与理解希腊词"on"的原来意义有关。黄颂杰很清楚地了解这个问题，但他不想卷入这种译名之争中去。因为他知道任何概念都有一个发展变化的过程，"on"这个概念也是如此；与其在它的译名问题上争论不休，不如澄清它在各个哲学家中的用法，特别是在希腊哲学的集大成者亚里士多德那里的用法。黄颂杰指出，按照亚里士多德的看法，一个事物的存在(on)有多种涵义，在一种意义上"存在"指一样东西所是的那个"什么"东西(如"一个人"，"一匹马")；在另一种意义上它是指一种性质、数量、关系、主动、被动、地点、时间或任何其他可以像这些东西一样作为宾词的东西。此外，存在还表示真或假的意义、表示潜在的或现实的意义。亚里士多德还认为，在存在的诸多涵义中，"是什么"是首要的基本的，而"是什么"正是表示事物之实体的，其他意义上的"存在"都不能离开实体而存在的，都必须以实体为基础。"实体"(ousia)这个词与"存在"或"是"(on)这个词密切相关，都是希腊动词(einai)的派生词。在亚里士多德那里，实体被理解为"纯存在"。一切其他意义上的存在都必须以这个"纯存在"为基础。由此我们可以理解亚里士多德的本体论的基本思路：一、研究存在的各种涵义，二、研究各个不同意义上的存在的相互关系。亚里士多德主张，个体的东西的存在是一切有关属性和范畴的东西的存在的基础，因为属性和范畴依附于个体的东西。但是个体的东西又是以什么为基础呢？亚里士多德主张它们是以纯存在为基础。"显然其他一切都由于实体而存在，原始意义上的存在不是某物，而是单纯的存在，只能是实体。"所以"存在是什么"也就是"实体是什么"。对实体的追求也就是对第一因的追问。[2] "实体"(ousia)在中文中常被译为"本体"。由此看来，把"ontology"译为"本体论"、"存在论"或"是论"都有一定的道理，但是如果不知

---

[1] 黄颂杰等：《西方哲学多维透视》，上海人民出版社，2002年，第119—120页。
[2] 参见黄颂杰等：《西方哲学多维透视》，上海人民出版社，2002年，第141—143页。

道"存在"概念的多重涵义就不能理解"ontology"的真正意义。黄颂杰结合哲学史,通过对"存在"用法的紧扣文本的分析,澄清存在的多种涵义,为我们正确理解西方的本体论铺平道路。

四、当代哲学以语言转向为标志,但语言转向仍然回避不了本体论

以语言转向为标志的当代哲学拒斥形而上学,批判传统的本体论。他们宣称,通过语言分析,本体论已被彻底消解了,现在已经进入"后形而上学"时代。黄颂杰注意到这样的提法背后可能存在的误解。举例来说,罗素、维特根斯坦等分析哲学家主张,本体论的哲学问题是误解语言而产生的伪问题,通过语言分析可以消解这类问题。但他们是否真正摆脱了本体论的问题呢?黄颂杰认为没有。"语言转向揭示了传统本体论及其相关的一些主张的弊端,否定并且在某种意义上超越了传统本体论,但是,实施这种转向的哲学家并没有真正摆脱本体论,他们在进行语言分析的同时,往往又试图超越这种分析,进行形而上学的思考和追求。譬如,通过研究语言来研究世界、研究实体,其中就包含本体论的思想;如关于语言和世界同构的理论就有本体论的意蕴:两者的同构或用语言反映世界来解释,或用语言框架去划分、规范、整合世界来解释,这样的世界是对人而言的。上面提到的罗素的中立一元论的主张也是本体论思想的表现,而且既想超越传统本体论又陷入传统本体论的思路。语言转向瓦解了传统本体论,又回避不了本体论,但改变了本体论的问题系和话语方式,而并未像传统哲学家那样建立起一套新的关于本体论的理论体系。"[①]我觉得这一见解是十分深刻的。

五、马克思没有使用本体论这个概念,但他的有关生产关系的社会存在的理论为探求存在问题开辟崭新的思路

有关马克思主义哲学有没有本体论的问题也是近来中国学界讨论的热点问题。一种观点主张马克思主义哲学没有本体论,另一种观点主张马克思主义哲学是社会存在的本体论或实践一元的本体论。黄颂杰对这个问题做了全面的分析。他的基本论点如下:

---

① 黄颂杰等:《西方哲学多维透视》,上海人民出版社,2002年,第201—202页。

1. 马克思主义哲学与传统的本体论哲学划清了界限。马克思没有使用本体论这个概念,避免了与传统本体论的混淆。马克思主义与传统的本体论的分歧不在于把什么确立为本体,而在于提出了探求存在问题的崭新思路、方式、目的。马克思没有去回答什么是本体(或本体是什么),没有去追求世界的最高实体、终极原因,也没有用逻辑方法着意构造关于世界的概念体系。因此,我们不能把生产关系或社会存在或物质生产活动(实践)看作马克思哲学的本体。

2. 马克思要人们从生产关系这个人所无法逃避的生存处境出发去理解社会存在,进而理解宇宙万物的存在,表明马克思对存在问题研究的提问方式发生根本性的转变。马克思关心的不是什么是存在,而是存在及其意义如何在人的社会生活和生产的实践活动中发生和展开的;马克思不像以往的哲学家那样只是去描述世界,而是着力于改造世界。对世界和人生的存在的认识是在这一改造世界的过程中展开的,并且这是一个永无止境的前进过程。因此马克思不是不研究存在的问题,而是开辟了一条全新的途径,在此意义上可以说"马克思是建立了新的本体论"。[①]

总之,黄颂杰老师对形而上学和本体论的研究,正如他在《西方哲学多维透视》的绪言中所说,"奉行诚实原则,采取实实在在的态度,决不故弄玄虚,决不故作深奥"[②]。他的论述是清楚明白的,立论有根有据,评价公允客观。他不自诩"创新"和"突破",但在我看来他在这个重要的哲学领域中确实做出了重要的贡献。

[①] 黄颂杰等:《西方哲学多维透视》,上海人民出版社,2002年,第206页。
[②] 同上书,第2页。

论赫拉克利特哲学和巴门尼德哲学的内在关系

汪帮琼

西方哲学在古希腊有着一个美好的开端。此时的"哲学家"作为个别的个体存在探求宇宙自然的真实原理,而哲学家之间的自由交往和理论对话也是古希腊哲学发展的内在动力和机制。

分别来看,赫拉克利特和巴门尼德的哲学成就均可用辉煌一词来形容。黑格尔十分重视赫拉克利特哲学中的辩证法,他认为这在古代哲学史上、特别是辩证法发展史上是非常重要的阶段。黑格尔曾经说过:"没有一个赫拉克利特的命题,我没有纳入我的逻辑学中。"[1] 叶秀山也认为:"赫拉克利特属于古代米利都学派和毕达哥拉斯学派的总结。"[2] 同样,巴门尼德作为爱利亚学派的奠基人,为早期希腊哲学的发展提出了新问题,诸如"存在"和"非存在"、"思想"和"感觉"、"真理"和"意见",并且巴门尼德第一个明确提出一个和感觉相对立的范畴"思想",为以后德谟克利特的原子论哲学和柏拉图的理念论哲学打下了基础。然而,关于这两位哲学家之间的关系,国内外学者所谈甚少;即便有所涉及,大多也意在说明巴门尼德是反对赫拉克利特的,而且根据的是巴门尼德残篇的表述,如巴门尼德反对赫拉克利特哲学中诸如"万物皆流"、"存在而又不存在"等观点。德国学者雅克布·波奈斯(Jacob Bernays)在1885年甚至提出了一种看法,即巴门尼德《论自然》一诗的后半部分是针对赫拉克利特的,是一种讽刺的笔法,以暴露对方的错误。这一简单明了的"快餐式"看法迅速得到诸多学者的响应。但随即也有人对此提出异议,如德国学者卡尔·

---
[1] 黑格尔:《哲学史讲演录》第1卷,贺麟、王太庆译,商务印书馆,1996年版,第295页
[2] 叶秀山:《前苏格拉底哲学研究》,人民出版社,1997年版,第91页

莱茵哈德(Karl Reinhardt),他认为没有多少直接证据证明《论自然》后半部分是针对赫拉克利特的。[①] 然而对哲学史的内在联系的探求在根本上并不能如此表面化和简单化,实际上,不同哲学学说的内在联系与其说是体现在哲学家本人的直接相关的言词中,不如说更全面地凝结在他们学说的义理的相关性上。

一、赫拉克利特:"理性"、"感觉"与"真理"

在赫拉克利特流传下来的残篇中,有许多谈论认识方面的问题,但其中不乏一些看似自相矛盾的地方,因此后世的许多哲学史家对赫拉克利特的认识论做了不同的,甚至相反的解释。柏拉图在《泰阿泰德篇》中就将赫拉克利特与荷马和普罗泰戈拉放在一起,认为他们是"知识就是感觉"学说的代表人物,他说:"知识无非就是感觉。在这一点上,三种伟大的学说是一致的:荷马、赫拉克利特,及其所有同类人的学说,一切事物都像河水那样流动;最聪明的人普罗泰戈拉的学说,人是万物的尺度;还有泰阿泰德依据这些学说得出的结论,知识就是感觉。"[②]从这点上看,柏拉图认为赫拉克利特的认识论主要是强调感觉经验的重要性。而格思里也提出了类似的思想,他在讨论赫拉克利特提出"私有的世界"时,认为这种思想就是普罗泰戈拉的"人是万物的尺度"——每个人都是他自己的感觉的判断者——的朦胧的预示;但他又强调赫拉克利特的神秘主义方面,认为"与其说赫拉克利特是理性主义者,还不如说他是一个宗教的先知",对赫拉克利特"这样一个人,我们不能指望他在有关人类灵魂的题目上会有前后一贯的思想"。[③] 而巴恩斯则说得更加明确且极端,他在《苏格拉底以前的哲学家》一书中认为赫拉克利特"不只是一个经验论者,而且还是一个感觉论者:知识必须建立在经验上,尤其建立在感觉经验上"。[④]

相反,另一些哲学史家认为赫拉克利特是重视理性,轻视感觉经验的。在巴门尼德明确将感觉和理性作为两种不同的认识区别开来之前,赫拉克利特

[①] Reinhardt, K. 'The Relation between the Two Parts of Parmenides' Poem, an extract from Parmenides und die Geschichte der griechischen Philosophie, tr in Mourelatos The Presocratics, pp. 293 – 311.

[②] 柏拉图:《泰阿泰德篇》,160D – E。

[③] Guthrie, W. K. C, A History of Greek Philosophy, Vol I, Cambridge: Cambridge University Press, 1965, p. 431, p. 479.

[④] Barnes, J. The Presocratic Philosophers, London, 1979, p. 146.

已在这方面做了许多工作。策勒认为,对赫拉克利特来说,认识的最高的中心问题乃是要在流动的现象中把握事物的永恒的本质——逻各斯,因此,"只有'一般'的理性认识,对他才是有价值的;他不相信感性知觉"。[1]

"理性"与"真理"

赫拉克利特强调真正的智慧必须把握"逻各斯",而"逻各斯"不是通过感觉经验所能把握的。如《残篇》三十所说"这个世界对一切存在物都是同一的,它不是任何神所创造的,也不是任何人所创造的;它过去、现在和未来永远是一团永恒的活火,在一定的分寸上燃烧,在一定的分寸上熄灭"。这里的"一定的分寸"显然不是感觉经验所能把握的,这个尺度是和"逻各斯"有密切关系的。《残篇》三十一"火的转化是:首先成为海,海的一半成为土,另一半成为旋风。它化为海,并且遵照着以前海化为土时所遵照的'逻各斯'"。他这里讲述了作为始基的"火"的转化,而"火"的转化也是按照一定的尺度的,也就是说,在自然界中,"火"的转化是按照一定的相同的"逻各斯"。在《残篇》一中,赫拉克利特说"这个'逻各斯',虽然永恒地存在着,但是人们在听见人说到它以前,以及在初次听见人说到它以后,都不能了解它",他这里的意思是说,人们的认识如果仅仅停留在感觉经验上的话,是"无知的",要想真正的把握事物,必须通过对"逻各斯"的把握,而对"逻各斯"的把握不是通过感觉经验,而是通过理性。在这一点上说,赫拉克利特是重理性的,不能将他当作"经验论者"。

关于赫拉克利特的另一重要学说"一切皆流",一些学者认为"他(赫拉克利特)认为世界万物都是在不断地运动变化之中的,一切皆流。这种运动变化是我们直接从感觉经验得来的"。[2] 但是,正如赫拉克利特关于这一思想的《残篇》九十一指出,"人不能两次踏进同一条河流,所以它分散又团聚,接近又分离"。赫拉克利特在这里强调一个转变的因素,而河流的运动在他眼里不可能是无规律的,河流的运动是遵循逻各斯的,所以认为这段话是赫拉克利特通过感觉经验认识到的,实际上情况恰恰相反。

"感觉"与"真理"

但是如果认为赫拉克利特不重视感觉经验,那也是不妥的。《残篇》五十五

---

[1] Zeller, E. *A History of Greek Philosophy: From the Earliest Period to the Time of Socrates*, Vol II, p. 88, p. 93.
[2] 汪子嵩等:《希腊哲学史》第1卷,北京:人民出版社,2004年版,第487—492页。

"可以看见、听见和学习的东西,是我所喜爱的",《残篇》七"如果一切事物都变成了烟,鼻孔就会把它们分辨出来"。从这两则残篇可以看出赫拉克利特是重视感觉经验的,但仅仅凭这些残篇和另外一些类似谜语的残篇是不能断定赫拉克利特为"经验论者"。在赫拉克利特哲学中,"逻各斯"有规律这么一层意思,而认识甚至把握"逻各斯"是需要感觉经验的,所以赫拉克利特重视感觉经验是为"逻各斯"服务的,但是单纯从感觉经验中我们是认识不到"逻各斯"的。

相反,在他更多的残篇中他是认为光有感觉经验是不够的;感觉经验是不能认识事物背后的"逻各斯",如《残篇》一"这个'逻各斯',虽然永恒地存在着,但是人们在听见人说到它以前,以及在初次听见人说到它以后,都不能了解它。虽然万物都根据这个'逻各斯'而产生,但是我在分别每一事物的本性并表明其实质时所说出的那些话语和事实,人们在加以体会时却显得毫无经验。另外一些人则不知道他们醒时所作的事,就像忘了自己睡梦中所作的事一样"。《残篇》二"因此应当遵从那人人共有的东西。可是'逻各斯'虽是人人共有的,多数人却不加理会地生活着,好像他们有一种独特的智慧似的"。这两则残篇强调认识"逻各斯"的难度,即一般人很难认识"逻各斯",言下之意感觉经验人人都有却因人而异,而感觉经验是很难认识"逻各斯"的。类似的意思在《残篇》七十二"对于'逻各斯',对于他们顷刻不能离的那个东西,对于那个指导一切的东西,他们格格不入;对于每天都要遇到的那些东西,他们显得很生疏",《残篇》十七"多数人对自己所遇到的事情不加思索,即便受到教训之后也还不了解,虽然他们自以为了解"、《残篇》三十四"他们即便听见了它,也不了解它,就像聋子一样。关于他们有谚语为证:人在场而却又不在场"中均有体现。而指明如何认识把握"逻各斯"的是《残篇》三十五"爱智慧的人应当熟悉很多的事物"、《残篇》四十"博学并不能使人智慧。否则它就已经使赫西俄德、毕泰戈拉以及克赛诺芬尼和赫卡泰智慧了"、《残篇》四十一"智慧只在于一件事,就是认识那善于驾驭一切的思想"。一方面,赫拉克利特强调智慧离不开熟悉很多的事物,另一方面赫拉克利特又强调博学并不能给人以智慧。从字面上看这里是相互矛盾的,但如果从"认识逻各斯"的角度来看,这几则残篇是不矛盾的。当一个人熟悉很多事物、感觉经验相当丰富之后,毫无疑问是博学的,例如毕泰戈拉,但因为智慧在于让人理解、把握"逻各斯",而博学的人很多如残篇一中所描述的"并不认识逻各斯",所以光感觉经验丰富是谈不上智慧的,博学的必要条件是"认识逻各斯",用现在的话讲是从感性认识上升到理性认识,这句话赫拉克利特受时代限制是说不出的,他只通过这几则看似矛盾的话表达了这一想法,这也引发了后人对这一问题的争论分歧。我们自然不能用现代人的思想来生搬硬套古人的思想,但如果我们仅仅因为语言环境的原因,就将赫拉克利特认为是"经验论者"是不妥的。

二、巴门尼德：存在作为真理的绝对前提

思想的对象只能是存在,能被思想的东西只能是存在

巴门尼德是第一个明确地将感觉和理性作为两种不同认识区分开来的人,在范畴发展史上,他也是最早明确提出一个和感觉相对立的"思想"范畴的人。在他的《残篇》中,主要用 noeo 的不定式 noein 及名词 noema 来表述。据格思里考证,noein 这个词在荷马史诗中是"认出"的意思,以此说明为什么"非存在"不能被思想。陈村富进一步指出:"Noein 本来确是象格思里所指出的是'认出'、'领悟'的意思,但巴门尼德吸取了塞诺芬尼和赫拉克利特等人的思想,赋予它新的含义。同他的'存在'和'非存在'相对应,noein 就作为和'感觉'相对应的'思想';他又将存在和思想、非存在和感觉统一起来。这样就将'思想'的含义确定下来了。"[①]

巴门尼德贬低感觉,推崇思想的观点在他的残篇中体现得非常明显。《残篇》第七:"决不能证明非存在存在,务必使你自己的思想远离这一条途径。不要为许多经验产生的习惯所左右,由你的茫然的眼睛、轰鸣的耳朵以及舌头带向这条路,而要用你的理智去解决我告诉你的这些纷争。"这则残篇的前两行出自柏拉图的《智者篇》。[②] 柏拉图在讲到非存在能不能被思想、被表述的时候,引用了巴门尼德的这两行诗。在巴门尼德哲学中,非存在是感觉的对象,而思想活动不能以非存在为对象,思想的对象只能是存在。塞克斯都·恩披里柯在评述"序诗"时说:"最后,巴门尼德说得很明白,不要诉诸感觉,而要注重理性,因为他说:'不要为许多经验产生的习惯所左右……这些纷争'……因此,他的意思很清楚,作为认识功能的理性是存在事物的真理的标准,他宣传要放弃对感觉的重视。"[③]所以巴门尼德表达的意思很明显：理性和感觉是

[①] 汪子嵩等：《希腊哲学史》第 1 卷,第 622 页。
[②] 柏拉图：《智者篇》237A。
[③] Sextus Empiricus, *Sextus Empiricus*, translated by R. G. Bury, The Loeb Classical Library, Reprinted 1976, Vol Ⅰ, 62-63.

对立的：理性是可靠的，它通向真理，因为它以存在为对象；感觉是不可靠的，它只能提供意见，因为它的对象是非存在。《残篇》八："……我不允许你说，也不允许你思想存在来自非存在，因为非存在是既不能被表述，也不能被思想的。……将那条途径当作不可思想的、不可言传的途径抛弃吧。……思想只能是关于存在的思想。因为你找不到一个没有它所表述的存在的思想。"从这四篇残篇可以看出，巴门尼德对"思想和存在是同一的"这一观点作了相应的解释，早期希腊人朴素地认为，说出来的东西一定是经过思考的，所以能被表述的东西一定是能被思想的。巴门尼德在此基础上明确了这样的绝对前提：能被思想的东西只能是存在。

存在与真理

在存在与真理相关的认识论的问题上，赫拉克利特是意识到感觉经验和理性的区别的，并且对此作了一些简单的区分。在认识把握"逻各斯"或真理的道路上，赫拉克利特偏重于理性，但他也没有完全放弃感觉经验。巴门尼德在赫拉克利特的基础之上，进一步指出真理和意见是对立的，真理可靠而意见不可靠。因为思想和存在是同一的，所以思想是可以获得真理的；但是如果思想指向非存在，那么它是不能获得真理的，而只能获得意见。在巴门尼德这里我们看到，能否获得真理，思想的指向才是根本的，而理性和感觉之间的对立退居其次。如果说赫拉克利特关于感觉和理性的区分可以让人们进一步思考理性和真理的内在关联的话，那巴门尼德关于存在和非存在的区分其意义则在于彻底地肯定自然哲学家关于世界存在的朴素思想，并且根据这一朴素思想将真实存在的世界明确为人类把握真理的绝对前提；这就是巴门尼德之所以被黑格尔重视的原因，他在评价巴门尼德的序诗时说道："这个导言是雄伟的，揭示给我们当时的风俗，全篇中体现出一个坚强有力的灵魂，这灵魂在与本质搏斗，力求掌握它并说出它。"[1]

所以，在赫拉克利特哲学贡献的基础上，巴门尼德第一次彻底地将真理、理性和思想与存在的内在关系自觉确立下来。这种内在关系有两个层面：第一，与感觉相对而言，只有思想才能把握作为探索对象的真实的存在，这一层面突出的是思想或理性与感觉的区别；就这一点而言，巴门尼德和赫拉克利特一脉相承，而且它实际上也为现代知识和科学研究所普遍认同；第二，就思想

---

[1] 黑格尔：《哲学史讲演录》第1卷，第264页。

的指向来看,它可以指向存在,同样可以指向非存在,对此,巴门尼德断然指出,思想指向非存在是不会获得任何真正的知识即真理,最多只能拥有意见。就第二点来看,巴门尼德是超越了赫拉克利特的,因为他的"非存在"不仅仅是指变动不居、因人而异的感觉,在根本上是指任何脱离真实存在的"非存在",这样的"非存在"虽然可以被称为"某事物",但对这样的"事物"的探索最终只能得到意见而非真理。然而不幸的是,这一为巴门尼德所断然否定的指向却越来越成为现代世界所谓前沿理论科学研究的终极目标:将属于真实事物的规律和属性从事物那里剥离开来,然后无限的抽象化最终完全的数字化和符号化,并且数字和符号反过来被当作真实世界的存在本身。

由于理性思想在笛卡儿以来的哲学史中被普遍确认,巴门尼德"思想和存在同一"的学说被主要解读为"只有用思想才能把握存在",而不是"思想只有指向存在才能获得真理"。巴门尼德既强调理性和感觉的区别,也强调真理和意见的区别,更强调存在和非存在的区别,这三种区别之间当然有内在联系,但绝不能被归结为理性和感觉的区别。巴门尼德的着眼点在于理性指向存在而获得真理,由于感觉只能指向变化不居的事物,从而被引向非存在,因而只能得到意见。所以,思想不能追随感觉而指向非存在,而只能追随理性并指向存在才能获得真理。这里我们说,与其认为巴门尼德强调理性、思想与真理的内在联系,不如说他更加彻底的强调真理、理性、思想与存在的内在联系;与其认为巴门尼德强调真理、理性和思想与意见、感觉的对立,不如说,他更加彻底地强调真理、理性和思想与非存在的对立。

三、真正的"哲学"

"存在"和"非存在"这一对范畴是巴门尼德全部哲学的基础。古代希腊哲学发展到巴门尼德这里发生了重大转折,正是从巴门尼德开始,古希腊哲学开始走出那种思想与现成的直接存在的浑然一体的自然状态。就早期希腊哲学的这种自然状态而言,它与原初的宗教观念、自然形成的习俗以及作为人的自然本性的感官并无根本区别;但是,巴门尼德关于存在与非存在的截然区分,使得进一步确立起哲学思想的独特本质成为可能:哲学思想不同于包括既定的习俗、宗教传统以及常识观念在内的一切"自然意识状态";它以自身一贯而彻底的独立思考来探索整体世界的真实存在从而获得真理。实际上,在巴门尼德之后,无论是以德谟克利特为代表的原子论哲学,还是以柏拉图为代表的理念论哲学,双方都在竭力尝试用一种一贯而彻底的理性思考来理解整体世界的真实存在,尽管双方观察、思考世界的立场和角度根本不同。所以,黑格尔指出:"真正的哲学思想是从巴门尼德起始的。"①

巴门尼德之作为真正的哲学家,他"具有一种理性的直觉,这种直觉范围广阔、力量巨大,以集中而浓缩的形式涵盖了希腊科学和现象学的大多数重要原则,就仿似由浸入水中的微小荫果绽放出来的日本樱花"。② 在巴门尼德的残篇中包含了明晰而自觉的论辩,在这方面,他是哲学家最早的先驱。巴门尼德诗篇中首次提出了一些朴素的概念难题,它们长期以来一直令人感兴趣,其中很多概念在今天的讨论中仍然位居前沿。借用另一位评论家的话来说,近来的研究已经使巴门尼德的思想"令人惊讶地接近了当代的一些先入之见"。③ 巴门尼德不仅应被视为"最有独创见解、最重要的前苏格拉底哲学家",④而且,按照哲学家这个词的当代含义,巴门尼德也是已知的第一位能配得上哲学家这一头衔的人。

"万物皆流"、"存在而又不存在"

赫拉克利特对"万物皆流"、"存在而又不存在"的不厌其烦的描绘与展示是巴门尼德哲学肯定"存在",否定"非存在"所必需的文本;没有这种文本,巴门尼德哲学对存在的肯定就不能摆脱素朴的直观。

"万物皆流"是赫拉克利特哲学中的一个重要观念,在他的残篇中,用河流来比喻万物的流动一共有三处。

其一是《残篇》第十二:"走下同一条河的人,经常遇到新的水流。灵魂也是从湿气中蒸发出来的。"其二是《残篇》第九十一:"人不能两次踏进同一条河流,所以它们分散又团聚,接近又分离。"其三是《残篇》第四十九:"我们走下而又不走下同一条河,我们存在而又不存在。"关于这些残篇,不管后来的阐释者意见如何不同,我们可以确定的是,关于"万物皆流"、"存在而又不存在",赫拉克利特确实是有大量的描绘和表达;而且从他的河流残篇中我们不难看出,他

---

① 黑格尔:《哲学史讲演录》第 1 卷,第 267 页。
② Kahn, C. H., *The Art and Thought of Heraclitus*: *An Edition of the Fragments* with Translation and Commentary, Cambridge, 1983, Reprinted, p. 720.
③ Furth, M., 'Elements of Eleatic Ontology' Journal of the History of Philosophy, 1968; repr in Mourelatos The Presocratics, p. 242.
④ Furley, D. J., 'Parmenides' in P. Edwards(ed): *The Encyclopedia of Philosophy*. New York: The Macmillan Co and The Free Press 1967, Vol. Ⅵ, p. 47.

认为万物是在不断变动中的,因此它总既是这样又不是这样。河水不断流动,当人第二次踏进同一条河流时,它已经不是原来的水了。所以,赫拉克利特有没有亲口说过"我们存在而又不存在"这句话已经不是非常重要,因为从他的残篇中可以清晰地感受到他的这一思想。

赫拉克利特看到了当我们谈论"某物是什么"的时候(就等于说"某物作为什么而存在"的时候),某物已经变了,这一思想在他的河流残篇中体现得非常明显,但巴门尼德并没有止于此,而是认为变动不居的东西只是感觉的对象,是非存在,它们是无法思想、无法表述的,只有存在才是能被思想、被表述的,这说明他已有意识地将思想和感觉分离开来,思想和存在是同一的,它和非存在是不同一的;反之,感觉和非存在是同一的,它和存在是不同一的。赫拉克利特尽管已经意识到两个世界,但是他并没有能明确地分离开来,在他的《残篇》中两个世界相互杂糅在一起,而这一问题在巴门尼德这里得到了解决。

既不生成也不消灭的"存在"

巴门尼德对"存在"范畴的规定可以概括为五个方面:一、存在是既不生成也不消灭的;二、存在是"一",是连续不可分的;三、存在是不动的;四、存在是完整的,形如球体;五、只有存在可以被思想、被表述,只有存在才有真实的名称。[①]

"存在"的第一个规定是最重要的,《残篇》第八:"所以只剩下一条途径可说,就是:存在物存在。在这条途径上有许多标志表明:因为它不是产生出来,所以也不会消灭、完整、唯一、不动、无限。它没有过去和未来,因为它整个在现在,作为完整、统一、联系的(连续的)东西。因为,你要想给它找出哪种来源来呢?它是怎样生长,又是从哪里生长出来的呢?"这里巴门尼德对"存在"作了许多规定,诸如永恒的、始终如一的、无需询问它从哪儿来的、它是怎么创造出来的等,一方面是为了取消巴门尼德之前的哲学家们所一直讨论的本原问题以及生成原理问题。从泰勒斯开始的早期希腊自然哲学,首先将万物的运动变化、生成毁灭看成是不言而喻的、自然的、自明的道理,他们就是要为变化的万物找一个最后的根源——本原,它是万物所以从出,最后又复归于它的东西。巴门尼德否定了米利都的哲学家们将某一种特殊形态的物质(水、气)当作万物的本原,也否定了毕泰戈拉学派的"数"、塞诺芬尼的"神",巴门尼德

[①] 汪子嵩等:《希腊哲学史》第1卷,第600—601页。

将"存在"首先规定为既不生成也不消灭的,这是对世界存在的彻底确认,而这正是真正的哲学不同于宗教观念或其他任何观念的根本。

思想只能是关于存在的思想

关于存在的第五个规定,需要结合"思想和存在是同一的"这一命题一起看。在黑格尔之前,这一命题并未引起大家的注意,黑格尔本人在《哲学史讲演录》中也仅仅对巴门尼德的这一命题作了一个概括性的论述:"思想产生它自身,被产生出来的东西是一个思想;思想与它的存在是同一的,因为在存在之外,在这伟大的肯定之外,思想是无物。"[①]但是由于近代以来,黑格尔自己的哲学思想发挥了这一命题,因此它才得到大家的重视。策勒认为巴门尼德的这句话并不表示:"思想和存在是同一的";从上下文看,应将 estin 作"可能"讲,所以他译为:"能思想的和能存在的是同一的",并且解释为:只有能存在才能被思想。[②] 伯奈特也同意策勒的看法,他说:"我相信只能象策勒那么译。"[③]康福德的译法也和他们一样,他说:"我遵循策勒和伯奈特的解释,应读作 estin,即可能的意思。……我并不认为,巴门尼德的意思是'思想就是存在',他并没有说他那唯一的存在能作思想活动;而且在他那时期甚至长久以后,希腊人对于说某一事物'A 存在'和'A 思想'是同一的,只会视为是荒唐的。"[④]基尔克和欧文译为:"因为同一的东西能被思想又能存在。"他们认为如果直译,就是:"对思想和对存在说,实存的是同一个东西。"[⑤]格思里追随策勒和伯奈特的翻译,但他介绍了曼斯菲尔特的观点,说他认为这并不是如有些人所想象的是说"思想和存在的同一性",而只是说"思想的对象同时也就是存在的主体"。[⑥] 陈村富总结了以上一些看法,认为巴门尼德的意思是说:思想和存在是同一的,因为能够被表述、被思想的必定是,也必须是存在;所谓思想只能是关于存在的思想,你找不到一种思想,没有存在这一对象,却能加以表述。[⑦]

---

① 黑格尔:《哲学史讲演录》第 1 卷,第 267 页。
② 策勒尔:《苏格拉底以前的学派》第 1 卷,第 584 页注 1。
③ Burnet, J. *Early Greek Philosophy*, London, 4th ed. 1930, p. 173.
④ Cornford, F. M. *Plato and Parmenides: Parmenides' Way of Truth and Plato's Parmenides with an Introduction and a running Commentary*, London, 1939, p. 34.
⑤ Kirk, G. S. & Raven, J. E. *The Presocratic Philosophers: A Critical History with a Selection of Texts*, Cambridge, Reprinted 1979, p. 269.
⑥ 格思里:《希腊哲学史》第 2 卷,第 14 页。
⑦ 汪子嵩等:《希腊哲学史》第 1 卷,第 639 页。

然而正是在这里,巴门尼德哲学显现出它的不可避免的素朴性:巴门尼德哲学关于存在和非存在的区分虽然摆脱了早期自然哲学关于真实世界的朴素直观,但他的"思想和存在的同一"这一观念在根本上仍然是素朴的。巴门尼德在这一点上是继承赫拉克利特的思想的:理性和真理是一致的。由于承袭赫拉克利特关于理性和真理的内在关联的思想,巴门尼德强调思想和真理的统一性;他也在同样的意义上坚持思想和存在的统一性。对巴门尼德来说"能被思想的东西只能是存在"是不言自明的,这就必然会产生"'谎言'和'谬误'是不可能的"这个困难。但实际上,即使是"绝对的非存在"也是能被思想的,这就是后来为亚里士多德所指出的思想和实体存在之间的区别。只有明确意识到思想和实体存在的区别,并且确立关于"'思想'自身是一种不同于可感觉实体的'一'"的观念时,才能摆脱关于"思想"的朴素直观。很明显,巴门尼德并没有明确意识到思想和真实存在之间的根本不同点;但是,如果没有巴门尼德对关于思想与存在的同一的这一朴素观念的自觉确认,那么对这一朴素观念的摆脱也就不可能。也正是由于这一自觉甚至极端化的确认,后来的希腊哲学,从智者学派开始到亚里士多德,才注意到思想和非存在的复杂关系,最终亚里士多德在《物理学》中将存在确认为思想和真理的绝对前提。

小　结

从赫拉克利特开始,古希腊哲学思考的范围开始真正突破单纯直接的自然对象而进入人的认识活动的范围,此时才会有真正意义上的哲学"反思"活动,尽管赫拉克利特对"认识活动"的思考带有明显的神秘性和模棱两可性,但是如果没有赫拉克利特对"认识活动"的对象化,巴门尼德的作为"真理之路"的"存在"的提出就是不可能的,特别是赫拉克利特和巴门尼德都不再停留于自然哲学家所认定的不言自明的感官,明确意识到,与感觉经验相比,理性才更能把握"逻各斯"、"存在"。

赫拉克利特和巴门尼德同属于前苏格拉底哲学的中期,起着承上启下的作用。所承之"上"在于古希腊自然哲学研究自然实是的素朴精神,所启之"下"也就是通过苏格拉底、柏拉图、亚里士多德的努力,古希腊哲学所最终确立的崇尚科学和理性并且强调理性、科学与实在、真理的内在关系的西方文明的根本原则。从素朴的对于实在自然的观察和思考,到确立关于包括生产制造和人伦实践在内的世界整体的彻底一贯而又不失丰富内涵的自觉理性,古希腊哲学的这一巨大进展,只有在赫拉克利特哲学和巴门尼德哲学内在相关的对立运动中才能获得恰当的理解。对此,亚里士多德非常清楚。虽然他没有直接论述过二者之间的内在关联,但他在《物理学》和《形而上学》中都曾用大量的篇幅来专门分析赫拉克利特哲学和巴门尼德哲学的积极意义和局限,而且他实际上是将二者相互对照着来分析说明的。重视赫拉克利特哲学和巴门尼德哲学的内在联系,并不仅仅是要澄清二者之间的真正关系,更为重要的原因在于——正如胡塞尔早就指出的那样,迷惑于完全实证的科学支离破碎的"繁荣",哲学在我们的时代有屈从于怀疑论、非理性主义和神秘主义的危险;鉴于此,必须重视肇始于赫拉克利特和巴门尼德的、人类对于整体的世界及其真理的探索和思考;这种思考因为是彻底而一贯的并且以对真实世界的无需外来"创生行为"的永恒存在为起点和基地,因而才能被冠之以真正自觉的理性和科学的美名。

论"比较"在斯宾诺莎哲学中的意义

吴树博

一

"比较"是人类社会中一种普遍存在的现象,它不仅是我们认识事物的方式,甚至是我们的生活方式。古往今来,每一个生活在社会之中的人都会感到"比较"对自身存在所产生的影响。我们总是生活在由比较为我们营造出的思想氛围和社会环境之中,我们一直在一种无意识的状态中依照比较为我们所规定的框架来生活,甚至比较已经作为一种常规的教育机制、道德机制和政治机制在现实社会中发挥作用;然而,就比较这种特定的思想形式和生存形式本身,我们却很少对之进行反思式的关照,也不对之具有清晰的观念,而只是自发地受其规约。诚然,对于哲学家而言,"比较"时常出现于他们的思想和理论之中,也经常被诉诸他们的笔端,可是将比较作为一个独立性的范畴提出——亦即对比较自身的发生和作用机制进行独立的研究——似乎也不多见。

然而,在斯宾诺莎的思想体系中,"比较"概念却有着十分突出的显现:无论对他的观念论,还是对他的伦理学,比较都是不能被忽视的环节,从而发挥着特殊的作用。当然,在"比较"获得此种地位之时,并不意味着斯宾诺莎完全为之赋予了高度的正面性价值或把它当作一种肯定的前提全面接受下来。事实上,就斯宾诺莎总体的思想倾向来看,正如他不喜指斥他人之谬误一样[1],

---

[1] 《斯宾诺莎书信集》"书信二:致奥尔登堡"[《书信集》的引文参阅了洪汉鼎的中译本(商务印书馆,1993年版,第6页)和 Mignini, F., Proietti, O. 的意大利文译本(*Opere*, Milano: Meirdiani, 2007, p. 1240)]。

他也不轻易进行比较。而之所以对"比较"给予如此特别的关注,则是因为在他看来,比较虽然是我们生存过程中不可摆脱的现象和活动,但它同时也是我们沦于谬误、遭受束缚、产生痛苦的主要根源。当然,如果斯宾诺莎的思考仅仅止步于此,那么我们也丝毫不能发现他有何创新之处,因为对于那些由比较所衍生出来的否定性的感受,大多数人都会有明晰的体认。然而,通过斯宾诺莎自己的思想表述,我们可以了解到,他对比较进行主题化的研究,就是要理解和解释这些由比较所引发的否定性生存样式的产生机制,并通过这种认识和理解来摆脱之。为了达到这种目标,斯宾诺莎从认识论和伦理学这两个层面对比较的产生机制和运行模式进行了分析和论述,阐明了他自己对于比较所抱有的特定态度,并力求依靠这种根本的洞见对那些否定性的结果形成相应的校正方法。

二

总体上看,斯宾诺莎首先从认知层面对比较展开了具体分析。而根据其成熟的思想体系中的最终表述,我们知道斯宾诺莎有所谓三种知识的划分,即:

首先是从泛泛经验和记号而得来的知识,我们可以将其称为第一种知识、意见或想象;

其次是从对事物的特性所具有的共同概念和充分观念而得来的观念。这种认识事物的方式可以称为理性或第二种知识;

最后是由神的某些属性的形式本质的充分观念出发进而达到关于事物本质的充分知识,这是第三种知识,也称"直观知识"(scientia intuitiva)。[1]

而斯宾诺莎对"比较"的具体阐释和应用,首先是从第一种知识或想象领域开始的,也就是说,比较首先是由想象所进行的一项活动。其中最为根本的是,正是通过比较,想象才得以完成其"划分"(diviser)与"结合"(unir)的功能。[2] 而这种划分与结合主要是以事物之形象(imago rei)和形象的观念(idea

---

[1] 《伦理学》,第二部分命题四十附释二【引文参考贺麟的中译本(商务印书馆,1983年版)和 Mignini, F. 与 Proietti, O. 合译的《斯宾诺莎著作集》(*Spinoza*, *Opere*)】。

[2] Bertrand, M., *Spinoza et l'imaginaire*, Paris: Presses Universitaires de France, 1983, p. 103.

imaginis)为基础才得以实现的。

斯宾诺莎认为,世界上的事物只有当其是个别的、特殊的之时,才是实在的。但是很多人却以为一般化的东西也是实存着的(犹以唯实论者最为明显),其中最突出的形式就是共相(如人、马)和一般本质(如人性、马性)的现实实在性。而在斯宾诺莎看来,这种一般化的共相或本质,只不过是理性的存在物(ens rationis),而不是实在的存在物(ens reale),因为如果人们想在理智之外寻找由代表这些思想存在物的语词所意谓的东西,他们就只能一无所获。① 而就人们为什么会以诸如"存在"、"事物"、"某物"这些超越性的名词为实在之物,斯宾诺莎在《伦理学》中做出了一种生成性的分析和说明。他认为:

> 人的身体既然是有限的,就只能同时明晰地形成一定数目的形象。如果逾越了这个限度,则这些形象便会混淆起来。如果人体所能同时明晰地形成的数目被超过太多,则所有的形象将完全相互混同起来。既是如此,则可以明白看到,人体内同时所能够形成的形象的数目和人心所能同时想象的物体是一样多的。因此,如果身体内的形象全是混同的,则心灵将混淆地想象着一切物体而不能分辨彼此,且似乎在一个属性之下——如存在或事物之类——来概括它们……[而]这些名词则代表混同到了最高级的观念。所谓"共相"的概念,如"人"、"马"、"犬"等也就出自于相似的原因。譬如说,人的身体内同时形成许多(人的)形象,这些形象的数目虽未完全超过想象的能力,但已到了心灵无力去想象人们确定的数目和每个人彼此间细微的差别(如肤色、身材等)的程度,因此,心灵只能明晰地想象人们所共同的即身体被人们所触动的那个方面。正因为身体主要地是被人们、亦即不断地被每一个人所触动;于是,心灵便用一个"人"字去表达它,并借以述说无数的个人。因为,我已经说过,要心灵想象一定数目的个人,那是不能够的。但是,我们必须注意,这些概念之

---

① 斯宾诺莎:《形而上学思想》,第一部分第一章【引文参考《笛卡尔哲学原理(附:形而上学思想)》,王荫庭 洪汉鼎译(商务印书馆,1980年版)和 Mignini, F. 与 Proietti, O. 合译的《斯宾诺莎著作集》(*Spinoza, Opere*)】。

形成,并不是人人相共同的,而是与各人的身体更多地为其所触动和各人的心灵更容易想象或回忆的东西相关。……每个人都可以依照自己的身体的状况而形成事物的一般形象。无怪乎一些哲学家仅仅按照事物的形象来解释自然界的事物,便引起了很多争论。①

如果上面这段话主要凸显了共相或一般概念与想象的混淆的相关性,而未显示出比较在这些思想存在物的形成过程中所起到的效应,那么,下面这段论述似乎可以弥补这方面的不足:

> 所谓完满和不完满其实只是思想的样式,这就是说,只是我们习惯于将同种属的个体事物彼此加以比较而虚构的概念。由于这个原因,在第二部分定义(六)里,我把实在性和完满性理解为同一的东西。因为我们习于将自然中的一切个体事物,归在一个种概念之下,这个种概念便被称作最一般的东西,换言之,即归在"存在"这个概念之下。这个存在的概念一般地包括自然中所有一切个体事物在内。就善恶这两个名词而论,它们并不表示事物自身中任何肯定的东西,而不过是思想的样式,或者是我们比较事物而形成的概念罢了。因为同一个事物可以同时既善又恶,或不善不恶。②

同样,在《神、人及其幸福简论》中,斯宾诺莎也早就说过:

> 凡是就罪恶所说的东西都只是与我们的认识有关,就像我们把两个事物相互比较或从不同的侧面来考察同一事物时那样。……好、坏亦即罪恶都只不过是思想的样式,而不是事物,也不是任何拥有实存的事物。因为自然之中的一切事物或活动都是完满的。③

---

① 斯宾诺莎:《伦理学》,第二部分,命题四十附释(一)。
② 斯宾诺莎:《伦理学》,第四部分,序言。
③ 斯宾诺莎:《神、人及其幸福简论》,第一部分,第六章第九节【引文洪汉鼎、孙祖培的中译本(商务印书馆,1980年版)和 Mignini, F. 与 Proietti, O. 合译的《斯宾诺莎著作集》(*Spinoza, Opere*)】。

由此，我们可以看到，对斯宾诺莎而言，共相以及一般的种概念都是想象的产物，是人通过对事物之形象进行比较、混同事物之间的差异并以抽象的方式提取出人们自认为是真实存在的共同之处而形成的。同时，人们也借助于这种抽象的理性存在物而将千差万别的事物结合在一起，直至将它们归并于"存在"这个最为一般的概念之下。想象也藉此而实行着自身的结合功能。但是，我也看到，这种结合实际上与虚构只是一墙之隔，它貌似以事物自身为基础，可它更多地是为我们身体的情状以及心灵中的想象所制约，而此过程中的比较也就跟混淆、抽象处在了同一个意义层次上。我们由比较所获得的不是对事物的充分的知识和真实的知识，反之，我们时常还是依照个人的倾向和选择来随意地安排事物。即便我们将这些共相或一般的种概念转化为语词，但依斯宾诺莎之见，它们依然与观念有别。因为语词和形象的本质仅仅是身体的运动所构成的，而身体的运动又绝不包含思想的概念，所以，作为思想的一个样式，观念不是任何事物的形象，也不是语词所构成的。①

可见，人们一旦就这些共相或一般的种概念形成了定见，他们就将其想象为现实实在的，"因此，只要我们将自然中一切个体事物归在'存在'这个种概念之下，将它们彼此加以比较，而发现有一些事物比另一些事物具有更多的存在或实在性，于是我们便说某一些事物比另一些事物更完满"②。如此一来，诸如"存在"、"善恶"等抽象概念或共相就成为了一种尺度。人们不仅借助于这种尺度将事物进行归类，而且反过来就会以之为尺度对个别事物进行比较，发现事物之间的差异，并对它们进行等级化的安排和对待。比较从"结合"或"同"而走向了"区分"或"异"。而想象的"区分"或"划分"的功能也据此而得以实现。日常生活中，人们正是通过想象中的这种比较机制来把许许多多个体的事物区别开来，并以此为手段来对事物形成特定的认识。然而，我们同时也可以看到，这种经由比较而确立起来的差异并不是使事物之间真正被区别开的差异，也不是使事物得以成其为自身的那种差异；后者只有通过本质才能被建立和体现出来，而事物之间的差异实质上是本质的差异。换言之，事物之所以相互区分开来是因为它们具有不同的本质，每个事物都具有自

---

① 斯宾诺莎：《伦理学》第二部分，命题四十九附释。
② 斯宾诺莎：《伦理学》，第四部分，序言。

己的个别本质或特殊本质。[①] 而想象依靠比较所推导出来的差异却不是依据个别本质，而是根据事物在多大程度上与想象作为模型而提出的共相或抽象概念相符合，所以，这种差别并不是本质的差别，只是程度上的差别或量上的差别。通过这种比较，我们是不能对事物形成深入的把握和真知识的。

可是，从斯宾诺莎哲学的自身逻辑来看，这种比较的差异又是不可避免的，它根源于人自身的基础的实存结构。在斯宾诺莎的实体—属性—样式的存在论体系中，人作为一种有限的样式乃是作为实体的神或自然的一部分，必须始终遵守普遍的和永恒的自然秩序与法则。我们处身其中的自然界则是由无穷多样的事物所构成的，其中每个事物依照其本质而互为不同，从而构成了一个自在的差异的世界。作为有限存在者的人自其存在伊始就为其他事物所包围并为之所触动。而人为了生活则必须对事物有所认识、有所应对。正是通过比较，我们把自己与其他事物区别开来，也是通过这种区别我有了最为基本的存在意识，所以区别与统一都在比较的机制中得到实现。而面对这样一个充满无穷差异的世界，人们为了自身的利益也总会产生对事物进行区分与归类的欲望。当然，依照斯宾诺莎的观点，我们在比较机制下所得到的这种知觉或认识都是在想象的层面完成的，既然想象或第一种知识总是片面的、含糊的或不充分的知识。[①] 所以比较并不是我们达到真知识或真理的根本途径，但是这并不意味着比较是应该被禁止或排除的，因为恰如上文所言，比较源于人的直接的实存机制，它对人的现实实存和认识活动来说是不可或缺的，同时也是不可消除的。

[①] 斯宾诺莎对"本质"有着非常独特的理解和使用。在他那里，并不存在人们通常所说的"普遍本质"或"共同本质"，本质也不是处在现象背后并使现象得以产生和存在的那种东西。相反，他"把这样一种东西认作为属于某物的本质，即有了它，则该物必然存在，而取消了它，则该物也必然被取消；换言之，没有那种属于本质的东西，则该物既不能存在，也不能被设想，而没有该物，则这种属于本质的东西也不能存在、不能被设想。"(《伦理学》第二部分定义二)在这个定义中，我们需要特别强调的是最后一句话，它明确地向我们展现出，现实的本质对斯宾诺莎而言总是个别的本质或特殊的本质，是为每一个个体事物所独自具有的本质。就斯宾诺莎哲学中的个别本质问题，可以参阅拙作《本质与个别本质：论斯宾诺莎的本质观念》(载于《哲学门》第23辑，2011年7月)。
[①] 斯宾诺莎：《伦理学》第二部分命题四十三。

三

然而，除了在存在与认知层面上的意义以外，比较更多地是在斯宾诺莎的伦理学中发挥其自身的作用，我们甚至可以说，"比较"具有一种道德的价值，而且斯宾诺莎对比较在想象层面上运作的考察在很大程度上是为他探讨比较在道德之中的作用来服务的。然而，这里有一点需要特别强调，亦即我们这里说到的是"道德"，而不是"伦理"，因为在斯宾诺莎的总体观点中，比较是道德中的行为，而却不能被归入他对人的真实伦理生活机制的考察和研究之中。斯宾诺莎的伦理学不是比较的伦理学。而比较在道德中的运用也主要是从一种负面的效应来得到审视的。依照法国哲学家德勒兹的观点，斯宾诺莎主义体现出一种明显的"非道德主义"[①]。其中，他所非难的主要是传统的道德，尤其是基督教的道德体系，因为"后者总是将存在归因于超验的诸价值。道德是神之评判，即评判之系统。"[②]从而，也就总是跟比较和评价相关。但是，正如上文所言，诸如善恶等传统的价值观念只不过是想象的虚构的结果，它们本身都需要得以形成的原因，又如何成为最终的尺度呢？而且，传统的神学道德体系总是以为使人痛苦之物就是善的，凡是使人快乐之物都是恶的，[③]而这样的做法实无异于消解人自身的力量，使人陷入恐惧和无力的状态。"诸价值的幻觉和意识的幻觉是一回事；因为意识实质上就是无知的，它不晓得诸原因和诸规律之秩序，因为它仅限于等待和记录结果。……要想讲道德，只要不了解就够了。"[④]所以，道德中的比较机制和想象中的比较机制乃是一脉相承的，而且都具有不可避免的特性。这些特别经由欲望和其他情感所具有的比较的向度而体现出来。对此，斯宾诺莎的下列叙述可以提供明确的暗示：

> 我一直认为，人必然受制于诸种激情，因为这是肯定无疑的。在我的《伦理学》中也证明确实如此。人性大都同情失意者而嫉妒得意者；多倾向报复，而少有悲悯为怀者；此外，我还说过，每个人总想要

[①] 德勒兹：《斯宾诺莎的实践哲学》，第 25 页。
[②] 同上书，第 27 页。
[③] 斯宾诺莎：《伦理学》，第四部分，附录（三十一）。
[④] 德勒兹：《斯宾诺莎的实践哲学》，第 27 页。

别人依照他的意思而生活,赞同他所赞同的东西,拒绝他所拒绝的东西。结果,既然人人都想胜过别人,他们便互相争吵,相互努力压制对方。对于胜利者而言,引以为荣的并不在于自己得到什么好处,而在于损毁对方。人人都清楚地知道,这样做是违反宗教教义的,因为按照教义,每个人都应该爱邻如已;应该维护他人的权利,犹如维护自己的权利一样。但是,如我已经论证的那样,这种信条对于克制情感没有什么作用。老实说,只有在人之将死,疾病压倒诸种激情,奄奄一息之际,或在教堂里,人们之间无需勾心斗角的时候,宗教教义才起作用。但是,在那些似乎更需要宗教教义的地方,如法庭上或宫廷里,它却丝毫不起作用。①

这样一段话清晰地指出,比较和争竞在多大程度上催生了作为被动的情感或激情的欲望和其他情感。人就其天性都倾向于嫉妒,"例如,我们想象着某人享有着只有他一个人能占有的东西,则我们将努力使他不能占有那物"②。正是通过将自身与他人进行比较,我们才能意识到这种占有与享受之间的差别,而既然我们清楚地看到别人由他所独自占有的东西而获得巨大的快乐和好处,而自己却被排除在外,那么,我们便产生一种不快和痛苦,从而为一种强烈的占有欲所激动,感到无比的嫉妒,甚至是莫名的愤怒。为了使那人不再占有那物并夺取对于那物的占有权,人们常常会采取一切可能的行动,直至不择手段,而无穷的纷争也由之而起。

同样,依据情感的模仿原理,由于他人爱某样东西,那么,我们也就会爱此物,反之,如果我们爱某样东西,则我们也会努力使别人也爱这种东西。而"这种使人人都赞同他所爱或所恨之对象的努力,就是野心"。③ 它实际上是一种追求荣誉没有节制的欲望,一切情感都为它所助长或加强。因为只要一个人具有欲望,他必然具有好名之心。④ "所以,我们可以看出,每个人生性总是想要别人依照他的意思而生活;但如果人人都这样做,那么人人都会互相妨碍,

---

① 斯宾诺莎:《政治论》,第一章第五节【引文参考冯炳昆的中译本(商务印书馆,1999 年版)和 Mignini, F. 与 Proietti, O. 合译的《斯宾诺莎著作集》(*Spinoza*, *Opere*)】。
② 斯宾诺莎:《伦理学》,第三部分,命题三十二。
③ 同上书,命题三十一绎理。
④ 同上书,附录(四十四)。

并且如果人人都想要被所有其他的人所称赞、所爱悦,那么所有的人都会陷于仇恨。"[1]而由于人们相互的嫉妒和各自的野心,他们便有了好胜的情感,而这种好胜之情"不是别的,就是在我们自身之中产生的对某物的欲望,其起因乃由于我们想象着其他与我们相似的人,也具有同样的欲望"[2]。正是出于这种相似性,我们才会千方百计地想胜过别人,获得更多的名誉和利益,有时甚至不惜伤害对方。但是,就这种欲望的结果来看,我们虽然可能获得一时的利益和好处,但是从长远来看,我们并不能确定自己可以永远保有这种名利上的优势,总是有被胜过和击败的可能,所以,我们就持续地陷入于恐惧和焦虑之中。

因此,更多的时候,由比较而产生的欲望并不会带给我们快乐,而是会使我们感到深深的痛苦。我们由之得到的不是自身的肯定和行动力量的增长,反而是自身力量的削弱或缺乏,并使自己陷入软弱无力的境地。虽然我们有时也会因为自身的比较性的优势而感到巨大的愉悦,但是这样一种快乐并不是建立在我们对自身力量和能力的清楚明晰的认识的基础上,而是为那些与我们自身的力量相比较的外因的力量所决定,所以,我们无力对这种快乐进行清晰的把握,故而它依然只是一种激情,更多的情况下,我们会因之而变得狂妄专横,不仅不了解自己,更会貌视他人,而对斯宾诺莎而言,凡是陷入这种境地的人都可以被称作无知之人。无知者并不必然是缺少科学文化知识的人(在斯宾诺莎那里,具有科学文化知识固然很重要,但却不是他关注的唯一焦点),而是那些不遵从理性的引导、反而追随盲目的欲望的人。[3] 但是,即便是这种比较性的优势对于我们而言也不是经常能具有的。"天地间没有任何个体事物不会被别的更强有力的事物所超过。对任何一物来说,总比定有另一个更强而有力之物将它消灭。"[4]而人作为自然之中的一个十分有限的微小的部分,也必然要服从于这条法则,这在人类社会中也有异常明显之表现。无论在权力、财富、荣誉等方面,任何人都不敢说他已经达到极致,反之,总会有人在某个方面将他超过。既然如此,那么我们在盲目而不知餍足之欲望的驱动之下而进行比较时,更多地看到的不是自己的长处和优势,而是自己的劣势和不足。我们在面对着一个更为广大的力量时,知觉到的只是自身的渺小,所

---

[1] 斯宾诺莎:《伦理学》,第三部分,命题三十一附释。
[2] 同上书,命题二十七附释。
[3] Cristofolini, P., *Spinoza per tutti*, Milano: Feltrinelli, 1993, p. 55.
[4] 斯宾诺莎:《伦理学》,第四部分公理。

以,比较所带来的不是内心的平静,却是自我的否定和内心的彷徨,我们也会因此陷入于失望与无奈之中,失去了前进的勇气和动力,同样也陷入了无知之中。正是在这种狂妄自大和妄自菲薄之间,我们不住地摇摆,茫然无绪,人与人之间互相妨碍,无尽的仇视和纷争也因此而起。而且,这种纷争并不仅仅局限于少数的个人之间,有时还会由于我们依靠比较和想象所构想的那种"普遍的道德标准"而引发整个社会的动荡和争斗,政治上的暴行和宗教上的战争时常与此相关。所以,斯宾诺莎对于这种由比较而产生的激情和价值持有强烈的反对态度。在他看来,

> 每一个人真正的幸福和至福仅在于享受善,而不在于自夸只有他自己享受着这种善而别人都被排除在外。任何人,若因为只有他享受幸福而别人都不得分享,或因为他比别人更为幸福或幸运,就自夸更为有福,那么他就还没有认识真正的幸福和至善。他由此得到的快乐,如果不是幼稚的话,那也只是出于嫉妒或恶意。例如,人的真正幸福和至福只在于智慧和认识真理,而不在于他比别人更有智慧,或别人缺乏知识,因为这种比较对于他的智慧,也就是他的真正的幸福,并不能增添任何东西。因此,凡是以此为乐的人,就是幸灾乐祸,因而是妒嫉不仁的,他也就不了解真正的智慧和正直生活的宁静。[1]

四

综上所述,我们可以看到,斯宾诺莎关于比较的叙事对他构建自己的认识论和伦理学发挥着关键作用。就其总体的阐释次序而言,比较首先被置于想象的层次受到考察和界定。而这种在想象机制下展开的比较却更多地从否定的方面展现了其自身的特征和功能。依靠着比较所发挥的"结合"与"区分"的功能,我们形成了共相或一般概念,借助它们来对事物进行归类,而且我们不

---

[1] 斯宾诺莎:《神学政治论》,第三章第一节【引文参考温锡增的中译本(商务印书馆,1963 年版,第 50—51 页)和 Mignini, F. 与 Proietti, O. 合译的《斯宾诺莎著作集》(*Spinoza, Opere*)】。

仅将它们视为心灵中的概念,甚至将它们作为现实实在的东西。而这种以概念为实在的立场会使人们只把目光对准共相,而对殊相或个体的事物则失去了兴趣。而借助着比较的区分功能,我们把事物相互区分开来并为它们赋予了等级的存在结构,但是在斯宾诺莎开来,我们通过这种比较的区分只能把握到事物的表面区别,只是满足于对事物的片段的和模糊的(也就是不充分的)知识,但却不能把握事物的个别本质,不能从根本上理解事物的个体性和事物之间的实质区别。而与比较的这种认知功能相伴随的则是它在道德上的特殊功用。比较乃是人际生活之中始终存在的现象,我们力求通过与他人的比较而确定自己在社会中特定地位;通过比较来寻求一种自我的肯定和承认;通过比较来寻求内心的快乐和满足,甚至是幸福。但是,同时我们也看到,虽然我们为比较赋予了很高的期望和期待,但是我们由比较所获得的实际结果却往往事与愿违,比较非但不是肯定与快乐之源,反而导致了对自我的否定,我们通过比较所感受的是内心的波动和痛苦,是自身活动力量的降低。即便我们有时会从比较之中获得暂时的满足和幸福感,但是按照斯宾诺莎的观点,这种比较性的优势并不是至善和幸福本身,而只是一种想象,甚至是自欺欺人。当我们在进行这种道德上的比较之时,我们首先就已经接受了既定的(亦即约定俗成的)评判标准与尺度,这也就意味着我们只是在进行一种人云亦云或亦步亦趋的机械类比,而由这种比较所衍生的往往是盲目的欲望,却不是由自己真实本性而出的真诚意愿。比较也就成为一种使我们陷入痛苦和自欺的社会机制。

维柯的新英雄主义：
堕落时代的大学教育理念
——维柯的《论英雄心灵》及其教育哲学

张小勇

研读维柯的教育哲学论述，理解维柯《新科学》的要旨与实践，不能不读维柯的最后一次大学开学典礼演讲：《论英雄心灵》。此时的维柯，重大的理论创造已经完成，对时代生活的认知已然成熟，而《论英雄心灵》这篇演讲，则可以说是集毕生哲学素养而结成的果实。在这篇短短的演讲中，要解决一系列宏大棘手的问题。教育根据什么而可能？我们面临什么样的教育环境？教育有什么样的价值，追求什么样的目标？为达到这样的目标，教什么，怎么教？仅仅从教育方面来看，已颇为不易。更重要的是，我们要需要了解维柯当时的历史背景，来理解他的教育理念的历史意义；要了解维柯本身的学术演变，来体会其思想意义；要了解我们当下的社会处境，来理解其实践意义。

维柯一生都在意大利的那不勒斯度过，其时那不勒斯是意大利的重要文化中心之一。当时的意大利处于分裂割据状态，而那不勒斯王国是其中诸多小王国之一。不仅如此，那不勒斯在维柯在世时，先后处于西班牙、奥地利、西班牙的外国君主兼领统治之下。他出生时，那不勒斯由西班牙统治；大概在他发表第六个演讲前后，奥地利取代西班牙，他的第七演讲《论我们时代的研究方法》，就是献给奥地利的查理六世的；而在他发表《论英雄心灵》之后两年，奥地利退出那不勒斯，西班牙波旁王朝的查理三世任那不勒斯国王。维柯作为那不勒斯大学的修辞学教授，其职责之一即在每年大学开学时发表开学典礼演讲，前来聆听的不仅有教师学生，而且还有当局代表。因此，如果我们看到其中有歌功颂德之词，也无须意外。

维柯时代的教育，不仅政治上无所依从，思想上跌宕起伏，制度上也争斗频仍。16、17世纪的那不勒斯同欧洲一样,处于新旧思想交替的阶段,新思想虽然取得全面进步,然而尚未成熟到足以埋葬旧思想的地步。在教育制度上,他们面临着比现代远为复杂的环境:教会钳制、外国统治、国家分裂,各种政治势力、各种教育模式、各种教育内容都同台争斗,新思想本身的个体主义、自由主义、理性主义和科学主义,既是打倒旧思想的工具,同时又有其潜在的巨大弊端。维柯既非伟大的战士,拿起武器激烈反抗而不计其余;亦非隐蔽在书斋的学究,只问思想真理而不涉世事。因而,要在教育哲学上说出些发自肺腑的真知灼见,殊非易事。由于意大利与那不勒斯长期处于外族统治之下,意大利民族自古罗马以来就不是一个统一民族,要维柯明确谈论什么爱国主义教育,这几乎是不可能的。维柯的演讲都有外族统治者前来监督,他也不可能大谈意大利民族复兴。然而维柯还是要谈论时代英雄,谈论英雄心灵。不仅如此,英雄心灵甚至被视为人类教育的基础和目标,又是精神和榜样,最后,还是拯救人类免于野蛮堕落的药石良方。当我们阅读《新科学》时,最后发现人类总是处于三个时代的循环之中,永远脱离不开自文明至野蛮的堕落过程,若要拯救人类免于最终的沉沦,唯有在堕落之后的野蛮废墟上重建新的文明。这个循环类似于马克思主义所讲的铁律。然而,既然维柯说,人类自己创造自己的历史,也因而认识到历史的真理,那么是否能够利用其能动性,哪怕稍微改变一下历史的进程呢?读过《论英雄心灵》,我们似乎能够体会到,人类似乎不是不能够改变历史,而改变历史的主要途径恐怕在于教育,而且是英雄教育。

  维柯深知,人的天性趋向于堕落,然而人之所以为人,却恰恰在于人性有其神圣的一面,人的心灵有其神圣起源。[①] 从维柯的演讲中,我们可以体会到,维护和发扬人的神圣天性,将人的堕落一面转化为德性,就是真正普遍的人类英雄主义,而所谓公民教育,其根本含义在于,既然人人都是公民,都是自由的个体,为防止普遍的堕落和争斗,免于最终的专制或覆灭,就只有一条路可走,那就是通过英雄主义的公民教育,使得人人都可以、都应该、都成为英雄,只有如此,才能化腐朽为德性,化利益为福祉,化私人为公民,成就人类之不朽事业。这一点之所以可能,就在于人的自然本性。而这,我们也可以理解

[①] 维柯:《大学开学典礼演讲集——维柯论人文教育》,张小勇译,上海人民出版社,2012年3月,第208页。同时参见同书第一演讲,"全面培养我们的心灵的神圣能力"。

为英雄教育的根据或基础,即我们本身就拥有成就英雄事业的自然本性。人的自然本性不同于所谓的人类条件。[①] 维柯并未给人类条件下明确定义。在谈到人类条件时,维柯谈及财富、名誉、权势,甚至纯粹求知的哲学思考(我们联想到亚里士多德的最高幸福),这些都可以算作是人类条件,但却并非人的自然本性。条件的拉丁文是 conditio,其动词来源于 condo,其意为创建、制造、叙述等,而 conditio 顺此理解则为业经创建、制造和叙述之物或事。故我们可以理解,所谓人类条件无非我们做过、继承到、叙述过的某些事物与制度,甚至也可以延伸到将来可能做到、继承、叙述的某些事物与制度,例如财富、名誉、权势、思辨等等,然而这些绝非人类之自然本性。人类之自然本性恰恰在于,它总是会而且必定要超越人类条件,诗人们将人类心灵的起源追溯到最高的天神那里,哲人们将英雄定义为"近乎崇高者",基督教则直接回到至大至善的上帝,而这也就是所谓英雄心灵之所出,也是人类教育的最终根据。人类心灵之神圣性的体现,维柯用下述语句来描述:"心灵的本性就是欢喜那神圣的、无限的和永恒的事物,故而不能不去思慕那崇高者,不能不去尝试那伟大者,不能不去造就非凡业绩。"[②] 英雄心灵总是充满爱怜,热爱整个人类,以人类幸福和福利为目的。若以英雄心灵为本,各项人类条件自会接踵而来,而来与不来都自会宠辱不惊。如此一来,维柯自然能够站在更高的角度,面对外族统治仍然可以自然而然地谈论人类教育。因为所有这一切无非偶然暂时的人类条件而已。

在人性论上高屋建瓴虽然容易,然而谈论公共教育却并不轻松。维柯要面对外族统治代表,表述其全面教育的理想,自不免让人感觉情非得已。如果那不勒斯并非外族统治,如果意大利已经统一,维柯的演讲自然可以名正言顺,合情合理。因为公共教育无非别的,国家、君主、民族而已,因而维柯虽然强调国家主义和爱国精神,然而并非心甘情愿效忠外国统治。不过,维柯强调爱国精神和公共教育之重要,却情真意切,毫无虚假。保家卫国、造福人民、侍奉君主,都依赖于公共教育,而维柯所在的那不勒斯大学,作为世界上最古老的国立大学,正是由起源于德国南部士瓦本的霍亨斯陶芬王朝的菲特烈二世创建,这使那不勒斯成为王国的知识中心;而那不勒斯王国在西班牙帝国统治

---

① 维柯:《大学开学典礼演讲集——维柯论人文教育》,第207页。
② 同上书,第208页。

时期,发展成为当时仅次于巴黎的欧洲第二大城市,文化繁荣,经济发达。维柯强调大学之公共教育,无论是否外族统治,都是可以理解的,而且也更彰显公共教育之绝对必要性。

然而大学之公共教育,自有其特殊性质。维柯之所谓大学,拉丁文为 studiorum universitas,维柯特别强调其字面含义,即各种学问研究之统一体,①指代人类知识整体和学问总体,意味着百科全书式的教育方式和某种集体学术建制,它包括每一代、每一个开化民族在任一门科学中的学问,无论是百科全书式的,还是专业性的知识,以及全心全意钻研和讲授这些知识的各类教师,而这些资源都用于操练学生的高贵精神,使他们谦逊地、恭顺地、愉快地纠正自己、教育自己和改进自己,而这就是维柯所理解之大学精神。以此来理解中文大学之大,大在学问研究之大,古今中外,深浅博专,概莫能外;大在教授研究之大,各尽其能,殚精竭虑,汇通一体;大在学习精神之大,谦恭勤奋,融会贯通,为国成栋梁,为民谋福利。

谈到维柯的大学教育观,就不能不提到当今时兴的通识教育。通识教育译自英文 general education,拉丁文 studium general,此处的 general 有面向所有人之意。通识教育一词又与自由教育相关,英文为 liberal education,拉丁文即 educatio liberalis,liberalis 这个形容词可以说来自于 liberi,即贵族子女,因为在古代只有贵族子嗣才能享受普通教育,也只有贵族子嗣才有可能获得自由权,自由教育的内容包括 artes liberalis,即自由文艺,但实际上并非专指文学艺术之文艺,而是文理兼重,各科俱全,只是将专业技艺等门类排除在外,故而可以说是全面的基础教育。维柯当然也是接着从古典到中世纪的这种教育理念来讲,大学教育首先是通识教育,即教育贵在知识全面、培养德性、获取智慧、净化灵魂。知识全面已如上述,大学本身不仅包括人类知识整体,而且还是各门学问之统一。维柯称,"残弱的文化教育往往是把全部重量都压在某种唯一的、有限的和特定的学科或教条身上。"②换句话来说,只有专业、没有通识,教育就是残弱的教育。

然而教育之残弱,并非仅仅在于知识全面,更不是东摘西抄,七拼八凑。维柯强调,各种知识和各种德行本就有着相同的本性,为此他引述苏格拉底的

---

① 维柯:《大学开学典礼演讲集——维柯论人文教育》,第 210 页。
② 同上书,第 210 页。

知识就是德性的观点。任何个别认识都不可能是真理,正如任何个别德性也不是完备的德性,知识与知识之间要达成和谐,其结果是德性与德性也要达成和谐,这也不禁让我们想起柏拉图《理想国》的正义观,正义实际上乃是各种德行之和谐统一。

能做到化知识为德性,能做到知识之统一与德性之和谐,则大学就可以被称为智慧,拉丁文为 sapientia,即各门科学与艺术相互联系、不可分割的整体智慧。维柯又将大学教育与公共教育联系起来,公共教育的目的也是智慧。维柯再次回到柏拉图,称柏拉图把智慧定义为"净化、治疗和完善人的内心之母"①。内在之人无非心灵与精神,则教育无非照看心灵与精神,苏格拉底照看灵魂的哲学教义跃然纸上。那么如何照看灵魂,或者说其标准在哪里呢?维柯引述希腊人公共操练场之说法,publica gymnasia,gymnasia 起先指古希腊的体育馆、操练场,而后引申为学校,大学,意大利语也沿用这一称呼,ginnasio 除体育馆外,还指高中。体育锻炼为的是身体之善,大学教育为的是精神之善。正如身体健康要真的健康而不是表面,精神健康自然也需要真正的善,而不是看起来饱读诗书,无所不知,却根本不知精神健康为何物。照看好心灵以明理求真,照顾好精神以去邪养德;前者可致知识和谐以达真理,后者可致德性和谐以保健康;心灵与精神和谐统一则为智慧;能达至智慧,则灵魂得以净化提升,方能成就通识教育之真谛。

理解了维柯大学教育之理念,即可明了通识教育之大义。明了通识教育之大义,即可力戒数种弊病。比如,搞通识教育不能与专门教育混同起来。通识意在广博汇通,不仅仅是百科全书,而且是融贯统一之百科全书,尽管不可能完全做到,但这是努力之方向,在通识教育中不适合剑走偏锋,最为忌讳偏、专、深、狭四大弊病。再如,通识教育变成知识教育,甚至是不同知识互不相容,乃至互相攻讦,既不能造成汇通一体之效,又丧失修身、养性、育德之本来功能,为知识而知识,抱残守缺,独奉一门。本来每种知识都可发挥各自效能,学生应该在通识教育中尝试一切可能之事,投入每种可以投入的学问,以使自身不偏不倚、丰厚广博、文理兼通,既可收养心修德之功,又可发掘自身独特之潜能,可说是专门之基础和前提。最后,通识教育之根本目的在于精神之康健,身心之统一,毋宁说通识教育实在是智慧教育,它不仅包括追求知识真理

---

① 维柯:《大学开学典礼演讲集——维柯论人文教育》,第 210 页。

的理性智慧,还包括为人处世的做人智慧,为国为民的公民智慧。所有智慧集于一点,即精神之康健。以精神健康为最终宗旨,则其他目的,例如财富、荣誉、权力等等一切,必然都已微不足道;培养真正的学识,维护精神之健康,就成为第一要务。如此一来,不会因嫉妒而受折磨,不会因虚荣铤而走险,不会因竞争而甘入下流,因为我们是在为公共之善,为灵魂之善而奔走。维柯用带有宗教意味的话来说,就是要做到与神肖似。

在大学教育的教学方法上,维柯提出了他认为最合适的标准。维柯反对跛足的教育手段,提倡一种统一的、最好的教学方法,实际上这种教学方法的精神已如上述。判定教育方法优劣的标准应该有三新:新创造、新真知、新追求,[①]他大致赞同当时大学的教育方式,批判经院教育的唯师是尊、立誓盟约;批判私塾教育中的自由散漫、不成体统,主张一切形式的教育都统一于完整的智慧整体。原则上,他的建议是,用教师和前贤的各种学问来治疗、健全和完善心灵与精神的一切能力。其大致次序先是人文科学,其次是自然研究,其大致方法可以归结为把玩经典,统一把握,其最终目的则是融贯一致、和谐统一、比例优美的智慧整体。

其中我们需要注意的是,维柯在对各门学问知识分别论述时,强调的既非理性,亦非真理,而是它们分别对人性、能力和德性的不同教育功能,而不是按照真理来为知识划分等级,厚此薄彼,甚至分个是非。维柯说,"学习形而上学,可以将你们的理智从感知的牢狱中解放出来;学习逻辑,可以使你们的理性从错误虚假的意见中摆脱出来;而学习伦理学,则可以使你们的意志涤除邪欲恶念的干扰。通过修辞学,语言既不会背叛也不会抛弃心灵,同样心灵也不会背叛和抛弃其原因。诗艺可以调节想象的狂野的火焰,几何学可以限制你们创造力中的错误,而物理学则将你们从愚昧中真正唤醒,自然就是通过这种愚昧,才让我们在她的奇迹面前惊愕万分。"[②]此后他还分别谈到各种语言、历史、诗学、演说等人文学科,以及地理、天文等自然研究,最后又回到形而上学,这里的形而上学代表着与人性世界、自然世界不同的永恒世界。而人的本性就是向着光明正大、永恒无限的东西,教育和学问就是培养这种崇高感,神圣感。在人类教育方面,我们发现真理的地位几乎消失了,取而代之的则是人的

[①] 维柯:《大学开学典礼演讲集——维柯论人文教育》,第211页。
[②] 同上书,第212页。

本性、能力和德性,以及最终的智慧。当我们学习到最高层次时,不过是达到心灵的统一、和谐和优美,习知本身就是美,就是比例,任一事物各个部分内部以及所有部分之间的正确比例。

在教育方法或教育制度上,维柯强调的是要研读思考经典作家的经典作品,故而最重要的是在人类思想长河中选择那些久经考验、堪称代表的作家及其代表作品;其次需要教师精心评注、引导,指点其中方法和原因;而学生则需要对所有经典作家的经典作品模仿、修正、增长和完善,来训练、塑造和创造越来越完善的观念。基于此,维柯开给我们的通识教育药方似乎是这样,在通识教育中,首先要形成一个完备的经典作家的经典作品,它们构成一个可以模仿、借鉴乃至超越的思想库;我们的主要课程应该是原著导读,而研读的主要目的是掌握经典之所以成为经典的方式和精神,以便能够让学生有所借鉴。采用原著导读而不是科学教材的方式,可以避免造成填鸭式、灌输式的恶劣效果,更可避免造成不容置疑的科学权威的印象,从而使学生能够敢于质疑、敢于创新,因为相对于科学教材而言,经典作品倒是活的,教材反而是死的。经典可以模仿,可以超越,教材本身却并非活的经典,仿佛是一系列死的定律和概念的罗列。经典本身是一场思想智力游戏,而教材却仿佛只是记忆背诵的材料。当然,在讲读和研习经典时,也千万要避免为经典而经典,盲目迷信权威,这样就是把经典当作教材了。同时,还要记住上文所述的整体智慧原则,经典也需要汇通,需要统一把握,要不然仍然是互相分裂的知识门类而已。

大学在完成通识教育之后,尚需完成专业教育,换句话说,大学生不仅应该是通才,而且更应该是专才。当然,次序不能颠倒,首先是通才,而后才是专才。维柯暗示,要成为国家有用之才,有必要专精于某一特殊学科,即要成为专才。如何成为专才呢?首先是要选定研究对象,发掘潜在能力,开发天赋才华。如何选定专业呢?维柯提示,我们首先是通过兴趣和乐趣,它们是天赋自然的导师,也符合人的自然本性。然而,虽然这条道路最保险不过,但却不是最有魅力的,因为它尚未到达至大至善境界。维柯举了四个例子,一个是西莫将军,一个是哲学家苏格拉底,一个是政治家马扎里尼主教,还有一个是历史学家圭恰尔蒂尼,维柯总结,他们的共同特点是发掘出了他们自己也不知道的伟大潜力,如何发掘呢?维柯又回到通识教育上来,人们应该尝试一切可能,遍及一切知识,在全面学习和修养中发现隐藏在自身中的天赋和才华。

其次是要以高尚的精神和充分的精力,以大师为范例,聆听大师经典,与大师对话,接受大师检验,让穿越世纪的名宿大家来做自己的审判官。只有以大家为标尺,方能不致迷失。

最后要全面把握专业领域之成就与缺陷,尤其是问题与不足,维柯相信,"世界直到现在还很年轻,"尽管有着无数伟大的成就,仍然还是有无数新的可能更伟大的成就等着我们来创造。17世纪以来的更加伟大得多的科学成就和技术成就,充分验证了维柯的预言。维柯批判了科学终结论,这种言论认为:"在这个幸运之极的时代,在学问研究中能够一次完成的成就,已经绝对地、整个地、完美地完成了,因而再也没有任何需要探究的了。"①维柯认为这是一种嫉妒或卑怯的喧嚣,是噪音,根本不是人所应有的英雄精神。之所以我们对那无限的财富视而无见,那只是因为人类的英雄心灵尚未给予其应有的注意。维柯呼吁我们极大地发掘埋藏在我们内心的创造力,以那些英雄为榜样,极大地促进和增长人类的福利。

当我们读到《论英雄心灵》的最后一段时,其所体现的英雄精神,的确能使我们能感受到一种发自内心的神圣性和高尚感,而这或许就是英雄之所以为英雄的人性根本。英雄之所以为英雄,在于其大全统一之知识,可以说是知识英雄;在于心灵精神和谐统一之德性,可以说是道德英雄;在于德性与知识之完美比例,可以说是智慧英雄;在于极大发挥创造力,为整个人类谋福祉,可以说是民族英雄、国家英雄、历史英雄,而他们正是上帝荣耀的展现,按照中国的话说,他们都是圣贤。

维柯认定,其所生活的时代是重归野蛮堕落的时代,这种野蛮状态通过霍布斯描述的非常清楚:人对人是狼,是孤独、自由、个体的狼,那匹狼需要满足的是自我欲望、自我保存、自我权力,因而最终为了避免无政府状态而不得不走向专制,因为只有专制才能使彻底自由、本性自私的孤独个体摆脱野蛮状态,只有专制才能保存人类文明。如何才能走出这个从自由到专制的怪圈呢?维柯的药方就是通过人类教育培养英雄主义。只有一个人是英雄,那必然就是专制。如果少数人是英雄,那就类似于贵族统治。只有大多数都是英雄,才有成熟的民主政治。或许,这也是开给当代人类的共同药方。

---

① 维柯:《大学开学典礼演讲集——维柯论人文教育》,第218页。

论休谟反形而上学思想

李学生

在西方哲学发展史上,英国哲学家大卫·休谟(David Hume)的思想成果辉煌卓著。休谟素以经验主义的怀疑主义者著称,他的经验主义被认为是经验主义发展的顶峰,"到休谟经验主义哲学登峰造极,成了一种谁也无法反驳、谁也无法相信的怀疑主义"[1]。休谟对传统因果观进行挑战,"近代的因果观系哲学便是自休谟开始的"[2]。休谟哲学中包含着丰富的内容,极大地影响着现代西方哲学的发展,成为许多哲学思潮和观点的理论来源。反形而上学思想,是休谟哲学的主要内容之一。本文旨在分析休谟对传统形而上学的态度,确立休谟的形而上学观。

一

关于休谟对形而上学的观点,一般有三种看法。第一种观点认为休谟对形而上学持反对态度。第二种观点认为休谟从来没有反对形而上学。第三种观点介于前两种观点之间,认为从不同角度看,休谟既反对形而上学又不反对形而上学。下面我们来看看这三种观点。

休谟哲学的一个主要观点是"反形而上学",这是许多哲学家,尤其是实证主义者对休谟哲学的一个普遍看法。他们认为,休谟哲学的基本要求是将人类知识限制在经验现象范围内,反对研究一切超验的形而上学命题。休谟"完全否定了形而上学,他认为在形而上学所处理的那些题目上面下推理功夫,什

---

[1] [英]罗素:《西方哲学史》(下卷),马元德译,商务印书馆,2002年,第6页。
[2] 同上书,第201页。

么也发现不了"①。逻辑实证主义更把休谟的"反形而上学"抬高到无以复加的理论地位。逻辑实证主义的理论建立在两块基石上,一是反对传统的形而上学论题,二是将哲学的任务归结为对概念和语言进行逻辑分析。反对形而上学的主要理论依据是所谓的"经验主义的意义标准",即认为在所有一切命题中,只有诸如逻辑和纯数学那样的形式命题和关于事实的经验科学的命题是有意义的,形而上学命题是在此两者之外的没有意义的"假问题"。因此,哲学的任务不是探讨诸如存在、本质、心身关系等传统哲学的问题,而仅仅是对一切属于知识、科学陈述和日常生活的命题进行逻辑分析,以使之清晰明确。逻辑实证主义者认为,在上述对意义的标准和哲学的任务所作的规定中,休谟哲学都体现了逻辑实证主义的精神:休谟关于"观念的关系"和"实际的事情"两类知识的划分,关于除此之外一切命题都是诡辩和幻想的论断,是对逻辑实证主义观点的卓越表述;休谟哲学所倡导的不是对任何形而上学的断定,而是对经验命题进行分析。正是基于对休谟哲学的这种高度认同,"休谟被列为与逻辑实证主义思想关系最密切的哲学家之一"②。当代一些学者也认为,根据休谟的一个主要论点即一切观念都来自以前的印象,休谟"就否定了哲学对形而上学或超自然概念——描述物理学和观察范围以外的东西的那些概念,来自理性或理性直观的概念,以及天赋观念——的合法引用"③。因为这些概念没有与它相应的印象。

与前一种观点相反,有人认为休谟没有反对形而上学,因为,休谟本人并未在其著作中明确提出反形而上学,相反休谟还探讨了一些形而上学概念。也有人认为休谟承认外部世界的存在,并认为这是休谟认识论的一个前提。因此休谟并不是要完全排斥形而上学的信念,尤其是外界物体存在那种常识的信念。休谟的意思只是说,我们的确可以具有那样的信念,它们是我们进行哲学思考的前提,不过我们所能做的仅此而已,我们不可能从哲学上进一步证实这些信念,因为这件事超出了我们的能力和经验的范围,是我们所"不知的"。所以,他们认为休谟并不像实证主义说的那样拒斥形而上学,实际上休谟哲学是有本体论预设的。

---

① [英]罗素:《西方哲学史》(下卷),马元德译,商务印书馆,2002年,第178页。
② 周晓亮:《休谟哲学研究》,人民出版社,1999年,第14页。
③ [美]伊丽莎白·S.拉德克利夫:《休谟》,胡自信译,中华书局,2002年,第19页。

第三种观点实质上是前两种观点的结合。他们认为,在本体论上休谟是反对形而上学的,因为休谟反对将有关经验之外的实在和存在的形而上学命题包括在知识的范围内。另一方面,他们又认为。休谟接受了常识的观点,是个形而上学家,因为,休谟相信客观物质世界的存在,相信精神活动的自然基础,相信自然过程中一律性的作用。也有人提出休谟对"形而上学"有两个概念,一个是"虚假的形而上学",另一个是"真正的形而上学"。虚假的形而上学是由于人们试图研究人类理智无法接近的题目引起的,它们是晦涩难懂的,而且已经同迷信结合在一起,因此它不是"真正的科学";而真正的形而上学只有在研究了人类理智的本性,说明了人类认识能力之后才能明了。他们认为休谟主张"用真正的形而上学消灭假的形而上学"。[①]

二

有许多争论,仔细考究起来,要么大家争论的不是一个问题;要么大家向来都是意见一致的,全部争论一向都只在于空洞的文字。为了辟免徒劳,我们需要考察一下,休谟那个时代的形而上学。

"形而上学对我们来说是一门科学,已经存在许多世纪了。因为许多世纪以来人们一直觉得有必要,现在仍觉得有必要,以系统的或有序的方式来思考亚里士多德在那门科学命名的一组论著中所讨论的主题。"[②]形而上学发展到今天,已有多种含义。现在,形而上学一般是指对实在的最基本的成分或特征的研究(本体论),或者对我们在叙述实在时所用的最基本概念的研究。按照某些用法,形而上学主要讨论不可感知的事物,或者科学方法范围之外的事物。但其他的形而上学观点则反对这种说法。譬如,亚里士多德自己把形而上的研究称作"第一哲学",即关于终极原因和原则的科学。在理性主义传统中,形而上学被看作是由纯粹理性所操作的对超感官知觉的内在实在性质的研究。康德把一切力图以纯粹理性来叙述超越人类理智的超验实在的努力都归作思辨的形而上学。他认为,形而上学乃是人类心灵寻找整体解释的一种必然倾向。卡尔纳普及其他逻辑实证主义者把形而上学看作是声称对超越经

[①] 周晓亮:《休谟哲学研究》,人民出版社,1999年,第255页。
[②] [英]尼古拉斯·布宁、余纪元:《西方哲学英汉对照辞典》,人民出版社,2001年,第615页。

验科学领域的事物的本质具有知识的领域。在一种与马克思主义有关的专门意义上，形而上学被看作是一种片面的、静止的和孤立的思维形式，与黑格尔的辩证法相对立。在这里，我们要考察的是近代形而上学，也称传统形而上学。"如果说古代的形而上学是以本体论为基础、核心的话，那么，近代的形而上学则是以认识论为基础和核心的。"① 知识究竟如何可能？基础何在？知识为何有效可靠？知识的确定性的根据何在？这些问题成为近代哲学家们思考和研究的焦点。与此同时，他们也并没有抛弃古代哲学家们所追求的宇宙万物的终极实体，并以此作为自己哲学体系的支撑或起点，尽管有些哲学家认为这种实体是超出人类理智、人类认识能力的东西。

把西方形而上学从基督教神学和经院哲学之中剥离出来引上一条新的发展大道的领路人当推笛卡儿。为了给科学的确定性提供依据，笛卡儿找到了他认为确定无疑的哲学的第一原理："我思，故我在。"② 从"我思"出发，笛卡儿推论出上帝的存在。根据上帝的存在，笛卡儿又推论出物质的存在。物质世界是我思的对象，是认识的客体。自我、上帝、物质是笛卡儿的形而上学体系中三个各自独立的实体。自我是思维实体（心灵），物质是广延实体（形体）。上帝则是最高实体，是绝对者，是宇宙的终极原因，心和物则是相对的实体，是上帝所创造的。这就是著名的笛卡儿的二元论。直接继承笛卡儿思想的是斯宾诺莎，但他不满意笛卡儿把心物看作两个独立的实体并以上帝作为两者之源的最终最高实体的观点。斯宾诺莎认为，宇宙万物是相互联结并遵循普遍不移的规律与法则的有秩序的整体（总体）或系统，他称之为自然或神。神是唯一的绝对的实体。实体在时间上是永恒的，无始无终，在空间上是无限的。实体只能是单个的、唯一的，是普遍的整体，个别事物不是独立自存的实体，心（思想）和物（广延）也不是各自独立的两个实体。一切个别事物都不是离开自然整体（神）而独立存在。个别事物是实体的"样态"（样式），思维和广延是实体的两种属性。与斯宾诺莎构造的一元论的形而上学体系不同，莱布尼茨则构造了一个多元论的形而上学体系。莱布尼茨形而上学体系的主要内容是单子论和前定和谐说，它以上帝为终极原因，这种形而上学具有浓厚的神创世界的色彩。莱布尼茨认为宇宙间的事物是由无限多的单子所构成的。单子是不

---

① 黄颂杰等：《西方哲学多维透》，上海人民出版社，2002年，第26页。
② 同上书，第27页。

可分的"单纯实体",具有完满性和自足性。单子可分为许多等级,最高最完善的单子是上帝。上帝全知全能全善,是唯一创造一切的单子,其他单子都是上帝创造或派生的产物。上帝在创造单子时,就已预定安排了每个单子的变化发展,使每个单子各自独立变化发展又和谐一致形成协调有序而又保持整体的宇宙万物。与上述唯理派哲学家不同,洛克从经验出发,考察了形而上学的一些概念。洛克并没有公开否定实体、否定形而上学,但是他站在经验论立场上无法理解、解释实体、上帝,这就是说,他的经验论已限制了他对形而上学的追求。洛克之后,贝克莱持极端经验论观点,提出"物是感觉的集合","存在就是被感知"的论断,成为唯心论的著名公式。贝克莱宣称洛克所达到的实体是世界上最不可理解的东西,他公开否定物质实体,但肯定精神实体的存在,肯定上帝的存在。

从以上分析可以看出,要考察休谟对待形而上学的态度,必须以笛卡儿以来的形而上学演变为背景,指出休谟赞成什么,不赞成什么,只有这样才能避免虚假的争论。

众所周知,对近代形而上学产生更为重大影响的当是休谟的经验论和怀疑论哲学。康德在他的《未来形而上学导轮》一书的导言中评论说,自从洛克的《人类理智论》和莱布尼茨的《人类理智新论》问世以来,甚至从形而上学产生以来,对形而上学这一学科的命运来说,它所遭受的没有什么能比休谟给予的打击更为致命的了。休谟没有给形而上学这类知识带来什么光明,不过他却打出一颗火星。从这颗火星是可以培育出光明来。[①] 那么,休谟是如何给传统形而上学以致命打击的呢?

三

休谟反形而上学的理论根据是他的经验论(或观念论)。休谟的经验论是洛克和贝克莱的经验论发展的必然结果。但休谟的经验论比他们更彻底,思路也更广泛。休谟对人类理智和知识的考察是从知觉的划分入手的。按照知识的强力和活力,休谟将知觉划分为两类,即印象和观念。所谓"印象",是指我们的较活跃的一切知觉,就是指我们"有所听,有所视,有所触,有所爱,有所

[①] [德]康德:《未来形而上学导论》,庞景仁译,商务印书馆,1997年,第5—6页。

憎,有所欲,有所意时的知觉而言"①。它包括了所有初次出现于灵魂中的我们的一切感觉、情感和情绪。所谓"观念"就是在反省上述的那些感觉和运动时我们所意识到的一些较不活跃的知觉。知觉的另外一种区别就是简单与复合的区别。"简单的知觉,亦即简单的印象和观念,不容再行区分或分析。复合知觉则与此相反,可以分为许多部分。"②休谟认为,每个简单观念都有和它类似的简单印象,每个简单印象都有一个和它相应的观念;并且简单印象总是先于它的相应观念出现。与此相反,我们的许多复合观念从来不曾有过和它们相应的印象,而我们的许多复合印象也从来没有精确地复现在观察之中,"我能设想新耶路撒冷那样一座黄金铺道、红玉砌墙的城市,虽然我从来不曾见过这样一座城市"③。通过对观念与印象之间关系的考察,休谟认为一切观念都来自印象,"我们的一切观念或较微弱的知觉都是印象或较活跃的知觉的摹本"④。人的思想似乎有无限的能力和自由,可任意驰骋飞翔,实际上跳不出知觉的范围。你想象一座金山、一匹有德性的飞马,实际上却不过是在心中把感觉和经验所提供的黄金、山、德性、马加以连接而已。人的全部创造力"只不过是把感觉和经验供给于我们的材料混合、调换、增加或减少罢了"⑤。思想中的一切材料都是由外部的或内部的感觉来。由此,休谟指出判断一个哲学名词有无意义的标准,他指出,"我们如果猜想,人们所用的一个哲学名词并没有任何意义或观念(这是常见的),而我们只须考究,'那个假设的观念是由什么印象来的',如果我们找不出任何印象来,这便证实了我们的猜想。我们如果把各种观念置在这样明白的观点之下,我们正可以合理地希望,借此来免除人们关于观念的本性和实在方面所有的一切争论"⑥。因此,一个名词、概念若没有与之相应的对象,它就是空洞的名词、虚假的观念。这里蕴涵着20世纪的指称理论、逻辑原子论、实证原则的基本思想。至于知觉、感觉印象又来自何处呢?休谟认为,它们的最终原因是人类理性所完全不能解释的。我们不能确实断定,那些印象是直接由对象产生,还是被心灵的创造力所产生,

---

① [英]休谟:《人类理解研究》,关文运译,商务印书馆,1995年,第20页。
② [英]休谟:《人性论》(上),关文运译,商务印书馆,1997年,第14页。
③ 同上书,第15页。
④ [英]休谟:《人类理解研究》,关文运译,商务印书馆,1995年,第21页。
⑤ 同上书,第20页。
⑥ 同上书,第23页。

抑或是由造物主那里来。感觉印象由不知道的原因产生于我们心中，我们只要根据心中的印象、观念进行判断、思维和生活就行了。休谟的这种经验论观点显然是有悖于西方传统的形而上学追求的。

休谟对"抽象观念"的论述，揭露抽象观念的本质，打击了形而上学概念。一个观念如何能代表一定种类事物的全部个体，即使这些个体的性质各不相同？对这方面引起人们特殊兴趣的是抽象观念如何从感觉材料中发展起来。约翰·洛克认为，虽然所有观念都来自经验，但是我们的心灵具有一种被称为"抽象"的能力，凭着这种能力，我们能够从具体观念得出抽象观念。他说，通过比较某些复杂观念，我们能够发现它们的共同特点，然后抽象出这些共同性，于是就形成抽象观念。例如，我可能注意到，我关于这颗草莓、这朵玫瑰、这只鸟的观念都包含着一个共同的观念，即红，于是，我就把它抽象为普遍的红的概念。按照洛克的解释，一个抽象观念包含了一整类事物，抽象观念的作用在于为我们划分事物的不同的类。贝克莱则不同意洛克的看法。"贝克莱不仅宣称抽象观念的现实性理论是形而上学中的极大错误，而且否定在心灵自然内部有抽象观念的存在。"① 贝克莱认为，我们所感知到的各种性质的观念都是个别的，如红、黑、白等不同的颜色，长、短、高、矮等不同的大小。我们不能形成不具有任何特殊色彩的抽象的颜色概念，也不能形成不具有任何特殊长度的抽象的大小概念。"一切一般观念都只是一些附在某一名词上的特殊观念，这个名词给予那些特殊观念以一种比较广泛的意义，使它们在需要时唤起那些和它们相似的其他各个观念来。"② 按照贝克莱的解释，我们所使用的抽象"物质"概念也是不存在的，它只是虚构出来的毫无意义的词。休谟认为，贝克莱是正确的，并且把这看作是"近年来学术界最伟大、最有价值的发现之一"③。休谟力图阐明，他自己的观念论是如何为贝克莱的观点提供证据的。休谟提出的一个论据是，一切观念都来自印象，对于后者来说是正确的，对于前者来说肯定也是正确的。凡出现于心中的印象总是在数量和质量的程度上是确定的。同样，任何观念也都是确定的。但是，抽象观念，假如它们存在，必然是不确定的。因此，不存在任何抽象观念。休谟提出的另一个论据，

---

① [德] 文德尔班：《哲学史教程》（下卷），罗达仁译，商务印书馆，1996年，第629页。
② [英] 休谟：《人性论》（上），关文运译，商务印书馆，1997年，第29页。
③ 同上书，第29页。

即根据他的经验主义原则,一切差异的对象都是可以区别的,而一切可以区别的对象都是可以被想像和思想分离的。反之亦然。假如我们能在思想中将对象分开,那么它们显然是不同的。但是,我们能思考一个三角形而不同时想到它的三个角吗?我们能设想一条直线而不同时想到它的确切长度吗?休谟说,回答是否定的。所以,如果我们能思考抽象观念,那么抽象观念本身就是特殊的,不论它们在表象上变得如何的一般。休谟指出抽象观念的本性,即所有的抽象观念实际上都是在某种观点下被考察的特殊观念,但由于这些抽象观念附着于一般名词,所以它们就能表象一大批的观念,并且包括在某些细节方面虽然相似、而在其他细节方面都极不相同的一些对象。休谟的抽象观念理论,不仅瓦解了抽象的"物质"概念,而且瓦解了抽象的"灵魂"(精神)等一切形而上学概念。

从前面分析可知,"实体"概念是形而上学的最核心的概念。休谟关于实体概念的理论,直接打击了形而上学。休谟彻底坚持了经验主义原则,在对实体概念的看法上,比洛克、贝克莱更彻底,走的更远。洛克虽然认为实体是不可知的,但保留实体作为"支撑"。贝克莱否认物质实体,但保留了精神实体。休谟认为,我们没有任何实体的观念,因为我们所具有的观念都是从某种印象来的,而我们没有任何实体的印象,不管是物质的实体,还是精神的实体。"实体(substance)观念是从感觉印象得来的呢?还是从反省印象得来的呢?如果实体观念是从我们的感官传给我们的,请问是从哪一个感官传来的,并以什么方式传来的?如果它是被眼睛所知觉的,那么这个观念必然是一种颜色;如果是被耳朵所知觉,那么它必然是一种声音;如果是被味觉所知觉,那么它必然是一种滋味;其他感官也是如此。但是我相信,没有人会说:实体或是一种颜色,或是一个声音,或是一种滋味。因此实体的观念如果确实存在,它必然是从反省得来。但是反省印象归结为情感和情绪;两者之中没有一个能够表象实体。因此,我们的实体观念,只是一些特殊性质的集合体的观念,而当我们谈论实体或关于实体进行推理时,我们也没有其他的意义。"[1]我们所知道的只是个别的性质和知觉。我们的任何物体的观念,比如一枚桃子的观念,只不过是特殊的滋味、颜色、形状、大小和密度等的观念。所以,我们的任何心灵的观念只是一些特殊知觉的观念,这里没有任何我们所说的实体那种东西的

---

[1] [英]休谟:《人性论》(上),关文运译,商务印书馆,1997年,第28页。

概念,不论是单纯的实体还是复合的实体。① 休谟根据人性中的一种心理倾向,分析"实体"概念的产生,并认为实体只是想像虚构的一种不可知的东西。"我们总是不自禁地把物体的颜色、声音、滋味、形状和其他特性看作是不能独立自存的存在物,总需要一个寓托的主体来给以支持。"②想像容易虚构一种不可知、不可见的东西,并假设它在种种变异之下,仍然继续保持同一不变;"想像就称这种不可理解的东西为一个实体、或原始的、第一性的物质。"③休谟对"实体"观念的论述,不仅否定超经验的形而上的实体,而且对宗教意义上的实体神、上帝持大胆怀疑的态度,他批判、否定了所有关于上帝存在的论证,认为这类超经验的问题是人类理智永远解决不了的。

休谟在排除了实体概念之后,进一步阐明了认识的主体——心灵或自我。休谟驳斥了笛卡儿关于思想是心灵的本质的说法,因为笛卡儿所说的思想是指思想的一般,而心灵的内容只能是知觉,知觉的本质是个别而不是一般。他说,并不存在"自我"这种现象,因此也没有"自我"这种观念。"就我而论,当我亲切地体会我所谓我自己时,我总是碰到这个或那个特殊的知觉,如冷或热、明或暗、爱或恨、痛苦或快乐等等的知觉。在任何时候,我总不能抓住一个没有知觉的我自己,而且我也不能观察到任何事物,只能观察到一个知觉。"④他含着讥讽的意味承认,也许有些哲学家能感知他们的自我;"但是撇开若干这类的形而上学家不谈,对人类中其余的人我可以大胆断言,自我无非是一簇或一组不同的知觉,以不可思议的快速彼此接替,而且处于不绝的流变和运动中"⑤。自我的存在与否是我们不能知道的,自我除开看作一簇知觉,不能组成我们的知识的任何部分。"这个结论剔除掉'实体'的最后残存的使用,在形而上学上很重要。在神学里,它废除了关于'灵魂'的一切假想知识,在这点上很重要。"⑥

休谟对传统形而上学的打击还突出地表现在他对传统因果观的挑战方面。因果关系是形而上学的重要概念。休谟之前的传统观点认为,因果关系

---

① 周晓亮:《休谟哲学研究》,人民出版社,1999年,第378页。
② [英]休谟:《人性论》(上),关文运译,商务印书馆,1997年,第249页。
③ 同上书,第248页。
④ 同上书,第282页。
⑤ [英]罗素:《西方哲学史》(下卷),马元德译,商务印书馆,2002年,第199页。
⑥ 同上书,第199页。

是一个实际的特性,这个特性涉及到实在事件的客观相互依赖性;由于必然联系是在有因果关系的对象或事件之间客观保持着的一种关系,因而因果关系是一个本体论范畴。休谟否定这一看法,认为因果关系纯粹是观念的关系,它只不过是我们将我们的心理习惯强加给世界而已。"我们的因果判断来自习惯和经验","关于原因和结果的一切推理只是由习惯得来的","根据经验来的一切推论都是习惯的结果,而不是理性的结果","习惯是人生的最大指导"[①]。休谟论证说传统的因果关系概念是错误的。既然只有经验能告诉我们自然的条理性,而我们并未经验到必然联系的事例,所以,"必然联系"这个用语是没有意义的。我们可以证实我们的印象在空间上的接近性和时间上的在先性,但是不能证实必然联系。我们的因果关系观念的真实基础是观察到的规则性。对象间的接近与持续关系不断重复出现显示出一种"恒常的结合",就会在人心中形成习惯的联想或信念,使人一看到前一现象出现,就会相信必有后一现象产生,从而形成所谓因果观念。这不是逻辑的、可证的或自明的联系,而是与我们的习惯态度和我们心中所产生的事情相关的。因此,休谟声称,在经验中产生的因果关系并不具有必然性,一切建立在因果关系基础上的科学都不具有确定的必然性,只是具有或然性的"概然判断"。休谟反对用"力"来解释因果性,也反对用最高的神、上帝来解释因果性,断定因果性知识来源于感觉经验。我们知道,西方形而上学所要追求的便是宇宙万物之终极原因、最高本质,休谟的这种经验论的因果观实际上否定了对形而上学的原因、本质的追求,而且根本就否定了这种原因、本质的客观存在。

近代的因果观和实体观是有联系的,因为终极的实体也就是终极的原因,因而因果观和实体观一样也是本体论的基本概念,休谟的因果观实际上否定了终极实体作为宇宙万物的终极原因。这样,休谟就"瓦解了17世纪形而上学运动围之而旋转的两大基本概念。实体和因果律是观念之间的关系,既不过通过经验也不可通过逻辑思维予以证实;实体和因果律基于从反省得来的印象[虚构地]代替了感觉印象。不过这样一来,通常的形而上学的基本完全垮台了,代之而起的是认识论"[②]。

---

① 黄颂杰等:《西方哲学多维透》,上海人民出版社,2002年,第26页。
② [德]文德尔班:《哲学史教程》(下卷),罗达仁译,商务印书馆,1996年,第657页。

四

纵观以上分析,所谓休谟反形而上学,是指休谟反对传统的本体论意义上的形而上学。正是从休谟的经验主义的意义标准上启发了逻辑实证主义对形而上学的拒斥。如果把寻求人类知识的根据也称为形而上学或称为知识的形而上学,那么休谟的哲学应属于知识的形而上学,但这不属于我们现在讨论的范围。休谟也不是否定"形而上学"这个用语,要是那样的话,就什么也无法言说了。有人根据休谟承认外部世界的存在,认为休谟根本不反对形而上学,那是对形而上学含义的一个极大误解。这个误解在很多人那里都存在。休谟说:"我们很可以问,什么原因促使我们相信物体的存在?但是如果问,毕竟有无物体?那却是徒然的。那是我们在自己一切推理中所必须假设的一点。"① 在外部世界方面,形而上学讨论的不是有无外部世界,而是我们为什么相信外部世界,我们所讨论的是"关于促使我们相信物体存在的原因"②。人们如果想来讨论人类才干所完全不能及的一些问题,如世界的起源、智慧体系(或精神领域)的组织等,那他们永远达不到任何确定的结论。同样,对于因果关系,休谟从来没有怀疑过因果概念是否正确、有用,以及对整个自然知识说来是否必不可少;休谟所期待要解决的问题是,这个概念是否能先天地被理性所思维,是否具有一种独立于一切经验的内在真理,从而是否具有一种更为广泛的、不为经验的对象所局限的使用价值。"这仅仅是概念的根源问题,而不是它的必不可少的使用问题。根源问题一旦确定,概念的使用条件问题以及适用的范围问题就会迎刃而解。"③

西方近代经验论发展的最后结果便是对传统形而上学的怀疑、动摇和否定。休谟哲学正反映了这一结果。休谟对传统形而上学的反叛,对现当代哲学产生了很深的影响,引发了对形而上学问题的讨论。一方面,对形而上学的"拒斥"、"清除"、"废弃"成为一种时髦;另一方面,坚持、维护乃至复兴形而上学传统者也大有人在。对形而上学问题的争论,表现了人们对哲学的前途和

---

① [英]休谟:《人性论》(上),关文运译,商务印书馆,1997年,第214页。
② 同上书,第214页。
③ [德]康德:《未来形而上学导论》,庞景仁译,商务印书馆,1997年,第8页。

命运的关注,也表现了人们对哲学的对象、性质、功能、作用等问题的不同看法。对形而上学问题的争论决不是一场概念游戏,而是对人类生存状况的一种深层次的反思;它不仅仅是由哲学自身发展中的矛盾所酿成的,更重要的是由与人连接在一起的社会发展所引起的。就今天而论,休谟反形而上学思想,对我们从人类本性出发理解理性、科学、宗教及社会实践,都具有很大启发意义。

康德与西方形而上学的命运[①]

王建军

如今人们对于"形而上学"这一概念的理解显然已不同于康德那个时代了,因为它的研究对象不再局限于亚里士多德的"作为存在的存在",也不局限于中世纪哲学家们的宇宙、灵魂、上帝等理念,而同时具有了"为科学奠基"的意义,从而与"哲学"概念的界线变得越来越模糊。从表面上看,形而上学的领地得到了扩展似乎是件好事,但实际上,这也是形而上学的内涵变得越来越贫乏、其目标变得越来越模糊的表现。康德之后的现代西方哲学中关于形而上学的"终结"呼声不绝于耳,这就某种意义而言与形而上学自身的贫乏与虚化不无关联。

形而上学的这种状况与康德有没有关系呢?很多人认为关系不大,他们宁愿把形而上学的式微归咎于诸如科技进步、社会革命等时代变迁。这一看法看似有道理,但他们忘了 meta-physics 与 physics 之间的区别,形而上学本性中 meta 所具有的"超越"的含义决定了它绝不可能混同于一般的自然之学的。如果科技进步与社会革命可以决定形而上学的命运,那么形而上学也就不配使用 meta 这一前缀了。形而上学的命运其实始终掌握在形而上学家们的手上,时代的变迁固然可以对形而上学家的思维方式产生重要的影响,但这种影响总不至于使形而上学家们忘记了形而上学自身的超越本性,进而使之成为满足某个时代特定需要的手段。康德作为一位声名远播的形而上学家,其思想体系甚至被喻为哲学史上的"贮水池",他对于形而上学的命运所起的作用自然不容忽视。

[①] 谨以此文恭贺恩师黄颂杰先生八十华诞。正是由于先生这一代人对西方哲学孜孜不倦的开创性研究,方有今日中国西哲研究之新局面;正是由于先生以其谦逊而淡泊的高尚品格在默默地感召着无数学生,方有今日黄门弟子对先生的由衷爱戴与景仰。高山仰止,景行行止。值此盛时,恭祝先生生日快乐、健康长寿!

在"德国观念论"时代,人们对于康德哲学在形而上学领域摧枯拉朽(破坏)的作用有着更加切身的体会,这也是他们奋力拯救形而上学的根本动力。谢林在其《自然哲学的观念》中就深刻的指出:"但现在已经确定,理论哲学中的后一部分只能作范导性的运用。然而,将我们提升到现象世界之上的,乃是我们的道德本性,而在理念的王国中作建构性运用的法则,也正因此而变成了实践的法则。因此,迄今在理论哲学中属于形而上的东西,在将来就要唯一地托付给实践哲学了。为理论哲学所留下的只是一种可能经验的普遍原则,将来理论哲学不再是一门物理学之后的科学(形而上学),而是一门走在物理学之前的科学。"[1]黑格尔在其《逻辑学》的"序言"中更是说了一段意味深长的话:"在这段时期以前,那种被叫做形而上学的东西,可以说已经连根拔掉,从科学的行列里消失了。什么地方还在发出,或可以听到从前的本体论、理性心理学、宇宙论或者甚至从前的自然神学的声音呢?……对于旧形而上学,有的人是对内容,有的人是对形式,有的人是对两者都失掉了兴趣;这是事实。……康德哲学的显豁的学说……这种通俗的学说迎合了近代教育学的叫嚷,迎合了眼光只向当前需要的时代必需;……科学与常识这样携手协作,导致了形而上学的崩溃。"[2]

但是,德国观念论者的这些看法似乎并没有得到后人的普遍认同,相反,随着"回到康德去"的口号被广泛传播,康德对形而上学的这种破坏作用也很快被一片称颂所遮掩。比如,俄国宗教哲学家别尔嘉耶夫(1874—1948)就作出了这样的评价:"说康德结束了一切形而上学,这是不正确的,他结束的只是自然主义和理性主义类型的形而上学。他揭示了从主体出发的形而上学、自由的形而上学是可能的。康德在自然秩序和自由秩序之间作出的区分包含着永恒的真理。正是康德使存在主义形而上学成为可能,自由秩序就是 Existent[实存]。康德不但企图论证科学和道德,如一般的人所认为的那样,他还有形而上学的兴趣,他想保卫自由,企图把自由当作世界的实质。只是从客体的方面看,自在之物才是个不可认识的 X,从主体方面看,自在之物是自由。那些认为康德是一切形而上学的敌人的人,显然只承认自然主义形而上

---

[1] F. W. J. Schellings Sämmtliche Werke, 14 Bände. hrsg. v. K. F. A. Schelling, Stuttgart und Augsburg: J. G. Cotta'scher Verlag, 1856-1861. Bd. 1,2,3.
[2] 黑格尔:《逻辑学》(上卷),杨一之译,商务印书馆,1996年,第1—2页。

学和客观形而上学的可能性。但是还有另外一条形而上学之路。"[①]别尔嘉耶夫的看法也并不与事实相违,因为康德虽然批判传统的形而上学,但其批判的目的却是为了使形而上学这门学科能够像物理学和数学那样走上科学的发展道路。但问题是,"自由的形而上学"只是别尔嘉耶夫对康德的个人解读,他的这一结论并没有被作为一个定论写进哲学史教科书。

至于现今的大学讲堂,哲学教授们几乎都在极力宣扬康德思想的伟大。康德的伟大当然是无庸置疑的,但如果把这种伟大同时也解读为康德在形而上学领域的"卓越贡献",这恐怕十分不妥。比如牛津大学哲学系教授丹尼尔·鲁宾逊(Daniel N. Robinson)就公开声称:"在内行人士都认为是白费时间的时候,康德着手开创了系统化的形而上学……"[②]

人们对于康德在形而上学领域的影响的褒贬不一的评价足以说明,康德与形而上学的关系问题并没有得到认真地对待。虽然海德格尔也十分关注康德的形而上学思想,但他的主要兴趣还是在于如何从康德哲学中引出他自己的"基础本体论"。他虽然把康德哲学视为对传统形而上学"奠基"(参见本文第四部分注释),这在某种意义上似乎提升了康德形而上学的地位,但毕竟不能代表康德的本意。因为康德的形而上学并不是要对传统的形而上学奠基,而是为自然科学以及道德学奠基。海德格尔之所以作出这种判断,是因为他把康德的形而上学等同于康德的理性批判,但康德的理性批判与其形而上学之间还是有区别的。这二者的关系如果不区分清楚,自然会导致人们由于认同康德的理性批判进而连带地认同其形而上学主张,而这最终又导致人们在关于康德与形而上学命运问题上实际处于一种未置可否的状态。

一、理性批判与形而上学的关系

要弄清"批判"与形而上学的关系,这并不是一件十分容易的事情。因为康德在这个问题上的态度并非始终如一,而是包含着一种微妙的变化。虽然这些变化并不是自我否定式的,但却体现出康德在侧重点上的一些调整。

在前批判时期,康德对形而上学的看法比较单纯,即把形而上学理解为知识的初始根据或第一原理。当然,这时还没有出现批判与形而上学的关系问

[①] [俄]别尔嘉耶夫:《末世论形而上学》,张百春译,中国城市出版社,2003年,第9页。
[②] http://open.163.com/movie/2011/9/N/D/M8HJPSD1U_M8HP3BVND.html.

题。在1764年的"关于自然神学与道德的原则之明晰性的研究"一文中，康德说："形而上学无非是关于我们知识之初始根据的哲学罢了。"①这种理解实际上是出自鲍姆加登对形而上学的定义。鲍姆加登给出的形而上学的定义是："形而上学是包含人类知识的第一原理的科学。"②随着批判思想的逐渐形成（以1771年的《就职论文》为标志）与成熟，康德在形而上学与批判哲学的关系问题上出现了摇摆不定的迹象，他对二者究竟谁属于谁的问题有点举棋不定。比如，在1776—1778年间的《形而上学反思录》(Reflexionen zur Metaphysik)中，他把纯粹理性批判与本体论一起归属于一般形而上学，把理性物理学、理性心理学、理性宇宙论归属于特殊形而上学。③

在1871年的《纯粹理性批判》中，批判与形而上学的关系就变得异常复杂起来。一方面，康德仍然承认"形而上学这个名字也可以给予包括批判在内的全部纯粹哲学"④，但另一方面，他又强调批判只是在为建立科学的形而上学而进行清理地基的准备工作。在他看来，批判作为形而上学的准备或入门，其本身并非完全外在于形而上学，因为它在这种清理地基的过程中，也对形而上学的界限与轮廓进行了"描画"。他说："这项批判是一本关于方法的书，而不是一个科学体系本身；但尽管如此，它既在这门科学的界限上、也在其整个内在构造方面描画了它的整体轮廓。"⑤批判之所以能够同时描画出形而上学的整体轮廓，是因为"纯粹思辨理性本身具有的特点是，它能够且应当根据它为自己选择思维对象的各种不同方式来衡量自己的能力，甚至完备地列举出它为自己提出任务的各种方式，并这样来描画形而上学体系的整体轮廓"⑥，也就是说，理性有能力批判其自身，而这种批判本身同时就规定了形而上学的轮廓，因而它也就成了形而上学的一部分。不过，这里仍然存在着一个疑问：批判要么在形而上学之内，要么在形而上学之外，这是一个逻辑问题，而康德把批判说成是既处在形而上学之内，也处在形而上学之外，这是否是自相矛盾？

---

① 康德：《康德著作全集》(第2卷)，李秋零主编，中国人民大学出版社，2004年，第283页。
② 转引自海德格尔：《康德与形而上学疑难》，王庆节译，上海译文出版社，2011年，第1页。
③ Kant, Immanuel. *Gesammelte Schriften*, hrsg. v. der Preußischen Akademie der Wissenschaften, Berlin, 1990ff. XVIII, S9.
④ 康德：《纯粹理性批判》，邓晓芒译，杨祖陶校，人民出版社，2004年，A841/B869.
⑤ 同上书，BXXII.
⑥ 同上书，BXXIII.

康德为了避免了这一矛盾,他将形而上学区分为"最广义"、"广义"、"狭义"和"最狭义"四个层次(参见下图①)。从最广义的形而上学来看,"批判"作为纯粹理性的哲学,本身属于这种形而上学;从广义的形而上学来看,"批判"只是这种形而上学的"入门";从狭义的形而上学来看,"批判"是对这种形而上

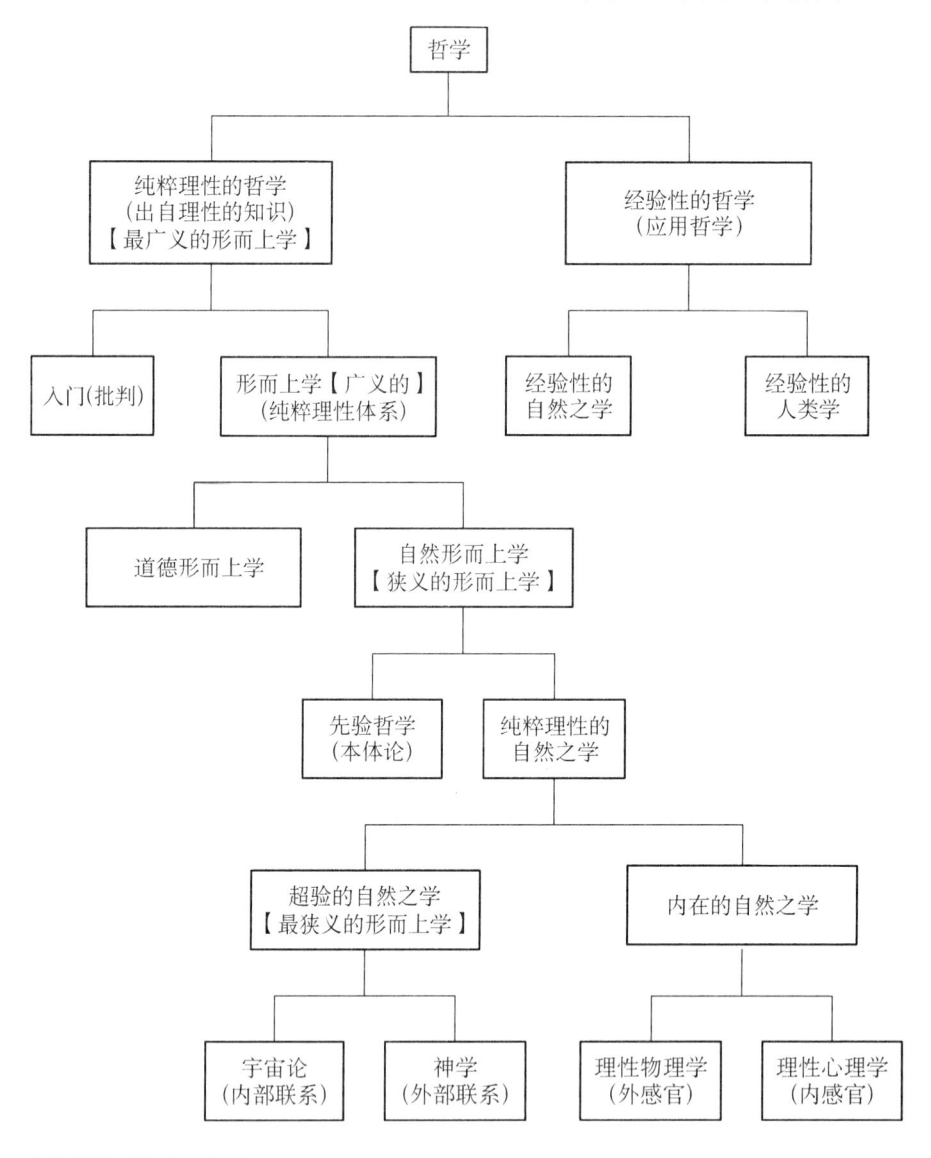

```
                         哲学
            ┌─────────────┴─────────────┐
       纯粹理性的哲学                经验性的哲学
       (出自理性的知识)                (应用哲学)
       【最广义的形而上学】
       ┌─────┴─────┐              ┌─────┴─────┐
    入门(批判)  形而上学【广义的】   经验性的      经验性的
                (纯粹理性体系)     自然之学      人类学
              ┌─────┴─────┐
          道德形而上学    自然形而上学
                        【狭义的形而上学】
                        ┌─────┴─────┐
                     先验哲学    纯粹理性的
                     (本体论)     自然之学
                              ┌─────┴─────┐
                         超验的自然之学   内在的自然之学
                         【最狭义的形而上学】
                          ┌───┴───┐      ┌───┴───┐
                        宇宙论   神学   理性物理学  理性心理学
                       (内部联系)(外部联系)(外感官)   (内感官)
```

---

① 本图根据杨祖陶、邓晓芒先生的《〈纯粹理性批判〉指要》相关论述绘制(参见杨祖陶、邓晓芒:《〈纯粹理性批判〉指要》,湖南教育出版社,1996年,第418页)。

学中的本体论进行了"奠基"①,同时对这种形而上学中的另外几种最狭义的形而上学(理性心理学、理性宇宙论和理性神学)进行了驳斥。对于康德的这种处理方式,我们承认矛盾确实得到消除,但"形而上学"的概念却变得令人难以捉摸了,康德在这里是否以牺牲形而上学概念的确定性为代价来换取形而上学的逻辑的确定性?之所以会出现这一问题,我认为主要还是因为康德在批判与形而上学的关系问题上一直都处于摇摆不定的状态。

如果说在《纯粹理性批判》中康德还在试图区分批判与形而上学,那么,康德在其后续的思想发展中则倾向于将批判直接等同于形而上学了。在1791—1795年间的遗著"对形而上学进展的补充"(*Ergänzungen zu den Fortschritten der Metaphysik*)中,康德曾谈到过"形而上学的目的"。他说:"形而上学的目的(der Zweck der Metaphysik):1)找出先天综合知识的起源。2)洞察我们的理性在作经验性使用时的限制性条件。3)指出我们的理性对于这些条件的独立性,因而指出我们理性作绝对的使用的可能性。4)由此清除我们的理性作超感官世界的使用,虽然这只是消极的扩展,即对理性自身(从其作经验性使用的原则出发)的阻碍。5)指出理性的绝对统一性的条件,从而使得理性能够作为实践的统一性的完备原则,也就是使所有的意图都得到和谐的统一。这个扩展的原则就经验性的使用而言再次是否定性的,[因为]在这里没有什么是作为自然而被看待的。"②在1803年的遗著中,康德也提到:"形而上学的原则、因而一切哲学的自然知识也就是这个问题:综合知识等等是怎么回事?(wie sind synthetische Erkenntnisse etc.)"③从这几处论述可以看出,形而上学的目的与批判的目的是完全一致的,即对人类先天综合知识的起源、条件和界限进行规定。这就表明了批判与形而上学在康德那里最终走向了"合流"。

既然批判与形而上学之间有着这种异常复杂的关系,那么,我们在判评断康德在形而上学史上的地位时就需要十分慎重。康德的确在不断地加强批判

---

① 康德说:"形而上学与先验哲学的区别在于:前者包含了自然科学的已经被给予的先天原则,而后者则包含了形而上学的可能性基础本身(den Grund der Moglichkeit selbst der Metaphysik)及其先天综合命题。"(Kant, Immanuel, *Gesammelte Schriften*, hg. v. der Preußischen Akademie der Wissenschaften, Berlin, 1990ff. XXII, S79.)

② Kant, Immanuel, *Gesammelte Schriften*, hg. v. der Preußischen Akademie der Wissenschaften, Berlin, 1990ff. XXIII, S471.

③ Ibid, 1990ff. XXII, S24.

的地位,以至于最后将批判等同于形而上学本身。如果我们因为康德出色地完成了他的批判工作进而认为他的形而上学的建构也同样出色,那我们就很难理解黑格尔所说的康德将形而上学"连根拔除"了。尽管康德在不断地提升批判的地位,但他毕竟明确地指出过,批判只是作为形而上学的"入门"①,因此,他的批判工作的出色完成与他是否构建出完美的形而上学体系,这仍然是两回事。我们对于康德在形而上学史的地位的正确评判,似乎还不能依照"等量代换"的方式直接从批判那里借来,而必须依赖于我们对下面两个问题的考察,即:康德究竟是如何批判传统形而上学的?康德构建的科学的形而上学究竟是什么?

二、 康德对传统形而上学的批判

虽然"形而上学"(τά μετά τά φυσικά,物理学之后)概念肇始于公元前1世纪的安德罗尼科(Andronicus),但其真正内涵却是由亚里士多德的"实体论"赋予的。亚里士多德在继承前人的本原学说以及柏拉图的理念论的基础上,开创了实体论这一西方形而上学的经典范式。实体论所探讨的主题是"作为存在的存在"(τὸ ὂν ἧ ὄν),也即"存在本身"。亚里士多德也多用"实体"(ουσια)来指称它,因为 ον 与 ουσια 同属系词的分词形式(前者是中性单数分词形式,后者是阴性单数分词形式)。在康德之前,这种实体论式的形而上学还在17世纪被德国经院学者郭克兰纽(Goclenius,1547 - 1628)称之为"本体论"(Ontologie),因为 Ontologie 的词根"οντα"也是系词的分词形式(中性复数分词形式)。在整个中世纪时期,哲学的主题虽然理所当然地被"上帝"所取代,但这个上帝不过是人格化了的"存在本身"(esse ipsum)而已(比如在托马斯·阿奎那那里),因为上帝被理解为一个将"存在本身"作为其本质的最高存在者。因此,中世纪神学虽然常被批评为以"婢女"的身份来驱使哲学,但它却并没有导致亚里士多德的实体论的形而上学的中断,反倒使这种形而上学在研究领域方面得到了进一步的拓展,因为它将这种形而上学的视域由原来的存

---

① 康德说:"于是我们就可以把一门单纯评判纯粹理性、它的来源和界限的科学视为纯粹理性体系的入门。这样一个入门将不必称作一种学理,而只应当叫作纯粹理性的批判"。(康德:《纯粹理性批判》,邓晓芒译,杨祖陶校,人民出版社,2004年,A11/B25.)

在本身自然地延伸到存在本身与人的灵魂及自由意志的关系上。正因为如此，康德在对传统形而上学进行批判时，他所面对的便是灵魂、自由、上帝这三个主题。

在《纯粹理性批判》中，康德花了近三分之二的篇幅对灵魂、自由、上帝这三个理念展开了系统的批判。康德之所以要这么做，是因为他看到了当时的形而上学的混乱局面，即形而上学已沦为独断论与怀疑论的战场。他说："这些无休止的争吵的战场，就叫作形而上学。"[①]"在这里，人们不得不无数次地走回头路，……从来没有过任何参战者能够赢得哪怕一寸土地、并基于他的胜利建立起某种稳固的占领。"[②]在他看来，形而上学的这种混乱局面本身就表明形而上学还没有像数学和自然科学那样走上"科学的"道路。他非常希望形而上学能够一步一个脚印地向前发展，而不要总是被推倒重来。

康德对传统形而上学的批判显示出以下几个特点。首先，他认为传统形而上学的主题（灵魂、自由和上帝）不过是纯粹理性的"理念"，即出自于纯粹理性的概念。在他看来，理念的产生是由于人类在认识过程中必然使用的"前溯推论法"的后果，因此它们与知性的经验性概念不同，即我们无法在自然中为理念配备一个相应的对象。如果我们一定要为它们添加一个超验的对象，那么这必使我们在认识中陷入先验的幻相之中。这也就是说，灵魂等三个理念本身属理性概念，与之相对应的超验对象（普通理性为之非法添加的）则是不可知的自在之物。这种自在之物不同于作为感官刺激物的自在之物，因为它们根本就不存在。然而，人类理性的本性又驱使着我们为理念添加这样的超验对象，因而理性的先验幻相也就难以根除。康德将传统形而上学的三个主题归结为出自于理性的概念（并且仅仅是推理的产物），这就从根本上改变了亚里士多德的实体论的形而上学之方向，因为它将形而上学关注的重点从存在本身转向了理性本身，并且认为前者出自于后者。由此一来，形而上学的视野也就与人类的可能经验捆绑在一起，因而康德对传统形而上学所作的否定性评判其实早已蕴含在他的出发点（即人类的一切知识都始于经验，尽管它们并非源于经验）之中。

其次，康德对传统形而上学的批判是有限度的，而非对其进行全盘地否

[①] 康德：《纯粹理性批判》，邓晓芒译，杨祖陶校，人民出版社，2004年，AVIII。
[②] 同上书，BXIV。

定。一方面,康德认为先验理念如果仅仅限制在先验理念的范围(即未变为超验理念),它对于人类的认识还是能起到一种积极的作用的,即先验理念的"范导性作用";另一方面,三个理念在实践理性的领域仍然具有重要的价值。这显示出康德对传统形而上学的部分认同与妥协。

最后,康德在批判中针对三个理念采取了分别对待的方式。一方面,这三个理念在实践中的价值有所不同,其中自由理念被视为实践哲学的最重要根基(因为康德将"自由意志"等同于"实践理性"),而灵魂与上帝理念则只是作为道德神学的主题而对道德哲学起着某种"补充"的作用。另一方面,这三个理念分别对应于三种不同的幻相类型,因而其结局也有所不同。例如,关于灵魂理念,所谓灵魂的实体性、单纯性、人格性、观念性其实不过是将四类范畴直接运用于灵魂概念之上而已,因此传统的灵魂学说从根本上说是不合法的,因而也就没有什么可取之处。关于自由理念,他认为它作为理性物理学中的一个二律背反,只要我们区分现象与自在之物,就可以得到解决。他说:"这同一个意志就被设想为在现象中(在可见的行动中)必然遵循自然法则、因而是不自由的,然而另一方面又被设想为属于物自身,并不服从自然法则,因而是自由的,在这里不会发生矛盾。"①关于上帝理念,他认为理性神学的本体论证明(宇宙论证明和自然神学证明可以归结为本体论证明)并不成立,因为"存在"(ist)并不是什么谓词,而只是判断的系词,所以当我们说"Gott ist"(上帝存在)时,这并不是对上帝的有效的言说(有效的言说必须在系词后再加上相应的谓词),因而也就不能对上帝是否"实存"作出判定。他说:"'是'显然不是什么实在的谓词,即不是有关可以加在一物的概念之上的某种东西的一个概念。它只不过是对一物或某些规定性本身的肯定。用在逻辑上,它只是一个判断的系词。"②"如果我想到了一个作为最高的(没有缺陷的)实在性的存在者,那么总是还留下'它是否实存着'(ob es existiere, oder nicht)这个问题。……如果我们想单靠纯粹范畴来思考实存,那就毫不奇怪,我们无法提出任何标志来把实存(Existenz)和单纯的可能性区别开来。"③康德以这种分别对待的方式批判了这三个理念,这也取得了不同的哲学史效果。比如灵魂概念在康德之

---

① 康德:《纯粹理性批判》,邓晓芒译,杨祖陶校,人民出版社,2004年,BXXVIII。
② 同上书,A598/B626。
③ 同上书,A601/B629。

后几乎无人再提,自由概念则成为康德之后道德哲学的拱顶石。不过,单就形而上学本身而言,最重要的一点就是传统的"存在问题"(Seinfrage,海德格尔用语)成了康德对本体论证明的批判的牺牲品,而这个问题却是亚里士多德实体论的形而上学的核心所在。虽然康德也谈"本体论",但他理解的本体论不过是他的以范畴表为核心的"先验分析论"而已。也正因为如此,所以他才把范畴视为"本体论的谓词"。[1]

康德立足于人类的认识本身来批判传统的形而上学,从表面上看似乎只是对传统形而上学的三个主题所发挥作用的领域进行了重新调整,但他的真实目的却决非仅限于此。他显然是要在形而上学领域内"另起炉灶",这也就是试图构建出所谓的"任何一种能够作为科学出现的未来形而上学"。

三、自然形而上学和道德形而上学

在《纯粹理性批判》中,康德已经对这种科学的形而上学体系作了初步规定,即将它划分为自然形而上学和道德形而上学。他说:"形而上学分成纯粹理性的思辨的运用的形而上学和实践的运用的形而上学,所以它要么是自然的形而上学,要么是道德的形而上学。前者包含出自单纯概念(因而排除了数学)的、有关万物之理论知识的一切纯粹理性原则;后者包含先天地规定所为所不为并使之成为必然的那些原则。"[2]康德在1785年出版了《道德形而上学的奠基》,在1786年出版了《自然科学的形而上学初始根据》,在1787年出版了《纯粹理性批判》第二版,在1788年出版了《实践理性批判》。这表明康德在完成第一批判之后把主要精力放在对他在《纯粹理性批判》中所提出的形而上学的两个分支,即自然形而上学和道德形而上学的建构上。不过,这两个分支并不是以"体系"的形式出现的,而是以"奠基"(Grundlegung)或"初始根据"(Anfangsgründe)的形式出现的。康德在完成了他的批判体系之后,在1797年出版了《道德形而上学》(*Die Metaphysik der Sitten*)一书,并在1798年出

---

[1] 康德说:"物体作为实体和作为变化的实体,它们的认识原则如果表达的是'它们的变化必定有一个原因'的话,那就是先验的;但如果这原则表达的是'它们的变化必定有一个外部的原因'的话,那它就是形而上学的:因为在前一种情况下物体只能通过本体论的谓词(纯粹知性概念),例如作为实体来思考,以便先天地认识这个命题。"《判断力批判》,第18页(页边码,下同)。
[2] 康德:《纯粹理性批判》,邓晓芒译,杨祖陶校,人民出版社,2004年,A841/B869。

版了该书的第二版,但关于自然的形而上学,他没有出版过类似的著作。

康德认为,自然形而上学的核心也就是它的先验的部分,即探讨那些使得自然概念成为可能的规律,如对物质、运动、空间的充实、惯性等自然概念的先天源泉的探讨。这种探讨可以根据《纯粹理性批判》中的范畴表而被划分为四个部分:(1)单纯从量的角度考察运动的"运动学"(Phoronomie),它包括对物质、运动、静止、复合运动、运动的复合的考察;(2)从质的角度将运动与物质结合在一起来考察运动的"动力学"(Dynamik),它包括对物质充实一个空间、引力与斥力、物质被压缩与不可透入、不可入性、物质性实体、物质的接触与超距作用、物质的表面力与透入力等问题的考察;(3)从物质与物质之间在运动中的关系角度来考察运动的"力学"(Mechanik),它包括对物质以及物质的量、力学的三大定律、力学的连续律与形而上学的连续律等问题的考察;(4)从表象方式(或模态方式)来考察物质的运动与静止,进而将它们规定为外部感官之现象的"现象学"(Phänomenologie),它包括对相对空间中的运动与绝对空间中的运动的考察。从这几个部分我们不难看出,康德的自然形而上学的主题其实也就是物质及其运动。通过这种考察,他想得出的最重要的结论就是:无论物质还是物质的运动,它们都是我们可能经验中的现象,而并非自在之物及其属性。康德的这一结论与他在《纯粹理性批判》中所提出的主张是完全一致的,即"我们关于物先天地认识到的只是我们自己放进它里面去的东西"[1],因此我们通过自然科学所能认识到的,只是作为现象的自然界。

康德的道德形而上学体系也被他称之为"总的义务学说的体系"[2],这表明道德形而上学的主题就是"义务"问题,这与自然形而上学所要处理的"物质及其运动"问题形成了对照。义务学说包括两个部分:法权论与德性论,二者之间的差别在于立法的外在性与内在性。康德称前者为"可能有一种外在立法的那些法则的总和"[3],称后者为"不能有外部法则的德性论体系"[4]。他说:"德性义务与法权义务的本质区别在于:对于后者来说,一种外在的强制是道德上可能的,但前者仅仅依据自由的自我强制。"[5]

---

[1] 康德:《纯粹理性批判》,邓晓芒译,杨祖陶校,人民出版社,2004年,BXVIII。
[2] 康德:《康德著作全集》(第6卷),李秋零主编,中国人民大学出版社,2007年,第379页。
[3] 同上书,第229页。
[4] 同上书,第379页。
[5] 同上书,第383页。

康德认为,法权(Recht)概念涉及到的主要问题是行为的正当性问题。对于一个逻辑学家来说,他所关注的最主要的问题是"什么是真理",但对于一个法权学家来说,他所关注的则是一个行为的正当(recht)或不正当(unrecht)的普遍标准。因此,法权概念涉及的是一个人格对另一个人格的外在的、实践的关系。不过,这种关系并不意味着一个人的任性(Willkür)与他人的愿望(Wunsch)或需要(Bedürfniß)之间的关系,而仅仅意味着一个人的任性与他人的任性的关系。这也就是说,法权概念涉及的是任性的交互关系,并且这种交互关系并不涉及任性的质料方面,而仅仅涉及其形式的方面,即只涉及法权者之间的"权限"(Befugnis)问题。关于权限问题的学说也即所有权学说,即对于什么是"我的"、什么是"你的"进行规定的理论。康德在法权论里着重讨论了自然法权(与之相对的是实证法权)下的私人法权与公共法权。关于私人法权,他着重考察了"占有"(Besitz)以及作为其原因的"获得"(erwerben)问题;关于公共法权,他考察了国家法权、国际法权和世界公民法权等问题。

如果说法权论涉及的是对外在自由的强制,那么德性论涉及的则是对内在自由的强制。与法权论相比,德性论不仅包括任性的形式条件(准则与法则),而且还包含任性的质料条件,即自由任性的一个对象,康德也称之为"目的"。但这个目的并不是我们行动的主观目的,而是纯粹理性的一个目的。这个目的表现为客观必然的,并且对于人来说它表现为"义务"。德性论所要考察的正是这样的义务系统,这个系统包括"对自己的义务"与"对他人的义务",其中每一种义务又被区分为"完全的义务"与"不完全的义务"。

以上即是康德向我们呈现的以物质运动和义务为核心的"科学的形而上学"体系。对于这个体系,以及他为了达成这个体系而对传统形而上学展开的批判,我们该做如何评判?

四、康德在形而上学发展史上的地位

如果我们单从康德对"一切能够作为科学的未来形而上学"的远大抱负以及他所描绘的形而上学的美好前景来看,那么他完全有理由成为自亚里士多德以来形而上学史上又一里程碑式的人物。康德在《纯粹理性批判》中这样评价自己的批判工作:"如果一门按照纯粹理性批判的标准来拟定的系统的形而上学可以不太困难地留给后人一笔遗产,那么这笔遗产决不是一件小小的赠予;只要我们注意一下通过一门科学的可靠道路一般所能得到的理性教养,并与理性的无根基的摸索和无批判的轻率漫游作个比较,或者也注意一下对于一个渴望知识的青年在时间利用上的改善,青年人在通常的独断论那里这么早就受到这么多的鼓动,要对他们一点也不理解的事物、对他们在其中乃至世界上任何人在其中都会一无所见的东西随意玄想,甚至企图去捏造新的观念和意见,乃至忽视了去学会基本的科学知识;但最大的收获还是在人们考虑到这一无法估量的好处时,即:……今后还将在世上遇见形而上学,但和它一起也会碰到一种纯粹理性的辩证法,因为辩证法对纯粹理性是自然的。所以哲学的最初的和最重要的事务就是通过堵塞这一错误的根源而一劳永逸地消除对形而上学的一切不利影响。"[1]康德可能的确一劳永逸地将他所理解的辩证法给消除了,但这却是以撼动形而上学的根基为代价的。康德意义上的辩证法只表明我们的理性具有自陷幻相之中的倾向,但这与理性之外是否存在绝对者是两个问题,我们并不能因为前者而绝然地否认后者(正如康德自己也主张,我们并不能因为人的理性不能认识自在之物就否认自在之物的存在一样)。如果否定了后者,那么这也就从根本上斩断了形而上学的根基。

不过,如果单纯地就形而上学的主题而言,康德对于传统的形而上学似乎并没有造成任何损失,因为他只不过是把三个理念从认识领域转移到实践领域,而且由于他强调实践理性高于理论理性,因此这种转移还似乎可以被看作是对上帝等理念地位的一种"提升",因而也可以看作是对传统形而上学的一种维护。但是,这只是表面现象,如果我们联系到康德之后两百多年的形而上学的命运,就会发现那些高呼形而上学"终结"的人其实是在不同程度上受到康德对传统形而上学的批判的影响,由此,我们可以对康德在形而上学领域的劳作形成以下几点结论。

首先,对康德的"自然形而上学"直接继承的不是别人,正是马克思。虽然马克思主义哲学由于同时也受黑格尔哲学的影响,所以取消了现象与自在之物的区分,由此也就取消了康德哲学中自在之物不可知的立场,但是,马克思主义哲学(其形而上学部分)以物质与运动为主题与康德的"自然形而上学"将物质与运动作为主题是完全一致的。国内有学者将马克思与康德结合起来以探究马克思主义哲学的重要思想来源,是有充分根据的。

其次,康德新形而上学的主要目标在于为自然科学和人文科学(法学、伦

---

[1] 康德:《纯粹理性批判》,邓晓芒译,杨祖陶校,人民出版社,2004年,BXXXf。

理学、政治学)奠基。虽然"奠基"一直都是西方形而上学的传统,比如古希腊自然哲学家所探讨的本原问题,其实也就是把感官世界奠立在水、土、气、火等本原之上,中世纪的神学也是把世界奠立在神的创造之上,等等,但是康德形而上学中的奠基并不是把世界奠立在客体世界中的某个本原上,而是把世界奠基在理性的基础之上。海德格尔认为康德的这种做法实际上是以"一般的形而上学"为"特殊的形而上学"奠基①。因此,康德改变了奠基的方向。这种

---

① 海德格尔认为,"形而上学是纯粹的、理性的、关于存在物'一般'和存在物的主要领域中各个整体的知识"(海德格尔:《康德与形而上学疑难》,王庆节译,上海译文出版社,2011年,第10页,页边码,下同)。他把形而上学划分为两类,一类是"特殊的形而上学",这包括神学、宇宙学和心理学;另一类是"一般形而上学",即以一般存在物为对象的"存在论"。他认为康德的形而上学属于一般的形而上学,即存在论,它致力于对形而上学的内在可能性进行划界,这种划界就是对传统的特殊形而上学的"奠基"。他说:"对形而上学的内在可能性进行划界,在这一意义上为形而上学进行某种奠基。这一奠基现在首先必须对准形而上学的目标,也就是说,指向那特殊形而上学的本质规定性。"(同上,第10页)那么,特殊的形而上学的目标或本质规定性是什么呢?他认为就是关于超感性存在物的知识。一般形而上学本来并不是为特殊形而上学奠基的,而是有着伴随着人类理性自身而来的更高的旨趣。但是,康德开启了这种奠基的工作,这是对"传统形而上学大厦的第一次也是最内在的震荡"(同上,第12页)。康德的奠基工作就是要弄清关于超感性存在物的知识的内在可能性,同时也要弄清我们与存在物关联活动的本质。海德格尔认为,在与存在物关联的活动中包含着一种"预先筹划的计划",即对存在物的领会。这种预先筹划的计划就包含在相关的自然科学的基本概念和基本原理中。因此,那个使得存在物层面上的知识(即经验)成为可能的东西,就是存在论的知识。对特殊形而上学的内在可能性的筹划,越过了对存在物层面上的知识,回溯到使得存在物层面的知识成为可能的东西的可能性问题。这是对存在论知识的本质的追问,也是对一般形而上学的可能性的追问。他说:"形而上学的奠基在整体上就叫存在论的内在可能性的开显。这就是在康德'哥白尼式的转向'的标题下总被误解的东西的真实意义,而它之所以是真正的,因为它是形而上学的(以形而上学为其唯一主题)。"(同上,第12页)那么,康德的这种奠基工作为什么以"纯粹理性批判"的名义提出来呢?海德格尔认为这与康德遵循传统而将一切知识都把握为判断有关。这也就是说,不仅关于存在物的知识属于判断,而且关于存在论的知识也属于判断。判断在涉及存在物的内容(即"是什么")时,它就是一个综合的判断。在关于存在物的知识中,存在物具有什么内容,这是后天被给予的;而在存在论的知识中,存在物具有什么内容,则是先天被给予的。前者的合法性完全由经验来担保,后者的合法性则由纯粹理性的先天原理来担保。康德把我们从先天原理出发来认识的能力称之为纯粹理性,因此,只要那些包含理性中的原理构成了某种先天知识的可能性,那么,对存在论知识的可能性的暴露也就成了对纯粹理性之本质的澄清。因此,形而上学的奠基作为存在论之本质的暴露,也就是"纯粹理性批判"。(同上,第14页)在纯粹理性批判中,康德对先验感性论和先验逻辑进行了统一,而这恰好构成了奠基活动的真正内涵。海德格尔说:"康德所进行的统一工作,就是那作为一般形而上学之奠基的,将先验感性论与先验逻辑(原文将'先验的'译为'超越论的',这里作了改动,下同——引者)加以统一的工作。"(同上,第125页)正因为如此,所以海德格尔根据先验感性论与先验逻辑的内容而将康德的奠基工作分成"五个阶段":第一个阶段是区分出直观与概念这两个基本的知识要素,他称之为"纯粹知识的本质性要素";第二个阶段是对这两个要素进行综合统一,他称之为"纯粹知识的本质性统一";第三个阶段是范畴的先验演绎。(转下页)

独特的奠基方式在"世界本原"问题上所导致的一个重要结果就是,不是神创造了人,而是人创造了神。这是他与亚里士多德以来的实体论形而上学的根本不同之所在。虽然康德的"纯粹理性"既包括人的理性,也包括神的理性,但他的基本立场还是先验人类学的,因为他所给出最重要的结论(即自在之物不可知)完全是从人的立场出发的(上帝由于具备理智直观的能力,故可以认

(接上页)他称之为"存在论综合的本质统一性之内在可能性";第四个阶段是图型论,他称之为"存在论综合的内在可能性根据";第五个阶段是知性原理,他称之为"存在论知识的本质规定性"。(同上,第39—40页)通过这五个阶段的揭示,海德格尔把先验想像力进一步确定为感性和知性的"共同根"(同上,第137页),确定为存在论知识的本质根据(同上,第139页),甚至确定为理论理性以及实践理性的本质和源泉(同上,第146、148、160页)。海德格尔把康德的先验想像力提升到如此高的地位,显然有他自己的意图,并且这一意图与康德的本意会产生严重的冲突。他本人也知道这一点,但他并不认为自己的观点是错误的,相反,他认为康德在先验想像力问题上发生了"退缩"(zurückweicht)。对于这种退缩,他作出了分析:如果把先验想像力提高到比理论理性和实践理性还要高的位置上,这与西方哲学的理性主义传统将会发生重大的冲突。他说:"感性的低级能力如何也应当可能构成理性的本质?倘若以下篡上,岂不天下大乱?尊贵的传统告诉我们,理性和逻各斯在形而上学的历史中起着核心的作用。但在这一尊贵的传统中,究竟发生了什么?逻辑的优先地位可能会崩塌吗?为形而上学奠基的构筑术,以及先验感性论和先验逻辑的环节划分,如果它们视为主旨的东西本应该就是先验想像力的话,那它们在根本上说来还可以保持纹丝不动吗?"(同上,第167页)正因为如此,所以他认为康德面临着一个"深渊"。他说:"如果说纯粹理性翻转成了先验想像力,那'纯粹理性批判'的主旨不就被它自身所取消了吗?奠基工作岂不就走到了一道深渊之前?"(同上,第167—168页)不仅如此,康德对于纯粹理性的"痴迷"也对他的退缩起到了一种加强的作用。他说:"康德把形而上学的'可能性'带到了这道深渊面前,他看到了未知的东西,他不得不退缩。因为不仅仅是先验想像力让他胆怯,而且,在这中间,作为理性的纯粹理性也越来越多地让他痴迷。"(同上,第168页)康德之所以痴迷于纯粹理性,是因为他要清除道德哲学领域中的经验主义,为此他只能求助于纯粹理性。最后,海德格尔得出结论:"这样对纯粹理性的疑难索问的不断强化,势必要排斥掉想像力之一般,这样,就正好将其先验的本质掩盖起来。"(同上,第169页)不过,海德格尔并不把康德的这一退缩视为一种单纯消极的东西。因为在他看来,康德对形而上学的奠基与他对人的本质的追问是联系在一起的。他说:"但是[正是如此],康德奠基真正的成果不正在于把对人的本质进行发问与形而上学的奠基联系起来吗?这一关联岂不必然会主导期复返着的奠基活动的任务吗?"(同上,第213页)从这个角度来看,康德的退缩便被视为奠基进程中真实产生的结果。他说:"在康德奠基的进程中真实地产生了什么样的结果呢?不是先验想像力成为被奠定的基础,也不是这种奠基变成了对人类理性的本质存在的一种发问中,而是在揭示主体之主体性之际,康德在他自己所奠立的基础面前的退缩。"(同上,第214页)那么,在这一退缩中究竟发生了什么?他认为,这种退缩表明康德"亲手葬送了他在一开始时赖以提出批判的那个地基",表明"纯粹理性概念以及某种纯粹的感性式理性的统一成了疑难",更为更要的是,这表明他"对人的发问方式成为有疑问的"(同上,第214页),或者说,"人究竟如何才可能和必然地被发问?"(同上,第215页)他说:"对人进行发问的问题性,这就是在康德的形而上学奠基的发生过程中被曝光出来的疑难索问(Problematik)。现在才清楚,康德在他本人所揭示出来的根基面前的退缩,在先验想像力面前的退缩,就是那旨在拯救纯粹理性,即坚守本己根基的哲思活动的行进路程,而这一行进路程就将根基的坍塌以及随之(转下页)

识自在之物)。至于这种"奠基"对于自然科学是否有效,则是很令人怀疑的。自然科学在取得了有效的实证方法之后,它对于哲学的依赖似乎并不像哲学家们想象得那样迫切,倒是哲学家们总是亦步亦趋地紧盯着自然科学盘子里的鱼,所以这种奠基关系似乎应当倒转过来才更符合实际。所谓的形而上学为自然科学奠基,这要么是形而上学家的自大,要么是形而上学家还私藏了其他的目的(往往是实践的目的),他们只不过是打着为自然科学奠基的旗号来为自己的真正目的服务罢了——但这样一来,哲学家所声称的奠基也就显得比较虚伪了。哲学在中世纪已沦为神学的婢女,难道在现代还有必要再次沦为科学的婢女吗?

最后,在德国古典哲学内部曾激起了拯救形而上学的冲动,但这显然未见成效,否则也就不会有现代哲学唱衰形而上学的浪潮了。谢林与黑格尔走上了客观唯心论的道路,这在当时其实是冒着极大的风险去抗击康德的创建"科学的形而上学"的号召的。因为他们十分清楚,康德的理论是很难反驳的,但他们更为担忧的还是形而上学的命运——从这个角度来看,谢林与黑格尔着实勇气可嘉。他们看到了问题的关键之所在,即康德形而上学的最大问题就在于思维与存在的不同一。在康德那里,现象界的事物并没有思维与存在的不同一问题,因为事物的概念本身就是在感性直观的基础上加工而成的,二者之间当然是同一的。但是,对于形而上学的对象(绝对者)而言,这种同一性被康德彻底否定了。既然康德将上帝、灵魂和自由只是视为理性的概念、而其就

(接上页)而来的形而上学的深渊敞开了出来。"(同上,第215页)海德格尔在这里所说的"形而上学的深渊"指的是什么?它指的是这样一种状况:康德为形而上学奠基的出发点是为了拯救纯粹理性,但随着奠基过程的推进,作为低级感性能力的先验想像力却成了纯粹理性的根基,而这意味着根基的坍塌和形而上学的深渊。康德不能接受这一点,所以他退缩了。海德格尔由此作了延伸,他认为康德的退缩表明"对人的追问方式"本身需要被追问。他联系到康德在《纯粹理性批判》中所提出的三个问题(即:①我能够知道什么?②我应当做什么?③我可以希望什么?)以及康德在《逻辑学讲义》中增加的第四个问题(即:④人是什么?),提出了这样一个问题:为什么前三个问题可以关联到第四个问题?按照他的解读,前三个问题中的"能够"、"应当"、"可能"都揭示了人的一个本质特征,即有限性(Endlichkeit)(同上,第216页),正是"有限性"使得前三个问题可以与第四个问题发生关联。这样一来,康德在奠基过程中的"退缩"也就产生了一个积极的后果:让人的有限性被暴露出来。将人的有限性揭示出来,并不是为了要去排除它,相反,是为了让它变成一个确定的东西,这样,人可以在其中"保持自己"(um in ihr sich zuhalten)。这种"保持"其实也就是他在《存在与时间》中所说的此在的"操心"(Sorge,或译"烦")。他说:"有限性并不只是简单地附加在纯粹的人类理性之上的东西,相反,理性的有限性就是'使有终结',即为了'能够-有所终结的-存在'(Endlich—sein—können)而操心。"(同上,第217页)

实存而言只是"无"(因为这种概念并无合法的对象),如果谁要为这样的概念添加上一个实存的对象(超验对象),他就必然会陷入理性的幻相之中。因此,虽然康德表示在认识中我们固然不能认识理念,但这并不妨碍我们可以在道德领域假定有这样的存在者,从而确保普通的人类理性对于像"德福一致"这样的理念依然保持着向往。但问题是,对于这样一种实际上根本不存在的存在者(借用康德讥讽休谟的一句话——它还抵不上一个梦[①]),还有谁会相信它能够为道德之外的某种寄托做出担保呢?中世纪的信徒之所以坚定地信仰上帝之国,是因为他们同时也相信上帝的存在。而现在,上帝的存在被连根拔除了,信仰怎能不会崩塌?理性的信仰固然包含着诸多非理性的东西(比如德尔图良说:"因为荒谬,所以我才相信"[*Credo, Quia absurdum est*]),但这与信仰中的自我欺骗毕竟不可同日而语。在这一意义上,康德的确撼动了西方形而上学的根基。

总之,康德对于传统的形而上学的批判以及对于未来科学的形而上学的倡导,其初衷虽然是为了促进形而上学,但结果却适得其反,形而上学自此以后走上了风雨飘摇的穷途末路。之所以会出现这种奇怪的现象,其主要原因还是在于康德生活在一个为理性高唱赞歌的时代。他可能太相信理性的力量了,他要用理性这把绝对的尺子来丈量一切,包括丈量理性本身。他在热情歌颂时代成熟的判断力(这本身就是理性的一部分)时说:"我们的时代是真正的批判时代,一切都必须经受批判。通常,宗教凭借其神圣性,而立法凭借其权威,想要逃脱批判。但这样一来,它们就激起了对自身的正当的怀疑,并无法要求别人不加伪饰的敬重,理性只会把这种敬重给予那经受得住它的自由而公正的检验的事物。"[②]但令人惊讶的是,康德将纯粹理性批判的目标设定在限制理性认识的界限上,他要指出人类理性并没有能力认识自在之物,而这一点甚至还被他视为"真正的启蒙"。对于这种表面上自相矛盾的立场的唯一合理的解释就是,康德虽然猛烈地批判哲学史上的独断论,但他在将"批判"宣判为唯一正确的哲学方法时却让自己成为另一种意义上的独断论。因为批判本身就是理性能力的运用,康德在为理性设限时却忘了为批判设限,即它从未触及理性自身的来源问题(我们不妨设想理性本身真的来自于某个存在者之手

---

① 康德:《纯粹理性批判》,邓晓芒译,杨祖陶校,人民出版社,2004年,A112。
② 同上书,AXI。

呢)。更值得注意的是,康德所谓的为理性设限,其实只是为知性设限,即我们不能将知性范畴先验地运用于超感性的对象上去。至于纯粹理性本身,它之所以不能认识上帝等理念,并不是因为它没有这个能力,而是因为这些理念本身根本就不是什么合法的认识对象,它们只是理性自身产生出来的一些概念罢了;换言之,超验理念(即在添加了超验的对象之后的先验理念)并不是什么理性认识不了的对象,而是它们本身作为虚构的对象,不值得理性去认识。

自近代以来,对理性高唱赞歌的并非只有康德一人,这是时代的潮流,西方哲学的"认识论转向"也正因此而发生在这一历史时期。但是,在这些为理性高歌的哲人中,唯康德将这种认识论转向的威力兑换成了形而上学蜕变的厄运。因为近代经验论对于形而上学的怀疑仍不足以构成对形而上学的致命打击,近代理性主义者则把传统形而上学的基本价值观内化成某种天赋的观念,因而他们实际成了传统形而上学的自觉维护者。[①] 惟有康德——作为经验论与理性主义的集大成者——才有可能对西方几千年的形而上学传统作出了非同凡响的"变奏",致使形而上学的命运发生了惊人的逆转。这其中的功过是非,不论人们怎样评论,有一点是肯定的,即对于形而上学本身而言,康德成了其实际的最重要的撼动者。

在康德那里,原来的本体论与神学的统一性在康德那里被隔裂为"先验分析论"与"先验辩证论";传统的"存在问题"也由此而彻底淡出了形而上学的视野,沦为自在之物王国的弃民(自在之物)。康德试图把形而上学奠立在理性的基础之上,但这种奠基由于受到人类经验本身的局限而演变成对形而上学基础的撼动。因此,康德对他自己所谓的"科学的形而上学"的建构最后实际演变成对形而上学本身的消解,这应当也出乎康德本人的意料。正因为如此,在康德之后,西方形而上学一直面临着被"终结"的危险。后现代思潮把一切形式的形而上学都宣判为"宏大叙事"而予以拒斥;英美"分析的形而上学"则在康德将存在问题还原为判断问题的基础上进一步将其还原为意义问题(无

[①] 关于经验论者与理性主义者为何没有在形而上学领域引发革命,康德自己也说出了其中的部分缘由。他说:"理性理念同知性概念在性质和来源上完全不同(因此在形式上也必须完全不同),把它们分别开来是完全必要的。然而在任何一种形而上学体系里却从来没有这样做过,因为理性理念和知性概念混在一起,这就和一家里的兄弟姐妹一样,分不清楚;再说这种混淆在过去也是不可避免的,因为那时还没有一种特殊的范畴体系。"(康德:《未来形而上学导论》,庞景仁译,商务印书馆,1982年,第102页)

论实在论还是反实在论都是如此),其根本目标也是为了消解传统的形而上学问题;胡塞尔对存在问题加以"悬置"导致其眼光只专注于人类经验的显象领域……这些可大致勾勒现代西方哲学之主要轮廓的哲学思潮表面上似乎是在"不约而同"地对传统形而上学发起了攻击,但实际上都在不同程度上受到了康德批判哲学的影响(或激励)。另一方面,在现代西方哲学中,拯救形而上学的努力虽然显得有些势单力孤,但也一直没有退缩过(海德格尔对于存在意义的追问就是以一种新的方式重返亚里士多德形而上学的主题)。这样一来,康德所描述的那个形而上学的战场在经过其批判哲学的洗礼后各方似乎并没有刀兵入库,而是又重新展开了新一轮的厮杀。

所幸的是,康德在打开批判形而上学的潘多拉盒子的同时,毕竟同时也为形而上学放飞了希望。这就是他对"作为科学的形而上学"与"作为禀性的形而上学"的区分①。简单地说,前者指的是形而上学的体系(包括康德本人的形而上学体系),后者指的是人的形而上学的冲动。形而上学的体系可能会被认为是"宏大叙事"而被人们信任,但人类的形而上学禀性或冲动是无法被消解的。形而上学的禀性总在不知疲倦地去创造出各种形而上学的体系,尽管是一个又一个失败的尝试,但每一次伟大的失败不失为对人类精神的一次洗礼。对于每一位形而上学家而言,他的使命也就在于创造出伟大的、专供后人批判与消解的形而上学体系来。由此看来,康德虽然是传统形而上学的掘墓人,但他对人类形而上学禀性的承认至少使他不至于成为形而上学的敌人。只不过他本人并没有真正认识到他的这一区分的真正价值罢了。他希望形而上学能像自然科学那样走上健康的发展道路,也就是一步一个脚印地、以"累积"的方式向前发展,但这个美好的愿望并不现实,因为形而上学作为理论形

---

① 在《纯粹理性批判》中康德把形而上学区分为"作为禀性的形而上学"(Metaphysik als Naturanlage)与"作为科学的形而上学"(Metaphysik als Wissenschaft)。他认为作为禀性的形而上学是他的批判所要指向的对象,作为科学的形而上学则是这种批判将会导致的结果。他对于这两个方面所持的态度是不同的。在《未来形而上学导论》中,他说:"形而上学,作为理性的一种禀性来说,是实在的;但是如果仅仅就形而上学本身来说,……,它又是辩证的、虚假的。"(康德:《未来形而上学导论》,庞景仁译,商务印书馆,1982 年,第 160 页)所谓的作为禀性的形而上学,其实也就是纯粹理性本身所具有的形而上学倾向,由于这种倾向,普通理性会经常提出一些"自然而然的"问题,比如世界是否有一个开端等等。康德认为,要回答这些问题,普通理性总是不可避免地会陷入自相矛盾之中,这就需要理论形态的形而上学来解释这些问题。但在构建科学的形而上学体系之前,我们又必须首先对理性本身的能力加以检验,以确定纯粹理性究竟有没有能力知道这些问题的确定答案,而这恰好就是康德所要做的针对纯粹理性的"批判"工作。

态(体系)总会因为形而上学家的世界观的不同而各异其趣；如果各种世界观之间具有某种连续性和唯一性，那么这也就意味着人类将只有一种世界观。假如将来真的有一天人类的认识方式走向了大同，全人类在用同一种声音发声，这固然使形而上学貌似走上了"科学的"发展道路，但它却是以牺牲人类精神的自由为代价的。

由此，本文也就到了得出最后结论的时候了。康德与西方形而上学的命运之真正关系在于：一方面，他真正动摇了西方传统形而上学的根基，并由此引发了现代西方哲学对传统形而上学的拒斥，就此而言，康德将自己置于传统形而上学的对立面；但另一方面，他所动摇的形而上学只是就"作为体系的形而上学"而言的，而他关于形而上学的体系与禀性的区分倒是"无意间"为世人揭示了形而上学的独特的发展规律，即形而上学总是一个充满硝烟的战场，这虽然有背于康德本人的意愿，但这一深刻的洞见毕竟被写进了康德的文本，因而可被视为他给形而上学带来的真正贡献。

康德性别正义论的双重根据

赵晓芳

康德对于女性的态度究竟如何？有人说，老单身汉康德其貌不扬，身材矮小瘦弱（身高1.57米），由于自身原因[①]导致其对身体的蔑视和对性、婚姻等的反感，而成为了一名厌恶女性者、男性中心主义者甚或父权制意识形态的赞成者。但也有人说，康德对纯粹理性、实践理性的划分和揭示，对自由、平等、个性的坚持和尊重，对启蒙、世界公民、永久和平的希冀和规划等，都让其有资格成为一名现代女性主义的先驱。人们为此争论不休。

确实，人们似乎很容易就能找到康德在性别问题上的矛盾。一方面，康德主张所有人拥有天赋的权利，即与生俱来的自由和平等，应该做"自己的主人"[②]；他坚持一夫一妻制和婚姻平等："夫妻双方的关系是一种平等占有的关系，既平等占有彼此交互占有的人格，又平等占有物质财富。"[③]然而，另一方面，康德似乎又把女性排除在启蒙之外，认定"全体女性"不愿承担使用自己的理智的那种"艰辛"和"危险"，"乐意终生保持受监护状态"[④]，因此，反对所谓的男女平等，并要为女性找寻到主人："任何年龄的妇女都被宣布为公民性上受监护的；其丈夫就是其自然的监护人。"[⑤]

[①] 康德谈到自己时说："由于我的胸部又平又窄，给心和肺的运动留下的空间不多，所以我有一种忧郁症的自然素质，它在早年几乎达到对生命的厌烦。"见李秋零主编：《康德著作全集》第7卷，中国人民大学出版社，2008年，第100页。

[②] 康德：《道德形而上学》，张荣、李秋零译，李秋零主编：《康德著作全集》第6卷，中国人民大学出版社，2007年，第246页。

[③] 同上书，第288页。

[④] 康德：《回答这个问题：什么是启蒙》，李秋零译，李秋零主编：《康德著作全集》第8卷，中国人民大学出版社，2010年，第40页。

[⑤] 康德：《实用人类学》，李秋零译，李秋零主编：《康德著作全集》第7卷，中国人民大学出版社，2008年，第202页。

为什么康德对女性有如此矛盾的观点,其中的一个解释是,康德没能区分地域性、暂时性的法律习俗与普遍的理性法则,有其历史局限性。与此相近的另一解释是,由于康德把现象界与本体论区分开来,上述矛盾反映了康德在先验与经验、形式与质料、本质规定与实用考虑等方面的普遍二元论倾向。本文想提供另一个解释:在理解男女两性的分离与结合问题上,康德是通过划定生理学根据和政治学根据的界限并通过两者的关系来展现其对性别正义的思考的。

一、自由平等与主从关系

一般而论,知识、理性、启蒙是康德哲学的三原色。在《回答这个问题:什么是启蒙?》这篇文章的开头,康德就斩钉截铁地指出:"启蒙就是人从他咎由自取的受监护状态走出。受监护状态就是没有他人的指导就不能使用自己的理智的状态。"[①]这意味着,除非懒惰和怯懦,人实际上都可以是自己的主人,所以拥有普通而健全理智的人们之间的唯一关系,就是自由平等。按康德的理解,这里的自由平等是一种法权:"自由(对另一个人的强制性的独立性),就它能够与另一个人根据一个普遍法则的自由并存而言,就是这种惟一的、源始的、每个人凭借自己的人性应当具有的法权。——生而具有的平等,亦即除了人们也能够相互赋予责任的事情之外、不在更多的事情上被他人赋予责任的独立性;因而人做自己主人的品质。"[②]

如此说来,作为无分别的"理性的存在者"[③],男女两性均是自我做主,表现在婚姻家庭方面,便只能是一夫一妻制。"丈夫渴望得到妻子,不能是为了把她当做物品来享受,亦即不能是为了在与妻子的纯然动物性结合上感受直接的快乐;妻子也不能为此而献身于他,而不使双方都放弃自己的人格性(肉欲的或者兽性的交媾),也就是说,不能不以婚姻为条件,婚姻作为相互献出自己的人格本身供对方占有,必须在此之前缔结,以免由于一方对另一方的肉体

[①] 康德:《回答这个问题:什么是启蒙》,李秋零译,李秋零主编:《康德著作全集》第8卷,中国人民大学出版社,2010年,第40页。
[②] 康德:《道德形而上学》,张荣、李秋零译,李秋零主编:《康德著作全集》第6卷,中国人民大学出版社,2007年,第288页。
[③] 康德:《实用人类学》,李秋零译,李秋零主编:《康德著作全集》第7卷,中国人民大学出版社,2008年,第297页。康德甚至认为出生三个月的孩子便有了某种理性,参阅第119页。

使用而丧失人的尊严。"① 在这里，两个人相互承诺，互利互惠，既获得对方的完整权利，同时又允许对方占有自己的全部权利，由此一种平等的人身占有及财产占有关系，通过婚姻这一契约而得到保证。

康德强调，这种婚姻契约是对"自然的性关系"的一种保存和提高。首先，"性关系是相互的使用，即一个人使用另一个人的性器官和能力"，但其本身又可以区分出"自然的使用"和"非自然的使用"的不同。在此，康德明确地将同性恋、人兽恋等规定为性关系的非自然的使用，认其为"对法则的违背、非自然的恶习，也是难以名状的，作为对我们自己人格中的人性的伤害，根本不可能通过任何限制和摒除，使之从彻底的扭曲中得到拯救"。这是康德确立一夫一妻制婚姻的第一步。其次，康德迈出的第二步，便是在自然的性关系中又区分出"遵循纯然的动物本性的性关系"与"遵循法则的性关系"，而强调后者才是婚姻。② 经过这种层层剥离，于是婚姻便既具有了生理学的根据，又具有了政治学的根据。

应该说，男女两性在具有双重根据的婚姻中的"平等状态"并无特别之处，它不过是作用力和反作用力相等的"公民状态"中的一种罢了。③ 在一般意义上，康德强调三点：其一，"每一个在这种状态中生而具有的法权就强制每个他人，使之始终停留在其自由的运用与我的自由相协调的界限之内的权限而言，是一律平等的"；其二，"没有人能够把他在共同体中占有的等级特权传给其后代，从而仿佛是从出生使他有资格跻身统治者等级似的，也不能强行阻止其后代通过自己的功绩达到隶属关系的更高级别"；其三，"生活在一个共同体的一种法权状态中的人，除非由于他自己的罪行，绝不能无论是通过契约还是通过战争暴力而失去这种平等"。④ 这三点康德又将其表达为自由、平等、独立："首先是合法的自由，即除了他表示赞同的法律外，不服从任何别的法律；其次是公民的平等，即就自己而言不承认人民中有什么上司，而只承认他在法权上

---

① 康德：《道德形而上学》，张荣、李秋零译，李秋零主编：《康德著作全集》第 6 卷，中国人民大学出版社，2007 年，第 370 页。
② 同上书，第 287 页。
③ 在康德那里，婚姻家庭与国家一方面分别被放在了"私人法权"与"公共法权"中讨论，另一方面两者又都属于"自然法权"，都预设了走出"自然状态"的公民状态。在黑格尔那里，婚姻家庭与国家也都扬弃了抽象法、道德的片面性，而进入伦理的层面。至于两者的区别，将在下一节中讨论。
④ 康德：《论俗语：这在理论上可能是正确的，但不适用于实践》，李秋零译，李秋零主编：《康德著作全集》第 8 卷，中国人民大学出版社，2010 年，第 296 页。

有道德能力赋予其责任的人,就像这人也可以赋予他责任一样;第三是公民的独立的属性,即不能把自己的生存与维持归功于人民中另一个人的任性,而是归功于其自己作为共同体成员的法权和力量,因而是公民的人格性,即在法权事务中不可为任何人所代理。"①

按康德的划分,这里的自由、平等、独立属于天赋的法权,是生而具有的法权,表现出了理性的普遍法则。因此,康德似乎完全就是一位妇女解放的鼓吹者,比之于那些现代女性主义者也毫无逊色之处。但是,康德确定地知道,所谓"天赋的法权"或"获得的法权"等都不过是从科学理论体系来看的一种划分,实际经验中的自由、平等与独立都是随着社会的缓慢进步而逐渐争取得来的。换言之,每个人自身所处的社会的道德理念与理性的普遍法则之间并非彼此矛盾的关系,而是一种相互成就的关系,否则,所谓的天赋法权、理性法则等也就不过是独断论的狂热或迷信。②

这样,康德也就同时呈现出另一种面相。他区分了"积极的国家公民"与"消极的国家公民"的不同,而认定"未成年人,所有女人和一般而言每个不能凭借自己的经营、而是不得不受他人雇用(国家的雇用除外)以维持自己的生存(食品和保护)的人,都缺少公民的人格性,其生存仿佛仅仅是依存"③,从而将所有的女性排除在表决权、选举权之外。

如果站在今天的立场上单纯地看,康德把女性规定为消极公民的做法当然有违于他自由、平等、独立的法权思想,是不能接受的,是其大男子主义在国家层面的一种表现。与此一致的是,在婚姻层面康德似乎还有很多直接的言

---

① 康德:《道德形而上学》,张荣、李秋零译,李秋零主编:《康德著作全集》第 6 卷,中国人民大学出版社,2007 年,第 324 页。
② 当然,按照康德的哥白尼革命说,天赋法权、理性法则对于经验世界的范导再重要不过了。在面对"惟有在什么样的秩序中才能够期待向着更善进步?"这个问题时,康德的回答是:"不是通过事物自下而上的进程,而是通过事物自上而下的进程"。"人类进步的希望就只能期待于一种自上而下的智慧(它如果是我们看不见的,就叫做神意)来作为积极的条件"。不过,在强调了"自上而下的智慧"这种"积极的条件"之后,康德紧接着又说,"但对于在这里能够期待和要求于人的东西来说,则只能期待消极的智慧来促进这个目的了"。所谓"消极的智慧",即是一种自下而上地、坚持不懈地搬除道德理性的所有障碍——包括一切有形的和无形的侵略战争——的过程。参阅康德:《学科之争》,李秋零译,李秋零主编:《康德著作全集》第 7 卷,中国人民大学出版社,2008 年,第 90 页。
③ 康德:《道德形而上学》,张荣、李秋零译,李秋零主编:《康德著作全集》第 6 卷,中国人民大学出版社,2007 年,第 325 页。

论把女性描述为服从的一方,并对其进行贬低、嘲笑和挖苦。

首先,康德似乎认为,在婚姻关系中,男性一方总是主人,女性必须服从男性。康德给出的论证是,在原始的自然状态,"女人在那时是一种家畜。男人手拿武器走在前头,女人背负着家什的口袋跟随其后";进入公民状态后,男人同样要立足于强者的权利,即在家中发号施令,女人则立足于弱者的权利,即受男方保护,因为"对于一种结合的统一性和不可分解性来说,两个人格的任意会合是不够的;一方必须服从另一方,并且交互地一方在某一点上胜过另一方,以便能够控制或者统治另一方。因为在相互不可或缺的两个人的要求相等时,自爱所造成的就全是争吵"。①

其次,康德似乎认为,避免争吵,让男性"在家中拥有高高在上的指挥权",只是为了家庭的长远利益。即,在组成家庭的自由、平等、独立的两个个体中,"只有一个人能够把所有事务都纳入一种与其目的相协调一致的联系中",这个人就是这家的男主人。② 康德相信,"这种控制仅仅以在造就家庭共同体的共同利益方面男人的能力对女方的自然优势以及建立在这上面的命令法权的自然优势为根据的话,这就不能被视为与一对夫妻的自然平等相冲突"③。

再次,康德似乎四处在宣扬他的男性中心主义,比如说"没有一个男人想变成一个女人"④、"女性的名字就是软弱"⑤,或者"女性永远都只不过是一个大孩子而已"⑥等等。康德甚至毫不掩饰地挖苦说,"至于有学问的女人,她们使用自己的书籍就像使用自己的表一样,也就是说,戴表是为了让人看到她们有表;尽管这块表通常是停摆的或者是没有对准时的"⑦。至于那些有真才实

---

① 康德:《实用人类学》,李秋零译,李秋零主编:《康德著作全集》第 7 卷,中国人民大学出版社,2008 年,第 297—298 页。
② 同上书,第 304 页。
③ 康德:《道德形而上学》,张荣、李秋零译,李秋零主编:《康德著作全集》第 6 卷,中国人民大学出版社,2007 年,第 289 页。
④ 康德:《实用人类学》,李秋零译,李秋零主编:《康德著作全集》第 7 卷,中国人民大学出版社,2008 年,第 301 页。
⑤ 同上书,第 297 页。
⑥ 康德:《关于美感和崇高感的考察》,李秋零译,李秋零主编:《康德著作全集》第 2 卷,中国人民大学出版社,2003 年,第 247 页。
⑦ 康德:《实用人类学》,李秋零译,李秋零主编:《康德著作全集》第 7 卷,中国人民大学出版社,2008 年,第 302 页。

学的女性,康德也不看好:"一个像达西埃夫人那样满脑袋装着希腊文,或者像查泰勒侯爵夫人那样在力学领域参与基本争论的女性,简直就可以再长出一部胡须来了;因为一部胡须也许可以更清楚地表现出他们所追求的深邃的神态。"①

结果,女性仿佛也就成为了某种类似鲜花、花瓶的存在物。"匀称的身段,端庄的面容、眼睛和面孔的颜色形成秀美的对比,配上一束鲜花而令人喜爱、博得冷静赞誉的纯净的美。"②作为被观赏的对象,女性表面上的光鲜掩盖不了与其相伴生的"虚荣心"、"虚弱的灵魂"等诸多"美的缺陷",其命运似乎只能是一方面特别注目于"镜子向她们展示的美貌",另一方面又时刻处在明日黄花的恐慌中,毕竟"年龄在威胁着所有这些魅力,它是美的强大的毁灭者"。③

在这里,人们仿佛坐上了过山车,随康德从男女平等关系的一极快速滑向主从关系的一极。现在我们就要问了:如果说男女平等关系主要是就政治学的根据而言的,那么,男女的主从关系是否可以说是侧重于生理学的根据呢?如果男女生理性别的差异决定着他们的主从关系,康德的性别正义论还能不能站得住脚?现在让我们转向康德对性别差异的讨论。

二、优美与崇高

当我们把康德塑造为"男权主义者"和"现代女性主义者"的"双头人"时,我们固然传递出海量的信息,但是否也因见猎心喜而遗漏了什么东西呢?1764年,康德在早期作品《关于美感和崇高感的考察》第三章"论两性相对关系中美与崇高的区分"曾谈到男女两性的诸多不同,如:女性是"美的性别"而男性是"高贵的性别";女性拥有"美的知性"而男性拥有"深邃的知性";女性属于"美的德性"("嗣养的德性")而男性则应当是一种"高贵的德性"等。表面上康德以这里在抬高和赞美男性。但是,康德又特别提醒人们,不可以把上述区别理解为性别的高下,而"毋宁说人们期待的是,每一个性别都结合了这二者",并且强调"对于这两个性别的所有判断,无论是赞美的还是责难的,都必

---

① 康德:《关于美感和崇高感的考察》,李秋零译,李秋零主编:《康德著作全集》第2卷,中国人民大学出版社,2003年,第230页。
② 同上书,第237页。
③ 同上书,第233、238、240页。

须与此相关联；一切教育和传授都必须着眼于此，一切促进这一性别或者另一性别的道德完善的努力，只要不想抹煞大自然要在人类两性之间作出的引人入胜的区分，就都必须着眼于此。因为在这里，仅仅意识到面前有人是不够的，人们必须同时注意到，这些人并不是属于同一个性别的"。①

康德在这里预设了一种"伟大的艺术"，那便是大自然通过性的爱慕，让男人更是男人，让女人更是女人。康德说，"大自然追逐着自己的伟大意图"，结合起来的夫妻应该构成一个"独一无二"的"信赖的爱"的关系，"在这样的一种关系中，优越性的争论是愚蠢可笑的，而且在发生了这种争论的地方，就表现出一种粗俗和极不匹配的情趣的最可靠的标志。如果这里导致谈到发号施令的权利，事情就已经糟糕透顶了；因为在整个结合本来仅仅建立在爱慕之上的地方，一旦开始让人听到应当，它就有一半被毁掉了。女性持这种强硬基调的骄横是极其可憎的，而男人的骄横则是极其不高贵的、可鄙的"。② 换言之，因为有爱，所以婚姻生活中的夫妻双方便可以不再计较自己的自由和独立，不再分别命令的一方与服从的一方，唯是独一无二的一个整体，而不应再有什么主从关系的讨论。

因此，在婚姻关系中男女两性的性别特征本身并不足以成为问题，性别差异并不取决于人们的自我选择，关键只在于如何通过两性的分别来实现大自然的意图。因而康德一方面不能不处处把两性对比着谈论，另一方面又不断地提醒说，无论是勾画男女两性或不同民族等所表现出来的崇高和美的那些特征，"对这样的描画只能要求一种还过得去的正确性"，"我希望由此并没有冒犯她们，因为原则即便在男性那里也是极为罕见的"。③ 在其他地方，康德还强调说，那些对女性"性别的挖苦"实际上"从来都不当真"，实际上，"1. 种的保存；2. 通过女性来陶冶社会，使社会变得文雅"才是讨论的真正重点。④ 与此相关的是，康德甚至在讨论男女两性性别的特征之前，早早便已经着手"为感性辩护"了⑤。

---

① 康德：《关于美感和崇高感的考察》，李秋零译，李秋零主编：《康德著作全集》第 2 卷，中国人民大学出版社，2003 年，第 229 页。
② 同上书，第 236、243 页。
③ 同上书，第 244、233 页。
④ 康德：《实用人类学》，李秋零译，李秋零主编：《康德著作全集》第 7 卷，中国人民大学出版社，2008 年，第 300、303 页。
⑤ 同上书，第 136—139 页。

但需要注意的是,大自然在追逐自己的伟大意图、创作自己的伟大艺术作品的时候,所采取的手段却可以大相径庭,由此产生出"婚姻生活"与"社会生活"的不同。就政治社会生活而言,大自然的手段恰恰不是"爱慕",而是人们"在社会中的对立"。康德说:"我把这种对立理解为人们非社会的社会性,也就是说,人们进入社会的倾向,但这种倾向却与不断威胁要分裂这个社会的一种普遍对抗结合在一起。"①所谓的对立、非社会的社会性,就是各人以自由、独立之名,"在求名欲、统治欲和占有欲的推动下",用尽一切力量,捉对厮杀,要为自己赢得一席之地。也就是说,因人性的自私自利而来的那种必然的不和与对抗,反过来却又激活了人性中的一切优秀的自然禀赋,人们因此才有可能进入公民状态。这"就像一片森林中的树木一样,正是因为每棵树都力图夺取别的树的空气和阳光,它们就互相迫使到自己的上方去寻求空气和阳光,并由此长得漂亮、挺拔"②。

在强调人的好胜心、统治欲和占有欲的同时,康德在很多地方也讲到,自由、平等、独立的人们,当其作为动物而与其他同类共同生活时,同样需要一个"仁慈的主人",那便是唯一的"国家元首"。国家元首作为唯一不受强制性法权制约的人,是公正、公共正义、法律等的人格化。可以说,唯一的国家元首,是唯一的法权的象征。这是康德面对人们财富的数量和等级上的极大不平等、身体或精神上的巨大优势或劣势等,让人们为自己的自由、平等和独立所设定的最后的保障。非常有意味的是,康德讲到国家元首的不可或缺性,似乎也随俗把国家元首的性别标举为男性。但这却是未曾明言的,康德反倒曾经暗示过,仁慈而高贵的夫人似乎更有权得到国家元首这个头衔。③ 这就排斥了男性特征在政治上的优越性。

综上所述,若着眼于生理学的根据,人们只可以言性别差异,而不可以说性别高下。男女两性的差异恰恰意味着一种双向互通的敞开,男性固然可以成为主人,女性同样也可以。不仅如此,相对于男性,女性不仅在政治社会生活中更有权得到"国家元首"的头衔,而且也应当在婚姻家庭生活中拥有"高高

---

① 康德:《关于一种世界公民观点的普遍历史的观念》,李秋零译,李秋零主编:《康德著作全集》第8卷,中国人民大学出版社,2010年,第27页。
② 同上书,2010年,第29页。
③ 康德:《论俗语:这在理论上可能是正确的,但不适用于实践》,李秋零译,李秋零主编:《康德著作全集》第8卷,中国人民大学出版社,2010年,第297页。

在上的指挥权"。康德明确地说:"女人应当统治,而男人应当治理;因为偏好在统治,而理智在治理。——丈夫的态度必须表现出:他把自己妻子的康乐放在心上,胜于其他一切","他将像一位大臣对待他那要开始一次庆典或者建造一座王宫的只想享乐的君王一样,首先对他的指挥权表示理所应当的顺从"。① 这仿佛是说,男性最多只能达到"治道"的高度,只适合做一名"贤相",女性则轻轻松松就把持了"政道",有望成为"圣君"。

可是,"仁慈的夫人"应该成为"高贵的元首"之类的话可以当真么?毕竟康德明确表示自己此处用了"风流的语言"②,而风流的语言不同于学术的语言,能否当真是一个问题。于是,我们再次陷入迷惑:康德究竟在宣扬母权制意识形态,还是在为父权制意识形态张目?这就需要男女的分离和结合做进一步的讨论。

三、 分离与结合

批评康德对女性充满偏见,歧视女性,把女性排除在理性、自由之外,这样的观点并非空穴来风,在康德的文本中不难找到字面上证据。麻烦的是,相反的证据也并不少。康德本人似乎对自己的观点也不是很确定,在谈及男女两性问题他自己就多次使用"似乎"一词。在1789年5月26日致马库斯·赫茨的一封信中,康德甚至感慨地说:"一个思想深刻的人,却不能完全弄清一个在他面前经常出现的思想,猜测这样的思想,是一件令人为难的事情。"③

康德之所以在性别问题上陷入模棱两可,重要的原因是他一贯的划界思想在"作祟"。众所周知,康德在现象与物自身、自然与自由、建构性原则与范导性原则等之间做了众多的区划,而且把人性的能力追溯到感性与知性的分离。在《纯粹理性批判》第二部分先验逻辑论的导言的一开头,康德就区分了同一心灵的两种能力,一是感性,对对象的感受性,即心灵接受表象的感性直观能力,一是知性,概念的自发性,即心灵通过接到的表象来认识对象的知性思维能力。康德反复强调,两者之间实无优劣之别("无感性就不会有对象被

---

① 康德:《实用人类学》,李秋零译,李秋零主编:《康德著作全集》第7卷,中国人民大学出版社,2008年,第304页。
② 同上书,第304页。
③ 李秋零编译:《康德书信百封》,上海人民出版社,1992年,第140页。

给予我们,无知性就不会有对象被思维。思想无内容则空,直观无概念则盲"),也不能互换其功能("知性不能直观任何东西,而感官则不能思维任何东西"),而只能通力合作相互结合以产生知识,因此,关键性的不仅"慎重地把每一个与另一个分离和区别开来",①而且要把它们结合起来。

然而,如何理解感性与知性的分离和结合,康德反复申明,人们只能"接受"它,而无法"理解"它。比如,在与他人的通信中说:"如果我们想要对感性和知性的起源作出判断,即使这种研究完全超出人类理性的界限,除了神圣的创造者,我们对此也提不出更多的理由来,虽然只要它们一旦被给予,我们就能够完满地解释借助它们作出先天判断的权限。"②在《实用人类学》中他说:"知性和感性尽管不同类,但毕竟自动地结拜为干姐妹以造就知识,就好像它们一个起源于另一个,或者二者都起源于一个共同的主干似的;这是不可能的,至少我们无法理解,如何能够从同一个根上生出不同类的东西。""无论是在无生命的自然中还是在有生命的自然中,无论是在灵魂中还是在肉体中,各种力量的活动都是寄予不同类的东西的分离和联结,我们虽然通过对它们的作用而达到对它们的认识,但最上面的原因和它们的元素被溶解于其中的简单组成部分,对于我们来说却是不可及的。"③在《纯粹理性限度内的宗教》中他说:"我们不能理解它们,即不能理解它们的对象的可能性,这同样不能使我们有理由去拒绝接受它们。"④

康德在两性的分离与结合问题上也持相似的立场。他认为,如果人们不满意于仅仅消极地"接受"这种神秘,而想要确切地"知道"或"论证"它,哪怕"只是猜测"或"设想要弄懂"它,就会陷入"自相矛盾"。⑤康德坚持认为,一方面把男女两性的特征、差别当作一种不可知的神秘而承认之或者说接受之,一方面只在人们能够认识的地方,比如法权方面,拒绝两性的不平等,那才是唯

---

① 康德:《实践理性批判》,李秋零译,李秋零主编:《康德著作全集》第3卷,中国人民大学出版社,2004年,第69—70页;《康德著作全集》第4卷,中国人民大学出版社,2005年,第41—42页。
② 李秋零编译:《康德书信百封》,上海人民出版社,1992年,第140页。
③ 康德:《实用人类学》,李秋零译,李秋零主编:《康德著作全集》第7卷,中国人民大学出版社,2008年,第170页。
④ 康德:《纯然理性界限内的宗教》,李秋零译,李秋零主编:《康德著作全集》第6卷,中国人民大学出版社,2007年,第148页。
⑤ 康德:《实用人类学》,李秋零译,李秋零主编:《康德著作全集》第7卷,中国人民大学出版社,2008年,第170页;康德:《纯然理性界限内的宗教》,李秋零译,李秋零主编:《康德著作全集》第6卷,中国人民大学出版社,2007年,第148页。

一可以采取的道路。

也就是说,人们只可以在实践的关联中懂得什么是自由,去追求男女的平等,如果仍然有人超验地谈论男女的自由和平等并要求切实推行之,那就将把我们的时代拉回到中世纪。对于那时的僧侣阶层来说,性是不洁的。"自然的生育没有双方的情欲就不可能发生,这种生育显得把我们置于(对于人类的尊严来说)与一般的动物交配过于相近的类似性之中,所以我们把它看作是某种我们必须为之感到羞耻的东西。"因此,一个不带有任何道德缺陷的孩子,或者说耶稣基督,必须不依赖于任何性交,而为处女所生。但是,处女仍然有其不洁。"按照渐成论的假设,通过自然的生育从自己的父母出生的母亲,毕竟是会带有那种道德缺陷的,并且会在一种超自然的生育时,至少也会把这种缺陷的半数遗传给自己的孩子。"于是,僧侣们又说,耶稣基督的胚胎早就包含在男方的体系中了,即包含在了圣父的"精源说的体系",而非圣母的"卵源说的体系"。①

表面看来,男性的被略出(处女)和高调复归(精源)正是现代女性主义者所要批评的对象,似乎不宜将其与今天很多的男女平等论者相提并论。但实际上,不承认男女两性差异而批评康德向自己时代特有的性别观念投降,超验地、纯粹地坚持男女平等理想的概括性和普遍性,在本质上却与那些僧侣阶层两极相通。康德说,"凡是应该根据因果律来理解,但作为历史又是出自自由的东西,对于人们的研究来说,都必须停留在这样一种幽暗之中。"②而三位一体的"精源说的体系"与某些所谓的女性主义者都在用绝对的光明来照亮幽暗,都拒绝承认男女两性的分离性结合,都要把男女两性化约为同一个性别。

四、法权与自然

把男女两性化约为同一个性别,会省去很多麻烦,就如同绦虫一样,每个体节都有发达的两性器官,而可以自体交配,生殖后代。但是,自然界中雌雄同体的情况恰恰只是这个星球上的生殖活动的一种例外,两性的分离和结合

---

① 康德:《纯然理性界限内的宗教》,李秋零译,李秋零主编:《康德著作全集》第6卷,中国人民大学出版社,2007年,第81页。
② 同上书,第148页。

才是普遍存在。

这意味着,人们一般在法权的意义上理解男女平等,但康德的性别正义论并不以追溯到政治学的根据为满足。如果把康德所谓的女性的理性能力要弱于男性、女性对于男性的天生的依赖性等仅仅理解为政治学的,那么康德将确然囿于18世纪德国中产阶级暂时性的习俗和法律,是在有意或无意地维护男性单方面的霸权,以巩固父权制家长制的等级秩序,而无法照顾到理性的理想性、超越性和普遍必然性。但如果我们从生理学与政治学双重根据出发,情况便会有根本的不同。

康德认为,"真正的形而上学知道人的理性的界限,此外还知道它绝不能否认的先天缺陷"[①]。这一缺陷便是,人不可能拥有智性直观,而必须在自由王国与自然王国之间不断穿行:被设想为自由的人在大自然中去实现自己的自由行为的时候,就必然涉及目的论,即人类无法获知的、作为物自身而出现的那种大自然的意图、智慧和护佑等。康德在此坚持以自然的方式来解释,一方面划清了自然知识的界限,另一方面还在设想着大自然的伟大艺术本身。虽然这里包含着理性的"致命的跳跃"[②]。然而,在此跳跃中,却包含着康德的性别正义论的双重根据:一是"政治学根据,即国家的习惯怎样要求公共舆论与它的意图相符合",一是"生理学根据,即自然是怎样规定的"[③]。

从政治学的根据出发,自由、平等、独立的两性关系得到了确立。从生理学的根据出发,两性的差别得到了承认。但显然,两性的差别并非是"知性"的,而是"目的论"的,因此这种"承认"最多是对大自然伟大艺术的一种"猜测",绝不能使两性的差别固化。而康德性别正义论之所以需要双重根据,正在于它一方面承认了男女两性的差别,另一方面又把两性平等设定为自己的范导性原则。

[①] 康德:《论目的论原则在哲学中的应用》,李秋零译,李秋零主编:《康德著作全集》第8卷,中国人民大学出版社,2010年,第179页。
[②] 康德:《纯然理性界限内的宗教》,李秋零译,李秋零主编:《康德著作全集》第6卷,中国人民大学出版社,2007年,第123页。
[③] 康德:《学科之争》,李秋零译,李秋零主编:《康德著作全集》第7卷,中国人民大学出版社,2008年,第98页。按照康德"自己的方式",生理学与目的论是有区分的,是目的论在这门自然科学方面的一个运用。康德十分小心地分辨说,"我在关涉纯然自然知识以及自然知识达到什么程度的论文中,认为使用目的论的语言并不可取;为的是十分小心翼翼地为每一种知识方式划清界限。"参阅康德:《论目的论原则在哲学中的应用》,李秋零译,李秋零主编:《康德著作全集》第8卷,中国人民大学出版社,2010年,第177页。

在《学科之争》中,康德曾将哲学与其他三个高级学科进行了比较,批评"圣经神学家(作为属于高等学科的)并不是从理性,而是从《圣经》获得其学说的;法学家不是从自然法,而是从国家法获得其学说的;医学家不是从人体物理学,而是从医学制度获得其深入大众的医疗方法的"①。在康德看来,这三个学科借用了理性的耀眼的羽毛,但实际上却跟随了外在的权威,亦步亦趋,而不足以成为科学,且将反过来危害和吞噬那权威本身。因此康德呼吁,哲学"最好小心谨慎,不要与低等学科陷入不匹配的婚姻,而是要对它敬而远之,以免自己的规章的威望被它的自由的玄想所损害"②。若就康德的性别正义论而言,"自由的玄想"即是对于男女平等的自由玄想,致使男女平等只超越而无法内在于社会。

当然,人们会指责康德性别正义论过于软弱,似乎男女平等遥遥无期,而让人丧失了信心。同样是在《学科之争》的结束语里,康德讲了两个笑话。一个笑话是,无论病人表现出什么症状,医生都可以用空话不断安慰他们说,正在改善,病就要好了,以至于病人在面对朋友的探问时报怨说,"会怎么样呢?全是改善,我都要烦死了!"而康德借用休谟两个醉鬼在一家瓷器店里用棍棒斗殴,不但伤害了自身,还将要赔偿店里的一切损失的故事回应和告诫说,这种所谓的有"迅速疗效的英雄式药方"不但无法治病,还会造成更大的问题,因此人们必须要有足够的信心和耐心。③

---

① 康德:《学科之争》,李秋零译,李秋零主编:《康德著作全集》第 7 卷,中国人民大学出版社,2008 年,第 19 页。
② 同上书,第 19 页。
③ 同上书,第 91 页。

双重视角下的黑格尔哲学
——从黄颂杰先生观点谈起

汪行福

黄颂杰老师一辈子从事西方哲学的研究，对改革开放后中国学界西方哲学知识的传播、普及和研究水平的提高做出了重要贡献，对复旦大学外国哲学的崛起和发展起到了举足轻重的作用。2009年1月6日，复旦大学哲学学院外国哲学学科点曾在光华楼2401会议室召开了一次"黄颂杰教授学术思想讨论会"。在那个会议上，俞吾金、吴晓明、张汝伦等教授对吾师黄颂杰教授几十年以来在担任系领导、学科建设、学术研究、教书育人以及担任《复旦学报》主编等方面所取得的成就都作了高度的评价。我在那个会议上也做了一个发言，谈了黄老师的实践哲学概念及其启示。黄老师强调，对西方哲学史可以从多维度进行研究，其中实践（哲学）与思辨（哲学）之间关系对理解从古希腊到当代西方哲学的整个发展及其关键环节有着重要意义。我把这一哲学史观称为"双重视角"。这一视角不仅抛弃了唯物、唯心两军对垒的解释模式，也超越了本体论、认识论和历史观等条块分割式分析模式。我认为，黄老师的双重视角论意义重大，它不仅是西方哲学史研究的一个可行的研究和解释范式，而且对批判我们时代哲学乱象和设想可能的合理哲学形态来说，都有启发意义。对老师思想继承的最好方式不是"照着说"，而是"接着说"，本文拟将思辨与实践双重视角论运用于黑格尔哲学，对黑格尔哲学的核心内涵及当代意义提出自己一些粗浅看法，以求教于同门和学术同行。

一、黄颂杰的实践哲学观及其启示

黄老师在多篇论文中谈到思辨与实践的关系，代表性的文章有《哲学要素论和哲学前景论——走向实践哲学》、《思辨与实践：解读西方哲学的重要进路》、《实践哲学的三个问题》、《回到西方哲学的原创地——柏拉图〈理想国〉新解》和《多维视角下的西方哲学研究》等,这些文章已被收入他的《西方哲学论集》。黄老师指出,"西方哲学史,博大精深,历史悠久,我们应该全方位、多视角、多进路(Approach)去解读,才能有比较好的、完整的理解",而思辨与实践的关系不失为是解读西方哲学的一条重要进路。[①] 黄老师不仅提出这一主张,而且践行自己的设想,运用双重视角对从柏拉图到当代西方哲学做了广泛而深入的讨论。

黄老师指出,西方哲学缘于对本原的求索。哲学产生于惊异(wonder),对世界的一与多、变化与永恒、无限与有限等关系的思考构成思辨哲学的最初动机。但是,哲学在其开端处就已经包含着对正义、自由和善等实践问题的关切,因而,思辨哲学与实践哲学具有共生性,是哲学的孪生同胞。对世界的理性解释与对良善生活的实践关切是西方哲学的"基因",规制了整个西方哲学传统的发展。总的来说,哲学源于对自然现象和世界本体的思考,但其真正的思想动力是对人与世界关系的合理调节,是对良善生活的向往,在此意义上,理论哲学是起点,实践哲学是归宿,实践优先于理论。黄老师指出,黑格尔曾把巴门尼德视为西方哲学的开创者,但是,"真正引发思辨哲学之创建的是苏格拉底提出的充满实践意义的社会问题"[②]。黄老师是国内著名希腊哲学专家,他对希腊哲学家有独到的把握。在他看来,柏拉图的《理想国》是思辨哲学与实践哲学的"最初交会",构成了西方哲学的"原创地"。《理想国》的主题是正义问题,但其用于解决正义问题的哲学基础是理念论和灵魂说。为了把天上的正义秩序落实到人间,柏拉图把灵魂的不同形式与社会分工和教育结合起来,由此,"来自实践的形而下的问题可以在灵魂之中找到其解决的源头,超感知的形而上的问题也在灵魂中得到其理论根源。柏拉图的灵魂说成了思辨(理论)与实践的交会处"[③]。然而,柏拉图把一切实践问题还原为思辨(理论)问题,没有赋予实践问题以独立的意义。这一点对使得主智主义在西方传统长期以来占统治地位。黄老师认为,"亚里士多德是传统的西方哲学和思维方式的奠基者,也是第一个明确区分思辨与实践、思辨之学与实践之学的哲学家。他把思辨知识与实践知识看作两种性质不同的知识,两种类别的知识"[④]。正如

[①] 黄颂杰:《西方哲学论集》,上海人民出版社,2016年,见第356、484、503、513等页。
[②] 同上书,第515页。
[③] 同上书,第496页。
[④] 同上书,第520页。

亚里士多德在《形而上学》中所指出的："理论（思辨）知识以求真为目的，实践知识以行动为目的。"①前者追问事物是其所是，后者告诉人们如何行之当行。但是，就把沉思作为人的最高生活而言，亚里斯多德也没有赋予实践哲学以应有的地位和价值。

黄老师学贯古今，不仅以双重视角解读西方古代哲学，也对西方近代哲学的重要环节进行了考察。他指出，康德哲学的贡献在于对理论理性和实践理性进行重新划界，明辨其区分和范围，规定其任务。在康德那里，"在认识领域理性作为思辨能力，以先天的知性范畴规整感性材料，构造知识，是为科学，同时也构造认知对象，为自然界立法，在自然领域建构起因果关联的必然王国；在实践领域，理性以自身具有的先天道德律规范人的行动，告诉人'应当'怎样做，达到善的目的，这是道德，是实践理性（意志）为人自己立法，也是向社会颁布规律，在实践领域建构起自由王国"②。这一判断十分到位。按照黄老师的解读思路，黑格尔哲学在某种意义上是向柏拉图哲学范式的返回，他从柏拉图那里接受了理念论，以此来克服康德的二元论，重建了思辨与实践的同一性。黑格尔哲学有合理因素，也有局限性，一方面，"黑格尔则运用辩证思维，不仅看到了理性、思维的矛盾，而且看到了事物本身的矛盾，把矛盾看作宇宙万物的真正内容和本质，看作事物及其对事物认识的根本原则；他还看到矛盾的统一，肯定了矛盾的规律、对立统一规律的普遍性。因此，黑格尔把康德所留下的道道鸿沟都填平了，知性与理性、有限与无限、现象与本体、理论与实践都是辩证的统一"③。另一方面，黑格尔也像柏拉图一样，最终把实践哲学统合到思辨哲学之中，因而没有完成近代哲学的实践哲学转向。

在黄老师看来，现代西方哲学的突出特征是思辨哲学的衰落和实践哲学的兴起。马克思和尼采开启了实践哲学的新方向，尼采的生命哲学和马克思的历史哲学构成了人类自身内部世界和外部社会世界两条实践哲学解释路向。海德格尔的存在哲学和维特根斯坦等人的语言游戏论也为实践哲学提供了新的方法论基础。当代西方哲学主要思潮，包括哲学解释学、西方马克思主义和当代正义理论等，都可以理解为实践哲学发展的新形式。显然，以思辨

---

① 亚里士多德：《形而上学》，993b19—25。
② 黄颂杰：《西方哲学论集》，上海人民出版社，2016年，第523页。
③ 同上书，第525—526页。

(哲学)与实践(哲学)及其关系为线索,可以为西方哲学提供新的叙述形式,在某种意义上,我们完全可以以此来重写西方哲学史。

为什么思辨与实践构成是理解西方哲学史的双重视角? 黄老师指出:"思辨和实践本是人类生存状态的两个方面,或者说是人类生存的两种方式。缺乏思辨或缺乏实践都是人类生存的不良状态、不良方式。"[1]这就从生存论根基上解释了两者之间的相互依赖和不可或缺性。虽然我们无需重温柏拉图或黑格尔式形而上学思辨哲学梦想,在先验原则基础上建立包罗万象的哲学体系,但是,思辨与实践、理论哲学与实践哲学的分与合仍然是哲学需要思考的重大问题。

我们知道,当代哲学最响亮的口号是"拒斥形而上学","后形而上学"成了我们时代的哲学标志。当代哲学家拒绝区分经验的感觉世界与超验的超感觉世界,他们以"意义论"取代"终极论",主张"面向事物本身"或返回"生活世界",这些主张就其对世界解释的整全性、透明性和自主性的思辨式理论哲学幻想的拒斥而言,无疑是正当的。但物极必反,当后现代主义鼓吹"哲学终结"、"宏大叙事终结"、"理论的终结"、"主体的终结"甚至"人的终结"时,对思辨哲学传统的正确拒斥已经走到自己的反面。在黄老师看来,哲学家可以拒绝思辨式哲学,但不能没有思辨哲学的客观性理想和概念论证意识。真正有深度的实践哲学家都具有某种思辨哲学兴趣和能力:"实用主义、存在主义、伽达默尔的释义学、法兰克福学派等都在某种程度上具有实践哲学的特性……但另一方面,这些哲学仍然程度不等地具有浓厚的思辨哲学的特性。"[2]认识到这一点很重要。我们既无需为伟大的思辨哲学时代的过去而伤感,但也不能为后现代任意的符号游戏而庆贺。哲学的健康发展需要思辨哲学和实践哲学的良性互动,正是"思辨和实践的交织融合才使二千五百多年的西方哲学有血有肉丰富多彩,凝聚成人类永不枯竭的知识和思想宝库"[3]。

如何推动哲学的实践转向? 黄老师给我们提供了一个思考的方向。他把实践哲学可分为一般实践哲学原理和部门实践哲学,前者是对人的本质、社会性、价值、理性和自由等人的主体性的一般特征的思考,后者涉及的是宗教、艺

---

[1] 黄颂杰:《西方哲学论集》,上海人民出版社,2016年,第532页。
[2] 同上书,第476页。
[3] 同上书,第533页。

术、道德和政治等特殊的实践活动形式。在我看来,可以从一般实践哲学中找到理论哲学与实践哲学的结合点。无论是对人性和人的本质的思考,我们除了需要对实践问题本身的敏感性外,还需要有强大的理论思辨能力。马克思就指出:"分析经济形式,既不能用显微镜,也不能用化学试剂。二者都必须用抽象力来代替。"[1]这一论断对哲学尤为恰当。在后形而上学时代,实践哲学不能再把人类生活的目标和意义建立在宗教的上帝或某种形而上学的绝对之上,只能建立在人类自身的认识和行动的自我解释之上。不难理解,当今实践哲学非常重视哲学的人类学基础问题,都在思考人类实践的根源及其生存特征。现象学-解释学传统把意义的理解作为人的行动的根本特征,维特根斯坦把日常语言游戏作为意义和规则的基础,汉娜·阿伦特强调实践行动与工具劳动的区别,哈贝马斯强调以交往行为与目的行为的区分,凡此种种思想努力无不指向实践哲学的根基及其基本构成,具有明显的思辨特征。黄老师说:"实践哲学并非不要思辨、不要理论。实践、行动不应该是任意的盲目的。实践哲学还是应当要有形而上的追求,要有超越性,超越个体、经验、感性等等。"[2]人不是动物,他们的行为必然包含着对文化和社会目的、意义、规范和价值的理解,而规范和价值不是任意的,它们的类型、关系和性质本身又需要理论的证明,这些都意味着实践哲学的发展离不开理论哲学。

在西方哲学发展中,黑格尔哲学有着极其重要的地位。黄老师独具慧眼,把西方哲学分为前黑格尔哲学与后黑格尔哲学。大体上说,前后黑格尔哲学并非截然对立,只是相对而言,前黑格尔哲学更强调思辨,后黑格尔哲学更强调实践。黄老师强调:"哲学的研究应该充分重视哲学思想的连续性、前后继承性。"就西方哲学史而言,一方面,"要理解后黑格尔哲学必须了解前黑格尔哲学。不充分理解前黑格尔哲学中的本原、实体(本体)、本质、原因、质料与形式、潜能与现实、共相与殊相、主体与客体、感性与理性等,就不可能理解后黑格尔哲学中的反实体、反本质主义、反理性主义、反形而上学等思想。"[3]另一方面,"前黑格尔哲学也只有置于后黑格尔哲学的视域之中,或者说从后黑格尔哲学的视角去考量、分析前黑格尔哲学,才能更好地彰显前黑格尔哲学的意

---

[1] 《马克思恩格斯文集》第5卷,人民出版社,2009年,第8页。
[2] 黄颂杰:《西方哲学论集》,上海人民出版社,2016年,第533页。
[3] 同上书,第469—470页。

义和价值、正确与谬误、合理与不合理,也才能真正理解和领会他们的哲学思想。这也就是说,实行前后黑格尔哲学研究的互动,必将产生互解互通的效果"①。上述观点对我们把握西方哲学的全局和古今关系有着重要的启发意义。

黄老师的双重视角理论具有巨大的解释力,它对我们理解西方哲学史的发展,对总结西方哲学传统的经验教训,对理解不同哲学家的思想特征,对把握哲学的近现代转型以及未来哲学可能的发展方向,都有重要的启发意义。而其中特别重要的是,这一视角强调,哲学的健康发展需要中外古今传统的融会贯通,需要思辨哲学与实践哲学的相互关照,只有这样,哲学才能满足人类的根本需要和为自己创造合理的发展条件。

二、 当代哲学的"黑格尔转向"

黑格尔命运的沉浮在哲学史上具有戏剧性。黑格尔哲学在19世纪20—30年代达到其辉煌的顶峰。黑格尔去世后,其学派内部很快就发生了分裂,分裂为老年黑格尔派和青年黑格尔派,前者从其思辨哲学立场出发,继承了他的思辨观念论体系和对现实的神正论辩护,因而强化了他的思想的保守性方面;后者从自我意识出发,运用黑格尔的辩证法继续着黑格尔对传统宗教和社会现实的批判,发挥了他的实践哲学的激进性方面。在黑格尔之后,西方哲学发生了重大变革,这一转变往往被称为现代哲学革命。在哲学基础和理论体系上真正突破了黑格尔体系并开创出未来发展新方向的哲学家是费尔巴哈、马克思和克尔凯郭尔。费尔巴哈的"自然"强调了人类生存的自然基础和人类学方面,马克思的"社会存在"强调人类生活的物质生产方面,克尔凯郭尔的"个体"强调了人的生存论和个体性方面。这三条思路在当代都有其继承者。因此,对待黑格尔哲学的不同态度在一定意义上规定着现代哲学转型的不同方向。

在整个20世纪,黑格尔是一个邪恶可疑的思想家。他不仅被看作西方法西斯主义的思想根源,而且被认为是东方斯大林主义的思想源头。然而,随着西方陷入文化与社会危机,许多人开始把目光再次瞄向黑格尔这位19世纪伟大哲学家,试图从他那里汲取思想智慧。黄老师就敏锐地指出:"思辨之王黑

---

① 黄颂杰:《西方哲学论集》,上海人民出版社,2016年,第470页。

格尔的哲学体系中就包含大量丰富的实践哲学的内容,近年来我国学术界开始关注并努力开发黑格尔的实践哲学,其起因正是由于当代西方一些哲学派别(如杜威的实用主义、西方马克思主义等)以及各种政治哲学、道德哲学等,大量吸取了黑格尔的实践哲学思想。"[1]如何把握黑格尔思想?当然有不同的视角和路向,我认为黄老师的双重视角论不仅是一条可行的进路,而且是最为妥帖的思路。当代黑格尔研究有一个重要的缺陷,这就是把黑格尔的思辨哲学与实践哲学割裂开来、对立起来。或者把黑格尔视为纯粹的思辨哲学家、一个逻辑创世论,或者把他理解为彻底的历史主义者,前者认为黑格尔是一个现代柏拉图主义者,后者认为黑格尔是第一个后现代主义者。这两个形象都是片面的。

当今哲学正在重塑黑格尔形象,一些学者已经注意到黑格尔思想的实践与思辨方面的联系。齐泽克试图把黑格尔"激进化",既从他的逻辑学中发掘否定批判和反形而上学的因素,也从他的法哲学中发掘出可用于超越新自由主义秩序的激进内容。前者强调黑格尔哲学非绝对主义的一面,后者强调黑格尔哲学的非整体主义的一面。在"黑格尔的世纪"(Hegel's Century)这篇文章中,齐泽克指出,表面上看黑格尔已经过时,"即使是最迷恋黑格尔的人都不能否认在黑格尔之后事情起了变化,思想的新时代开始于不能再用黑格尔式绝对概念的中介来说明了"。在今天,"像一个全心全意的黑格尔主义者那样行动,就如在勋伯格革命之后还在写调性音乐一样"[2]不合时宜。但是,黑格尔不是"一个假装知道一切"的绝对主义哲学家,一个只强调绝对、整体和同一的思辨哲学家。其实,黑格尔思辨哲学内部包含着巨大的张力。一方面,黑格尔强调绝对精神的无限性、绝对性和总体性,另一方面他也认为历史性、相对性和有限性是无限性、绝对性和整体的条件。"他的思想处在哲学与主人话语之间,处在把复多总体化为大一(One)和反哲学,即认为实在界(Real)总是逃避大一的掌控之间。一方面,他清楚地与对大一进行解释的形而上学逻辑决裂,另一方面他又不承认有任何外在于逻辑表象的过剩。对黑格尔来说,在大一之中的总体化(totalization-in-One)总是失败的,大一总是处在它自身的

---

[1] 黄颂杰:《西方哲学论集》,上海人民出版社,2016年,第475页。
[2] *Hegel and the Infinite*, edited by Slovoj Zizek, Clayton Crockee and Creston Davis, Columbia University Press, 2011, p. viiii.

过剩之中,它本身就是对它想达到的东西的颠覆;正是内在于大一之中的这一张力,这一大写的两性(Twoness),既使大一之成为大一同时又使之错位,这就是辩证过程中运动的张力。"①也就是说,哲学总是要追求"多中之一"、有限中的绝对,但是,这一任务是无法最终完成的,总是处在延宕状态。在某种意义上,黑格尔哲学中有两个灵魂,一个是大哲学(或者称主人哲学)的灵魂,一个是小哲学(或称反哲学)的灵魂。大哲学追求"多中之一",而小哲学追求"一中之多",两个方面不可偏废,没有前者,我们会陷入后现代式无目的的符号漫游;没有后一个方面就会沉溺于传统形而上学的绝对幻想。显然,这一对黑格尔思辨哲学特点的把握是非常到位的,它指出了黑格尔思辨哲学的位置,也揭示了它的意义和价值。

同时,齐泽克也对黑格尔的实践哲学做了评论。表象上看,黑格尔是一个保守主义思想家,一个福山式的历史终结论者。在《哲学史讲演录》中,黑格尔把自己的时代称为"绝对的时代",认为自己的哲学是"绝对的哲学"。在黑格尔看来,哲学和历史发展到他的时代已经终结,"看来世界精神现在已经成功地排除了一切异己的、对象性的本质",有限的自我意识与绝对的自我意识之间的斗争终结了,"这就是此前的整个世界历史所达到的目的,特殊讲来,这就是整个哲学史所达到的目标,而历史的唯一工作就在于阐述这个斗争"②。其实,黑格尔并没有宣扬哲学对现代的无条件接受。在黑格尔那里,"世界历史不是单纯的权力的判断,就是说,它不是盲目命运的抽象的和无理性的必然性。相反,由于精神是自在自为的理性,而在精神中的理性的自为存在是知识,所以世界历史是理性各环节从精神的自由的概念中引出的必然发展,从而也是精神的自我意识和自由的必然发展"③。用黑格尔的标准来衡量,黑格尔对历史的判断无疑是错误的,用它来描述20世纪历史更是如此。齐泽克指出:"一个人完全不可能通过把技术的进步、民主的兴起、伴随着斯大林灾难的失败的共产主义尝试、法西斯主义的恐怖和殖民主义逐渐终结同一在一起,写一部20世纪的精神现象学。"其实,用黑格尔的实践理想和历史理念来衡量我们今天的历史,我们完全可以得出不同的结论。正如阿多诺在《否定辩证法》

---

① *Hegel and the Infinite*, edited by Slovoj Zizek, Clayton Crockee and Creston Davis, Columbia University Press, 2011, p. x.
② 黑格尔:《哲学史讲演录》第4卷,贺麟、王太庆译,商务印书馆,1978年,第377—378页。
③ 黑格尔:《法哲学原理》,范扬、张企泰译,商务印书馆,1995年,第342节。

导论中所说：一度似乎过时的哲学由于错过自己的实现时机而生存下来，黑格尔哲学也是如此。由于黑格尔的实践理念没有实现，因此，他站在我们的前面，而不是站在我们的后面。为此，齐泽克宣布："黑格尔的世纪将是21世纪。"①

我们可以不接受对黑格尔哲学的齐泽克式激进解读，把它放在一个更平实和经验世界中来考察，但我们仍然可以体会到现代世界中黑格尔思想的批判潜能。《纽约时报》曾刊载一篇题为"黑格尔在华尔街"的文章，其作者美国哲学家 J. M. 伯恩斯坦就认为，在华尔街式资本主义陷入危机的今天，我们需要转向黑格尔："实践哲学的首要议题是分析现代个人主义和现代生活的本质秩序相交集的那个点……如果黑格尔是对的，也许存在着比我们所想象的强有力的市场调节。"②这不仅是因为，不受调节的市场经济必然爆发危机，而且也因为不受社会调节的市场是不可持续的。德国哲学家弗微格直接了当地提出，在今天，"接受黑格尔的方案，核心之处是指向一个环境上可持续的和正义的社会以及与之相应的世界秩序的新观念。它意味着深化黑格尔的自由哲学。现在到了在思想进行根本转变的时候了，到了在哲学上迎接黑格尔式转向（Hegelian turn）的时候了"③。其实，早在半个世纪之前，美国哲学家杜娜叶夫斯卡娅就曾经说："今天我们生活在一个绝对的时代，就是说，在这个时代里，各种矛盾如此具有总体性……。我们寻求克服这个绝对矛盾，我们便踏上自由的门槛上，因此，我们可以比以往任何时代都更好地理解黑格尔最抽象的概念。"④在这个意义上，黑格尔不仅与我们同行，而且是21世纪的哲学。

解读黑格尔，思辨与实践的双重视角是一个很好的路向。我认为，黑格尔体系是一个特殊的构成物，其中理论哲学的激进批判精神与实践哲学对自由的现实主义思考有机地结合在一起。正因为如此，他的哲学可以为我们批判意识形态和绝对化提供工具，又可为我们思考在现代复杂社会如何实现自由提供指导。黑格尔哲学的可贵之处在于，理论哲学的否定精神与实践哲学的现实立场有机地结合在一起，忽视任何一个方面都会扭曲黑格尔的形象，错过

---

① *Hegel and the Infinite*, edited by Slovoj Zizek, Clayton Crockee and Creston Davis, Columbia University Press, 2011, p. xi.
② J. M. Bernstein, Hegel on Wall Street', *The New York Times*, 3.10.2010.
③ 克劳斯·佛微格："伦理生活与现代性——黑格尔作为福利国家概念的奠基者"，参见复旦大学哲学学院60周年院庆《"哲学与现代世界"国际学术讨论会文集》（2016）。
④ 杜娜叶夫斯卡娅：《马克思主义与自由》，傅小平译，辽宁人民出版社，1998年版，第16页。

黑格尔的哲学智慧。

三、重思黑格尔思辨哲学

黑格尔哲学思想的起点是启蒙运动和康德的批判哲学，其思想发展大致走了一条从康德的主观观念论出发批判实证宗教，再经由对主观观念论的批判走向客观观念论的过程。大致来说，1800年前后，黑格尔形成了自己的哲学问题意识，并提出自己的纲领。在《费希特与谢林体系的差别》中，他把自己的时代称为"分裂"(diremption)的时代，人类精神已经从传统的宗教和形而上学统一体中分裂出来，形成了信仰与知识、有限与无限、永恒与暂时、总体性与部分之间分裂，哲学的任务在于：在启蒙和主体性基础上，克服和扬弃这种分裂状态，重建人类自我理解的理智图景和实践目标。

对黑格尔哲学有两个典型的批判立场，一是批判他的理论哲学的逻辑神秘主义，二是批判他的实践哲学的政治保守主义。本文的任务在于重思黑格尔的思辨哲学和实践哲学，清除这两个简单化和片面的批判，重新理解他的哲学贡献。黑格尔的思辨哲学可以多方面来理解：一是对现代主体哲学的批判和超越；二是对主观与客观、理论与实践之关系的辩证把握；三是对各种片面的思维方式的反思和批判。这三个方面都可以做同情的理解和拯救式的阅读。

1. 超越主观主义和知性思维的绝对观念论

黑格尔在《小逻辑》中曾分析了思想对待客观性的三种不同态度，其中，经验主义与批判哲学被归入主观主义态度。黑格尔指出，"批判哲学和经验主义相同，把经验当做知识的唯一基础，不过不以基于经验的知识为真理，而仅把它看成对于现象的知识"[1]。显然，黑格尔一开始就把自己与康德和近代观念论立场区别开来。在黑格尔看来，现代哲学的特征是二元论，"这种思想和事情的对立是近代哲学兴趣的转折点"[2]。然而，从对传统形而上学解体中所产生的知性思维不是真理的意识，而是矛盾的意识。在这里，主观与客观、精神与物质、灵魂与肉体、信仰与知识、自由与必然之间处在不可调和的矛盾状态。哲学必须重新建立总体性，克服现代知性思维带来的精神分裂和痛苦。

---

[1] 黑格尔：《小逻辑》，贺麟译，商务印书馆，1981年，第40节。
[2] 同上书，第22节。

黑格尔对知性思维的态度是复杂的。他意识到,知性思维是人类获得对事物的客观知识的必要条件。黑格尔说:"柔弱无力的美之所以憎恨知性,就因为知性硬要它做它不能做的事情。但精神的生活不是害怕死亡而幸免于蹂躏的生活,而是敢于承当死亡并在死亡中得以自存的生活。精神只有当它在绝对的支离破碎中促使其自身时才赢得它的真实性。"①在这个意义上,知性的分解活动是必要的,"知性是一切势力中最惊人的和最伟大的,甚至可以说是绝对的势力"②,"因为必然的分裂是生命的一个因素,生命永远对立地构成自身,而整体在最高的生命性中,只有通过出自最高分裂,重建才是可能的。"③但黑格尔又深切地意识到,"教化扩张得越广,分裂本身可以交织进去的生命变化就越多样化,分裂力量就越强大,分裂的地区性的神圣性就越坚固,对文化整体来说就越陌生,生命的重新分娩自身达到和谐的努力就越无意义。……随着生活状况的整个体系远离这些形态,其无所不包的联系就丧失了,过渡到或是迷信的概念,或者是娱乐的概念"④。

为了克服知性思维和主观主义带来的精神分裂,黑格尔提出了他的绝对观念论或思辨观念论。在黑格尔这里,绝对是最高的存在,是总体性意义上的整体与大全,是形而上学实体本身。这一哲学立场来自斯宾诺莎。斯宾诺莎强调,实体是自因,不依赖他者的自我决定者。在这个意义上,只有自然或上帝才是实体,其他的一切都是偶性与样式,因而实体是一切存在的根据,也是世界总体性的前提。黑格尔接受了斯宾诺莎对实体的理解,但同时也批评说:"他的哲学讲的是只是死板的实体,而不是精神。"⑤对黑格尔来说,不仅主体是实体,而且实体也是主体,"说实体在本质上是主体,这乃是绝对即精神这句话所要表达的观念"⑥。阿维纳瑞正确地指出:"精神不是超验物,而是他的自我实现和自我认识展开的活动过程。如果康德认为人类无法认识终极实在的话,那么黑格尔回到亚里斯多德的'实在是可以理解的'这一古典立场。康德的物自身(Ding-an-sich)最终任由人类的认识徒劳无益地叩击着紧闭的门户,

---

① 黑格尔:《精神现象学》上卷,贺麟、王玖兴译,商务印书馆,1983年,第21页。
② 同上书,第20—21页。
③ 同上书,第20页。
④ 黑格尔:《费希特与谢林体系的差别》,宋祖良 程志明译,商务印书馆,1994年,第10页。
⑤ 黑格尔:《哲学史讲演录》第四卷,贺麟、王太庆译,商务印书馆,1978年,第102页。
⑥ 黑格尔:《精神现象学》上卷,贺麟、王玖兴译,商务印书馆,1983年,第15页。

黑格尔则取消了康德的本体与现象之间的区分。因此,就有了《精神现象学》的书名,意为终极实在,精神(Geist),显现于现象学的表象中,并通过这些表象而变得可以理解。"①与维柯观点相似,黑格尔相信,精神创造的东西也能被精神所认识,"精神的历史就是它自己的行为,因此精神仅仅是它所做的事,而它的行为就在于把握自己,在这里是作为精神,变成它自己意识的对象,并在对自己的解释中把握自己"②。这样,精神就取代了主观意识成了世界整体性和同一性的基础。

与精神概念一样,黑格尔的理性概念也具有形而上学意义。在《精神现象学》中,黑格尔说:"当理性确信其自身即是一切实在——确定性上升为真理,亦即理性意识到它自己即是它的世界、这世界即它自身时,理性就是精神。"③古代哲学家说:"Nous(理性)统治这世界",在这里,"理性是世界的灵魂,理性居于世界中,理性构成世界的内在的、固有的、深邃的本性,或者说,理性是世界的共性"④。关于这一作为世界本质的理性概念,德国哲学家霍尔斯曼认为其有三个特征:(1)只有一个理性,一切实在都是理性的表达;(2)必须将理性思考为思维和存在的同一;(3)作为现实之全体的理性将在认识过程变得清晰可见。⑤ 在黑格尔这里,不是人的理性规定着世界,而是世界本身的理性为人的一切认识和行动的合理性提供基础。

黑格尔的思辨哲学集中于他的逻辑学之中,对他来说,逻辑学不是研究思维的抽象形式,而是把握思想本身,在这个意义上,"真理是逻辑学的对象"。⑥思想总是包含着两个方面,一是它的内容,二是它的形式。康德认为知识是理智形式对感性内容的综合,而黑格尔强调,思想都是一种后思(Nachdenken),即跟在事物后面进行思考,这种"反思以思想的本身为内容,力求思想自觉其为思想"。⑦ 在黑格尔那里,思想内容是精神性的实体本身,而其形式是由内

---

① [以色列]阿维纳瑞:《黑格尔的现代国家理论》,朱学平、王兴赛译,知识产权出版社,2016年,第81页。
② 黑格尔:《法哲学原理》,范扬、张企泰译,商务印书馆,1995年,第352页
③ 黑格尔:《精神现象学》下卷,贺麟、王玖兴译,商务印书馆,1983年,第1页。
④ 黑格尔:《小逻辑》,贺麟译,商务印书馆,1981年,第24节。
⑤ Rolf-Peter Horst, "Kant und der 'Standpunk der Sittlichkeit', 参见张汝伦"从黑格尔的康德批判看黑格尔哲学",《黑格尔与我们同在——黑格尔哲学新论》,张汝伦等,上海人民出版社,2017年,第43页。
⑥ 黑格尔:《小逻辑》,贺麟译,商务印书馆,1981年,第19节。
⑦ 同上书,第2节。

容本身规定的概念形式。因此,"思想,按照这样的规定,可以叫做客观的思想,甚至那些最初在普通形式逻辑里惯于只当作被意识了的思维形式,也可以算作客观的形式。因此逻辑学便与形而上学合流了。形而上学是研究理念让你把握住的事物的科学,而思想是能够表达事物的本质性的"①。因此,逻辑学是无身体的理性本身,"思维不是主体的私有的特殊状态或行动,而是摆脱了一切特殊性、任何特质、情况等等抽象的自我意识,并且只是让普遍的东西在活动,在这种活动里,思维只是和一切个体相同一"②。这不是说,思维不能为人所掌握,或是人之外的超验活动,而是说,任何人的思想要达到客观性,都必须符合事物本身逻辑所要求的规定性及其内在过程,只是说,当我在思维时,我放弃了我的主观的特殊性,沉入到事情本身让思维自主地起作用。

2. 主观与客体统一的辩证法

黑格尔强调,思维对直接经验进行改造以达到实体性是一切时代的特征,但是,意识到对象本身和对它们拥有真实的知识是有区别的。古代哲学强调思维与存在的自在的同一性,近代哲学强调知识与对象的分离和人的反思性。这两种态度都是片面的,前者抓住了真理的自在的方面,后者抓住了知识的自为的方面,而真正的知识必须是自在自为的统一。如何消除事物的自在性与意识的反思性特征的分裂,从特殊性中产生普遍性,从限性中把握无限性,就是辩证法。黑格尔明确地说:"概念的运动原则不仅消溶而且产生普遍物的特殊化,我把这个原则叫做辩证法。"黑格尔的辩证法是概念辩证法,表象上看,它与古代的诡辩论没有区别。但黑格尔明确指出,辩证法不是诡辩论,不是概念颠过来倒过去,或像古代怀疑论那样把矛盾视为最后的东西。"更高级的概念辩证法不仅在于产生出作为界限和相反东西的规定,而且在于产生出并把握这种规定的肯定内容和成果。只有这样,辩证法才是发展和内在进展。其次,这种辩证法不是主观思维的外部活动,而是内容固有的灵魂,它有机地长出它的枝叶和果实来。"③

齐泽克认为,人们对黑格尔的辩证法有许多误解,误解之一是把"否定之

---

① 黑格尔:《小逻辑》,贺麟译,商务印书馆,1981年,第24节。
② 同上书,第23节。
③ 黑格尔:《法哲学原理》,张企泰、范扬译,商务印书馆,1995年,第38页。

否定"理解为事物通过自我扬弃实现其自我发展。在他看来,否定的真正意思是"某种外在的障碍最终发现自身成了一种内在的阻碍,某种外在的力量最终成为了内在的强制"①。同样,人们对黑格尔的"和解"概念也有误解,"在黑格尔的哲学中,'和解'并不意指'实体成为主体',即绝对主体性被上升为所有实体的产生基础,而是意指主体性的维度进入到实体的核心之处,表现为一种无法还原的匮乏,这是一种它自身永远无法获得完整的自我认同的匮乏"②。我们可以把辩证法理解为主观与客体之间的双重运动,一方面如同马克思所说,"观念的东西不过是移入头脑中并在头脑中改造过的物质的东西而已"③,思想不是自我封闭的自足的领域,它总会受到外在事物或事件的侵入,或者是由客观事物引发的。马克思的命题强调了实体对主体的"侵入",揭露了传统思辨哲学的概念自足性和透明性的幻想。这是唯物主义对观念论的颠覆。但是,如果唯物主义满足这一立场,把物质实体和它的规律视为自我封闭的体系,主体只能服从客体,就会走向反面。实践从本质上说主体对客体的"侵入",是主体向实体的转变。虽然黑格尔哲学的表述方式容易给人以观念自足性的错误印象,但他的辩证法实际上包含着理解主体与客体、理论与实践相统一的思想逻辑。

3. 意识形态批判的反思逻辑

抽象普遍主义与原教旨主义是当今最流行的两种意识形态。原教旨主义思维的特点是拒绝现代科学和理性主义,留恋前现代的有机体思维;抽象普遍主义坚持知性思维和经验科学,拒绝任何思想的整体性和任何超越性因素。总体上,知性思维在当今仍然占支配地位,但随着人类陷入生态危机、意义危机,前现代的宇宙论世界观和东方神秘主义正在复兴,并充当各种政治保守主义的哲学基础,而黑格尔坚持实体性与主体性、分析的知性思维与总体性的理性思维的统一,使他既没有受到前现代有机论思维的诱惑,也没有放弃对知性思维的批判。在这个意义上,黑格尔哲学为我们提供了批判保守主义和抽象普遍主义的理论工具。

原教旨主义是一种对待真理的前反思的实体主义思维,类似于黑格尔批

---

① [斯洛文尼亚]斯拉沃热·齐泽克:《延迟的否定:康德、黑格尔与意识形态批判》,夏莹译,南京大学出版社,2016年,第29页。
② 同上书,第31页。
③ 《马克思恩格斯文集》第5卷,人民出版社,2009年,第22页。

判的直观知识。这种思维把实在理解为神圣的整体,把人视为世界的一部分,人可以在直观中把握世界本身。黑格尔说:"直接知识论的主要兴趣乃是在于指出从主观的理念到【客观的】存在的过渡,并断言理论与存在之间有一个原始的无中介的联系。"①关于这种认识论立场的错误,黑格尔从三个方面进行了批判:第一,在直接知识论中,真理的标准不是它的实在内容,而是意识的事实,在这里"除了主观的知识和确信,除了我在我的意识内发现的某种内容外,就没有别的基础了"②。第二,"认直接知识为真理的标准还可引起另一结果,即把一切的迷信和偶像崇拜均宣称为真理,并且对任何毫无道理并违反道德内容的意志要求,均可进行辩护"③。第三,把上帝当做直接意识的对象,并不能告诉我们上帝是什么,"因为如果能说出上帝是什么,将会是一种知识,而且将会导致中介性的知识"④。在这个意义上,一切相信我们可以从经验事实中就直接地包含着真理的观点都包含着神秘主义和非批判的盲从。

　　黑格尔也对知性思维的抽象普遍主义立场做了深入的批判。康德的批判哲学是黑格尔哲学的起点,也是他的批判对象。批判哲学为理性划界,强调知性范畴只能运用于经验领域,认为把知性范畴运用于上帝、世界与灵魂等实体就会陷入二律背反,这一点对打破直观知识的迷思有特别重要的意义,因此,黑格尔说:"康德哲学的主要作用在于曾经唤起了理性的意识,或思想的绝对内在性。虽说过于抽象,既未能使这种内在性得到充分的规定,也不能从中推演出一些关于知识或关于道德的原则;但这绝对拒绝或允许任何外在性的东西,这却有重大意义。自此以后,理性独立的原则,理性的绝对自主性,便成了哲学上的普遍原则……"⑤但是,知性思维满足于从特殊性中抽象出普遍性,把事物理解为普遍属性的外在关系,同样会导致一种对抽象规定性的实证意识。

　　黑格尔逻辑学可以理解为自我批判的思维操练,包含着对任何有限性自我绝对化的批判。这一点对意识形态批判来说具有特殊的意义。在某种意义上,任何意识形态都可以理解为有限性的绝对化,即把自己特殊的思想规定性

---

① 黑格尔:《小逻辑》,贺麟译,商务印书馆,1981年,第69节。
② 同上书,第71节。
③ 同上书,第72节。
④ 同上书,第72节。
⑤ 同上书,第60节。

设定为存在或真理本身。在这里,黑格尔对三种反思形式的区分及其内在局限性的揭示,对我们理解意识形态背后的无意识思维有特别的意义。黑格尔在逻辑学中区分了三种反思形式:(1)"设定的反思"(posited reflection),即抽象的自身同一性阶段,即主词把谓词作为自己的直接规定性,如"这玫瑰是红的",一切谓词性都是主词的直接规定,是本质与现象的直接同一性;(2)"外在的反思"(external reflection),进入到对差异和对立的把握阶段,在这里主词超越了与谓词的直接统一性,而被联系到某种一般规定性上,如:"这一物体是有伸缩性的"、"这工具是有用的"等等,在这里本质是规定性的有中介的同一性;(3)"规定的反思"(determining reflection),进入到对事物的具体性把握阶段,在这里,普遍性通过特殊的中介回到普遍性,个体既是自身,又是普遍性,是事物直接存在与思想中介之间的同一。齐泽克认为,这三种模式构成整个逻辑学的模型。与一般人的理解不同,从设定的反思到规定的反思不能简单地理解为认识的进步,真理的具体化,相反,在每一种反思形式中都包含着有限性自我绝对化的意识形态式操作。

"设定的反思"坚持事物有其固定本质,"一个实体很容易还原为它的预先假定"①,一切行动都回溯性地被理解为由实体所产生,这一实体(如上帝、精神、绝对)就被同语反复地被认定为实体的"一"。显然,这正是传统形而上学的态度。如何揭示这种态度的局限性或意识形态本质?人们一般地会认为,"设定的反思"面临的问题是,如果诸表象都是实体本质的表现,而诸表象之间又存在着矛盾会如何?齐泽克认为,这种批评还是过于简单。黑格尔所说的矛盾不是实体之表现的诸现象之间的矛盾,而是实体与其自身特殊规定性之间的矛盾。譬如,资本是一般的存在,金融资本是其一种特殊形式,一般资本既离不开特殊的资本(金融资本),又不能通过特殊资本完全实现自身。在这里,一般只能在特殊中遭遇自身,而特殊性总是会"玷污"或扭曲一般。因此,实体不可能摆脱其自身表现所带来的局限性,这在某种意义上,一切实体主义思维都存在着内在矛盾。

"外部的反思"超越了设定反思的直接性,它强调知识是理智的外在形式与事物本身的实体性内容的统一,在这里,反思立足于事物的形式与内容,或

---

① [斯洛文尼亚]斯拉沃热·齐泽克:《延迟的否定:康德、黑格尔与意识形态批判》,夏莹译,南京大学出版社,2016年,第189页。

本质与形式的区分，并把知识理解为形式对内容的加工。然而，这种反思也面临着悖论。一方面"'本质'意指直接的内在性，'事物的本质'，排斥一切外在的形式。正如俗话所说的'本性难移'"，另一方面，"由此被构想的'本质'仍旧是一个空洞的规定，对它的充实需要通过它在外在形式当中所要表达的、所要显现的东西"①。如果是这样，形式与质料之间关系就发生了颠倒。"形式不再是一个被动的表达方式，不再是需要人们在其后寻找所谓的'真实本质'的那个形式，而是成了促使被动的、无形式的质料得以显现的机制，正是形式赋予了质料特定的规定性。换言之，当我们意识到本质的整个确定性都基于其形式之上，那么本质，从形式的角度来说作为一种抽象的设想，变成了一种无形式的形式的始基，简言之，质料。"②这样，最实在的"本质"恰恰是最不实在的东西，决定事物形式的本质成了被形式所规定的东西。显然，外部反思的困境表明任何本质主义都存在着自己难以克服的矛盾。

在黑格尔那里，"自我规定的反思"是指事物以自身为根据或事物的自我决定。一般人认为自我规定的反思正是黑格尔自己的立场，然而，自我规定的反思也不是绝对的，它也存在着自身的矛盾。"对于要被解释的现象而言，我们不得不将某些要素孤立起来，将它们视为所有其他因素的'基础'。"③问题是，为什么是这个因素而不是那个因素作为基础，要解释回答这个问题，就必须诉诸事物的根据与被其所根据的诸因素之间的关系，在这里，"根据"的自明性马上就消失了，因为这意味着解释者是以被解释者为条件的，基础是以被基础的(the grounded)存在为基础的。虽然这听起来是一个悖论，但这一悖论揭示了一切基础主义的缺陷。齐泽克指出，"在此关键的问题在于把握黑格尔哲学成就的本质：他并没有外求于其他，甚至没有探寻那种基础本身的基础，即更深层次的超级-基础(supra-Ground)，他只是在基础和被基础的内容之关系当中来设定基础"④。虽然我们可以把某个因素理解为事物的"形式的基础"，但任何对"真实的基础"的理解总是要诉诸被基础的东西。在这个意义上，完

---

① [斯洛文尼亚]斯拉沃热·齐泽克：《延迟的否定：康德、黑格尔与意识形态批判》，夏莹译，南京大学出版社，2016年，第196页。
② 同上书，第196—197页。
③ 同上书，第202页。
④ 同上书，第202页。

成了的基础等于无基础的多元决定结构。

从这些所分析的三个方面表明,黑格尔的逻辑学在某种意义上提供了意识形态批判的元逻辑,它揭示,任何反思形式都不可能达到绝对的真理,而是陷入自我挫败的自相矛盾之中。在此意义上,黑格尔哲学并不像它表现上那么保守,他的逻辑不是强调矛盾最终和解的可能性,而是强调其最终调和的不可能性。"整个逻辑学的基本对抗性矛盾就是基础与条件之间的对抗,事物的内在本质(真实的本质)与导致这一本质得以实现的外在环境之间的对抗,即在此重要的问题在于对抗不可能在'更高层次的综合'上被整合,两个维度之间不存在共同点。"① 虽然"规定的反思"比起"外部反思"和"设定的反思"是对事物更具体地把握,但也不意味着它把握到的是事物的终极实在。因此,黑格尔哲学拒绝一切绝对本质和终极存在,就此而言,黑格尔的逻辑学包含着对一切意识形态绝对化形式的激进批判。齐泽克指出,黑格尔哲学的激进性还特别地体现在自在和自为这对范畴中:"作为'自为'的'自在'同时意味着以下两个方面:第一,这只是潜在的存在,作为内在可能性,与那些已经被外化和实现的现实(actuality)相对立;第二,现实自身作为外化的、直接的、'原始的'客观性与主观的介入相对立,由此现实仍然有待被内在化,有待使其成为意识。"② 就前者来说,自在包含着对一切自为的主观性的批判,就后者来说,一切自在又必然会受到自为的挑战。在这里,潜能与现实、实存与意识之间不存在明确的分界线,从前者到后者的过渡总是包含着主体的介入和行动,事物本质的自我完成既是潜能的实现,也是主体的实践干预,理论与实践的辩证关系就包含在这一自在与自为的非同一性关系之中。

最后,需要补充的是,黑格尔逻辑学不能仅仅理解为阿多诺意义上的"否定的辩证法",一方面,设定的反思、外在的反思和规定的反思的每一个环节都包含着它的自我否定的可能性,因而不是绝对的。另一方面,从设定反思的实体性思维、外在反思的知性思维到规定反思的理性思维又可以理解为认识的发展,或直观到概念、从概念到理念的具体化过程。以道德为例,形而上学理性在设定的反思中被当作法则的施予者,在此一切既有的伦理箴言都设定成

---

① [斯洛文尼亚]斯拉沃热·齐泽克:《延迟的否定:康德、黑格尔与意识形态批判》,夏莹译,南京大学出版社,2016年,第206页。
② 同上书,第206页。

道德的法则。但是,一旦这种前反思的作为世界法则本身的理性遇到了相互矛盾的伦理箴言时,它的内在矛盾就暴露了,实体性思维也就破产了。外部反思拒绝承认一切既定的规则,在它看来,凡是未经理性审视的规则都是不合理的。理性意味着主观的反思性,道德是由理性反思地设定起来的,而道德的反思意味着根据理性的一致性和普遍性标准对具体道德规则的检验。这种道德思考方式相当于康德运用绝对命令对具体的法则进行检验和选择。然而,这种外部反思的道德意识也是有局限性的。由于它把道德的标准还原为主体意识的自我同一性,而主体意识是不确定的,只能在不同的规定性之间做任意的主观选择。理性一旦意识到根据抽象的普遍性原则进行的检验是纯粹形式的,并不能给予自身以确定的内容,就会过渡第三个阶段,即规定反思的阶段,并到那些具体的、确定的伦理行者行动中寻找法则,这就是黑格尔所说的具体普遍性的伦理。虽然齐泽克把黑格尔的伦理解释为实践理性向现实的妥协,但是,我们完全可以把它理解为从抽象到具体的思维过程,理解为意识的自我扬弃和发展。

上述对黑格尔的讨论表明,他的思辨哲学并非像人们所批判的那样,完全是隐蔽神学、逻辑神秘主义或同一哲学。黑格尔的思辨哲学不仅包含着否定和批判的冲动,即拒绝承认任何有限性和特殊性可以占据无限性和普遍性的位置,因而,总体性和同一性的完全实现是不能性。而且他对设定的反思到规定的反思的解释也包含着克服相对主义和虚无主义的超越,虽然人类无法通过自己的思维达到对无限或绝对本身的完全认识,但是,规定的反思对外部反思的扬弃,外部反思对设定的反思的扬弃,还是包含着人类思想进步的内容。黑格尔正是通过这种形式克服绝对主义与相对主义、普遍主义与特殊主义、实体主义与形式主义等等思维方式的对立,给我们理性地思考世界提供了走出理论思维困境的道路。

四、 重思黑格尔的实践哲学

黑格尔的实践哲学与其思辨哲学一样,表面上是保守的,实际上却包含着合理的进步内容。当今时代对黑格尔哲学的保守主义挪用最著名的莫过于福山。他借助科耶夫对黑格尔历史哲学的解读,从人的承认需要出发,论证了自由民主资本主义是人类历史终结这一结论。福山认为,启蒙带来了一种新的普遍历史观念,而"最严肃认真地撰写普世史的努力出现在德国观念论的传统中"①。普世史,或大写的历史(History),"即把全人类在一切时代的经验都纳入解释的范围,并将之理解为一个单一的(single)、连续的(coherent)、不断演进的(evolutionary)过程的历史"②,这个过程是有目标和终点的。在福山看来,黑格尔早就在拿破仑对欧洲的征服中看到了"历史的终结",但这一结论当时并没有被人们所接受。随着苏东解体和自由资本主义在全球的胜利,黑格尔的结论被确认了。在自由民主国家中,"那些奠基性原则和制度不再有进一步的发展了,因为所有真正的大问题都已得到解决"③。这是福山对黑格尔哲学的右翼保守主义的解读。同是日裔哲学家的柄谷行人对黑格尔哲学却与福山持相反的态度。他认为,现代世界体系是资本—民族—国家的三位一体,"将资本、民族、国家作为相互关联的体系来把握的,正是《法哲学原理》的作者黑格尔"④,因而任何试图对自由资本主义社会结构和全球秩序的激进思考,都必须超越黑格尔哲学。福山与柄谷行人虽然对黑格尔哲学持相反立场,但他们都把它视为对自由资本主义现实的一种神正论辩护。

确实,黑格尔哲学包含着神正论的因素,但对他来说,不是神正论是科学,而是"惟有科学才是神正论"⑤。科学概念在黑格尔那里是理念的自我发展,是对绝对精神的内在自由和理性目的的概念把握。其实,黑格尔的《法哲学原理》作为其实践哲学的结晶,应该被理解为对现代复杂社会中的自由的规范性和现实性辩证统一的哲学把握。在黑格尔看来,近代哲学有两个转折点,在认识论上是"思想和事情的对立",在实践领域中是个人的主观性与与社会本身的实体同一性之间的矛盾,克服这两个矛盾就是现代性条件下哲学的真正事业。

如果说,黑格尔的思辨哲学是传统的实体性思维与现代主体性思想的统一,"他成熟时期的伦理和政治哲学的目的便是要把康德式的个性与古希腊的'社会性'调和起来"⑥。黑格尔说:"哲学是把握在思想中的自己的时代。"我

---

① 福山:《历史的终结与最后的人》,陈高华译,广西师范大学出版社,2014年,第77页。
② 同上书,第10页。
③ 同上书,第10—11页。
④ 柄谷行人:《世界史的构造》,赵京华译,中央编译出版社,2012年,第4页。
⑤ 黑格尔致策尔曼,引自阿维纳纳:《黑格尔的现代国家理论》,朱学平 王兴赛译,知识产权出版社,2016年,第80页。
⑥ 希克斯:黑格尔伦理思想中的个人主义、集团主义和普世主义,《黑格尔与普世秩序》,邱立波编译,华夏出版社,2009年版,第31页。

们可以把他的实践哲学理解为对法国大革命的原则和由它塑造的欧洲新的社会秩序的哲学思考。黑格尔对法国革命的态度众所周知,他拒绝法国革命的暴力形式,又想拯救它的理念和原则。黑格尔在1806年耶拿大学的一次讲课中宣布:"我们站在一个世界的新纪元、一个动荡时代的大门口,此时精神飞跃前进,超越了先前的形态,呈现出新的面貌。以前将我们的世界联为一体的所有表象、概念和纽带,都像梦境一样消散了、坍塌了。精神的一个新阶段正整装待发。哲学尤其必须欢迎它的出现,并且予以承认,而其他那些无能为力地反对它的人们则紧紧地抓住过去不放。"①在黑格尔那里,这一历史新纪元不是精神的缓慢运动而是由法国大革命带来的,法国大革命就像初升的太阳一样磅礴而出,打断了人类历史缓慢变化的过程。对黑格尔来说,法国革命是一次伟大的解放运动:"法国已通过浴血厮杀使自己从人类精神必须克服的许多像婴儿鞋一样的安排……和无精神的桎梏中解放出来。"他把拿破仑称作"巴黎伟大的宪法学家",认为他教会了德国君主知道什么是"自由君主制概念",在这里,"人民的自由、人民参与选举和决议,或者至少政府的规章要在公众意见面前公开"。②显然,黑格尔早期政治思想是非常激进的。

  阿维纳瑞注意到,从1813年开始,黑格尔似乎不再对现实持激烈的否定态度,而是开始变得温和和保守了。实际情况不是这样。在法国大军的扫荡面前,德国不得不对其落后制度进行改革,"1805—1915年的关键十年中,不是黑格尔的观点变了,而是德国社会和政治生活的整个框架在拿破仑战争的剧烈震憾下被改造了"③。柏林时期的黑格尔法哲学不应该理解为对德国落后制度的辩护,而应理解为试图在新的历史背景下对现代自由原则及其制度化形式的哲学解释。此时黑格尔的法哲学与现实的关系就如同康德的批判哲学与经验自然科学的关系,新兴的自然科学是康德批判哲学的前提,同样,经法国大革命和欧洲君主国家自我改革后的自由秩序是黑格尔法哲学的前提。在《法哲学原理》中,黑格尔说:"哲学作为有关世界的思想,要直到现实结束其形成过程并完成其自身之后,才会出现",密勒发的猫头鹰要等

---

① 阿维纳瑞:《黑格尔的现代国家理论》,朱学平、王兴赛译,知识产权出版社,2016年,第80页。
② 同上书,第83页。
③ 同上书,第87页。

到黄昏才会起飞。表面上看,黑格尔已经从一个追求改革的进步思想家变成了一个暮气沉沉、只强调理解现实的政治寂静主义者。实际上,此时的欧洲乃至德国已经经过了革命的改造,已经形成了新的社会秩序,而新的社会秩序此地最需要的自身的理性证明,而不是匆忙地被改变。其实,哲学与现实的关系是具体的,在德国改革之前,黑格尔主张观念先行,"一旦观念世界发生了革命,那么现实就会招架不住"①,德国改革之后,他主张哲学与现实和解,在此,对黑格尔实践哲学我们不能根据修辞和主观的态度,而必须根据其原则和内容来把握。

就恢复黑格尔《法哲学》的现实意义而言,霍耐特的观点值得重视。他把《法哲学》视为一种正义论,这种理论既不同于康德式的抽象规范主义,也不同于对现实进行描述的实在论,而是把规范与制度结为一体的规范-制度理论。由于这种理论既超越了无规范的实证主义,也超越了非现实的规范主义,因而具有着无可比拟的优点。因此,他主张对黑格尔法哲学"再现实化"(reactualization)。今天,不仅长期以来对黑格尔的集权主义指责被清除了,甚至对他的保守主义指责也部分地得到了澄清。越来越多研究者意识到黑格尔实践哲学的合理性,正如洛苏尔多在《黑格尔与现代人的自由》一书对黑格尔的辩护,黑格尔不仅强调了个人在法律和道德领域的自由,而且提出了社会自由和政治自由的要求。黑格尔哲学不是为现存的现实做辩护,也不是鼓吹反普遍主义的德国特殊论,实际上,黑格尔相信,"现代伦理生活的特点必然在于,它要表达多种多样的、特定的和互补的社会-经济制度、角色、地位和立场,并且所有方面都有自己独特的伦理观念和立场,并且所有方面都抱有一种高于一切的、对于理性和正确的普世标准"②。因此,我们最好把黑格尔的实践哲学理解为一种特殊的现代性话语,一种对现代自由秩序的规范-制度的哲学思考。

正如黑格尔意识到,建立在上帝和超验实体基础上的形而上学已经解体了,同样,建立在传统的特殊性权利和等级关系基础的社会共同体也解体了,随着抽象法、反思的道德和市民社会的出现,人类进入到一个新的时代。哲学

---

① [以色列]阿维纳瑞:《黑格尔的现代国家理论》,朱学平、王兴赛译,知识产权出版社,2016年,第85页。
② 希克斯:黑格尔伦理思想中的个人主义、集团主义和普世主义,《黑格尔与普世秩序》,邱立波编译,华夏出版社,2009年,第31页。

如果想跟上时代前进的步伐，就必须理解这一巨大转变的意义，并在新的基础上重新理解社会秩序。黑格尔说："法是作为理念的自由"①，而理念是概念与实存的同一。概念与现实的关系就如灵魂与肉体的关系一样，"概念和它的实存是两个方面，像灵魂和肉体那样，有区别而又合一的。……如果肉体不符合灵魂，它就是一种可怜的东西。定在与概念、肉体与灵魂的统一便是理念。理论不仅仅是和谐，而且是它们彻底的相互渗透"②。

黑格尔把自己的实践哲学著作命名为《法哲学》不是偶然的。在黑格尔那里，法既意味着法律，也意识着权利，是一切拥有权利的合法性的法则，包括了调节人类社会生活的一切规范和原则。黑格尔说："自由的理念的每个发展阶段都有其独特的法，因为每个人阶段都是在其特有各规定中之上的那自由的定在"，不仅抽象法是法，而且"道德、伦理、国家利益等每个都是独特的法，因为这些形态中的每一个都是自由的规定和定在"。③ 现代社会秩序必须理解为体现现代性的自由原则的规范性理念和现代社会复杂关系的功能调节系统的法的实存的统一。

一般对黑格尔法哲学的理解是总体论和线性发展论。这种理解确有其合理性，符合黑格尔逻辑学从抽象到具体的方法，也能把法哲学的内容理解为一个诸自由形式构成的体系。对黑格尔来说，现代社会既是分化的，也是统一的，人的自由不取决于任何单一的方面，而是取决于他在经济、社会、政治和文化上的地位、角色。一个人的自我实现意味着他能参与到社会生活的各个方面，获得完整的社会地位。在黑格尔看来，一个人的地位是由他在抽象法、道德和伦理的各个领域的身份构成的，"在法中对象是人（Person）；从道德的观点说是主体；在家庭中是家庭成员；在一般市民社会是市民（即 bourgeois[有产者]）"④，而在国家中是公民。在这里，法律的人格自由、道德的主体自由、家庭成员的爱、市民的相互依赖和公民在国家政治生活的参与"五位一体"，展现了现代人过合理生活的制度化的条件和关系。而从抽象法、道德到伦理，每一阶段都是对前一阶段的超越和扬弃，是自由从抽象到具体的发展，黑格尔把国家视为自在自为的伦理整体，赋予其客观精神发展的最高形式，也是基于它

---

① 黑格尔：《法哲学原理》，张企泰、范扬译，商务印书馆，1995 年，第 29 节。
② 同上书，第 1 节。
③ 同上书，第 39—40 页。
④ 同上书，第 190 节。

是具体自由的实现。因此，表面上，总体性和线性发展论的解释路向是合理的。

然而，在笔者看来，这种解释既没有揭示出《法哲学》内涵的历史逻辑和概念结构。虽然抽象法、道德的个人自由领域与核心家庭、市民社会和现代国家等伦理领域虽然都属于现代性的结构因素，但是却是相对独立的历史过程的结果。抽象法虽然是由"巴黎宪法学家"拿破仑带给欧洲的，而其历史源头可以追溯到罗马法；现代道德是由启蒙带来的，其历史源头则是基督教、特别是经过宗教改革后的新教，现代家庭和市民社会与新兴商业社会相联系，而现代国家则是由法国革命带来的。因此，我们不能把它们视为同一历史过程的产物。更重要的是，法哲学的三个领域在性质上并非完全相同。很大程度上，抽象法和道德是现代社会转型的结果，是启蒙运动和资产阶级革命的产物，对当时的欧洲来说，它们已经是"过去时"。而伦理的任务是要把解放了的个人整合到新的社会秩序之中，以便保存现代人的主观自由，又克服原子化的个人带来的社会冲突和异化，因而它更多属于"将来时"。鉴于以抽象法、道德和伦理这两种"法"在时间性和功能上的差别，我主张用波兰尼的"脱域"与"嵌入"来进行解释，把《法哲学》理解为从旧的共同体中个人获得解放的过程和把原子式的个人重新结合进来的伦理共同体重建的"双重运动"。黑格尔指出，"任何自我意识都知道自己是普遍物，即从一切被规定的东西中抽象出来的可能性，又知道自己是具有特定对象、内容、目的的特殊物。然而这两个环节还只是单纯的抽象的；具体的、真的东西（一切真的东西都是具体的）是普遍性，是以特殊物为对立面，这个特殊物通过在自身中的反思而与普遍物相一致。"[①]这里所表达的正是黑格尔对现代社会秩序的基本理念。

在黑格尔那里，实践哲学任务是双重的，一是论证抽象法和现代道德的合法性，二是论证伦理重建的必要性。关于前者，我们可以用查尔斯·泰勒的观点加以解释。泰勒曾经指出，现代性的形成有赖于一套"现代道德秩序"的建立，而确立这一现代秩序的基础依赖于"伟大的抽离"（dis-embedding of great），即使人从各种附魅的神话和宗教世界观与人对人直接统治的神圣权威结构中"抽离"出来，赋予每个人在思想领域和行动领域以自主性。在这两个领域，人的自由表现为独立于约束和影响的个人自主性。

[①] 黑格尔：《法哲学原理》，张企泰、范扬译，商务印书馆，1995年，第7节。

抽象法的基本原则是人格平等,它体现的是单个意志自我同一性的无限权利,即人可以从过去和现存的各种关系中抽离出来而拥有抽象的人格自身。黑格尔指出,自由意志先是指自我在自身中的纯反思:"在这种反思中,所有出于本性、需要、欲望和冲动而直接存在的限制或者不论通过什么方式而成为现成的和被规定的内容都消除了。""如果意志的自我规定仅在于此,或观念把这一方面本身看作自由而予以坚持,那末这就是否定的或理智所了解的自由。"①显然,否定的自由,或知性理解的自由是个人的自由意志从各种自然和社会关系中抽离出来的结果,这种抽离使人成为独立意义上的个人。虽然,这种抽离是黑格尔所诊断的现代精神生活"分裂"的根源,但它对现代人的自由构成来说是非常重要的,正是有了这样的抽离,才构成了现代抽象法的基础。黑格尔强调抽象法的基础是"人格"平等,"所以法的命令是:'成为一个人,并尊敬他人为人'"②。不仅如此,黑格尔还强调,"自我被理解为普遍的人,即跟一切人同一的,这是属于教养的问题……人之所以为人,正因为他是人的缘故,而并不是因为他是犹太人、天主教徒、基督教徒、德国人、意大利人等等不一"③。抽象法所赋予给人的抽象的、否定的和形式的自由有其规范意义和制度意义,它表达了人类摆脱束缚,把自己意志提升到无限人格的正当要求,而且,就现代世界来说,它也是市民社会的财产权和交换关系的基础。

同样,道德在黑格尔那里也具有"抽离"的特征。黑格尔说:"道德的观点是这样一种意识的观点,这种意志不仅是自在的而且是自为的无限的。意志的这种在自身中的反思和它的自为存在的同一性,相反于意志的自在存在和直接性以及意志在这个阶段发展起来的各种规定性,而把人规定为主体。"④在这里,把人规定为主体意味着人必须按照自己主观认可的普遍性,而不是任何习俗和他人的权威,来规定自己的动机和行动。在这个意义上,道德的观点是"主观意志的法"⑤。黑格尔特别指出,在道德中,为义务而义务的客观的善的概念与按照良心来衡量一切的主观观点特别重要。"人作为良心,已不再受特殊性的目的的束缚,所以这是更高的观点,是首次达到这种意识、这种在自

---

① 黑格尔:《法哲学原理》,张企泰、范扬译,商务印书馆,1995 年,第 5 节。
② 同上书,第 46 节。
③ 同上书,第 209 节。
④ 同上书,第 105 节。
⑤ 同上书,第 5 节。

身中深入的近代世界的观点。"①当然,对黑格尔来说,"伟大的抽离"虽然是现代人自由的条件,但也包含着确定性的丧失和痛苦。黑格尔说:"抽象的善消融为完全无力的东西,而可由我加入任何内容,精神的主观性也因欠缺客观的意义,而同样是缺乏内容的。所以为了摆脱空虚性和否定性的痛苦,就产生了对客观性的渴望,人们宁愿在这种客观性中降为奴仆。"②譬如,他同时代许多思想家,如许莱格尔等浪漫主义者就由于不能忍受道德主观性的"不确定之苦"而退回到天主教的客观权威之中,这一戏剧性的情节表明,主观道德自身具有自我否定倾向。

黑格尔认为,无论是抽象法还是道德都是有缺陷的,它需要被结合到更高统一体之中:"无论法的东西和道德的东西都不能自为在实存,而必须以伦理的东西为其承担者和基础,因为法欠缺主观性的环节,而道德仅仅具有主观性的环节,所以法和道德本身都缺乏现实性。只有无限的东西即理念,才是现实的。"③从逻辑上说,法是自在的自由意志,而道德是自为的自由意志,它们都缺乏其对立面,只有伦理才实现了主观与客观的同一。因为"伦理性的东西是主观情绪,但又是自在地存在的法的情绪。这一理念是自由概念的真理,这一点不是什么被假定的,也不是从感情或其他什么地方采取来的,而是哲学上应予证明的道理"④。相对于抽象法和道德这两个环节,黑格尔认为第三个环节即伦理才是真实的和思辨的,只有它才能把解放了的个人重新结合的合理的共同体之中,而这种共同体的生活,既通过普遍性把个体联系起来的社会生活形式,可理解为克服和扬弃"抽离"的反面,是新的社会共同体的重建,是个人的重新"嵌入"。

黑格尔对具体自由的理解是强调主观性与客观性、普遍与特殊和自我与他人的统一,即"在他者中守住自己",伦理自由区别于法律自由和道德自由的特征在于,它是关系性的、社会性的和历史性的。"在他者中守住自己",在黑格尔那里有两个基本层面,在人与人直接交往的层面意味着人际间无强制的互动关系,在这里,人们自愿地为了他人而限制自己,正如在友谊和爱情中,为了他人而限制自己不是对自我的否定,而是自我肯定,这个意义上的伦理概念

---

① 黑格尔:《法哲学原理》,张企泰、范扬译,商务印书馆,1995年,第136节。
② 同上书,第141节。
③ 同上。
④ 同上。

可以理解为哈贝马斯意义上的交往自由。同时,"在他者中守住自己",也意味着个人的主观自由与客观制度的统一。黑格尔强调,"意志的活动在于扬弃主观性与客观性之间的矛盾而使它的目的由主观性变为客观性,并且即使在客观性中同时仍留守在它自己那里"①。黑格尔的伦理诸环节,包括家庭、市民社会和国家,并非凌驾于个人之上的力量,而是人的主观自由实现的客观性条件,在这个意义上,主观自由与客观制度之间达到了和解。

黑格尔实践哲学的贡献不仅在于他提出了个人解放和社会融合的现代性辩证法,在抽象法和道德中揭示现代自由的法律人格与道德主体的起源与本质,而且也揭示了它们的局限性并提出结合到新的共同体的必要性和可能性。显然,黑格尔为现代人类规定的任务并没有完成,不仅抽象法和现代道德中的主观自由权利还没有在全球范围内普遍化,而且现代国家也没有成为黑格尔意义上的具体实现的真正实现形式。在这个意义上,黑格尔实践哲学并没有过时,现代性是一个未完成的计划。

其实,马克思也分享着与黑格尔一样的问题意识。在谈到他时代德国的状态时,马克思曾经说:"在其他一切方面,我们也同西欧大陆所有其他国家一样,不仅苦于资本主义生产的发展,而且苦于资本主义生产的不发展。除了现代的灾难而外,压迫着我们的还有许多遗留下来的灾难,这些灾难的产生,是由于古老的、陈旧的生产方式以及伴随着它们的过时的社会关系和政治关系还在苟延残喘。不仅活人使我们受苦,而且死人也使我们受苦,死人抓住活人。"②这里所谓"苦于资本主义生产的不发展"意味着德国没有像西欧一样经历彻底的资产阶级革命,完成从旧的精神生活和社会秩序中的抽离的任务;而"苦于资本主义生产的发展"意味着资本主义的发展必然带来主体的异化和社会的物化,因此,人类的解放既需要消除前现代社会死的东西对人的强制和压迫,也需要消除新的资本主义社会给人带来的异化和剥削。众所周知,马克思的方案是通过资本主义的充分发展来消除死的过去对我们的统治,同时通过共产主义来消除活的现在对人的统治。虽然马克思提出了与黑格尔不同的方案,但其精神实质是一致的,这就是人的主体性在抽离中获得解放,人的社会性在新的共同体是得到实现。这两个任务不是那个国家或民族的任务,而是

---

① 黑格尔:《法哲学原理》,张企泰、范扬译,商务印书馆,1995年,第28节。
② 《马克思恩格斯文集》第5卷,人民出版社,2009年版,第9页。

人类社会面临的普遍任务，当然也是我们应该完成的任务。

总而言之，黑格尔哲学并没有过时，他的思辨哲学和实践哲学包含着现代理论意识和实践意识合理化的基本要求，包含着对各种片面的思维方式和社会现实的批判内容，也包含着重建现代人的精神秩序和社会结构的设想。超越黑格尔首先要拯救黑格尔，当然，这种拯救必须是批判性的，与时俱进的。

从"自然伦理"的解体
到伦理共同体的重建
——对黑格尔《伦理体系》的解读

邓安庆

【写在前面的话】我与复旦的缘分,回想起来,最初是同黄颂杰老师认识开始的。也就是说,黄老师是我认识的最早一个复旦哲学系的老师。早在20世纪80年代末和90年代初,我还在武汉大学读博士,而我的工作单位是海军工程学院(后改为大学),允许我每年参加一到两次全国的学术会议,因此,我得以在这些会议上认识了黄颂杰老师。印象比较清楚的,一次是在湖北十堰市召开的语言哲学会议和一次是在四川成都召开的解释学会议。会上黄老师都做了大会发言。我发现,黄老师不仅知识渊博,而且是精通西方哲学史并了解现代西方哲学前沿。当时国内的学术界,一般的情况是,了解哲学史的人,几乎不懂现代西方哲学,了解现代的,哲学史的知识就比较薄弱,而黄老师却能兼通,这给我留下了很深的记忆。当然,让我对黄老师产生敬重的,却是在十堰的会上。黄老师发言过程中大概是讲到了历史辩证法之类的话题,一个相对比较年轻的研究现代西方哲学的学者,对此非常不以为然,很不客气地打断了黄老师的发言,以激烈的言词,批了一通黑格尔的逻辑与历史相一致的辩证法,几乎搬出了福柯对现代的批判,似乎到了90年代还在讲黑格尔那一套,是多么落后似的。黄老师对突如其来的这种发难,虽然一脸愕然,却依然以其宽宏大量的长者风范优雅地回应了那种非礼的冲动。我虽然与那个言词激烈者很熟,但我内心却产生了对黄老师的敬重。80年代后期那种强烈地厌恶黑格尔历史辩证法的情绪,随同当时刚刚引进来的后现代主义的激烈反叛现代性的态度,成为一些人哲学界"时尚达人"的"精神姿态",他们自以为掌握了"最新的法宝",就可以无理地蔑视一切传统的哲学,把黑格尔当作"死狗"彻底地抛弃。于是,他们不断地引进国内不熟悉的更新的时髦东西,变色龙一样变换着自己的身姿,以此取得自己的"领先优势",对依然以历史的态度对待传统哲学的学者发难。这种做法形成并助长了学界的一种令人痛恨的"戾气",总觉得自己具有"真理在握"的霸权,可以在同行,甚至长者面前杀气腾腾地"舞剑"。我十分敬佩黄颂杰老师,是因为我在他身上看到了一个真正的学者应有的儒雅风范,文质彬彬的君子气度和对哲学应持的立场:深厚的哲学史功底和敏锐的前沿眼光。

我来复旦之后,有幸与黄老师同住凉城小区,因此时常能得到黄老师的关照与帮助,这让我感受到了十分宝贵的温暖与力量,没有这种温暖和力量,我也可能很难坚持这么多年。

黄老师对实践哲学的强调,身体力行地主持实践哲学经典著作的翻译和研究,这不仅是在学业上对我的最大帮助,而且也是他对中国哲学不得不提的贡献。

我之所以选择这篇文章作为庆祝黄颂杰老师八十大寿的论文,是因为这篇文章可以说是我们之间友爱的见证。2010年我花了整整一个暑假写完了这篇论文,学报编辑向我约稿,我毫不犹豫地就给了陈雅倩,当时我觉得文章太长,两万多字发表出来肯定会影响转载,所以我给黄老师打电话说,是否我把它改成两篇论文发表,以利于其他杂志转载。在普遍重视"转载率"的今天,这是编辑们不得不考虑的问题。但黄老师明确告诉我,不用改两篇,只要质量好,两万多也没问题,给你发。我当时听了真是非常感动。后来论文在我们《复旦学报》2011年第三期就发表了出来,占了从33到45页整整12页的篇幅。好在后来还是被人大复印资料《外国哲学》全文转载,让我稍稍心安一些。后来我听说,黄老师多次在不同的场合都表扬了我这篇文章,实在是对我极大的鼓励和垂爱。这篇文章后来也获得了上海市哲学社会科学优秀论文奖,因此,在庆祝黄老师八十寿诞的这个喜庆时刻,我愿意以这篇同样凝聚着黄老师心血、见证我们的友爱的作品,祝愿黄颂杰老师健康长寿,幸福美满!

克尔凯郭尔曾经发现,黑格尔哲学思想缺乏道德内容。他的这一发现被当作了对黑格尔哲学的一个著名的指责,为许多哲学家所认同。当代意大利的著名黑格尔专家对这一貌似有理实为肤浅的看法就已经做出了有力的驳斥[①]。准

---

① 参见[意大利]洛苏尔多:《黑格尔与现代人的自由》,丁三东等译,吉林出版集团,2008年,第293,311页。

确地说,黑格尔的哲学思想并非缺乏道德,而是在他看来,启蒙之后所出现的现代问题,并不能诉诸道德,而只能优先诉诸政治来解决。因此,在追随谢林哲学期间的青年黑格尔就已经敏锐地洞察到,从道德立论来解决政治问题的康德、费希特的实践哲学同样陷入了启蒙哲学"教化"的"伪善"之中,因为"绝对应该"的道德义务仅仅是一种单纯主观的善良意志,而对法国大革命之后"自由伦理"所产生的"恐怖"的政治现实无能为力。

黑格尔的哲学表面看来是纯粹思辨的"逻辑学",但其实质是借助于逻各斯(绝对理念)内在的生命力量之外化(体现为"历史的表演")来诠释或理解人类生活样态的结构演变,其目的是考察逻各斯内见于心(意识、精神),外施于行(政治、伦理)的伦理秩序的生成演变。因此,我更愿意把这种哲学理解为一种广义的实践哲学:伦理实存论或"道义生存论"(Sittenexistentialismus)。

这样的实践哲学决定了黑格尔不可能是一个康德式的标准的道德哲学家,但他必然会有系统的伦理思想,尽管这种伦理思想是古典意义上以"政治哲学"为核心的。古典政治哲学的课题,在于诠释和理解"逻各斯"作为自然秩序如何通过人类的智慧生成为人类公共生活的城邦秩序。只是黑格尔认为,这种"生成"一定是一个伴随着人类历史进程的漫长过程,其中必然包含相互消长、否定和异化,而克服其异化的力量,不在外部,而在绝对理念自身的伦理性。

因此,与康德为"绝对应该"的纯粹义务奠基不同,黑格尔的伦理学要解决的是绝对伦理理念在不同生活样态中的"现实性"。不从伦理理念的现实化这一实践哲学的立场去理解黑格尔的哲学体系,我们就既不能理解黑格尔的《精神现象学》和《法哲学》,也不能理解其《哲学百科全书》和《历史哲学》。而奠定这些成熟时期著作基本思路和论证框架的,是黑格尔的一本早期著作《伦理体系》(*System der Sittlichkeit*)。

《伦理体系》这部不到 100 页的手稿被发现得相当晚,首次整理出来收集在拉松(Georg Lasson)版的《黑格尔全集》第 7 卷(第 415—499 页)中,时间是在 1913 年。尽管学界对于它的写作时间,曾有很大争议,但现在基本认同是在 1802/03 年。与黑格尔耶拿时期的其他体系构想[①]相比,这部手稿更显示出

[①] 黑格尔早在耶拿就职之前就有了一部《1800 年体系残篇》(*System fragment von 1800*),而在耶拿时期,除了本文所要探讨的《伦理体系》外,他竟然还有三部关于哲学"体系"的构想,后人分别称作:《耶拿体系草案 I:思辨哲学体系。自然哲学和精神哲学的讲演稿残篇》、《耶拿体系草案 II:逻辑学、形而上学、自然哲学》、《耶拿体系草案 III:自然哲学和精神哲学》。

黑格尔一个较为成熟的"体系构想"。

我国学界最早对这一著作有所研究的学者是张颐先生。在他 1921 年在美国获得博士学位的论文：《黑格尔伦理学说的发展、意义和局限》中，对《伦理体系》做了评述，这在当时的国际学术界也属于最早的。他的论文得到国际黑格尔专家的承认和高度评价。[1] 由于我国现在的学者很少有人读过张颐先生的这本书，也由于我国学界缺乏对黑格尔早期思想的系统研究，所以，现在虽然有些大型哲学史书中提到了黑格尔的《伦理体系》，但对它的评价几乎不得要领；或者有些人从霍耐特的《为承认而斗争》这本书知道了黑格尔的《伦理体系》，于是也就仅仅是从"承认理论"来论说《伦理体系》。

当然，霍耐特从"承认理论"来解读《伦理体系》，反映了德国自上世纪 70 年代以来对黑格尔实践哲学的解读框架[2]，这一解读原则可以上推到科耶夫等左派黑格尔主义者。但是，本文所要证明的是，仅仅从"承认理论"既不能把握黑格尔《伦理体系》在解决现代社会危机上的独特视野，也不能从整体上理解黑格尔实践哲学化解现代问题的方法。因此，本文将从回应西方主流的"承认理论"解读框架入手，阐明黑格尔《伦理体系》所要展开的根本问题，是解决康德后期伦理学留下的课题：如何从伦理的自然状态过渡到伦理的共同体状态。

一、《伦理体系》为何不能单从"承认理论"来解读

"承认理论"是一种主体性理论，即把主体之间的相互承认视为所有社会形式的有机凝聚力量和伦理形式。霍耐特说："对黑格尔而言，一种社会的伦理关系是某种实践的主体间性之形式的表达，通过承认运动才能保障这些形式中的一致互补并因此保障了相互对立的主体之间必然的相契与共性。"[3] 单纯从黑格尔的社会伦理关系这一"存在者"层面上说，这种阐释当然是不错的，无疑是对黑格尔伦理概念的一种得体的阐释。但是，对于黑格尔的哲学，我们

---

[1] 参阅杨河、邓安庆：《康德黑格尔哲学在中国》，首都师范大学出版社，2004 年，第 91—94 页。
[2] 德国著名的黑格尔专家 Ludwig Siep 在 1974 年出版了《承认作为实践哲学的原则》（Anerkennung als Prinzip der praktischen Philosophie, Freibug/München），把从黑格尔左派延续下来的从"承认"维度来研究黑格尔政治哲学的脉络推向黑格尔早期著作上来，法兰克福学派的现任掌门人霍耐特就是在 Siep 的启发或影响下，于 1992 年出版《为承认而斗争》的。
[3] Axel Honneth, *Kampf um Anerkennung. Zur moralischen Grammatik sozialer Konflikte*, Suhrkamp Verlag Frankfurt am Main 1992, S. 30.

从"自然伦理"的解体到伦理共同体的重建

至少应该看到两点：一是他的伦理关系从来不只有单纯的主体间关系这一个层面，因为黑格尔所讲的"伦理"，实际上从来不像公共立法体系那样，被认为是"现有习俗"(Sitte)的表达①，而是绝对理念或绝对精神之现实化的伦理性(Sittlichkeit)。因此，"伦理"在黑格尔那里，起码有三个实存层面：a)精神，伦理是"精神"的表现形式，如同在古希腊那里，德性是灵魂的秩序一样；b)制度，伦理是精神的制度化，即实体化或客观化之表现；c)民族，民族是绝对理念之伦理性的"直观"。而承认理论只是从"社会层面"来解读黑格尔的伦理概念。二是要看到，黑格尔的哲学不仅不是一种主体性哲学，相反，他从一开始就认定了其哲学就是要同主体哲学进行斗争。

所谓的"从一开始"，我们至少可以追溯到在瑞士伯尔尼做家庭教师而写作了《耶稣传》的1795年。在这本书中，耶稣被黑格尔描述为康德意义上的道德布道者。但他认为，耶稣的道德律令只对个体适用，却在社会民众面前则无法消除道德与幸福、个体与社会的紧张关系。在这时，黑格尔实际上就已经认识到了，德行不应该局限在私人的修养和教化上，它应该而且必须是社会性的，应该对社会现实产生影响。

黑格尔虽然后来把康德的伦理学视为主观道德的首要代表而加以批判，但康德于1797年出版的《伦理形而上学》(*Metaphysik der Sitten* ②)，他于1798年就开始了认真的学习和研究。《伦理形而上学》分为"法权论的形而上学"和《德性论的形而上学》两大部分。"法权论的形而上学"在遵循一个普遍有效的外在立法原理的基础上，论证了从立法的自然状态向立法的共同体（公民）状态的过渡，以此来保障每个人的任性的自由与他者的任性的自由保持一致；而"德性论的形而上学"实际上是探讨，把在《实践理性批判》中已经证成的内在立法原理——普遍有效的自律的道德法则——应用于人性的可能条件，

---

① Hegel, *über die wissenschaftlichen Behandlungsarten des Naturrechts*, in: Hegels Werke, 2Bände, S. 508.
② 该著作现今在我国一般都译作《道德形而上学》，但康德用的是 Sitten(伦理、风俗、伦常)这个概念，而不是 Moral(道德)。费希特的《伦理学体系》用的是 Sittenlehre，黑格尔的《伦理体系》用的是 Sittlichkeit，可见它们的词根都是相同的。对于这个词根相同的词，在康德那里不译作"伦理"，而译作"道德"明显地是受到黑格尔思想的影响所致，因为他把康德的伦理学限定在主观道德性(Moralität)阶段，而只有他的伦理学才是客观的伦理阶段，但这种评判并不符合康德后期伦理思想的实际。为了保持基本词语在德国古典哲学中的一致性，笔者坚持把康德的这部著作译作《伦理形而上学》。

以完成道德人类学：可经验的人的德性之形成。[①] 但这样一来，康德在1793年《单纯理性限度内的宗教》中就已经提出，在《伦理的形而上学》中也做过阐明的如何从伦理的自然状态向伦理的共同体状态转变这样一个关于伦理的"社会"制度化课题，依然没有得到解决。

尽管如此，康德在后期伦理学思想中确实已经提出了一个"社会"概念。他比照立法的自然状态和社会状态，提出了伦理的现实化也有一个从伦理的自然状态向伦理的社会共同体状态转变的任务。因为"伦理的自然状态"是一种存在于每个人心中的善的原则不断地受到恶的侵袭的状态，如果没有一个以道德法则为目的的"社会"，善的原则是不可能战胜恶的原则的。他甚至说"即使每一个个别人的意志都是善的，但由于缺乏一种把他们联合起来的原则，他们就好像是恶的工具似的"[②]。

康德明确指出，单靠人的理性是不可能完成这一任务的。这是一件只能指望由上帝本身来完成的工作。我们知道，一旦一件任务指派给了上帝，在这个并不存在上帝的世界上，就根本失去了指望。后来舍勒也发现，在康德那里，平等的道德人格主体由于只对自身负责，像尼采的生命意志人格一样，否认了"团结原则"，根本不可能形成一个伦理共同体。[③]

而这个不能指望的事情，却正是正在思考实践哲学课题时的青年黑格尔之哲学的出发点和以及其整个哲学的归宿。说是其整个哲学的归宿，可能需要另一篇论文来论证，我们在这里仅仅满足于指出一点，黑格尔整个哲学就是阐释绝对精神的辩证运动，对绝对精神的纯概念运动的规定，即是其"逻辑学"，或者说"思辨哲学"，而这种"思辨"的目的，是"实践的"，因此作为其"应用逻辑学"的所有领域都是"实践哲学"。而近代实践哲学的根本问题，就是绝对伦理（自由和正义）如何通过制度化建制变成现实，这是黑格尔所有哲学的根

[①] 关于这一任务在康德伦理学体系中的意义和限度，请参阅 Maximilian Forschner, Reine Morallehre und Anthropologie— Kritische Ueberlegungen zum Begriff eines a priori gueltigen allgemeinen praktische Gesetzes bei Kant,中文由邓安庆翻译，载于《世界哲学》2005年第1期，第79—89页。

[②] 康德：《单纯理性限度内的宗教》，载于：Kant Werke, Band 7, Herausgegeben von Wilhelm Weischdel, Wissenschaftliche Buchgesellschaft, Darmstadt, 1968. S. 755,中译本参见李秋零译《康德著作全集》第6卷，中国人民大学出版社，2007年，第97页。

[③] Max Scheler, Der Formalismus in der Ethik und die materiale Wertethik, A. France AG. Verlag, Bern, Sechste Auflage, 1980.S. 506.

本目标,即归宿。这一哲学形态在现代正是斯宾诺莎将"形而上学"与"伦理学"合一所带来的后果。

说是其哲学的出发点,原因在于,黑格尔的《伦理体系》和《论对自然法的科学处理方式》这两部同样写作于 1802 年的著作,从形式上正是对应于康德《伦理的形而上学》的"法权论"和"德性论"两个部分,而他的实践哲学课题,确实是对康德《伦理形而上学》和费希特的《法权形而上学》所做的批判回应。这种回应表明了三点:一是黑格尔从谢林哲学中意识到,现代的根本特征就是分裂:主体-客体、理想-现实、精神-物质、理性与感性、自由和必然、有限-无限的二元分裂,因此在他出版的第一部著作《费希特和谢林哲学之差异》中,他这样说:"二元分裂是哲学需要的源泉","扬弃这些僵死的对立是理性的唯一兴趣";"当统一的力量从人们的生活中消失,当种种对立失去了活生生的联系和相互作用并获得独立性时,哲学的需要就出现了"①,因此,哲学要能满足克服现代世界之分裂这一需要,就必须找到"统一的力量";二是康德与费希特的实践哲学,将法哲学(政治哲学)与伦理学分离,"伦理"变成了主观的道德,无法变成法的世界(政治共同体)中的现实性的"统一"力量,因而加剧了现代世界的二元分裂;三是谢林的绝对同一性哲学,虽然致力于克服现代世界的分裂,但是由于他对所谓的市民自由的轻蔑和谴责,使得他对旧制度的批判变成了对现代世界的逃离,与其他浪漫主义者一起哀悼"人类最美丽的盛年之衰落",从而表达对古代田园牧歌的向往。区别于康德、费希特,黑格尔坚持认为从伦理的自然状态转变到伦理的共同体状态,不是不可期望的只有上帝本身才可为之事,伦理共同体的重建依赖于"绝对伦理"(自由和正义)的理念(理想性)的规范性力量在伦理实体的制度化中获得现实性。因此,它需要家庭、民族特别是国家作为伦理理念的现实而出现。自由公民为承认而斗争仅仅是伦理理念现实化的一个环节和手段;为承认而斗争,需要一个属于自由公民的自主的"社会",更需要为调节和规范这个社会的有"伦理神性"的民族和国家。所以,黑格尔的实践哲学不再像康德和费希特那样,将法哲学与伦理学分开探讨,而是在道德问题优先诉之于政治的条件下,将法治的市民社会和政治实体作为

---

① Hegel, *Differenrz des Fichteschen und Schellingschen System der Philosophie*, In: G. W. F. Hegel Hauptwerke in sechs Bänden, Band 1, Jenaer kritische Schriften, Felix Meiner Verlag Hamburg, S. 12、13、14。

"伦理实体"加以再造或重建。

只有从实践哲学的这一视野,而不仅仅是从其中的"承认斗争"出发,我们才能获得进入黑格尔《伦理体系》的"前理解结构"。

二、"自然伦理"的意义

目标是要找到"再造"伦理共同体的"统一性力量",而康德之所以找不到这一"实体化"的"统一"力量,原因在于他像自由主义者一样,坚持道德的主体是原子式的个人,每个有理性的存在者不是本源地生活在某个共同体中,而是处在孤立的"自然状态","自然状态"是现代政治哲学的"不自然"的"假设"。所以,黑格尔在《伦理体系》中,一开始就拒斥了从单一的个人出发结成社会共同体这一现代政治哲学的"不自然"的理路,他考察的伦理单元不是个人,而是民族。因为他像亚里士多德一样,认为:"民族……本质上先于个体,只要孤立化的个体没有任何自立的东西,他就必须使所有部分处在与整体的统一性之中"[1]。这样理解的"民族"(Volk)应该首先是个"种族的"(rassische)单位,其次才是"政治的"单位。[2] 当然,如果像后来在《法哲学原理》中那样,以"国家"取代了"民族",就可另当别论。但在这里,不是"种族"单位,何来"自然的伦理"呢?

但"自然伦理"确实不能直接等同于康德所说的"伦理的自然状态"。因为"自然状态"是相对于结成"社会""共同体"之前的状态,而黑格尔所谓的"自然伦理"指的是"绝对伦理"的"自然性"。而所谓"绝对伦理"指的又是"伦理理念"的"理想性"(或"观念性")与其"实在性"的"同一"。"理想性"或"观念性"由"概念"来体现,而"实在性"由"直观"来体现。因此,黑格尔的"理念"不像柏拉图的"理念"那样,仅仅是一类事物的"相",而是"概念及其实在性"。所以他后来在《法哲学原理》中说:"法哲学以法的理念,即法的概念及其现实化为对象"[3]。而现在,在《伦理体系》中,"自然伦理"作为"绝对伦理"的第一个因次,是从伦理理念的"概念"与其"直观"的相互"归属"关系来看的,即把概念归属在直观之下,

---

[1] Hegel, *über die wissenschaftlichen Behandlungsarten des Naturrechts*, in Jenaer Schriften 1801 - 1807, Frankfurt am Main 1971, S. 505.

[2] 本文不同意德国学者施密特相反的阐释,认为"对黑格尔而言民族是政治的单位,而不是种族的单位"(参见 Steffen Schmidt: *Hegels System der Sittlichkeit*, S. 258),因为作为政治单位的"民族"根本不可能先于"个人"存在,只有作为"种族"单位,才在"逻辑上"是先于个人存在的。

[3] Hegel: *Grundlinien der Philosophie des Rechtes*, in: *Hegel Werke in zwanzig Band 7*, Theorie Werkausgabe, Suhrkamp Verlag, S. 29.

称之为"真正的然"(SdS：S.5)①。当"绝对伦理的理念把绝对的实在性收回到自身"时，"它的直观就是一个绝对的民族"(ein absolutes Volk)(SdS：S3)。

以"民族"这个"实体"作为"自然的主体"取代康德的单个（每一个）理性的"主体"，这是黑格尔伦理学的一个首要改进②。通过这一改进，他的伦理学不再费心于如何解决从原子式的个人来重构社会和国家这一自由主义的难题，同时在伦理思想上完成了从康德向亚里士多德的回归，③意味着他绕过了从个人的单一固定的"本性"阐释伦理法则的困难，转而从人的社会存在和精神秩序的关系来阐释伦理的实存问题。但这一转向也蕴含着极大的危险。因为就像尼布尔发现的那样，"民族"是个非常自私的个体，从民族来"直观"绝对伦理的自然实在性，其难度并不比从自私的人出发更省事。

但青年黑格尔的时代，赫尔德、施莱尔马赫都有这样一个观念："如果真的也有个体性的民族-国家伦理，而绝不是某种普遍有效的'人类'伦理的一种单纯否定性的限制的话，那他也就要把这种想法引入伦理学中：只要对于每个民族国家也有一种独特的'民族良知'，所有民族国家的共同作用（各自按照它们的民族国家伦理）才能在普遍有效的框架内使最高的善得以表现出来。"④黑格尔所做的工作是把他们用"虚拟时态"表达的观念变成了一个实然的使命。但这一实然的使命确实表达了青年黑格尔的一大志向：通过民族（后来改为"国家"）的伦理承担，来解决现代社会的分裂。

因此，民族作为绝对理念的第一因次⑤："自然的伦理性"，他也称作"实践

---

① SdS代表黑格尔的《伦理体系》：*System der Sittlichkeit*［*Critik des Fichteschen Naturrechts*］, mit neiner Einleitung von Kurt Reiner Meist herausgegeben von Horst D. Brant, Felix Meiner Verlag, Hamburg, 2002。S.后面的数字代表该书的页码。
② 在《精神现象学》中，黑格尔说："真实的东西只有作为体系才是现实的或者实体本质上即是主体，这乃是绝对之为精神这句话所要表达的观念". in：Hegel Werke 3. Suhrkamp Verlag, Frankfurt am Main, 1986, S.28。
③ 参见Herbert Schnädelbach, *Hegels praktische Philosophie*, Suhrkamp 2000, S.70。
④ Max Scheler, *Der Formalismus in der Ethik und die materiale Wertethik*, A. France AG. Verlag, Bern, Sechste Auflage, 1980, S.504. 注释1。
⑤ "因次"(Potenz)是谢林从数学家那里借来的一个概念，它本来的意思是"幂"，谢林借助它来说明，本源性的东西（有时相当于亚里士多德的"潜能"）自身具有按"倍数"（幂）增长的力量，一开始它是绝对的无差别，后来分化自身，呈现在无限多的差异之中（对自身的否定），再从这种差异回复自身（二次否定）。黑格尔在《伦理体系》中借助于这种"因次方法"，来阐明绝对伦理从"自然"，经历"否定"（自由），再到绝对（回复自然伦理）伦理的过程。当他自己的三段论的"辩证法"成熟之后，黑格尔就抛弃了"因次"概念。

的因次"(SdS:S.5),表达的是人与人之间自然的相互依存关系。因为"自然"和人类确实都在相互依赖的关系中存在的,单一的事物和单个的个人是单纯抽象的东西,在"实践"的意义上是不存在的。亚里士多德把人规定为"出乎自然地是政治的动物",就是说人是在公共关系或社会关系中存在的,这才是人的"本性"或"本质"。伦理的东西尽管在本体论的宽泛意义上与宇宙的逻各斯(道、秩序、规则)相关,但实质上是"人为事物",是在人与人的关系中存在的。在这里,这种"关系"是"在先的",我们一生下来就"自然地"在某种关系中,在某个"民族"中,这种关系或"民族"的个体性与总体性规定了我们人之为人。而只要有相互关系,却又意味着关系的双方彼此不同,彼此区别,甚至彼此对立,因此有"归属性"(Subsumtion):或者 A 归属于 B,或者 B 归属于 A,或者 AB 相互归属。用黑格尔的概念就是绝对理念的"直观"(实在性)和"概念"(观念性或理想性)的相互"归属"。因此,黑格尔就是在这种相互"归属"的意义上来论述伦理关系的生成与发展。

自然伦理也分三个"因次":情感;无限性和理想性;理性。

黑格尔把相互归属感称之为"情感"(Gefühl)[①]。对于一个"民族的伦理生命"而言,这确实是首要的因素,没有相互归属的情感,一个民族就不可能是个"有机体",即内在的统一力量自然组成的统一体。政治自由主义以"契约"来设置的市民社会和国家只是依赖"法"的外在强制力结成的"机械"统一体。而一个民族的情感归属意味着民族共同体和个体之间有一个共同的绝对理念,这是我们应该在黑格尔这里首先读出的"意味","相互承认理论"如果仅仅采取黑格尔《精神现象学》中的"主奴斗争"模式,是不可能读出这种"意味"来的。

"情感"作为自然伦理的第一因次,是就情感自身的原始统一而言的,即把它的"概念"归属于它的"直观",它包含三个小因次(A.a):需要、满足、享受。

就"情感"的第二小因次而言,它是表现"情感"的有差异的形式,即把情感的"直观"归属于它的"概念",它也包含三个因次(A.b):劳动、产品或占有和工具(SdS:S.7)。

劳动在古典伦理学中根本不可能得到讨论,因为古典伦理学的核心是针对人的灵魂的高贵活动,即自由活动来讨论德性问题,劳动作为没有自由的奴

[①] 黑格尔特别注明,这里的情感不是"伦理情感"或"道德情操",但它是绝对理念的自然伦理性之直观的表现。参见 SdS:S.5。

隶的工作,根本不具有伦理的意义。只有到马丁·路德提出"天职"概念之后,它才被纳入到"伦理"范围,并受到越来越大的关注。黑格尔是继马丁·路德之后,最为重视劳动之伦理意义的哲学家,他关于劳动的思想,后来受到了马克思的高度认同,并由此发展出"历史唯物主义",因此,也进一步受到了卢卡奇、科耶夫、霍克海默、马尔库塞和阿多尔诺等黑格尔主义者的肯定和发展。但在这里,作为讨论"情感"的第二因次出现,依然显得十分突兀。尽管如此,如果我们接着第一因次的"需要、满足和享受"还是可以看出它们与"劳动"的直接关系。"需要、满足和享受"一开始都是一种"自然的"东西,抽象的东西,只有在"劳动"中它们才能实现为"现实的"。当然,这里的劳动及其产生(产品)也不光是"物质"的生产,也包含人自身的生产。黑格尔谈到了性爱,父母和子女(Kinder)的关系。在讨论劳动的总体性时,黑格尔谈到了人的普遍的相互作用和教养,在这里,才首次出现了"承认"问题:"承认,是相互的,或者是最高的个体性或者是外在的差异"(SdS:S.13)。

第三因次(A.c),黑格尔和谢林一样,称之为"理性的因次",是对第二因次的"否定",对第一因次的"回复",因而是前两个因次的同一性。但这种同一性依然是一种主观的东西,"理性"作为这种主观的东西出现,是实在的,作为主观和客观东西的"中介"(Mitte),实存于三个因次形式中:"子女"(Kind)是"性-爱"、"父母"这种自然情感关系的"中介",它既是"主观的人",又是自然情感之实在性的结晶,父母在这种完善的关系中直观到他们实在的统一性;"工具"是差异性关系中的中介,与儿童作为主观的人不同,工具是实在的中介,其实体是僵死的物质;但"劳动的主观性在工具中能够提升到一种普遍性"(SdS:S.15);最后还有一个理性的中介是"言语"(Rede):"这个观念的、理性的中介是言语,它是理性的工具,是智性存在者(intelligenten Wesen)的孩子"(SdS:S.16)。

自然伦理性的第二大因次被称作"形式上的""无限性、理想性",是"直观归属于概念",就是说,它不再像"情感"因次那样,普遍的东西实存于(隐含在)特殊的东西中,而是普遍的东西作为普遍的东西出现,不再是单个的东西而是普遍的东西占主导。情爱、子女、教育、工具和言语都是客观的和普遍的关系,但在"情感"中却从属于偶然的和单一的事物。而在第二大因次中则相反,在它们身上都表现出普遍性。所以 Steffen Schmidt 说,在这个因次中,黑格尔不仅仅是把劳动看作是人的本性,而是说,人正是通过劳动而使自己社会化,并创造出"一个本己的世界"①。

第二因次(B)也分为三个小因次:(B.a)"机械"、"剩余"、"财产"/权利;(B.b)交换、契约、货币;(B.c)家庭、婚姻、子女。

从上一环节的"工具"到这一环节的"机械"之关键性转变是,劳动在这里不再是基于自然情感的人自身的生产,而是满足人的物质需要的社会生产;随着劳动分工的出现,出现了"机械劳动"(手工业制作),当劳动产品不再是为了满足自身的需要而生产时,就出现了"剩余",而对剩余产品的"占有"就出现了"财富",而对财产上的普遍性的抽象就是"权利"。

在这里再次出现了"承认"问题:即随着剩余产品的出现,必然就出现了要把产品的非直接生产者——"他者"——承认为产品的占有者的问题。在这里,主体只有作为财富的占有者才是一个被承认的主体。通过对另一个主体的承认,主体才被纳入到普遍性的形式中。

在B.b因次中,财产首先克服了在前一因次中与主体的单纯观念性关系,从而与主体之"享受"开始发生实在的联系,于是剩余产品就要进入"交换",这样,有需要的人通过对象化的劳动就进一步社会化了。他的被承认实际上也是他的"本己世界"的开辟,即进入"社会化"的过程。在"交换"环节黑格尔重视在交换进行时事实的、经验的处境,就物-物交换而言,是相当费劲的,而且隐含着未知的因素。只有当交换的对象等价且都满足对方之需要的情况下,交换才能在当下完成。否则,在当下完成不了,种种未知的因素就会出现,甚至包含拒绝交换的可能性,黑格尔称此为"自由"。这种自由当然只是一种"任性"(Willkühr)和私己的自由,而为了排除交换时各种偶然的因素,就需要订立"契约"。

在契约中,物的转让由实在的转让变成了观念的转让,为了实现这一点,在契约中必须包含一种观念的必然性。黑格尔现在问,什么是缔结契约时所召唤的这种观念的必然性? 这就是黑格尔把真正的自由与之等同的东西,即作为客观的理念之内在关系,黑格尔称之为"客观精神"的东西。只有它能消除经验性交易中出现的非理性、任性和私己性这些偶然因素。在这里,精神作为客观的约束力出现了。

通过契约,之前与单一个体相关的交换关系、对占有物因而对所有权的承

---

① Steffen Schmidt, *Hegels System der Sittlichkeit*, Akademie Verlag, Berlin 2007, S. 162.

认关系，在这里变成了总体性关系，在这种关系层面上，黑格尔引入了"货币"和"贸易"。这就过渡到市场经济的生活方式中来了。在这种生活方式中，黑格尔说，个体只是作为一种占有者，作为有物权的人(Eigentümer)被承认。当然也不仅仅是作为对单一物的占有者，而是作为"整体上为自己的存在者"(im Ganzen für sich seiendes)被承认(SdS：S.27)。单一的个体生命形式上是无差别的，"这种对形式化的有生命存在者的承认，如同一般的承认和经验直观一样，是一种形式上的观念性"(SdS：28)。但黑格尔犀利的眼光马上发现，只要我们把眼光放到现实的市场经济关系中来，人的形式上的无差别立即解体，生活中的强者和弱者以及他们之间的统治和奴役关系，便会跃入眼帘。生命强力(Macht des Lebens)的不平等直接地和绝对地被设立起来。"平等无非是抽象，是对生活，对第一因次的形式化的思考，是单纯观念性的，没有实在性"(SdS：S.29)。人被抽象为自由本质，但只是作为绝对的概念，作为一种可能性。这种可能性同时包含了"不被承认"和"不自由"的可能性(SdS：S.28)。所以，平等作为法的领域的指导原则总是无法应用，因为在自由主义的政治哲学中，人总是被抽象化为原子式的个人，他们的自由本质虽然在理念上得到承认，但却是一种抽象的概念，他们被外在地结合在政治国家中，个人与个人之间，个人与社会之间，个人与国家之间，虽然按照他们的"契约理论"能把自己的"权利""转让"给代表"公正"的公共机构(国家)，但依附性、奴役性的社会关系无法消除人与人之间，人与社会之间，人与国家之间，社会与国家之间的对立。

这样，黑格尔在自然伦理的最后阶段，即"理性"阶段或前两个因次无差别地相互中介的"因次"，再次过渡到"家庭"这个作为社会有机体的单元。

黑格尔把家庭视为统治-奴役关系的无差别阶段，它既是一种"自然"关系，也是一种社会关系。但在家庭的自然关系中，单一者不是像在市场中那样按照外在的关系联系起来，个体之间的对立也不表现为一方对另一方的征服，而是有"内在认同"的有机整体。迄今为止的整个关系中的特殊性也在家庭中被置于普遍性中。黑格尔列举了家庭中的三种同一性(无差别认同)：α)外在需要的认同，β)性关系的认同；γ)父母-子女关系的认同。黑格尔强调，家庭是个无市场、无公正(rechtsfreie)的领域，所有的契约，私有财产、法定权利和家务都没有地位，剩余、劳动和财产都是绝对共同的，不能由主人说了算，尽管男人表面上是主人，但真正说来只是家庭的管理者，绝不是作为所有权人与家庭的其他成员处在对立之中。家庭的社会关系性质源于婚姻。黑格尔一直反对康德的法哲学把婚姻视为一种契约关系，认为婚姻是建立在爱的关系上，契约是关于可占有物的，而婚姻中的夫妻不是这种占有关系；契约可以随意废除，但婚姻是永久的精神协约。子女的出现使家庭关系中的偶然的、经验的实在得以消除，更使家庭成为一个稳固的、长久的共同体。在《法哲学原理》中黑格尔进一步说，随着子女长大成人，家庭便解体为"市民社会"。

因此，自然伦理的意义在于人的自然关系的社会化，这种社会化从一开始处在"物理（自然）的依赖性"中，通过劳动、交换、契约而"教化"成长起来的人，在自身的社会化中出现了客观精神上的依赖性，这种依赖在两个独自自主的人以"爱"的永久协约而在家庭中达到顶点。但以家庭为顶点的社会关系，依然是低等的社会关系，即以单一性（Einzelheit）为对象，因此其自然伦理的构成原则，在以市场经济为主导的更加广阔的市民社会中必然会解体。这是黑格尔与我们传统的儒家伦理的一大区别之所在，他不再把家庭伦理作为"自然之理"推广和泛化为一种社会伦理和国家伦理，相反，社会和国家伦理乃是自然伦理解体后的产物。

三、否定的伦理为何是自由或犯罪

自然伦理的"归属关系"使伦理理念变成了"现实"，但这种"现实"使得伦理理念变成了"固定的规定"，人在这种固定的规定性（归属性）中获得承认：主人和奴隶，公民和非公民，贵族和平民，因此，人不仅仅变成了特殊民族的人，雅典人、罗马人，而且变成了具有特殊身份的人：在希腊和罗马，只有获得公民身份的人才能享有"普遍的"自由和权利，就像后来在基督教中，只有成为基督徒才有可能获得上帝的恩宠和救赎一样。所以，尽管黑格尔说，相互承认是从低级的群体生活上升到高级的普遍生活形式的条件，但是，要作为普遍的生活形式的伦理现实（结果）却必须采取"否定的"方式来完成，这就使得"自由"或"犯罪"具有了某种伦理意义，这是一个必须历史地对待的哲学问题！

在面对黑格尔"否定的"伦理因次时，让我们深感震撼的思想至少有三点：

第一，自然伦理的解体有其必然性。

黑格尔曾把希腊伦理生活描绘为绝对伦理，原因在于在希腊民族，个体与社会（城邦国家）自然地和无意识地构成了完美的统一体。这种统一性的维系力量在于公正和友爱作为普遍的"总德"统帅和范导着公民个体的各种美德，使得个体和城邦具有共同的价值秩序。但是作为一种民族伦理而言,希腊的民族精神也是"实体的"而非真正成为"主体"的,一个民族的实体精神必然有其自然的限制,不可能达到对于"绝对伦理"的完全的直观。譬如对人的认识,尽管亚里士多德把人规定为"政治的动物"对于伦理而言有其普遍的意义和优势,但从"政治的动物"这一社会政治的维度却使得一个普遍的人的理念得不到认同,人只有成为城邦的公民才有"人"所具有的权利,因此导致只有"公民"却没有"人"的局限。这样一来,个体对于普遍的约束力量:民族精神和国家法律的传统信任也不可能持久。这样的"自然伦理"必然会解体。基督教以普遍的精神和上帝之国的呼唤,否定了精神(灵性东西)的民族局限性,"基督教构建了人的形象,但是它毁灭了公民的现象"①。这都使黑格尔认识到,自然伦理走向消解的必然性。因为在黑格尔看来,绝对伦理在自然伦理阶段所经历的一切都还是以单一性为原则,绝对被归属于概念之下,所有的因次都表达出局限性,所谓的无差别都是形式的,普遍性是与特殊性对立的普遍性,特殊性只是在同更低的特殊性相关才无差别化,这种无差别本身依然是特殊性。由此而固定下来的特殊伦理身份和关系必须采取否定的形式才能被打破,因为伦理就是自由地行动,而自由行动就是改变"给定物"!所以,与浪漫主义者对自然伦理关系的解体表现出的对古代的怀念和对现代的谴责完全不同,黑格尔的怀古之情不以从现代逃离和对现代的抛弃为跳板,他对现代的批判也不以完全否定现代的主体自由伦理为目标。而当今一些所谓的保守主义者对古典的回归恰恰走的是与黑格尔相反的道路,如果不是故弄悬殊的话,至少也是值得警惕的!

第二,否定的自由或犯罪有其伦理意义吗?

在第二部分的否定环节,要承认其伦理意义不那么容易,因为它不仅涉及"自然伦理的消除",而且涉及对"普遍东西"的侵害。② 这才是黑格尔把"否定的"同"自由或犯罪"并列的原因。应该说,就犯罪本身作为对普遍东西的侵害而言,在所有现存的秩序中都很难谈到其积极的意义,更别奢谈什么伦理意义了。但问题并不如此简单。

黑格尔谈到了四种否定形式:A. "自然的消除"(die natürliche Vernichtung),

---

① 参见:《黑格尔与现代人的自由》,第255页。
② 参阅 Steffen Schmidt, *Hegels System der Sittlichkeit*, S. 221。

或"无目的的破坏,荒废"(die zwecklose Zerstörung,die Verwüstung)。这种否定形式,类似于个人青春期的逆反心理,它是一种冲动,是对文明、理智所给予人的固定教化的不满和叛逆,作为教养的反面,是野蛮冲动的表现;B. 有目的、有目标的否定环节,即第二因次的否定,这就是掠夺(Raub)和偷窃(Diebstahl)。这个环节过渡到了对已有承认关系的伤害。掠夺和偷窃是破坏财产的合法承认关系,不涉及"主体",它也不再是对已形成的承认关系的"自然的消除",而是涉及对客观精神之现实性,即法权关系的故意的破坏和伤害。由于在市场社会中人格存在于这种得到承认的财产权关系中,对财物的掠夺和偷窃,间接地就是对财产所有权人的人格的伤害,其极端的反作用方式是奴役和死亡。这就是到第三因次(作为前两种否定的无差别或总体性)一开始就要出现的情况。因为作为对个人人格的否认加上对其财产的掠夺和偷窃,在总体上就是对个人所有特殊性的否认,包含对生命和"名誉"(Ehre)侵害。在这种否定中一开始出现的是"平等的否定":因为这是"整个个人同整个个人的斗争。但这样的斗争不可能谈得上有什么正义性"(SdS:S. 42),双方都同样孤注一掷,使整体遭遇危险,尽管他们是最自由的。所以黑格尔进一步把这种斗争称之为"暴力"。在暴力斗争中,强者决定归属,"凡在整体上实在的人格性是主体的地方,必定直接地出现统治和奴役关系"(SdS:S. 42),只有通过死亡才能调停这种冲突;D. 还有一种不平等的否定和单方面的斗争(严格地说根本不是斗争)就是压迫。"压迫"进展到绝对的否定,就出现谋杀(Mord)。作为否定的总体,这里还有三个小因次:谋杀,复仇和决斗或战争。

黑格尔在这里不仅仅阐述了以"谋杀"所完成的对一个生命的消灭,而且还阐明了它以实现一种"理性的逆转"为结果。谋杀招致的反作用,不是从经验来把握的,而是从理性的法则推导出来的:"复仇的正义绝对与犯罪相联系"(SdS:S. 36),但它同时也是犯罪的实在的反作用或逆转,同时也有一种"观念的(或理想的)逆转,即良知的冲动"(Trieb des Gewissens)(SdS:S. 37)。也只有从这里开始,我们才能合理地谈论"否定的自由或犯罪"有其伦理意义。

当然,如果"良知的冲动"仅仅存在于"罪犯"本人的"内疚"或"良心发现"当中,依然是偶然的、脆弱的,犯罪所导致的对自然伦理的消除,对文明教养的破坏,对已有承认关系的侵犯,本身都不具有伦理价值,但它能从反面激发出人们对伦理东西之积极意义的承认,反省现存伦理本身当中的非伦理、犯罪乃至残酷野蛮的因素,从而达到对更高的、更普遍有效的伦理理念的自觉。伦理学理论一直致力于"止于至善",但对"恶"历来认识不足,在人们把某个伦理理念视为"至善"之时,就把它绝对化为"已成"的实体,殊不知,伦理理念的实体性是"发生性的",是海德格尔后期哲学所重视的 Ereignis(生成事件)。在其向自身的"生成"过程中,必须经历自身的"异化"或"否定",所以,"至善"本身就有可能是"至恶",就像在现实生活中只有大善之人才能作大恶一样。这一思想后来被谢林深刻地意识到了。当现代人把自由作为最高的伦理价值时,谢林却在《论人类自由的本质》中论证了自由既可致善、也可致恶的可能性。①谢林的意思不是要我们因此否定自由,而是说既然自由不仅仅致善,同时也具有致恶的可能性,那么,自由的伦理就必须具有更大的力量面对现实的恶的危险。恶是一种强大的力量,而不仅仅是"善的缺失"。西方伦理学的最大问题,就是没有正视恶的强暴力量。善总是被阐释为公正、友爱、节制等等,使得善良意志一再地缺乏与恶抗衡的力量,这也就是尼采把基督教道德贬斥为"奴隶道德",要从"强力意志"重估一切价值的原因。甚至在阿伦特对现代极权主义的反思中,恶也是和"平庸"相联系,恶的强大力量依然处在其视野之外。因此,黑格尔在此提到的"恶的良知"(das böse Gewissen, SdS: S. 45)、否定的自由与犯罪,作为绝对理念之伦理性的一个否定的阶段,如果不从自然伦理解体而向绝对伦理(自由和正义)奋力迈进的过程中来把握,依然是无意义的。如果要克服自由伦理与犯罪的现实联系,伦理的力量就要在战胜恶(犯罪)中体现出来。"绝对伦理"作为自然伦理和否定的自由伦理的"合题"无疑具有这一意义,但可惜的是,这一深刻的意义仅仅隐含在辩证法的方法论形式之中。

第三,对个人私有权利的承认具有不可否认的伦理意义,同时也蕴含巨大的伦理风险。

伦理的东西作为普遍的理念自古以来都是在与"私利"作斗争,义与利的对立在中国伦理学界还一直被称作伦理学的"基本问题",而现代西方伦理的一大进步就在于对个人私有权利的承认。黑格尔明确地说:"如果主体性和人权的自主领域——它最初出现在基督教——不被承认,那么伦理实体和最坚实的公民共同体就注定会灭亡。"②霍耐特也明确指出,"我们可以推测,黑格尔把

---

① 谢林:《对人类自由的本质及其相关对象的哲学研究》,邓安庆译,商务印书馆,2008年,第65、67页。
② 转引自《黑格尔与现代人的自由》,第255页。

犯罪的出现追溯到了一种不完整的承认状态:犯罪的内在动机造成的经验在于,他发现自己在现有的相互承认的水平上,他没有达到让他满意的承认"。①但更为深层的问题在于,随同现代自由伦理对私人权利及其自由的最大程度的承认,黑格尔的著作中一再出现的一个词就是"死亡"。它从"否定的自由"开始,一直伴随到《伦理体系》的最后一句话:"这种分裂必定是完全的……而是绝对的犯罪,死亡"(SdS:S.85)。这的确是黑格尔发现的绝对伦理在民族的伦理生活中无意识的"命运":一方面,"只有将自然伦理同绝对化的主体的自由统一起来才是民族的伦理"②,这是一个民族真正的内在凝聚力量和生命;另一方面,如果没有一种"民族的神性"或民族之神(Gott des Volkes)(SdS:S.49)来调解和平衡自由之个人的特殊利益和承认关系,同样也会导致人与共同体的死亡。这一死亡悖论实际上是伦理实在的纯粹精神性和实体化之间不可调和的冲突。黑格尔正确地看到,绝对伦理的实存一方面在于纯粹的精神(在古代称之为"灵魂"),一方面在于实体化。整个自然伦理阶段,伦理的东西受自然需求的动机所制约,没有表现为精神的纯粹形式,而在自由伦理阶段,以主观性的形式取消客观性(黑格尔把这称作"纯粹的自由"或"智性的自由"(Freiheit der Intelligenz)(SdS:S.34),同样无法表现为精神的纯粹形式。作为无私有权利的纯粹精神的存在,必然会陷入无伦理性的"空洞的自由",而对私有权利的全面承认,又会使得精神本身出现"物化"和"异化"。无可置疑的是,《伦理体系》整个第二部分的否定的自由伦理只有从它向绝对伦理的过渡功能,才能显示出真实的伦理性。③ 但问题是,有什么力量能完成向绝对伦理的过渡呢?

四、"政府"对于伦理共同体的重建必须承担的政治和伦理责任

向"绝对伦理"过渡的课题交由给了"政府"。"政府"面临的伦理处境是:自然伦理解体了,自由伦理导致了绝对的否定,个体主观的东西成为"绝对的东西"这一康德所描述的"伦理的自然状态":"每个人都为自己本身立法,而这

---

① Axel Honneth, Kampf um Anerkennung. Zur moralischen Grammatik sozialer Konflikte, Suhrkamp Verlag Frankfurt am Main 1992,S. 37.
② Ludwig Siep, Anerkennung als Prinzip der praktischen Philosophie. Untersuchungen zu Hegels Jenaer Theorie des Geistes, Freibug, 1979,S. 163.
③ 参阅 Steffen Schmidt, Hegels System der Sittenlichkeit, S. 218.

却不是外部的、他自己连同所有其他人都认识到必须服从的法则。在这两种自然状态中每个人都是他自己的法官,却不存在公共的、强有力的权威性。"①早期黑格尔的实践哲学所要解决的核心任务,就是完成康德所指示的从伦理的自然状态过渡到伦理的共同体状态这一任务。既然在把自然伦理推进到"绝对伦理"的进程中,自然伦理必然会出现自身的否定,只有当这种否定是个体力争作为普遍性而出现,它才具有伦理意义,那么这里的"普遍"就不是与"特殊的东西"相对立,而是特殊之物自身产生的"作品"。但这种伦理意义的出现,必须借助于一个强有力的"政府"达到伦理的"自然"和"自由"两者在最高程度上的重建。

这种重建的可能性前提至少有两个:一是主观的自由要获得客观性的保障,即通过制度化使主观的自由实体化;二是民族要克服其特殊性的局限,进一步向更普遍的伦理理念提升。前者要通过"国家宪政"(Staatsverfassung),后者要通过"民族的神性"来实现。如此实现了的"伦理概念"就在其客观性中了。所谓"客观性"就是"把主观的东西消除在客观的东西中,把特殊的东西绝对纳入到普遍的东西中"(SdS:S.51)。

黑格尔在这里首先从"静态"谈到了伦理的三种形式:绝对的伦理,相对的伦理,信任。所谓"绝对伦理",黑格尔说,不是所有德性的全体,而是德性的无差别,它不是表现为对祖国、民族和法律的爱,而是作为在祖国中并为了民族的绝对生命,所以是绝对真理,是神性的东西(SdS:S.52)。就具体的德性而言,他谈到了"勇敢",因为作为民族的绝对生命要在民族对民族的战争中体现出来;所谓"相对的伦理"是与关系相关的,使相对的关系达到平等的规定,所以伦理的这种形式创造公正,并且是正直(Rechtschaffenheit)(SdS:S.54);所谓的"信任"是指第一种和第二种伦理形式之差异的同一性。与三种伦理形式相对应,黑格尔谈到了三个等级:绝对等级,正直等级,农民等级。"绝对等级以绝对纯粹的伦理为其原则"(SdS:S.58),"正直等级存在于满足需要的劳动中,即在占有、收益和财富中[表现正直]"(SdS:S.59);"纯朴的伦理等级就是农民等级","它的伦理性就是对绝对等级的信任"((SdS:S.62)。这就是黑格尔对"绝对伦理"从"静态"所做的阐述,实在没多少值得评述的价值。对于

---

① Kant, *Die Religion innerhalb der Grenzen der bloßen Vernunft*, in: Kant Werke, Band 7, hrg. von W. Weischedel, Darmstadt, 1968, S. 753.

我们的课题有重要意义的,是从伦理生命的绝对运动或过程所做的阐述,这就是绝对伦理的第二因次:政府。

黑格尔把"政府"区分为"绝对政府"和"普遍政府"。"绝对政府"也可换个"好听点"的名称叫做"最高的政府",黑格尔对它的描述充满着神秘的味道,说它是"整体的生命",是"保存整体的绝对关系"。具体地说,是什么意思呢?政府是一个共同体全体的政府,为了避免"共同体"因自然伦理解体和绝对否定的自由导致的死亡,"政府"的使命就是保存这个整体所有部分的生命力,这种生命力不是对各个部分生命力的抽象,而是整体的生命力,并通过整体而存在。要做到这一点,政府就要保存所有等级的存在,对所有等级一视同仁(无差别地对待),但它自身又不能是凌驾于所有等级之上的等级,而只能是达到"无等级",意味着它不代表任何等级,不关涉特殊的利益并不让自身陷入时代的利益冲突中,相反,它要作为普遍的存在来调节和化解各种利益冲突。作为普遍的存在不仅不能消灭所有特殊的存在,而且要让所有特殊的东西在此体系中被"无差别"地(平等)对待,从而保障它们的生命力。施奈德尔巴赫正确地看到:"普遍之物不是作为特殊之物的对立面,而是作为特殊之物自己的作品——这是黑格尔整个实践哲学的基本意向之一"[1],所以,对于黑格尔的"政府"概念,如果我们首先只考虑它的构成形式将是错误的,正确的做法是也将它规定为"普遍之物的实在性"。因为黑格尔在这个环节所做的重要工作,是要把在个别的谋划和行为中所失去的伦理性作为普遍的东西重建起来。而如果能够认识到把特殊性扬弃在普遍性中也是个体之事业的话,那么"政府"就与"个体"是内在一致的,它作为"伦理的总体性"就有了合法合理的基础。

"绝对的政府"也应该是"绝对的权力"(absolute Macht),但作为"伦理总体性"出现的这个"政府"的"绝对权力"恰恰不是建立在物力的强大上(如军队、警察),而是基于精神的强制力[2]。因此黑格尔一直说"绝对政府是神圣的"是"神的显现"(Erscheinung Gottes)(SdS:S. 69,70)这显然不是"现实的""政府",也完全不是"现代意义上的"政府,同时也不是什么"以德治国"的"道德的政府"。黑格尔明确说过"道德的政府是专制的"。而这里说的"绝对政

---

[1] Herbert Schnädelbach, *Hegels praktische Philosophie*, Suhrkamp Verlag, Frankfuhrt am Main, 2000, S. 103.
[2] 参阅 Steffen Schmidt:Hegels System der Sittenlichkeit, S. 241 及其注释 41。

府"所代表的"绝对权力""表现为宪政的智慧（Weisheit der Verfassung）"（SdS：S.63），施奈德尔巴赫指出，这种智慧不是指某种执政者的智慧，而是我们用现代（卢曼）的术语"系统合理性"（Systemrationalität）才能描绘的东西。与现代宪政思想一致性的地方在于黑格尔强调"执政者同时也是被治理者"。如果"执政者"不被"治理"，那么"绝对政府"就完全是一个专制的怪物。这个怪物再披上"伦理"的外衣，就是最可怕的恶魔了。只有靠"宪政的智慧""绝对政府"作为"伦理总体"才能作为"伦理共同体"（民族和国家）的守护者（Wächter）。靠什么来"守护"？政府的"绝对权力"实质上是"立法权"，立法的"宪政智慧"实质上就是"法治"（Herrschaft des Gesetzes）。

在"普遍的政府"这个环节，黑格尔明确地规定了政府职能、权限和作用。他区分了政府的"三大体系"："需要的体系"、"正义的体系"和"风纪（Zucht）的体系"。

但这个"需要的体系"明显地不同于后来在《法哲学》中讨论的"市民社会"这个"需要的体系"，但它同样是对国民经济施加影响的公共权力。"需要的体系"指出人类普遍地具有相互的"物理上的依赖性"，由于有这种"物理上的相互依赖性"，人是一种社会的存在。这是人类共同体存在的条件。在《法哲学》中，从"需要的体系"中，黑格尔论述了"市民社会"是一个相对独立于"国家"的自主、自足的领域，它依赖于"行会"等"民间"组织的"行规"与"德行"来克服个人的私心和特殊的利益诉求，但这种"普遍性"像在"家庭"中人被教化的"普遍性"一样，本身依然是个"特殊的东西"，它不可能真正地达到伦理的普遍性要求。但在《伦理体系》中，他更明确地意识到，现代"市民社会"所带来的严重的社会问题，是靠市民社会本身，甚至靠"殖民"等方法无法解决的，比如经济的繁荣所带来的"贫困"问题。因为人事实上的"自然的不平等"在市场经济体系中会更进一步导致"财富上的不平等"，"巨大的财富会变成一种权力"，一种残忍的力量，它会诱使其占有者退出有机整体，蔑视任何高级的和高尚的东西，因此会扰乱和破坏共同体的"物理上的相互依赖"，甚至会导致民族的解体，伦理东西的消失（SdS：S.78）。因此，黑格尔与自由主义主张"最小化政府"的思想不同，他一开始就强调政府干预的必要性。政府干预首先要体现在"立法"上，"使高收益变得困难"，同时在"税收"上，限制巨大的收益不平等。在此基础上，还要对"贫困"阶层实施"社会救济"，这样才体现出政府作为"正义的体系"。"但正义本身必须是一种有生命的东西并尊重个人"（SdS：S.82），它不能仅仅作为"口号"或"理念"存在,而要在"司法"中得到普遍执行。政府作为普遍的政治权力"不能侵犯市民的私人生活领域;这个领域也必须是神圣的",[①]这是黑格尔所认同的现代伦理原则。在这个公平、正义的体系中,自由成为"有机的原则","物理依赖性"的共同体变成"生命依赖性"的共同体。

在"风纪的体系"中,黑格尔再次简略地谈到了"教育、教化和风纪",虽然并没有什么新鲜的想法,但它赋予"政府"(国家)要担负起更高、更普遍的伦理觉悟的使命,进而真正促进民族文化的发展与进步,而不仅仅是作为经济高级代理、司法管理者的角色。政府之所以被赋予这样一个使命,是因为《伦理体系》与后来的《精神现象学》采取了完全不同的思路来考察伦理的现实性问题:"它不涉及意识的经验历程,而涉及伦理的哲学重建",[②]这种重建必须依赖于伦理的实体性建制,把民族的伦理意识和自然的东西联系起来,使民族的伦理共同体保持其内在的有机的生命力,这样政府才能完成其作为共同体守护者的使命,这确实是克服现代危机的一个具有现实意义的课题。

[本文曾发表在《复旦学报》社科版2011年第3期]

---

① Hegel, *Werke in 20 Baenden*, Frankfurt am Main 1969-1979, IV, S. 372.
② Steffen Schmidt, *Hegels System der Sittenlichkeit*, S. 257.

黑格尔 Subjekt 概念的
两个维度与三层含义
——基于《〈精神现象学〉序言》
的一个理解[①]

徐长福

德文的 Subjekt，以及相应的英文的 subject，是西方哲学最重要的概念之一。对于这个概念，通常的汉译术语为"主体"或"主词"，迄今尚未找到一个兼具这两种含义的统一的译名。不仅如此，这个概念除了这两种含义外，还有别的含义，比如基体，以及主题、对象等。因此，要用一个统一的汉译术语来涵盖所有这些意思，几乎是不可能的事情。这种情况下，在讨论这个概念时，直接给出任何一个汉译名称，比如"主体"或"主词"，都可能有失偏颇而误导理解。本文旨在辨析这个概念，故以其西文原词为讨论对象。

在 Subjekt(subject)的概念史上，黑格尔具有承前启后的作用。他的这个概念，往前联系着费希特和康德的同一概念，并涉及到笛卡尔的有关思想，最远联系着亚里士多德的相应概念，往后则联系着费尔巴哈、施蒂纳和马克思的同一概念，以及现、当代哲学的相关概念。黑格尔对这个概念的专题阐释首先见于《精神现象学》的长篇序言，该书是黑格尔开宗立派之作，该序言相当于他的哲学宣言。在该序言中，黑格尔展开地批评了前人对这个概念的理解，以及与之相关的理论，同时明确宣示了他自己对这个概念的规定，以此确立了其哲学体系的若干理论前提。就此而言，辨析清楚这篇序言中的 Subjekt 概念，不仅对于理解黑格尔哲学，而且对于理解他之前与之后的西方哲学史，都有显而

[①] 谨以此文恭贺黄颂杰先生八十华诞。

易见的意义。

通过结合中、西文本解读这篇序言，本文将表明，黑格尔的 Subjekt 概念实际上比人们通常所理解到的要复杂得多，它至少包含两个维度和三层含义，而这些维度和含义不仅牵连着黑格尔对先前哲学的超越，更牵连着后世哲学对他的超越。

一、在汉译本中遇到的问题：主体与主词的纠结

单纯通过汉译本[1]来了解黑格尔《精神现象学》的人都知道，黑格尔在该序言中提出了一个著名的观点，即：实体即主体。关于这个观点，如下两段论述比较典型：

> 【引文1】一切问题的关键在于：不仅把真实的东西或真理理解和表述为实体，而且同样理解和表述为主体。同时还必须注意到，实体性自身既包含着共相（或普遍）或知识自身的直接性，也包含着存在或作为知识之对象的那种直接性。[2]

> 【引文2】说真理只作为体系才是现实的，或者说实体在本质上即是主体，这乃是绝对即精神这句话所要表达的观念。精神是最高贵的概念，是新时代及其宗教的概念。[3]

由于这些论述缺乏对实体、主体等概念的词典式解释，要想理解它们，读者只能诉诸背景性知识。比如，大家知道，在西方哲学史上，实体通常跟属性（或偶性）相对，前者独立自存，后者依附于前者而存在；主体通常跟客体（或对象）相对，前者指关系中能动的一方，后者指被动的一方。根据这些常识，对于黑格尔的"实体即主体"就可以大致理解为：那个独立自存的东西同时也是能动者。结合他的其他说明可知，那个东西就是精神，即把对象之存在和认识之真理统一于自身的普遍而能动的概念。

---

[1] 这里仅指最流行的贺麟、王玖兴合译本。参见黑格尔：《精神现象学》上卷，商务印书馆，1979年6月第2版；下卷，1979年4月第1版。
[2] 黑格尔：《精神现象学》上卷，第10页。
[3] 同上书，第15页。

可是，在进一步的阐述中，当黑格尔提到偶性时，却基本上不跟实体相对举，而是跟主体相对举，并跟宾词换用。比如，他说：

【引文 3】如果说，在推理思维的上述否定活动里，推理思维自身乃是内容要返回的那个自身，那么与此相反，在它的肯定认识里，自身乃是一个想象出来的主体，内容作为偶性和宾词就是与这个主体联系着的。这个主体充当基础，以供内容和它相结合并让运动在它上面往复进行。①

在这段话中，主体被明确表述为偶性的基础，它跟偶性的关系被规定为基础和它的内容之间的关系。显然，这样的主体并没有能动者的意思。进而，偶性跟宾词（即谓词）换用②，意味着宾词也可以跟主体对举。问题在于，主体是"体"，而宾词是"词"，它们如何对得上？

稍后，黑格尔又说：

【引文 4】判断或命题一般地说是在自身中包含着主词和宾词的差别的，命题的这种性质已被思辨命题所破坏，而由思辨命题所变成的同一命题，包含着对上述主词与宾词关系的反击。③

在这里，先前跟主体对举的宾词又跟主词对举。按照逻辑学常识，主词和宾词是简单命题的两个基本构成部分，主词指称一个对象，宾词对其加以说明，二者对举是最恰当不过的。问题在于，宾词既然应该与主词对举，为何又被拿去跟主体对举呢？

其实，最应该跟主体对举的概念既不是偶性，也不是宾词，而是客体（对象）。黑格尔也明确使用了主体与客体这对概念。例如：

---

① 黑格尔：《精神现象学》上卷，第 41 页。
② 顺便指出的是，黑格尔对偶性和宾词的换用存在逻辑错误，因为宾词的外延大于偶性的外延，它既包括表偶性的词语，如"苏格拉底是智慧的"中的"智慧的"，也包括表属、种的词语，如"苏格拉底是人"中的"人"和"苏格拉底是动物"中的"动物"。不过，这个问题不是本文所关注的，就此按下不表。
③ 黑格尔：《精神现象学》上卷，第 42 页。

【引文5】主体与客体，上帝与自然，以及知性与感性等等都被不加考察地认为是熟悉的和有效率的东西，既构成固定的出发点又构成固定的归宿点。①

　　【引文6】就象主体与客体、有限与无限、存在与思维的统一体这个名词之不尽适当那样，（因为客体与主体等等名词意味着在它们的统一体之外的客体与主体等等，因而当说它们在统一体之中时它们已不是它们的名词所说的那种东西了，）同样，虚妄的东西也不再是作为虚妄的东西而成为真理的一个环节的。②

　　归拢起来，可以看出，黑格尔的主体概念至少对应着四个不同的概念，即：主体与实体、主体与偶性、主体与客体、主体与宾词。此外还涉及主词与宾词这对概念。这样一来，不可避免的问题是：在上述复杂的关联中，主体的含义究竟是什么？主体跟各个对子之间究竟是什么关系？主体和主词又是什么关系？

二、从英译本看到并溯及的情况：一个 subject 及其两个维度

　　读罢英译本③，上述问题中的一个纽结可以解开，那就是：汉译本中的主体和主词在英译本中都是 subject。④ 如是，就有必要弄清 subject 的来历。

　　英文中的 subject 所对应的是德文中的 Subjekt。对于德文的 Subjekt 来说，如果汉译本中的"主体"和"主词"是其翻译的话，那么，英文中的 subject 就是其转写，二者都源自拉丁文的 subjectum。翻译难免出现理解上的问题，转写则没有这方面的问题。因此，单就考察黑格尔的 Subjekt 概念而言，英译本跟德文原本应当没有实质的区别。

　　顺便交代的是，本文探讨的是黑格尔的 Subjekt 概念，但由于笔者不谙德

---

① 黑格尔：《精神现象学》上卷，第20页。
② 同上书，第25—26页。
③ 可参见如下英译本：Hegel's *Phenomenology of Spirit*, translated by A. V. Miller, Oxford University Press, 1977; G. W. F. Hegel, *The Phenomenology of Mind*, revised edition, translated by J. B. Baillie, George Ellen & Unwin Ltd., London, 1931。
④ 稽核上述引文的用语，可依次参见英译本 *Phenomenology of Spirit*, pp. 10, 14, 36-37, 38, 18, 23; *The Phenomenology of Mind*, pp. 80, 85, 118, 120, 92, 99。

文,这种考察不得不采取一种曲折的方式:首先参照英译本,然后拿其中的subject去跟德文原本中的Subjekt相对勘①,以确认所涉及的术语是同一个术语。

拉丁文的subjectum是对亚里士多德的术语 ὑποκείμενον(拉丁拼法为hypokeimenon)的翻译。该术语原意为躺在下面的东西,引申为载体或基质,相对于其所承载的偶性。仅在这个意义上,该术语也被译为拉丁词substratum,为承载偶性的基体的意思。不过,亚里士多德的hypokeimenon的复杂性在于:它不仅指事物的基体,而且指命题中的主词,跟宾词(谓词)相对。在指主词的意义上,该术语译为subjectum。因此,在术语史的语用实际中,单指基体时往往用substratum,单指主词时则用subjectum,两者都指时也用subjectum。②

根据亚里士多德的范畴理论,在下面这种情况下,hypokeimenon既指基体又指主词,这就是当意指个别事物的专名充当主词的时候。③例如,当说"苏格拉底是智慧的"时,"苏格拉底"这个专名充当该命题的主词,意指苏格拉底这个人,"智慧的"这个普遍词充当宾词,说明苏格拉底具有智慧这个偶性。其中,在语言逻辑这个维度(可简称"语言维度")上,专名"苏格拉底"由于接受了"智慧的"这个普遍词的述谓,因而是后者的hypokeimenon;而在语言所表示的事物的维度(可简称"存在维度")上,苏格拉底这个个别事物由于承载着智慧这一偶性,因而是后者的hypokeimenon。可见,在这两个维度上,对hypokeimenon应该有不同的理解和翻译。

问题在于,尽管亚里士多德本人在学理上区分了词语之间的关系与事物之间的关系,但他却缺乏两套相应的哲学术语。就hypokeimenon的情况而言,他既以之指词语,也以之指事物,有时还同时意指两者;至于它究竟指什么,只有到了语境中才能确认。不过,尽管该术语的含义随语境而变化,但由于词语本身保持不变,因而给阅读和理解造成的困扰相对较少。这种情况在

---

① 前面6处汉译引文所对应的德文文本可依次参见Georg Wilhelm Friedrich Hegel, *Phänomenologie des Geistes*, Suhrkamp Frankfurt am Main: Suhrkamp, erste Auflage, 1986, S. 22-23,28,57,59,35,41。
② 综合参见汪子嵩、范明生、陈村富、姚介厚:《希腊哲学史》第三卷上,人民出版社,2003年5月第1版,第154页;《西方哲学英汉对照辞典》,尼古拉斯·布宁、余纪元编著,人民出版社,2001年2月第1版,第968页等处。
③ 参见亚里士多德:《范畴篇 解释篇》,方书春译,商务印书馆,1959年9月新1版,第10页。

该术语的拉丁译词 subjectum 的使用中也存在，并延续到其德文变体 Subjekt 和英文变体 subject 的使用中：一方面，它们都兼指词语与事物，另一方面，它们在词形上保持不变。

然而，到了将 hypokeimenon 及其衍生词语译为汉语时，却找不到一个刚好兼具这两种含义的词语。于是，当该术语在语言维度被使用时就译成"主词"，当其在存在维度被使用时就译成"基体"，当两个维度都涉及时只好择取其一。这样做的缺点是：术语本身的统一性被打破了，若不参照西文很难想到那些不同的汉语译词原本是同一个词。当然，这样做也并非全无好处，那就是：把隐含在原术语中的不同含义离析开来。

在不考虑翻译中难免的技术性错误的情况下，在阅读涉及 hypokeimenon 及其衍生术语的西文文本时，由于这些术语在词形上的统一性，其所固有的语言维度和存在维度总会同时显现，使得在把握词语时必须兼顾事物，在关注事物时必须诉诸语词。相比之下，在阅读相应的汉译文本时，由于统一的术语不复存在，语言维度和存在维度的天然联系被割断，使得对词语的把握可以撇开事物，而对事物的关注不必通过词语。

正因为如此，在《精神现象学》中，无论是其德文原本中的 Subjekt，还是其英译本中的 subject，都以一词兼指命题中的主词和该主词所意指的事物，且两方面的意思具有不可分割的内在关联，但在汉译本中，这同一个术语被一分为二：一个叫"主词"，一个叫"主体"，至于其基体的意思则已经被忽略了。[①] 加上翻译上"主体"既跟"客体"搭配，又跟"宾词"搭配，还跟其他词语搭配，致使其在原文中本有的意思很难索解。

至于 Subjekt 在存在维度上的"基体"之义被忽略，则另有缘故。简言之，这缘故是：当充当基体的事物具有能动性时，它就成了主体——主动的或能动的基体；进而，当主体被普遍化为纯粹概念时，就成了实体性的主体——通过扬弃基体中的偶性杂质而实现出来的能动的绝对实在的本质，即真理体系，亦即精神；在这两层含义上，Subjekt 确实该译为主体。或许正是由于这两层含义的笼罩，基体之义就被掩盖了。

---

① 有学者主张，鉴于该西文术语同时意味着主体和主词，在翻译时可通过加括弧的方式附上另一个译名。参见邓晓芒：《黑格尔〈精神现象学〉句读》，人民出版社，2014 年 7 月第 1 版，第 501 页。可问题在于，该西文术语即使在黑格尔那里也不止意味着主体和主词，它至少还意味着基体。

三、黑格尔 Subjekt 的三层含义

实际上,黑格尔的 Subjekt 概念一共具有三层含义。

在《〈精神现象学〉序言》中,黑格尔明确提出了第一 Subjekt 和第二 Subjekt 的概念,并以之作为超越的对象,而超越这两种 Subjekt 的东西就是他所谓的作为实体的那个 Subjekt,不妨称为第三 Subjekt。这三种 Subjekt 之间的关系不是并列的或平行的,而是逐级上升和反向包含的——高级的回过头来包含低级的。在黑格尔的理论设想中,真正意义上的 Subjekt 只有一个,即第三 Subjekt,它通过众多的第二 Subjekt 去认识更多的第三 Subjekt,并在那些 Subjekt 中一步步发现和实现自己,最终回到自身。

关于前两种 Subjekt,黑格尔的论述是:

> 【引文7】通常是首先把主体(the subject)作为对象性的固定的自身(the fixed and objective self)确立为基础;从这个基础上开始进行那种向各种各样的规定或宾词(determinations or predicates)发展的必然运动;现在,代替那种主体(that subject)而出现的,是从事于认识的自我本身(the knowing 'I' itself),是各种宾词(predicates)的集结点,是一种保持着各种宾词的主体(the subject holding them fast)。但由于第一个主体(that first subject)深入于各种规定本身里去,成了它们的灵魂,所以第二个主体(the second subject),即,从事于认识的主体(the knowing subject),虽然愿意了结与第一个主体的关系,并超过它而返回于自身,却发现它还在宾词里面;第二个主体不能在宾词的运动里作为进行推理的行动者(the determining agent),以推断哪一种宾词应该附加于第一个主体,它勿宁还必须与内容的自身(the self of the content)继续打交道,它不应该自为地存在,而应该与内容的自身同在一起(to exist along with this content)。[①]

[①] 黑格尔:《精神现象学》上卷,第 42 页。引文中括号内的英文词句综合摘自 *Phenomenology of Spirit*,pp. 37 - 38;*The Phenomenology of Mind*,pp. 119 - 120;原文参见 Georg Wilhelm Friedrich Hegel,*Phänomenologie des Geistes*,S. 58 - 59。

综合汉、英译本的表述,可归纳出如下几层意思。

第一,首先被做成基础的那个 subject(Subjekt)是一个客体性的(objective,对象性的)的固定的自身(self)。这个 subject 因其首先被设定,所以就是第一 subject。从存在维度看,它就是基体,是各种规定性内容的承担者;从语言维度看,它就是主词,是各种宾词所述谓的词项。

在这个意义上,不仅人之外的事物属于这种基体,经验的自我也属于这种基体,它们都是从事认识的那个自我的对象。

第二,第一 subject 之所以又被称为客体,是因为它是从事认识的"我"(the knowing 'I')的对象。宾词不能自动去述谓主词,基体也不能自动获得规定性内容,做成这一切的是从事认识的"我",正是这个"我"以宾词述谓主词的方式赋予了基体以规定性内容。从存在维度看,这个从事认识的"我"才是宾词所表达的各种规定性的持有者,它已经不止是一般意义的基体,更是一个能动者(agent),即主体。从语言维度看,由于所有的命题前都可以加上"我认识到",因而"我"是一个比所有其他主词更加基本的主词。如是,这个既指主体又指认识命题的主词的 subject 就后来居上,成了第二 subject。

第三,第二 subject 跟第一 subject 的关系为认识关系。前者是认识的主体(subject),用"我"这个特殊的主词(subject)表示;后者是认识的客体(object),用其他主词(subject)表示。

即使第二 subject 所认识的就是自己,这个被认识的自己也已经被对象化了,亦即变成了第一 subject。就此而言,只有从事认识的 subject 才是主体,而被认识的它自身则只能是基体,即只能是主体运用宾词加以述谓的客体。

第四,第二 subject 表面上看在能动地拿着各种宾词规定各种主词,似乎它在决定着一切,但实际上,由于第一 subject 切实具有其宾词所表达的规定性,因而第二 subject 还必须俯就这些规定性的内容,必须跟它们在一起,而不能自行其是。就此而言,第二 subject 并非最终的 subject。[1]

从哲学史上来看,第一 subject 属于以亚里士多德为代表的本体论哲学的

---

[1] 关于这段引文的其他诠释,可参照邓晓芒:《黑格尔〈精神现象学〉句读》,人民出版社,2014 年 7 月第 1 版,第 509—512 页。该诠释颇为深入和细致,不过尚未呈现出这种复杂而清晰的思想结构。

范畴,这种哲学以基体与偶性、主词与宾词的关系为主题。这种 subject 不可胜数,包括每一个作为认识对象的人。每一 subject 与其偶性或宾词的联系没有逻辑上的统一性,处于一种杂多的自在状态。

第二 subject 属于由笛卡尔所开创的认识论哲学的范畴,这种哲学以从事认识的"我"跟作为认识对象的其他事物的关系为主题。这种 subject 同样不可胜数,它同样要用宾词去述谓主词,包括述谓作为对象的自己,其所表现出来的认识统一性完全是主观的,处于纯粹自为的状态。

有必要说明的是,笛卡尔本人并未使用 subject 这个术语来意指他的"我思"(从事认识的"我"),或者说,他的"我思"有 subject 之实而无 subject 之名。康德和费希特则不仅有名有实地运用了这个术语,而且赋予了其新的内涵,还将其扩展到了实践理性的领域。就此而言,黑格尔所超越的第二 subject 在直接的意义上是康德和费希特的,在间接的意义上则是笛卡尔的。

针对本体论传统的第一 subject 和认识论传统的第二 subject 的局限,黑格尔推出了他的第三 subject,其策略性途径是解构"上帝是存在"这个命题。他的论述如下:

【引文 8】我们可以举这个命题为例：上帝是存在(God is being)。在这个命题里,宾词、存在(the Predicate is 'being'),具有着主词熔化于其中的那种实体性的意义(substantive significance)。在这里,存在不应该是宾词,而应该是本质(the essence);这样一来,上帝就好象不再是它因命题里的位置而取得的那种身分,即是说,它不再是固定的主词(a fixed Subject)了。——思维(thinking)并不是继续在从主词向宾词过渡,而勿宁由于主词的丧失而感到受了抑制,并且因为它失掉了主词而感到被抛回于主体的思想(the thought of the Subject);换句话说,由于宾词本身被表述为一个主体(the Predicate itself has been expressed as a Subject),表述为存在(as the being),表述为穷尽主体的本性的本质(essence which exhaust the nature of the Subject),思维就发现主体直接也就在宾词里(thinking finds the Subject immediately in the Predicate);现在,思维不但没有在宾词中返回于自身,取得形式推理的那种自由态度,它反而更深地沉浸于内容(the content)，或者至少可以说，它被要求深入于内容之中。[①]

在"上帝是存在"这个命题中，"上帝"是主词，"存在"是宾词。这个命题是思维(即从事认识的"我")做成的，做法是用"存在"去述谓"上帝"，把存在这种规定性赋予上帝这个客体。也就是说，在这个例子中，上帝是第一 subject，思维是第二 subject。黑格尔认为，这种认识把作为最高能动者的上帝仅仅当作一个固定的点，把 being 当作一种由思维附加的规定性，把思维当作一种外在的认识主体，从而无法实现相关各方面的内在统一。他的主张是，把作为上帝本质的存在直接看成 subject，让思维的焦点从上帝那里转移到存在这里，并跟存在统一起来。按照这个方案，最普遍的宾词"存在"就成了所有命题的终极主词，思维也就成了这个主词自我述谓的活动，或者说这个主体自我规定的活动，从而，存在也就成了绝对主体，在此基础上，主词与宾词、主体与客体、存在与本质就可以内在统一起来，并展开为一套思辨逻辑的体系。由此，存在就获得了第三 subject 的地位。

在哲学史上，存在原本只是一个可以述谓一切事物的最普遍的概念，黑格尔把它变成第三 subject，并赋予了它一切终极性的规定。他之所以能够做到这一点，就是因为他废黜了"上帝"的主词地位，把一切原本属于上帝和主词的东西悉数转交给了宾词"存在"。用存在取代上帝，这就是黑格尔的哲学革命。

当然，存在之为存在，不再是一个对象性的固定的点，也不再是一个思维的自我，而是贯穿万有并作为其实在本质的精神，即实体，它的实现形式就是概念及其辩证体系。由于第三 subject 无所不包，前两个 subject 就被黑格尔处理成了它的环节，并获得了相对的合理性。

四、从语言维度对黑格尔第三 Subjekt 的解构

由于黑格尔的 subject(Subjekt)在汉译中根据语境被分别译为"主体"与"主词"，而读者们的兴趣普遍在前者而不在后者，因而 subject 的语言维度无论在文本中还是在阅读实践中都若隐若现。这显然有碍于对黑格尔思想的

[①] 黑格尔：《精神现象学》上卷，第 42—43 页。引文中括号内的英文词句综合摘自 *Phenomenology of Spirit*，p. 38；*The Phenomenology of Mind*，p. 121；原文参见 Georg Wilhelm Friedrich Hegel，*Phänomenologie des Geistes*，S. 58 - 59。

把握。

如果单从存在维度考虑,黑格尔的 subject 按他自己的意思归根到底可以解作主体。对于这个主体是否成立,黑格尔有其雄辩的论证,显得十分合理。在他看来,基体(即存在维度的第一 subject)是单纯自在的(in itself),原本意义的主体(即存在维度的第二 subject)是单纯自为的(for itself),根据正、反、合的逻辑,接下来就需要一个自在和自为相统一的主体(即存在维度的第三 subject)。可见,实体性的绝对主体的出现是顺理成章的。换个角度看也一样,基体是本体论的,主体是认识论的,实体兼主体就应该是本体论和认识论相统一的,即辩证法的。

可是,如果从语言维度来考虑,情况就非常不同了。subject 在逻辑上是主词的意思,就此而言,黑格尔的三个 subject 都是主词,可以分别称为第一主词、第二主词和第三主词。问题在于,是主词不意味着一定意指主体,只有具有特定语词形式的主词才意指主体。从下面的分析就能看到,在黑格尔的三个主词中,只有第二主词才具有意指主体的语词形式,第一主词本来就不指主体,而第三主词尽管在理论上被要求意指主体,但由于缺乏应有的语词形式,因而其所指并非真正的主体。

先看三种主词在主—谓词结构句式中的一般语词形式。

第一主词的语词形式:"某物是如此"中的"某物"。

这个句子是一个简单句。其中,"某物"代表任何一个意指个别事物的主词;"如此"代表宾词,表示普遍的规定性;"是"是系词,表示个别事物跟普遍规定性之间的联系。由于系词和宾词都不表示一个正在发出的行为,因而主词所意指的不可能是主体,而只能是一般意义上的基体。

第二主词的语词形式:"我认识到某物是如此"中的"我"。

这个句子是一个由一个主句和一个从句构成的二层复合句。其中,"我"是主句的主词,被任何一个从事认识的主体用来自我指代,"认识到"是主句的宾词结构的第一部分,表示主体正在发出的行为;"某物是如此"是从句,作为主句宾词的第二部分,表示主体行为的对象或内容。"我认识到"也就是"我思"的意思。

用单数第一人称代词"我"做主词,用一个表示进行中的行为的动词做谓词,这就是主词意指主体的逻辑条件。也就是说,只有在这种情况下,subject 才能既是主词,又是主体。

至于"我"所意指的主体是纯粹精神性的"我思",还是有血有肉的个人,这是另外一个话题,此不申论。

第三主词的语词形式:"精神使我认识到某物是如此,且如此就是精神自己"中的"精神"。

这个句子是一个三层复合句,包含一个主句和一个二层从句,有如下几层意思。其一,"精神"是主句的主词,被设想用来意指唯一的绝对主体,"使"是主句的宾词结构的第一部分,表示绝对主体的使动行为。其二,"我"及其后面部分是一个二层复合句,充当主句宾词的第二部分,表示使动行为的对象和内容。其三,"我"是第一层从句的主词,既指主句中的客体,又指从句中的认识主体,"认识到"表示认识主体所发出的行为。其四,"某物是如此"是认识主体在"某物"所指的个别对象身上所直接把握到的内容,即由"如此"所表示的普遍规定性。其五,"如此就是精神自己"是认识主体从述谓个别对象的宾词中所反思到的各种普遍规定性之间的内在联系与逻辑统一,并把这种反思从活动到成果都反过来算作精神这个绝对主体的功劳。黑格尔通过这个句式所要实现的意图是:两个层次的从句不管具体内容如何变换,都是主句的宾词,其所表达的一切都归属于主句主词所意指的那个绝对主体,甚至就是那个主体的自我表达。

不难看出,第一主词和第二主词都有跟所指对象相匹配的语词形式。第一主词的功能仅仅在于指出一个个别事物,让宾词去述谓。也就是说,第一主词所指的东西只是一个基体。第二主词的功能在于指出一个能动者,即主体,而宾词则表示该主体正在发出的行为及其对象(如果有对象的话)。在此意义上,第二主词只能是"我",它的宾词的关键部分只能是进行时态的动词。

相比之下,第三主词则没有跟所指对象相匹配的语词形式。按照黑格尔的理论规定,第三主词的功能在于指出一个绝对的能动者,即绝对主体,其宾词表示该主体正在进行的运动,那样的话,该主词就只能是"我"。但是,一方面,黑格尔并不用"我"去指代那个主体,它另有"精神"、"绝对"、"概念"等名称,另一方面,那个主体本身也无法自称"我"。实际上,第三主词出场时的身份跟第一主词并无两样,都用表示人之外的事物的"它"来指代。这就是说,第三主词在语用实际中的表现和理论家硬性分派给它的角色之间是脱节的,并且毫无统一起来的可能性。

上述语言维度的分析表明,黑格尔赋予 Subjekt 的三层含义并不内在融贯,其最突出的表现为:即使承认有三种主词,也无法找出三种相应的主体。鉴于只有第二主词所指的对象才是真正的主体,严格说来,要将 Subjekt 在逻辑和存在维度上分译为"主词"与"主体",只能限于这层含义。此外,第一主词所指的对象原本只是基体,故在此层含义上"主词"与"主体"的对译肯定不合适;至于把第三主词所指的对象译为"主体",就传达黑格尔的理论意图而言无可厚非,但解读时却必须慎加分辨。

对黑格尔的上述思想及其问题也可以用中国式的说法加以解释。如果说第一主词是以物观之,第二主词是以人观之,则第三主词就是以道观之。表面上看,以道观之超越前两者,境界最高,可究其实,不过是以物观之的抽象形式罢了。或者说,第一主词与第三主词的区别无非是一阶语言与高阶语言的区别。据此可以认为,黑格尔对第三主词的逻辑构造并不成功,以之表示的绝对主体纯属理论虚拟,不妨称为"拟主体",后人对他的批判和超越在所难免。

五、若干结论

综上所述,黑格尔的 Subjekt 有两个维度和三层含义。

这两个维度是语言维度和存在维度。在语言维度上,Subjekt 是命题的主词,所对应的是命题的宾词。在存在维度上,Subjekt 为主词所意指的对象,是宾词所表达的规定性的承担者。Subjekt 的这两个维度的意思最初来自亚里士多德的 hypokeimenon,是西方哲学历代诸家所传承的共识。

黑格尔赋予了 Subjekt 概念新的含义,加上其所继承的含义,该概念一共有三层含义。在语言维度上,Subjekt 的三层含义很清楚,即:意指个别对象的第一主词、意指从事认识的"我"的第二主词和意指绝对精神的第三主词。这三个主词的关系为主句主词和两层从句主词的关系,其逻辑形式为:精神使我认识到某物是如此,且如此就是精神自己。然而,在存在维度上,Subjekt 却没有统一的含义,因此不能一律译为"主体"。具体而言,第一主词所指的对象为基体,即宾词所表示的规定性的承担者;第二主词所指的对象为唯一真正的主体,即认识行为的发出者;第三主词被理论安排来意指绝对主体,但该对象并不能起到主体的作用。即便为了用语方便而把这三层含义的 Subjekt 都译为"主体",也会涉及另用哪个词去译表示能动者的那个 Subjekt 的问题。

厘清 Subjekt 的上述维度和含义,特别是从语言维度揭示出存在维度三层含义的差异性,具有多方面的意义。

首先,可以使翻译更加确当。比如,在"引文 3 中",Subjekt 被用来跟"偶性"和"宾词"对举,在这两种情况下都不应该译为"主体",而应该或者译为"基体",或者译为"主词"。又如,在"引文 7"中,"第一主体"之译无论如何成问题,此时的 Subjekt 指的是基体,即使考虑译成"基体"跟序数词"第一"不好搭配,也应该译为"主词",因为它一直在被拿来跟宾词对举。再如,在"引文 8"中,在直接跟"宾词"对举的情况下,Subjekt 无疑更应该译为"主词"而非"主体"。

其次,可以暴露文本自身的缺陷。在有理据确凿的情况下,读者是可以质疑经典文本自身的完善性的。仅举一例,在"引文 3 中"中,黑格尔用 Subjekt 不仅对应前述"偶性"和"宾词",还对应"内容",这种做法是导致理解和翻译困难的根源。按理,跟内容相对的是形式,跟偶性相对的是实体(在间接的意义上才是基体),跟宾词相对的是主词。可是,Subjekt 无论如何不能译为"形式",也不能译为"实体",而只能译为"基体"或"主词",并且二者只能择一。这表明,黑格尔的用语是存在混乱的,需要在阅读和理解时小心辨析。

再次,有助于更加深入地领会黑格尔的 Subjekt 概念,进而更加准确地抓住整个黑格尔哲学的症结。不管黑格尔的其他观点如何,他将绝对精神作为主体的主张至少在语言逻辑上是不能成立的。

最后,有助于更加清晰地理解西方哲学史经过黑格尔所发生的变迁。黑格尔通过颠倒主词和宾词,超越了基于个别实体的本体论哲学和基于思维主体的认识论哲学,创立了基于实体兼主体的绝对精神的思辨哲学。在他之后,费尔巴哈、施蒂纳和马克思如法炮制,再次颠倒主词和宾词,分别开创了基于人及其本性的人本学[1]、基于"我"的自我主义[2]和基于"现实的人类个体"的历史唯物主义[3]。

[本文基本内容曾发表于《哲学研究》2015 年第 11 期]

---

[1] 参见费尔巴哈:《未来哲学原理》,《费尔巴哈哲学著作选集》上卷,商务印书馆,1984 年 1 月新 1 版,第 184 页。
[2] 参见施蒂纳:《唯一者及其所有物》,金海民译,商务印书馆,1989 年 12 月第 1 版,第 5 页。
[3] 参见马克思和恩格斯:《神圣家族》,《马克思恩格斯全集》第二卷,人民出版社,1957 年 12 月第 1 版,第 101 页。

试论狄尔泰历史解释学基本原则

孙玉良

狄尔泰一生都在为精神科学的方法论建构而上下求索,直至1884年在他给约克公爵的信以及在他为《精神科学导论》的后续写作计划所进行的规划中,他仍然强调"我的真正目的是一种精神科学的方法论"。[①] 然而,我们认为,狄尔泰对方法论保持如此持续的兴趣,显然不仅仅是为了满足某种理论的好奇心。对于狄尔泰而言,为思考而思考显然不是他唯一的追求,他真正的追求应该是通过方法论的建构而进入某种实际需求的实现。狄尔泰指出:"方法的有用性在于它们的使用,正象刀子的检验在于它是否能够切割一样,或者换句话说,理论追随着实践。"[②] 由于这种伴随着方法论建构的努力而不断增长的实践兴趣,狄尔泰实际上将人们关于历史世界的真理性认识是否能够获得作为检验其方法是否有效的标准,由此完成了他对于"历史解释学"的建构。因此,对于"精神科学方法论"不懈努力的最后结果就是形成了狄尔泰的作为"方法"的解释学,而解释学的基本原则实际上也就是狄尔泰作为精神科学方法的基本原则。虽然我们使用"真理"一词来指明"历史解释学"方法所产生的实践结果似乎并不太契合狄尔泰的主题,但是,狄尔泰建构方法的努力确实为我们获得历史的"真理性"认识(也可以表述为历史的"客观性"认识)提供了新的途径以及基本原则。

一、整体经验的原则:是经验哲学而不是经验主义

就其哲学的基本立场,狄尔泰明确指出:"我的哲学的基本观点是:迄今为

[①] W. Dilthey, *Gesammelte Schriften*, Band19, S67. Vandenhoeck & Ruprecht in Goettingen 1982
[②] Ibid, Band18, S1. . B. G. Teubner Verlagsgesellschaft. Stuttgart 1960.

止,还没有一个人把他的哲学探讨奠定在充分而又完全的经验整体的基础之上,并因而使之奠定在现实的全部完满性的基础之上。思辨固然是抽象的……但是经验主义同样如此。它使自身立足于支离破碎的经验之上,这种经验从一开始就被精神生活的原子论观点所歪曲……完整的人是不可能被限制在这样的经验之内的。"①也就是说,狄尔泰同意康德和经验主义哲学家的下述主张:一切知识都必须建立在经验基础之上。但是他却不同意他们对于经验的解释,强调自己的经验是一种"整体经验",因此,自己的哲学虽然可以称之为"经验哲学",但绝不是"经验主义"。

在发展自己的哲学过程中,狄尔泰广泛地利用了哲学史,并且对历史上所有的哲学学说都采取了宽容的态度,因此我们在他的思想中可以发现来自多种哲学思想的影响。但是,这并不是说,狄尔泰对所有这些学说都采取了非批判的态度。"和大部分近代哲学家一样,狄尔泰认为,笛卡尔赋予哲学的那种知识论倾向是不可逆转的。他把自己看作是此认识传统的一个继承者,并且钦佩这一传统的许多倡导者,其中有洛克和休谟。狄尔泰赞扬17世纪伟大的唯理主义者,并认为自己受益于他们,受益于德意志思想的杰出代表之一——莱布尼茨,也受益于对歌德和施莱尔马赫产生巨大影响的思想家——斯宾诺莎。但是,对狄尔泰影响最大的可能还是对经验主义和唯理主义加以综合的哲学家——康德……"②之所以康德对狄尔泰的影响最大,是由于狄尔泰奉行的以下两个基本信念:首先,狄尔泰对于自笛卡尔以来哲学家们建构形而上学的努力满腹狐疑,他坚决反对这样的看法:哲学可以借助于某些无需证明的假定(先天原理)来真实而充分地报道实在。就此而言,狄尔泰已经具备了步入现代哲学的某些机缘。因为对于理性形而上学的疑虑和消解正是现代哲学的标志之一。其次,狄尔泰坚信我们的一切知识都来源于同现实的直接接触,即来源于经验:关于外部世界的知识是如此,关于自我(他就是经验者)的知识也是如此。

而狄尔泰的这两个信念毫无疑问都是来自于康德。但是,尽管一再声称自己是康德的学生,狄尔泰并没有在康德面前止步,而是对康德进行了大胆的

---

① W. Dilthey, *Gesammelte Schriften*, Band8, S175.. B. G. Teubner Verlagsgesellschaft. Stuttgart 1960.
② H. 里克曼:《狄尔泰》,殷晓蓉、吴晓明译,中国社会科学出版社,1989年,第100~101页。

"改进"：一方面，狄尔泰不满足康德仅仅将经验看作是某种"所与"、某种"质料"，这些"质料"有待于经由某种先验的感性直观形式——时间和空间——的构造才能成为构成知识的原料。而狄尔泰则强调，经验本身就是我们知识的源泉，无需借助于某种"中介"，对于生活本身的经验恰恰可以成为我们知识的边界：我们不可能寄希望于通过思辨而发现那些属于我们的经验总体——生命历程——背后的事物。"思想不会走到生活的背后"，"必须根据生活本身来解释生活"。① 另一方面，狄尔泰显然对康德将经验仅仅局限于人的知识领域感到不满。因为按照狄尔泰的理解，经验来自于人的完整的生命，而完整的生命是由知（理性）、情（情感）、意（意志）这三者构成的，不能设想我们对于人的生命的经验知识只是对生命的某个方面的经验。

因此，"尽管我常常发现自己与洛克、休谟和康德的认识论学派的一致性，即我们都将意识事实的关联视为哲学的基础，然而，我发现有必要对意识事实的关联作出不同的解释"②。这是因为，首先"由洛克、休谟和康德建构起来的认识主体的血管里流淌的不是现实的血液，有的只是作为思维活动的稀释了的理性汁液"③。其次，无论是康德还是经验主义都只是将经验看作是人类对自我或者外在世界的偶然的感觉或知觉，是一些毫无关联的知觉碎片。所以，狄尔泰必须对这样的经验理论进行彻底的改造："我将使现今的抽象的科学思想的每一个要素与呈现于经验中、呈现于语言研究中、呈现于历史研究中的人类本质的整体相关联……结果是：我们关于现实的图像和知识的大部分——作为生命统一体的我们自己的个性、外部世界、他人、他人的时间、他人的生命及其相互作用——都可以根据人类本质的这一整体得到说明。"④这样，我们就可以将狄尔泰关于经验的理论称之为"整体经验"论，据此，他也就为我们最终获得关于"社会-历史实在"的真理性认识确立了一条"整体经验"的原则。

狄尔泰的"整体经验"原则是他哲学中最值得我们仔细考察的一个内容，也是狄尔泰理论中颇具特色的一个方面。狄尔泰并不相信，人类关于外在世

---

① W. Dilthey, *Gesammelte Schriften*, Band5, S5, S370. Verlag von B. G. Teubner Leipzig und Berlin 1924.
② W. Dilthey, *Gesammelte Schriften*, Band4, S52.. Verlag von B. G. Teubner Leipzig und Berlin 1925.
③ Ibid, S53.
④ W. Dilthey, *Gesammelte Schriften*, Band7, S173.. B. G. Teubner Verlagsgesellschaft, Stuttgart 1960.

界的实在性的认识,尤其是关于人类自身的认识,仅仅凭人类的理智能力就可以实现。一个现实的认识过程,往往是人的各种能力综合作用、协调努力才能得以实现。人的意志活动、情感活动和人的认识活动一样,在人类自身通向外部实在以及返向自身的构成中起着相同的作用,只是在面对不同的情景或境遇,这些能力起作用的程度和方式有所不同而已。所以,"整体经验"理论首先要告诫人们,传统的"智识主义"的认识理论是一条通往怀疑主义的危险道路。因为,人和世界的关系并不仅仅是认识关系,而是一种本质上将人和世界都牵涉于其中的"实践关系",相互作用的关系。因此,狄尔泰的"整体经验"理论就已经蕴涵着后来诸如胡塞尔、海德格尔等致力于克服近代哲学主体和客体二元分立的最初努力。

不仅如此,狄尔泰的"整体经验"原则,对于我们把握"社会-历史"真实性也至关重要。

首先,这种"整体经验"是历史真理得以呈现的境域。这一境域的基本特征就是,任何一个经验的单元既构成一个独立的整体,又成为一个更大整体的组成部分,"某一经验乃是一种生活过程——它表现为一个全面的、具体的、无所不包的实在——的一部分;从目的论的角度看,它已经是一个整体,而且,它在对于现在的意识中包含着过去和将来"。[①] 正如我们在之前已经分析过的那样,这种"整体经验"之所以能够成为一个"整体",完全是因为人类生命的本性:人类生命或者说"社会-历史实在"从一开始就与外在世界(自然界)、他人和社会处于始源性的"关联之中",以至于任何一个个体生命一旦游离于这种"关联"之外,它就只能是一个生物学或者哲学的抽象,因而丧失了现实性。狄尔泰指出:"在质上已经决定了的、做成我们经验的实在的是一个结构性的关联(Zusammenhang),它循序地出现,并作为一个序列而被经验到:在它之中,可以把握住时间的关系,但是,无论什么东西,尽管它是过去的,只要它现在仍然继续影响着这个关联或序列,那么在这方面,它就是现在的。"[②]生命的这种始源性"关联"决定了作为我们认识起点的经验只能是整体性的。

其次,这种"整体经验"还体现为一种"时间性"。"就历史而言,当记忆对

---

① W. Dilthey, *Gesammelte Schriften*, Band7, S134. B. G. Teubner Verlagesgesellschaft. Stuttgart 1960.

② W. Dilthey, *Gesammelte Schriften*, Band7, S315.. B. G. Teubner Verlagesgesellschaft. Stuttgart 1960.

某种生命历程进行观照的时候,它是通过根据各种有关生命的表达所具有的、时间性的动态关系使这些表达联系为一个整体,来达到它所能够得出的东西的。"①经验整体的"时间性"实际上就是指经验本身的历史性,没有所谓"衡常的"经验,经验总是在某种"交互作用"的推导下成为一种"永恒的流动",一种"经验之流"。在这种"经验之流"之中,将来不断地成为现在,而现在则不断地成为过去。经验的这种"时间性",这种由各种交互作用推动的经验的不断发展,足以说明我们对于历史真理的理解须是一个循环的过程,是一个没有终点的过程。所以狄尔泰指出:"我们关于自我的意识,其基础是这样一种永恒的事实:如果没有一个世界的话,我们就不会有这样一种意识;而如果没有这种意识的话,就没有一个为我们而存在的世界。在这种联系中产生的东西就是生活,而不是一个理论的过程;它就是我们称之为经验的东西,也就是压力和反压力。是向事物的扩张以及事物反过来的应答,是一种在愉悦和痛苦中、在恐惧和希望中、在无法移易的悲痛不堪的重负之中、在出人意料地降临的狂喜之中所经验到的、在我们之内并围绕着我们的活生生的力量。所以,'我'不是一个坐在这世界舞台前的看客,相反,'我'被卷入作用和反作用之中……由于这个原因,所以还没有一个哲学家能够说服那些认为一切事物都是现象或表象,而不是实在的人们。"②

最后,这种"整体经验"同时还展现为一种"结构"。由于人类的生命介入"关联"的方式和程度各异,所以人们经验这些关联的方式和程度也各不相同。在狄尔泰一生的不同时期,他对这些不同的经验关联的方式都给予了关注。综合起来看,狄尔泰认为,经验实际上表现为一个由不同的层次构成的结构,这些不同的层次不仅体现了人们对于生命实在不同的经验方式,也体现了人们对于生命本质认识的不断的递进。这一经验结构大体表现为它是由"外部经验"(aussere Erfahrung)、"内部经验"(innere Erfahrung)、"反思经验"(reflexione Erfahrung)所构成的。所谓"外部经验"是人们在和外部世界(这里主要是指物理的自然界)接触时产生的经验,它具有间接性、表象性的特点;所谓"内部经验"有时也叫"内知觉"、"体验",狄尔泰用它来意指人们对自身生

---

① W. Dilthey, *Gesammelte Schriften*, Band5, S347. Verlag von B. G. Teubner Leipzig und Berlin 1924.
② W. 狄尔泰:《遗著》第二卷,第335页。转引自 H. 里克曼:《狄尔泰》,殷晓蓉、吴晓明译,中国社会科学出版社,1989年,第211~212页。

命或他人生命的经验,它具有直接性的特征;而"反思经验"狄尔泰有时将其称作"第三种经验",这种经验是对于"外部经验"和"内部经验"的综合,这种经验将"外部经验"和"内部经验"置于由生命的运动所构成的"关联"(Zusammenhang)之中,既保存了前两种经验的全部丰富性,"又使我们的知识超出心理生命的关联,超出内部经验的视野"①。这样,"反思经验"概念就变得尤为重要,因为只有它才能表明历史事件(包括历史资料)如何才能获得一种精神意义而又未被归于内部经验或者丧失与外部经验的联系。换句话说,正是这种"反思经验"才使我们对于历史世界的认识成为可能。

二、 部分与整体的关系原则:解释学循环

如前所述,作为狄尔泰整个哲学出发点的是"整体经验",从认识这个角度,或者从"历史解释学"追求对历史世界作出真理性解释的角度,这种"整体经验"就体现为如何来处理整体和部分的关系。这也就是通常所说的"解释学的循环"②所要揭示的内容。

所谓"解释学循环"大体是指:解释和理解必须先由部分(如历史事件,一部小说之章节等)开始,而要理解部分,又必须首先理解整体(如此历史事件发生的背景,这部小说的整体结构)。因为部分只有在整体上,才获得了意义和理解的可能,而解释和理解又只能从部分开始。从逻辑上推导,在理解整体之前,解释者应无法理解部分,而解释者离开对部分的理解,又无从把握整体的意义。解释似乎陷入了一种逻辑上的恶性循环,而实际的理解过程又恰恰是在这个循环之中得以进行的。这就是困扰着传统解释学的"解释学循环"问题。

首先尝试着解决这一问题的是施莱尔马赫。施莱尔马赫假定,在我们理解和解释一个对象的过程中,尤其是在解释一部作品时(我们知道,施莱尔马赫正是在注解古代作品尤其是柏拉图的作品的过程中推动了解释学的发展的。)解释者可以由部分的理解,逐渐推及整体,这就好比一个考古学家通过一片破碎的陶片就可以推导出整个陶器的形状一样。也就是说,只要我们正确

---

① W. Dilthey, *Gesammelte Schriften*, Band5, S247. Verlag von B. G. Teubner Leipzig und Berlin 1924.
② 据狄尔泰所言,"解释学循环"这一说法最早来自于施莱尔马赫,但是,后据当代学者 R. Wellek 的考证,这一概念是由康德首先使用。

地理解了部分我们就可以在此基础上完整地把握整体。理解的过程就是从作品的部分出发,辅之以施莱尔马赫所说的"心理的解释"和"语法的解释",我们就能够比作者本人更好地理解作者。

就部分和整体的关系而言,施莱尔马赫的这种解释,显然忽视了以下两个事实:其一,理解总是对整体的理解。所谓理解,是指某人在一个特定的时刻,对于对象及其自身与对象的关系的总体把握。不论这种整体相对于更大的整体而言仅仅是作为一个部分而存在。理解不是某种知识的累积,增加或者减少对一部分的知识可以不至于影响我们对于对象的认知。在理解中,任何部分关系的变动都会带来我们对于整体理解的改变。因此,以部分理解推导出整体理解的解释理论,实质上是对理解永远是一种整体理解的误解;其二,理解的部分与整体之间的关系是双向甚至是多向的关系,而不是单向关系。把理解仅仅看作是从部分向整体的运动,只是把部分与整体的关系仅仅看作是在理解对象身上发生的关系,即把解释学的循环仅仅看作理解对象内部发生的关系,从而至少忽视了解释学的循环同时也指解释者和解释对象之间的关系。

狄尔泰是在施莱尔马赫的基础上开始其"历史解释学"历程的。在1900年写的《解释学的兴起》一文中,狄尔泰这样写道:"这里我们遇到了一切解释艺术的根本困难。一部作品的整体应有个别的词语及其组合来理解,可是对个别部分的完全理解却又以对整体的理解为前提。这种循环也重现于个别作品与其作者的精神气质及其发展之间的关系中……从理论上说,我们在这里处在一切解释的界限上,解释总在一定程度上完成它的任务;所以一切解释总是相对的,永远不可能完成。个体是无法表达的。"[①]在这段话中,狄尔泰实际上表达了两层意思:一是部分与整体的关系不是一种单向的关系,而是多向的;一是离开了与整体的关系,部分(个体)将是不可理解的。

和施莱尔马赫不同,狄尔泰认为,"解释学的循环"所体现的"部分与整体的关系"并不是单向的,而是多重关系的来回运动。这种关系首先体现在理解者和理解对象本身所处的"境域"关系之中:一方面,任何一个解释者都是以其独特的个性而置身于进行理解的活动,因此其个人经验、个人对于对象的把握、个人与对象所处的特定的关系,显然对于理解具有优先地位。但是,根据

[①] W. 狄尔泰:《解释学的兴起》,载《理解与解释》洪汉鼎编,东方出版社2001年,第90~91页。

狄尔泰一再强调的，个人总是作为一个整体存在于一个更大的整体之中。这种更大的整体可以是他人、家庭、组织、国家、社会及其个人置身于其中的任何共同体，也可以是个人所处的由语言、价值、道德和信仰等等所组成的文化背景。"个体始终是在某个共同的领域之中体验、思考和活动，因而，他只有在这里才能进行理解。"①另一方面，被理解的对象（一个历史人物，一个历史事件，一部作品等）作为一个整体它又是处在更大的背景之中，这种背景可能是这个对象所处的时代，国家现实，也可能是由习俗、语言、价值和意识形态所构成的文化系统。其次，这种关系也体现在施莱尔马赫已经揭示过的理解对象自身内部的部分与整体的关系之中。最后，这种整体和部分的关系也许还存在于解释者的理解和解释者因其所处的"境域"而具有的理解的"前见"（Vorurteil）的关系之中。尽管后来海德格尔和加达默尔都指责狄尔泰忽视了"前见在"在理解过程中的作用，但是本文认为，狄尔泰一再坚持个体是一种"历史性"存在，"时间性"存在，强调人们只能在其既定的历史境遇之中才能进行合理的理解和认识，实际上就是肯定了人不能超越自己的"前见"从事理解活动。狄尔泰指出："从对生命的解释出发走向这个世界和生命的唯一道路，仅仅存在于经验、理解过程和历史性的领悟之中。我们并没有把这个世界所具有的意义带到生命之中去。我们都面临着下列可能性，即意义和意味都是完全从人及其历史那里产生出来的：不是在孤立的个体存在那里产生的，而是在作为某种历史存在的人那里产生出来的。因为人就是某种具有历史性的存在。"②既然是"历史性"存在，那么，他就不可能跳出的自己"前见"而进行任何理解，正象他不可能脱离开与他人及其整个人类生命的"关联"而存在一样。

如此处理"解释学循环"所带来的部分与整体的关系，难免会面临以下的诘难：首先无论是作为"部分"，还是作为"整体"，被理解的对象是否具有独立的"意义"？者说，被理解的对象的意义如何与"部分与整体"的关系发生关联？其次，如果被理解对象具有某种"独立的意义"，那么。这种"意义"又和理解的主体有何关联？理解主体在揭示这种独立的"意义"时又处在一个什么样的地位？人们又如何保证主体在揭示这种独立的"意义"时避免自己的主观性？

---

① W. Dilthey, *Gesammelte Schriften*, Band7. S. 247.. B. G. Teubner Verlagsgesellschaft. Stuttgart 1960.
② Ibid. 224.

面对这样的诘难,狄尔泰继续援引他的"客观精神"来消除对象的"客观性"与理解的"主观性"之间的紧张。狄尔泰指出:"在客观精神领域里,每一种生命表现都表达了一种共同的东西。每个字、每个句子、每个表情或客套话、每一种艺术品以及每一个历史行为之所以可以被理解,是因为有一种共同性将表现出这些东西的人和理解这些东西的人联系起来。每一个人都是在一个共同体中体验、思想、行动,也只有在此一领域中,才能进行理解。所有被理解的东西,都带有源于这种共同性的'熟悉的标记'。我们就生活在这个范围中,这个范围随时围绕着我们。我们都在这个范围中受到熏陶,在我们所理解的这个历史世界里,我们到处都很熟悉,我们理解这一切的含义和意义,我们就交织在这些共同的事物中。"① 虽然,个体的存在是精神科学,同时也是"历史解释学"的首要主题,而且,进行理解的主体也总是单个个体,但是,人类理解的可能性条件恰恰必须通过"客观精神"才能实现。因为,正是"客观精神"所体现的人类共同性一方面使得理解主体总是在他所处的"关联"之中才能实现他对于对象的理解,也就是说,个体在进行理解活动的时候已经打上了人类"共同性"的标记,总是从他已经获得的既有观念、价值、判断等等进行理解的。这实际上就是后来被海德格尔和加达默尔看作是理解前提的"前见";同时,也正是"客观精神"将理解的主体和被理解的对象联系在一起:就理解的主体而言,他永远是一种"历史性"存在,永远因其本身的创造活动将自己置身于对人类共同性的完善过程之中;就理解的对象而言,社会-历史实在本身就是人的创造性活动的"客观化",无论在这里被理解的对象是人类生命自身,还是作为人类生命之"客观化"的结果。所以,狄尔泰总结说:"只有通过这种关于生命客观化的观念,我们才能获得有关历史事件的本性的真理。"②

三、 人的历史性原则:理解是相对的,但不是主观的

依据狄尔泰的"解释学循环"理论,我们可以得出两个结论:第一,理解总是历史性理解,我们对于社会-历史实在的理解总是随着理解的"境域"的变化而改变的,离开了部分与整体的关系,理解便无从产生;第二,理解总是一个过

---

① W. Dilthey, *Gesammelte Schriften*, Band 7. S. 146～147. . B. G. Teubner Verlagesgesellschaft. Stuttgart 1960.

② Ibid. S. 156.

程,既没有绝对的起点,也没有绝对的终点,因为无论是理解的主体,还是被理解的对象都是一种历史性存在。归结到一点,就是人始终是一种历史性存在。

"人是一种历史性存在"对于狄尔泰来说,一方面意味着,人虽然具有共同性,但这种共同性绝不是启蒙运动以来人们普遍以为的那种抽象的人性,人总是以其所具有的创造性能力将自己投放到历史的进程中,以其创造性活动使这种共同性不断地充盈,人具有的个性是如此,人类具有的共同性也是如此。根本就没有永恒的、不变的人类本质,一切都随着历史的改变而改变。在此意义上,人的存在就恰如尼采所说的,是一个"无定形的动物",或者就犹如海德格尔所说,是一种"筹划"。另一方面,人的历史性还意味着,人不能通过传统的反省方式来把握人自身及其创造物,因为,反省的思维方式只能将人构造成为一种抽象的实在,而人却不是这种实在,因此,人只能被理解。而人之理解自身必须借助于历史,理解历史的方式也就是理解人自身的方式,而历史本身说到底,也就是人类生命的客观化。"人是什么,只有历史能够回答。"[1]

那么,历史如何能够回答人如何是一种"历史性"存在?又如何解释我们的埋解所具有的"历史性"呢?

就理解的主体而言,狄尔泰指出:"个人同时是一种处于社会之相互作用中的要素——是一个各种相互作用的系统的交叉点,他自觉地、有意识地反抗相互作用系统的力量——并且还是思考的和探索的理智。"[2]意思就是说,在理解的过程中,我们必须把人既看作理解的主体,又看作理解的客体。说人是理解的主体,是因为人是一种能动的创造,是一种活动,是活生生的生命,他以自己的创造不断改变着自身同时也改变着环境。正是由于这种创造,它使得自己的生命不断地客观化,从而确立了自己的对象并主宰这些对象;说人同时又是被理解的客体,是因为,人作为一个个体,虽然其自身构成了一个整体,但他却是构成一个更大的整体的部分,也就是说,他总是环境和历史的产物。正因为如此,人自身及其对于对象的理解,就永远存在于一个过程之中,永远不可能终了。人的这种创造性活动既使自身处在一个不断产生新的可能性的境地,也使自己对自身和历史进程的理解都只具有相对的意义。

---

[1] W. Dilthey, *Gesammelte Schriften*, Band7. S. 224.. B. G. Teubner Verlagsgesellschaft, Stuttgart 1960.
[2] W. Dilthey, *Gesammelte Schriften*, Band4. S. 63. Verlag von B. G. Teubner Leipzig und Berlin 1925.

就理解的对象,也就是人类的历史进程而言,它是一个由无数的"关联"所编织成的未知之网。"国家和统治者追求他们自己的目的,这些目的是由时代的水平决定的;他们为了自己,而不是为了整个历史。但是在历史的'关联'之中,其行动的意义超出了他们为自己所设定的目的,并且这种意义只是对于后来的时代才变得明显起来。关于这一点不存在任何难以理解的东西;人无需去求助于天意,也不需要赋予历史以一个它主动去追求的目的。在绵延流逝的时间这种更为广阔的关联中,为人们所追求的目的之后果变得明显起来,并使这些目的在一个单一的关联中作为联系的环节而出现,或许,这个单一的关联往后将被并入一个更为广阔的关联之中。"① 一方面作为理解对象的历史进程(社会-历史实在)是由多重关联构成的实在,既有来自于自然物理世界对于历史的作用,又有小至个体生命、大至国家、民族和文化传统等历史单位;另一方面,社会-历史实在是一个在时间中不断更新的过程,我们的每一次驻足,都意味着历史的真相已经和我们擦肩而过。尽管狄尔泰一方面要求我们在理解社会-历史实在的时候要尽量排除干扰:"我们必须顺畅无碍地阅读作者的作品,但也必须享有作者本人精神中的历史品质和个人品质。因此,任何干扰沉着、宁静和清澈的理解之流的因素,都必须无情地加以排除,而任何具有唯一性地东西——如果没有干扰,这种东西是能够被享有的——都必须作为其内在的历史形式之反映被保留下来。"② 另一方面,他也审慎地告诫我们,不要像施莱尔马赫所希冀的那样,通过某种"重构"的方式进入作者(被理解的对象)内部,以达到"比作者更好地理解作者"的目标;而是要在搭起我们和被理解对象之间的桥梁之时,要和对象保持一定的距离。由此,我们对于对象的理解就不可能是"终极"的理解。"一切理解始终都是相对的,永远不可能被完成。"③

既然一切理解都是相对的,那么如何能避免因这种相对性而使我们的理解蒙上主观性的阴影呢?狄尔泰一再表明,基于人类共同性而获得的理解足以使我们的理解具备客观性的品格,说理解是相对的,只是表明我们只能在

---

① W. Dilthey, *Gesammelte Schriften*, Band7. S. 341.. B. G. Teubner Verlagesgesellschaft. Stuttgart 1960.
② 狄尔泰《致约克的信》。转引自里克曼:《狄尔泰》,殷晓蓉、吴晓明译,中国社会科学出版社,1989年,第 290 页。
③ W. Dilthey, *Gesammelte Schriften*, Band5. S330. Verlag von B. G. Teubner Leipzig und Berlin 1924.

"时间"中进行理解,仅此而已。强调理解的相对性,反倒使我们时刻保持警惕,不要将我们的理解看作某种"永恒真理"。我们对对象的理解永远是一个无限的进展,是一个向着历史真实性递进的过程:"这是一个有序的进展,在这个进展中,特殊的、外在的被规定的、多种多样的环境得到调解从而适合于精神的目标。它之所以是一个有序的进展,乃是因为环境被保留在这一进展中,然而是在更高的意识形式中被保留下来的。偶然的东西成为一个关联的组成部分,这种关联不是偶然的东西,也不是任何外部的势力或内部的联合;特殊的东西成为一个整体的组成部分,或者某种普遍的东西的范例,表象被浸入对象和概念之中,而情感则被放进价值之中,评价标准从意愿的体验中产生出来,而模糊的努力则被阐明为具有目的的。在生命之流中,一切都成为过去的组成部分;生命之流为记忆所克服,而事件之偶然性质则为思想的关联所克服。"[1]

至此,我们发现,狄尔泰追寻社会-历史实在的真实性之路还是碰到了当初他力图克服的历史主义所克服的困境:强调人的历史性如何和历史实在本身的客观性相协调。诚如加达默尔所指出的:"就历史意识把历史的一切所与理解为它们从之产生的生命表达而言,历史意识扩大为无所不包。'生命在这里把握生命'。就此而言,全部流传物对于历史意识来说就成为人类精神的自我照面(Selbstbegegnung)。历史意识把那种似乎保留给艺术、宗教和哲学的特殊创造的东西吸引到自身上来。不是在思辨的概念认识里,而是在历史意识里,精神对于自身的认识才得以完成。"[2]

因此,解释学在狄尔泰以后的发展,特别是在加达默尔那里,社会-历史实在的意义不再是客观的了,历史对象的客观性再也不能离开人们地理解活动而独立存在。任何一个理解者都不可能完全进入、模仿和再体验他人的生命。人确实只能在历史活动中来理解历史,因此,任何理解者都不能跳出自己既有的理解"境域",排除自己因教育、习俗、文化等多种因素而形成的"前见"、"偏见"而先行进入理解和解释过程。理解和解释不是对已有意义的重构,而是意义的不断生成。对象的意义总是对着新的理解和解释完全绽放,而历史本身则不再是对过往的不断回溯,而是由现在向着未来的无限进展。

---

[1] W. Dilthey, *Gesammelte Schriften*, Band5. S328. Verlag von B. G. Teubner Leipzig und Berlin 1924.
[2] 加达默尔:《真理与方法》,上卷,洪汉鼎译,上海译文出版社,1999年,第296页。

哲学的危机与尼采的哲学革命

吴新文

1870年2月12日,理查德·瓦格纳在致尼采的信中发出了这样的呼唤:"请您展示一下,哲学何为。请帮助我,实现伟大的文艺复兴。"[①]当时年仅26岁的尼采任教于巴塞尔大学,正在把自己的兴趣重心转向哲学,与瓦格纳也处于彼此欣赏和激励的生命阶段。虽然二人后来渐行渐远直至决裂,但瓦格纳对尼采的期待却指明了尼采哲学努力的方向。在一个哲学危机和衰败的时代,哲学何为?哲学如何恢复其创造力,进而在哲学的引领之下实现新的文艺复兴,赋予欧洲文化以新的生命?这些问题构成了尼采未来哲学生涯的思考重点,也是他发动的哲学革命的旨趣所在。

一、尼采对19世纪哲学危机的洞察

西方哲学的历史表明,对哲学何为的追问总是和哲学面临的危机密切相关。尼采所生活的19世纪下半叶欧洲正处于哲学陷入深重危机的时代。在哲学内部,黑格尔的思辨唯心主义在经历了短暂的辉煌后迅速走向衰落,以往宏伟的哲学大厦开始分崩离析;而与此同时,自然科学的突飞猛进带来了实证主义的兴起和泛滥,各门具体科学包括社会科学逐渐挣脱哲学的"母体",并开始确立自己的研究对象、范围和方法,进而挑战哲学在整个科学体系中的权威地位。而就哲学发展的外部环境而言,19世纪是西方资本主义取得巨大发展的时代。随着商品经济的繁荣、社会生活的世俗化和民主化,中产阶级和市民社会不断发展壮大并成为社会的中坚力量。中产阶级和市民阶层的目光局限于日常的世俗事务,追求实用性和生活享受,强调一切都要为现实功利服务,

---

[①] 转引自萨弗兰斯基:《尼采思想传记》,第53页。

社会大众有成为安于现状、趋乐避苦、党同伐异、患得患失的"末人"的趋势。在这种形势之下,以抽象的理论思辨为主要特征并且不能直接产生现实功利的哲学自然要受到人们的冷落。正如有学者所断言的那样:"从1840年到1900年可以说是人类历史上最不利于哲学发展的其中一个时期,甚至可以说是一个反哲学的时期"①。而雅斯贝尔斯对当时哲学危机的状况有更为严重的估计:"到了19世纪中叶,人们开始感到一种终结将要来临,他们所思考的是:哲学是否可能继续存在?"②

对于当时哲学面临的危机,尼采本人有清醒的认识。他看到,"在目前这个困顿的时代,对哲学的要求比过去更高","对哲学的攻击比过去更强烈"。③在各门具体科学繁荣昌盛的时刻,在现实功利考虑的严重侵蚀下,哲学自身的发展陷入了窘境。尼采对哲学的这一境况进行了栩栩如生的描绘:"整个现代哲学在逐渐沉沦,如果这种哲学的残余没有引起嘲笑和怜悯,那么也引起了怀疑和不快。哲学被化约为'知识论',实际上它不过是一种胆怯的随大流和禁欲的教条:这种哲学还未跨门槛就痛苦地否决了自己进门的权利——这就是奄奄一息的哲学,它是终结,是痛苦,是让人怜悯之物。"④在尼采看来,哲学已严重地蜕化变质,丧失了自身独立的品格和固有的尊严,甚至丧失了直面现实的能力和勇气,开始变得唯唯诺诺、随波逐流了。哲学使人意志张扬的生命力、哲学使人充满智慧的创造力、哲学使人保持清醒的批判力、哲学使人不断前进的推动力都丧失殆尽了。

在哲学的危机和衰败过程中,德国哲学阵营出现了迅速分化。一部分哲学家向科学投降,自称"实在论者"或"实证主义者",但在尼采看来他们只不过是"学者"和"专家",因为他们"都已被科学所征服,重新受到科学的支配",他们"不相信哲学的监督责任和至高无上的地位"⑤。而"成为专家"则意味着放弃了哲学家的崇高使命和精神力量,丧失了超然的目光和统驭整个文化世界的能力,而满足于自身狭隘的专业视角和方法,像反刍类动物那样慢慢消化科

---

① 加塞尔:《什么是哲学》,第10页。
② 雅斯贝尔斯:《智慧之路》,第97页。译文根据英文本略有改动。
③ PT,5-2。本文凡引尼采原文,只注英文书名缩写和章节号。大多数引文参照相关中译本,少部分译文根据英译本略有改动。本文所参考的尼采著作英文和中文译本附后。
④ BGE,204.
⑤ BGE,204.

学为他们提供的食粮。

另外一部分哲学家迎合现实,自称为"现实的哲学家",他们一味迎合政治趣味和流行文化,致力于哲学的通俗化、大众化、知识化。他们或者与政府合作,为现实政治做合理性论证,或者与教会与传媒合作,为人们提供廉价的知识和精神慰藉。尼采把这部分人称为"智力管家"[1],他们只知道贩卖,而不知道生活。在他们的影响下,社会"有教养的"阶层都在大谈特谈哲学,哲学作为知识和工具在各种场合被传播和应用,哲学成了各种故作姿态的"声张"和"表演"。但另一方面,一种真正的、能够在整个文化体系中确立起权威的哲学却严重缺乏,人们与哲学的真精神渐行渐远。

还有一部分哲学家龟缩于学院的一隅,进行所谓"哲学史研究"。这批"哲学庸人"或"哲学工匠"一头钻到以往哲学的故纸堆中,拼命磨去哲学的棱角和锋芒,为哲学包上古老的历史的外衣,满足于对过去哲学家思想的梳理和诠释,而根本不考虑以往的哲学对于人生的利弊。"在成为一门历史科学之后,哲学已经确保了它的无害,因而也确保了它的永存。"[2]这种哲学史研究向人们展示的"哲学"就如博物馆橱窗中的文物,它只能引发人们的思古之幽情,或者引起人们对某些研究者的"学问"的赞叹,而无助于对现实的把握和评判。

基于对德国哲学的上述判断,尼采直言不讳地指出:"'哲学'一词应用于德国学者和作家近来使我颇感困惑。我觉得这是用错了地方。"[3]从这一立场出发,尼采对当时在德国名噪一时的所谓哲学家,包括欧根·杜林和冯·哈特曼等提出了严厉的批评,认为他们的思想只是各种知识拼凑和调和,是用来哗众取宠和沽名钓誉的工具,而与真正的哲学风马牛不相及。

德国哲学蜕化到了如此地步,那么英法哲学界的状况又如何呢?尼采认为情况可能更为糟糕。他认为英国人不是"哲学的种族",他们自近代以来陷入了一种肤浅庸俗的经验论,其中培根意味着"对哲学精神的全面进攻",而在霍布斯、洛克和休谟那儿,"哲学家"这一概念已遭唾弃和贬值[4]。在尼采看来,英国的经验论最后堕落为极具市侩气的功利主义,并成为英国19世纪的主流哲学,具有某种必然性。至于法国哲学,尼采认为从18世纪开始,法国哲

---

[1] PT,5-31.
[2] PT,5-21.
[3] PT,5-31.
[4] BGE,252.

学就已经失去了蒙田、笛卡尔和帕斯卡尔身上所体现出的激情和活力,而成为英国思想的附庸。特别是卢梭等人的哲学,阴柔之气有余而阳刚之气不足,是哲学的一种堕落形式。

综合上述看法,尼采为当时的哲学界描绘了一幅混乱、灰暗、颓废的画面。"整个现代哲学思考,都是政治性的和警察式的,都被政府、教会、学院、习俗、时尚以及人的怯懦束缚在学术的表面,始终停留在叹息'但愿如何如何'或者认识'从前如何如何'上。"①受这些外在力量的主宰,那些从事哲学的人开始失去自信和超越的心态,显得越来越装腔作势、患得患失、陈腐不堪、争吵不休、逻辑混乱、表里不一、生活猥琐。"没有人敢于身体力行哲学的法则,没有人怀着一种单纯的男子气的忠诚以哲学方式生活"②,这些所谓的哲学家已经成了没有灵魂的"专家",他们和庸俗的学者、政客、商人已没有根本区别,在他们身上再也看不到哲学的影子。"今天的哲学家表现了这个时代的所有罪恶,特别是它的仓惶。他们冒冒失失地写,毫不害羞地教,虽然他们可能根本就不知道他们教的是什么。"③而哲学家的这种状况必然会反过来败坏哲学的声誉,使哲学成为过街之鼠。"目前对单个哲学家的不尊敬已泛化为对整个哲学的不尊敬。"④

值得注意的是,尼采并没有把当时的哲学危机看作是单纯哲学自身的危机,他也把这种危机看作是文化危机的一部分。尼采坚信,哲学和文化具有相同的命运。在一个越来越堕入虚无主义的没有文化的时代中,哲学的境遇是可想而知的。"一个时代,如果它苦于只有所谓普及教育,却没有文化,即没有贯穿其生命的统一风格,那么,它就根本不会懂得拿哲学来做什么正确的事。当哲学被真理的守护神本身在大街和市场上宣告出来的时候,就尤其如此。"⑤在尼采看来,文化的缺乏使哲学失去了生存的土壤,使哲学家失去了文化的呵护和滋养,并使哲学蜕化变质。在这种情况下,哲学家根本无法为哲学辩护,更无法去完成他在一种真正的文化中所要完成的任务。基于这种认识,尼采首先是站在哲学的立场上,向时代提出了要求和抗议:"你们首先必须有

---

① PTG, 2-3.
② PTG, 2-3.
③ PT, 5-20.
④ BGE, 204.
⑤ PTG, 2-3.

一种文化,然后才会体会到哲学能做些什么,并要做些什么。"①而一旦缺少这种文化,人们对哲学的误解、曲解和一知半解就不可避免了。

二、 古希腊哲学的"镜像"

尼采最初是以一位古典语文学家的身份进入学术领域的,他早年以"希腊的学生"自认,晚年又经常自称是"哲学家狄奥尼索斯的弟子"。与衰败的现代哲学不同,古希腊哲学和哲学家在尼采的心目中具有崇高的地位。但应该强调的是,尼采绝不是把古希腊哲学当作一种历史而加以缅怀,而是把其看作是哲学的"原型"和哲学可能达到的高度。换言之,古希腊哲学是一面镜子,其他哲学的伟大或平庸在这面镜子前将一览无余。在尼采那儿,古希腊哲学起码具有如下维度。

古希腊哲学是关注整全的哲学。根据尼采的观点,古希腊哲学,尤其是前苏格拉底哲学,所面对的是一个整全的世界。哲学思考是一种整全的思考,而哲学家也首先是一种整全之人,在他们身上不存在信仰与行动、感性与理性、德性与知识、理论与实践的分裂。"在他们眼前和四周,是一种充盈而完美的生活,而且当时的情况与现在有所不同,思想家的感觉还没因为对生命自由、美、伟大的渴望和追求真理的分裂,而出现混乱。"②他们身上体现了生命的完整,既有狂放而充盈的生命激情,又有对命运、必然性的发自内心的服从和热爱;既有敏锐的感官,又有逻辑的严谨、理性的严峻;既超越现实,又对现实没有陌生感。针对后来有人把哲学家看作是那种一味陷于沉思冥想而脱离感性现实生活的人这一错误看法,尼采追溯"哲学家"一词的希腊语源,指出:"希腊语中指称'哲学家'(Philosophos)的那个词,从语源学角度看,可追溯到 Sapio,即'我辨味',Sapiens,即'辨味的人',Sisyphos,即'有敏锐味觉的人'。因此,在这个民族看来,一种敏锐的品尝和辨选的能力,一种饶有意味的区别能力,构成了哲学家特有的艺术。"③通过这种语源学的考察,尼采旨在强调古希腊哲学中感性与理性、技艺与真理的统一。

古希腊哲学是肯定和热爱生命的哲学。尼采认为,古希腊哲学是作为对

---

① PTG,2-3.
② UM,3-3.
③ PTG,3-3.

生命的投入和沉思的哲学的典范,这种哲学不是像黑格尔那样的系统的概念哲学,也不是像斯宾诺莎那样的对神的知性之爱。"按照柏拉图的方式,哲学毋宁可以定义为一场爱欲的竞赛,对古老的性癫狂及其前提的一种深究和沉思。"①在这种哲学中,爱智慧与爱生命是密不可分的。生活是古希腊哲学的最终落脚点。哲学家的哲学就体现在其生活之中,他们是通过生活为他人树立榜样的。"榜样的力量不仅来自书本,而必须来自看得见的生活,这就像希腊哲学家做出的表率,因为他们的榜样更多地体现在表情、举止、服饰、饮食、习惯,而不是说话,更不是写作。"②就像奥林匹斯山上的众神,人们从他们身上看到的只是对生命的热爱。当然,这种热爱不仅仅是指热爱生命中快乐的、美好的部分,而且也是指热爱生命中的冲突、矛盾和痛苦。古希腊哲学家正是以满腔的热情去面对生命中最大的痛苦,看到生命在经历了痛苦的磨炼之后提高和升华的希望,他们才能够成为伟大的"天才哲学家"群落的成员。

古希腊哲学是"立法"和创造价值的哲学。早在1874年,刚至而立之年的尼采就自觉地意识到:"一切伟大的思想家最根本的任务就是作为立法者,确立万物的尺度、价值、分量。"③很多古希腊哲学家,包括苏格拉底和柏拉图,就是尼采心目中的作为立法者的哲学家的理想。12年后,尼采又进一步深化了上述论断:"真正的哲学家是命令者和立法者,他们说:'事情应该是这样!'他们首先规定人的去向,人之为何,并且在这里支配着一切哲学工作者的预备工作,往昔的一切征服者的预备工作,——他们用创造性的手把握未来,而一切现在的东西和曾在的东西,在他们看来,在这过程中成为手段,成为工具,成为锤子。"④在此意义上,确立法度、创造价值是哲学家根本的存在方式,尼采认为古希腊哲学已为哲学家规定了这种方式。

古希腊哲学是超越并影响时代的哲学。要关注整全,为一个时代和社会立法,就必须在哲学和时代之间保持一定的张力,即赋予哲学以超越时代,又反过来影响时代的能力。尼采把很多古希腊哲学家称为"文化医生",认为他们是超越时代,进而对时代的病症进行诊断和治疗的典范。在哲学与时代的张力中,哲学家向人们证明了"希腊文化所包含的危险",同时也显示了一种文

---

① TI, 9 - 23.
② UM, 3 - 3.
③ UM, 3 - 3.
④ BGE, 211.

化自我修复的生命力。例如,希腊人热爱神话,而德谟克利特却崇尚冷静的抽象概念和严密的科学;希腊人贪图生活安逸,而毕达哥拉斯等哲人却倡导节制;希腊人宣扬战争和斗争中的残忍,而恩培多克勒却主张献祭改革,谴责肉食和血祭,弘扬爱的精神;希腊人容忍谎言和欺诈,而哲人却坚持对真理的不计后果的热爱;希腊人倡导从众和广泛的社交,而赫拉克利特等哲人却标榜骄傲和孤独[①]。从希腊哲学与时代主流倾向的这种对立中,尼采受到了重要的启发,从而对哲学与时代和文化的关系进行了定位:即哲学是对时代和文化的批判和超越,因而与时代和文化保持一定距离,不人云亦云、随波逐流,善于从常人相反的角度进行思索,保持对新事物的兴趣和对可疑之物的敏感是哲学的一个重要特性。

在尼采对古希腊哲学进行重构的过程中,前苏格拉底哲学家无疑处于崇高的地位。但尼采如何看待苏格拉底和柏拉图?在很多场合,尼采对苏格拉底进行了严厉的批判,认为他是使哲学堕落为唯心主义、禁欲主义、肤浅的科学乐观主义的始作俑者。而柏拉图对感性与理性、诗歌与哲学之间的二元划分也激怒了尼采。但不难发现,苏格拉底是尼采的主要批判对象,也是其为数不多的崇敬对象之一。"我十分心仪苏格拉底,他的言行,甚至他的沉默所表现出来的勇气和智慧使我倾慕不已。雅典城里这位语含讥讽的'歹徒'、'蛊惑民众者'能把恃才傲物的青年感动得浑身颤抖、啜泣,诚为有史以来谈锋最健的绝顶智者,他即使沉默也显出他的伟大。"[②]从总体上来说,尼采仍然把苏格拉底归为前柏拉图时期的"天才哲学家"之列,认为他是能够遏制无限的求知欲、具有自知之明、敢于身体力行自己哲学的伟大哲学家。[③] 而尼采对柏拉图也不是一概贬低。他有时把柏拉图与赫拉克利特、恩培多克勒等大哲相提并论,并哀叹现代世界偏离了他们的生活方式。在尼采的心目中,柏拉图的"哲学王"是作为立法者的哲学家的典范。尼采相信,尽管苏格拉底和柏拉图有这样那样的不足,但他们起码还称得上是哲学家,他们身上所表现出的创造力和统治力是后来包括康德和黑格尔在内的那些"哲学工作者"("哲学匠")所无法比拟的。

---

① PT,6-6.
② GS,340.
③ 关于尼采对苏格拉底的崇拜倾向,参见 W. 考夫曼:《尼采——哲学家、心理学家、敌基督者》,第 391-411 页。

三、 哲学是"最具精神性的权力意志"

尼采在《善恶的彼岸》一书中对哲学有一个著名的界定。他认为斯多葛派所主张的"顺应自然"而生活实质上不过是要把自己的道德和理想强加于自然,是要让自然顺应斯多葛,是要按照自己的形象塑造一切。接下来尼采话锋一转,断言:"只要某种哲学开始相信自己本身,它就总是按照自己的形象创造世界;它无法用别的办法创造世界。哲学就是这种专制冲动本身,是最具精神性的权力意志,'创造世界'的意志",第一因的意志。"①在该书的另一处地方,尼采又把真正的哲学家界定为"命令者"和"立法者",并指出"他们的'认识'就是创造,他们的创造就是立法,他们的求真意志就是——权力意志"②。

众所周知,尼采的"权力意志"是针对叔本华的"生命意志"而提出来的。叔本华把生命意志说成是生命旨在自我保存和延续的意志,在尼采看来它纯粹是消极的、低层次的,而一种更具统合性的意志则是"权力意志",它不仅涵盖了前者,而且比前者更高,它是一种自我扩张、自我创造、自我改善、自我超越的意志。尼采受近代物理学的启发,把权力意志看作是一种力,认为力就是一切,它无形无状、无始无终、但又无处不在;它并不是从某个主体那儿生发出来的,但却是生成变化的灵魂和主宰。"一定量的力相当于同等量的欲求、意志、效用,更确切地说,力不过是这种欲求、意志、效用本身。"③这种力是对物理学家所说的"力"的概念的进一步充实和深化,关键是赋予其内在的意义和创造性。从人的角度而言,尼采把那种凡是增强人类力量感的东西、力量本身,都看作是善;而把凡是来自柔弱的东西都看作是恶,并认为幸福就是一种力量增长和阻力被克服的感觉。

尼采认为权力意志不仅仅是属人的,而且也与整个生物或生命相关,甚至可以说它是生命的内在特性。"生物所追求的首先是释放自己的能量——生命本身就是权力意志。"④尼采那儿的权力意志并不受制于他物,权力是内在

---

① BGE, 9.
② BGE, 211.
③ GM, 1-13.
④ WP, 286。值得注意的是,虽然尼采所说的"生命"包括人的生命,但主要是指一种生生不息、蓬勃向上的力量和过程,用 V. Durr 的话说,在尼采的著作中,"'生命'构成了一切存在和生成的基础。不仅艺术、宗教、科学和道德,而且历史和历史知识都必须在生命面前进行自我辩护,就像在一位最高法官面前进行自我辩护一样"(Volker 等编《尼采:文献与价值》,第 30 页)。

于意志之中的,正因为这样,权力意志才能去创造、肯定、解释、评价。伽达默尔在分析了尼采的权力意志概念后断言:"权力意志只能是决定自身的意志,因此是意志的意志。"①这一论断可以说是对这一概念的最恰当阐释。

那么,哲学是"最具精神性的权力意志",哲学家的求真意志就是权力意志,究竟如何理解? 尼采把哲学看作是人的一种生命活动,是生命自我肯定的最高贵形式。在此意义上,哲学不过是权力意志的集中体现。哲学家是"精神世界的君主","哲学是一场争夺精神的独裁统治的决战"。②而"最具精神性"则意味着哲学这种生命活动最执着,最坚定,最有活力,最具有统治力,最具有持久性。哲学是一种人进行价值评估、批判、肯定和创造的活动,它是一种无拘无束的"自由精神"。"人们在哲学中寻找世界的图景,因为哲学使我们有最大的自由感:即,在哲学中,我们最强大的欲望感到有行动的自由。"③

在尼采哲学的代表作《查拉图斯特拉如是说》一书中,哲学作为最具精神性的权力意志在哲学家或"哲人"查拉图斯特拉身上得到了集中体现。查拉图斯特拉在山顶洞穴经过十年修炼,决定下山,是因为他"爱人类",而这种"爱人类"与基督教的"爱邻人"的区别在于,爱人类不是出于对人类的同情,而是出于哲人自身生命力的充盈。哲人的"爱人类"不过是"爱生命"的另一种说法。"我们爱生命,不仅因为我们习惯于生命,而且习惯于爱。"④查拉图斯特拉对"爱"的强调表明,哲学是动态的,是哲人的精神力量或权力意志的"流溢"。"爱生命"与"爱智慧"尽管存在张力,却统一于哲人之"爱","爱"既是"创造",也是"超越",就如《查拉图斯特拉如是说》中多次提及的"舞蹈"的形象。当一个舞者沉浸在舞蹈中时,是自我肯定、自我欣赏、身心交融的,这就是最具精神性的权力意志的体现。正是在此意义上,尼采才把酒神狄奥尼索斯称为"哲人"。

哲学作为最具精神性的权力意志,所追求的是伟大和高贵。尼采在自己未完成的著作《希腊悲剧时代的哲学》中强调:"哲学思维永远立足于最值得认识的事物,立足于伟大重要的认识。"⑤在他看来,哲学就是给"伟大"立法,为

---

① 伽达默尔:《查拉图斯特拉的戏剧》,载于汪民安、陈永国编:《尼采的幽灵》,第82页。
② D, 547.
③ WP, 418.
④ Z, Ⅰ, 7.
⑤ PTG, 3-3.

"伟大"命名,从而使人类超越自身的求知欲,而使生命得到升华的一种活动。为此,哲学必须舍弃那种细枝末节性的问题,反对各种流俗之见,以保持自己对"伟大"的执著。用尼采的话来说,"哲学思索的本质就是忽视眼前的和暂时的东西","哲学应该固守绵延许多世纪不绝的精神的山脉,固守所有伟大事物的永恒硕果"。① 因此,关注并思考那些伟大的事物或问题是哲学的一个不变特色。

但什么是伟大? 在其早期笔记中,尼采断言"伟大是一个部分美学、部分道德的可变概念"②。当时尼采强调伟大的审美和道德内涵,是为了遏制漫无边际的求知欲,保持哲学对科学的统治。到了后期,尼采强调哲学对时代的批判和超越,其目的是"为了使人类获得新的伟大,是为了发现一条尚未被踩出的提升人类的新路"。在这里哲学家关于伟大的人的理想是:"最伟大的人是最能独处、最能隐藏、最能反其道而行之的人,是超越善恶的人,是掌握自己的道德的人,是意志极为充沛的人;这才可以称之为伟大,多样而完整,丰富而全面。"③根据这一界定,伟大的人是整全之人,具有崇高的使命感,意志坚定,超然物外,出类拔萃,百折不挠。面对19世纪欧洲社会政治生活的世俗化和民主化,尼采还特别强调:"当前'伟大'这一概念中应包含努力使自己高贵,使自己离群索居,与众不同,尽力靠个人主动性生活。"④后来尼采把自己的这一立场标榜为"贵族激进主义"。

什么是高贵? 如何辨认出高贵之人? 在《善恶的彼岸》最后一章,尼采如是追问。而他的回答是,高贵不在于行动,也不在于著作,而在于对自身的肯定和信仰。"起决定作用的和决定等级序列的,不是行为,而是信仰。高贵的灵魂拥有的是某种对自身的根本肯定。这是一种不能被发现、或许也丢不掉的一种东西。高贵的灵魂是自己尊敬它自己。"⑤

尼采把真正的哲学家看作是伟大和高贵的典范。他们之所以伟大和高贵是因为"要有许多代人为哲学家的诞生铺平道路;他的每一种道德必须单独获得、培养、遗传和具体表现出来;其中不仅有狂放的、流畅的、细腻的思路和思

---

① PT,1,2-19.
② PT,2-152.
③ BGE,212.
④ BGE,212.
⑤ BGE,287.

绪,而且尤其要有肩负重大责任的心理准备,要有君临天下的威严目光和藐视一切的面容,要有不同于普通大众的义务感和道德感,要充满同情心地保护被误解和被恶言中伤的一切并为其辩护,无论是上帝还是魔鬼,要满怀喜悦地实践最高的正义,要掌握发号施令的艺术,要有充足的意志,要有留恋不舍的目光,很少赞美,很少仰视,很少爱。"①在此意义上,哲学家的伟大和高贵不是对他们的价值判断,而是对他们的存在判断。换言之,哲学家具有伟大的理想和高贵的灵魂,并承担伟大的责任,伟大和高贵是哲学家的根本存在方式。

在文化体系中,哲学的高贵和伟大表现在哲学对科学、艺术和宗教的统治。哲学并不否定它们存在的合理性,也无意缩小它们的地盘,而只是要求把它们作为工具,为培养"整全之人"服务。另外,哲学是文化中不可或缺的协调和控制力量。哲学通过对科学、艺术或宗教的僭妄企图的约束,维持文化的平衡和健康。在此意义上,尼采把哲学家看作是精神世界的"君主"。而哲学家要做到这一点,就必须具有丰富的生命经验,就必须成为"通才",而不是成为"专家"。"要把自己培养成真正的哲学家,哲学家就应该亲自踏上过所有的台阶,而其仆从,即哲学的科学工作者,现在则仍然站立,而且必须仍然站立在这些台阶之上。哲学家自己或许必须曾经是批判家、怀疑论者、独断论者、历史学家,此外还必须曾经是诗人、收藏家、旅行家、解谜者、道德家、预言家、'自由精神',以及其他各种各样的人,从而遍历人类价值和判断的整个领域,能用各种各样的眼睛和良知,从高处眺望任何远处,从低处仰望任何高处,从每一角落窥视任何辽阔之处。但所有这一切仅仅是他执行其任务的初步条件;任务本身还另有所求——即要求他创造价值。"②由此可见,要成为尼采所说的真正的哲学家是非常不容易的,在现代社会更是如此。

哲学和哲学家对伟大和高贵的执着意味着要和时代保持一定的距离。"一个哲学家对自己的起码要求是什么?在自己身上克服他的时代,成为'无时代的人'。那么,他凭什么去进行他最艰难的斗争?就凭那使他成为他的时代的产儿的东西。"③显然,尼采在此所要回应的是黑格尔的那个著名论断:妄想一种哲学可以超出它那个时代,与妄想个人可以跳出他的时代具有同样的

---

① BGE, 213.
② BGE, 211.
③ CW, 1.

危险。尼采虽然承认哲学家也是"时代的产儿"或"继子",有时甚至要沾上时代的污泥浊水,但是,哲学家所承担的使命同时包含着超越时代的要求,因为只有这样,哲学家才能具有宏大的视野与冷峻的目光,才有资格为时代立法,确立、评判事物的价值和分量。

哲学家对时代的超越必然会导致哲学与公众的疏远。相反,当哲学在大街和市场上被宣布出来的时候,哲学就已经蜕化变质了。尼采相信,哲学是伟人和天才的事业,与公众保持一定距离,对时尚和公众舆论采取一种高屋建瓴式的审视态度,对于维护哲学自身的纯洁性是不可缺少的。因此尼采宣称:"我无意说服谁去信奉哲学","没有再比说教般地赞颂哲学……更使我反感的了"。① 通过对历史上不同哲学形态的考察,尼采发现,任何真正的、伟大的哲学都是曲高和寡的,哲学必须拒斥世俗化和大众化。

但是,尼采强调哲学和哲学家的高贵和伟大,强调哲学活动的自由和自主,强调哲学家的个性和精神性,是否会陷入主观主义、相对主义,进而沦入虚无主义? 对于这个问题,尼采的回答是否定的。"哲学家试图倾听世界交响乐在自己心中的回响,然后以概念的形式把它投放出来。当他像雕塑家一样静观,像宗教家一样怜悯,像科学家一样探测目标和因果关系之时,当他觉得自己膨胀为宇宙之时,他仍然保持着一种沉着,能够冷静地把自己看作世界的镜子。"② 这段话表明,尼采是从两方面入手来解决哲学的主观化、相对化和虚无化问题的:一方面,尼采承认人所生活于其中的整全世界的优先性,哲学并不是要改变它,而是要完美地呈现它。另一方面,尼采要求哲学家避免主观性的狂热,要求哲学家服从必然性,面对世界时有一颗沉着冷静的心,并以此来衡量哲学家的伟大。"我衡量伟大的公式是热爱命运:你们不要想变更什么,将来不要,过去不要,永远也不要。不要单纯忍受必然,更不要逃避,而是爱它。"③ 尼采后期所说的"同一者的永恒轮回"也是对"命运"和"必然性"的确认,即任何事物不管如何生成变化,最终都要肯定自身并回复到自身。哲学无意改变这一过程,而是要洞察这一过程的玄机奥妙并参与这一游戏。正因为如此,尼采塑造的哲人查拉图斯特拉才要不断下山,与"市场"和"大众"保持若

---

① WP,420.
② PTG,3-3.
③ EH,7-10.

即若离的关系。

通过对哲学和哲学家的上述刻画,尼采所说的"新哲学"或"未来哲学"就呼之欲出了。

四、 重建哲学与生活的统一

尼采强调哲学与文化的统一性,强调文化是哲学的发生地。在谈论哲学的同时,他经常谈论科学、艺术、宗教、音乐。1870 年 1 月至 2 月,他在给好友罗德的一封长信中承认:"科学、艺术和哲学现在在我心中共同生长,因此无论如何我将会生出半人半马的怪物。"[1]其实早从中学时开始,尼采就开始追求一种"整全知识",并希望理解文化的统一风格。

哲学立足于文化之中,而文化又立足于何处呢?尼采的回答是人生、是生活、生命。哲学和文化只能在生活中培育、生长、开花、结果。"现在应当生活统治认识,统治科学呢,还是应当认识统治生活呢?两种势力中哪一个是更高的和决定性的势力呢?没有人会怀疑:生活是更高的势力,是统治的势力,因为认识如果毁灭生活,将会把自己也一起毁灭掉。"[2]

尼采认为,如何过一种经过省察的自觉的生活是古希腊哲学的核心关切,也是哲学的一个难题。"给哲学家增添更多困难的,还有这样一个事实,即他要求自己作出判断,说是或否,不是对科学,而是对人生和人生的意义。"[3]在尼采看来,古希腊那些伟大的天才哲学家知难而上,通过对生活的沉思和体验,实现了哲学与生活的统一,并为后人树立了知行合一的哲学家典范。尽管有些前苏格拉底哲学家作为超越者,就像一个站在高山上的人,冷眼看待尘世中的一切悲喜剧。但他们这样做并不是逃避生活,而是为了更好地生活。因为只有做到"入乎其内,出乎其外",才能对生活有全面的审视,进而更好地明确生活的方向和目标。

然而自近代以来,"生活"在哲学中的核心地位让位于"知识"。哲学家的哲学思考不是从哲学家自身出发,而是从抽象的"人"、"自我"、"理性"或"世界"出发,哲学活动越来越失去在古典时代所具有的那种"切己性"。哲学不是

---

[1] 转引自弗伦策尔:《尼采传》,第 26 页。
[2] UM, 2 - 10.
[3] BGE, 205.

"为己之学",而成了"为人之学"。哲学与生活之间的鸿沟也随之加大。

尼采把哲学界定为"最具精神性的权力意志",强调哲学作为一种"立法"和创造价值的活动的意义,当然是要赋予哲学以"为人之学"的内涵。但在尼采看来,哲学要成为"为人之学",首先要像古希腊哲学那样,成为"为己之学",哲学的认知活动首先是一种"自我认知"("认识你自己"!),哲学的立法活动首先是一种自我立法,哲学家的哲学首先要应对的是哲学家自身的人生问题,哲学家最重要的成果莫过于他的生活。在此意义上,"哲学家首先是他自己的哲学家"[1]。但尼采马上又指出:"做一个只属于自己的哲学家是不可能的,因为人类存在是互相联系的,哲学家也不例外,只能是这种互相联系中的哲学家。可以说,即使哲学家离群索居,即使他成了一个隐士,他在这样做的同时也还是为其他人提供了一种教训和一个榜样,因而仍然是属于他们的一个哲学家。"[2]尼采的这段话说明,哲学家在很大程度上是一个教育者,他必须在自我教化的基础上承担起教化他人和人类的崇高责任。而教化他人和人类主要是诉诸哲学家榜样的力量。

尼采认为,在现代社会要弥合哲学与生活的分裂,重建哲学与生活的统一,关键在于从事哲学的人要表现出一种"理智的诚实",直面自己生活中的问题,并把哲学看作是自我认识和自我教化的武器,真正过一种哲学生活。尼采本人坦言:"从自身要求健康、渴求生活的愿望出发,我创立了我的哲学。"[3]尼采把人"返回自身",即返回自己的生活中去看作是"最高贵的自我康复",而"其余的康复,只不过是它的结果罢了"。[4] 在此意义上,生活既是哲学的出发点,也是落脚点。哲学家的思想,必须从自己灵魂和肉体统一的生活中产生。用尼采的话来说,"我们哲学家不可能和大众一样,将灵魂和肉体分开,更不能将灵魂和思想分开。我们既不是有思想的青蛙,又不是内脏冰冷的客观记录仪,而必须持续地从自己的痛苦中娩出思想,像慈母一般倾其所有,以鲜血、心灵、热情、喜悦、激情、痛苦、良知、命运和灾祸给思想以哺育。在我们,生活就是一切,我们总是把生活、把遭际的一切化为光与火,舍此便无所作为"[5]。在

---

[1] PT, 5-15.
[2] PT, 5-15.
[3] EH, 2-2.
[4] EH, 7-4.
[5] GS,第二版前言-3。

一个功利化、专业化、民主化的时代，重建哲学和生活的统一，是那些"新哲学家"或"未来哲学家"面临的严峻挑战，也是他们必须承担的崇高使命。

由此可见，尼采所说的"真正的哲学家"是那种知行合一的哲学家，在他们那儿，思想和生活是融为一体的，哲学是他们生命的一部分。质言之，做一个哲学家就是要按照自己的哲学信念去生活，就是要身体力行自己的哲学，而不把哲学作为外在于自身的知识或理论。智慧与德性、理论与实践、思想与生活只有在哲学家身上统一起来，他们才能令人信服地向他人、向社会展示一种二者统一的生活方式，才能向人们证明哲学的意义和价值。

总之，尼采对"哲学何为"问题的关注及其应对方式，体现了他在哲学危机的时代拯救和捍卫哲学的努力。通过批判欧洲近代以来哲学的退化并重构希腊传统对哲学的界定，尼采试图重新确立起哲学的伟大、高贵特征，恢复哲学与文化的内在关联，并在此基础上呈现一种"未来哲学"的轮廓，以抵制当时日渐显露的哲学的知识化、专业化倾向以及哲学与生活的分裂。在一个经济市场化、政治民主化与文化多元化的时代，尼采的这一努力显然是"不合时宜"的，与后来的后现代主义者所倡导的"哲学的终结"或"非哲学"也大异其趣。

论文参考书目

（一）尼采著作英译本

1. BGE, Beyond Good and Evil: Prelude to a Philosophy of the Future, Trans. by Walter Kaufmann, New York: Vintage, 1989.
2. CW, The Case of Wagner, In the Birth of Tragedy and the Case of Wagner, Trans. by Walter Kaufmann, New York: Vintage, 1967.
3. D, Daybreak, trans. by R. J. Hollingdale, New York: Cambridge University Press, 1982.
4. EH, Ecce Homo, trans. by R. J. Hollingdale, New York: Penguin Books, 1983.
5. GM, On the Genealogy of Morals, ed. by Keith Ansell-pearson, Trans. By Carol Diethe, London: Cambridge University Press, 1994.
6. GS, The Gay Science, trans. by Walter Kaufmann, New York: Random House, 1974.
7. PT, Philosophy and Truth, ed. by Daniel Breazeale, London: Humanities Press, 1979.
8. PTG, Philosophy in the Tragic Age of Greeks, trans. by M. Cowan, Washington: Regnery Publishing, 1996.
9. TI, Twilight of Idols, trans. by R. J. Hollingdale, New York: Penguin Books, 1984.

10. UM, Untimely Meditations, trans. by R. J. Hollingdale, New York: Cambridge University Press, 1986.
11. WP, The Will to Power, trans. by Walter Kaufmann and R. J. Hollingdale, New York: Random House, 1968.
12. Z, Thus Spoke Zarathustra, trans. By Walter Kaufmann, New York: Penguin Books, 1986.

(二) 尼采著作中译本
1. 《善恶的彼岸》, 朱泱译, 团结出版社, 2001。
2. 《瓦格纳事件》, 载于《悲剧的诞生: 尼采美学文选》, 周国平译, 生活·读书·新知三联书店, 1986。
3. 《朝霞》, 田立年译, 华东师范大学出版社, 2007。
4. 《看哪这人!——自述》, 载于《权力意志——重估一切价值的尝试》, 张念东、凌素心译, 商务印书馆, 1991。
5. 《论道德的谱系》, 载于《论道德的谱系·善恶之彼岸》, 谢地坤等译, 漓江出版社, 2000。
6. 《快乐的科学》, 黄明嘉译, 华东师范大学出版社, 2007。
7. 《哲学与真理: 尼采 1872—1876 年笔记选》, 田立年译, 上海社会科学院出版社, 1993。
8. 《希腊悲剧时代的哲学》, 周国平译, 商务印书馆, 1994。
9. 《偶像的黄昏》, 周国平译, 光明日报出版社, 1996。
10. 《不合时宜的沉思》, 李秋零译, 华东师范大学出版社, 2007。
11. 《权力意志——重估一切价值的尝试》, 张念东、凌素心译, 商务印书馆, 1991。另参《权力意志》(上、下), 孙周兴译, 商务印书馆, 2007。
12. 《扎拉图斯特拉如是说》, 黄明嘉、娄林译, 华东师范大学出版社, 2009。

(三) 其他著作
1. Nietzsche-Philosopher, Psychologist, Antichrist, by W. Kaufmann, third edition, New York: Vintage, 1968.
2. Nietzsche: Literature and Values, ed. by Volker, Reinhold Grimm and Kathy Harms, The University of Wisconsin Press, 1984.
3. 乔治·勃兰兑斯《尼采》, 安延明译, 工人出版社, 1986。
4. 伊沃·弗伦策尔《尼采传》, 张载扬译, 商务印书馆, 1988。
5. 汪民安、陈永国编:《尼采的幽灵》, 社会科学文献出版社, 2001。
6. 戴维·罗宾逊:《尼采与后现代主义》, 程炼译, 北京大学出版社, 2005。
7. 何·奥·加塞尔:《什么是哲学》, 商梓书等译, 商务印书馆, 1994。
8. 雅斯贝尔斯:《智慧之路》, 中国国际广播出版社, 1988。
9. 吉尔·德勒兹:《尼采与哲学》, 周颖、刘玉宇译, 社会科学文献出版社, 2001。
10. 吉尔·都鲁兹:《解读尼采》, 张唤民译, 百花文艺出版社, 2000。
11. 萨弗兰斯基:《尼采思想传记》, 卫茂平译, 华东师范大学出版社, 2007。

重新理解主、客体及其辩证关系

吕 翔

　　主体、客体及其相互关系,是哲学和哲学史上的一个重要问题,过去由于人们忽略了主体产生客体这一层次特别是其原因的更进一步分析,忽略了个别主体与社会主体之间的复杂关系,忽略了马克思的社会主体以及社会主体与客体运动的辩证法,由此产生了在该问题上的一系列误解,设置了不必要的理论禁区。本文试图通过对此问题所涉及的关键概念的分析,以期对该问题提出新的诠释。本文先讨论主体、客体以及它们之间的关系,然而对马克思的观点以及马恩之间的差异做扼要的讨论。

一、主体

　　(一)在当前人们对于"主体"概念的论述中,"主体"概念是怎么产生的?为什么会有"主体"这一概念?以现行马克思主义哲学教材为代表,"主体"这一概念的提出显得突兀:怎么就从人能动改造世界的实践活动突然引出主体改造客体的活动?这其中并没有给出一个充分的理由。

　　(二)主体应包含哪些内容?由马克思"重要的不是认识世界,重要的是改造世界"这句话不能引申出一个改造世界的"主体",即它不是一个可以引申出主体概念的初始命题,得出结论说改造世界的是主体,进而建立或推论出主体之外的是被改造的客体。从马克思的话我们可以引申出两个不同层次的含义:第一,马克思在这里指的是革命的主体,他们以阶级革命的行动去进行社会改造;第二,马克思是从人这个类的角度,以"人"这个类区别于其他存在物,从而产生出关于"主体"的这一思想,在其中:人是主体,其他存在物是客体,即人是进行实践活动的,而物是被改造者。当把"主体"从"人"概念中抽离出来时,这一区分引起我们这样一种猜测:这是想把一些人排除在主体之外吗?

如果是这样的话，它将意味着：

1. 是哪些人被排除在主体之外，是那些没有从事实践活动的人吗？将他们排除在主体之外又意味着什么？在没有区分出马克思"实践改造世界"两种不同含义的情况下，根据马克思的社会革命理论，这将意味着一些人被排除在革命主体之外，即只有从事现实改造世界活动的人才有权进行革命，那些没有参加实践改造世界活动的人就成为被革命的对象，从而使得原本是具有特定阶级属性的人进行的革命变成了进行实践活动的人进行革命，马克思的阶级革命理论受到了歪曲。产生这一问题的根源就在于，这时的实践和改造活动已经不是一般意义上的实践和改造活动，而是通过不同阶级之间的阶级斗争和革命的方式来实现的社会改造。这样两种不同含义的混淆，还使得一般社会生活中那些没有从事社会实践活动的人失去对社会财富提出相应要求的权利。

2. 可以将人，哪怕是少部分人排除在主体之外、排除在讨论的范围之外吗？当把一些人排除在主体之外时，既然主、客体构成了我们所属于其中的整个世界，那么就会导致这些人不属于这个世界。而如果不是这样的话，即将所有人都包括在主体范围内，则会带来更加严重的问题：讨论主、客体有何意义呢？这两个问题看起来有些奇怪，但当我们认为主体强调的是人与自然、人与其所面对的世界之间的关系的时候，我们把一部分人排除在主体之外就会产生这一问题：一部分人被看成是不属于这个世界了。我们在这里并不是在讲黑格尔式的主体，黑格尔那里曾经有关于从客观世界向主观世界演化的辩证法，其中演化的主体并不总是人，但由于我们否定了黑格尔的这种唯心主义，从而主体并不是一个从物到人辩证发展出来的概念，它一定指的是人，在这种背景下，是人在不断改造世界，世界在人的改造下不断向前发展。主体之所以不等于人，是因为它要在这里强调是人在推动人类社会的发展，而不是一种精神或神的力量在起作用。如果仅仅是人，那么要从人这个概念推演出这个世界，就只能是按照黑格尔那里的概念演化的辩证法，因为人在这种情况下只是一个抽象的概念。既然这样，又为何说主体不等于人？主体不等于人只是由于在其中加入了人的主动改造世界的特性，而不是像工程版马克思主义原理教材那样受阶级思想影响，认为将一部分人排除在主体之外，就能满足马克思的阶级理论的要求，从而一些人不被包括在主体中，一些没有进行实践的人不被包括在主体中。

当我们将实践范围加以拓展,能否克服刚才所说的问题呢?不能。因为这时人的任何一种活动都被包括在实践中,非常严重的是统治阶级、压迫和剥削阶级,他们的活动,特别是压迫和剥削活动也被包括在实践中。除此之外,在泛化理解之后,实际造成的是主体与对象的关系,而不是特定的改造者与被改造者的关系,它所强调的实际是主体有与之相对的对象之间的关系。如此一来,就会从马克思强调的人对世界的改造回到黑格尔式的主体与其对象的关系,因而也不可避免地改变了马克思思想的原意。这里的问题实际是马克思的阶级理论如何同"主体"概念相对接的问题。马克思的理论是有阶级特性的,将主体理论加入其中,如何能实现阶级性这一特征,或者它是淡化了这一特征?

3. 人时刻在进行实践吗?当然不是。那么当那些有时在实践有时不在实践的人,他们是否是主体,这就会出现同样是那些人,他们有时是主体有时不是主体的怪现象,更有甚者,那些曾经实践现在退休了不实践的人,那些儿童、学生、残疾人,他们是否是主体的问题。或者我们可以将主体解释为凡是有可能从事实践活动的人,但如果仅仅是可能或潜在的,那么这符合主体的定义,即"从事现实实践活动的人"吗?

就现实实践活动而言,它意在区别于那种空想中的实践,那种不切实际、虚构的实践,真正的实践是脱离唯心主义空想的实践。但这种理解下的与实践相联系的主体概念仍然是在人群中间进行了区分,而不是在人与物之间进行了区分,它意味着仍然是将一部分人排除在了主体之外。当然我们还可以把它理解成是对人行为的一种分析,指的是人的活动具有现实实践性,而不是针对人群进行的划分。但如果是这样,又会产生另外一个更为严重的问题:如果人的任何一种活动都具有实践性,那又如何看待"重要的是要去改造世界",并将改造世界理解成实践,如何看待马克思主义在现实实践者和空想主义者、教条主义者之间所划的界限呢?还有,如此扩大化了的实践概念也使得作为检验真理的实践标准变得主观了,因为人的思考也是实践,按此推论,思考也可以是判断真理性的标准。之所以出现这样的难题,是因为这里存在着一个尚未被人提及的主体与人的区别,即人并非时刻都在改造客体(实践),而主体却是。这样主体就不是一个现实的概念,而是一个逻辑的概念。

4. 就统治阶级来说,他们是不是可以被看成是主体,这一点也是不明确的。我们可以问:统治阶级难道没有改造世界?如果将他们看成主体,那么又怎能在这一主体概念中得出结论,认为他们不是革命的主体,或者说他们在某一时期是革命的,或者我们将主体划分成不同类型,但这样一来如何实现马克思的革命理论同这一理解下的主体概念的对接？因为这时的主体概念的内涵要大于马克思笔下的革命阶级概念,而不是相反。

5. 主体一定是人吗？如果是物质对人发生作用,使人发生改变,那么这时谁是主、谁是客？至少在这里人们不能运用所定义的主、客体关系来说明这一现象。另外,当一个主体将其作用指向另一主体,即另一个具有实践能力的人时(例如对人进行改造),如果将主体等同于人,那么这时谁是客体,或者说主体又怎样成为客体？而同时我们又不能将主体说成不是人。同时,当源自自然物的客体被打上人活动的烙印时,它难道不是在运用人所赋予它的功能在改造其他客体吗？比如电灯、洗衣机、电脑或机器人,它们的活动难道不是由于人、同人相关吗？这时客体为什么不能被称为主体？而当考虑任何一种可使环境发生变化的生物时,它们为什么不能被称为主体？在"主体必须是人"一观念中是否体现着人类中心主义的倾向？如果任何一种存在物都可以被看成是主体,我们是否回到了黑格尔式的主体概念？

通过以上这些问题的分析,我们至少获得一种启示:"主体"这一概念没有能够得到很好的理解,"主体"和"客体"需要有恰当的限定。

二、客体

(一)同"主体"概念相类似,我们如何能够从人能动改造世界的活动突然引申出"客体"这一概念？

(二)客体应包含哪些内容？

1. 当有人将唯物主义中的"物质世界"概念变成"客体"时,他们是想把某部分自然排除在外吗？这种将马克思主义的问题域限制在主、客体范围内的做法,是否产生具有经验主义、唯我论倾向的后果？更进一步来说,这样做的结果,我们还是在坚持唯物主义吗？

2. 对于人的思考的内容来说,思考内容能不能成为客体,能不能有"思维客体"这样的概念？马克思本人不需要考虑这一问题。因为他所拥有的是一个非常明确的主题,即改造旧世界,在他那里发生的有效的改变是现实的改变,更准确地说是事实的改变。思想的改变不能等同于、不能代替现实世界的改变,哲学家们那里所具有的思想改造的有效性要被现实改造的有效性所代替。出于同样的理由,对于我们仅仅是意识到、感知到的对象来说,它们也不能被称为是客体。

3. 客体难道不可以是人吗？比如作为被革命对象的统治阶级这样的人群。同人的活动发生关系的自然物这种天然客体当然不能包括统治阶级,而人为客体更不能包括统治阶级。这样一来,当客体被划分为天然客体和人为客体时,显然统治阶级是没有被包括在内的。而事实上,在马克思的革命理论中,统治阶级显然属于被改造的对象。

以上分析提示我们：主、客体概念需要有恰当的限定,宽泛地使用主、客体概念是产生上述问题的根源,二者只能在一个特殊的意义上被加以使用,这些问题的解决也即在于理解这一特殊意义。对于马克思主义来说,这一特殊意义即在于改造世界、包括革命实践中的主体和客体,只有这样才能避免以上问题的出现。

（三）客体的客观性

1. 这种客观性是有限制的客观性,即是同人的努力相联系,体现了人的目的和意愿。对它的理解需要通过一系列概念及其区分来把握。

2. 客体的客观性和物质的客观性。客体包括人化自然,那么是主体产生这一自然吗？当然不是。但是根据唯物主义,你能说客体产生主体吗？因为在唯物主义看来,物质是世界统一性的基础,整个世界建立在物质的基础上。如果不将主体很好地定位,那么由于物质客体是主体的基础,它决定着主体、决定着主体的产生和发展变化,从而就会得出客体产生主体的结论。在人作为能动改造的主体时,这时的主体强调的是人的主观能动性,而不是说主体是物质的。如果说主体是物质的,那么这一物质同物质客体之间的关系又是怎样的呢？主体当然是人,这是就人的物质性方面来说的;而当说人不一定是主体时,是考虑到人不仅有物质性的方面,还有主观能动性的方面,是就人的主观能动性方面来说的。出现上述错误,正是由于简单套用唯物主义中物质和意识之间的相互关系原理,而没有看到主、客体关系所具有的特殊内涵。因此客体的客观性是有限的客观性,是在主、客体语境中相对于主体而言的客观性,它与其说是客观性不如说是对象性。

3. 客体的客观性和对象的客观性。在将客体定义为作为主体活动对象的事物时,我们不禁要问：客体仅仅是对象吗？只要是对象就应被称为客体吗？从主、客体关系来看,"对象"这一概念所具有的内涵显然不能等同于客体的内涵。客体是主体按照其目的、意愿所作用的对象,它之所以成为对象,是应主体要求的结果,并且在其自身中还应包括主体作用的结果,因为主体作用的结果既然不能被看成是主体,就只能是一客体,在这一意义上客体应包含主体。

4. 主体的外化与主观随意性。有人认为客体是人活动的对象并且不依主体意志为转移,但是我们知道,在德国古典哲学家如谢林那里,客体被看成是主体的外化,主体产生客体并不妨碍他们认为客体有着不依主体意志为转移的客观性。同时,我们在马克思主义哲学中也可以发现这样一种观点,即客体体现着主体的能力、目的和要求,并被打上人活动的烙印。主体作用于客体,其实质就是使自然打上人的烙印,所以在"客体离不开主体,它是人本质力量的外化"这一命题中,外化并不代表随意性,它作为主体力量客观化的表现,可以是客观性的东西。如果说需要在这里指责有一种唯心主义,那么这种唯心主义只能是指以下两种情况:其一,主体按照其主观想像而在主观精神范围内对客体进行的各种随意改变,并且以这种改变为现实的改造并将其结果看成是真实的;其二,在现实活动中,人按照主观想像随意改造客体也是唯心的。这二者都具有一个共同特征,即主观随意性。因此要反对的是主观随意性意义上的唯心主义而不是否定了在人之外的物质客体存在的唯心主义,唯心主义的指责与客体的客观性无关,客体的客观性并不能保证对唯心主义的规避。更进一步来说,客体难道不是被主体按照其意志、按照其主观目的进行改造以及改造的结果吗? 正如一个物品,在一个农民手中和在一个科学家手中,其含义是不同的,也即它们是按照不同目的被改造、被赋予了不同的内涵。如果对此不加区分,那么也就意味着把客体看成是一种完全客观的自然物,而这种不能被看成具有任何属人性质的存在物并不成其为客体。

5. 客体与人的能力。有人认为客体是主体活动的对象,并且随着人改造世界力量的变化而发生变化,这意味着并不是任何自然物都是客体,客体必须与主体相联系,并且是与主体的能力相联系。当主体的能力没有达到时,它就不能成为客体,但是如果主体的能力达到了呢? 这里我们注意到如果人没有能力,没有能力按照自己的要求来改造自然物,这时这个自然物是不是客体? 如果改造没有成功,那么这个自然物是不是客体? 对于这两个问题,我们很难用"不是"来回答。这里用"改造世界的力量"来描述人的活动是非常不恰当的,当你不能成功地改造世界时,那你还具有了改造世界的力量吗? 所以客体并不与人的能力相关。如果一定要坚持认为它同人的能力相关,那么这是一种什么能力呢?当你还没有经验时,你怎么知道你有这种能力?而对于经验本身,我们可以说"我能看见它,只是没有看而已","看"与"没看"同经验相关,它与"能不能看见"有着本质的区分。当我们只是说一种潜在的能力时,它意味着人还没有发现它,它还没有进入人活动的范围。它只是一个被假定为必然同人的经验相关的未知数"X"。而在有了某种经验之后,把经验看成是一种能力,还会导致任何一种经验都是可以重复的、哪怕是一个偶然的行为都可以被认为是表明人有这样一种能力、能将一种偶然发生的行为加以重复这样一个问题。所以只有当在"经验"和"能力"之间进行了区分的时候,"不是我没有能力看到它,只是我没有看而已"才是可以理解的表述。客体并不同人经验的能力相关,与客体相关的可以是经验,但不能是"能力"。

6. 先前人们对客体的定义容易造成一种错觉,即客体不同于物质自然,是由于两者在范围上的差别。但既然客体可以随着人的能力的变化而无限发展,它就不能被看成是在范围上有着绝对的限制,因而与自然不同仅在于范围的大小。其实,把主体作用的对象称为客体而不是物质,不是因为客体在范围上不等同于物质自然,而是因为客体具有一个重要属性,即同人相关。谈到客体时,它必然与"发展"联系在一起。客体范围的不断拓展使客体世界是不断发展变化的,因而是一个动态概念,而"自然"就其尚未被"打扰"而言是"静止"的。

(四)客体的复杂性

客体常常是作为社会环境的产物而进入当前主体活动的范围,而社会环境是诸多主体共同作用的结果,从而与客体相对应、造成这一客体的并不是唯一一个主体,当前主体只是直接与其发生作用的主体。因此与客体相应的主体是复数主体,我们并不能发现客体与当前主体是直接的线性对应关系,尤其当我们谈论的客体是源自自然物而不是一种社会存在时,从而我们也就不能认为是人作为主体在其活动中创造了客体,人只是诸多作用因素中的一种。这使得我们不得不抛弃在主客体关系中对人的优越性的幻想,并且非线性的主客体关系必然包含有对环境及生态问题的考量。

三、主客体间关系

(一)主客体关系溯源。在哲学中主客体问题萌芽于古希腊,在18世纪哲学家费希特、谢林和黑格尔那里这一问题获得了充分的探讨。[1] 在费希特看来，没有独立的自存的客体，客体统一于主体，整个客观世界都自我的产物。谢林的观点正好相反。他着手建立一个不是由主体决定的客体来最终保证客体向主体的回溯，而是主体与客体自在地包含着绝对之中的"同一哲学"①，而黑格尔通过由圆圈和圆圈构成的概念系统，使得其中每一个圆圈都是主体与客体辩证统一的矛盾发展过程②[1]。即使到了马克思那里，主体作用于客体仍然是一个重要的思想，只不过主体的作用不再局限于思想内部的斗争，而是走出思想的恢弘殿堂，让人的现实活动参与其中，它们之间的统一关系通过实践来实现。

（二）在马克思主义的话语空间中，谈论主、客体关系首先让人想到的是实践。实践概念的引入突破了前人对于主体、客体问题的基本看法，它不再局限于人的思想内部，但由此也带来实践与意识的关系问题。实践是有意识，还是无意识的活动？如果认为它是有目的、有意识的改造活动，如前所述会排除掉哪些人对现实世界的影响？尤其是在实践过程中当一种结果出乎人们的意料之外时，这时是否有实践发生以及其结果是否是实践的结果？此外什么是实践活动中的"有目的、有意识"？怎样才算有目的、有意识？如果所有人的活动都是有目的的，那么怎样才能使得这种说法不会因为使实践包括人的所有活动而成为一句赘语、一句没有意义的话？而如果反过来认为实践是无意识的，那么人的任何一种不经意的行为都会被看成是实践，这也更是荒谬的。所以这里的问题实际是：当马克思主义主张"重要的是对世界的改造"时，这种改造世界的实践实际已经是有目的的了，而不需要再加上"有目的、有意识"这样的限定。如果进行这种限定，实际是扩大了马克思所说的改造世界这一实践的范围。

人们在无意识中也会使客体发生改变，但是在马克思主义的语境中，统治阶级维护其统治是有意识、有强制武器的，因而人们只有经过有意识的革命活动，才能使其退出历史舞台。因而马克思主义所说的实践一定是有意识的实践。

（三）主、客体之间是产生和被产生的关系还是创造和被创造的关系。我

---

① 杨一博："费希特与谢林论争'主客体统一'"，《中国社会科学报》，2014(1).
② 马敬仁："试论黑格尔哲学思想的主题"，《延边大学学报（社会科学版）》，1983(1)：第 13 页。

们不能主张是人产生了这个世界,但从主、客体的角度来说,主体创造出客体包括主体在思想中对客体的反映、构造、思维以及在实践中对客体的改造。而即使是在实践中被改造了的客体,对主体来说也仍然必须被纳入主体的范围,而不能停留于主体之外。一种仅仅是通过人的活动而获得改变的主客体关系只能是一种外在性的主客体关系。

前面提到客体离不开主体、主体产生客体的问题,即"使……变成客体",而不是产生自然之物。说人能产生自然之物、产生在人之外的东西,这本身就是很荒谬的。纯粹的、没有打上人的任何印迹的自然,不是客体;客体之为客体,不仅是人活动的对象,也是其活动的结果。德国古典哲学家主、客体思想中能动的方面被马克思主义哲学所继承,并在实践的观点下以不同的方式进行了表述。如果将主、客体的关系仅理解为人对自然的改造,"主"和"客"的特有内涵无法获得体现,这样说主、客体概念又有何意义?吉林大学高清海教授以主客体之间的辩证关系为基础构建了马克思主义哲学的实践本体论,但在主体何以是人的问题上,他认为:"之所以冠以主体之称,并以人的活动对象为客体,是因为人和事物的特定关系和在这种特定关系中人和事物的不同地位和性质"[1],这种看法中就很难看到对于上述主、客体特有内涵的理解。而现在通行的工程版马克思主义原理教材认为,"成为客体更为根本地是取决于实践把握事物性质的程度的不同",更进一步说,也就是取决于实践,也即它承认取决于主体,(主体不管借用什么方式,总之是主体借用各种方式产生客体,而在这之前或者是认为还没有客体,或者是人还没有接触到客体),是主体在更为根本的意义上使事物成为客体。其实,没有进入主体活动范围的不是客体、进入主体活动范围才成为客体,这一意义上的主体产生客体固然不可能是主观随意地产生客体,并且也不可能以人的主观意志为转移,因为客体始终还是一个客体,它不能以人的主观意志为转移。

认为主体产生客体是错误的,这并不是指主体产生客体具有随意性意义上的错误,而是否定了由人的思想产生出客体的想法,但是当我们发现主体并不能被理解为思想而应理解为人、客体并不等同于自然物时,认为是人产生客体,尤其是人通过实践产生客体,这一产生本身并不包含发明、创造出客体的含义,即不是指人创造出物质自然,而是表明客体对主体的依赖性,这种依赖

---

[1]《马克思主义哲学基础》(下册),北京:人民出版社,1987年,第3页。

不是自然对人的依赖或物质对人的依赖,而是回应了人能动地改造自然这一马克思主义实践论的思想,是人通过自己的活动创造出人化自然。并且认为主体产生客体并没有否认客体本身具有不依主体意志为转移的性质,因为如果依主体意志为转移,那就只还是停留于主体当中,还是主体自身,它还不是客体。

所以主客体之间的关系,一方面是由主体才产生客体,另一方面是主体作用于客体。只有这样才构成了主客体关系,没有主体产生客体,主体与客体之间就不会发生联系;而如果主体不作用于客体,主体就不成其为主体,并且二者之间仍然是分立的。

四、马克思恩格斯话语中的主客体关系

以上对主客体关系的分析可以进一步延伸到对马克思主义主体关系理论的分析。马克思对主客体关系的实践的、历史的理解构成了马克思主义社会历史思想的重要内容。

(一)在社会形态演化的辩证法中,前一个社会形态发展、演化出后一个社会形态,也就是形成一个异于自己的对象,产生两种社会形态相互对待的局面,两者之间相互作用。这其中也暗含了主客体关系,即主体衍生出客体并对其发生作用。而对于社会本身来说,它既包括以物质生产为基础的经济方面,又包括上层建筑方面,这也就意味着不仅是人,而且物也不断地作为主体产生出客体,这时,作为主体的物是社会的要素,包含在社会之中。

(二)只有从主客体关系出发,才能理解共产主义社会的终极性。共产主义作为人类社会发展的最高的也就是终极的阶段,不是因为物质生产不能再向前发展了,而是因为人自身的发展要求得到了满足。作为主体的人在共产主义社会中获得了全面发展,他的各种要求都无需再借助一个异于自己的客体、无需借助于间接性而得到满足,主体真正摆脱了异化而回归了自身。共产主义社会也就是一个人真正回归人自身、一个人真正成为主体的社会。

(三)人是劳动的产物,是社会关系的总和。人在改造外部世界的同时也不断使自身成为被改造的对象,这样一来,作为客体被改造的人不断成为新的改造世界的主体,人在社会中不断实现主体和客体角色的转变。马克思主义否定那种认为人仅仅是自然的产物的观点,尤其否定了作为主体的人是纯自然的产物。纯粹自然不能产生作为主体的人,人只是特定环境下的产物,也只

有在特定条件下人才能进行生产活动。在人的特定活动中有特定的客体,客体随主体而发生变化,在一种活动中的客体并不在所有条件下都能成为客体,一旦成为客体并不永远都是客体。离开了特定条件下同特定主体的关联,也就没有客体。而在离开了抽象的逻辑的意义上对客体的了解的情况下,客体对于主体的依赖增加了空间性和时效性内涵。只有在抽象的意义上客体才可以不考虑具体的时间和空间而与主体相关联,因为这时它们之间是一种非现实的、逻辑的关系。因此,自然既不能产生主体,也不能与客体相等同。

（四）澄清和批判了先前理解的弊端。正如前文所述,很难理解为什么从人能动改造自然的活动就能突然跳转出主体改造自然的活动,它是想把一些人排除在主体外吗？为什么从人能动改造自然的活动跳到主体改造客体,它是想把一些自然排除在外？它还在坚持唯物主义吗？如果纯粹是将主体作用于客体理解成人是主、自然是客,那么这句的意思也就成了人始终作为主人在改造它,所凸显的是人在二者关系中的主人地位,其中所包含的人类中心主义嫌疑,又让我们进一步想到这种人类中心主义的暗示又究竟有何意义？

马克思强调人和世界的关系不仅是认识关系,而且是实践关系,其更深一层内涵是：不是通过认识改造世界,不是通过认识创造出新世界,而是通过实践。他是要说明在实践中所体现的是主客体关系,它想突出这一关系,说明是同人相关的世界,而不是非人的世界。因而这里我们不能排除这样一个问题：难道客体不作用于人吗？当工程版课材讲到主客体相互作用中的"客体作用于人、人发生改变"时,这时谁是主、谁是客？按主动、施动这一意义来说,这时客体就是主体,而主体成为客体。

上述对马克思的主客体观的讨论表明,马克思不仅否定精神产生人,而且否定从自然物中直接产生人,但是他所说的这种精神是空洞的、通过思辨构想出来的精神,是超出经验的精神,马克思主义不能否定科学技术在塑造人的过程中所起的作用。关于自然与技术在人的生产中的作用,恩格斯的观点可以给我们提供启发。

恩格斯在其一系列著作中向我们展示了人如何由自然演化发展而来的历史,但这是自然的物质意义上的人,而不是带有主体内涵的人。主体不仅意味着改造世界,而且意味着对人在自然中特殊地位的弘扬,这样一种主客体学说对于马克思的革命理论具有重要意义：世界不仅是自然发展的,而且是人作为主体按照自己本性和意愿进行改造的结果,但这是否意味着马克思否定了主体、客体的本体论地位？是否主体与客体只是世界之一方面从而不具有本体的内涵？答案是否定的。

当马克思说"不要问我那样的问题"时，主体和客体构成了他所谈论的问题域，在由这一问题域所构成的世界中，主体类似于本体那样起着支撑和主导作用。而从另外一个方面来看，当马克思说"不要问我那样的问题"时，意味着他并不否定主体之外世界的存在，只是不对它言说，不然的话马克思可以对它直接加以否定。因此外部自然界是一个更广阔的论域，其中物质自然是本体，而这一方面也正好回应了恩格斯的主张，即从物质自然的角度来看人是这样一种自然的产物，在这一过程中体现的是唯物主义而不是人对世界的主体关系以及世界对人的客体关系。恩格斯的唯物论回应了人为什么不可以在思想内部进行主客体的演化从而实现对世界的革命改造的主张，它为一种现实的革命的马克思主义理论奠定了基础。

因此，恩格斯对自然界的唯物主义理解在整个马克思主义理论中具有重要地位，他所提供的自然的辩证唯物主义理论是历史唯物主义的前提和基础。但是，恩格斯从自然科学中所得出的辩证性并不是物活论意义上的辩证性，并不是在消除了黑格尔的精神为动力的辩证法后让物质自身获得了一种精神的动力。正如恩格斯所说，这是对自然界辩证特征的描述，自然界展示出辩证的景象并不意味着自然本身就是辩证的，它只是更清楚地表明世界自然产生，而不是由人的精神产生或由神所创造出来，世界的辩证特征表明它遵循一种演化发展的规律。规律的客观性和不依人的意志为转移的特征常使马克思主义研究者感到苦恼，因为辩证意味着一种内在的动力，而这种动力是针对自然而然的演化而言。但正因为物质自然界遵循的是这样一种规律，所以马克思要强调一种人能动地改造自然的有活力的辩证法，其中的活力来自于人自身的实践活动，马克思提出要以人的实践活动来创造出一个真正属人的世界，而不再是敌视人的自然界。过去的世界就是依靠人的实践活动创造出来，马克思相信将来的世界也可以依靠实践创造出来。实践自身具有伦理的、属人的性质（所以马克思那里不会出现实践有与人相对立的方面、压迫人的制度也是人实践的必然结果的问题），因为人的活动从本质上来看不可能是敌视人的，改造自然也就是对自然的敌视人状态的改变，物质财富的丰富也是世界向属人方向的发展，因为这一丰富不仅是使人有了更多的物质产品，而且意味着一个不断摆脱异化的属人世界的建立，人类社会历史的辩证性正是人以主体的力量作用于客体,使世界不断具有属人性质的辩证发展过程。

最后需要说明的是,恩格斯借助于自然科学来说明世界是物质的,即世界是各种具体物的总和,它们具有共同属性,实际是否认了哲学思辨意义上的本体。他从科学的角度回答世界起源问题,正如我们不能说自然科学同社会科学相对立那样,我们不能说恩格斯同马克思是相对立的。当然恩格斯也有不同于自然科学的哲学,如他拥有非自然科学的、物质总和的观念,有关于自然的辩证法思想,但正如恩格斯所说它们都是以自然科学为基础的,都是对自然科学知识的总结和概括。

非意向性与核心自我

朱连增

本文的第一个目的是要表明,在任何经验中,必然关涉着一个自我主体,因而,经验必然是属于这个自我主体的经验。我们将对反对这一看法的两个哲学家,即休谟和萨特的观点加以分析和剖判,指出尽管他们试图消解自我对经验的构成作用,但是,他们的理论仍然以隐蔽的方式设定着自我在经验中的基础性地位;另外一个目的是提供一种通达自我主体的途径,并指出,以意向性经验为基本预设的西方传统哲学并不能充分地揭示构成经验之显现的自我主体,而在东方思想中,却拥有表达这一"核心自我"的丰富资源。按照本文的看法,只有还原到一个非意向性的"中和经验",这一核心性的自我才获得一种独特的自身显现。

(一) 来自休谟的反对

对于"经验必然关涉着一个自我主体,经验必定是这一自我主体的经验"这一常识信念,我们首先听到来自休谟的著名反对声音。他的反对是以所谓"温和怀疑论"的形式表现的。休谟坚持知觉的绝对确实性,他把知觉物划分为两类,一类是印象,即强烈、生动的知觉,另一类是观念,是前者的"复制品",较前者黯淡、模糊。一切观念都必定能够还原为印象。如果某一语词貌似表达了某个观念,然而却不能找到与之相应的知觉印象,那么,这一貌似是观念的东西就不是真正的观念,而仅仅是一个没有所指的空洞语词。通常认为,"自我"这一词语表达着自我这一观念,该观念具有单纯性和在时间中保持自身同一的规定。按照休谟的观点,这一观念应该有知觉印象作为其实际的基础,但是,休谟分析说:

> 如果任何印象产生了自我观念,那么那个印象在我们一生全部过程中必然继续同一不变;因为自我被假设为是以那种方式存在的。但是并没有任何恒定不变的印象。痛苦与快乐、悲伤与喜悦、情感和感觉,相互接续而来,从来不同时存在。因此,自我观念是不能由这些印象中任何一个或从任何别的印象得来;因此,也就没有那样一个观念。①

尽管休谟可以把印象作为一切观念的有效性根据,但是,我们也完全有理由要求休谟回答"知觉是谁的知觉"这一问题。当某种印象,如生动的红显现出来的时候,这里是否存在一个知觉着红色的主体? 实际上,对于上述问题,休谟并没有在其理论中全面、一致地拓展他的怀疑论。因为,在其他地方,休谟理所当然地把自我作为印象的知觉者。例如,他在讲到印象的时候说:"一个印象最先刺激感官,使我们感知种种冷、热、饥、渴、苦、乐。这个印象在心中留下一个副本,印象停止后,副本仍然存在……"②在这里,冷、热等印象知觉被不言自明地理解为"我们"感知的对象,知觉被理所当然地理解为留在"我们的心灵里"。也就是说,休谟在其理论的另一些地方,根本不曾怀疑这个作为知觉者的自我主体,只不过休谟反过来又认为,由于这个自我主体的讲法不能得到印象的确证,因此,是一种可疑的存在。于是,在休谟那里,就出现了这样一个悖谬性的循环:经验理所当然由自我来依托,但是,按照衡量经验的标准(即或者是印象,或者是印象的摹本),自我却不属于有效的经验,因此,它的存在是可疑的。

显然,休谟对自我主体的怀疑是前后不一的,毋宁说,他并非怀疑自我的存在和自我的同一性,而是陷入了自己为自己设下的一个困局,这个困局包括两个关节点:第一,我们所谈论的一切主题都属于知识,因而都可以归结为观念。在他看来,如果我们说自我主体存在,我们首先涉及到的是"自我"这一观念,进而需要考察这一观念的有效性。而这一观念是否有效的标准在于,它能否被还原为生动的知觉印象。问题是,当我们谈论自我时,我们是否直接涉及到某个"观念"? 如果我们在谈到自我的时候,并非直接意指某一观念,那

---

① 休谟:《人性论》(上),关文运译,商务印书馆,1980年,第281—282页。
② 同上书,第19—20页。

么,按照观念之有效性来要求"自我"的真实性显然就是不合理的。第二,休谟把真实的经验仅仅局限于知觉经验(感觉印象及其摹本),显然把真实经验的范围界定得过于狭窄了。众所周知,作为对象的"知觉印象"和在这个过程中同样显示的"知觉活动"是两种不同形式的体验,这种区别实际上在洛克那里已经通过感觉经验和反省经验描绘出来,而在胡塞尔的现象学中得到了清楚的辨析。不仅如此,"自我"的体验和对于"活动"的体验实际上也是不同的。休谟只以感觉印象和感觉印象的摹本作为唯一合法的经验形式,因而也就无法识别出自我的经验和活动的经验,从而无法说明自我这一术语到底有无实际经验的所指。

(二) 萨特的"无自我主体的经验"

萨特也是一位明确反对自我对经验具有构成性的哲学家。萨特试图在其理论中表明,自我是派生的现象,在直接性的"前反思经验"中,并没有自我主体。就是说,在自发性的经验中,尽管可以谈到经验的显现,谈到意识,但是,这种经验却并非属于某个自我主体,也并非向着某个自我显现。自我产生于反思意识,而反思意识以非反思意识为基础。

萨特对"无自我主体的经验"的论证可以概括为如下这些方面:

第一,如果我们的经验需要某个自我主体来构成和指涉,那么,就会在意识的核心加入一种不透明性,而意识本身是"半透明"的。

什么是萨特眼中的意识?为何在意识中设定自我主体的构成作用,会使意识成为不透明的?像胡塞尔一样,萨特也认为意识总是关于某物的意识。在意识中,总是有某物显现着。但这种显现的经验中包含着一个双面结构:一面是物,另一面是虚无。萨特所讲的虚无不是空洞无物,而是具有创造性的虚无。在物的方面,萨特实际上还区分了自在存在和显现物,自在存在是某种无法表象的世界基质。显现物是虚无向着自在存在进行创造活动的结果。这种创造是一种自发谋划活动,它使自在存在作为具有特定意义的现象显现出来。萨特有时候是在上述显现结构中来理解意识,有时候把意识理解为那个作为创造性源泉的虚无本身。

作为显现结构的意识,萨特又区分了前反思意识和反思意识。前反思意识只是关于对象本身的意识,即具有某种规定、意义的物的显现经验,而反思意识则是以意识自身为对象。用萨特所举的例子来说,当我在追赶电车、看手表上显示的时间、沉浸在对一幅画的欣赏中时,在那里,显现出来的并非我正在追电车、看手表、欣赏画,而只是电车、手表和画本身。只有在另外一种和前者不同的意识形式即反思中,一种事后的回顾性解释中,我们才说,"我在追赶电车"、"我在看手表"、"我在欣赏画",这个"我"及其活动显然出自于某种后发的意识而非直接的前反思意识。萨特认为,如果认为一开始自我就构成着意识,那么就破坏了意识的结构,用他的话说,就在意识的中心加入了不透明性:

> 我们要问,在这样的意识(前反思的、第一级的意识——笔者注)中是否有"我"的位置? 答案很明确:显然没有。的确,这个"我"既不是对象(因为根据假设它是内在的),也不是意识,因为它是为意识的某物,而不是意识半透明的性质,不过可以说他是一个居者……但是,如果说"我"是意识的必要结构,那不透明的"我"就同时会被提升到绝对之列,我们于是面对一种单子。不幸的是,这成为胡塞尔新思想的方向。意识变得沉重,失去了用非存在的力量把自己变成绝对存在物的性质,意识成为沉重的、有质量的。①

萨特之所以会认为,如果"我"是意识的必要结构,就会把不透明性引入意识,破坏了意识的"半透明性",是因为在萨特那里,意识的半透明结构中,一端是虚无,它根本不能作为任何显现的对象而存在,另一端是与虚无相关的物,只有这样,才可能有经验的显现。在这个显现结构中,一面是物,一面是非物,物具有不透明性,非物具有透明性,显现结构就是这种半透明的性质。但是,如果认为意识的显现结构最终由某个自我主体奠基,又由于自我主体是作为某个对象物被表象的,那么,用两种不同的"物"(即自我对象物和普通的对象物)来说明意识的显现结构,这就等于完全用对象物来解释意识,使意识的半透明性变成了完全的不透明性。在萨特看来,这种完全的不透明性是无法说明意识现象的。

第二,如果我们坚持认为,自我隐藏在一切显现物后面、作为各种表象的"关涉极"而在场,那么,就会得出"无意识的意识"或"反思意识在本体论上优先于非反思意识"这种荒谬结论。有人认为,尽管在直接的前反思意识中并没

---

① 萨特:《自我的超越性》,杜小真译,商务印书馆,2001年,第9页。

有"我"的显现,但是,并不等于没有我。如果"我"没有对意识在场,那它就是隐藏在意识的背后,作为一切表象、欲望等的发出者和把握者而存在。萨特则认为,首先,一方面承认自我的在场,另一方面又承认它不在意识之中,显然是不能接受的。另外,如果承认了自我在自发的非反思意识中的不在场,并且承认自我的存在是通过反思才得以通达的,然后把这种通过反思所通达的自我视为非反思意识的先在结构,这就等于设定了反思经验对于前反思意识的优先性。这不仅不符合现象学的一般立场,也不符合萨特本人的观点。萨特始终强调的是:"未被反思的意识对于被反思的意识具有本体的优先性,因为它完全不需要成为被反思的以求存在,也因为反思设定了在第二等级上的意识的涉入。"①

第三,如果认为意识的结构中存在着一个发端性和主宰性的自我主体,那么,从第一人称视角出发的哲学就会陷入唯我论的窠臼。就等于认为,一切经验都处于某个自我的关涉中,被包裹在某个自我的内在世界里。这显然和人们的基本经验并不一致。萨特说:

> 如果"我"变成超越的,那这个我就参与世界的一切崎岖。"我"不是绝对的,"我"全然没有创建宇宙,"我"像其他实存一样落于现象学还原的制约之下。当"我"不再拥有优先地位时,唯我论就不可想象了。……事实上,我的"我"对意识来说不再比他人的"我"更加确实。我的我只不过更加内在而已。②

萨特否认了在原发的意识经验中包含着自我主体,而是认为,所谓的自我的状态、行动、性质等内容以至自我本身,实际是意识(个体化的虚无)的自发创造,并在反思意识中被构成为自我主体。

萨特声称,被人们视为自我主体的内在状态的东西,如愤怒,都是某种从无到有的创造物。不过,这个"无"是能动性的、个体化的虚无。萨特说:"在此,我们是从这样一个不容置疑的事实出发:每个新的状态都直接(或间接通

---

① 萨特:《自我的超越性》,杜小真译,商务印书馆,2001年,第18页。
② 同上书,第45页。

过性质)与自我在其根源上互相结合,这种创造模式就是一种虚无中的创造。"①所谓的"心理状态"在萨特看来并非发自于某个实际的自我主体,而是出自于虚无的创造,这个能动的、个体化的虚无本身却称不上是自我,因为它除了创造之外,很难找到其一成不变的规定,很难成为一个确定的事物被把握。萨特也把这一虚无称为非人称的"先验意识",这种"先验的意识是无人格的自发性,意识命定要每时每刻存在,人们不能在意识的实存之前设想任何东西。这样,我们的意识生活的每一刻都向我们解释从虚无开始的创造"。②

之所以人们认为创造活动和经验与一个自我相关,萨特在《自我的超越性》给出了一个生存论方面的解释。他认为,意识不仅是某物的意识,还同时以一种非主题的方式意识着作为自发创造的虚无自身,这种意识表现为"焦虑"这一生存情态,它实际上是对完全无限定的自由的意识。为了"闪避"这种自由的焦虑,意识发生一种变形,也就是通过反思,为自己的创造物构造一个确定的创造主体,仿佛自己作为绝对无根据、无来由的自发创造是由那个有根据、有实在性的主体发出来的。也即,意识以虚构但也是无效的方式排解自己无端的自由和因之而来的焦虑。在《存在与虚无》中,萨特还为这种虚构给出了另一个原因,即自为(个体化的虚无)具有一种成为"自在自为"的天然欲望,反思正是这种欲望的第一种表现形式。自为追求的是自己奠定自己的存在,但是,它作为虚无又只能通过不是自身的存在物建立起自身的存在性。反思就是这种不切实际的努力,把通过与世界的谋划关系表现出来的现象世界视为来自于某个主体的内在内容,也就是,把世界现象包含在自身之内,以一种虚假的方式"自己奠定自己的存在",这就是反思。可是,正如萨特所说,"这种试图在自身中奠定存在,在自身中来把握虚无性的努力……不可避免地导致失败,准确地说,这种失败就是反思"。③

从以上对萨特有关自我的阐述中似乎可以看出,萨特并不认为自我构成着经验的显现。可以有显现的经验,但这个经验的显现并不需要自我。萨特之所

---

① 萨特:《自我的超越性》,杜小真译,北京:商务印书馆,2001年,第27页。
② 同上书,第45页。
③ Sartre, *Bing and nothing*. Washington: Washington Square Press, 1956, p.216.

以提出这样一种看似奇特的理论,是因为他试图着重突出人的自由,突出人是什么样的主体在于一种自由选择,通过这种完全的自由选择,一个有规定的自我主体才被创造出来。正如萨特在《存在主义是一种人道主义》中所说,"人始终处在自身之外,人通过把自己投出并消失在自身之外而使自己存在"。① 在人的现实性中,有着一个自身内部的断裂:一方面是追求作为自由本身的自己,它是一个永远能够自由选择、创造的过程,另一个是通过选择、创造活动所实现了的自己。为了表明后者不能限制那个永远处于创造、发生之中的前者,萨特把后者称作"自我"与前者相区别,对于这二者的区分大致上看是无可厚非的。但是,若是把那个构成经验显现、进行着不断创造的源泉称为虚无,就值得商榷了。因为,按照通常的理解,虚无是没有任何规定的,但是,萨特所讲的作为自为的虚无,不仅拥有创造性和构成着经验显现这两个基本规定,而且还是"个体化"的。如果我们把这种个体化的、创造性的、构成着经验的存在称为自我,那么,萨特实际根本没有真正地反对自我对经验的构成性。萨特所真正反对的是,存在一个具有实质内容的自我,这个具有实质内容的自我构成着经验。但人们完全有理由认为,他所讲的虚无或自为就是自我。所以,萨特对自我的反对,也只是表面上的,在其理论的根基处,仍然设定着自我主体的根本性地位。

(三) 非意向经验与核心自我

我们的看法是,任何经验都必然地关联着一个自我主体。自我主体是构成意识经验的根本条件,经验只能是向着自我显现的经验。问题是,如何理解这个构成经验显现的自我,如何使得这样的自我获得一种"无蔽"的通达?在传统西方哲学中,对自我主体的理解主要是通过自我与对象和世界的活动关系中来把握。这种对于"活动"的基本设定,极易对那种构成着经验显现的核心自我之经验造成遮蔽。为了深入挖掘主体性经验,需要我们突破传统西方哲学关于"意向性"经验的基本预设,让那种更深层次的自我经验显示出来。

众所周知,近代以来,主体经验成为西方哲学思考的一个重要焦点,主体对于经验的构成地位被许多哲学家所强调。但是,哲学家们总是首先设定了主体的活动性以及在活动中所相关的对象物。哲学家们意识到,在经验的显

---

① 萨特:《存在主义是一种人道主义》,周煦良译,上海译文出版社,1988年,第30页。

现中,不仅包含着某物的经验,而且,同样显现着与此物相关的意向活动和与此活动相关的自我主体,这也正是胡塞尔现象学的洞见。"在体验本身和体验行为的纯粹自我之间永远有区别——尽管彼此有着必然联系。同样,在体验方式的纯主观因素和其余的所谓从自我离开的体验内容之间永远有区别。"①在胡塞尔看来,这个自我生存于所有经验之中,然而却不随经验内容的变化而变化,它作为经验的"主观极"构成着、观照着意识内容。康德对这一作为经验主观极的自我也作出了明确确认,"我思必然伴随于我的一切表象,否则的话,我心中的表象就不可能作为某物被思想,这等于说表象是不可能的或表象对于我等于无……但此种'我思'乃是一种自发性的活动,不属于感性经验,我把这种'我思'表象称为纯粹统觉"。②

西方哲学家在理解自我的时候,通常设定了主体的活动性,而且把这种基本的活动说成"我思"。自我作为我思的发出者,构成着一切经验的显现。然而,一旦设定这样一个活动的主体及其特定的活动(如思想),我们就必定把这样的主体及其活动设定为一种可以显现的经验,从而,必然还需要依托于某个主体及其活动,从而陷入无穷倒退的困窘,而构成经验显现的最终主体在这种思路下就成了难以琢磨的。为了在理论上确定那一在终极地位上支持经验显现的自我主体,我们完全有理由设想一个从不活动的自我主体,正是由于它与一切事物之间的这种永不活动的"关联"、一种无动于衷的"接合",才有经验的显现,包括其自身的显现。对于这样一个在终极层面上构成着经验之显现的核心自我,完全是可通达的。为此,我们必须突破西方传统哲学把主体的意向活动及其相关的世界经验作为理所当然的设定。也就是说,我们需要在一种"非意向性的经验"中发现这个核心自我,而这个核心自我,总是和虚无的经验相伴生。对于这一点,东方智慧可能为这种核心的自我主体之揭示提供了有利的思想资源。Ramakant Sinari 曾把现象学还原和瑜伽沉思相对照,他指出,在胡塞尔那里,"从来没有把悬置的过程推进到一个极端的阶段上,在那一阶段上,可以察觉到关于虚无的意识。对胡塞尔而言,意识总是'关于某物的意识'……胡塞尔所提出的理由最大误区在于,他认为如果现象学还原超过了'关于某物的意识',这将会造成在本体论上彻底与自然世界的分离,并且因而

---

① 胡塞尔:《纯粹现象学通论》,李幼蒸译,人民大学出版社,2004年,第155页。
② 康德:《纯粹理性批判》,邓晓芒译,人民出版社,2004年,第89页。

无法对自然世界进行解释。"①作者还说,"但不可否认,还原实行到在其最后的水平上,触及的是意识之下的虚无,这是一种令人信服的假设。"②

在中国传统哲学中,更为我们展示了大量类似彻底"还原"的经验。在老子的《道德经》中就讲到:"为学者日益,为道者日损。损之又损,以至无为"。(《道德经》,第四十八章)老子所谓的"为道",实际上是回到一种生存的体验,这种生存体验类似于进入到主体能动活动水平的"零点"。日常的意向性生活经验被消除了,那种终极性的主体经验便有可能无蔽地呈露出来。庄子所讲的"坐忘"实际上也是一个在知识、价值、行为方式、情绪体验等主体活动方面的不断减损,最后达到一种"非活动"的原初主体。无论是笛卡尔还是胡塞尔,在他们的怀疑和悬置中,都把"我思"作为一个开辟意义的原点,但这一点对于庄子来说是不被认可的。因为人们的确可能无思无虑。如此看来,对庄子来说,真正具有根本性的,就不是"我思"这一地平线,而是铲除"欲"或"志",消除一切意向性的"无为"状态。通过化解这种"志",我们所通达的就是一种更彻底的、更具本原性的存在经验:

> 若一志,无听之以耳而听之以心;无听之以心而听之以气。听止于耳,心止于符。气也者,虚而待物者也。唯道集虚。虚者,心斋也。③

在笛卡尔那里通过千辛万苦的怀疑所确立的牢固地基在庄子这里轻而易举地就被抹掉了。因为庄子在这里,一般的欲求或意向本身需要被磨损掉,而后真正通达"虚体"。庄子的"一志"就是把自己的意向不是投入到感觉和行为中,不是投入到思想活动中,而是投向"气"。庄子这里的所讲的"气",就是人的意向性活动。气具有的"虚而待物"这一特性,就是意向活动相关于对象物这一特性。听之以气,就是消弱、抑制意向活动的发动,直至"意向性的零点",直至无物呈现。

笛卡尔和胡塞尔是带着认识论的强烈兴趣或意志开始还原之路的,但由

---

① Ramakant Sinari, 'The Method of Phenomenological Reduction and Yogy', in Philosophy East and West (7/8), 1965, p. 223.
② Ibid, p. 224.
③《庄子》,孙通海译注,中华书局,2007年,第72页。

于认识兴趣本身就是一种思想的兴趣,因此,在他们那里,思想活动成了他们还原不掉的经验底色。但是,在以庄子为代表的中国道家那里,思想生活本身还是归属于一种积极的生存活动。但是,人们的确可以无思无虑,而无思无虑并不等于没有生存。这就使得中国道家在进行"现象学还原"的时候,很容易突破"思想"这道横栏,进入到一个"非意向性"的生存体验之中。实际上,对于把"我思"作为现象学还原剩余物的局限性,萨特也有所察觉,他认为"我思"也并不是纯粹的,而是带着事先的"推动科学进步"的动机,因此,不能揭示他所提出意识的自发性,即一种纯粹虚无的创造。[2](P38) 尽管萨特突破了"我思"这一特定的意向活动,但是,他仍然没有解除意向性活动本身,对他来说,自为向着世界而存在,自为的自发谋划、他的创造活动并没有被悬置。正像费希特一样,费希特也把作为经验之基础的绝对自我视为一种纯粹的活动而不是任何被规定的实体。但无论是费希特还是萨特,都把活动本身(尽管不是思想活动)视为绝对的,却忽视了,作为经验的核心极——自我完全能够不活动,即停止一切意向性。

不仅在中国的道家哲学中对这种无意向体验进行了大量描述,而且,一些直接或间接受到东方思想影响的西方哲人对此也有着类似的洞察。叔本华把人从根本上视为一种求生存的"意志",这一生存意志表现为永不满足的追求,生活世界的展开实际上就是此一意志的对象化,然而,由于永远无法填满这一意志的无限的、盲目的要求,痛苦必然作为主旋律伴随其一生。但是,人却能够主动地发生一种"意志的转向",割断这种盲目的欲求,欲求的断送,也就是意向性活动的熄灭,这意味着作为对象的世界的同时消失,意味着空虚:

> 随着自愿的否定,意志的放弃,则所有那些现象,在客体性一切级别上无目标无休止的,这世界由之而存在并存在于其中的那种不停的熙熙攘攘和蝇营狗苟都取消了;一级又一级的形式多样性都取消了,随意志的取消,意志的整个现象也取消了;末了,这些现象的普遍形式时间和空间,最后的基本形式主体和客体也都取消了。没有意志,没有表象,没有世界。于是,在我们之前的,怎么说也只是那个无了。①

---

① 叔本华:《作为意志和表象的世界》,石冲白译,商务印书馆,1997年,第562页。

列维纳斯对人的非意向性存在,也做了相当细致的刻画,他把这种意向性的消弭或者说"意向的退缩"称为疲惫的麻木,疲惫的麻木在"放开"世界之物的同时听到的是空虚的呼声。疲惫正像是一种自然的还原,作为存在者的自我主体退行到"存在的边缘"。列维纳斯写道:

> 我们可以听见这寂静之声,它像帕斯卡尔所说的"这无限空间的寂静"一样令人颤栗……它没有被赋予我们。它不再意味着世界。所谓"自我"也被黑夜淹没、渗透,失去人格,无法呼吸。万物消弭,自我消失,化简到了不可消灭之物,到了存在本身,我们无论情愿与否,无需主动作出决定就已经匿名地置身于其中。[1]

可见,意向性的零点并非不可到达,主体的意向性结构并非不言自明。在非意向的经验里,哲人们所讲到最多的就是虚无。然而,自我并非虚无本身,而是主体在非活动状态下的"相关项"。对于自我在非意向状态下相关着的虚无,在古今中外的许多哲学家的记述中都留下过它的痕迹。不论是佛教把它视为每个人心中的空性或佛性也好,还是列维纳斯把它视为人们所带着的"永恒诅咒"也好,都表明了自我和这种虚无的"形而上的"关联。这种关联反映着自我在某个终极层面上纯粹被动的接合。自我与虚无的被动关联意味着,在自我和虚空之间没有任何能动的作用或任何倾向性发生,只有一种纯粹"中和性"的关系,此关系毋宁说是一种"存在"而非"生存",它完全处在这个自我主体所能把握、控制等活动能力之外,是纯粹"客观的"。

核心自我在这种非意向性经验中凸显出来,显示为一个"无动于衷"的主体,他宿命般地关联着虚无,并因而,在与虚无的关涉中"自我关涉"。另一方面,正如他宿命般关涉着虚无一样,他也宿命般关涉着一切非我的东西。也正是这种"无动于衷"的关涉,使得一切经验在虚无的背景中必然地向着这个无动于衷的自我呈现。这种呈现,完全谈不上是一种认识,因而,完全不表现为任何追求的意志和成果,当然也不会有有任何形式的满足。它仅仅构成着这生命的经验,仅仅冷漠的见证着这一切,不会让与之相关的生命生存得更好或更坏。它不是那个推动我们向更好的方向生活的主体,但是,却又总是相关着

---

[1] 列维纳斯:《从存在到存在者》,吴蕙仪译,江苏教育出版社,2006年,第63页。

那个活动主体的一切,使一切显现。核心自我、虚无以及在虚无背景呈现的一切,构成着我们生存经验中的基础结构。哲人用"天地之鉴,万物之境"来赞颂它的伟力,用"一点灵明"来表达它的神奇,宗教家更愿意满怀深情地把它看作是来自超验领域无时无刻、无所不在的"关注",然而,我们却知道,这面镜子如此平凡、如此"无情",只要我们生存着,就命定地见证这个切近的生命和与这个生命相关的一切事物,包括那个永恒的虚无背景。

古典灵魂论简评

佘永林

一

古典灵魂论关乎城邦的正义、礼法秩序，关乎德性之养成，关乎宇宙创生与永恒不朽，关乎存在与真理，关乎教养(希 paideia/德 Bildung)与修身。对古典灵魂论而言，最为无足轻重的就是认知心理学意义上的意识分析，因为哲学的旨归乃是人格的塑造而非知识的独白。

按照黄颂杰先生的看法，灵魂说是西方哲学的诞生地和秘密，是人性和神性、人论和神论的交会地。西方哲学，无论是本体论、知识论还是政治伦理学说，无论是思辨哲学还是实践哲学，都离不开灵魂学说。[①]

人拥有灵魂(psuchē)与肉体(sōma)。psuchē 源于动词 psuchēin，其词源学意义是指呼吸、冷却、干燥。灵魂存在于肉体中而为生命的原因，带给肉体呼吸的能力而有生息。苏格拉底说，灵魂这个名词具有美妙的力量，能引导并且拥有本性而被命名为 psusechēn，为了使它更美而说成 psuchē。

举凡成就一家之言的思想巨擘，总是以自己的方式重述整个思想史，比如福柯，他认为关心自己(epimelei heautou)一直是整个希腊、希腊化和罗马文化中规定哲学态度的一个基本原则，贯穿整个古代哲学(公元前 5 世纪—5 世纪)，是一个真正总体的文化现象，恰当地说，是可能的主线之一。关心自己，也就是照管好自己的灵魂。对于苏格拉底和柏拉图而言，"关心自己"具体指

[①] 黄颂杰：《西方哲学论集》，上海人民出版社，2016 年，第 401 页。

的是精神性的全部条件,一整套对自身的改变,这些是人们可能达至真理的必要条件。

德尔菲阿波罗神庙箴言,神明说"认识你自己",这是在说"认识你的灵魂",肉体对于灵魂,有如某种器皿或居处,你的灵魂在做什么,就是你在做什么。因此,认识灵魂是一种神性的行为,以灵魂来认识灵魂是世间的一件伟业,否则这一神明的教诲不会声言出自"七贤"之口。①

大致说来,希腊哲学家们的灵魂学说程度不等地具有宗教和神秘主义成分,甚至具有神话色彩。柏拉图比以往哲学家更注重灵魂说的形而上意义,他把灵魂看作超越时空的永恒不朽的实体性的东西和力量,与相具有同样的品性。灵魂说是柏拉图的本体论、知识论乃至社会政治伦理说的重要论证依据。②

二

柏拉图哲学的核心乃是关于灵魂的学说,《理想国》的终极兴趣在于研究人的灵魂,有关城邦及其结构的所有论述只不过是赋予灵魂及其结构一种"放大了的形象"而已。(参见《理想国》368d)柏拉图对灵魂概念做了深刻的改造,灵魂不再是陌生的精神状态,而是我们自身的精神状态。不朽的灵魂,在每一个人的内心深处,在他的生命中,构成了他的真正存在。

亚里士多德《灵魂论》(拉 De Anima)的论域比起当代的心灵哲学或者当代的哲学心理学要深邃宏阔得多。它是关于 psuchē 与 nous 的存在论的形而上学探究。亚里士多德实践哲学的核心思想是德性论,而"人的德性不是指肉体的德性,而是指灵魂的德性,我们说的幸福是灵魂的现实活动";"正是由于灵魂的德性,我们才生活得美好"。③

---

① [古罗马]西塞罗:《论灵魂》,王焕生译,西安出版社,2009年,第119页。
② 黄颂杰:《古希腊哲学》,人民出版社,2009年,第140、141页。西塞罗在《图斯库路姆谈话录》(*Tusculanae Disputationes*)第一卷中总结了古希腊哲学中各个流派对灵魂的认识,而后站在柏拉图的立场上支持灵魂不朽的主张,"即使柏拉图不作任何论证,他的威望本身也使我信服","凭赫拉克勒斯起誓,我宁可与柏拉图一起犯错——我知道你对他是多么尊敬,并且由于你的话也使我对他感到惊叹——也不想接受现在那些学者们提出的真理。"见西塞罗:《论灵魂》,王焕生译,西安出版社,2009年,第112页。
③ 黄颂杰:《西方哲学论集》,上海人民出版社,2016年,第400页。

就亚里士多德的 nous 而言,心灵(mind)不是一个妥帖的翻译,因为 mind 这个词饱含太多后-笛卡尔(post-Cartesian)的涵义。亚里士多德的《灵魂论》毋宁说是哲学灵魂学,或者生物-灵魂学。① 亚里士多德说,时间乃是"灵魂在运动中感知'早和晚'"(《物理学》219a)。对德性的研究属于政治学。正如医生要下功夫研究人的身体,政治家必须下功夫研究人的灵魂。(《尼各马可伦理学》1102a5-21)亚里士多德说,"保全政体的诸方法中,最重要的一端是按照政体的精神实施公民教育。需要让公民的情操经过习俗和教化陶冶而符合于政体的基本精神。"(《政治学》1310a12-15)

如果说柏拉图对灵魂进行了几何学的区分,那么亚里士多德对灵魂进行了生物学的区分,不懂几何学者不得入 Academy,不懂生物学者不得入 Lykeion。柏拉图和亚里士多德的灵魂说虽然有诸多分歧,但他们都把灵魂看作比肉体更重要、更高贵、更优先,都把神看作最高的实体、最终目的,这个形而上意义上的理性神乃是至善,由此,黄颂杰先生认为柏拉图和亚里士多德为西方哲学奠定了人性和神性两大品质。②

基督教的救恩真理,关键在于确保个体灵魂的得救。奥古斯丁采用了柏拉图主义的传统定义,将人理解为一个使用可朽及世间肉体的理性灵魂,换言之,人是被赋予理性并适合于统辖一个肉体的实体。奥古斯丁主张双重人格论,每一个人都是一个"外在的人"和"内在的人"的联合。前者是人的外形、表象,即被灵魂统辖的人体;后者则是理性灵魂的深幽之处,是不与肉体相混合的灵魂,这才是人之为人的本质,这一本质与"无形的、永恒的理性"相通,它是上帝之光的受体、道德实践的主体。可见,奥古斯丁在形而上学和自然观领域中,主张参照肉体的实体性来解释灵魂,兼顾人的内、外两个方面;而在伦理观中,主张在人与上帝的关系中考察灵魂,推崇灵魂的纯洁。③

中世纪晚期的多明我会修士威廉(1215—1286,William of Moerbeke)依据希腊抄本完成了《亚里士多德全集》的拉丁译本,托马斯·阿奎那则按照威廉的译本逐节逐句为全集做了拉丁注疏,包括《〈灵魂论〉笺释》(*Quaestio Disputata de Anima*)。托马斯在《〈灵魂论〉笺释》中提出了关于灵魂的有争

---

① Rorty, Amélie Oksenberg "De Anima and its Recent Interpreters" [A]. in Nussbaum, Martha C. edited, *Essays on Aristotle's De Anima*, Oxford university press 2003: 7.
② 黄颂杰:《西方哲学论集》,上海人民出版社,2016 年,第 401 页。
③ 赵敦华:《基督教哲学 1500 年》,人民出版社,2007 年,第 146—148 页。

议的 21 个问题,比如,人的灵魂是否同时具有形式和本体(entity)？灵魂是否与肉体相分离而存在？灵魂是否由质料和形式构成？天使和灵魂是否判然有别？一个人身上理性灵魂、感觉灵魂、营养灵魂是否是一个实体(one substance)？当某个灵魂加之于它的肉体,二者可以理解为相分离的实体吗？分离的灵魂知晓所有的自然物吗？感觉能力是否仍然保留在一个分离的灵魂里？分离的灵魂是否能够承受有形之火带来的疼痛？[①]

按照亚里士多德的观点,灵魂与身体是同一实体("人")的形式与质料,灵魂和身体都不是单独实体,而是单独实体的构成要素。因此,托马斯说,灵魂学是自然哲学和物理学的一部分。人是使用肉体的灵魂,人并不与灵魂同一,而是由灵魂与肉体共同组成的有形实体,灵魂有自己的活动方式,也有自己的存在方式。[②] 另外,托马斯是中世纪第一个建立神学美学的人,他把伦理学与美学结合起来,"美是善的一种,即在美之中灵魂不占有而歇息着。"比如,我们可以享受一幅画,而不占有它,我们可以享受到图画中所描绘的树木、海洋、房屋和人们的纯粹形式,而不需要占有它们。在音乐和其他艺术中也是这样。[③]

三

中世纪神学家让灵魂一词牵涉太多的神学偏见,近代哲学显然厌倦了他们对灵魂不朽的繁琐论证,笛卡尔以来的近代哲学究竟新在何处？从根本上来说,是在清除旧的灵魂概念,换言之,清除基督教学说的基本前提。[④] 笛卡尔以来,心理学(根本上是关于灵魂的科学)发生了根本上的概念转变,关于精神、关于理性的科学成了意识科学,一门在所谓内在经验中去获得其对象的科

[①] Saint Thomas Aquinas, *Questions on the Soul*, Trans by James H · Robb, Marquette University Press,1984.

[②] 赵敦华:《基督教哲学 1500 年》,人民出版社,2007 年,第 378 页。

[③] [德]蒂利希:《基督教思想史》,尹大贻译,汉语基督教文化研究所,1993 年,第 275 页。

[④] [德]尼采:《论道德的谱系·善恶的彼岸》,谢地坤等译,漓江出版社,2000 年,第 192 页。笛卡尔以后,看似主流学说对灵魂概念唯恐避之不及,实则以各种或明或暗的方式谈论灵魂,笛卡尔本人也不例外。笛卡尔为瑞典女王克里斯蒂娜撰写《论灵魂的激情》(1649)康德柯尼斯堡大学教育学讲义《论教育学》(1803)。黑格尔《精神现象学》(1807)最初书名的中心术语,即灵魂超出自身又与自身结合一起的这种经验,源于赫拉克利特箴言"灵魂(psuche)的意思乃是使自身超出自身的东西"。参见古斯塔夫. E. 米勒:"现象学、逻辑学与哲学全书的相互依存关系,"载于施泰因克劳斯:《黑格尔哲学新研究》,王树人等译,商务印书馆,1990 年,第 32—33 页。

学。而早在希腊和中世纪的哲学中,人们所看到的还是作为整体的人,而对内在心灵生活(现在人们乐于称之为意识)的把握则是在一种自然的经验中进行的,还没有被界定为一种与外感觉相对的内感觉。[1]

古典灵魂论中,人的最高使命是关心自己的灵魂,近代哲学则贬低它甚至把它从思想领域排斥出去。黄颂杰先生戏称这是灵魂说"金蝉脱壳"的结果,[2]从此在神学以外的主流哲学中,灵肉问题转换成了身心问题,诸如心灵、自我、精神、我思、意识、知觉之类的概念大行其道。

洛克《人类理解论》(1690)用的是心灵(mind)而不是灵魂(soul)一词,并且将经验和观察而不是某种内在的或天启的东西作为观念的来源。换言之,心灵越来越多地从知觉、语言及其与世界的关系等方面来理解,这就同灵魂乃是从其不朽性和在来世中的重要地位来理解形成鲜明对比。

洛克认为,现实世界的种种经验给予我们诸如冷热甘甜的感觉,经由对这些经验的分析而形成我们的观念。这正是牛顿和洛克所构筑的现代世界,牛顿确立了物理世界的基本真理,洛克则用心理学替代形而上学,揭示了由经验产生真理的精神机制。于是,谈论灵魂成为一件令人尴尬的事情,而被更加世俗的心灵概念所代替。洛克赋予经验而不是内在知识以至上地位,让他得出信仰也与经验有关的结论。

与此相应,洛克关于语言的态度,语言无非是习俗和便利的产物,它有变化和发展。然而,与古典灵魂论相应,直到17世纪,语言在很多人心目中具有特殊地位,语词是某种特殊的东西,因为它们再现了所描绘的对象,甚至有人相信每一个存在物最初都有一个确定其存在的名字,而哲学的任务就是揭示这一原初的名字。洛克则认为,我们去揭示这种所谓原初的语言形式,就好像这样能够帮助我们找回某种古老智慧似的,实际上这是没有意义的。

尽管洛克提供了细密的论证,但是仍然有很多人不愿意接受灵魂概念的

---

[1] [德]海德格尔:《时间概念史导论》,欧东明译,商务印书馆,2009年,第14页。
[2] 黄颂杰:《西方哲学论集》,上海人民出版社,2016年,第386页。灵魂说从哲学议题中逃遁了,是否有双重意味,一方面人类中心主义的傲慢使得理性与欲望结盟,资本主义在欧洲兴起,正是由于新兴资产阶级的逐利行为获得了道德上的肯定,因而他们无需承载灵魂的重负,韦伯试图澄清资本主义文明形成的精神条件;一方面现代人又迷失在资本、技术和权力的宰制之下而不能逃脱,马克思惊呼资本主义的到来乃是人类危机时刻的到来,异化学说向我们显明了现代人灵魂无家可归的状态,因而马克思要求我们去认识和肯定合人性的人,去实现人的解放和自由劳动。可以说马克思和韦伯的学说皆应运而生。

降格,有人认为灵魂乃是通过肉体形式来具象化的,有人认为上帝通过灵魂创造天赋观念。莱布尼茨提出单子(monad)是最基本的存在,构成肉体和灵魂的共同基础,灵魂的内在本质活动就是掌握知识和引导行为。"犹太人的苏格拉底"门德尔松认为灵魂预先决定了人向高级文化进步的可能,灵魂包含了一种只针对美发生作用的机能,这种机能可以让人对美的事物做出反应,了解它并认识它,而经验分析则永远不可能以这样的方式运作。[1]

四

去灵魂化后心理学兴起。现代意义上的心理学,花了很长时间将自身与灵魂观念区分开来。1879年冯特(W. Wundt)在莱比锡大学成立了第一个心理实验室,把意识过程分解为一些基本元素,然后考虑如何综合。这种综合当然不是简单的相加,比如,一个复合而成的当当声,在观念与情感上无疑要强于单个声音元素的综合。冯特认为心理学是意识经验的科学,心理现象的性质可以在组成元素的性质中得到理解。冯特进行了许多测量,如测量了我们对时间的感觉,而且还把许多研究的线索整理成一个条理分明的体系。冯特虽然充分认识到分析方法在特殊问题的研究中的用处,但他绝未忽略内心生活的基本统一性。[2]

心理学借助于自然科学的方法来探究人的心灵、精神、生命。心理学的首要任务就是摆脱经院哲学概念的枷锁,以便反省精神生命的基本事实。早期的心理学无处不向物理学模仿。[3]

心灵可以凭理性与经验两种方法去研究。我们可以先接受某种形而上学的宇宙论体系,比如罗马天主教的神学体系或德国唯心论,然后凭理性推出人的心灵在该体系中的地位,以及心灵与该体系的关系;另一方面,也可以不接受任何这样的体系,而通过经验的观测与实验,研究各种心灵现象。这种凭借

---

[1] [英]彼得·沃森:《人类思想史》,姜倩等译,中央编译出版社,2011年,341—344页。
[2] [英]丹皮尔:《科学史及其与哲学和宗教的关系》,李珩译,商务印书馆,1997年,第408页。"1879年,心理学才确立为一门实验科学,有了一个栖息地与名称,此前,心理学就像个流浪儿,时而敲敲生理学的门,时而敲敲伦理学的门,时而敲敲认识论的门。"(墨菲《近代心理学历史导引》评冯特)
[3] [德]卡西尔:《人文科学的逻辑》,关子尹译,上海译文出版社,2004年,第152页。

经验的研究,又可分为内省的方法,与观察实验的方法。正是凭借观察实验的方法,心理学成为自然科学的一个分支。心理学有一个漫长的过去,却只有一个非常短暂的历史,将古代的灵魂论转变为近代的心灵分析才取得了作为一门独立学科的地位。①

沃尔夫已经区分了经验心理学(psychologia empirica)与理性心理学(psychologia rationalis)。经验心理学探讨意识的实际状态,以知觉为出发点,以自我观察为基础,只限于列举并描述知觉所提供的当前事实,无怪乎康德同时代的启蒙主义者莫瑞茨(Moritz)提出的口号是"事实,而非道德上的喋喋不休!"② 19 世纪中叶前后,所有科学中流行的口号是:经验事实,而不是思辨和空疏的概念!这一口号的流行首要的原因是唯心论体系的瓦解。具体工作才是有效的,要尊奉"事实",而事实是指那种可计数、可衡量、可测定、可以在实验中加以分析的东西。③

到了精神分析出场,则把人的内在世界看作一个需要治疗的对象。荣格区分了精神分析与教士或牧师的灵魂治疗,后者是建立在基督教信仰告白基础上的宗教影响,基督教的目标是脱离这个世界,恭顺于上帝的意志和使个人得到拯救;而精神分析是一种医疗上的干预,一种旨在揭示和显露无意识心理内容,并将它们整合到自觉意识中去的心理技巧。④

五

一切哲学,不管它们如何解释"主体"且将之置于哲学研究的中心,终归要回溯到灵魂、精神、意识或自我。借用兰波 1871 年 5 月 15 日致德梅尼(Paul Demeny)的一封信,如果立意要去探究古代哲学的话,首先必须认识自我,去寻找灵魂,审视之、体察之、探究之,一朝认识了自己的灵魂,就去呵护它,让内

---

① [英]丹皮尔:《科学史及其与哲学和宗教的关系》,李珩译,商务印书馆,1997 年,第 403—404 页。
② [德]赫费:《康德的〈纯粹理性批判〉》,郭大为译,人民出版社,2008 年,第 226 页;另参见黑格尔《小逻辑》§ 34 附释。
③ [德]海德格尔:《时间概念史导论》,欧东明译,商务印书馆,2009 年,第 14、16 页。事实上,根本没有所谓赤裸裸的事实——事实必须基于相关的概念假定,正是凭借着这些概念假定事实才得以被确立。对事实的认可只有在特定的判断结构中方为可能。个别的事实一旦失去了与普遍价值的关联,就其作为个别事实的身份而言,其潜在的丰富意涵永远无法被掌握。
④ [瑞士]荣格:《精神分析与灵魂治疗》,冯川译,译林出版社,2014 年,第 1 页。

在世界实现自我完善。某种意义上,研究古代哲学应该让自己成为一个通灵者(voyant)。

这里的通灵者不是康德所嘲讽的斯威登堡(Emanuel Swedenborg)式的神秘主义者。在康德看来,斯威登堡这类通灵者可视为感觉的梦幻者,与此相应,独断的形而上学家可视为理性的梦幻者。这两类梦幻者之间的相似之处在于,形而上学家可凭理性认识他人无法认识的对象,通灵者则可感觉到常人无法感觉的事物。

这里的通灵者是指通晓灵魂说的人,一方面如果我们通晓了苏格拉底和柏拉图的灵魂说也就意味着领会了他们所教诲的东西;一方面像兰波所说的在我之外或在我之上还有另外一个我,如果青铜唤醒铜号,这不是它的错。显然:我见证了思想(pensée)的绽放,我静观它,聆听它,拨动一下琴弓,乐音在内心震颤,抑或在舞台上跃动。①

柏拉图将思想看成是灵魂自己与自己的对话,而辩证法乃是通过对话达成对外界事物更高的认识,当可以直观理念的灵魂之眼陷入无知的泥沼时,辩证法可以轻轻地把它拉出来,引导它向上,促成灵魂的转向(《理想国》534c)。

在柏拉图看来,灵魂是一个复合体,既有人性和神性,也有兽性和野性,就好像古代传说中的集多种本性于一身的多头怪兽。正义还是不正义就取决于让人性还是兽性主宰灵魂,从而支配人的行为。②

[附记]本文源自黄老师指导的博士论文《技术式的沉思——罗素的知识探求与分析方法》第二章第一节"古典灵魂论简评",去年由中国社会科学出版社出版时更名为《罗素的知识论研究》,承蒙老师厚爱,为本书作序:"多维视角看罗素"。学生谨以此微文,恭祝老师生辰吉祥,福寿康宁!

何为神圣(heilig)?

惟让众心结灵盟(Seelen zusamen)

盟带只为轻轻结,

恰如香蒲成花丛。

何为至神至圣(Heiligste)?

---

① [法]兰波:《彩画集》,王道乾译,上海译文出版社,2012年,第173页。
② 黄颂杰:《西方哲学论集》,上海人民出版社,2016年,第494页。

精灵(Geister)深深感于心，
今日及永恒，一致更恒通。
——歌德《纪年时代》(*Jahreszeiten*)

自识、辩证法与实践智慧
——伽达默尔对苏格拉底、柏拉图和亚里士多德伦理学的释义学研究

胡传顺[①]

  苏格拉底、柏拉图哲学与亚里士多德哲学之间的关系一直是哲学史上有争议的问题。一般认为,柏拉图的理念论与亚里士多德的实体本体论之间的对立是他们哲学之间的根本对立。实际上,亚里士多德在《形而上学》中对柏拉图的理念论的批判是深刻的,在伦理学中同样也对善的理念进行了批判,而且苏格拉底开始提出的善是什么的问题也成为亚里士多德的批判对象。这样,亚里士多德实际上使得自己与苏格拉底和柏拉图对立起来。但是,对于伽达默尔来说,这是不可思议的。伽达默尔对黑格尔的推崇正是在于黑格尔对希腊哲学的理解上,也即三位哲学家的共同性所在,最重要的就是 logos 哲学的统一上。而且 logos 不再是理性的意思,而是语言、话语的意思,即他们三人都是一种对话哲学,这是一致的。关于理念论与实体论的问题是我们讨论存在本身的问题时所需要面临的。这里,我们主要是从伦理学中探寻伽达默

[①] 这篇文章论述的是我在复旦大学跟随黄颂杰老师攻读博士学位期间(2008—2011 年)思考的问题。虽然我的学术兴趣一直是德国哲学,但是聚焦点都在于德国哲学家对古希腊哲学、德国古典哲学的诠释、释义和解读上,博士论文就是探究伽达默尔对古典哲学的解读这个方向。实际上,我的哲学研究还是续了黄门学术道统的。入复旦学习,是我人生校园学习阶段重要的,也是最有意义的、对我本人学术影响最大的阶段。能够跟随黄颂杰老师,也是人生之幸事。没有想到的是,我竟然成为黄老师门下的"关门弟子",我也不知道这个意味着什么,但是,这时不时都给我带来一种无形的压力和动力,似乎要对得起这个"关门弟子"。这种"对得起"不仅仅是学术成就上的"续前学",更有学术品格上的"继往圣"。我想,这都是我这个"关门弟子"要做到的。另外,这篇文章也是我现在仍然思考的问题,是江西省社科规划一般项目"伽达默尔与西方传统形而上学复兴"(16zx02)的部分成果。

尔所说的共同性，探寻伽达默尔所说的 logos 哲学的统一性。也正是在这种共同性和统一性中，我们可以探寻到伽达默尔自己释义学的伦理学或伦理学的释义学意义所在。这样，首先进入我们视野的问题就是苏格拉底的两个命题，即"认识你自己"和"美德是知识"。

一、苏格拉底的两个命题

众所周知，苏格拉底是述而不著的哲学家，那么，我们了解的他的思想就只能说是间接的。尽管是间接的，有些材料还是被后世哲学家认为是可靠的。这些材料主要有阿里斯托分的喜剧，色诺芬的回忆录，柏拉图的对话以及亚里士多德的论述，这也是伽达默尔所依赖的材料。其中，"认识你自己"是德尔斐神庙墙上的箴言，柏拉图的《卡尔米德篇》与色诺芬的《回忆录》中都有记载。苏格拉底从研究自然哲学转向研究人的哲学的思想，就被归结为"认识你自己"。那么，什么是"认识你自己"？这句话是什么意思？色诺芬在《回忆录》中指出，"必须先察看了自己对于作为人的用处如何，能力如何，才能算是认识自己。"[①]也就是说，认识你自己，就必须考察自己的用处何在，能力如何等等问题，不知自己的能力，不能称之为认识了自己。毫无疑问，"认识你自己"的这样一种哲学思想是对自身的认识，也就是说，它作为一种知识是自身的知识，关于人类自身的知识。再者，我们看看，柏拉图在《申辩篇》[②]中记载的对苏格拉底的控告，"苏格拉底是罪人，因为他败坏青年，并且不信奉城邦所信奉的诸神，而信奉其他新的精神存在物。"[③]那么，苏格拉底所发现的自己的神灵究竟是什么神灵？这与"认识你自己"究竟具有什么关系？显然，控告中所说的与"认识你自己"这一思想是相符合的，也就是说，人可以认识自身，而且这种认识自身的知识显然比认识自然更具有意义。问题在于"认识你自己"所面临的问题不比自然哲学遇到的问题要少。哲学史上都把"认识你自己"与苏格拉底的理性原则联系起来，认为这种思想就是恢复人的理性原则。但是，前苏格拉底哲学对自然哲学的研究同样离不开人的理性，nous 学说就是很好的说明。

---

① 色诺芬：《回忆苏格拉底》，吴永泉译，商务印书馆，2009 年，第 149 页。
② 文中引用柏拉图原著的都依据洛布希英对照本《柏拉图全集》，参考的中译本有：郭斌和、张竹明的《理想国》译本，陈康译注本《巴门尼德篇》，以及严群的《游叙弗伦 苏格拉底的申辩 克力同》译本和王太庆的《柏拉图对话集》，王晓朝译的《柏拉图全集》。
③ 柏拉图：《申辩篇》24B。

我们的问题在于,"认识你自己"固然是对理性原则的诉求,更重要的是这个被认为是理性的 logos 在伽达默尔看来根本不是理性的意思,而是语言、话语。他认为这是黑格尔的贡献。至于"认识你自己"如何与 logos 话语的内涵联系在一起,我们先暂时搁置。有必要事先考察黑格尔对这个问题的看法,黑格尔认为"认识你自己"并不是对人的特殊性的认识,而是一种精神法则,苏格拉底把伦理学引入哲学,柏拉图把辩证法引入哲学,使得哲学不同于前苏格拉底哲学。这种伦理学,包括亚里士多德的伦理学在黑格尔那里都是精神哲学的内容。伽达默尔在《真理与方法》中的精神科学实际上就对这种哲学与自然科学、技术科学的不同论述。那么,"认识你自己"这种精神法则是什么意思?"这并不是对人的独特的特殊性的认识;认识你自己,这乃是精神的法则。苏格拉底实践了这条诫命,他使认识你自己成为希腊人的格言;他是提出原则来代替德尔斐的神的英雄:人自己知道什么是真理,他应当向自身中观看。毕提亚现在说了那样的话;然而拿人自己的自我意识,拿每一个人的思维的普遍意识来代替神谕,——这乃是一个变革。"[①] 很显然,"认识你自己"或自识,在黑格尔看来,就是自我意识,人自己的自我意识,人类的普遍自我意识,这种自我意识能够把握真理,其本身也具有内在的确定性,也就是意识在自身中创造实在的东西。认识你自己,也即来自自身的知识,也即是 logos。从另外一个方面来说,其实他认为对苏格拉底的指控是对的。当然,在《真理与方法》中,我们也可以看到,精神科学所把握的真理和确定性与自然科学和技术科学所把握的真理是不同的。伽达默尔对苏格拉底的知与不知问题的讨论即探寻苏格拉底、柏拉图与亚里士多德哲学中共识也是从这种知识的区分开始的。

接下来,我要考察的是柏拉图《卡尔德米篇》中对这个问题的阐述。《卡尔德米篇》是柏拉图的早期对话,讨论的是 sophrosyne(节制、自制)这种美德的定义。这种美德也是苏格拉底最为重视的美德。它是什么意思?它与"认识你自己"是什么关系?"希腊文 sophrosyne 这个词有多种涵义,在中文和英文中都很难找到一个能全面表达它的涵义的译词,一般英译都译为 temperance,中文也随着译为'节制'。其实 sophrosyne 一词包含三重意义:一是知理智健全、稳健,同理智不平衡、愚妄而无自知之明、看问题褊狭等相反的意思;二是指谦和、仁慈、人道,尤其指少者对长者、位卑者对位尊者的谦恭态度;三是指

[①] 黑格尔:《哲学史讲演录》(第三卷),贺麟、王太庆译商务印书馆,1996年,第96页。

对愚妄的自我约束和控制,也只有在这重意义上才可译为节制。柏拉图在《国家篇》中将这种美德解释为以灵魂中的理性原则智慧战胜欲望成为真正的'自己的主人';在《法律篇》中则讲到 sophrosyne 可以和智慧等同,是对欲望的自我节制。在《卡尔米德篇》中讨论 sophrosyne 显然同人的自知、自制紧密关联,有认识自己、明智自律、使灵魂健全的含义,所以我们将它译为'自制'。"[1] 显然,国内古希腊哲学研究的学者汪子嵩等对这个词理解和研究是准确无疑的。Sophrosyne 这个词以及《卡尔米德篇》中讨论的问题就是"认识你自己"的问题。而且亚里士多德对苏格拉底的批判中就有对欲望、意志问题的批判。同时,这个自知之明或知人所不知与亚里士多德的 phronēsis 这个词具有同样的意图,所要求的都是合理、理智,也就是说自识、自知。也就是苏格拉底、柏拉图以及亚里士多德在伦理学中寻求的如何正当的生活的问题。在《卡尔米德篇》中苏格拉底使用自相矛盾的方法驳斥了卡尔德米先后提出的 sophrosyne 的三个定义。克里底亚最后提出了 sophrosyne 的第四个定义也即自我认识。也就是说,"认识你自己"就是自我认识,黑格尔的自我意识的理解完全是正确的,sophrosyne 就是自我认识或者自我意识的知识,就是"认识你自己"的智慧。克里底亚讲道,"所以,如果你不赞同,那我就提出一个新的定义并加以证明,节制就是自我认识。"[2] 其实,除了"认识你自己",德尔斐箴言还有一句就是"万勿过度",也即是要自制,过犹不及的意思,这与亚里士多德在《尼各马克伦理学》中的中庸意思类同。在我们清楚了自苏格拉底开始以来的伦理学就是一种关于人自身的知识之后,我们就需要考察苏格拉底的另一个命题就"美德是知识"。

"美德是知识"的命题与"认识你自己"是非常密切相关的。如果说"认识你自己"使得哲学从"天上"到"人间",那么,"美德是知识"就是这种哲学的进一步阐述。这种自我意识或自识所把握的真理会呈现出怎样的状态呢?它们之间是什么关系呢?黄颂杰先生指出,"'德性就是知识'与'认识你自己'是相通的。"[3] 这种相通又是在何种意义上相通呢?何谓"美德是知识"?至于什么是美德,我们不需要先行考察,主要的问题是这里的"知识"是什么意思?与前

---

[1] 汪子嵩等:《希腊哲学史》第二卷,人民出版社,1993年,第375—376页。
[2] 柏拉图:《卡尔米德篇》165B。
[3] 黄颂杰、章雪富:《古希腊哲学》,人民出版社,2009年,第88页。

一个命题相联系,我们自然就能得出,这里的"知识"就是我们所说的认识自己的自识,也就是自我意识和自识的知识。"苏格拉底所说的'美德是知识'中的'知识'主要是指要能认识自己的本性。"①当然,这个知识就不同于自然哲学家所说的知识。这个命题本身也就说明了美德的本性在于认识自己的知识,在于认识自己的能力所把握的知识。这种知识与亚里士多德所说的理论知识、技术知识和实践知识有什么关联呢？这才是我们考察这个命题的关键所在。要考察这个问题我们就需要从柏拉图、亚里士多德以及黑格尔的理解中得出问题的关键所在,而这个关键所在也正是伽达默尔所要寻求的。至于这个命题本身的内涵,我们看看色诺芬在《回忆录》中的阐述就可以明白,"正义和一切其他德行都是智慧。因为正义的事和一切道德的行为都是美而好的;凡认识这些事的人决不会愿意选择别的事情;凡不认识这些事的人也决不可能把它们付诸实践;即使他们试着去做,也是要失败的。所以,智慧的人总是做美而好的事情,愚昧的人则不可能做美而好的事,即使他们试着去做,也是要失败的。既然正义的事和其他美而好的事都是道德的行为,很显然,正义的事和其他一切道德的行为,就都是智慧。"②这就是说,我们做出选择时,知识和智慧是可以使得我们达成对善的实现,美德和知识是一致,这表现在实践中的实现。

二、 对亚里士多德批判的释义学分析

接着,我们需要考察的是亚里士多德的批判,在他的批判中,我们也会发现柏拉图和苏格拉底思想的分歧。亚里士多德的批判主要集中在形而上学研究的善和实践之善的问题上。批判固然是批判,但是,批判中我们可以发现共识的东西。这其实是伽达默尔研究哲学问题的独特方式。汪子嵩等先生对亚里士多德对这个命题的批判进行了概括,黑格尔在《哲学史讲演录》中也进行了概括。这些都是我们研究中可靠的素材。汪子嵩等先生指出了亚里士多德的两点批判,"第一,亚里士多德认为苏格拉底将美德只归结为理论性知识,不研究美德在人的生活行为中是怎样产生和实现的,这就抹煞了伦理学的经验

---

① 汪子嵩等:《希腊哲学史》第2卷,人民出版社,1993年,第435页。
② 色诺芬:《回忆苏格拉底》,吴永泉译,商务印书馆,2009年,第117页。

性内容"①。也就是说,苏格拉底还只是在理论上讨论美德是什么的问题,显然是不够的,知道什么是正义与行正义之事完全不是一回事。"第二,亚里士多德批评苏格拉底的美德否定了情感的作用。"②并且,亚里士多德在《大伦理学》中进一步指出,柏拉图把灵魂分为理性和非理性的部分,各自都有对应的美德,这是对的。这样,实际上,亚里士多德的批判也指出了柏拉图对苏格拉底伦理学的推进。那么,黑格尔是如何看待的呢?黑格尔分别引用了亚里士多德《大伦理学》第一卷第一章和《尼各马克伦理学》第六卷第十三章的内容。"我们从这一点就可以理解下面引述的亚里士多德对苏格拉底的美德的定义、原则所作的批判。他说'苏格拉底关于美德的话说得比普罗泰戈拉好,但是也不是完全正确的,因为他把美德当成为一种知识。这是不可能的。因为全部知识都与一种理由(logos)相结合,而理由只是存在于思维之中;因此他是把一切美德都放在知识里面。因此我们看到他抛弃了心灵的非逻辑的——感性的——方面,亦即欲望和习惯。'而这也是属于美德的。欲望在这里不是情欲,而是心情的倾向、意愿。"③这里所说的苏格拉底抛弃了欲望等非理性方面与前面第二点批判说的是同一问题,指的是知识与 logos 之间的结合。亚里士多德在这里对美德是知识的否定也与第一点批判类同。但是,这里还有一个重要的问题,也是伽达默尔整个哲学思想中最关注的问题即全部知识是与 logos 相结合的,这种思想应该说伽达默尔哲学释义学以及是其伦理学的重要基础。他认为黑格尔的遗产中最重要的问题之一也在这里。我们已经说过 logos 在伽达默尔看来就是话语的意思。这也就是指出了全部知识都与话语相关,与道说相关。无论是存在论问题,实践哲学问题,还是技术知识等等都与 logos 相关。在《尼各马克伦理学》中,亚里士多德说的更清楚,"苏格拉底因此认为美德就是逻各斯(因为他认为所有美德都是科学知识的形式)。而我们则认为,美德与逻各斯一起发挥作用。"④也就是说,德性或美德与 logos 是共存的。至于如何共存是我们另外要讨论的问题。这里,我们至少可以从亚里士多德的批判中得出几个方面的内容:其一,美德的知识或自我认识的知识是什么样的知识;其二,美德与 logos

---

① 汪子嵩等:《希腊哲学史》,第二卷,人民出版社,1993 年,第 437 页。
② 同上书,第 440 页。
③ 黑格尔:《哲学史讲演录》(第二卷),贺麟、王太庆译,商务印书馆,1996 年,第 68 页。
④ 亚里士多德:《尼各马克伦理学》1144b。

之间是共存的；其三，苏格拉底、柏拉图和亚里士多德显然都同意美德与 logos 之间关系紧密；其四，根据伽达默尔自己的现象学的意向分析，三者在不同程度上解决的相同问题的不同部分；其五，也就是黑格尔所说，自我意识在美德中的重要程度，尽管美德不仅仅是意识，但是自我意识是美德的重要构成环节之一。

这些对于伽达默尔来说具有无比重要的意义，四个问题摆在伽达默尔面前。一是自识把握的善的知识是一种什么样的知识；二是这种知识在柏拉图和亚里士多德那里有何相同与相异；三是 logos 在两者那里以怎样的形式出现；四是两者的意向性何在。伽达默尔在《苏格拉底的知与不知》中的分析有了依据，也异常深刻。其实这四个问题的解决在伽达默尔那里是一并进行的以及是交织在一起的。这种知识形式是什么知识形式的问题就会阐明柏拉图和亚里士多德的共同性所在，而且这种共同性也在于 logos 作为语言的内涵之中，这些问题的分析中我们就会觉察到柏拉图和亚里士多德之间的关联，下面的分析将会揭示。

三、 自识、辩证法与实践智慧

善的知识究竟如何？伽达默尔明确指出，美德的这种知识对于苏格拉底、柏拉图和亚里士多德来说，都是不同于理论知识和技术知识的。众所周知，亚里士多德是明确提出了实践知识、理论知识和技术知识之间的区分。实践知识也就是亚里士多德所说的政治伦理学的知识。那么，苏格拉底和柏拉图呢？伽达默尔认为，"柏拉图在《申辩篇》中描绘的苏格拉底也表明他不再仅仅是'理论'的关注"[①]。亚里士多德的实践知识或实践智慧（phronēsis）的这种美德说明的是苏格拉底自己榜样式的生活，苏格拉底在《申辩篇》中的自白实际上就是这种实践生活。并且，伽达默尔指出，因为苏格拉底批评和驳斥其对手使用一种技艺模式的善，从而柏拉图自己的善的知识不是使用技术模型来理解的。那么，考察亚里士多德的《尼各马克伦理学》，"我们会明白，苏格拉底所寻求的善的知识就是亚里士多德的实践智慧（phronēsis）。"[②] 既然，善的知识

---

① Hans-Georg Gadamer: *The Idea of the Good in Platonic-Aristotelian Philosophy*. Translated by P. Christopher Smith, Yale University Press, New Haven and London, 1986, p. 34.
② Ibid, p. 33.

不同于理论知识和技术知识,那么,这种知识与它们有什么不同呢? 这种知识究竟是不是对整体性的把握呢? 这种知识可否论证或证明呢? 亚里士多德批判的一个重要方面就在于这个整体性的问题。"这里,苏格拉底成为一位神话人物,在这个人物那里,善的知识最终与真的知识和存在的知识仿佛在一种最高的理论中结合在一起。我们的任务源于此:就是提出善的知识,真的知识和真正概念层次的思维之间的这种神话式统一。这样,就可以理解亚里士多德与柏拉图共享的东西,尽管他自己与柏拉图区分开来。"[1]这里所说的最高的理论就是辩证法或对话,正是辩证法使得善的知识与存在的知识得以统一,柏拉图甚至有时候就称辩证法为 phronēsis。这种辩证法并不是人们可以学习而获得的,它是合理性,phronēsis 就是对合理性的寻求,对整体性的把握。其重要性在于与实践智慧具有相同的选择和实践能力,也与亚里士多德逻辑学的辩证法具有相同的理智能力。那么,在善的知识的可教与否的问题上,柏拉图实际上提出了著名的回忆说。在可否论证或证明问题上呢? 伽达默尔认为这种美德的知识不可能如同自然科学那样的证明和论证,它是自我理解的问题。这种知识不同于自然科学的证明,它的真理性如何得以保证呢? 伽达默尔讲:"毕竟,苏格拉底引导的主题是美德。在一定意义上,美德就是某种人们总是已经知道的东西和总是必须已经知道的东西。用现今盛行的话来说,美德要求自我理解,苏格拉底向其对手们证明的就是这个他们缺少的东西。柏拉图赋予自我理解更普遍的意义:知识的关注不可能通过任何学习而获得,而相反仅仅是通过自身的考察和人们相信其具有的知识的考察,我们所打交道的是辩证法。仅仅在对话中——同自身或他者——人们能够获得超越传统习俗的偏见。"[2]一方面,伽达默尔在这里又使用了 logos 与行为的统一。在他看来,美德和善的问题当然也是理智探究的问题,但也是生存论的问题即我们如何理解和如何引导我们自身的生活的问题,我们如何行事的问题。苏格拉底的"认识你自己"实际上就成为认识 logos 的问题,logos 是人的第一本性,亚里士多德"人是 logos 的动物"说明的也是这个问题。也就是说,认识 logos 就意味着我们在同自身和

---

[1] Hans-Georg Gadamer: *The Idea of the Good in Platonic-Aristotelian Philosophy*. Translated by P. Christopher Smith, Yale University Press, New Haven and London, 1986, p. 34.

[2] Ibid., p. 42 - 43.

他者的对话中生活。这当然不可能是自然科学的证明,理解这种此在的基本存在方式也是在语言、对话中进行。另一方面,这种知识究竟可不可以传授呢?在苏格拉底和柏拉图那里,很明显的,无论这种知识能否传授或者说无论全部知识能否传授都不可能与智者的传授一样。智者的传统是通过技术、技艺的传授。无论是美德知识不可能作为技艺进行传授。那么,对于柏拉图来说,新的教育就是有必要的,这种新的教育是何种样态的教育呢?这种新的教育实际上就是柏拉图的回忆说,"这种新的教育理念完全就是意识的学习。"①这种教育的目的就在于教育人们成为合格的、正当的城邦公民,也就是能够积极的参与公共事务。参与公共事务是教育的目的,而不同于智者们对于技术的传授。回忆说就是在这种意义上提出来的,但是在伽达默尔看来,回忆说指的并不是我们对回忆起遗忘的东西,"恰当的言说、认识或认知,也不是遗忘的东西被记起。更确切地说,它是一种新的揭露,揭露已经认识的东西"②。这也就指出了,回忆说或者新的教育就是揭露,揭露已经知晓的东西,这是符合伽达默尔的一向的观点即认识就是再认识。揭露或显现出来的就是存在,也就是显现的真理,而不是符合论真理。自身显现的东西或自明的东西就是要求参与公共事务,这就使得善的知识以及伽达默尔的哲学释义学不可能是主观主义的自我理解或自我意识的问题。伦理学的自识也就不可能是主观主义的意识过程,它与参与实践是不可分割的整体。通常理解柏拉图理念与表象之间的模仿说在伽达默尔看来已经被柏拉图所转向即转向参与说。

柏拉图和亚里士多德的意向又何在呢?前面我们已经说到,亚里士多德批判苏格拉底的"美德是知识"时,指出美德不是 logos,但美德与 logos 共存。这在伽达默尔看来,亚里士多德至少在某种程度上已经同意了苏格拉底和柏拉图的观点,这两种观点不是对立的观点。"我将试图澄明事实上这种处理方式是完全同意了苏格拉底和柏拉图所意向说的东西以及暗含于柏拉图对话所清楚表达的美德的整体'理智化'中。"③亚里士多德也使用辩证法,他的辩证法在于平衡一方与另一方之间的冲突,这与柏拉图的对话在本质上是相同的。

---

① Hans-Georg Gadamer: *The Idea of the Good in Platonic-Aristotelian Philosophy*. Translated by P. Christopher Smith, Yale University Press, New Haven and London, 1986, p. 47.
② Ibid., p. 58.
③ Ibid., p. 60.

再者，亚里士多德在批判中提出了另外一个问题即 ethos 的问题，这个概念在亚里士多德看来是除了语言之外的人的第二本性，在《尼各马克伦理学》阐述了 logos 与 ethos 的联系。我们已经知道了美德是知识的意义在于 logos 或在于问与答的对话逻辑中，美德的知识也应该能够回答正当生活的问题，善的问题，那么柏拉图为什么《理想国》建构了乌托邦的哲学王国？他为什么要写这样的著作？其意图何在？"在我看来，《理想国》的乌托邦在某种程度上回答了善的问题，其目标是《尼各马克伦理学》所提出和澄清的成熟概念，即其对 ethos 和 logos 之间关系的考虑和分析。无论如何，亚里士多德自己的伦理学以苏格拉底-柏拉图的转向 logos 为前提条件以及依赖于这个基础。"[1]伽达默尔讲到，ethos 概念时所强调的自身问题想必已经可以理解，因为这个问题是以美德与 logos 的共存为基础的，ethos 也就不单单是习俗或习惯的意思，它与自身密切相关的。至于 logos 与 ethos 之间的关系问题就是实践哲学的问题。

总而言之，苏格拉底的命题在柏拉图和亚里士多德那里得到认可，也得到延续。认识你自己、自识和自我意识的能力在两者的伦理学中得到进一步补充，同时，自识所把握的知识在 logos 中得以实现，道说或语言就使得存在得以显现出来，也就使得伦理学之真理得以揭露。伦理学的自识也就是始于苏格拉底的"认识你自己"，黑格尔理解为自我意识，伽达默尔理解为自我理解，这在某种程度上都是源出于自识。关键的问题在于，这种自识是 logos 的自识，只有在语言或话语中，在对话中，自识才可以得以实现，即只有在辩证法中，logos 与自识是共存的。进一步分析黑格尔的自我意识对于理解伦理学的自识就显得完全有必要，对于理解伽达默尔的哲学释义学的自我理解也是必要的。

---

[1] Hans-Georg Gadamer：*The Idea of the Good in Platonic-Aristotelian Philosophy*. Translated by P. Christopher Smith，Yale University Press，New Haven and London，1986，p. 61.

超越还是内在？
论列维纳斯与柏格森之间的差异以及殊途同归

王礼平

正如乔治奥·阿甘本(Giorgio Agamben)指出的，当代法国哲学里有两个比较明显的路向，它们都经过了海德格尔的洗礼而分道扬镳。其中一条是超越路向，包括列维纳斯、德里达等，他们通过胡塞尔向康德回归；而另一条是内在路向，包括福柯和德勒兹等，他们通过尼采回归斯宾诺莎。而列维纳斯和德勒兹则是这两个路向的最具代表性的人物。[①] 我们尽管非常同意这个观点，同意以海德格尔等为代表的德国思想家为法国哲学带来了重大影响，但这里还需要指出的是，我们同样不能忽略了法国哲学内部本身的一些线索和逻辑。列维纳斯本人尽管深受胡塞尔和海德格尔的影响，但是他本人同样深受法国本土思想的熏陶，其中一个最关键的人物就是柏格森。从理论上讲，柏格森作为德勒兹的先行者，明显主张内在性，而列维纳斯无疑是主张超越性的，这两种路向之间的差异尽管看起来泾渭分明，但最终我们将发现，它们实质上却又殊途同归——最终都指向了对生命的关切[②]。本文即致力于探讨他们之间的

[①] Cf. Paul Patton and John Protevi (Ed.) *Between Deleuze and Derrida*, Continuum, 2003, p. 46. 同时参见 Leonard Lawlor 发表于《柏格森年鉴》第二卷上的文章："Dieu et le concept: une petite comparaison de Lévinas et Deleuze à partir de Bergson", in *Annales Bergsoniennes II*, PUF, p. 441. 阿甘本提出这个思想的原出处请参考 *Gilles Deleuze, une vie philosophique*, sous la direction d'Eric Alliez, Ed. Institut Synthélabo, 1998, p. 187。

[②] 阿甘本指出，福柯和德勒兹隶属于内在性的分支，他们的思想遗产指向一种关于生命的哲学。(Giorgio Agamben, L'immanence absolu, in *Gilles Deleuze, une vie philosophique*, sous la direction d'Eric Alliez, Ed. Institut Synthélabo, 1998, p. 186 - 187.)而在这里我们需要指出，在超越性分支上的列维纳斯的思想，其终极指向伦理的生命，也同样是一种对生命的根本关切。

根本差异的原因以及为什么最终又殊途同归,从而揭示出柏格森对列维纳斯的深刻影响以及法国哲学内部之间的某种精神传承。

一、"存在"与"异于存在":面对虚无或者死亡问题

毫无疑问,20 世纪的哲学家在不断地向传统的"存在"概念提出挑战。其中最为突出的就是海德格尔。尽管列维纳斯深受海德格尔"存在论"的影响,但不可否认的是,在这方面,柏格森对列维纳斯同样产生了决定性影响。无疑,我们可以说,列维纳斯著名的概念"异于存在"(autrement qu'être)是他思想的一个核心概念之一,正是这个概念的提出,标画出了他在根本上与传统"存在论"(本体论)的决裂,从而走向一种超越性、他异性的哲学。列维纳斯在一次访谈中谈到柏格森的时间概念时指出:"正是柏格森教会了我们'新颖'之精神,[从而]使'存在'冲破了现象而进入到'异于存在'(autrement qu'être)。"[①]列维纳斯认为柏格森的绵延(时间或存在)概念已经冲破了传统的存在论范畴,属于一种崭新的概念。它不再仅局限于"现象",根据现象或者表象来确定时间本身以及事物的"存在"。或者我们干脆可以说,柏格森的绵延(存在)概念不再是一种在场的形而上学概念,它的流变性、创造性以及差异的多样性摆脱了僵死的以"当下"或"现在"作为标尺的传统"存在论"。并不是一切都隶属于"存在"这个巨大的范畴,绵延不断生成变化,不断有绝对新颖的东西在诞生,不可预测。这种不可预测的绝对之"新颖"以及其流变生成的无限性是一种无法进入到"在场"中的东西。而在场本身使一切都现实化,把一切都抛入到已经"出场"的领域,从而被纳入到了"存在"这一个无所不包的范畴中来了。一切都已经被实现,时间的历时性被取消,一切都是共时的。正因为一切都是共时,所以一切又都只能处于同一个"场"中,这个"场"就是那个宽广的"存在"。存在吞噬一切。然而列维纳斯坚决反对把一切都塞入在场,然后统一于"存在"之名下。因为在他看来,那不过是一种理论上的建构,是完全剔除了具体的时间性后得到的干瘪剩余物。而柏格森恰恰激烈反对抽象时间(这样的时间以现在为中心思考过去、未来)对具体性事物(有时间性的事物)的

[①] Lévinas, *éthique et infini*, le livre de poche, Paris, Librairie Arthème Fayard et Radio-France, p. 18. 在这次访谈中,列维纳斯谈论的是他 1920 年代在斯特拉斯堡大学阅读柏格森时的感受,因此可以看成是他早期对柏格森思想的接受和领悟。而这种领悟深刻地影响了他后来的思路。

暴力褫夺。回归直接材料、回归具体性是柏格森的鲜明口号。无疑，列维纳斯对柏格森的阅读已经抓住了问题之根本。然而，就此意义上，他并没有完全接受柏格森的存在思想，而是走向了另一思想：异于存在。并非一切都可以被抛入"存在"而被内在化，没有"一切"(tout)和"全体"(totalité)，那只是一些虚假的概念，因为事实上，真正重要的是那些超出了在场和存在的东西，那些"绝对新颖"，不可预测，或者说不可知的东西，即他后来所指的那些"超越"的东西。柏格森的"绝对新颖"启发了列维纳斯。那么，列维纳斯又是在什么程度上与柏格森分道扬镳的呢？为什么柏格森走向了一种内在性，而他却走向了超越性？无疑，我们可以从他们关于"虚无"以及"死亡"的观点中找到答案。

实际上，柏格森整个思想的逻辑奠基点就在于他关于虚无的观点上，这一点已经被人忽略了很久。在柏格森看来，存在与虚无之间的关系一直被当作一种理所当然的关系。存在起源于什么？存在之前是什么？为什么有存在？这些问题都回到了一个唯一的答案：虚无。"先"有虚无，然后存在才"出场"。甚至上帝也是从"绝对虚无"中创造了万物(ex nihilo)。有与无成了一对先天合理的概念。似乎"首先虚无已经在那里，存在是后来添加上去的。或者说，如果某物一直都在那里存在着，那么虚无必定始终作为它的基础和容身之所，因而，虚无永远先于存在"[①]。而柏格森恰恰是从这个"哲学家们很少关注"的虚无概念出发，穷追猛打，从而提出了他自己的"存在"论。柏格森提出，为什么是有世界之本原(le Principe)存在而不是虚无？[②] 这很容易让我们想到海德格尔《形而上学导论》开篇提出的问题。海德格尔说，"究竟为什么在者在而无反倒不在？这是问题的所在……显然这是所有问题中的首要问题。"[③] 这里我们不去讨论海德格尔，只想知道，对柏格森来说，这样的问题是"首要的"问题吗？或者我们再追问一下，对列维纳斯来说，这个问题是"首要的"吗？

我们可以说，正是对这个问题的回答，引出了柏格森以及列维纳斯哲学的根本观点并贯穿了他们的整个思想。

柏格森指出，"存在与虚无"这对貌似平行对立的概念，在传统哲学家那里并没有得到仔细的讨论。而实际上，对哲学史上的那个巨大的存在论传统，必

[①] Henri Bergson, *L'évolution créatrice*, in *Oeuvres*, PUF, p.728.
[②] 同上。
[③] 海德格尔：《形而上学导论》，熊伟、王庆节译，北京：商务印书馆，1996年，第3页。

须要从这里追问,以澄清这个命题本身是否真的是一个"首要的"问题,因为这个存在论传统的"一切奥秘都来自于此"。① 柏格森是一个崇尚"直接材料"(les données immédiates)的哲学家,也就是说,他的出发点必须是"直接的"给出物,必须是具体的"活生生"的东西,这是一种比胡塞尔的"回到事物本身"(retour aux choses mêmes)更为原始的"回到事实本身"(retour aux faits)。或者我们可以说,柏格森认为,真正能够确定为真实的东西,只能是我们能够真正"经验"到的东西,这个经验当然不是洛克或者贝克莱等人的认识论意义上的从属的经验,而是一种独立而源始的经验。在这种经验中,我们人的"身体"以及与之交融在一起的"精神"能够直接"触摸"、进入或融合到那些"直接材料"中去,从而才能够真正捕捉或回归到"事实"这个最朴素的层面上去。正是根据这一原则,柏格森坚决反对虚无与存在之间有某种必然的逻辑关系。因为这不是"一对"相互依赖、相互奠基的概念,并不因为有了"虚无"作为前提,作为一种预先的条件,"存在"(存在物)才姗姗来迟,在虚无的底布上"出场"或"显现"。柏格森说:"形而上学对一切绵延着的实在事物的轻慢,确切地说是由于它认为这些实在事物只有通过虚无才能达到存在,是出于形而上学认为一个绵延着的存在物没有足够的力量战胜非存在并确证自己。正因为如此,它倾向于把一种逻辑的存在赋予真正的存在,而把非心理学的或者物理学的存在赋予真正的存在。"② 而柏格森所要做的就是要摧毁存在与虚无之间的这种"必然"关系。那些真正绵延着的事物要获得其合法的"存在"的地位,就必须被奠基,或者说必须标明"来源"。显然,传统形而上学中,柏拉图主义传统并不赋予任何变化的东西以根本地位,一切流变的东西都是派生的,都有其"来源"。根据这样的观点,在柏格森这里,一切绵延着的东西都不是根本的,不是自足的。这些事物生灭无常,其存在和消失(死亡,即虚无)是"共生"关系。因此,它们的"显现"是奠基于"虚无"(死亡)之上的。因此从总体上看,任何流变的事物都因为同"死亡"或者"消失"(虚无)根本联系在一起,所以任何具体的"现象"都是无足轻重的,它迟早要归于乌有。这样的存在物在柏格森看来,只是一种"逻辑的存在",是一种抽掉了具体性,简化为抽象符号的干瘪的"存在"。这样恰恰是扼杀了存在本身的具体性,扼杀了它们的绵延,或者

---

① Henri Bergson, *L'évolution créatrice*, in *Oeuvres*, PUF, p.728.
② Ibid., p.729.

说,是被剥夺了时间。对柏格森来说,显然,存在与虚无这两者并不是"同质"的概念,作为直接材料的存在显然是"具体的",是"有时间(绵延)"的东西,而虚无只不过是一个十分可疑的"概念(观念)"。正是这种不对等的关系,使柏格森抛弃了"为什么在者在而虚无不存在"这个问题的首要地位。因为"存在"(绵延)本身不需要"虚无"来奠基。也就是说,虚无是一个伪概念。那为什么虚无是一个"伪概念"呢？我们还需要回到柏格森对"直接材料"的尊重上来。柏格森在一开始进入哲学舞台就试图重铸哲学,因此他完全抛弃了主客二分的传统观点,只坚持绝对原始的经验和直接材料。他详细论证了任何我们认为可能的"虚无"都是不可能的,没有任何"虚无"可以作为"直接材料"和"纯粹经验"被我们"确认",甚至我们的"死亡"本身也是如此(这一点显然也启发了列维纳斯)。因为"无论是一种物质的空虚还是一种意识的空虚,其虚空的表象总是一种充盈的表象,它可用被解析成两种肯定的成分：抑或是或清晰或含糊的替代观念,抑或是或体验到的或想到的意欲或懊悔情感"①。例如当我说某物"不在"的时候,并没有"无"出现,不在的那个"场"完全被其他东西充实着,当我说找不到某物的时候,也并没有"无",某物的"无"只是因为它没有满足我的某个"意欲"。我们得到的"虚无"基本上都是一种错觉,基本上是一种"否定"后得到的所谓的"虚无",而否定本身并不是原始一级的活动,否定针对的是一个肯定判断,而肯定才可能是原始一级的活动。"这张桌子是黑色的"这个肯定活动可以通达一种"直接材料",是一种源始经验；而"这张桌子不是白色的",并没有制造出"白色"之"虚无",因为我们还有一个更原始的判断："这张桌子是黑色的",前一个判断是对后一个判断的否定,它早已抛弃了"直接材料"的原则,进入到了抽象推论领域。因此柏格森总结说："在一种纯粹专一地遵循经验之线(le fil de l'expérience)的精神看来,不会有虚空,不会有虚无,即便是相对的和部分的虚空与虚无[也不存在],并且也不可能有否定。这样一种精神所看到的将会是事实与事实的接续、状态与状态的接续、事物与事物的接续。它在任何时候所注意到的是那些存在的事物,那些出场的状态和诞生的事物。它活在现实之中,即便它能够判断,它所能肯定的不过只是现在的存在而已。"②

---

① Henri Bergson, *L'évolution créatrice*, in *Oeuvres*, PUF, p. 734.
② Ibid., p. 743.

因此，可以简单地说，对柏格森来说，不可能有"虚无"。世界是绝对充盈的"存在"，存在就是存在，没有必要依靠"虚无"才能够"站出来"。因此，存在自身就是原始的和合法的。存在自己自足存在，自己为自己奠基。因为没有虚无，世界就没有"裂缝"，一切都由此而"相互接续连接"绵延开去，蔓延成整个宇宙存在。在这样一个没有裂缝的世界中，哲学的根本问题不再可能是"存在与虚无"了，而是转到"整体"与"差异"上来。整体（tout）不是全体（totalité），整体的意思是世界是连续不可分的，全体的意思是世界的总和，前者可以没有完成而不断创造绵延，后者则意味着"终结"和"完成"。世界作为存在，是一个绵延的存在，或者说是一个"时间"性的存在，是历时性的。因此，柏格森的"存在论"（ontologie）同时间根本联系在了一起。存在本身不是单一的"在场"，不是当下显现的东西。因为一切都在绵延，一切都在生成，绵延本身的每一刻都不再重复，过去的东西并不消失，它形成记忆而独立地自足存在，它是一种潜在存在；当下并不凝固停滞；而未来本身虽然并未到来，但是并不是绝对的虚无，未来也是潜在存在的。过去、现在、未来三者连贯为整，从而就是整个世界存在。因此，它们之间的根本特征就在于"差异"，是性质式的多样性。存在被柏格森还原为了具体的多样性的差异存在，而不再是柏拉图传统的那种二元性或者说等级性。多样的存在各自有自己的特性，不需要被奠基，特别是不需要被"虚无"奠基。因为没有"虚无"，所以柏格森回归了原始的具体存在，这个存在也不再是"在场的"（当下的、现在的，实际就是不变和永恒的）和一维的，而是立体的，是整个时间性的存在整体。柏格森的"存在论"已经改造了"存在"的涵义，超越了传统。正如列维纳斯高度评价的：柏格森在观念史中第一次尝试跳出"在场"的永恒性来思考时间。[①]

如果说柏格森改造了存在论，那么对列维纳斯来说，他要激进得多：他所做的甚至要终结传统的存在论。毫无疑问，柏格森对虚无的批评以及关于存在（绵延）的观点给早期的列维纳斯留下了深刻的印象。如果说海德格尔关于存在以及死亡的看法直接启发了列维纳斯，那么我们可以说，柏格森则是那个真正的启蒙者。柏格森在1907年提出的"为什么是有世界的本原存在而不是虚无"这个问题在海德格尔1935年那里的再一次提出给了列维纳斯决定性的

---

① Cf. Emmanuel Lévinas, *Altérité et Transcendance*, Fata Morgana, 1995, p. 36.

启示。在列维纳斯那里,他追问:存在论是基础的吗?① 无疑,这个问题实际上就是在问:"为什么是存在而不是虚无"这个问题是哲学的首要问题吗?"存在论"是第一哲学吗?列维纳斯的回答是:"哲学的问题不是'为什么是存在而不是虚无',而是存在如何能够证明自身。"(la question de la philosophie ... non pas : pourquoi l'être plutôt que rien, mais comment l'être se justifie.)②因为在列维纳斯看来,"存在与虚无之间的转换……并不是首要的问题。'存在还是不存在'并不是最终的也不是最紧要的问题"③。而且把存在论看作第一哲学,也根本不能穷尽思之所有可能意义。④ 因为除了那些所谓的"存在",还有"异于存在",而且后者是比前者重要得多。而这个"异于存在"最为典型、且又与"虚无"相关的"东西"就是"死亡"。列维纳斯说:"虚无向西方思想提出挑战。"⑤如果说在柏格森那里,虚无被归于一个类似于"方的圆"一样的"自毁"概念⑥,从而被驱逐出存在论领域,那么对于列维纳斯来说,他更愿意谈论的是死亡而不是虚无。因为对他来说,存在与虚无这样的"一对"构成存在论的概念并不能真正"穷尽思",虚无并没有决定一切,虚无也并不能决定一切。无疑,列维纳斯的"死亡"并不是"虚无"。"死亡是所有不可知中最不可知的[东西]。"⑦"死亡对其他人来说是一种消失。但在其自身中,它居于存在与'不存在'的两难之间。"⑧它是"某种异于存在与虚无的东西,它同样唤起恐惧"⑨。显然,列维纳斯一方面接受了柏格森关于死亡的看法,同意死亡绝对不是虚

---

① 这个问题是列维纳斯1951年发表于《形而上学与道德评论》第一期上一篇著名论文的标题。Cf. Emmanuel Lévinas, «L'ontologie est-elle fondamentale»? in *Entre Nous*, le livre de poche, Grasset, 1991, p. 12 - 22.
② Emmanuel Lévinas, *Éthique comme philosophie première*, préfacé par Jacques Rolland, Rivage Poche, Éditions Payot et Rivage, 1998, p. 109.
③ Emmanuel Lévinas, «le philosophe et la mort», in *Altérité et Transcendance*, Fata Morgana, 1995, p. 164.
④ Emmanuel Lévinas, *Éthique comme philosophie première*, préfacé par Jacques Rolland, Rivage Poche, Éditions Payot et Rivage, 1998, p. 77.
⑤ Emmanuel Lévinas, *Dieu, la mort et le temps*, le livre de poche, «biblio essais», Grasset, 1993, p. 82.
⑥ Henri Bergson, *L'évolution créatrice*, dans *Oeuvres*, p. 732.
⑦ Emmanuel Lévinas, «le philosophe et la mort», in *Altérité et Transcendance*, Fata Morgana, 1995, p. 159.
⑧ Ibid.
⑨ Ibid., p. 160.

无,但是另一方面又吸取了海德格尔关于死亡的观点。死亡除了不可知,是一种神秘,同时还是一种恐惧。这种恐惧本身就像海德格尔对死亡的"畏"一样,它关涉到问题之根本。因为死亡永远是不可知的,它不可能被"同化"为人的经验,它永远只是一种可能性,总在那里,总是"有"(il y a)着却又从来不被实现。在海德格尔那里,死亡是一种终极的可能性,一种"不可能性的可能性",这在一定程度上实际承认了"无"(死)本身的确实性,是"可以到达的"(accessible)①。那么对列维纳斯来说,"死亡更多的是'一种可能性的不可能性'"②。也就是说,列维纳斯更强调的是死亡本身的"不可能",它不可被"同化"或"内化"从而变成某种"确实"的东西,它永远保持着神秘,它是"无限"的,无论如何都不可被我们"包容"进来,成为一种"经验"。当然,除了海德格尔哲学的影响,布朗肖(Maurice Blanchot)关于死亡的思想也深深影响了列维纳斯。布朗肖认为,在死亡的忧虑中,虚无是不可能的。③ 死亡排斥了虚无,因而,"生与死"这"一对"概念就绝对不能换成"存在与不存在"。它是某种 il y a,不再是"某物","而是一个既不是存在也不是虚无的事件"。④

因此,我们可以看到,列维纳斯的死亡一方面不同于柏格森,另一方面也不同于海德格尔。对柏格森来说,死亡不过是"能量的降级"⑤,实际上就是说,死亡是不存在的,死亡只是一种腐败、消退、降级、活力下降,死亡是可以战胜的,一个事物的死亡实际上是转化为了别的事物,这实际上不过是变化,而不是绝对的消亡。因此,人类本身是可以战胜死亡的,而作为宇宙核心力量的精神(心灵,生命,绵延,记忆)等则可以永远生成和绵延下去,这就是柏格森著名的"灵魂不死"论。因为没有虚无,所以就不会有绝对的消失,世界没有裂缝,没有空场,所以绝对不可能有真正的"死亡"。与此相反,海德格尔"承认"死亡,"向死而在"。列维纳斯则取其中间值:既不否认死亡,又不承认它可以亲身经历。一句话,死亡是一种神秘物,一种完全的"异"。显然,这种绝对的

---

① Emmanuel Lévinas, *Dieu, la mort et le temps*, le livre de poche, «biblio essais», Grasset, 1993, p. 80.
② Emmanuel Lévinas, «le philosophe et la mort», in *Altérité et Transcendance*, Fata Morgana, 1995, p. 161.
③ Ibid., p. 162.
④ Lévinas, *éthique et infini*, le livre de poché, Paris, Librairie Arthème Fayard et Radio-France, p. 40.
⑤ Emmanuel Lévinas, *Dieu, la mort et le temps*, p. 80.

"异"同样是属于"思"(la pensée)的,即便它是一种无法逾越的"障碍"。也正是在这个意义上,列维纳斯回答了那个被海德格尔作为"首要问题"的问题:哲学的问题不是'为什么是存在而不是虚无',而是存在如何能够证明自身。因此,传统的"存在论"实际上被否定了,存在不再统领一切,因为还有其他东西(如死亡)溢出于存在。真正重要的问题落到了存在的合法性上,或者说落到了伦理上。因此,从这一点上说,列维纳斯与柏格森是一致的,他们都要求摆脱传统的在场形而上学,驱除了"虚无",而把问题落到"存在"的合法性上。柏格森让存在"自足",让其自动获得其合法性,改造了存在论,引出差异(性质多样性)概念,从而获得其哲学上的重大意义,走向一种内在性的哲学;而列维纳斯则抛弃了在场形而上学,特别是传统的存在论,通过肯定"死亡"、"他者"以及上帝等的"不可知"而引出了他异性(altérité)概念,从而获取其伦理学的意义,走向了一种超越性的哲学。

二、内在与超越:表象的毁灭及其它

可以肯定的说,无论是柏格森的内在性哲学还是列维纳斯的超越性哲学,都给予了传统哲学致命的打击。这种打击最为典型的表现就是摧毁传统形而上学的核心概念之一:表象(représentation)。[①] 无疑,对"表象"进行批判是法国当代哲学的一个典型特征,不仅列维纳斯,而且德勒兹、德里达等人都对这个词进行过彻底的批判,这是他们批判"在场形而上学"的主要内容之一。然而,我们却严重低估了柏格森的功绩:在法国,正是柏格森最早对这个概念进行了批判。他的这种批判无疑直接影响了列维纳斯以及德勒兹。不过,我们在这里要提出的问题是:表象概念从根本上说隶属于"我思"传统,而这个传统恰恰是一种"内在"哲学传统,何以柏格森一方面对这个概念提出猛烈的批评,另一方面却仍旧是一种"内在性"的哲学?而列维纳斯何以却走向了一种与内在性"相反"的超越性的哲学?对这两个问题的回答恰恰蕴含着柏格森与列维纳斯之间的根本差异。

柏格森在1901年就曾明确指出,表象(représentation)这个词从其词源学

[①] 当然,如果按照词源学意义来说,re-présentation这个词的最准确的译法应该是"再-现",但是鉴于这个词基本上是属于认识论领域,并且我们已经习惯翻译成"表象"(或"表现"),这里我们仍因袭旧译。

上看永远都不可能是某种第一次呈现于我们精神之"对象"。它只能是对精神活动的"再"记录和再一次表现。因此,类似于"情感"这样一种在简单的在直觉中直接给出的东西(l'immédiatement donné)不能用 représentation 这个词来指称,而应该用 présentation(展现)这个词取而代之。① 显然,柏格森需要确定的是某些在"我思"传统中从来没有被适当表达过的东西:那些直接呈现于意识的东西(如纯粹的情感)。在知识论的传统观点看来,意识中的东西总是另外一些东西投射进来的"影像",是某种"再-现"(re-présentation),经过了"我"(主体)的过滤。柏格森恰恰抛弃了一切主客观的分野,直截了当地要赋予意识中的 présentation(直接展现)以源初的合法地位:纯粹情感这样的东西是源初实在的(具体的),它不是某个"客观对象"在"主观精神"中的影子。实际上,在柏格森的第一本书(《论意识的直接材料》,1889)那里,他所要做的唯一一件事情就是赋予这样的东西以源初、独立的合法地位,这种东西就是他著名的"意识的直接材料"(les données immédiates de la conscience),或者说就是绵延。"直接材料"完全超越了"我思"传统,没有主客二分,没有主体对对象的统摄。而且这种叫做绵延的东西并不是只有时间上的"现在"(永恒)这一维,它是历时性的多样性和差异的统一体,是不可分割的运动,这样的东西才是真正的"存在"。显然,这样的思想是颠覆性的,它深深地影响了列维纳斯。后来列维纳斯不止一次对柏格森的这本书推崇备至。② 不仅如此,柏格森在《物质与记忆》第一章中把这种思想扩展开来,不仅意识之绵延是一种独立的 présentation,而且世界本身也是独立、源初的 présentation。③ 甚至连知觉本身也不再隶属于某个主体或自我,知觉在一定程度上是独立存在的,是倾向于物质的,它甚至并不处于眼睛"里面",而处于"外面"事物那边。它"实际上就是事物的一部分"。④ 因此,représentation 完全失去了它的地位和意义,真正

---

① 参见柏格森 1901 年在法国哲学学会上关于《拉朗德哲学技术辞典》词汇审定讨论会上的发言。载 Henri Bergson, *Mélanges*, Textes publiés et annotés par André Robinet, Paris : PUF, 1972, p. 506。
② 列维纳斯在《伦理与无限》中说,《论意识的直接材料》是"哲学史上最棒的四、五本书之一"。(Cf. Lévinas, *éthique et infini*, le livre de poché, Paris, Librairie Arthème Fayard et Radio-France, p. 27 - 28.)另外几本分别是《费多》、《纯粹理性批判》、《精神现象学》、《存在与时间》。
③ 柏格森《物质与记忆》第一章是被赋予最多"现象学"意义的一章(从严格意义上讲柏格森根本不是现象学家,实际上在一定程度上他走得比现象学更远),也是诸多柏格森专家研究的一个热点。由于主题和篇幅关系,笔者对此将另行撰文。
④ Henri Bergson, *Matière et Mémoire*, in *Oeuvres*, édition centenaire, PUF, 1959, p. 212.

源初的(第一性的)是 présentation,是独立显现、不断流变、不断生成和不断差异化东西。换句话说,这个 présentation 与任何主-客体模式毫无关系,它就是那个"绵延",那个真正的"存在",就是"时间"。正是在这一点上,列维纳斯不余遗力地赞扬了柏格森。他指出,柏格森对时间的思索,在观念史上第一次试图超越过去那种根据"不动永恒的运动形象"(l'image mobile de l'éternité immobile)或者根据完满的一(l'Un consommé)来思考时间的传统。① 因为那样的时间不过是永恒的"一"的运动形象,是一种 représentation,是虚幻的,而且这个 représentation 完全只落脚于"现在"(在场),根本"无法抓住[那些]已过去的(le ré-volu)和未来到的(l'à-venir)"。②

毫无疑问的是,"表象"的毁灭在柏格森这里意味着"我思"传统的那种"内在性"哲学的毁灭。不再有主体-客体二分,世界不再是"我的"表象,事物的本质也不再是"认识"的"对象",世界也不再被统摄于"我"的精神,从而成为"内在"于精神的"内容"。因为世界之众多的 présentation 完全是自足存在、不断生成变化和创造的时间性的"存在",它们是源初的第一性存在,绝不隶属于任何"主体"或者"理念"。既然柏格森摧毁了一种"内在性",为什么我们还要说他的哲学是一种"内在性"的哲学呢?这是一种矛盾吗?显然不是。根据我们前面所述,柏格森是一个彻底反对"虚无"的哲学家。可以说,如果说这个世界是一个不可能有虚无、没有裂缝的世界,那么世界本身(宇宙)就只能是一个整体,一个完全性质相异、时刻差异化的整体,这个世界并不能被想象成三维空间的存在物,而是"一个"巨大的活生生的绵延存在,是"一个""生命体"③。生命之冲动贯穿其间,各个部分时刻相异、时刻生成和变化。因此,这是一个"差

---

① Emmanuel Lévinas, «De l'un à l'autre : transcendance et temps», in *Cahier de l'Herne «Emmanuel Lévinas»*, Version du livre de poche, Éditions de l'Herne, 1991, p. 34.
② Ibid., p. 34.
③ 黄颂杰师曾经在 1995 年就曾经在一篇关于柏格森的论文中指出,柏格森深受进化论影响,"被生物体的内在生命所打动",并在此基础上将宇宙万物的真相、世界的真正实在放到一个"内在的生命之中"去探讨。(黄颂杰:《论柏格森哲学》,载《西方哲学论集》,黄颂杰著,上海人民出版社,第 196 页。)宇宙和世界的真正实在本身,实际上的确已经成为一个"内在的生命",因为没有虚无的绝对性"空缺"和断裂,宇宙和世界浑然一体便不再有"外部",贯穿世界的绵延(一种宇宙"意识")都是"内在的"。颂杰师的这个表述,是我读到的建国后国内关于柏格森的文献中少有的将宇宙和世界表述为"内在的生命"的文献,将柏格森的宇宙表述为生命的说法有很多,但指出其"内在性"的,似乎我并未在其他人那里读到,因为即便是在西方,探讨柏格森思想的内在性特征也不过是在 20 世纪末期受德勒兹启发之后和本世纪初才成为潮流的。特此指出。

异"的世界，没有任何绝对的"内外"之分。每一个"部分"都是源初的第一性"存在"，它的存在是"合法"的；每一种"差异"也都是源初的差异，它自己为自己存在的合法性奠基，不依赖任何其他存在。因此，我们可以看到，这样的世界因为没有"虚无"，没有裂缝，不可分割，因而不可能有更高一级的存在"超离"出来，所以在一定程度上可以说这是一种"没有内在的内在"，或者说是"相互外在的内在"，世界天然是内在的，"无主"的，中性的，世界就是一个绵延着的生命。柏格森的这种"内在性"与认识论传统的"我思"内在性无关，它恰恰就是后来德勒兹在生平发表的最后一篇文章中所论述的那种内在性："绝对的内在性立足于其自身：它并不处于某种事物之中，在某物之上，它不依赖某个对象，且不属于某个主体。"①柏格森与德勒兹之间的继承关系可见一斑，特别是当我们看到德勒兹这句话时："内在性是什么？是一种生命……"②

那么，列维纳斯又是如何表述"表象的毁灭"的呢？他为什么抛弃了"内在性"，而走向了"超越性"？在他那里，什么是"内在性"？什么是"超越性"？

显然，柏格森对绵延的分析大大启发了列维纳斯，绵延不只是某种"现在"的东西，不是当下显现出来的东西，不是 représentation，绵延不断创造"新颖"的东西出来（绝对新东西的到来，即未来），同时它还牵连着"过去"（记忆）。其中没有哪个环节是主要的，它们浑然一物，乃是活的生命本身。显然，传统的存在论无法把这些东西全部囊括进去。因为传统的存在论试图囊括一切，一切归于"存在"，没有任何溢出。正是如此，列维纳斯猛烈地批判了 représentation（表象）这个概念，因为正是这个概念使"一切"都被某种东西吞噬，要么是"理念"，要么是"一"，要么是"主体"，所有这些，都分享同一个错误的模式：异（Autre）被吸附进同（Même）。

列维纳斯说："西方哲学在过去基本上就是一种存在论：它通过某个中间或中立项的斡旋，把异还原为同（une réduction de l'Autre au Même）。"③而

---

① Gilles Deleuze, «L'immanence: Une vie...», in *Deux régimes de fous, textes et entretiens 1975-1995*, Paris: Minuit, p. 360.
② Ibid., p. 361. 由此可见，正是在这样的意义上，德勒兹被看成柏格森思想的当然继承人，尽管德勒兹的思想来源非常复杂，但是在根本精神上，他并没有脱离柏格森所奠定的那个属于法国的思想传统。
③ Emmanuel Lévinas, *Totalité et infini, essai sur l'extériorité*, le livre de poche, Martinus Nijhoff, 1971, pp. 33-34.

"这种'同'之首要性是苏格拉底的教诲"①。显然,列维纳斯在清算整个苏格拉底所开拓的那个"知识"传统。"无知"是人类永远的耻辱,因此,获得知识成为了(西方)人获得尊严的最根本的任务。然而这个任务恰恰被列维纳斯看作是一种形而上学暴力。知识所代表的是"一种同与异的关系,在那里,异被还原为同,被剥夺了陌异性(étrangeté),那里思想总是与他物(l'autre)相关,但是在那里他物不再是他物,因为它已经有所属,已经是我的……知识是内在的"。② 列维纳斯基本上把传统的存在论等同为知识论,这个知识论的最主要特征就是"内在性"。的确,在古希腊那里,从柏拉图的理念到柏罗丁(Plotin)的"一",都使人类热衷于自身的"理智性"(intelligibilité),因为它可以帮助人类"认识",帮助人类把"异"吸附进"同",以便能够最大限度的"回归"到"一"的怀抱。"一"是最高的知识,它统领一切,一即同。尽管这个一是超越的,但是人类的目的却是要回归它。因此列维纳斯指出,对"一"的爱和乡愁总是居住在理智的不满足之中。③ 这种希腊的古典主义通过新柏拉图主义传递下来一直到黑格尔,它都"禁止认识不到它热望中的不满足"。④ 正是这种对高高在上的"一"的原始乡愁和热爱,这种"求知"的欲望一直是西方哲学的"本能"。尽管西方思想后来渐渐从高高在上的"一"的超越性中解放出来,但是却又堕入到了体系的统一性和先验统一的内在性中去了。而且基本上都落入了知觉的陷阱——看。"看"的传统显然无法摆脱掉 re-présentation(再-现),而这个 représentation 却把一切生成内化为一个东西:在场或现在(présence)。这就是知识(认识)的运作。"它是内在性的,它也是一种时间模式。"⑤它"把在场建立在一种理想的现在之永恒中。回忆和想象保证了理想的现在的共时性得到理解,并让那些已经消失的和将要到来的保持在一起。可能就是这种知识与存在的一致导致了人们认为:人们只能学会已经知道的东西,没有绝对新的东西,没有他物,没有陌生物,没有

---

① Emmanuel Lévinas, *Totalité et infini, essai sur l'extériorité*, le livre de poche, Martinus Nijhoff, 1971, p. 34.
② Emmanuel Lévinas, *Transcendance et intelligibilité*, suivi d'un entretien, Genève : Labor et Fides, 1984, pp. 12 - 13.
③ Emmanuel Lévinas, « De l'un à l'autre : transcendance et temps », in *Cahier de l'Herne « Emmanuel Lévinas »*, Version du livre de poche, Éditions de l'Herne, 1991, p. 30.
④ Ibid., p. 30.
⑤ Emmanuel Lévinas, *Transcendance et intelligibilité*, suivi d'un entretien, Genève : Labor et Fides, 1984, p. 13.

超越者……"①这样,时间本身被当作了一个不再流动的现在,它不过就是永恒而已。"时间之知识!似乎时间在其对自身的认知中已经被穷尽了……"②时间同知识的产生交织在一起,知识都不会超出 représentation 的范围。即便到了胡塞尔那里,"他的时间分析仍旧是根据现在(在场)和同时性来言说的:滞留的现在(即过去)与预期的现在(即将来)"③。因此,我们发现,对列维纳斯来说,传统的存在论实际上仅仅局限在 représentation 的范围,而且把时间的历时性敉平为同时性,即"现在"和"永恒",从而否定了绝对陌生和新颖物的存在,继而赋予了理智以至高无上的权力;通过它,所有的异都可以被还原为同,无论是过去的还是没有到来的(正是这样列维纳斯才对柏格森的"绵延"的时间推崇备至)。因此,"意识"就一举成为了真正的立法者。所有一切存在(知识)都是属于"意识的"和"我的",一切都在 représentation 中得以呈现。其中最典型的形式就是主体-客体的经典模式。客体作为异于主体的事物,作为差异的存在,在主体这里被无情地同一化了。"认知的自我实际上同时就是'同'本身,是同一性这件事本身,是所有的异被转变为同的锅炉。它即是哲学炼金术的点金石。"④

　　无疑,以表象为根本特征的存在论必须被摧毁,因为它从根本上讲就是把一切异内在化为同。"内在性即是世界,我们的世界,给予我们的世界,在那里,他人不过只是'同'。"⑤如何才能摧毁表象呢?如何破除"主-客"这个顽固的关系呢?列维纳斯在《表象的毁灭》这篇论文中说:"终结'思想'与'主-客关系'之间的共生关系,就是要去明鉴一种与他者(l'autre)的关系,这个他者既不是思者的无法忍受的限制,也不是一种以内容的方式把这个他者简单地吸收到一个自我中去。"⑥列维纳斯实际上还在这篇文章中指出,真正的现象学同"源初的经验"

---

① Emmanuel Lévinas, *Transcendance et intelligibilité*, suivi d'un entretien, Genève : Labor et Fides, 1984, p. 13. 这一句里的"回忆"意味着过去,"想象"意味着未来,正是把过去和未来定性为"当前的"回忆与想象,我们在"当前"把握到了它们。但这恰恰歪曲了过去与未来,一切都隶属于了现在(共时),一切都是可知的了,时间性本身却被扼杀。

② Emmanuel Lévinas, *Altérité et Transcendance*, Fata Morgana, 1995, p. 35.

③ Emmanuel Lévinas, « De l'un à l'autre : transcendance et temps », in *Cahier de l'Herne «Emmanuel Lévinas»*, Version du livre de poche, Éditions de l'Herne, 1991, p. 33.

④ Emmanuel Lévinas, « Transcendance et hauteur », in *Cahier de l'Herne «Emmanuel Lévinas»*, Version du livre de poche, Éditions de l'Herne, 1991, p. 53.

⑤ Emmanuel Lévinas, *Transcendance et intelligibilité*, suivi d'un entretien, Genève : Labor et Fides, 1984, p. 53.

⑥ Emmanuel Lévinas, *En découvrant l'existence avec Husserl et Heidegger*, Paris : Vrin, 2001, p. 188.

相关,而不是与"经验的成果"相关。① 而这个源初的经验本身从一定意义上讲更接近柏格森所讲的那个 présentation,那个直接给出之物。它无名,独立。

然而不同的地方在于,列维纳斯所直接"感受"到的东西却不属于存在,而是超出存在之物。或者说,他者,超越者。在他那里,柏格森那儿的"直接性"被替换成了一种"面对面"的直接性。源初的经验就是"面对面",相互间不可同化,永远保持陌生。"直接性,即面对面"(L'immédiat, c'est le face à face.)。② 而这样的陌生者就是某种超越的东西,它是首要的。"超越者对我来说是第一的概念。"③因为对他来说,无论是早期的 il y a 的体验,还是后来的死亡、无限、上帝,都是无法被纳入到"存在"中去的"神秘"的东西,是"异于存在"之"物"。正是这些源初的"经验",列维纳斯找到了抛弃存在论的根据和毁灭表象的合法依据,由此坚定地走向了超越性的哲学之途。

什么是列维纳斯的"超越性"?"如果超越性有意义的话,那么它只能意味着走向存在之他者这件事(passer à l'autre de l'être)。"④"走向存在之他者,走向异于存在。不是别样的存在,而是异于存在(Non pas être autrement, mais autrement qu'être)。"⑤在他看来,超越性的真正含义在于与"存在"毫无瓜葛。与之相反,在以"存在"为核心的思想(各种存在论)那里,其根本特性恰恰是"内在性",或者说是一种以"在场"为核心的形而上学,它的宿命注定了是一种"求知",一种求同灭异,一种"对全体性的乡愁"⑥,一种崇尚认知能力,继而崇尚理性,最后堕入一种"意识-世界(存在)"、"主观-客观"的可怕的"我思"

---

① Emmanuel Lévinas, *En découvrant l'existence avec Husserl et Heidegger*, Paris: Vrin, 2001., p. 185.
② Emmanuel Lévinas, *Totalité et infini, essai sur l'extériorité*, le livre de poche, Martinus Nijhoff, 1971, p. 44.
③ Emmanuel Lévinas, «Transcendance et hauteur», in *Cahier de l'Herne «Emmanuel Lévinas»*, Éditions de l'Herne, 1991, p. 69.
④ Emmanuel Lévinas, *Autrement qu'être ou au-delà de l'essence*, The Hague, Martinus Nijhoff, 1974, le Livre de Poche, p. 13. "走向存在之他者",这个汉语翻译(直译)可能有歧义,而具体含义是:转移到存在"之外"的他者上去,走向与存在绝对相异的他者。
⑤ Ibid., p. 13. Non pas être autrement, mais autrement qu'être 这句话的前面半句实际上还可以译为"不是别样存在的存在",autrement 实际是一个副词,通常修饰动词,所以这里动词意味很浓。而后半句里面,这个 autrement 动词意味要更浓,我们基本上可以把它当作一个动词来看。所以译为"异于……"。
⑥ Lévinas, *éthique et infini*, le livre de poché, Paris, Librairie Arthème Fayard et Radio-France, p. 70.

模式。显然,列维纳斯的"超越性"(transcendance)与传统的意思是根本不同的。列维纳斯实际上还专门批判了传统的"超越性"概念。传统的超越性概念从词源学上看,有一种超出、上升,越过而朝向至高无上之所的涵义。而这个涵义的超越者往往类似于一种神秘的力量,是世界背后的原因,它高高在上,实际上"超离"于世界,但是却可以对世界指手画脚,任意控制。列维纳斯指出,西方哲学一直以来就在致力于把人类从这种"错误而残暴的超越性"中解放出来。[1] 当然,列维纳斯还主要批判了胡塞尔的"超越论的现象学"观念。他认为,在那里因为"意向性"概念仍旧是核心概念,其"对象之超越性……仍旧要经由意向性",实际上它仍旧"意味着内在性"。[2] 而对列维纳斯来说,无限、上帝、死亡、他者等"超越者"之超越性与意向性没有关系。因为意向性仍然是"意识的"。而且最终在胡塞尔那里还不得不有一个"自我极"来统摄,这显然仍旧是"求同灭异"的模式。"超越性这个词准确地说,意味着人们不能把上帝与存在放到一起来思考。"[3]因为上帝是彻底"异于存在"的。但是我们还不能忽略的另一个特征是:超越性本身还意味着一种"不可综合"(le non-synthétisable),而这本身恰恰又意味着某种"关系"。这个关系就是"面对面"。面对面是源初的"关系",是首要的关系,相互间不可被综合而消融于对方,不仅人同上帝,人与人之间也是如此。他人就是一个超越者,必须把同他人的关系看成一种源初关系,正是这种面对面的源初关系蕴含着天然的伦理意义。这就是为什么列维纳斯把"内在性"的代名词"存在论"这个所谓的"第一哲学"抛弃掉,而力推以"超越性"为依据的"伦理学"为"第一哲学"的根本原因。

可见,对柏格森和列维纳斯来说,同样是对表象进行了批判,都认识到了传统形而上学的同样的弊端,但他们却因为对虚无以及死亡的观念的不同而呈现为两种看起来根本相对的哲学。但是我们在这里却要指出,内在与超越,看似天渊之别,却是殊途同归。

三、殊途同归:众生的意义

无疑,我们前面的分析已经表明,柏格森的思想在一定程度上是列维纳斯

---

[1] 参见 Pierre Hayat 为列维纳斯的《他异性与超越性》写的前言。(Emmanuel Lévinas, *Altérité et Transcendance*, Fata Morgana, 1995, p. 10.)

[2] Emmanuel Lévinas, *Altérité et Transcendance*, Fata Morgana, 1995, p. 27.

[3] Lévinas, *éthique et infini*, le livre de poché, pp. 71 - 72.

思想的源泉之一。他的影响与胡塞尔、海德格尔、布朗肖、犹太教等思想的影响一道，深深地融入到了列维纳斯思想的灵魂深处。柏格森作为其中重要的法国本土源泉，他在其终极意义上对列维纳斯来说到底意味着什么？仅仅是思想的启蒙者？还是有更为深远的意义（特别是在其现实性上）？要探讨这个问题，我们无疑还必须先探讨他们各自哲学的根本意义：柏格森的内在性的"存在论"的终极意义到底在哪里？列维纳斯的超越性的他者伦理学（第一哲学）的终极意义在哪里？他们的交集在哪里？

在给出这些答案之前，我们还是愿意从总体上总结一下这两者在思想内容本身上的共同之处。首先，他们两者都强烈地拥有一种对传统存在论的拒斥。对柏格森来说，他致力于追问"存在之外还有什么？"，追问的结果是，存在之外还是存在，没有存在之外，一切都是内在的。而对列维纳斯来说，他心心念念的追问是"存在论之外还有什么？"是不是"一切"都不可避免地被裹挟进存在论的绞肉机，而无一幸存者？追问的结果自然是宗教性的，即上帝和我们面对的他者（类似于小的上帝）的绝对他异性，是无法被存在论的同一逻辑吞噬的，它们都超越了存在论，不在存在论的管辖范围之内，是超越的。其次，我们发现，其实对他们两者来说，传统哲学一直都无意识地怀着强烈的希腊乡愁，而且这个乡愁恰恰不是要回归前苏格拉底，回归思想源初的多样性，而是要消除人"无知"这个永恒的耻辱。柏格森通过回到事实本身，回到直接材料而重新肯定了世界的多样性本身，肯定了世界的生成，肯定了"现象"，从而否定了"理念"和"一"至高无上的价值。他把问题的核心放在具体的、不断生成变化的绵延之上，这注定了哲学之思不再致力于追逐永恒的真理和知识，不再把一切生成变化强行纳入到"一"与"同"，从而否定了一种哲学上的柏拉图主义，否定了一种哲学上的"等级制"，也否定了以"表象"为基本内容的知识论如康德，否定了理性高于直觉和情感这一顽固的观念。而列维纳斯则批判了"对一的乡愁"，批判了"求同灭异"、典型的"我思"模式、主-客二元模式的"存在论"传统以及意向性的"超越论"现象学等，所有这些模式都把一切装入"存在"，纳入"表象"，实则是一种根据"当前"（现在）这一维的施暴行为。因此，我们发现，他们两人都发现了某些"多出来"的东西：绵延本身的多样性、新颖性和创造性比"理念"和"一"的真理"更多"；死亡、无限、上帝、他人等超出了"存在"之范畴。因此从总体上看，他们两者实际上都是在向传统的存在论宣战，只不过柏格森"改造"了存在论，而列维纳斯"抛弃"了存在论而走向了

"伦理学"。

那么,柏格森改造"存在论"的根本意义何在?无疑,我们要指出的是,柏格森对存在论的改造首先在于肯定了差异的源初意义。柏格森的"存在论"从根本上讲是一种"差异"哲学。柏格森否定了虚无,因此对他来说,世界本身没有裂缝,是一个生成的整体。生成本身是一种创造性的、时间性的过程,因此世界不可分割,时刻相异。这是一种绝对内在的相异(差异),性质的差异,每一时刻的差异都是绝对独一无二的,它的这种独一无二使它永远不可能被吞噬,也永远不需要别的东西来奠基,它自足存在。世界是一个生命的整体,是一个无限创造着的绵延,一个绝对内在的无限者,没有任何东西超越于这个世界。存在是多样的存在,绝对差异的存在。这样的存在本身不仅仅是宇宙论的,而且它本身就蕴含着源初的伦理意义:万物众生(甚至包括无机物)的存在因其本身的源初差异获得了独立自足的地位,众生的存在都是奠基性的存在,特权不再具有合法性,众生因自身获得权利。正因为如此,柏格森在晚年的《道德与宗教的两个来源》中指出了义务的不可避免性。每一个人在社会中都必须承担起义务,尽管这些义务是派生出来的,但是恰恰是因为每一个人的生命(存在)之权利是源初的,为了维持这个"存在"的权利,就必须承担义务。然而,尽管差异是一种"相异",但并不代表着"相离"。世界本身是一个"内在"的世界,生命之冲动贯穿其间,每一种"存在"因为其绵延的差异而呈现出不同的生命(自由)强度,而"上帝"此刻就成为贯穿一切生命的超级生命,他并不高于一切生命,他就是生命之整体。因为没有裂缝,所以上帝不可能"超离"于世界。上帝就是整个世界之绵延,它贯穿世界存在,它的爱也贯穿一切。由此,世界众生再一次获得了宗教层次上的"爱"的伦理意义。众生平等,众生共同在世界之内生存,众生互爱,相异而又相通,经由这个普泛的上帝的爱的贯穿,人与人之间的爱创建出一种类似马丁·布伯阐释的"我-你"原初关系。柏格森晚年的道德、宗教、以及社会政治理论蕴含着一种生命的伦理学,众生在一个"内在性"的世界中,在各个领域获得了它们完全的意义。世界朝向未来创造着,它不断冲破阻碍,不断打破封闭的羁绊,以便获得更多的自由。

那么,列维纳斯的超越性的他者伦理学又到底有何根本意义呢?我们说,对于列维纳斯来说,他的所谓超越性并不是"超离"于世界(康德),而恰恰是在世界中,在"社会性"中,在一种"面对面"的"关系"中才可能成立。而这种"面对面"的关系因为是最源初的关系,"不可综合",不可还原为"主-客"、"内-

外"、"高-低"等关系，在这种源初关系中，他人永远不可被"同化"，面对他人的死亡，"我"有一种不可推卸的责任。这种源初的面对面关系、超越性关系是一种绝对的命令，它禁止一切破坏它的暴力。它是一种绝对的拒绝。显然，这是一种对"求同灭异"的哲学传统模式的反动。那种"内在性"导致主-奴、贵-贱、高-低的关系。而超越性本身因为其源初意义上的"超越"、"相异"、"无限"、"不可综合"等特性，这使得任何一个生灵本身都在根本上获得了一种与他者之间的张力关系，正是这个关系，保证了个体本身的独特意义和价值。无疑，我们在列维纳斯这里看到了一种与上帝关系的泛化，上帝本身是一个超越者，它无法被同化进我们思想，上帝与我面对面，这种张力恰恰保证了一种"生存的距离"。上帝与个人的这种关系被挪到整个社会中来了，社会个体之间的关系变成了类似与上帝面对面的关系，社会众生之间因这种超越性而各自获得了它们"生存的距离"，在相互的超越性的"拒绝"中获得自身生存的空间。无疑，恰恰是在这种超越性的张力中，生命（众生）本身获得了其全部的伦理学意义。

因此，我们发现，对这两个差异明显的哲学家来说，他们的思想在现实和生存之终极意义上殊途同归了。柏格森通过否定虚无，通过内在性才获得了"差异存在"的源初合法性，并由此使众生获得了走向自由的伦理意义；而列维纳斯则是通过超越性来获得"他异性"并获得其合法性，并由此使众生的生存在相互的"拒绝"中获得其伦理学的意义。这不得不使我们再次回味列维纳斯在《伦理学作为第一哲学》里的最后一句话：哲学的问题不是'为什么是存在而不是虚无'，而是存在如何能够证明自身。柏格森通过差异证明了存在自身，而列维纳斯通过他者证明了存在自身（尽管那个他者"异于存在"）。

当然，我们还必须再次回到事实，因为事实永远比理论上的推演更有力量。柏格森生平遭遇过两次世界大战，他对生命、死亡、自由的记忆刻骨铭心。世界的危机不仅仅是现实之间的国与国的冲突，而是整个西方文明的危机。所以从哲学上颠覆传统，寻求新的思想，不只是理论革新的需要，而恰恰是应对欧洲科学与文明危机的需要。而列维纳斯则亲历大屠杀，在种族、文化的战争中也看到了西方文明的危机。他对暴力、死亡、生存、正义、权力等印象深刻，比柏格森的记忆更为血腥。同与异，永远都是一对必定要冲突的概念。所以他追求超越性，追求一种绝对的"隔离"，在"不可到达"中消灭冲突，祈求获得生存的权利和意义。当然，他们两人中，柏格森仍旧指望在"内部"解决问题，他要远比列维纳斯更乐观。而列维纳斯那里透露出来的，更多的是刻骨铭心的创伤，是拒绝、逃避和永远无法消除的恐惧，所以他追求超越性，在拒绝和"生存的距离"中祈求众生的福祉。

最后，我们还可以简单引入一点中国的"内在超越"的思想来为这两位哲学家的终极思想的殊途同归做一点佐证，表明也许很多的思想看似迥异，但其根深的地方，却是殊途同归的。

我们还是需要从虚无概念讲起。我们都知道，我们中国的思想中，很少有某种纯粹彻底抽象谈论虚无的传统。关于"无"，根据庞朴先生的考证，主要有三个意义：第一，亡，"有而后无"，即消亡、死亡；其次，无（繁体），指"虚而不无，实而不有"，"不是没有，而是相当地有"，即那些非实有而有、潜存的有、不确定的有、无法看见、无法描绘的实有等等；第三种，绝对的虚无。[1] 然而关于第三种绝对的无的含义，却往往被哲人看作是不可理解的。我们中国人是基本上不相信无中生有的，从老子开始就是这样。即便老子说过，"天下万物生于有，有生于无"，但是这里的无，绝对不是什么都没有的无，这个无是指的道本身，即那个无形的、看不见摸不着但是却主宰着万物的道本身，它绝非乌有，而是充塞着宇宙，一点缝隙都没有。特别是老子《道德经》开篇即讲到天地之始："无名天地之始，有名万物之母"。王弼的注释是，"未形名之时，则为万物之始；及其有形有名之时……为其母也"。[2] 可见，西方式的世界从绝对的无中由上帝创造的叙事，在中国式的思想中，找不到呼应。而我们更熟悉的盘古开天辟地，天地之太初，自然也是"一片混沌"，并非空无。无中生有的观念，不可思议。所以后来有人解释得更明白，"无既无矣，则不能生有，有之未生，又不能为生，然则生生者谁哉？块然自生耳。"（郭象庄子注）简单地说，无就是无，怎么可能生出有来？有还没有被生出来，那么有当然也不能生出其他东西，那么是什么东西在生成？答案是，天地本身就是有，本身就是存在着的东西，它天然存在，自己在不断生成而已。这种连绵不绝的生成，更类似柏格森的绵延的宇宙，无始无终，正如庄子言："至大无外，谓之大一"（《庄子·天

---

[1] 庞朴：《中国文化十一讲》，中华书局，2008年第一版，第81—88页。
[2] 这里关于老子第一章的引述及评注等，版本参考刘笑敢《老子古今：五种对勘与析评引论》上卷，中国社会科学出版社，2006年5月第一版，第91—100页。

下》)。"无外"则皆为内,因此,我们中国思想的大势,与西方的超越性的传统是相对立的"内在性"。

当然,正如诸多学者已经论证和强调的,中国思想的基本特质不特是一种纯然的"内在性",更不是一种西方式的宗教性的"超越性",而是一种"内在的超越性"[①]。世界提供给人的自然,已然是人可以达至的边界,因此,即便超然于世,也多半是回归自然乐山好水,不特借靠上帝之神力,越出红尘俗世,奔赴光明极乐的天堂。特别是对于个体的人来说,真正的超越性更多的是在伦理的维度上讲的,即个体的人经过功夫与修炼,超越个体的局限而通向仁人之道。因此,天道虽然超越万物,但它仍然内在于世界,人性本身虽然是超越性的,但它终究内在于我们的人心。天人合一将自然和人统一在了一起。毫无疑问,我们中国儒家思想的主要特征是伦理向度的,而正是在一种"内在的超越性"的基础上,这种中国特质的伦理学才在逻辑上得以可能(形式和条件上的可能):首先,超越性保证了一种普泛的作为天道的仁,成为人们争相追求的目标和高标准,它为个体提升修养而达至天人合一提供了外在的目标;其次,内在性则保证了从个体到超越之间没有阻隔,保证了天道可以降落到凡人内里,可以内化于每个个体之中,成为其内在的伦理原则,因此,人人都可以通过修炼与功夫,成为一个道德高尚的贤人,每个个体都和超越的(但内在于世界)天道都有一个直接的沟通通道,因此,每个个体在伦理道德上,都是独立的,背负着天道之责任。此外,中国伦理的核心原则"仁",字面意思恰好是"二人",二人成"仁","仁者爱人",好似天道之仁自身便蕴含着爱人之义。因此,中国式的伦理的向度,就像是柏格森的内在性世界为一种建立在爱之情感上的开放道德提供了可能性条件一样,中国的内在超越性,为仁跨越个体之间的屏障提供了条件。我们不需要经由上帝的审判而成为道德的,我们只需要反诸内心,去超越自我的藩篱,便可达至仁人之心。

总之,在思想的样态上,无论是柏格森的内在性、列维纳斯的超越性,还是中国思想中的"内在的超越性",在逻辑前提上,多少都和对虚无概念(在列维纳斯那里是死亡概念)的某种理解分不开。不论它们之间的差别有多么大,最终我们都会发现在其根深之处,它们都不约而同地在伦理的维度殊途同归了。

[①] 比如最具代表性的学者汤一介,在《儒道释与内在超越问题》里面专门讨论了中国思想的内在超越问题,江西人民出版社,1991年版。

它们各自以其不同的方式,通向对人的生命(生活)的终极关怀,在这个意义上讲,三者都是某种程度上的生命之学,它们所要揭示和维护的,不是任何其他东西,而是众生的意义。

[本文曾发表于《浙江学刊》2008 年第二期。有部分改动和增补]

论保尔·利科的"确信"概念

佘碧平

在当代欧洲思想史上,保尔·利科是享誉世界的"文化英雄"之一。其独特的人生经历,让他穿越欧洲大陆哲学、英美哲学、犹太-基督教文化等传统,而自成一家。从其思想取向上看,他仍然继承了拉丁西方本体-神学的思想传统,提出了一套独特的"人学"(Anthropologie)[①]体系。本文从其主要代表作《意志哲学》与《作为一个他者的自身》出发,认为利科为了回应梅罗-庞蒂的模糊自由观,提出了"确信"概念[②],并从伦理与本体-神学角度论证了人面对各种恶与偶然性时,仍然可以对未来抱有信心。

一、保尔·利科思想的中心问题

正如保尔·利科在《反思:思想自传》中所说的,他出身于新教家庭,自小就对人的"罪感"深有体会。他曾读过拉伯雷、蒙田、帕斯卡、司汤达、福楼拜、陀思妥耶夫斯基等人的作品。其中,对他影响最大的要数陀思妥耶夫斯基。利科曾说:"《罪与罚》的问题决定了我最终对恶的反思。"[③]在中学和大学主修哲学期间,以及日后的哲学研究生涯中,他一直在用哲学理性来质疑和探讨人的罪感与堕落。[④] 可以说,他是在拉丁西方基督教文化传统的背景下从事哲学研究。在这一点上,利科很像康德。在《意志哲学》第二卷(有限性与罪感)

[①] 这里的"人学"(Anthropologie)有别于社会科学中的"人类学"(l'anthropologie),后者是以经验观察和概念分析为基础的,而前者除了生存体验之外,还包括哲学意义上的先验分析和神学意义上的类比分析。

[②] "la conviction"在法文中有着"相信、信念、确信与信仰"诸义,为了与"la foi"(信仰)区别开来,我只把"la conviction"译成"确信"。

[③] Francois Doss: *Paul Ricoeur*, *Les sens d'une vie*, Editions La Decouverte, 1997, p. 18.

[④] Paul Ricoeur: *Reflexion faite*, *Autobiographie intellectuelle*, Editions Esprit, 1995, p. 14.

的序言中,让·格雷希提及利科曾告诉他,该书是"我最康德式的著作"。[①] 其实,终其一生,利科都在回答康德的第四个问题"人是什么?"当然,他的思想与路径已与康德大不相同了。根据让·格雷希的分析,康德是对"我能知道什么?"、"我能做什么?"、"我可以希望什么?"等问题的回答,最终达到"人是什么?"的问题。在《实用人类学》中,康德对人的有限性有着详细的阐述。而海德格尔的路径则相反,他从人的有限性(即对"人是什么?"的回答)来解释存在的意义,并在此框架下回答"我能够知道什么?"、"我能做什么?"、"我可以希望什么?"等问题(见《康德与形而上学问题》、《存在与时间》、《哲学论稿(论事件)》等著作)。

如果说胡塞尔对意向性的研究扭转了近代主客分立的二元论运思取向,那么海德格尔把意向性视为人的生存结构,认为人不再是静观客观世界的主体,而是存在于世界之中的人,与周遭的事物、他人交往,即"此在"(Dasein)。而且,海德格尔还把存在与存在者区分开来(即本体论的差异),认为存在是"整体",存在者则是"个体"或"部分",而且,人是所有存在者中唯一能够理解存在的意义的。于是,在人的生存中,即在与周遭存在者交往中,就能领会存在的意义,换言之,存在的意义就会在人的生存中绽现出来。

那么,存在的意义如何显现出来呢? 海德格尔改造了解释学的循环学说,认为人这个存在者作为个体,只是存在这个整体的一部分,不过,他自身就体现了存在的整体性。换用毛斯的话来说,人的存在是一个"完整的社会事实"。因此,对于人自身的理解,就是通向存在之意义的必经之路。所以,海德格尔一再强调通过人的本真本己的存在来把握存在的意义。不过,在人的本真本己的存在与存在本身之间,存在着解释学的循环。即,人对人的本真本己的存在的理解,都必须以对存在本身的意义的理解为前提,而对存在本身的领会也必须从对人的本真本己的存在的理解开始。而且,这一循环是在时间中展开的,即,人在世界上的生存,必须不断地面向自身,也就是成为自己。

但是,人却是一个有限的存在者,他终究不免一死。所以,人的存在就是面向死亡的存在。至此,人们不免要问:既然人是有限的存在,那么人是无法完全把握存在本身的全部意义的。换言之,只要世界还有人类存在,那么人对

---

① Paul Ricoeur: *Philosophie de la volonte*, vol. 2, Finitude et Culpabilite, preface de Jean Greisch, Editions Points, 2009, p. 8.

存在本身的领会就没有完结,人永远都处于这一解释学的循环之中。对此,在回答康德的"人能够希望什么?"的问题时,海德格尔采取的是"泰然任之"的态度。在《哲学论稿》(1936—38年)中,海德格尔认为"只有最后一个上帝能够拯救我们"。这个"上帝"就是存在本身。

从利科的主要著作来看,他显然对海德格尔的《存在与时间》中的"本真本己性"概念有深入的把握。利科对"主体"(le sujet-Subject)与"自身"(le soi-Self)的区分与关联性有独到的理解。首先,对于自笛卡儿以来的"反思哲学"来说,主体与客体一样是独立的实体,而且,主体还是自足的、能反思的实体,因此,主体能够直接把握自身,换言之,主体与其自身是同一的。不过,利科认为,尽管反思哲学有其价值与意义,但是,它却是有局限的,因为海德格尔的《存在与时间》已经很好地表明了,主体人是在世界之中存在的,其自身总是指向人之外。所以,利科认为,要完全理解自身,就必须"间接地"通过主体人的各种表现(如象征表达)来进行。① 当然,这是一个漫长的解释过程。从利科已经发表的著作来看,他却提供了两种不同的解释路径。一是在《意志哲学》中,在康德的《从实用的观点来看人类学》的影响下,对人的意志做了结构剖析;二是在《作为一个他者的自身》,他则从康德的《单纯理性范围内的宗教》出发,通过讨论人的各种能力(如说话、行动、叙事、责任归咎、回忆、承诺和原谅等能力),来回答"谁"是人这个问题。

不过,可能是受到卡西尔著作的影响,利科并不完全认同海德格尔的做法。在《自然与规则》中,利科曾把自己一生的哲学研究路径归纳为"反思哲学路径"、"现象学路径"与"解释学路径"。反思哲学的代表就是笛卡儿的"我思"概念。虽然利科认为反思哲学路径对于解释人的生存与罪感不可或缺,但是,他发现人的生活体验远远超出了"我思"的范围。为此,利科先后通过现象学与解释学来解释人的生存与罪感。在这一方面,利科把自己的哲学称为"哲学人学"(l'anthropologie philosophique)。

不过,虽然利科有意把哲学与神学区别开来,认为前者是通过理性概念来

---

① 在西方文化史上,启蒙运动与浪漫主义运动对于"自身"就有着不同的表现方式,前者直接把理性的主体等同于自身,而后者却认为主体并不直接等同于自身,两者之间存在着间接的和迂回的关系。比如在写传记时,启蒙思想家喜欢用第一人称来叙述自身的经历,而浪漫主义则注重用迂回的方式,通过我与其他人、事物的交往间接地描述。我个人认为,对于西方文化史有着深入理解的利科,可能借鉴了这些处理方法。

回答问题，而后者则是用象征与类比来回应"召唤"，但是，他也认为仅凭哲学尚不足以回答"人是什么？"这个问题，还必须给"信仰"留下地盘，即通过先知们所受到的"召唤"来回应"人是什么？"。利科曾形象地说过，"我总是两条腿走路的"，即在批评与信仰之间保持平衡。他认为，"哲学不仅仅是批评，它还属于信仰。而宗教信仰自身就有着内在的批判向度"。[1] 因此，我们也可以把他的人学称为一种本体-神学。

虽然利科认为恶是人的原罪，但是，他坚信上帝造人的目的是善的，所以人应该对自身的未来抱有希望。不过，利科对此的理解也有一个过程。在《意志哲学》时期，他是通过"担保"（le Pari）概念来为讨论人的希望的，而在《作为一个自身的他者》中，则是通过"确信"（la conviction）来为人的希望奠基的。

二、《意志哲学》中的"担保"概念

利科对人的有限性和恶的研究，还直接受到梅罗-庞蒂的影响。据弗朗索瓦·多斯（Francois Dosse）考证，1945年，梅罗-庞蒂的《知觉现象学》发表，当时，利科正在翻译胡塞尔的《观念Ⅰ》，并着手撰写自己的《意志哲学》。他立即被《知觉现象学》吸引，认为这是一本极为重要的现象学著作。他还发现自己虽然对于萨特的存在主义有所保留，但是却与梅罗-庞蒂的现象学有着许多共同之处，觉得自己的《意志哲学》是对《知觉现象学》的发展。为此，他一直试图与梅罗-庞蒂建立联系。1945—1948年，他在里昂多次见到梅罗-庞蒂，并在鲁汶大学胡塞尔档案馆查阅胡塞尔手稿期间，与之交谈过。但是，梅罗-庞蒂对他却很冷淡，不愿与之交往。据马克·里希（Marc Richir）说，这与萨特对梅罗-庞蒂的影响有关。萨特曾指责利科是一位热中于现象学的神甫。[2]

不过，尽管对于《知觉现象学》很是欣赏，但是，利科对于梅罗-庞蒂过于强调自由的模糊性感到困惑，因为他认为，我们可以在意志的基础上重建确信与信仰的价值。

在法国现象学运动中，与梅罗-庞蒂关注知觉体验、杜夫海纳专攻审美体验不同，保尔·利科是从"意志"问题入手的。1950年，他发表了《意志哲学》

---

[1] Paul Ricoeur: *La Critique et la Conviction*, Calmann-Levy, 1995, p. 211.
[2] Francois Dosse: *Paul Ricoeur*, *Les sens d'une vie*, Editions La Decouverte, 1997, pp. 128-135.
不过，我个人认为，梅罗-庞蒂对利科还是"惺惺相惜"的，因为他晚年的代表作《可见的与不可见的》，其书名就类似于利科《意志哲学》的第一卷"自愿的与不自愿的"。也许，这并非巧合。

第一卷"自愿的与不自愿的";十年之后,又出版了第二卷"有限性与罪感"。可以说,他在《意志哲学》中所提出的"自愿的与不自愿的"的辩证法,是对困扰他一生的哲学问题的第一次系统的回答。

在第一卷"自愿的与不自愿的"中,他对人的意志结构进行了现象学的描述。他发现,人的意志不是绝对自由的,在人的意志结构中,"自愿的"方面是与"不自愿的"方面纠缠在一起的。在日常生活中,我们的自主决定会受到身体方面的各种抵制,如情绪、习惯、无意识、出生与死亡等。正是它们之间的此消彼长,演绎出人生的成功与悲剧、高尚与罪恶。

到了第二卷"有限性与罪感"中,他进一步用"自愿的"与"不自愿的"的辩证法来分析"罪感"得以可能的条件。他发现,人不仅具备许多自主的能力,如获得和拥有财富、荣誉和爱情的能力等,而且受到来自自己身体与环境的限制,前者属于意志的自愿的方面,而后者则是意志的不自愿的方面。不过,人的能力与限制之间是不相称的,而这正是人的"罪感"或"原罪"得以可能的条件。因为在这种"不相称"的处境下,人就会受到各种诱惑,乃至犯罪。

在《意志哲学》第一卷的结论"只是一种人的自由"中,利科像梅罗-庞蒂一样,认为人的自由是一种悖论,它"不是一个纯粹行动,它每个时刻都是主动行动与被动接受"。[1] 因此,"我们的自由只是人的自由,唯有相对于某些极限概念才能理解",即康德所说的规范概念(而非构成概念),如上帝概念。[2] 上帝是自由的极限,独立而无旁依。不过,利科也认为,这些极限概念并未超越主体性,因为"真正的超越性远不止是一种极限概念,它是一种在主体性理论中引起真正革命的存在,并引入一个崭新的和彻底的向度,即诗的向度"。[3] 而这一诗的向度所涉及的就是宗教中"恶的象征"。换言之,这一有限性与超越性的关系就是哲学反思与宗教忏悔之间的关系。

据瑞根(Charles E. Reagan)的说法,[4]保尔·利科原计划撰写三卷本的《意志哲学》,而且第三卷"意志的诗学"就是讨论"超越性"问题的,探讨人如何超越原罪或罪感。不过,根据我的读解,第二卷"有限性与罪感"中的第二部分

---

[1] Paul Ricoeur: *Philosophie de la Volonte*, vol. 1, Aubier, 1950, 1988, p. 454.
[2] Ibid, p. 455.
[3] Ibid, p. 456.
[4] Charles E. Reagan: *Paul Ricoeur, his life and his work*, The university of Chicago Press, 1996, p. 18.

"恶的象征"很可能就是第三卷"意志的诗学"的雏形。在这一部分中,利科提出了"担保"(le pari)概念,认为人在罪感困境下仍然能够对未来保持信心。

具体说来,面对人的自由悖论,作为新教徒的利科无法接受无神论者梅罗-庞蒂的"英雄式自由主义"[①]的解答。相反,利科力图为人的生存困境提供超越性的希望、依托与保证。在《意志哲学》第二卷的结论"象征发人深思"中,利科是通过哲学反思与宗教忏悔之间的解释学循环来提出"担保"(le pari)概念的。他认为,哲学是有前提的,即超越性的前提。因此,哲学反思的任务就是不断追问自己的前提与开端,也即不断克服自己的遗忘倾向,努力回忆自身的开端。但是,哲学总是在回忆与遗忘之间循环,因为哲学回忆就是反思,也就是对自身的超越性开端与前提的逻辑解释,而这种形式化就有可能破坏自身开端的完整奥义,最终就会造成对开端的遗忘。为此,利科还专门引用了经院哲学的信条"要想信仰必须理解,而要理解就必须信仰"来说明这一解释学循环。不过,利科并不认为这是恶的循环,相反,它却为人的生存困境提供了希望与担保。因为所有恶的象征都说出了人生在世的处境,即人就处于有限性与超越性的循环之中。[②]

不过,值得注意的是,从《意志哲学》开始,利科发现,要理解恶的问题,就必须通过各种文化中的象征与神话来理解,而这些象征与神话就会造成各种解释之间的冲突。于是,从20世纪60年代开始,他先后撰写了《论解释:论弗洛伊德》《各种解释的冲突》和《时间与叙事》等著作。特别是在《时间与叙事》中,他又发现了叙事与时间的关系,因为任何解释本身都与时间有关,即叙述的同一性问题,这样又涉及到叙述的施动者、主体的问题、自身的问题、隐喻的问题等。不过,在这些研究中,利科对于信心问题几乎没有触及,直到1990年发表的《作为一个他者的自身》,他才再次面对人的信心问题。

三、《作为一个他者的自身》中的"确信"概念

经过长达三十年的思想扩展和"迂回",到了1990年,利科发表了《作为一个他者的自身》,该书可以说是其一生思想的总结。不过,与三十年后发表的《作为一个他者的自身》相比,《意志哲学》已经蕴涵了"自身与他者的辩证法",

---

① 参见拙著:《梅罗-庞蒂历史现象学研究》,复旦大学出版社,2007年。
② Paul Ricoeur: *Philosophie de la Volonté*, vol. 2, Editions Points, 2009, p. 576.

因为在人的意志结构中,自愿的与不自愿的之间的关系亦是自身与他者的关系。当然,经过三十年的深思熟虑,《作为一个他者的自身》无论在深度上,还是在广度上,都超过了《意志哲学》。

正如我们前面所说的,经过三十年的深思熟虑,特别是保尔·利科在1968年学生运动之后的"自我放逐"生涯中,把英美哲学与自己所接受的哲学传统融合起来,最终在《作为一个他者的自身》中,再次对人的生存与罪感的关系问题做了系统的回答。

这一次,保尔·利科专注的对象不再是意志,而是个人同一性问题。因为对于利科来说,人的生存与罪感问题可以归结为"人是什么?"的问题,也即"个人同一性"的问题。在法语中,"l'identite"(同一性)一词有着多重含义,如"相同"(identique)、"同者"(le meme)、"自身"(le soi)、"身份"(le statue)、"与……认同"(identifier-avec)、"被他者承认"(reconnu par l'autre)等。可以说,它横跨了描述、叙述、规范和超越性等四个领域。如果前两者属于知识论与方法论领域,那么"规范"则属于伦理-道德-政治领域,而"超越性"就属于本体-神学领域。为此,利科从"同一性"的两个拉丁词"idem"和"ipse"出发,认为前者是指"不变的形式",而后者是指"一种承诺",即"即使形式变了,但是自身却不变,即坚守自身的恒定性"。而这种承诺就包含对于自身的信心与希望。

在利科看来,个人的同一性既不是笛卡儿的"我思",也不是尼采的"对我思的瓦解",而是"自身与他者的交织"。在《作为一个他者的自身》中,利科从三个方面讨论了个人的同一性:描述、叙述与规范。即:谁在说话和行动?谁在叙述故事?谁负责任?在前四个研究中,他从话语与行动出发,研究了描述的同一性,发现它既是施动者、又是受动者。而在第五、六研究中,他对模仿行动的叙述同一性进行了探究。到了第七、八、九研究中,他从伦理与道德方面,对行动的规范同一性进行了深入的研究。他把亚里士多德的目的论伦理学与康德的义务论道德准则糅合起来,提出了著名的"小伦理学"。他认为行动的规范同一性就是自身与他者的交织,而其"实践智慧"是沟通双方的桥梁,一方面把道德准则应用到具体事务上,另一方面,又实现与他人一道、并为了他人、在公正的制度中过上善的生活的目的。

最后,在第十研究中,利科又在本体论层面上,探讨了个人的同一性中自身与他者的辩证法。由于自身与他者的交织,人无法获得像笛卡儿主体哲学那样的对个人同一性的绝对可靠的认识,也不可能像尼采那样绝对怀疑个人的同一性。相反,利科认为,个人的同一性是有一定的自身恒定性、独立性与自主性(Selbststandigkeit)①的,而且,人对自身的生存能力(或行动能力)也是有信心的,也即对自身说话、叙述与行动能力的信任。在现实生活中,人不断通过"实践智慧""见证"和"证实"了这一点。而人的信心是有指向和目的的,即,与他人一道、并为了他人、在公正的制度中过上善的生活的目的。为此,利科主张伦理目的论优先于道德义务论。由此看来,利科坚持的仍然是拉丁西方本体-神学传统中的亚里士多德主义。

不过,像《意志哲学》一样,《作为一个他者的自身》也欠缺有关"超越性"的神学向度。不过,根据利科自己的说法,《作为一个他者的自身》原来还有两个研究,即"《圣经》宝鉴中的自身"与"受命的自身"。但是,为了把哲学研究与神学严格区分开来,利科把这两个研究从该书中抽出来,没有把它们发表。直到他去世后,这两篇研究才被收入《爱与正义》(2008年)一书,由巴黎瑟依出版社发表。在这两篇研究中,利科认为,对个人同一性和自身的理解最终就包含在《圣经》所揭示的对"神召"的回应中。

问题是人的信心(也即与他人一道、并为了他人、在公正的制度中过上善的生活)来自哪里呢?在《爱与正义》的演讲中,利科认为爱给正义做了担保,这就是人的信心的来源。在说及自己的论文"宗教话语的经验与语言"时,利科写道:"我想就吉福德讲演的这两篇文本(即'《圣经》宝鉴中的自身'与'受命的自身')与《作为一个他者的自身》的关联作一点说明。这一关联是在我称之为行动本体论的层面上确立的。通过《圣经》的中介对自身的确立与把神之命名的许多形象运用到自身之上,都是出现在我们最根本的行动能力的层面上。被召唤和恢复的,正是有能力的人(homo capax)。我认为我重新发现了康德在《单一理性范围内的宗教》中的中心直觉,……在康德看来,宗教的使命就是在道德主体中根据义务来恢复他的行动能力。在这一宗教哲学中成问题的恢复,就出现在我这里称之为有能力的自身这个根本能力的层面上。不过,有能力的自身的这一恢复、这一更新、这一再生,就处于我在'爱与正义'这一研究中所赞美的与礼物经济的紧密关系之中。在这一讲演中,我认为爱是正义的卫士,因为无论怎样,互惠与对等的正义总有着落入礼尚往来(do ut des)这种斤斤计较的层面上的危险。爱则保卫正义,反对这种坏的倾向,并声明:'我

---

① 在德文中,"Selbststandigkeit"兼有"恒定性"、"独立性"和"自主性"等意义。

回报,是因为你已经对我有所赠与'。因此,我把仁爱与正义的关系视为神学与哲学之间关系的实践形式。由此看来,正如我在前一个注释中所说的,我提议重新思考神学-政治,也即建立在支配与服从这唯一的垂直关系上的某种神学-政治的目的。而在我看来,另一种神学-政治就必须不再把自身建构为支配的神学,而是通过证实在各种公正的体制内共同生活的意愿,来确立自身。"①保尔·利科认为,这些研究也就是"面对'世界的去魅化'问题时对于神学-政治的反思"。②

具体说来,这一神学-政治的反思源自他在《作为一个他者的自身》中对海德格尔与列维纳斯的批评。在自身与他者的关系方面,利科既反对海德格尔的无伦理学的本体论,也不赞同列维纳斯的无本体论的伦理学。因为海德格尔主张存在的内在性与水平性,认为良知的呼唤来自存在的自身内部。而列维纳斯则认为他者是绝对外在于存在的,即"不同于存在"(autrement qu'etre),良知的呼唤只能来自绝对的他者——上帝。因此,列维纳斯强调他者的垂直性。对此,利科都不赞同,认为存在本身就有水平性与垂直性。从存在的水平性上看,人的现实存在有其局限性,即使是人们在公共空间通过相互对等承认,达成与他人一道、并为了他人、在公正的制度中过上善的生活,但是,这种政治模式仍然是有限的,因为它仍然"带有权力、主权等要素"。③ 而这种权力与主权却是合法的暴力,它们仍然会把不属于主权共同体内的"外来人"(他者)隔离在外。比如,欧盟各国经过多年的努力,达成了人员的自由流动,但是,对于欧盟之外的"外国人"却有着严格的移民限制。对此,从存在的垂直性来看,人们会感受到良知上的"亏欠"。利科把后者称为"普世主义"的良知呼唤。不过,像康德一样,利科也认为这种普世主义是无法立即实现的,它只是超越的规范,引导现实政治不断完善自身,趋向普遍的善。

在这一方面,利科还对法国著名政治哲学家勒福尔(Claude Lefort)有关民主制的观点进行了批评。勒福尔认为,民主制只以自身为根据,不须向外诉诸超越性的规范。而利科则认为,仅如此,民主制无法解决涉及主权等的政治决断,如有限度地赦免移民、宣战等。④ 为了避免出现德国在二战之前从魏玛

---

① Paul Ricoeur: *Amour et justice*, Editions Points, 2008, pp. 9–10.
② Ibid, p. 10.
③ Paul Ricoeur: *La Critique et la Conviction*, Calmann-Levy, 1995, p. 105.
④ Ibid, p. 157.

共和国最后"民主地"转向纳粹的极权统治那样的悲剧,民主制必须以更古老的权威为基础,①而这就是处于存在垂直面的"普世主义的良知呼唤"。

由此可见,保尔·利科不仅在现象学领域里实现了"神学转向",而且还把启蒙运动所拒斥的"神学-政治"观念重新带回哲学讨论中。当然,利科并不主张传统的政教合一观念,也反对宗教干涉公共生活,而只是把上帝作为超越性的规范观念引入哲学论争中,它类似于康德《判断力批判》中的"规范性判断",引导现实政治不断完善自身,趋向善的目的。这一点对于我们更深入地理解人的有限性及其希望等问题,具有重要的启发意义。

[本文曾发表在《同济大学学报》(社会科学版)2013年第5期]

---

① Paul Ricoeur, *La Critique et la Conviction*, Calmann-Levy, 1995, p. 157.

阿伦特论康德的思辨理性概念

陈联营

在对《纯粹理性批判》的解释中，阿伦特首先强调显象（Erscheinung）概念对康德的重要意义。尽管康德自己没有意识到，但结合第三批判来看，显象世界实际上是康德批判传统形而上学之后给人类敞开的生存场域。因此，康德批判哲学在形而上学领域最根本的贡献就是摧毁传统形而上学中感性世界与超感性世界的二分。对康德来说，人类生活的唯一一个现实的领域就是显象世界，它是认识活动的对象，同时也是实践发生的场域。而理知世界根本不同于柏拉图的理念世界，它只是思想自身构建的世界，运用于感知世界的认识能力及其法则不能运用于理智世界。在此基础上，阿伦特澄清了康德区分理性和知性的意图。她认为，康德的区分意味着，理性在思考活动中探索事物的意义，而知性在认知活动中探寻事物的真理。阿伦特由此将《纯粹理性批判》的根本成果归结为"限制知识以便为意义留下地盘"。可以说，阿伦特对康德显象概念的阐释为政治的存在论奠定了基础，而其对康德理性概念的阐释则为政治的认识论奠定了根基。正是作为本质上的显象，公共领域的言谈行动才成为人之为人的根本，正是因为代表着理性能力的思考活动能把握显象的意义，作为显现的言谈行动才能被在记忆中留存下来，进而赢得不朽。

康德的这一理论立场对晚期阿伦特的思想影响深远。她认为，现当代西方哲学中各种神学的和形而上学的危机大都源于后康德时代的哲学家对批判哲学的错误理解。传统的哲学和神学有一个错误的观念，就是认为不显现给感官的东西——上帝、存在、第一原理——比显现的东西更真实，更有意义。康德摧毁了二元论，重新澄清了理念和感官世界之间的关系。

一、知性与理性之分

阿伦特认为,在西方现代哲学史上,《纯粹理性批判》的另一项重大理论成果是康德对理性和知性的区分。康德在其教授资格论文中发现了"理性的丑闻",即关于那些人类最迫切认识的问题,人类理性却无法获得确定而可靠的知识,而只能陷入谬误推理和二律背反。他将这些问题总结为三个:上帝是否存在?意志是否自由?以及灵魂是否不朽?尽管一代代的哲学家对此殚精竭虑,但结果只是留下了形而上学体系的"坟场"。根本原因就在于,此前的哲学家们都是按照自然科学的模式和标准研究形而上学的问题的。正是这种状况促使康德在知性和理性之间做出区分。按照阿伦特的理解,我们可以将康德的区分列表如下:

$$\begin{cases} 知性(Verstand) \to 求知 \to 真理 \to intellect \\ 理性(Vernunft) \to 思考 \to 意义 \to reason \end{cases}$$

虽然是康德第一次明确区分了知性和理性,但这两个概念有其历史起源。知性在西方哲学史上含有"理解、领会、领悟、判断之义,重在以概念的形式把握事物的本质",而理性则有"论据、合理、道理、推理能力等义,重在进行有根据的推理,特别是从普遍本质下降到具体事物"。[①] 问题在于,传统哲学没有能区分两者的认识对象。康德将知性划归经验领域,而将理性看作超越经验进行思维的能力,在这一点上他明确地超越了传统哲学。

阿伦特认为,从人类心智生活的角度说,知性现实化于求知活动中,是被人类对真理的追求激起的。而理性则现实化于思考活动中,是被人类对意义的渴望激起的。因此她就将康德的知性和理性之分阐释为:知性试图把握呈现给感官的东西,而理性试图理解其意义。正如现代科学研究所表明的,求知活动往往源于人们揭示自然现象的运作机制的需要,或者源于实际生活中的功利或效益追求,一旦所寻求的规律、因果机制或原理被发现,推动求知活动的需要就获得了满足。与求知活动的动机及其目的相对应,真理应具有客观性和内在的普遍必然性的特征,它必须最终获得经验的证实。相比之下,人类对意义的渴望是无止境的,它不会被任何已有的思想成果所满足。每一个人

[①] 易晓波,曾英武:"康德'理性'概念的涵义",《东南大学学报(哲学社会科学版)》,2009年7月,第30页。

都要重新进行他自己的思考。思考活动的主要特征是不可见(invisible),不仅思考的过程不可见,思考的对象不可见,更重要的是思考的结果也不可见。

阿伦特认为,尽管康德自己做出了这一区分,但他也受到形而上学传统的深刻影响,这使他将理性思考的主题限制那三个古老的形而上学问题上。[1]而他实际上做的是赋予了理性超越可知事物的界限的需要以合法性,也就是说,将理性从知性的认知模式中解放了出来。因此,他不是在"否定知识,以便给信仰(信念)留下地盘",而是在"将知识从思考活动中分离出来,以便为思想留下地盘"。[2] 康德在其形而上学讲座的补注中写道:"形而上学的目的在于……尽管只是消极地,扩展我们理性的运用,使它超越感性上被给予的世界的界限,也就是说,使它移除它自己造成的妨碍自己的障碍。"[3]"理性自己造成的妨碍自己的障碍"即知性只能将范畴应用于经验世界,而不能做超验的应用。但理性自身能超出经验的范围,关键在于它在超验领域只能消极地使用。阿伦特认为,这不仅对哲学家是如此,对普通人亦然。"在人的日常生活中,没有什么东西不能成为思考的对象,也就是说,不能接受使感性事物变成合适的思想之物的双重转变。被哲学视为其特殊主题的所有形而上学问题都来自普通的共通感经验;'理性需要'——探索要求人回答的意义——并非不同于人们讲述他们目睹的某些事件,或用诗歌的形式把它们写下来的需要。"[4]

阿伦特认为,在哲学史上,只有亚里士多德意识到了这种区分,但他也只是在其早期的《解释篇》中偶然提到了这一点,而且它对其后期哲学没有什么影响。他在那里谈到,每个句子都有一定的意义,但并非每个句子都指示出什么,只有可判断真假的句子才能显示出什么。例如,一句祈祷虽然有意义,但它并不显示什么,不能用真假去判断它。

二、作为思考活动的理性

阿伦特将思考理解为内心的对话,在哲学史上,除了苏格拉底,就只有康

---

[1] 理性把握的对象是上帝、灵魂和世界这三个理念,这种看法显然来自莱布尼茨-沃尔夫形而上学体系的陈旧分类,康德相信它们包括了纯粹理性的全部要求。参见:王增福:"论康德先验幻相理论的意义及对后世的影响",《北方论丛》,2008 年第 5 期,第 130—134 页。
[2] 参考 Arendt, *The Life of The Mind: Thinking*, Harcourt Brace & Company, 1977, p.14。
[3] Kant, *Kant's handschriftlicher Nachlass*, vol. VI, Akademie Ausgabe, vol. XVIII, 4849. 转引自 Arendt, *The Life of The Mind: Thinking*, Harcourt Brace & Company, 1977, p.14。
[4] Arendt, *The Life of The Mind: Thinking*, p.78。

德深刻地认识到了这一点。康德说:"思就是与自己交谈,故而也是在内心倾听自己。"①因为理性确实"不适合于孤立自己,而适合于交流"②。作为一种交谈,思考就使心智中出现了两个我,只要思考活动一开始,这两个我就同时出现。其中一个就是苏格拉底所说的他内心的"精灵"。这个思考之我不同于康德的我思。康德所说的"'我思'伴随着我的一切表象"只不过意味着,我思保证自我在其一生当中的杂多表象、经验和记忆的身份同一性。它是沉默无声的。对康德的这一我思,阿伦特做了另外的有启发性的描述。她说,康德的"我完全是沉默的",它只是一个"我是我"。这里的"沉默"不是从外在显象看所有思考活动所表现出的那种沉默。我思在自我面前沉默,因为我没有获得思考活动所带有的"反思性"。"思考活动所需的复数性——即人与他自己的晤谈——要求的不仅仅是在我的各种经验中有意识地保持同一。"③在笛卡尔那里,正是思考活动中发生的积极对话才使他获得坚实的存在感,而同时对积极活动的实在性表示怀疑。

在阿伦特看来,就像与另一个对话者一样,内在地与自我对话的想象舞台是心智与身体二元论倾向的主要来源。人们将两个人在现实生活中的交谈类比于思考活动的自我交谈,从而将身体类比于实际交谈所发生的世界。但是,思考活动对身体的一贯敌视也源于其实际体验:在思考进行时,我们似乎脱离了世界。一种创造性的集中注意力的状态必定会有这样一种无质料性(immateriality)的幻相。在思想中,这种"无质料性"的幻相是一个真实的现象。它不是一个谬误,甚至也不是一个简单的幻觉,即不是一种一旦我们靠近就会消失的形象。但是,这种幻相不一定表现为对身体的无视。一位音乐家对表演的全神贯注要求全面的身体投入。不过,思想者仍然只是潜在地意识到这种情况。正如阿伦特所说,"思考活动允许心智从世界抽离,而不必离开它或超越它。"对于以思考之我的经验发言的哲学家来说,很自然,人不仅是语词,而且是道成肉身,是那总是神秘的、从不完全被说明的思考能力的化身。"这种虚构的存在者既非患病的大脑的产物,也非易被消除的'传统错误'之

---

① 康德:《实用人类学》,李秋零译,《康德著作全集》第 7 卷,中国人民大学出版社,2008 年,第 181 页。
② 《人类学反思》(*Reflexionen zur Anthropologie*),no. 897,科学院版,第 15 卷,392 页。转引自 Arendt,*The Life of The Mind: Thinking*,Harcourt Brace & Company,1977,p. 99。
③ Max Deutscher,*Judgment after Arendt*,Aschgate Publishing Limited,2007,p. 23.

一,而是思考活动本身的真正幻相。"①

阿伦特曾谈到作为显象的人的"谁",它是一个人能被他人通过其显象而感知到的、但却不能被他自己感知到的独特性。我们只能通过康德意义上的理性即思考活动来把握这个"谁"。而与之相比,我们还有一种根据人的内在观念认识人的方法,例如"自由主义者"这样的称呼,就是通过对其内心信念推论出来的定性。我们可以称之为人的"什么"。"后者无论采取何种方式,只能把我们如此这般地认识,即,指认为我们根本不是的某种东西。"②"谁"和"什么"的区分就对应着思考与认知的区分,或者说理性与知性的区分。

理性对知性的突破,也意味着对语言的突破。因为知性在认知活动中使用的是源于经验的概念,其最终的认识成果也要得到经验的明证。但思考活动超越于经验领域之外,当它要获得明晰性和确定性时,就必须借助于隐喻。"任何一种语言都没有为思考活动准备好的现成词汇;所有的语言都需要从最初必然对应于感官经验或日常活动其他经验的词汇那里借用思考活动所需的词汇。但是,借用的词汇并不是随意的或任意的符号(如同数学符号)或象征;所有哲学语言以及大多数诗歌语言都是一种隐喻的语言。"③在康德看来,隐喻语言是我们称之为思考的思辨理性呈现自身的唯一方式。隐喻把一种来自显象世界的直观给予抽象的和无形象的思想,而直观的作用是建立我们概念的实在性。借助于隐喻,思考的存在状态被转化为众显象中的一个显象的状态。所有的形而上学洞见都是按照这种方式获得的,比如柏拉图的灵魂和理念概念。隐喻能使心智回到感性世界,以便阐明任何语言中的词汇都无法表达的心智的非感性体验。

在谈到隐喻的运作机制时,康德自己就给出了一个成功的隐喻的典型,他把专制国家描述为"一架纯粹的机器,就像一架手推磨",因为这样的国家"是由一个单一的绝对意志统治的……因为在一个专制国家和一个手推磨之间虽然没有任何类似之处,但在对两者及其原因性作反思的规则之间却的确有类似之处"。他接着说:"我们的语言充满着这样一类简捷的按照某种类比的演示",这个问题"至今还很少被人分析过,尽管它也是值得作更深入的研究

---

① Max Deutscher, *Judgment after Arendt*, Aschgate Publishing Limited, 2007, pp. 13-14.
② 阿伦特:《责任与判断》,陈联营译,上海人民出版社,2011年,序言,第11页。
③ Arendt, *The Life of The Mind: Thinking*, Harcourt Brace & Company, 1977, p. 102.

的"①。

知性的求知活动在现代的典型代表就是自然科学。与古代致力于"拯救现象"的科学研究不同,现代自然科学致力于解释隐藏在现象背后的运作机制,用阿伦特的话来说,就是要使显象那隐藏的、不可见的部分显现出来。当然,在现代自然科学研究中也存在思考活动,但它只是作为手段发挥作用,例如在科学家就某种现象的背后机制提出设想时。认知活动从来都不能完全离开显象世界,其结果的判定标准是明证,即康德所说的直观,它只能存在于显象世界之中,例如,相对论要由红移现象或引力波来证实。因此,尽管现代科学致力于揭示显象背后隐藏着的机制,但它实际上是以新的显象代替了被揭露的显象,只不过这些新的显象可能只能存在于实验室中。阿伦特将我们日常生活中必需的经验推理称为共通感推理(common sense reasoning),她认为,科学的求知活动只不过是它的深化和扩展。"不管科学家的理论离开共通感经验和共通感推理有多远,他们最终必须返回到某种形式的共通感经验,否则,他们将失去对其研究对象的真实感。"②

认知活动源于人类对世界的好奇,它提出的问题都可以用共通感经验以及基于共通感推理的科学进行解答。思考活动源于人类超越其有限性的渴望,例如希腊人对不朽的追求,它的问题(即意义问题)无法在共通感经验范围内得到回答,而只能援引超验的概念。求知活动的结果即真理具有强制性,即它逼迫我们同意它,无论是事实真理还是推理真理,莫不如此。然而,在现代早期哲学中普遍流行的"由必然性统治的世界图景"中,却存在着根本的谬误,因为它将现象等同于显象了。"无论如何,呈现给人的视觉的每一样东西,在人类心智面前发生的每一样东西,发生在终有一死的生物那里的每一样东西,都是'偶然的',包括其本身的存在。"③也就是说,必然性只存在于认知中,显象世界本身本质上是偶然的。

阿伦特在《思考》的最后一节专门研究了思考活动的时间体验。知性尽管也要在无休止的活动中展开,但每一个认知的问题都有其起点和终点,这起点和终点都是在经验世界中确定的。与之不同,思考活动撤离显象世界,在思考

---

① 康德:《判断力批判》,邓晓芒译,杨祖陶校,人民出版社,2002年,第199页。
② Arendt, *The Life of The Mind: Thinking*, Harcourt Brace & Company, 1977, p.56.
③ Ibid, p.60.

之我的视野中过去和未来以现在为中心同时呈现出来,永恒的体验就由此而来。但阿伦特认为:"永恒是不可思议的界限概念,因为它表明一切时间维度的崩溃。"① 这种时间,即哲学上的"停顿的现在"(nunc stans),其时间维度把不在场的时态即尚未存在和不复存在的时态整合到它自己的呈现中。哲学家基于这种体验编织了各种神话,将其神秘化。但阿伦特认为,它实际上是每一个人都能体会到的思考经验。它就是康德的"纯粹理性的土地","被大自然本身包围在不可改变的疆界中","被广阔而汹涌的海洋"即日常生活的海洋"围绕的一片土地"。② 康德称之为"真理之乡",但阿伦特认为它实际上是人生及其意义——终有一死的人不可能把握的意义——之整体的唯一领域,在这个领域里,人的存在不同于其他所有东西。与我们降生于其中的世界和文化不同,处在时间中心的这种无时间的小空间不可能通过传统传递继承。每一部思想巨著在某种程度上都暗中指向它。"新的每一代,每一个新人,当他意识到自己处在一个无限的过去和一个无限的将来之间的时候,必然会发现思想小径,并致力于重新铺设思想之路。"③

尽管阿伦特强调认知活动和思考活动的区分,但她并不否认两者在实际生活中是交织在一起的。进一步说,追问意义的思考活动虽然在共通感及科学看来是无意义的,但正是它们才培育出源源不断的认知动力。一旦人类不再追问意义,那么他们追求知识的动力就会枯竭。从历史上看,现代科学对无止境进步的信念,以及现代人由此而陷入的无限进步的幻觉,其根基就是思考活动的贪婪本性,它对意义的无休止地追求。

近现代西方哲学的最基本谬误就是依照认知和真理的模式解释思考和意义。而尽管康德在两者之间做出了明确的区分,但将两者等同的诱惑依然很大。例如,由于把真理与意义等同,从而抹煞了理性与知性的根本区别,德国观念论就重新陷入教条主义。费希特的知识学和黑格尔的"经验意识的科学"都是在哲学中追求真理的例证。海德格尔在《存在与时间》中也重蹈覆辙,他也将其核心主题"存在的意义"解释为"存在的真理"。

阿伦特对康德知性和理性之分的阐释显然超出了康德自己的理解。但她

---

① Arendt, *The Life of The Mind*: *Thinking*, Harcourt Brace & Company, 1977, p. 211.
② 康德:《纯粹理性批判》,邓晓芒译,杨祖陶校,人民出版社,2004年,第216页。译文有改动。
③ Arendt, *The Life of The Mind*: *Thinking*, Harcourt Brace & Company, 1977, p. 210.

认为,正如康德对柏拉图理念概念的阐释一样,她对康德这一观点的阐释也是合法的,阐释者有可能比作者更好地理解作品的思想。她又援引法国学者埃里克·韦伊(Eric Weil)的研究成果支撑自己的阐释:"我所知道的关于康德的解释能用来支持我自己对康德在理性和理智之间所作的区分的理解,这就是埃里克·韦伊对《纯粹理性批判》的完美分析。……在韦伊看来,'断言康德否认纯粹理性能认识和发展一门科学,但承认不是进行认识的纯粹理性,而是进行思考的纯粹理性能获得一种知识',是不可避免的。……认识……和思考的对立……是理解康德思想的基础。"①

三、 作为批判性思考的思辨理性

思考的最原初形态就是所有人都会有的对自己所遭受的和所做的事情的反思和交流。尤其是在人生的某一个阶段或事件结束的时候,人们自然会回首往事,只有经过对往事的这种咀嚼,未来的生活才能信念坚定。奥德修斯在听过游吟诗人对他自己经历的吟诵后,泪流满面。这就是黑格尔所说的与现实的"和解",它是经过思想的加工后在过往事件中呈现的意义,由此,人生才是值得过的。但是,这种从思考中获取的意义不同于知识,因为它无法被固定下来,甚至都无法说出来,当人们在日常生活中领悟到意义时,他们可能都只是像奥德修斯那样泪流满面。

阿伦特《思考》一书的后半部分围绕两个问题对西方形而上学传统进行拆解。这两个问题是:第一,什么使我们思考? 第二,思考时我们在哪里? 通过对思考活动的起源及其时空性质的追问,她摧毁了一系列传统的形而上学谬误,例如真理和意义的等同,双重世界的理论,以及原因比结果具有更高地位等等。

经过阿伦特的分析,使思辨理性能力得以实现的思考活动具有下列特征:

首先,思考活动要在心智撤离显象世界时才能发生,或者说心智之中的对话只有在我停止与世界交道时才启动。这意味着思考活动与显象世界的共通感相分离,它与常识之间必然存在冲突。它始终是反常的,打断所有的日常活动,也被这些日常活动所打断。思考始终撇开在场的和近在咫尺的事物,而与不在场的事物打交道。但心智活动的撤离并不能彻底离开显象世界,因为人

---

① Arendt, *The Life of The Mind*: *Thinking*, Harcourt Brace & Company, 1977, p. 222 注 83。

不仅是显象的旁观者,他本身就是显象。

其次,思考是目的在其本身的一种活动,适用于思考的来自日常感官经验的唯一隐喻是生命的感觉(活着感)。陷入沉思的经验可以达到如此强烈的地步,以至于苏格拉底会一整天站在原地一动不动。它也曾让古罗马政治家加图欣喜不已,因为他发现思考活动的强烈程度可以超过其在政治中的经验。

第三,思考之我的真正体验具有各种各样的表现。例如柏拉图所说"哲学就是练习死亡",它将思考经验与死亡等同起来,其根据就在于两者都撤离了显象世界,而没有注意到,思考活动发生的空无空间与离开显象世界后进入的虚空实质上并不相同。它也可能表现为这种观点:即当我们思考的时候我们是另一个本体世界的成员。它源自思想对话的亲密无间,但忽视了思考活动本身仍要以显象世界为前提。笛卡尔对现实世界的怀疑也反映同样的思考体验。在这些思考经验基础上产生了各种形而上学的谬论,其中最为根本的就是两个世界的理论。

第四,思考活动总是破坏自己产生的结果。对意义的探索在每一个新人那里都必须重新开始,不管他得到了多少历史遗留的思想成果,甚至每一个人自己在其生命的境遇中都必须不断地重启思想,以便他将自己刚刚经历的事情纳入记忆。阿伦特常常将思考活动比作珀涅罗珀的锦缎:每一天都拆毁前一天已完成的工作,重新开始。它绝不能被牢固地确定为人类的一项财产。像珀涅罗珀的织物一样,当哲学家在日常生活的要求面前苏醒时,他们的工作就毁灭了。

最后,思考之我打断了持续变化之流。而正是因为它是一个物质性存在者的功能,受诞生性和必死性的制约,它才能介入这一变化之流。没有思考之我的介入,这一变化之流对一种新的和不可替代的存在者的到来和离去就会毫无知觉。

在阿伦特对思考活动的分析中,康德的"批判"概念发挥着根本的作用,因为它体现了思考活动的批判性特征。在康德那里,"'批判'一词采取了双重反对的立场:一方面反对独断的形而上学,另一方面反对怀疑论。对这二者的回答是:批判性思索。不屈从于任何一方。"[1]但批判性思索并不处于独断论与怀疑论之间,它要做的恰恰是否定这两者。独断论者以"唯一真理"的拥有

---

[1] 阿伦特:《康德政治哲学讲稿》,曹明、苏婉儿译,上海人民出版社,2013年,第51页。

者自居,各种宗教和意识形态实质上都是独断论的,甚至常识也往往具有独断性。怀疑论者则针锋相对地断言根本不存在真理。此处正是康德批判出场的契机:

批判性立场对这二者皆反对。它以温中适度(modesty)自居。它会说:"也许,人们(men),作为有限的存在者,是没有能力拥有'真理'的,虽然他们会有关于真理的某一观念、某一理念用来调整或规范他们的心智过程。(苏格拉底的说法:'没有哪个人是智慧的。')同时,他们完全可以按照种种人类官能被赋予的样子来探究这些人类官能——我们不知道这些官能是被谁赋予的,也不知道它们如何被赋予,但我们不得不与它们相伴而生。我们就来分析分析什么是我们能知道的、什么是我们不能知道的吧。"[1]这就是他的书何以被冠名《纯粹理性批判》的原因。

独断论者和怀疑论者实际上持有相同的真理概念,根据这种真理概念,最终极的真理是唯一的,它在本质上排斥其他一切真理。而这样的真理实际上是以认知的模板设想的。康德恰恰致力于通过考察理性能力本身,限制这种真理的界限,而敞开终极真理的思考空间。这就是他反复强调人只有感性直观能力,而无理智直观能力的根本原因。正因为人没有理智直观能力,人才可以自由思索那些超出认知范围的事情。由此,康德就与苏格拉底和莱辛一起成为了阿伦特的思想英雄。她将康德的理性理解为苏格拉底式的思考,即作为"接生术"的思考。它通过使我们准备好面对未来出现的任何事情、想到的任何东西,而使我们能够应对我们的危机。[2] 她援引莱辛的话表明了这些思者最根本的信念:"让每个人说出他所认为的真理;并让真理自己被引向上帝!"[3]

人们通常认为,批判就意味着摧毁,意味着在思想中摧毁它抓到的一切。"但这正与康德关于'批判'的观念背道而驰,康德认为'批判'是限制和净化。"[4]因此,从认知和思考的区分来看,当康德将纯粹理性批判的任务设定为对理性的净化以便使理性成为"纯粹的",这时,他实际上是要确保思考活动对认知活动的超越,防止经验知识僭越思考活动。尽管所有的思想都来自经验,

---

[1] 阿伦特:《康德政治哲学讲稿》,曹明、苏婉儿译,上海人民出版社,2013年,第52页。
[2] 参见阿伦特:《责任与判断》,陈联营译,上海人民出版社,2011年,编者导言,第16页。
[3] 阿伦特:《黑暗时代的人们》,王凌云译,江苏教育出版社,2006年,第27页。
[4] 阿伦特:《康德政治哲学讲稿》,曹明、苏婉儿译,上海人民出版社,2013年,第56页。

但是,如果不进行想象和思考的运作,任何经验就都不产生意义,甚至不能前后一致。

四、 批判性思考的政治意义

康德认为,批判性思考的结果总是不确定且不可检验的,所以它对普通人类事务"毫无裨益"。他相信批判针对的只是学院派的自命不凡,他们认为自己垄断了真理。康德所做的就是将思想从这些人的掌控中解放出来。显然,像苏格拉底一样,他也没有意识到批判性思考破坏性的一面。"在苏格拉底的圈子里,有像阿尔基比亚德和克里底亚——天晓得,他们绝非他所谓的学生中最坏的——这样的人,而他们成了城邦非常真实的威胁,原因不在电鳐使其瘫痪,而是相反,他们被牛虻惊醒。他们被惊醒后所干的事就是放纵和玩世不恭。他们对被教会思考而不传授教条不满,所以把苏格拉底式的思考审查的无结果变成了否定的结果:既然我们不能确定虔诚是什么,那么我们就不要再虔诚了——恰恰与苏格拉底希望通过谈论虔诚想达到的效果相反。"[①]而在康德这里,则表现为那些认为《纯粹理性批判》砍掉了自然神论头颅的人们对渎神行为的狂热。当然,是康德给上帝以致命的一击,但康德绝对无意于教导无神论,他只是赋予了每一个人自己独立地思考超越者的自由。

思考倾向于自我摧毁,即它总是要重新开始,哲学家们刚刚在思想中发现安全和真理,就意识到若被隔离于感官世界和社会互动,他们就是脆弱的、不稳固的。这种似乎是徒劳无益的状况令许多哲学家感到愤怒,他们极力想将自己的思考变为教义体系。但是,阿伦特发现,康德欣然接纳这种不稳固性。与其说他倾向于得出一劳永逸的结论,毋宁说更倾向于提出使人不安的问题。"我不能同意这样一个规则,它认为如果纯粹理性的运用证明了什么,这个结果后来就不应当被怀疑,就好像它是一个公理",以及"我不同意这个观点……它认为一旦已经证实什么,人们就不应再怀疑。在纯粹哲学中这是不可能的。我们的心灵对此有一种天然的厌恶"[②]。也就是说,在批判性思考中没有任何权威可以天然地免于质疑。这正是康德所理解的启蒙精神:摆脱偏见、摆脱

---

① 阿伦特:《责任与判断》,陈联营译,上海人民出版社,2011年,第143—144页。
② 康德:《康德全集》,科学院版(Kant, *Akademie Ausgabe*, vol. 18, nos. 5019 and 5036),转引自阿伦特:《责任与判断》,第135—136页。

权威。

前苏格拉底时代的哲人只是直接说出他们的洞见,而从不就他们的思想给出一个说明(to give an account)。给出说明意味着"说出自己是怎样形成一个意见的、说出自己是出于怎样的原因而形成了这个意见"[①]。当这个起源于雅典公民大会的术语被引入哲学中时,古希腊的启蒙运动就开始了。智者们已擅长于此,苏格拉底则将其塑造成一种问答的方法。阿伦特认为,这就是批判性思考的起源。由于其政治性来源,批判思维一开始就包含两个要素,即公共性和可交流性,而正是康德将这两种要素严格地加以规定并描绘出来。

通常人们将"思想和言论自由"理解为一个人表达自己意见的权利,这种观点的前提是人能完全自主地形成意见。但康德不同意这一预设。"他认为,思索能力(the faculty of thinking)靠的恰恰是它的公开运用;未经'自由而公开的省察的考验',思索也好、意见之形成也好,都是不可能的。理性不是拿来'自我孤立的,而是要和他人一起融入共同体'。"[②]也就是说,在康德那里,批判性思考需要前提,它的前提就是"一个世界公民的社团"。正是由于有着公共性的源泉,我们的思考才能得到校验、质疑,才能不致于陷入想入非非。

于是阿伦特说:"'可交流性'必然意味着有一个由一个可以对之讲话、也在聆听且也可以被聆听的人们(men)所组成的共同体。"[③]在这里,科学家与哲学家之间存在着区别。科学家的真理不需要可交流性,因为它建基于明证。而哲学思考却需要可交流性,它只有在交流中才能全面而丰富。康德甚至将"把自己的心智交流出来、讲出来"当作人类的"自然而然的禀赋和使命"。

即使哲学家的纯粹思辨活动,也源于普通人寻求意义的思考活动,也要依赖于一个自由的公共领域。但是,柏拉图却使哲学家垄断了思考,他使多数人及其意见与少数人及其真理对立起来了。康德不无讽刺地称之为职业思想家(Denker von Gewerbe)的人就是将思考之我的经验凌驾于其他心智经验以及更重要的是行动者的经验之上的人,他们用其幻想的世界图景来扭曲现实生活。但是,当我们认识到思考能力的普通性和思考活动的本质特征时,就能打破这一区分了。"就其非认知和非专门化的意义来说,思考活动作为人生的一

[①] 阿伦特:《康德政治哲学讲稿》,曹明、苏婉儿译,上海人民出版社,2013年,第64页。
[②] 同上书,第62页。
[③] 同上书,第63页。

种自然需要和意识中的差异的具体化,它不是少数人的特权,而是每一个人永远可运用的能力;同样,不能思考也不是那些缺乏脑力的众人的'特权',而是每一个人——科学家、学者,包括其他从事心理研究的专家——经常存在的可能性,他们都逃避这种其可能性和重要性被苏格拉底首次发现的与自己的对话。"[1]这一在施特劳斯学派中很重要的区分,在阿伦特看来只是源于共通感和理性之间的内在冲突。正如色雷斯的村姑对因为仰望天空而失足落水的泰勒斯的反应一样,多数人对哲学家的研究报以笑声,而非敌意。阿伦特认为,在哲学家中间,康德在这个问题上又卓尔不群,他对哲学自身有彻底的反思,因此能完全摆脱了哲学特有的一切弱点。只有他清楚认识到,理性思考能力的运用是以丧失共通感为代价的,哲学家所获得的不是高阶的真理,而是与真理完全不同的意义。"在哲学家中间,康德看来是唯一一位如此自主地加入到普通人笑声之中的哲学家。"[2]

---

[1] 阿伦特:《责任与判断》,陈联营译,上海人民出版社,2011年,第152页。
[2] Arendt, *The Life of The Mind: Thinking*, Harcourt Brace & Company, 1977, p. 83.

论安东尼·吉登斯的生态政治观

陈华兴

二战以降,随着"改造世界"的理性观念的扩张和普遍化,资本主义在全球推行生态殖民主义愈演愈烈,这使全球的自然资源遭到空前的掠夺性开发,生态危机成为全球性重大问题。能源危机、环境污染、土地沙化、气候异常、物种灭绝、资源枯竭等等问题的出现,使人类赖以生存的环境遭到严重挑战。于是,生态问题受到人们的普遍关注,人们的"生态意识"在这种危机中被日益唤醒,在世界各地都呈现出以维护自然生态、保护人类生存环境为主旨的"绿色"运动,西方的诸多思想家(如马尔库塞、弗洛姆、F. 舒马赫、C. 阿梅里等等)都十分关注这一世界性话题,吉登斯(Antheny Giddens)的生态政治正是对这一严重问题关注的后果。

一、"自然界的终结"

吉登斯在《风险社会的政治》一文中,提出"自然界的终结"(the end of nature)这一概念。他认为,随着科学和技术的影响力的不断增强,我们人类的生活有两项转变,一是自然界的终结;二是传统的终结。自然界的终结不是说自然环境消失了,而是说我们生存于其中的环境日益为科技等因素所干扰,使得"自然不再是自然"[1]。"自然界的终结并不意味着一个自然环境消灭了的世界,而是指在物质世界的各个方面当中,几乎没有未受人类干预影响的领域。自然的终结是最近四十或五十年左右才发生的,主要原因是科技变迁的加剧。"[2]人类日常生活中所遭遇到的物质内容,几乎都受科技和人类活动干扰,

---

[1] Giddens: *The Third Way: The Renewal of Social Democracy*, Polity Press, 1998, p. 59.
[2] Giddens & Pierson: *Conversations with Anthony Giddens*, Polity Press, 1998, p. 207.

几乎都"不再是自然"了。"不断地监视你所饮用的水质；不管是什么来源的水，都可能被污染；不要以为瓶装水是安全的，尤其水是用塑料瓶包装的；在家里需将水蒸馏净化，因为自来水大多都被污染。对吃的东西要小心谨慎，不要吃鱼，因为鱼是一大污染源，也不要吃动物脂肪，不管是奶酪、黄油中，还是肉类中的脂肪都要避免；要购买天然种植的水果和蔬菜，或者自己培育；要尽量减少塑料与食品的接触。母亲们应当考虑避免用母乳喂养孩子，因为这样会使婴儿接触大量污染物。每天都要经常地洗手；因为污染物总是附在室内的任何表层上，人手触摸就沾上。在住宅周围或花园里，不要使用杀虫剂——不要到使用它们的人家里去，在弄清一家商品或超级市场是否向货品上喷洒杀虫剂（这是普遍做法）之前，不要在那里购物。要远离高尔夫球场，因为那里污染严重，甚至比农田上还要严重。"[1]因此，自然的终结首先表现在人们生活于其中的物质内容的性质改变，它们不再是原本意义上的天然自然，而是人们制造的自然。"我们可能曾认为'环境'即为自然世界，现在已经不再只是这样了，许多过去属于自然界的事物，现在既可能是人类活动的产物，也可能受到人类活动的影响。"[2]在现代社会中，人们生活在"现代化"的环境中，无论是高速公路、汽车、垃圾处置装置、生物、化学甚至核能的生产，以及我们日常吃穿用的物质内容几乎都是人造的。这种"不再自然了"的生存境遇给人类带来了许多风险，疯牛病就是其中一个典型。虽然患疯牛病的牛还保持牛的自然形态，但由于人为的因素，包括养牛工厂环境的"科学"设置、养牛程序的"科学"制定、饲料的"科学"配方，使得这些"牛"不再是天然的自然产品，而是能为生产者带来许多商业利益的工业产品，一旦工业产品的内容出现生态问题，便给使用甚至食用这些工业产品的人类带来许多风险。"疯牛病事件是在'自然不再是自然'情况下所发生的风险情形的一个典型。……疯牛病事件说明生态危机不能被'置之不理'，它已经涌入现代政治的核心领域。"[3]疯牛病的例子说明的是由于牛不再是自然的牛。同样，猪不再是自然的猪，鸡不再是自然的鸡，甚至植物也不再是自然的植物（包括大米、玉米、麦子等粮食用品），更不要说日常的工业用品了，这些都给人类带来了许多生存风险。

---

[1] Giddens & Pierson: *Conversations with Anthony Giddens*, Polity Press, 1998, p. 227.
[2] Giddens: *The Third Way: The Renewal of Social Democracy*, 1998, Polity Press, p. 58.
[3] Ibid., p. 60.

自然界的终结不仅是指人类生活的外部环境不自然了,而且人类的"内部环境"也变得日益不自然了。"人类基因工程"使得人类从繁殖开始就变得游离于自然。基因的重组虽然对于治疗遗传缺陷的病例具有重要的医疗价值,但它也使人类的血缘关系失真,使人类的繁殖过程失去自然性,试管婴儿和克隆技术很有可能使人类生命生产的技术化、工厂化。在生命的成长过程中,人工提取的荷尔蒙承担着重要的角色,以使儿童长高些、长大一些。"一定比例的儿童不能达到正常的高度是因为他们缺乏足够数量的可以实现'自然'成长的蛋白质。从60年代早期以来,就有可能使用从遗体的垂体腺中提炼荷尔蒙来治疗这类儿童。……结果是荷尔蒙现在同样被用来'治疗'没有垂体缺陷的儿童,因为他们的父母希望他们的孩子长得更高些。"[1]由于荷尔蒙的输入身体,使人类成长的过程也不再是"自然"的了,而是加入了许多人为的因素,这样,人的身体也象患疯牛病的牛一样,不再是自然的了。

身体的不再自然是通过反射性方式来完成的,人的反射性使得人在现实中不断确定着自我。自我不是外在的自然规定的,而是以内在的自我意识规定的,"拥有自我就是拥有自我意识。"身体由于拥有这样的反射性内容使得其不完全是既定的,人们总是赞美和细心保养自己的身体。为了某种神圣的价值,身体在自我的反射性中服从着各种现实的规则。"在传统正在消解的社会中,建立一种作为持续过程的自我比以前更为必要。生活规则不再是宗教理想的垄断物,它已经扩散到所有希望通过反射性运用饮食和医疗知识的人的未来生活中。"[2]身体在"拥有自我"的过程中,使自己成为了具有独特性的个体,这种"拥有",在现代性条件下可能主要对一套理性观念的接受、内化,并以此为标准来判断自我的健康与否和健康程度。而在现代社会中,对维护身体健康的种种指导性知识的接受,成为个体生活的内容,如规定的饮食、美容和锻炼,这些自我的内容都直接与身体相一致,然而,自我的这种接受内容的改变并没有使它摆脱不自然的境地,因为一方面,这些有关指导生活的知识内容本身是人为的,它不可能真正适应于每个个体的"自然"生活,另一方面,这种指导生活的知识一旦成为人们接受的普遍化的内容,它们便成为一种现代生活的规则,这样,对之的接受就有可能带有了强制性质。"今天,至少在西方国

---

[1] Giddens: *Beyond Left and Right*, Cambridge, Mass: Polity Press, 1994, pp. 213-214.
[2] Ibid.

家中,我们都有规定的饮食,这种规定的饮食不是使每个人都试图变苗条的意义上讲的,而是从我们必须在吃什么、怎样吃上作出选择意义上讲的。"①

总之,随着科学技术的发展和人的观念的理性化膨胀,人类生存的外部环境变得不自然了,人的自然身体变得不自然了,人的自我内容变得不自然了,我们现在生活在不再自然的人工自然之中。"自然不再自然",自然界终结了。

二、绿色理论及其内在矛盾

面对生态危机和自然界的终结,唤起了全球有责任心的思想家们对此的思考,我们把对生态问题思考的种种观点和由此提出的种种救治方案统称为绿色理论或绿色运动。吉登斯在其著作中主要总结了两类生态观念,一是以卡罗琳·麦卡特(Carolyn Merchant)、默里·布克琴(Murray Bookchin)为代表的生态激进主义观念。他们主张通过"直接斗争"来改变人们的伦理观念,在修正我们现行的行为方式基础上,建立自然和人类生活新的和谐机制。生态激进主义主张一种"对自然和其他人类负责的新意识,它追求一种新的自然伦理和人的自然生活。它鼓舞人们去积极建构为新的社会前景和新的伦理世界"。另一种观点是生态自然主义,主要有阿尔内·内斯(Arne Naess)和罗伯特 E. 古丁(Robert E·Goodin)的生态观点。它认为人类本身是自然的一个组成部分,人不能高于自然而傲视自然,把其作为改造的对象,依据"生物圈平等"的原则,应当把人放在一个与自然的其他物种同等位置上,从而使人们"将能够作为'未来的原始人'生活,恢复这个星球上'栖居者'的生态多样性"②。

对于激进的生态主义,吉登斯认为,虽然它把生态危机作为其关注的重点,并提出了许多有益的"负责任"的思想,但是其整套思路并没有摆脱"改造世界"的理性主义思路,因此,即便它的这些对地球和人类"负责任"的思想真的实现了,也无非是用另一种改造世界的观念取代现行的不成功的理性主义观点。这种观点的基本理念在于自然是可以被控制、改造的,人是有能力控制、改造自然的,并通过自己的努力获取人类美好生活所必需的资源。这种观念从根本上没有摆脱人类高于自然的观念,也就是根本上没有站在人类与自

---

① Giddens: *Beyond Left and Right*, Cambridge, Mass: Polity Press, 1994, p. 224.
② Ibid, p. 198.

然的平等地位上。吉登斯进一步指出这种生态运动的实质是为激进主义找寻一个新的避难所,因为"红色的"社会主义运动遭到重大挫折后,激进主义只得为自己找到一个人类普遍关注的新的理论支点和实践对象,以拯救自己的殆势。经济危机虽然没有使资本主义垮台,生态危机就可能是其垮台的原因,因为资本主义的利益最大化原则导致了自然的被破坏,这有可能使人们对资本主义制度产生令人绝望的情绪。布克琴指出:"通过生态运动,激进主义能够得到拯救,甚至可以日益深化。"①总之,这种理论在吉登斯看来无非是一种"绿色的乌托邦"代替"红色的乌托邦"。"毕竟,从红色向绿色的转变为受排斥的激进主义提供了有用的避难所。如果不再有社会主义革命的可能,那么为什么不考虑一下绿色乌托邦呢?因为如果资本主义根本不会陷入导致向社会主义过渡的经济危机,那它就可能在生态危机下束手就擒吗,因此,阿兰·里皮兹(Alain lipietz)用《共产党宣言》的口气说,在新的千年即将来临之际,一个'幽灵在世界游荡'——这个幽灵不再是共产主义而是生态激进主义。"②这里,生态激进主义对当前的生态危机的"幸灾乐祸"的心态暴露无遗,其理论的内在本质也昭然若揭。

  对于自然的生态主义,吉登斯认为,虽然其主张回到独立的自然的观点,是对人类和整个生物圈充满了善意,但其理论本身仍有许多不一致和矛盾之处。其理论的最大矛盾就是,人类是有独立价值体系的,人类无法摆脱人类的价值体系和传统去谈论人与自然的平等,即便去谈论,也是在"人"的框架内的谈论,也就是说是人在说人与自然必须平等,这样的平等不仅是不彻底、不充分的,而且是矛盾的。因为"人与自然的平等"很可能是人类的目的性要求,它实质没有摆脱人类目的性的框架,也不可能摆脱这一框架。"古丁为绿色价值辩护遇到的困难是,自然无法永远用自然的方式来保护。我们需要比自己更'大'的或者更持久东西来赋予我们的生活以目的和意义,但是这不等于就是'自然的'东西。实际上,'传统'比'自然'更合适,这也是'传统'在绿色理论中频频出现的原因。"③吉登斯进一步指出这一理论的悖论,如果人与自然真的是平等的,那么,人就不应该去谈论自然,而如果人不去谈论自然,怎么能够

---

① Giddens: *Beyond Left and Right*, Cambridge, Mass: Polity Press, 1994, p. 199.
② Ibid., p. 200.
③ Ibid., pp. 205-206.

知道人与自然的平等呢？因此，"只有在自然消失的关头，人们才会去珍惜它"。但是，作为自然的一部分的人在自然不是自然的时候，它自身也不自然了！这个时候人类对自然的"珍惜"还可能是自然的吗？这里他用乌利希·贝克(Ulrich Beck)的话予以说明："自然不是自然，而是一种概念、规范、记忆、乌托邦以及复制的形象。今天的事情远远超过了以前，既然自然不再存在，那么人们就会重新发现、关注它。生态运动已经沦为对自然本身的自然主义误解的猎物。……'自然'是精神家园，它意味着在开阔的海洋上航行的文明航船可以发展壮大，而它的反面，则是干枯的土地、码头、陡峭的悬崖。"①这样，试图从自然中寻求价值的努力的自然生态主义的观点都"注定要失败。"

吉登斯对这些生态主义的观点进行了总结，认为不管是激进的还是自然的生态主义都充满着许多内在矛盾。在《超越左与右》一书中，他对其中的矛盾进行了逐一辩证。②

(1) 绿色理论要求"用非暴力的革命推翻我们整个充斥着污染、抢劫以及物化的工业社会，创造一个新的经济社会秩序来取代它的位置，以使人类和地球和谐地生活"。然而，这种新的社会秩序的建立是一个过程，在这个过程中，人类与自然的平等生活是怎么维护的？绿色价值又是怎么强调的？因此，它以目的、结果来统范过程的观点显然是矛盾的。

(2) 保护生态，通常与培养保护生态的文化习惯联系在一起，或者说与社会和文化传统联系在一起，譬如说，维护村庄生活和习惯，复兴某些宗教和信仰等等。这样，似乎"回归自然"就可以保护传统。然而，从理论上讲，"它们之间没有内在的联系"，因为保护传统可以保护生态，同样保护现代也可能促进生态的保护，反之亦然，这两者之间没有直接因果关联。

(3) 绿色理论认为那些"靠近自然"生活的人比生活在现代的人更与自然和谐相处，由此他们对原始的采集和狩猎的生活和小的园艺社会的生活充满深情的溢美。然而，人类早期之所以靠近自然，是因为生产力水平和自身认识水平的低下，自然对人来讲是"令人恐惧的"，既然是令人恐惧的东西，怎么同它平等相处？况且"即使是技术发展水平低下的社会有时也有破坏环境的记

---

① 转引 Giddens：*Beyond Left and Right*，Cambridge，Mass：Polity Press，1994，p.206。
② 参见同上书，pp.208-210。

录"。

（4）被人化了的、社会化的自然不再自然了,绿色理论为了治理被破坏的自然就必须保护、控制自然,而保护、控制自然也是对自然的人化。因此,"控制自然意味着破坏自然"。当然,虽然绿色理论在这里是一个无法摆脱的悖论,但人类也不必因此悲观,因为事实上,控制自然不一定就等于破坏自然,自然的社会化是中性的,它可能使自然变得对人类有害,也可能使自然变得对人类有利。

（5）生态主义呼求对社会生活进行深入的去中心化,甚至主张消灭城市,因为生物的多样性产生了生物之间合作式的相互依赖,没有必要有一个(或几个)中心。但是,这种观点虽然是放任自然,让自然自在存在,但它与我们必须采取严格的措施控制环境破坏的观点是矛盾的,因为控制环境破坏需要人干的,也是人为的。

（6）最后,小的、本土的社群被生态主义认为是可以使团结和民主实现最大化,因此它们也适用于保护自然上,布克琴说"小的……不仅是'美的',它也是符合生态要求的、符合人性的,而且从根本上是解放的……我们必须对城市进行分权,并且建立新的生态社群"。[1] 然而,这些"小的"的组织是否真的有利于环境的保护呢? 并不是。"小社群普遍没有产生生态学家所期望的生态多样性,它们阻碍了多样性的出现。像我在前面所强调的,在小社群中,个人倾向服从'团体的专制',机械的团结是心灵的敌人……城市长期以来就是多样性和文化的深刻性的中心。与更同质化、偏僻的地方社群所处的环境相比,在城市中更容易产生广泛多样的兴趣和世界观。像克劳德·费彻尔(Claude Fischer)所说的那样,城市并不必然是匿名的、没有个性的交往压倒了个性化交往的地方。"[2]

总之,吉登斯认为,生态主义把自然置于一个不适当的位置是错误的。诚然,人类在许多方面应该收回对自然的过度干预,以减少对自然的负面影响。但是问题的关键更在于,我们必须解决我们大多数人的生活方式符合生态需求的问题,自然与社会在人类生活中本来就是不可分离的,人为的分离必然犯矫枉过正的错误。"在大多数环境保护地区我们不能从一开始就把什么是自

---

[1] 转引 Giddens: *Beyond Left and Right*, Cambridge, Mass: Polity Press, 1994, p. 210.
[2] Ibid., p. 210.

然的与什么是社会的区分开来——更重要的是,这通常与努力做到这一点的决策努力没有关系。"①

三、吉登斯的生态政治观

虽然自然终结了,但人还活着。生活着的人们既不应该因为自然的被破坏而去放任自然,把自己驱逐出自然界,也不应该借生态危机的严重后果,对现实社会的生产关系进行彻底否定。而应该用积极的态度去改变人类的生活,使人类生活与自然生态在新的条件下重新统一。"我们虽然回归自然或传统,但是无论是作为个人还是作为集体性的人,我们在积极接受人为不确定的情况下,能够努力使我们的生活重新道德化。""没有自然或者没有传统的生活,或者更准确地说,生活在自然和传统只能以积极的方式重建的情况下,肯定不会导致右派人士感到的道德失望,后者认为古老的事物永远消失了,也不会带来某些后现代主义倡导者主张的人为教化的漠视(Cultivated indifference)……从积极的角度看,自然消解带来的各种机会和困境像我在结论中所说的那样,它为处于相互依赖、具有全面意义的世界中的人们揭示了普遍性的价值。……为了摆脱生产主义,我们要在自主、团结以及追求幸福的主题引导下恢复积极的生活价值。"②我们认为,吉登斯的这种积极的政治观点主要表现于其反射性的自然观和可持续发展观之中。

1. 自然并不是独立的,它同样是人的反射性内容。自然尽管不自然了,但是这不能说明自然失去了对人类制约的功能,相反,它使人类的生活更加充满风险,这些风险经常涌入人的反射性领域,使人们时常意识到并试图去防止这些风险。这种风险意识在人们的社会关系中传递、扩展,使其成为社会必须普遍面对的客观存在,它构成了人们对自然的观点,任何无视这种现实的观点或会陷入绿色的乌托邦,或会陷入人与自然二分的悖论。而这种对自然的现实观点,正是人的反射性内容所致。需要指出的是,反射性是一个连续的过程,无论从个体意义上还是社会意义上讲,人类对自然的反射都是人类自身历史的统一,也就是说,反射性的自然内容在历史中保持着自身的连续和统一,从这个意义上讲,"传统"与自然是统一的,之所以统一,不是因为在"传统"中

---

① Giddens: *Beyond Left and Right*, Cambridge, Mass: Polity Press, 1994, p. 210.
② Ibid. 1994, pp. 227-228.

更能保护自然,而是"传统"中反射着自然的内容,"传统"作为人类历史的一部分,它统一着一定时间段的人类与自然的统一。这里吉登斯肯定了鲁珀特·塞尔德里克(Rupert sheldrake)把自然看作是有生命的观点。"这种视角使我们可以'开始建立一种对人类和自然的更深入全面的认识,这种认识要符合传统和集体记忆,同时要与地球和天空联系在一起,与生命的所有形式联系在一起,而且要有意识地对所有进化中体现的创造性力量保持开放'。"[①]人类与自然在历史中连结着,因此,我们不能突然不顾历史传统去生硬劈开本来相互连结着的人与自然。这种连结作为人类反射性的成果使我们不能单纯地离开人类去谈论自然,更不能离开人类去假设一个独立的自然,并以此价值为价值来匡正人类生活,其实,自然的价值(假如有的话)是不能离开人类的价值的,我们为什么说生态危机,正因为生态给人类带来了危害和风险,我们为什么要解决这种生态危机,正因为这种危机有害于人类的生存和发展,有害于人类的美好生活。既然自然是人的反射性内容,它本身就是人类社会(历史)的有机组成部分,它的状况、实质就是人类自己生活的某种意义和模式状况的展现。因此,我们看自然景色,实际上是在看人类的历史,看人类反射性的内容。从这个意义上讲,我们不能说英国传统村庄比洛杉矶更"自然",因为"两者都是人工的产物"。

2. 自然既是人类的生存之地,也是人类与其他自然的共存之物。如果说,前面一点讲的是自然在人类社会中一直与人类历史相统一的话,那么这里我们主要要讨论人类对自然依赖性,或者说通过人类对自然的依赖性来说明其自然观。乍一看,这两者是矛盾的,其实不然。虽然反射性的内容依存于人类的主观活动,它不能独立于人而存在,然而,反射性内容一旦成为历史传统,它又成为客观的社会内容制约着现实人的生活,并且现实的人也只有在这客观内容基础上才能存在,才能使自己的生活成为人类的生活而获得意义和价值。就一个个体来讲,他的存在不仅仅是现在的完整和健康,而是对过去的延续,如张三的存在是张三过去的连续,尽管过去(一个过程)的张三在每一点上都是通过反射性把周围世界纳入自己的主观体系的,但这些一旦成为"过去",便成为一系列客观化的内容制约着张三的活动,或者说张三无法脱离"过去的连续"中的生活,这种个体历史的连续内容成为个体现实存在的有效内容。张

[①] 转引自 Giddens: *Beyond Left and Right*, Cambridge, Mass: Polity Press, 1994, p.204。

三一直吃米饭,现在你突然要他脱离米饭生活,他便很不习惯,也就是说"吃米饭"这一过去的连续内容已经是现实的张三存在的客观需求,而不再是某次选择的主观内容。这里,我们要说明的就是反射性内容可以客观化为客观内容而成为人们依赖的东西(如张三对米饭的依赖)。同样,自然作为人类反射性的内容,通过人类历史、传统的连续,它也客观化为客观内容,成为人类生活不可缺少的内容,人类依赖着自然而生活。正是在这个意义上讲,自然是人类的"生存之地",也是人类的"共存之物"。说它是生存之地,是因为人类以此为生存的必要条件,离开了它人类无法生存下去。那么,前面不是说自然已经终结了,人类是不是活不去了呢?不是的,自然界终结的含义是自然不再自然了,自然作为客观物还是存在,自然物并没有因终结而消灭,因此自然仍是人的生存之地。同样,人类的反射性还一如既往的续延着,自然(虽然不再自然了)仍然不断成为人的反射性内容,对这种不再自然了的自然的反射性内容也不断地客观化为人的生活的客观内容,它们同样制约着人的现实生活,或者说,人的生活同样依赖于对这些不再自然的自然反射的内容,这样,自然又是人类的共存之物。这里,吉登斯对生态主义者对自然的不切实际的诗意般的赞美,并以此来批评现实的自然内容的观点很是不屑。其实,自然在历史中一直与人们生活方式相关联,想劈开两者的关系,取其中的一半——自然来展现其美学价值是不科学的,也是不切实际的。"没有这些生活方式,古老的建筑就几乎不会'比我们更重要'——无论是历史遗迹还是遗址都是过去的标志。"[1]总之,自然作为人类的生存之地,它是人类生活的客观的必要条件,同样,自然作为人类的共存之物,它是人类的反射性内容,并且这些内容不断客观化为人类生活的客观内容,人类与之共存,并在这种共存的过程中不断地创造着自然的新的内容。

3. 自然治理自然。对于当前人类面临的不自然的自然,人类必须以积极的方式去治理它,而这种积极的方式并不是激进主义所主张的更新制度式的活动,而是自然地去治理。这里吉登斯延用他在生活政治中的一贯思想和方法,即按照生活本身的自然性来管理生活,而不主张强加所有的外在控制形式。虽然科学技术对自然物的改造和渗透是自然不再自然的重要原因,但是我们不能期望通过消除科学技术来恢复自然,因为科学技术作为人类作用于

---

[1] Giddens: *Beyond Left and Right*, Cambridge, Mass: Polity Press, 1994, p. 212.

自然的一种能力,它的目的本身是积极的,是为了给人类生活提供便利的条件。事实上它也做了许多有益的事。当然这不是问题的关键,问题的关键是它已经渗入到我们的生活,成为人类生活的重要内容。现实的人类生活几乎在所有方面都与积极技术相关,住房、汽车、商品、饮食等等都与科学技术有染,因此,科学技术的许多成果已经是人类的反射性内容,它客观上制约着人类的生活,试图消灭科学技术的做法是不现实的,也是没有必要的。虽然由于自然的终结,人造风险遍及人类生活,无论是吃的东西,穿的东西,还是用的东西都潜伏着风险,但要管理这些风险很可能又只能靠科学技术,甚至要解决生态问题,也只能靠管理科学和技术。如汽车,汽车给人方便,但也制造着风险,但要减少这种风险,还得靠科学技术,无论是车内的各种装置的改进,还是车型的设计,无论是道路的设计,还是交通管理的种种规范性要求,都有一个是否更"科学"问题,这些内容更科学了,风险也就降低了。因此,人类不能因噎废食,况且人类也无法驱除科学技术,因为它是人类能力的表现形式,驱除它也就是等于在驱除人类自身,这对于人类来讲是不可能的事。"我们无法摆脱科学技术文明,不论它会触发什么样的'绿色怀旧',在人为风险的时代生活意味着面对这样的事实:技术创新的'负作用'不再是负面影响了。"[1]既然科学技术不仅不可能退出对自然的作用,而且我们还必须借助于科学技术来消除生态危机,那么,人类对自然的管理,实际上变成为对人造风险的管理,治理自然实质上是要治理我们遭遇的种种风险,而要对人造风险进行管理,关键在于调整人与人之间的关系,使人们的社会关系符合自然的客观要求。对自然的治理内容吉登斯列表如下:[2]

自然	一污染、环境退化
	＋重新保护非人类的世界
再生产	一随机的基因工程、优生学
	＋积极地利用生命、性
全球系统	一大规模的灾害、人为风险导致的事故
	＋全球合作和可持续发展

---

[1] Giddens: *Beyond Left and Right*, Cambridge, Mass: Polity Press, 1994, p. 212.
[2] Ibid., 1994, p. 207.

人格（personhood）　一对环境健康的威胁、个人的无意义、
　　　　　　　　　　沉迷（addictions）
　　　　　　　　　＋用整体的方法对待肉体和自我

从积极方面来看上表中的每一个问题，实际上都涉及到我们人对社会关系的调整，关涉到"我们如何生活"的问题，而这一问题在可持续发展中可以获得较为充分的答案。

可持续发展概念从生态和全球的双重维度对人与自然、人与社会的关系作了指导性的安排。生态既然在现代社会中不能倒回到原始的自然状态，那么它就必须走向现代化，而生态的现代化实质上是意味着人们的合作关系，是政府、工商企业、环境保护者、科学家之间的合作，以实现对资本主义政治经济的重建，使这种重建的社会关系适应于生态发展的要求，或者说控制风险的要求。而所有可持续发展的观点似乎都在这个方面作努力。可持续发展至少有这样的含义：

（1）它坚持从生态上考虑制定经济政策的，也就是说在制定经济政策时充分考虑到生态的因素，这一观点坚持了人类（经济）活动与环境相统一的原则。

（2）可持续发展体现着对平等的承诺，从空间上讲，各民族国家之间，每团体之间，每个个人之间是平等的，从时间上讲，在这代与未来的代之间是平等的，这样，它可以平等协调人与人之间的社会关系，从而达到作为整个人类对自然的公正（全球维度）。

（3）可持续发展的价值仍在"发展"一词上，发展是对于人类社会而言的，而人类社会的发展又与其生存条件和自身水平相统一。因此，生态的质量、人类生活的质量的提高是其重要内涵。在这里，人与人之间，群体与群体之间的平等关系，让每个人都能遵循自身的活动原则，也就是建立"民主共同体"，让"所有人真正自由"，内在地包含着的积极政治内容。可持续发展的观点与吉登斯所认为的风险社会的政治相一致，可持续发展是有效控制风险的一种政治策略。有效的控制风险关涉到两个问题，一是我们与科学技术的关系问题，二是我们对于危机的反应问题。

总而言之，科学技术已经渗入我们的生活，因此对由此所产生的危机也应该把它看成是自然的事情。我们对这种危机的控制作为风险社会政治内容也

应该依据风险的客观性进行治理,而不是在观念上先排斥它,在生活中又实际上处处与风险为伍。"在一定程度上,作为全球化的后果之一,科学与技术变革日益加速,并且它对于我们生活所发生的影响逐渐变得更加直接、意义也更加深远,我们可能曾认为'环境'即为自然界,但是它现在当然已经不再是这样了。许多过去属于自然界的事物,现在既可能是人类活动的产物,也可能受到人类活动的影响。……不论好坏,科学和技术已经侵入到人体之中,并且已经重新划定了那些通过人工制作才能获得的东西与那些完全需要从自然中获得的物质之间的界线。"①科学技术渗入我们的生活,我们的生活既获得了便利,又遭遇了许多风险,因此管理这些风险是政治的事,或者说管理科学技术是"政治的事情"②。虽然人们对于这种政治内容的认识有个过程,但这种有关人类生活的可持续的政治内容现在已经被广泛重视。吉登斯举了疯牛病事件和人类男子精液质量下降来说明这一问题。疯牛病事件以及类似的动物瘟疫事件已被全球广泛重视,因为它直接关涉到人类的生命;男子精液质量下降也一样受重视,因为它关系人类"种"的可持续问题。这里我们可以知道,生态政治作为控制自然的政治或控制风险的政治,它比生活政治更复杂,但是不管怎么样,其最终还得归为人们的社会关系的调整,最终还是人类生活方式的适应和转型的问题,因此,它与可持续发展的观念相一致。

---

① Giddens: *The Renewal of Social Democracy*, Polity Press, 1998, p. 58.
② Ibid., p. 59.

"他律道德"是否合法？

王春梅　李世平

自从牟宗三先生以"他律道德"评价朱子的学理以来，"他律道德"就成为学界广泛使用的概念，梁涛先生甚至提出一种他律的道德实践活动，"《五行》一方面提出自主、自律的道德实践活动——为德，另一方面又提出外在、他律的道德实践活动——为善"。① "为德"、"为善"是《五行》讨论的两种道德实践活动，梁先生将"为善"诠释为外在的、他律的道德实践活动，这一诠释实际上是认为道德实践活动可以他律，也就是说，在梁先生这里，"他律道德"具有合法性。但问题的关键在于：他律能否引入道德领域？这一问题是事关道德的至为根本的问题，不得不辨。

一、"他律道德"的提出

牟宗三先生以"他律道德"评价朱子学理的性质，是基于他对朱子学理的不满，他认为："朱子不加分别，一概由存在之然以推证其所以然以为理，而此理又不内在于心而为心之所自发，如是其所言之理或性乃只成一属于存有论的存有之理，静摆在那里，其于吾人之道德行为乃无力者。"② 在牟先生看来，朱子讲道德一味地以"存在之然以推证其所以然以为理"，这样的理就不是"内在于心而为心之所自发"之理，而只是"静摆在那里"的理，以这样的理决定道德行为必然会导致道德无力，"牟宗三对朱子的批评纵有千条万条，归结到一点，无非是嫌朱子'道德无力'"。③ 可见，牟宗三先生对朱子学理的批评，核心

---

① 梁涛：《郭店竹简与思孟学派》，中国人民大学出版社，2008年，第205页。
② 牟宗三：《心体与性体》（三），正中书局，1968年，第242页。
③ 杨泽波：《牟宗三三系论论衡》，复旦大学出版社，2006年，第258页。

在于朱子讲道德是以"存在之然以推证其所以然以为理",如此就会导致"道德无力"。"牟宗三透过朱子学说庞大体系的外表,一眼透视到其内在的致命伤,透视到朱子所说的理是死的,不能活动,绵软无力,不能使道德成为可能,这种洞察力是即为非凡的,给人以很大的教益。"①牟宗三先生能够透过朱子庞大的思想体系发现其学理之不足,的确非凡。然而,牟宗三先生以朱子学理是"道德无力"而用"他律道德"来评价朱子学理,却值得我们反思。对此,杨泽波先生认为这是"看对了病却叫错了病名。牟宗三一眼看到朱子学理存在'道德无力'的问题,其理无法直接决定道德,这叫'看对了病';但他却将这个问题与康德的道德他律捆在一起,将其表述为'道德他律',这叫'叫错了病名'"。②

那么,牟宗三先生为什么用"他律道德"来定位朱子学理?原来,牟宗三先生是借助康德的思想来评价朱子学理的,通过康德思想,牟先生最终将朱子的学理归结成"他律道德"。"依康德,基于存有论的圆满与基于上帝底意志俱是意志底他律之原则。……基于存有论的圆满所需要有的世界底知识是理性的;基于上帝底意志最初是诉诸恐怖与权威,最终亦必落于需要的世界底知识,……朱子既取格物穷理之路,故道问学,重知识。……此正是以知识之路讲道德所应有者。"③牟先生将朱子以知识之路讲道德与康德讲的"基于存有论的圆满"、"基于上帝底意志"需要"世界底知识"导致"意志底他律"相对比,指出:"就知识上之是非而明辨之以决定吾人之行为是他律道德",④正是在此意义上,牟宗三先生认定朱子学理为"他律道德"。"依朱子本人之辞语,可说为'理气不离不杂'之形上学,此一整套如分别言之,就理说,是本体论的存有之系统;就气说,是气化的宇宙论而以只属于存有之理以定然之;就工夫说,是认知的静涵静摄之系统;就道德说,自亦有道德的函义,但却是他律道德。"⑤

朱子以知识之路讲道德,的确与康德所批评的基于存有论的圆满、基于上帝的意志需要世界底知识有相似之处,但康德之所以将基于存有论的圆满、基于上帝的意志的行为贬为他律,并不是因为基于存有论的圆满、基于上帝的意志的行为涉及知识,而是因为如此有悖于理性的至上性和纯粹性。"康德反对

---

① 杨泽波:《牟宗三三系论论衡》,复旦大学出版社,2006年,第259页。
② 同上书,第260页。
③ 牟宗三:《从陆象山到刘蕺山》,上海古籍出版社,2001年,第5—6页。
④ 牟宗三:《心体与性体》(三),正中书局,1968年,第397页。
⑤ 牟宗三:《心体与性体》(一),正中书局,1968年,第97页。

理性的圆满原则并不是因为这里涉及知识问题……而是因为不赞成他们在道德法则之上另立一个目的。"① 当然，"康德反对以上帝作为道德的目的，主要还是坚持他的理性至上性和纯粹性，反对个人幸福原则，而不是要不要有知识的问题"②。康德认为基于存有论的圆满、基于上帝的意志需要世界底知识是在道德法则之上另立目的，因此将二者贬为他律，而牟宗三先生却认为这是由于涉及知识而被贬为他律。另外，康德是将基于存有论的圆满、基于上帝的意志的行为贬为他律而不是他律道德，而牟宗三先生却将他律滑转成了他律道德。最终牟宗三先生通过对康德他律的如此理解与滑转，阴差阳错地将朱子学理贬为"他律道德"。

有必要指出的是，虽然牟宗三先生提出了"他律道德"这一概念，但在他那里，他是用此概念来批评朱子学理的不足，也就是说，牟宗三先生是在否定意义上使用"他律道德"的。然而，正是由于牟先生的这一运用，使得学界开始广泛使用"他律道德"这一概念，"他律道德"逐渐合法化，并因此取得了肯定积极的意义。

二、"他律道德"的使用

杨泽波先生理清了牟宗三先生将朱子学理贬为"他律道德"的根源，并提出儒学的道德自律"既有智性道德自律，又有仁性道德自律"，以合理定位朱子的思想。杨泽波先生认为孔子、荀子的礼学以及后来以朱子为代表的理学是智性道德自律，孔孟的仁学以及后来的象山、阳明一系的心学则是仁性道德自律。③ 这样一来，儒学的思想定位问题就解决了，无论是朱子的理学，还是象山、阳明的心学都是自律道德，只不过象山、阳明的心学是仁性道德自律，朱子的理学是智性道德自律。换言之，在杨泽波先生这里，他已清晰地意识到：在道德领域绝不存在"他律道德"，只要讲道德就只有自律道德，只不过自律道德可以有不同的情况。

基于此，杨泽波先生本可以圆满地解决"他律道德"的问题，将他律逐出道德领域。然而令人遗憾的是，杨泽波先生并没有将他律逐出道德领域，而是认

---

① 杨泽波：《牟宗三三系论论衡》，复旦大学出版社，2006年，第210页。
② 同上书，第211页。
③ 同上书，第254—255页。

为:"道德有两种情况:一是以对象本身为决定原则的道德;二是以法则为决定原则的道德。凡是以对象为决定原则,不管是以苦乐为原则,还是以存有论的圆满为原则,或是以神的意志为原则,都不是真正的道德,只是他律道德,只有以法则为决定原则,才是真正的道德,即自律道德。"①杨先生虽然认为道德有两种形式:一种是"自律道德",另种一是"他律道德",但是,他又讲自律道德"才是真正的道德","他律道德"并"不是真正的道德"。也就是说,在杨泽波先生看来,"他律道德"既是一种道德但又不是真正的道德。面对"他律道德",杨先生很是纠结,杨先生的纠结在于认为有一种"以对象本身为决定原则的道德"。其实,"以对象本身为决定原则的"就不是道德,而是他律,而杨先生却误以为这就是一种道德,是"他律道德"。

对此我们不禁要问,杨泽波先生明明知道"他律道德"不是真正的道德,为什么他还是继续讲"他律道德"而不是将他律逐出道德领域?另外,杨泽波先生为什么将"以对象本身为决定原则的"他律视为一种道德?主要原因在于杨泽波先生认为"他律道德"是康德讲的。如杨泽波先生在《牟宗三三系论论衡》中指出:"康德所谓的道德他律,依据《道德形而上学的奠基》,大体可分为两种情况:一是指道德以追求幸福原则为目的,这是经验的;二是指道德以追求圆满原则为目的,这是属于理性的。这两大类又可各分为两小类:经验性的他律包含个人幸福与道德情感两种,理性的他律包含圆满的存有论和圆满的神学两种。"②此外,杨泽波先生在对上述内容的注释中还指出:"在《实践理性批判》'在德性原则中实践的质料规定根据表'一节中,康德对他律的类型又进行了更为具体的划分。按照新的划分,道德他律仍有两类,一类是主观的,一类是客观的,这两类又各自包括外部和内部两种情况,其中主观一类的外部指教育和公民宪法,内部指自然情感和道德情感,而客观一类的外部指完善,内部指上帝意志。"③由此可见,杨泽波先生之所以没有将他律逐出道德领域,之所以讲"他律道德"或"道德他律",是因为他认为康德也在讲"他律道德"或"道德他律"。那么,康德在这些地方讲的究竟是"他律道德"或"道德他律"还是"他律"?不得不辨。

---

① 杨泽波:"从德福关系看儒家的人文特质",《中国社会科学》,2010(4),第 44 页。
② 杨泽波:《牟宗三三系论论衡》,复旦大学出版社,2006 年,第 200—201 页。
③ 同上书,第 201 页。

三、康德讲"他律道德"或"道德他律"了吗?

其实,康德并没有讲过"他律道德"或"道德他律"。在杨泽波先生指出康德讲"他律道德"或"道德他律"的地方,康德使用的都是他律,而非杨先生所言的"他律道德"或"道德他律"。例如,杨泽波先生认为"康德所谓的道德他律,依据《道德形而上学的奠基》,大体可分为两种情况:一是指道德以追求幸福原则为目的的,这是经验的;二是指道德以追求圆满原则为目的的,这是属于理性的"。① 一方面,无论是对幸福原则还是对圆满原则为目的的追求,都应当是意志而非道德,因为这些追求都是有目的的或者是有对象的,当然已经不属于道德了;另一方面,无论是对幸福原则还是对圆满原则的追求都是超出了意志自己的普遍立法,是他律而非"他律道德"或"道德他律"。"如果意志在它的准则与它自己的普遍立法的适宜性之外的某个地方,从而超越自己,在它的某个客体的性状中,寻找应当规定它的法则,那么,在任何时候都将出现他律。"② 无论是幸福原则还是圆满原则,总之是在意志的"某个客体的性状中"寻找意志的"规定法则",如此就会出现他律而不是"他律道德"或"道德他律"。

另外,上文中杨泽波先生所认为的康德在《实践理性批判》中对"道德他律"进行的划分,仍然是康德对他律而非对"道德他律"的划分。通过对前人道德研究的批评,康德指出,以往人们以他律的方式讲道德是不正当的。而杨泽波先生所列出的"主观的"和"客观的"各种"道德他律"类型,恰恰是康德所批评的,这些类型在康德那里都属于他律,对康德来说,在他律基础上根本无法谈论道德。很明显,康德指出他律的这些类型,意在将他律的这些方式全部逐出道德领域,从而保持道德领域的纯粹性。为此,康德又怎么会讲"道德他律"呢?

我们认为,康德不仅没有讲"他律道德"或"道德他律",而且他也根本不会讲"他律道德"或"道德他律"。康德对他律和道德学说有着非常清晰的定位。"一般有理性的存在者的感性自然就是他们在以经验性为条件的那些规律之下的实存,因而对于理性来说就是他律。"③ 理性存在者的感性自然不得不服

---

① 杨泽波:《牟宗三三系论论衡》,复旦大学出版社,2006年,第200—201页。
② 康德:《道德形而上学的奠基》,《康德著作全集》第4卷,李秋零主编,中国人民大学出版社,2005年,第449页。
③ 康德:《实践理性批判》,邓晓芒译,人民出版社,2003年,第57页。

从经验性的规律,因此,对于人的实存来说就不得不受制于经验性规律、受制于他者,这就是所谓的他律。"仅仅作为知性世界的成员,我的一切行为都会完全符合纯粹意志的自律原则;仅仅作为感官世界的成员,我的一切行为都会必然被认为完全符合欲望和偏好的自然法则,从而符合自然的他律(前者会基于道德的最高原则,后者会基于幸福的最高原则)。"[1]人作为知性世界的成员,服从自由法则;而人作为感官世界的成员,服从自然法则。那么,康德又是如何定位道德学说的呢?"关于自然法则的科学叫做物理学,关于自由法则的科学则叫做伦理学;前者也称做自然学说,后者则也称做道德学说。"[2]道德学说是"关于自由法则的科学"。这样,在康德这里,他律是(人作为感官世界的成员服从的)自然法则,而道德学说却是属于自由法则的科学,自然法则与自由法则分属两个不同的领域,既然如此,康德怎么会让他律混入道德领域而衍生出"他律道德"或"道德他律"这一概念来呢?

对于有学者认为康德讲"他律道德"或"道德他律"而没有将他律逐出道德领域,我们只需要澄清康德并没有讲也不会讲"他律道德"或"道德他律"就够了。但对于"他律道德"问题的讨论并未就此结束。因为尚有学者认为道德实践活动可以是他律的,即"他律道德"是道德实践活动的必要组成部分,"他律道德"是一个合法的概念。对此,我们就必须要阐明道德的根基问题,阐明道德究竟能不能从他律的角度讲。

四、道德可以从他律的角度讲吗?

在康德看来,他律是(人作为感官世界的成员服从的)自然法则,是人的感性自然必须服从的经验性规律。"在追问一切道德律及与之相应的责任追究必须当做根据的那个自由时,问题根本不取决于那依照一条自然法则来规定的因果性……那些规定根据虽然具有心理学的自由(如果人们愿意把这个词运用在灵魂诸表象的一个仅仅是内部的链条上的话),但毕竟带有自然必然性,因而并没有留下任何先验的自由,后者是必须作为对于一切经验性的东西、因而对于一般自然的独立性而被思维的……没有这种惟一是先天实践性

---

[1] 康德:《道德形而上学的奠基》,《康德著作全集》第 4 卷,李秋零主编,中国人民大学出版社,2005 年,第 461—462 页。
[2] 同上书,第 394 页。

的(在最后这种意义上的)自由,任何道德律、任何根据道德律的责任追究都是不可能的。"①服从自然法则的他律,讲的是自然必然性,在此前提下对先验自由是否定的,而否定先验自由实质上就是否定道德赖以存在的根基。换言之,一旦否定了先验自由,任何道德律就是不可能的,在此基础上根本无法进行道德责任的追究。没有先验自由,一切道德都无从谈起,他律的自然法则恰恰没有给先验自由留下任何存在的可能,既如此,他律又怎么能够引人道德领域?

其实,牟宗三先生也表达了同样的思想,他认为道德的第一义就是必须斩断"一切外在对象的牵连",方能显现出"意志底自律",显现出性体、心体的主宰性,"必须把一切外在对象的牵连斩断,始能显出意志底自律,照儒家说,始能显出性体心体底主宰性。这是……道德理性底第一义"。②牟先生所认为的道德必须斩断"一切外在对象的牵连",实际上揭示了道德离不开自由,离开自由就不可能有道德;道德必须奠基于自由、必须以自由为前提。在牟宗三先生看来,只有在自由的基础上才能讲道德,自由是道德的根基,也就是说,只有摆脱他律才能讲道德。所以说牟宗三先生讲他律道德,实际上是他的失误,他本人对道德的根基还是有着清晰的认识的。

无论是康德的思想还是牟宗三先生所认为的,都表明他律与道德的根基即自由相对立,只要认为道德离不开自由,就不能将他律引入道德领域。当然,他律也与道德所遵循的道德律相冲突,因为道德律是这样的一个形式原则:"要这样行动,使得你的意志的准则任何时候都能同时被看作一个普遍立法的原则。"③所以,"它不涉及行为的质料及其应有的结果,而是涉及行为由以产生的形式和原则,行为的根本善在于意念,而不管其结果如何"④。道德律是不计结果的,恰恰相反,他律追求某一结果,试图达到某种效果。

既然他律与自由、与道德律对立,那么在他律的基础上,就无法进行相应的道德责任的追究。无论是责任承担还是责任追究,都必须奠基于自由、奠基于道德律的基础上才能够进行。"凡是按照任意的自律原则该做的事,对于最普通的知性来说都是很容易而且不加思考可以看出的;凡是在任意的他律前

---

① 康德:《实践理性批判》,邓晓芒译,人民出版社,2003年,第132页。
② 牟宗三:《从陆象山到刘蕺山》,上海古籍出版社,2001年,第138页。
③ 康德:《实践理性批判》,邓晓芒译,人民出版社,2003年,第39页。
④ 康德:《道德形而上学的奠基》,《康德著作全集》第4卷,李秋零主编,中国人民大学出版社,2005年,第424页。

提下必须做的事则很难这样,它要求人世的知识。"①这样,自由、道德律就构成了道德的必不可少的基础,没有道德律,一切道德价值都会失去最基本的评判标准;而没有自由,一切道德价值就会失去存在的可能。而道德律、自由之所以是道德的基础,就在于其最终能够落实为现实的责任承担与责任追究,否则根本无从谈起何为道德、何为不道德。

道德律、自由、责任三者共同构成了道德的基本品格,道德律、自由是道德的内在根基,而责任意识则显现了道德价值的现实存在。道德学说是关于自由法则的科学,道德是以自由为基础的,服从自主、自律的道德法则,在自由、道德法则的基础上承担道德责任或进行道德责任的追究,是道德的本质。他律是自然法则,它与自由、与道德律相对立,在他律的基础上,根本无法建立人的责任意识,相反,他律会推卸掉一切道德责任。可以说,"他律与道德格格不入,道德领域不宜引入他律"②。为此,康德没有也不可能讲"道德他律"或"他律道德"。当然,道德也绝对不可以进行他律,无论讲"道德他律"还是讲"他律道德",都是非法的。

---

① 康德:《实践理性批判》,邓晓芒译,人民出版社,2003年,第49页。
② 王春梅:"他律:儒学重建的梦魇",《学术界》,2013(12),第105页。

道德哲学若干基础概念的复杂性

李 虎[①]

道德哲学的基础概念近几十年来受到中外学界颇多关注,本文试图对道德哲学基础概念的复杂性、伦理学学科任务及所面对的历史性的课题、道德哲学与哲学本体论的概念关联进行了一些思想实验式的探测,试图寻求破解道德哲学以及伦理学[②]基础概念的复杂性、概念来源的文本牵涉的语境含混性造成的理论困境。

十年前笔者因为种种机缘转向西方伦理学研究教学时就发现,在汉语哲学语境中,"伦理(具体的)""道德(抽象的)""道德"、"伦常"、"伦理的"、"伦理学"、"道德哲学"这些基本术语存在不小的混乱,下面将基于一种实践理性的思想实验模式(戒烟模型)对道德哲学的基础概念的复杂性特征进行一些放大镜式的理论症候摹写以探测各种文本和理论分歧背后概念整合的可能方向,论文最后探讨了这种思想实验对于理论概念整合的谱系学方法的意义。

一、 道德哲学的几个基本概念

本文先简述一个基本的思想史上的术语脉络,然后分析每个重要用语具体的混淆情况。

根据怀尔德的一篇论文[③],近代以来,道德/伦常(moral)指善的规范结构,来源于 mores,是拉丁语对 ethos 的翻译。不过在古希腊语中 ethos 并没有拉丁语境下加上去的"规范、应当"的意思,泛指习俗。如根据德语著作译者的一

[①] 谨以此文感谢黄颂杰老师多年的悉心教导和关怀!
[②] 在大多语境下与前者是同义词,但本文考虑语境牵涉的关联度使用前者来引导概念的关联辨析。
[③] 参见 K. 怀尔德:"对伦理的现象学复原",涤心译,《哲学研究》,2005 年第 1 期。

种说法,Sittlishkeit 与 Moralitat 相比,前者指习俗的道德,后者指良心的道德[①]。morality 也是来源于拉丁语习俗 mos/mores 的 moralis 抽象化为 moralitas 后的抽象名词。这样,道德(moral)与伦理(ethic)就开始有根本的范围上差别,道德的概念仅仅针对习俗中具有主体选择特征的规范判断以及行动,这就区别于伦理判断和伦理理论中其他外在的社会规范,所以相应的道德哲学也区别于伦理学,并始终居于伦理学的核心。

国内的伦理学原理教材一般也包括了伦理规范的社会学乃至历史研究(比如"伦理史""儒家伦理""封建伦理"等);x 伦理学(如社会伦理学、经济伦理学、信息伦理学,或统称为应用伦理学)其实是对具体的道德规范(伦理)领域以及独立的德性领域的延伸。

德性(virtues)在古希腊语中隶属于伦理(ethos 生物的长久居留地)的范畴,指特定人的习惯的空间(areté)。笔者认为哈贝马斯的一种分析[②]更好的解释了这种德性-伦理概念何以在当代康德式伦理学极受追捧的氛围下反而更受重视并区别于近代基于(与"伦理的"相区别的)"道德的"[③]概念的伦理学框架。

如果怀尔德的观察是可靠的(本文并不想依据德文语境进行更多的探讨,仅以此观察作为问题的导引),黑格尔的社会伦理概念包含着对康德道德权利理论的批判(或误读),黑格尔实际上遵循了古希腊对于"生活整体的善"的概念,非常接近当代德性伦理学(如麦金泰尔为代表的)的伦理概念,伦理精神在黑格尔哲学形而上学的地位也得到德性伦理学的高度关注。在黑格尔那里,道德、权利只是抽象的主观意志,它必定要发展为伦理的具体性。这种理论文本语境上的分析尽管是很有启发的思想史实验,但伦理学的基础概念其实还面临着来自具体的道德规范理论类型学争论中产生的新问题。

二、 规范伦理学的 N 个维度:未来可能的伦理学之展望

伦理学的基本概念是"正当"和"善"[④],这两个词都是多义词,根据不同语

[①] 黑格尔:《历史哲学》,英译本序言,王造时译,上海书店 2001 年,第 2 页。
[②] 参见哈贝马斯:《后民族结构》,曹卫东译,上海人民出版社 2002 年,第 233 页。
[③] "道德的(底)"与"道德"的区别缘由与后面牵涉到的牟宗三等中国哲学的相关语境有关,在本文中仅视为理论常识背景做相应提示并未有机会深入展开。
[④] 这里参照罗尔斯的观点,见罗尔斯:《正义论》,何怀宏等译,中国社会科学出版社,1988 年版,第 21 页。罗尔斯在这里显然是在规范伦理学的语境下说的,事实上罗尔斯的《正义论》也导致了规范伦理学的复兴。

境,如法律和社会科学等实证和规范科学领域,正当(right)可以翻译成正义、权利、正确,善(good)可以翻译为好,具有非道德意义上的用法,用来描述或标示一种行为的目的性和比较级的判断结构。"the good"更可以翻译为"善的东西"指行为的的"目的"。即使有人否认善和正当这些价值词汇可以给出描述性定义,是纯粹直觉性的,但也会同意就道德理论而言,善的东西与正当的东西(如作为行为规范的制度本身)是可以进行描述的,有人甚至认为给出这种描述本身具有规范的事实性。

正当是说行为的正确与否,善是指行为符合结果或目的,两者结合起来的不同方式(维度一,用1、2表示)构成了我们见到的基本道德判断的类型,认为正当优先于善,一般认为是(t1)义务论——主张行为的好坏独立于行为的结果,目的不能证明手段正当;反之则是(t2b)目的论,认为目的决定手段正当,行为正确与否依据行为的目标来定。目的论主要有(t2a1)利己主义(egoism)、(t2a2)功利主义等结果论的目的论,认为行为好坏取决于个人或集体的快乐、效用或其他理性的目标的实现,还有非结果论的目的论,如(t2b)至善论,认为行为应该服务于目的,以往伦理学教材往往把德性论与至善论根据古典来源视为同一类型,但古典语境下(如亚里士多德和柏拉图),德性论的"目的"一般认为是一种终极性的共同体的善,其保证诉诸于人对共同生活(如城邦)的终极目标的超验信仰。总之我们又发现了维度二:结果论和非结果论(用a、b表示)。如果按照两个维度来划分伦理领域,有四种可能伦理学可能存在,但我们目前熟知的仅有三种,t1b:义务论-非结果论(如康德);t2b:目的论-非结果论(德性论,如亚里士多德);t2a:目的论-结果论(利己主义、功利主义)。那么其他的理论是否存在呢?答案是肯定的,如罗尔斯的契约论既强调义务论的自由原则,又主张分配正义要考虑后果的最大化(差别原则),应该是t1a,而在强调目的论作为政治共识的后果论预期的当代政治哲学中经验-超验目的(形式-实质、特殊-普世……等等)叠加进来预示着新的N维度仍然存在,由于政治共识的耦合特征,基于混合理念的政治实践甚至是无限的。当然对于伦理学的基本理论目前可容纳的讨论范围,仅仅两个维度,就至少出现四种不同的伦理理论类型。

这是目前为止我们学到的最基本的伦理学理论,虽然t1a的理论并不是所有人认为应该存在的(现在主流的教材在划分伦理理论时一般只重点讨论功利论、康德义务论、亚里士多德德性论)。

但是有了政治哲学的参照,伦理学依靠目前的两个维度能够令人满意吗?

功利主义乃至后果论传统的"理性自利"的基本出发点的困难在帕菲特《理与人》中得到充分的展现,帕菲特甚至宣称未来可能的伦理学只有明了并克服存在于这个既有维度中的理论困难才有可能。解决帕菲特难题当然是极其复杂的,但是有一点人们不禁要问:是否存在第三维度的范畴以解决二维理性的困境?

这个第三维其实还有很多备选方案,与政治哲学平行的,还有经验与非经验的维度等,甚至可以根据理论偏好无限扩展到 N 个维度,在这个无限扩展的实践理性维度空间中,伦理学也存在着无限扩展的领域的可能性。

三、 当代道德哲学概念与实践理性概念的复杂性

当代道德哲学的境况从罗尔斯开始有了很大的改变,比如塞尔[1]就称:

罗尔斯对于我们眼下讨论的重要之处,不在于他是否成功地为政治理论建立了新的基础,而在于他的研究使人们对政治哲学重新产生了兴趣,以及不久随之而来对传统的道德哲学问题兴趣的复兴,现在,这一领域已成为分析哲学的一个繁荣兴旺的分支。

在我看来,罗尔斯虽然拒绝过多的将道德哲学与分析哲学核心的意义理论以及本体论承诺牵涉,他的证明方法、以及对康德实践理性学说的挖掘远远超越了伦理学的范围,称之为分析哲学的实践哲学转向亦不过分。道德哲学问题对于哲学总问题的重建具有显而易见的意义,但具体能走多远,则超出了伦理学原理的范围,似乎更适合作为一门分析形而上学具体探讨的主题,必须包括分析本体论与知识论、伦理学一个整合的实践哲学纲领,这也是本文所谓道德哲学复杂性概念的要旨。

根据这种"罗尔斯式康德主义"解释,康德的《道德形而上学原理》提出的绝对命令公式可视为实践的本体论域上的理性事实的描述性理论,一个道德概念的判决程序[2]。然而,这种意义上的幸福论、关于生活的最终目的理论还包括一个经验的关于善事物(goods)的描述理论。关于这一点,本文更倾向于

---

[1] J. R. 塞尔:"当代美国哲学",崔树义译,《哲学译丛》,2001 年第 02 期。
[2] 限于主题关注,这里没有展开对科斯嘉德、芭芭拉·赫尔曼、奥尼尔、赫费等对本文产生巨大影响的康德式伦理学的著作进行讨论。仅需指出,这些讨论大多与罗尔斯关于康德实践理性学说的契约论解释(见《正义论》40 节)保持诠释语境的连续性。

展示一种相对于罗尔斯的先验论证的反思平衡程序关注政治共识形成语境不同的事实性形成处境,理由在于:假如我们有一个 N 维的伦理事实领域,而关于伦理事实的理论概念却只有一个连贯的解释,那我们就有足够的可能性、兴趣和强烈动机在一种可把握的思想实验般的真实的生存处境中描述出这个重要的事实性。因此,下述对这种处境的描述理论致力于生存意义的再编码技术和具有心理现实性的思想实验,力图克服是解释性的、分析的乃至拆构性的本真性伦理在无穷的文本演绎中容易孳生道德相对主义或者过于空泛限于各种"真诚性"的伪善断言。

下面我用一种事实有效(至少对于笔者而言)"生存意义-行动再编码"的概念及其生命实践来具体说明这个问题。

生存意义-行动再编码概念作者最早受到芬伯格《技术理性批判》[①]提出的关于克服技术异化的"代码重写"的思想的启发。首先将道德理性还原到行动哲学的一般层面进行分析并关注道德实践中选择分歧背后的异质性现实的概念。

道德实践基本特征的再编码理论的要点是:1)不懈关注决定性的否定事实、细节。心理学家从不放过"异常"的细节,这是所谓弗洛伊德的"金规则"[②] 2)通过反思平衡的开放的不断的对话过程对异质行为进行本质还原,直到找到否定性归因现实,排除否定行为试图伪造的虚假共同现实,通过差异的兑现定义新的联合现实,从而获得意义的增长和更稳固的行动促因。这里,关键是确立异质性现实内在于反思平衡的程序假定之中,Hill 称康德的人是目的原则就是指反思平衡程序的这一基本原则,通过宽容异质性达到对自我同一性的重新确认。[③] 具体分析一下:面对异常,我的反思过程明显要面临一定的风险,如果他人行动的归因现实淹没了我的,我的行动就会失去原有的现实而成为顺从的现实,这非常有可能发生,而且也不一定是坏事。但这里必须强调中

---

① 安德鲁·芬伯格:《技术批判理论》,韩连庆、曹观法译,北京大学出版社,2005,如第 230 页提到的对资本主义技术代码的政治重构。
② [英]亚当·菲利普斯著《达尔文的蚯蚓》,王佐良、张海迪译,作家出版社,2003,第 148 页。转引佛洛伊德的话:"多年来我一直遵循着一条黄金规则,也就是说,无论什么时候我偶然发现了文献中的一个事实,一种新的观察记录或者思考,与我的一般成果相抵触,我都要无一例外地立即做好备忘录。"
③ Thomas E. Hill, Jr., *Assessing Moral Rules: Utilitarian And Kantian Perspectives*, Philosophical Issues, 15, Normativity, 2005.

立的解释能力(坚持康德的普遍性原则的能力)是一个逐步积累的过程。在教育学意义上,这里似乎有一个策略选择问题,但自律的原则要求我们内在的根据理性道德的要求将这种策略的运用视为个人行动的自发性选择,只有很少情况下对此需要干预。一旦一个人决定行动,他按照实践理性的要求如何行动才是理性道德所要求的,而且社会共识本身内在于这种行动的现实构建过程中。这个理性权衡过程对于中国古代贤哲讲就是人心惟危,道心惟危的状态,仁者只有勇于面对这种不确定性的挑战才能逐渐具备道德能力的增长,这包括着人格力量、理性解释现实的认知能力、造就新现实的实践能力的增长。道德行动的这种不确定的特征决定了道德哲学范畴与把握异质现实的一系列本体范畴的关联。

比如戒烟,首先描述一个可接受的无烟的现实,一旦确立了这个"无烟"的"现实"的目标,仁者应该在最初非常关注自己每个想吸烟的念头,对每个念头包含的自我否定的动机或他人偶发动机的最终的归因现实进行本质还原,通过逐渐积累、扩大对环境中、外界文化氛围中各种吸烟行为的事实性承诺的微观分析,在反思中不断寻找一个强有力的否定性原初事实作为吸烟行为的本质的合理的归因,当我们意识到这个否定事实与我所承诺的现实的区别,反而具备了隔离并免疫所有此类事实归因的能力,可以称这种免疫状态的确立就产生了对自我而言的更强有力的联合现实。每前进一步,控制能力和包容能力都会增长。这种个体本质还原的主观性不言而喻,但随着解释能力运用的不断扩展,被合并免疫的否定事实越多,大多数行动的动因的决定性因果联系被建立起来的结果就是一个与我的规范肯定性现实并存的多元事实性通过反思平衡构造建立起一种先验的统一性,所谓新现实,也就是纯粹的选择动机,不再依赖任何经验的条件的道德实在。德性的力量在于,就像细微的针线密集的缝补产生的效果,数以万计的行为现实的本质还原-再编码将产生行动的稳定品格,最终在可能想到的任何情况下都能抵抗住诱惑。(由于确立了纯粹动机,反思平衡将超越个人狭隘的目标而成为类存在的目标,从而进入文化领域。这个过程就是自我在不同行动领域的运用、通过文化中理性事实的增长,最终扩展到整个共同体,并且会互相促进一种理性反思与对话的稳定的自由文化。)

我再形象的描绘一下这个过程。

我看到吸烟行为 S1,我面临动机 M1 选择 1)吸烟 2)不吸烟;

动机悬搁

主观的还原某个吸烟的归因现实,如:因为 A 苦恼,所以 A 吸烟。

还原我的行动现实,如:我不苦恼,所以我不需要吸烟;(价值排斥状态)

或者,因为我或者 A 苦恼可以导致行动 x,或 y,或 z,……,我满足至少一项,所以我选择 x,或 y,或 z,……,我可以选择不吸烟。(进入反思平衡的开放的对话构造价值联合状态)

进一步构造联合的现实:A 也可以选择 x,或 y,或 z,……

A 和我在此情景下都是自由选择的行动,A 选择吸烟与我选择不吸烟都是有价值的,A 行为的意义与我的行动的意义可以相加,故价值扩大

一系列类似行动 Sn 分析

……

最终:纯粹动机 Mn 的价值的实在性("我不吸烟")。

应当指出,尽管人们进行了各种否决和辩论,行动现实(大多数人不吸烟的状态)仍然会貌似是一种惰性在维持着生命的轨迹。生命事实是一个概率的、不确定的演化过程,在何时发生突变有很大的偶然性。生命不是多米诺骨牌,更像纠缠在一起的线结,偏离的力量除非在一个非常缓慢的过程中是很少能获得成功。对于成功的戒烟,细节和决断性的体验是不可缺少的。同样,那些勇于面对生命的瞬间突变,不放过任何与人格整合性(integrity)不和谐的细节的人,才有可能通向最高的理智德性之路。

在这个戒烟模型描述的实践理性范例中,值得注意的还有对于康德的先验论证的一种延展解释:首先是行动中的实践命令在戒烟模型中呈现为个人意志间的任意联想式耦合在实践推理中的决定性意义,在"我不吸烟"与"他吸烟"构筑的联合理由现实中,行动的"应该"作为实践命令是一个析取式的联合现实的构筑,这既是非自然的直觉判断,具有先验论证欢迎的非自然属性和开放特征,又具有累加的偶然特征,然而一旦戒烟者对于"我不吸烟"形成了超验式的事实性认同的绝对性性格特质这种先验偶然性推理造成的假言判断却产生了实践必然性的后果,即戒烟的新现实。

这说明,实践理性的复杂性特征决定了道德哲学概念与本体论诸范畴的关联需要进一步的探讨,下面就来讨论这个问题。

四、道德哲学的谱系学困境与第一哲学

正是与前述的伦理学的 N 维之谜一致,思想史上的谱系学方法能够用来

揭示道德哲学的困境。从字面上,谱系学是仿照生物学繁衍假设对错综复杂的概念演化关系进行初步的表面的基于含糊的接力关系的梳理,但也是一种基于历史事实性验证的某种理论框架的先验的实践合理性论证。如前所述,因为基于任意多样性延伸分支的谱系学在验证多维刻画的道德行为概念的一致性方面具有独特的思想实验功能,道德哲学前述概念的复杂特征特别适合这种方法,甚至是罗尔斯意义上反思平衡式的道德直觉诠释学证明的唯一方法[1]。然而本文试图指出:正是谱系学的分析可以发现现代道德哲学关注的所有重要问题全部都指向了原本作为第一哲学关注的本体论意义上的划界分析或实践哲学的概念逻辑构架:

最初呈现在近代道德哲学中的是自休谟起提出的事实与规范的区别,科学据说可以告诉我们事实是怎样的,道德则决定应该怎样。这导致一种科学理性主义和道德情感主义(艾耶尔等逻辑经验主义者意义上)的并行存在相互补充:既然理性无法决定应该怎样,那么在规范问题上情感意志和直觉就是决定因素。人文学科与自然科学的区别也来源于此。实际上,对于近代的"道德"概念,有作者也指出:

在英国和法国"道德"常指一般的精神领域,表示与自然的、物理的领域相区别的人的特有的精神领域。在心理学产生之后人们又从人的心理、情感、理性、意志等精神特征上理解道德。[2]

然而亚里士多德的德性概念指出"德性则是选择的或包含选择的"(1106a)[3]状态,"是一种选择的品质"(1106b),但是选择的适度不完全是一个比例的中间概念,两种极端的中值仅适用于伦理德性(1106b),而不是理智德性,而且有的品质是不存在折中的(1107a)。适度其实"是逻各斯规定的"(1107a)。亚里士多德德性伦理学传统质询生命的目的和幸福的意义,是将形而上学的"沉思"[4]视为通达至善的途径。即使近代以后,很多哲学家也承认这种至高的超越论的价值理性架构存在。不过康德伦理学认为这和经验、科

---

[1] 见罗尔斯《正义论》,何怀宏等译,中国社科出版社,1988年,第18页。
[2] 宋希仁:"'道德'概念的历史回顾——读黑格尔《法哲学原理》随想"《玉溪师范学院学报》,2004年第04期。
[3] 亚里士多德《尼各马可伦理学》,廖申白译,商务印书馆,2003,第44页。下面的编码同源自此书标注。
[4] 同上书,307页。

学理性又有所不同,叫实践理性,也区别于隶属于习俗空间的德性的概念。康德的实践理性的概念最初用来表达这个新的概念。这样在概念谱系上的结果是：道德哲学中原先两重的事实与规范的对立可以变为六重的,科学理性与实践理性、科学理性与实践非理性、实践理性与实践非理性、实践理性与科学非理性、科学理性与非科学理性、非科学理性与非实践理性。

法律与道德的关系又产生了新的问题,如果法律是社会现实的一部分,就存在法律与道德的冲突,如果法律作为实践理性的成分,就与科学理性产生冲突。法律实证主义与自然权利论的冲突表现为前者,至于法律与科学的冲突,表现为实证法学与法社会学及现实法学的冲突,在法学是否可以成为一种科学甚至社会科学是否可以采用自然科学一样的研究方法的争论均来源于此。马克思主义的实践概念试图统一社会科学的科学性与阶级性,实质就是仰仗实践理性的概念绕过是与应当的科学与人文的冲突,但问题仍然存在,我们仍然在康德的出发点上。

更糟糕的是,我们不要忘记还有德性与审美的对立,善和美从来就是分离的,并且还各自与其他的范畴(科学理性、实践理性)交叉对立。我们在康德那里同样得到一个复杂的"判断力"的概念,而在美的范畴里,存在着悠久的再现与表现的区分,这导致美的客观论与主观论、美的理念说与直觉说的六重对立,如科学美学与实践美学及表现美学的三重分立。可以发现,在美的问题上,所有前面出现过的各种对立都会发生,除了上述两种典型的对立外,还多了康德加上去的感性与理性的对立(不过这是美学还处于萌芽阶段称为感性学时面对的主要问题)。

判断力批判试图解决的中介问题,远比康德设想的要复杂。这个中介问题,其实就是上述各个层面发生的种种冲突的问题。所以在这个意义上,广义的美学的范围已经涵盖了广义的政治哲学关于共识的理论(如阿伦特的解释[①]),所以有些人在康德的影响下因为中介问题似乎是美学的课题而扩大美学的范围、抬高美学的地位。当然中介问题根本上是哲学的基本课题,围绕前述冲突展开的附属问题还有很多,却很难视为美学问题。类似的问题也发生在将美视为规范实践从属于伦理领域。甚至科学也可以看作一种体制,结果

[①] 参见汉娜·阿伦特《康德政治哲学讲稿》,曹明等译,上海人民出版社,2013。第19页《判断力批判》与康德对于"政治性"的晚年思想转向。

科学理性问题也似乎可以归结到道德理性上面，那就是很流行的实用主义哲学的策略了。这样，只有理性（包括各种理性）和反理性最彻底了。

反理性的问题原先却是在信仰与理性这对更久远的对立范畴中就存在了。理性神学认为可以论证对上帝的信仰，神秘主义则否认理性的作用。所以回到神学问题，似乎解决了中介问题的归宿？但神圣领域与世俗领域的冲突又怎么办？这经常视为一个社会哲学问题。意识形态批判作为广义的道德哲学在这种意义上充当了神学的作用，解决当代人迫切面对的自我与世俗社会的分裂局面下主体性的危机。面对世俗理性化下的现代性自我认同危机，文化冲突的问题也不可忽视，进一步扩大涵盖一种历史哲学。

上述这些问题似乎不可能在一个哲学分支领域涵盖得尽，只有前现代的传统道德哲学概念似乎才能涵盖这么广的范围，也说明亚当·斯密时代直到西季维克一个含糊的道德哲学概念（甚至大学教职）需要重新评估。

值得注意的是，成中英[①]认为牟宗三先生所阐发的"道德的形而上学"其实是实践本体论上的"道的形而上学"，也不同于西文的 moral metaphysics，虽然牟宗三使用这个对应为英译。这也是从汉语语源上对道德哲学概念的一种还原，进一步印证了本文的观点，中国传统心性学的现代诠释，与分析哲学的晚近趋势不谋而合，值得深思。当然从文化历史角度解说这种共同性并非本文的任务，这仅仅表明一个破碎的无法解读的但具有共通性的道德哲学谱系传统的存在是对当代各种道德哲学以及伦理学相关学科划分的巨大嘲讽。麦金太尔的德性伦理学也认为，

> 我已指出，除非有一个目的（telos）一个借助构成整体生活的善（good），即把一个人的生活看成是一个统一体的善，而超越了实践的有限利益的目的，否则就将是这两种情形：某种破坏性的专横将侵犯道德生活；我们将不能够适当地说明某些德性的背景条件。……在一个人的全部生活中，除非有一整体生活的观念，一元的目的观念就无立脚之地。[②]

[①] 成中英："本体与实践：牟宗三先生与康德哲学"《中国哲学史》，1997年第2期。
[②] 麦金太尔，《德性之后》，龚群等译，中国社会科学出版社，1995，第256页。

对于这种所谓的伦理学的形而上之维。本文作者也曾经撰文①指出：

作为实体性导出构造的"形式"、"本质"的运思。作为灵魂的现实活动的最本己的目的和最高善的德性分析，恰如 Putnam 用"关于善的理论"所概括的，是希腊存在论或 P(柏拉图)和 A(亚里士多德)系统分析的真正终结，存在论可以在包含神学、自我学或灵魂论的形而上学这些几乎独立的领域与第二哲学相并存，但是"在先"。

---

① 李虎："反柏拉图主义的界限：柏拉图、亚里士多德与古代'人的哲学'问题"，《开放时代》，1997年第5期。

研究西方哲学的诸种方式及其意义

宋宽锋

依照中国传统习俗,我的导师黄颂杰先生今年八十寿辰。想起1996年秋天到复旦跟随黄老师攻读外国哲学专业博士学位的情境,却仿佛还在昨天。其实,我第一次"认识"黄老师并不是到复旦考博和读书的时候,而是在1985年去山东大学哲学系上学的时候。记得刚到学校没几天,我们就领到了好几本教科书,其中关于西方哲学的有四本书。一套是上、下册的《西方哲学原著选读》,还有就是全增嘏先生主编的《西方哲学史》,书也分上、下册,厚厚的两大本,灰中泛蓝的封面,与《西方哲学原著选读》的封面颜色极为接近。这四本书不仅是我本科期间学习西方哲学的基本读物,而且回头看来,也正是在这四本书的引领下,我走上了西方哲学的学习和教学研究的路途。我最初"认识"复旦的西方哲学教学研究团队的诸位老师就是通过这厚厚两大本的《西方哲学史》。这套《西方哲学史》中的"古希腊罗马哲学"部分和"现象学哲学"一章都是黄老师撰写的。除此之外,在"前言"中还看到黄老师是这套大书的统稿者。当时,根本不晓得"统稿"是怎么回事,更不理解"统稿"的辛劳和"分量",也不知道黄老师和全先生之间的"关系"。

今年春节前收到了黄老师委托同门师姐寄来的《西方哲学论集》,在"自序"中,黄老师不仅回顾了从事西方哲学教学研究方面的人生轨迹,而且也再次追忆了当年在全增嘏先生指导下攻读西方哲学专业研究生的美好时光。情不自禁地反复翻看黄老师的"自序",心中也不由自主地冒出这样的想法。从1914年北京大学的中国哲学门招收第一届学生至今,现代中国学者研究西方哲学的历程也走过了百年有余的时间,而这百年有余的西方哲学研究也似乎可以顺理成章地分为三个阶段:民国时期、改革开放之前的时期和改革开放以来的时期。大致说来,民国时期研究西方哲学的学者,是改革开放之前的时期学习西方哲学的学者们的"先生",而改革开放之前的时期学习和研究西方哲学的学者,又是改革开放以来才进入大学学习西方哲学的学者们的"先生"。从这种较为普遍的师承关系来看,我们也可以把这百余年来从事西方哲学教学和研究的学者们分为宽泛意义上的三代。黄老师无疑是这里所说的三代学者中的第二代,而我们这些黄老师的学生们当然属于第三代,而黄老师的"老师"全增嘏先生则是第一代学者中的代表人物之一。[①] 回顾三代学者的人生轨迹,追踪百余年来中国学者研究西方哲学的历程,不仅会有一些家国情怀的感触,而且也自然会产生面向思想的事情本身的一些联想。

一、讲说、著述和翻译

百余年来,从事西方哲学研究的学者大多数的身份和职业是大学教师。与这种职业性的角色相一致,研究西方哲学的学者们的首要工作,就是面对面地给学生们讲授西方哲学。西方哲学的课堂教学的主要目的无疑是介绍,即通过教师的讲说使学生了解西方哲学的本然样态,换言之,即学生通过教师的讲说对西方哲学能有一个客观的印象。(当然,面对面的西方哲学课堂教学的目的不限于客观的介绍和了解,这一点我们后面还会谈到。)除了讲说,研究西方哲学的学者也会有自己的著述,即学者们会致力于撰写有关西方哲学的教材、论文、专著等。这些有关西方哲学的中文著述,相对于面对面的讲说,乃是人们学习和了解西方哲学的一种中介性的存在。另外,值得指出的是,翻译乃是中国研究西方哲学的学术共同体所承担的另一项重要的任务和工作。翻译的重要性一点都不亚于讲说和著述。

从一个方面来看,有关西方哲学的讲说、著述和翻译之间,乃是一种相辅相成的关系。"讲说"必须以对西方哲学的研究和理解为前提;而研究和理解西方哲学,当然要研读西方哲学的经典以及西方学者所撰写的研究性著作;研读西文的西方哲学著述本身又是一种"翻译",即研读总是会涉及理解过程中的语言转换,特别是当研读服务于"讲说"和"著述"的时候。同时,奠定在研读

[①] 全先生早在 1933 年就在商务印书馆出版过《西洋哲学小史》,该书也是王云五主编的"万有文库"中的一种。另外,在《三松堂自序》中,冯友兰先生告诉我们,民国期间的"中国哲学会"总共只开过四届年会,其中的第四届年会是 1940 年在昆明召开的,并选举产生中国哲学会第四届理事会理事 16 人,全增嘏先生是理事之一(参见《三松堂全集》第一卷,河南人民出版社,2001 年版,第 207—208 页)。

基础上的"讲说",也可以被看作一种特殊形式的"著述"。"讲说"可以通过录音、视频等存在方式而变成一种"文本",也可以被转换为文字稿而加以出版,变成"著述"。或者,在"讲说"的基础上形成"著述",即"讲义"变成"专著"。倒过来看,"翻译"又是"讲说"和"著述"的前提和基础。我们在研究西方哲学的时候,可能看的是西方哲学著作的中译本,当然,这是以"翻译"为前提的。我们也可能阅读的是古希腊哲学家或者中世纪哲学家著作的英文译本、德文译本,或者研读的是西方哲学著作的原文版本,但不管是哪一种情况,这里都存在从外文文本到中文理解之间的一种转换。没有这种转换,我们就不可能用中文来"讲说"西方哲学,也不可能撰写有关西方哲学的中文"著述",所以,在有关西方哲学的"讲说"和"著述"中本来就蕴含着"翻译",至少是局部的或不完全的"翻译"。进一步地说,作为西方哲学的研究者,我们可能都会有这样一种经验,当我们看到一本自己觉得非常出色的外文本的西方哲学著述的时候,通常都会萌生翻译的冲动,而对西方哲学原典及其重要的研究性著述的高质量的"翻译",则无疑是有关西方哲学的中文"讲说"和"著述"的基础。

但是,从另一个方面来看,有关西方哲学的讲说、著述和翻译之间,却是一种逐次扬弃的关系,即就是说,"著述"是对"讲说"的扬弃,而"翻译"又是对"著述"的扬弃。不仅如此,先前的"译著"也会被后来的有所改进的"译著"所扬弃。我们知道,相对于"讲说","著述"乃是一种凝练和升华。如果我们认真阅读了一位学者有关西方哲学的"著述",那么他或她的有关西方哲学的"讲说"就变得不再那么具有吸引力了。通常,"著述"比"讲说"要更为准确、凝练和系统,因而有了"著述","讲说"的价值就大打折扣。而"翻译"之所以会成为对"著述"的扬弃,是因为我们所翻译的东西通常正是"著述"的根源,借用柏拉图的概念,可以说,我们所翻译的西方哲学著述是"原本",而我们用中文撰写的有关西方哲学的"著述"乃是"摹本"。当然,严格地说,"译著"也是"摹本",而不是"原本",但"译著"毕竟是最接近"原本"的"摹本"。也许正因为如此,我们看到,如果某位西方哲学家的著作被翻译成中文的越多,如果有关这位哲学家的研究性外文著作被翻译成中文的越多,那么有关这位西方哲学家的中文"著述"的价值就大打折扣了,甚或面临着逐渐被人遗忘的可能性。就此而言,有关西方哲学的高质量的"译著",相比于有关西方哲学的"讲说"和"著述",具有更为持久的价值和更为重要的意义。同时,随着由"讲说"到"著述"、由"著述"到"翻译"的逐次扬弃过程的展开,从事西方哲学研究的中国学者的身影也渐渐地退隐在背景之中。换言之,如果我们把自己的"讲说"和"著述"看作西方哲学尤其是西方哲学史上的经典著作的"导读"的话,那么我们的"讲说"和"著述"的自我扬弃的性质就会变得更为明显。因为,好的"导读"总是能激发读者阅读"原本"的热望,并会被读者在阅读"原本"的过程中逐渐忘却的。与此相一致,好的"译著"也总是趋向于使读者在阅读和理解的过程中忘掉"译者",并从而实现读者与"作者"之间的直接对话。从这个方面来看,研究西方哲学的中国学者更为完美地诠释了有关教师的传统形象,这个关于教师形象的传统隐喻就是"蜡烛",燃烧自己,照亮别人。

二、 中、西、马的共存与西方哲学研究

在当代中国哲学界,马克思主义哲学、中国传统哲学和西方哲学的共存乃是不容否认的事实。但是,马、中、西之间并不是井水不犯河水、并行不悖的关系,而是常常表现为相互冲突、批评、疑虑、戒备的关系。与此相联系,如何合理地理解和处理马、中、西之间的关系,对于马、中、西各自的研究以及当代中国的哲学发展,无疑是一个具有前提性意义的重要问题。[①] 不过,这里我们不想讨论马克思主义哲学和中国哲学史的研究者应该如何对待西方哲学的问题,而是只限于讨论西方哲学的研究者应该如何来对待中国传统哲学和马克思哲学的问题。[②] 我们知道,研究西方哲学的中国学者的主要职责,就是通过讲说、著述和翻译而把西方哲学的本来样态展现在中国读者的面前。对于这一主要职责的担当来说,或者对于西方哲学的对象性理解和诠释而言,研究西方哲学的中国学者当然可以不涉及马克思哲学和中国传统哲学,这就像研究西方哲学史的西方学者的主流做法一样。研究西方哲学史的西方学者对中国传统哲学缺乏了解;而相对于西方哲学的主流传统,在价值中立的意义上,可以说,马克思哲学是相当另类的一种哲学。不过,虽然研究西方哲学的中国学者可以不涉及中国传统哲学和马克思哲学,但我们是否可以把马克思哲学和中国传统哲学当做研究西方哲学史的一种参照系,则是另外一个问题。过去,

---

[①] 黄颂杰教授曾对这一问题多有讨论。特别参见"当代中国哲学界的'大三角'——对'五四'以来中国哲学思潮的反思"和"多维视角下的西方哲学研究"两篇文章。载《西方哲学论集》,上海人民出版社,2016年,第47—56、468—483页。
[②] 关于中国哲学史研究的西方哲学参照系问题,我们曾有所讨论。参见宋宽锋"学院化的中国哲学史研究的西方哲学参照系问题",载《内蒙古社会科学》2005年第5期,第55—59页。

我们习惯于把马克思哲学,甚或是教条化的马克思主义哲学,当做研究、理解和评价西方哲学的"标准"或"尺子",并依据这一"尺子"来对西方哲学进行剪裁和定性。这样的做法,当然不是对西方哲学严格意义上的学术研究,是理应被超越的,然而是否可以把马克思哲学当做理解和诠释西方哲学的一个参照系呢?我们以为,这个问题的答案是肯定的。

当西方的哲学和文化最初闯入我们的生活世界的时候,路径依赖的思维惯性使得拒斥西方的哲学和文化、捍卫中国传统的哲学和文化,成为最为自然的反应。接下来,当西方的哲学和文化的冲击和影响变得日益深入,当自我封闭的排斥变得越来越不合理的时候,认识和把握西方的哲学和文化就成为无法回避的任务。在中国近现代历史进程中,思想界对西方哲学初期阶段的研究和理解的主要方式就是"格义",即借助中国传统哲学的概念和思想来类比和附会西方哲学的概念和思想。这种研究方式无疑有其缺陷和局限,它不仅会产生对西方哲学这样那样的误读,也会带来对西方哲学的一些核心思想和根本特征的遮蔽。随着思想界对西方哲学的了解日益深入,随着学者们对中西哲学差异更为自觉地体认,这种对西方哲学的"格义式"研究也不可避免地会被扬弃。当然,对"格义"的研究方式的批判和否定,合乎逻辑地指向这样的看法,即在西方哲学的研究中,应该尽力排除中国传统哲学的思想和概念的介入和干扰,应该更为自觉地悬置我们先入为主的"成见",应该如其所是地认识和理解西方哲学。[1] 在以研究西方哲学为业的学者群体中,这种看法无疑表达了一种相当主流的态度。但是,在西方哲学的研究中,反对"格义"的研究方式和追求"客观理解"的理想,是否意味着必须对中国传统哲学实施彻底的现象学"加括号"程序,则是值得我们进一步思考的。在我们看来,为了捍卫中国传统哲学及其特质而拒斥西方哲学,是不明智的和徒劳的;反之,为了实现对西方哲学的客观理解而试图对中国传统哲学实施彻底的现象学"加括号"程序,则是因噎废食的做法。其实,正像西方哲学作为中国哲学史研究的一种参照系可以发挥积极的作用一样,中国传统哲学也可以成为我们研究西方哲学

---

[1] 陈康先生关于研究西方哲学之原则和方法的论述,就明显地表达了这样的倾向和看法。他说:"无论分析、推论或下结论,皆以其对象为依归,各有它的客观基础……研究前人思想时,一切皆以此人著作为依据,不以其与事理或有不符,加以曲解(不混逻辑与历史为一谈)……总之,人我不混,物我分清。一切皆取决于研究的对象,不自作聪明,随意论断。"参见《陈康:论希腊哲学》,"编者的话",商务印书馆,1990年,第2—3页。

的一种参照系,并产生其积极的效应和意想不到的收获。①

把中国传统哲学和马克思哲学作为我们研究西方哲学的参照系,之所以可能产生积极的效应和意想不到的收获,是因为,作为参照系,它们不是我们研究西方哲学的"尺子"和"标准",而是一面"镜子"。作为我们理解西方哲学的一面"镜子",马克思哲学和中国传统哲学的存在,就不一定会导致对西方哲学的扭曲和误读。不仅如此,与中国传统哲学和马克思哲学相参照,我们不是能够更好地了解和体认西方哲学的特质吗?"特质"不是在参照和比较中才更显突出吗? 我们知道,在社会生活和人际交往中,每一个体对自我的认识,对自己的个性和气质等的领会,离不开他人,他人常常是个体实现健全的自我意识的中介,即就是说,他人是自我的一面"镜子"。与此相一致,我们也可以说,中国传统哲学和马克思哲学(相对于西方哲学的主流传统而言)是西方哲学的"他者",作为"他者",它们是我们更好地理解和阐释西方哲学的"镜子"。

三、 西方哲学史研究与哲学研究

前面第一、二部分的讨论是在"西方哲学史研究"的范围内展开的,或者更准确地说,是着眼于以"客观理解"为目的的西方哲学史研究来进行讨论的。正如我们前面所说的,客观地理解西方哲学,把西方哲学如实地展现在中国读者的面前,无疑是中国研究西方哲学的学术共同体所应承担的主要职责。但是,中国学者研究西方哲学的目的是否应该仅限于此呢? 我们以为,把"客观地理解"和"如实地介绍"看作中国学者研究西方哲学的唯一目的,不仅与中国学者所从事的西方哲学史研究的实际情况相去甚远,而且也是对"哲学史研究"之性质和意义的一种相当片面的理解之表现。

我们知道,除了以西方哲学史研究为业的学者之外,主要从事中国哲学史、马克思主义哲学(史)、道德哲学、科学技术哲学等研究的学者,也会不同程度地涉猎和研究西方哲学史,而他们涉猎和研究西方哲学史的最终旨趣当然不是对西方哲学的客观理解,而是以西方哲学为参照系或者思想资源,来更好地展开自己的研究,提升自己研究的水平。这些学者所从事的研究,可能属于

---

① 叶秀山先生曾经讨论了中国传统哲学作为西方哲学史研究的参照系的问题,并阐发了这种参照系的可能积极效应。参见叶秀山《西方哲学研究中的中国视角》,载氏著《中西智慧的贯通——叶秀山中国哲学文化论集》,江苏人民出版社,2002年,第232—241页。

"哲学史"的范畴,也可能不属于"哲学史"的范畴。比如,中国哲学史、马克思主义哲学史等的研究无疑属于"哲学史"的范畴,但致力于马克思主义哲学的当代发展、建构当代中国哲学或者直面哲学问题的前沿性探究,本质上不属于"哲学史研究"的范围,而是"哲学研究"。因而,这些学者涉猎和研究西方哲学(史)的最终指向,要么是为了更好地从事西方哲学之外的"哲学史"的研究,要么是"哲学研究"。但是,不管是哪一种情况,其中对西方哲学的客观理解都处在某种"中间或中介"的位置,既不是出发点,也不是最终归宿。另外,对于以"哲学研究"为指向的学者来说,他们对西方哲学(史)的研究自然具有一种从属的性质;换言之,在这些学者那里,西方哲学(史)研究服务于"哲学研究"。当然,致力于"哲学研究"的学者,他们所涉猎和探究的思想资源不限于"西方哲学史",他们也完全可以同时把中国哲学史、印度哲学史等纳入自己的视野。然而,不管致力于"哲学研究"的学者所涉猎和研究的"哲学史"的范围有多大,在他们的研究中,都会涉及"哲学研究"与"哲学史研究"之间的关系问题。诚然,对于致力于"哲学研究"的学者来说,最理想的状态无疑是"哲学研究"与"哲学史研究"之间的统一,或者说,使自己所从事的"哲学研究"与"哲学史研究"之间良性互动、相互促进。不过,就笔者的粗浅观感来说,致力于"哲学研究"的学者较大程度上存在着对中西哲学史研究的忽视甚或漠视,而同时又存在着以过于急功近利的态度来对待中西哲学传统的倾向。笔者曾把这种"哲学研究"称之为"与哲学史研究相脱节的哲学研究"。[①]

反过来,对于以西方哲学史研究为业的学者来说,把"客观理解"和"如实介绍"当做唯一目的,则等于主动地切断了自己所从事的"西方哲学史研究"与"哲学研究"之间的联系,即就是说,使其"西方哲学史研究"变成了与"哲学研究"相脱节的一种"哲学史研究"。然而,实际上,"(西方)哲学史研究"与"哲学研究"之间具有不可避免的内在关联。首先,对于以西方哲学史研究为业的学者来说,由于时间和精力的限制,任何一个人都不可能熟悉西方哲学史上的所有哲学家的著作和思想;同时,也没有哪一位学者把自己的时间和精力平均地分配给西方哲学史上的每一位哲学家。换言之,每一位学者都有自己所重视甚或钟爱的哲学家,都有自己的主攻方向和研究领域,这位学者的研究方向可

[①] 参见宋宽锋"中国哲学界缺乏思想创造力的学理根源探究",《人文杂志》,2014年第11期,第1—6页。

能是德国哲学,那位学者则可能主要研究英美哲学,这一位学者致力于追踪和探究西方哲学的当代发展,另一位学者则可能把目光转向了遥远的古希腊哲学,等等。与此相一致,学者们做出各自选择的理由和根据也是多种多样的,你之所以重视现象学和存在主义而排斥分析哲学,可能是由于你觉得分析哲学过于关注分析的技术和无关痛痒的智性问题,而我之所以认为中国学者应该更多地熟悉和研究分析哲学,是由于我觉得概念的明晰和论证的严密恰恰是中国传统哲学所缺乏的东西;我把西方政治哲学作为自己的主攻方向,是由于我觉得政治哲学研究与我们的生活具有更为明显和直接的相关性,而你兴味盎然地投入西方形而上学的探究,可能是出于穷根究底的热望,也可能是因为你把形而上学看作哲学之树的树根;你出于批判和超越现代性的考虑而把目光转向了西方古典哲学,而我也许会觉得已然祛魅的世界乃是哲学研究的现实前提,并从而更为关注西方哲学的现当代发展,等等。但是,不管学者们各自选择的具体理由和根据是什么,却都不是基于研究西方哲学史的客观性之理想,而是源于学者们各自对哲学的性质和西方哲学史研究的意义等的领悟,以及在此基础上的哲学思考。

其次,以"客观理解"和"如实介绍"为目的的西方哲学史研究,本来就同时具有哲学的思想操练和哲学研究的意义。当我们力图去理解作为研究对象的哲学家之哲学的时候,我们总是要追踪哲学家探究、分析和论证的线索和理路,追随哲学家一起走上哲学思考的道路,并在尝试理解和把握其哲学的过程中,学习哲学思考的方式,训练和提升自己哲学思考的能力和水平。与此相对应,我们面对面地向学生如实地介绍和讲解西方哲学(史),其目的和意义根本上也不是"西方哲学的知识传授",当然也不限于告知学生们哲学家说了什么,哲学家主张什么,而是要引导学生们进一步地追问,哲学家是怎样说的,哲学家提出如此主张的根据和理由是什么,哲学家探究的哲学问题是什么,并一起去追踪和领略哲学家思想之路途的曲曲折折和惊心动魄。当然,也正是通过这种西方哲学史的客观理解和如实介绍的过程,我们与学生在哲学上一起成长,并随着这一过程的渐次展开而变得"更为哲学"。

再者,中国学者所从事的西方哲学史研究,不可能止步于"客观地理解"和"如实地介绍"。在西方哲学史研究的过程中,对于哲学家所提出的观点,我们不可能百分之百地接受;对于哲学家所给出的论证,我们不会总是没有例外地折服;对于哲学家所精心构建的理论,我们常常不会没有保留地认同;哲学家曾经苦思冥想的问题,对于我们不见得依然是值得追问的问题,等等。而我们之所以会有这样的反应和态度,不就是因为,作为研究者的我们并不是"无我的镜子"或者"哲学上的白板",而是不同程度地具有自己的所思所见的哲学思想者吗?换个角度来看,在力图客观地理解和如实地介绍西方哲学史的前提下,我们会极为自然地走向进一步的思考。我们可能会对哲学家的立场、论证和理论提出异议,或者说,我们可能与哲学家之间发生争执,并在对作为研究对象的西方哲学的"争辩式解读"中,尝试与哲学家展开对话,在"对话"的过程中拓展自己的哲学思考,形成自主的哲学见解。反过来,我们对西方哲学的"争辩式解读"越深入,作为研究者的我们与作为研究对象的哲学家之间的"争执"和"对话"展开得越充分,我们对西方哲学(史)的客观理解也就会更为深入和充分。所以,正如罗素所说,"要理解一个时代或一个国家(nation),我们必须理解它的哲学;要理解它的哲学,我们必须在某种程度上自己就是哲学家"。[1]

---

[1] 罗素:《西方哲学史》上卷,何兆武、李约瑟译,商务印书馆,1963年,第12页,译文据英文本有改动。

第二编

论西方哲学的宗教和神学之品性[①]

黄颂杰

在世界各种文化体系中,哲学的宗教化和宗教的哲学化几乎是一种普遍现象。中国学术界虽然对儒学是否宗教存在着不同看法,但儒学具有宗教的品性却是为大多数学者所认同的。现当代西方学术界越来越意识到西方哲学具有基督教神学的品性。哲学是一种寻根究底的学问,它探究宇宙万物的源、根,追求能解释一切事物的终极真理,这种追求是通过对人类自身超越活动的不断反思来实现的。宗教是人类对自身超越活动所追求的终极目标的信仰、崇拜、达至神圣化的结果。哲学和宗教作为人类精神活动的两种表现形态,是相互沟通的。但是,不同的哲学所具有的宗教或神学品性各有不同的特点和表现方式。

一

西方哲学是通过希腊哲人对宇宙万物之本原(始基)的探索而从宗教神话之中脱颖而出的。早期哲学家们的本原学说五彩缤纷,却都无例外地程度不等地具有神话色彩。西方哲学之神学品性的第一种理论上的表现形态则是理性神的观念,尤其是神学目的论的思想,它是希腊哲学成熟时期理论的组成部分,是希腊古典时代的产物。苏格拉底开创了这种理论,柏拉图和亚里士多德

[①] 【编者语】作者一直非常重视西方哲学与基督教在学理上的相关性。在从事西方哲学学科建设的同时,也竭力支持宗教学科建设,在招收西方哲学研究生的同时,也曾招收过宗教学研究生。1998年作者以"基督教伦理学"课题获英国皇家学术院奖教金资助赴英国利兹大学宗教系任访问研究员。作者认为,撇开基督教神学就不可能正确理解西方哲学;并提出宗教伦理是宗教在现代社会中的价值取向。参见黄颂杰《西方哲学论集》,上海人民出版社,2006年。

则将其发展为体系。

必须强调的是,希腊哲学的神学品性是与哲人们对理性的越来越重视连结在一起的。哲人们对万物之本原的追求导向了对万物之最终最根本原因的追求。这种追求必定要超越感知和经验,理性在这种追求中的作用和地位越来越显得重要。在古希腊人那里,原因之中包含着目的。在苏格拉底看来,寻求事物的原因应是寻求事物的目的,因为宇宙万物都是神按照自己的意志为人合目的地设计安排的,这个神就是充满宇宙的理性,即理性神。合目的性是理性神的特点,"善"则是理性神的最终目的。他要人们听从神也就是要人按理性行事。他的学生柏拉图以他的理性观为基础构造的理念论是西方哲学史上第一个本体论和知识论,它同时也是一种神创论的宇宙生成说。柏拉图认为,我们所感觉到的宇宙是一些变化生成的事物,而凡是生成的事物必有其生成的原因,这原因便是创造者,他称之为"德谟革"(Demiurgos),创造者的创造活动并不是凭空而是按模型进行的,宇宙的原型是永恒不变的,只有理性才能认识到,宇宙不过是被创造的摹本。西方学术界一般认为,这个原型就是理念体系。创造者把宇宙万物安排得很好,有条有理有秩序,宇宙是至善至美的,而且是唯一的,因为宇宙的原型本身就是一个永恒不变至善至美的完整的生物,是一个而不是多个,当然宇宙及其原型又是包含着多个组成部分的。创造者创造宇宙时赋予宇宙以生命和灵魂,世界灵魂弥漫于宇宙,是美、秩序和和谐的根源。在创造者所创造的一切生物之中,人是万物之灵,万物都是为人类而创造的,这里充满着目的论的思想。柏拉图所说的创造者实际上就是神,但不是传统神话中的神人同形同性的神(拟人的神),也不是后来基督教的神,而是理性神,也可以说是形而上学意义上的神,所谓创造者创造宇宙实际上是神的创造,理性的创造,这种创造说也可以说是一种理性神学,一种神学目的论。亚里士多德批评了柏拉图的理念论,建立了以实体为核心的存在论。他一方面批判柏拉图的脱离个别事物的理念世界的存在,另一方面却断言有不可感觉的永恒不动的实体的存在,这个实体就是自身不被推动的宇宙推动者,即第一推动者,也就是神。所以,亚氏明确地把第一哲学与神学等同起来。(亚里士多德:《形而上学》第六卷第1章,第十二卷第1章)亚氏的神与柏拉图一样是理性神,而且是更加理性化逻辑化的神。如上所述,苏氏和柏氏把宇宙看作一个合目的的体系,追求善是宇宙的最高目的,而至善可以说就是理性的化身,亚氏在这方面与他们走到了一起。按亚氏的四因说,形式因的致动实际上是由目的引起的,目的本身是不动的,但它是事物所追求所要达到的东西,即它被欲求(愿望)被爱,才引起运动,而欲求、爱是以好的东西即"善"为自己目的的,所以最终的目的必定是至善。至善本身不动,但是永恒的致动者。目的论不仅是亚氏第一哲学的基本观点,而且贯穿在他的整个自然哲学之中。但是,善不仅是欲求的对象,更是理性的对象,理性高于欲求,被欲求的东西只是显得善,理性所达到的才是原初性的真正的善。理性以善为对象,它自身也成为善,理性和理性的对象同一,思想和被思想的对象同一。最高层次的思想是以至善为对象的思想。理性通过分享思想对象而思想自身,这是自我思维的理性,是纯粹的思想,思想的思想,这样的理性就是神,这样的思想就是神思。这是至善,也是最大的快乐(最高幸福),是人所追求、向往的最高境界。换言之,神就是理性,是至善,神是赋有生命的,因为生命本是思想(理性)的现实活动,而神就是现实性,是就其自身的现实性,永远是积极能动的、主动的,不会是被动和潜能,神的现实性就是至善和永恒的生命。"因此,我们说神是有生命的存在,永恒,至善,生命和无穷延续乃至永恒属于神;这就是神。"(亚里士多德:《形而上学》第十二卷第7章)必须指出,亚氏的神是形而上意义上的最高实体,终极原因,最终目的,并不是宗教意义上的创世主,但它对后来的基督教和经院哲学产生了很大影响。

从泰勒斯开始的对宇宙万物本原的探讨,到柏拉图—亚里士多德的理性神,显示了西方哲学演进中的二重性。一方面它力图通过理性寻求宇宙万物的根本原因,引导人们从对万物所持的传统的信仰的态度走向理性的态度,体现出科学的理性精神。另一方面对本原的探讨又导致对最终原因、目的、最高实体的追求,最终导致一个绝对者,即理性神。这种神主要是形而上意义上的,与宗教神有所不同,但两者是一脉相通的。理性神为一神论宗教提供了一种思维方式,诱导了一种新的宗教信仰。希腊哲学为基督教的产生提供了思想基础。

西方哲学的神学品性的第二种表现形态便是中世纪的基督教经院哲学。

中世纪的欧洲在思想文化领域内基督教居统治地位,但柏拉图和亚里士多德的哲学在基督教的土壤里得到了被利用和发展的机会。这种情况决非偶然,一方面基督教需要哲学来论证其教义、信条,另一方面柏氏和亚氏哲学尤其是他们的本体论的神学品性也适应基督教的需要。本体论哲学的重要前提是承认超感知超经验的实体的独立存在,由此形成感知与超感知、经验与理性、事实与逻辑的二重世界的划分和对立,而这一点也正是基督教的立论根据,因为上帝正是属于超感知超经验的形而上世界的,基督教关于世俗世界和彼岸世界的划分与本体论哲学中二重世界的划分是相对应的,基督教的上帝与本体论的终极存在、最高本质、最终原因、最终目的、至善理念等等是对应的。当然,基督教不仅采纳了本体论,也利用了西方哲学的知识论和伦理学,建构了一种庞大的经院哲学和神学体系。哲学既是基督教思想家的工具,是基督教神学的婢女,又是基督教神学的不可缺少的理论基石。西方哲学的神学品性在这个时代已发展到了顶点。事实上,哲学不仅具有神学品性,而且已经是完全神学化了的。哲学与神学的这种合流是西方哲学发展进程中的一种极端的表现。物极必反。在文艺复兴运动和宗教改革运动中,经院哲学逐步分化瓦解,在蓬勃发展的数学自然科学的基础上,近代新的哲学终于重新从神学之中挣脱出来。

二

近代哲学是以对经院哲学和神学的批判为出发点的,有些批判十分尖锐激烈,富有战斗性。但是,哲学的神学品性并未消解,古代的理性神和中世纪的宗教神以新的方式出现在不同的哲学体系中,形成了近代哲学的神学品性的又一新的表现形式。近代哲学致力于对知识的基础和确定性的追求,这种追求使哲学家们把人的理性提到了首位,而且把理性与人性连在一起,甚至等同起来,古希腊的理性精神重新得到发扬。但近代理性观已摆脱了古希腊理性观的原始素朴性,其内涵及其所运用的范围、所产生的作用、影响,在广度和深度上是古代理性观所无法比拟的。近代理性观的基本特点是几何学-数学化。几何学的理性主义被扩展到整个自然科学,用来解释整个自然界。自然界被数学化机械化,成为排除一切精神东西的物体的总和,只须用几何学的数学的公式便可加以表述。精神(心灵)世界则被看作是与物理世界相对立的另一个实体界。近代西方哲学的主流正是沿着这种二元(心、物)分裂和几何学的理性主义发展起来的。由此开始哲学家们把认识的主观方面(主体、思维、精神、意识)与客观方面(客体、对象、物质、自然)截然分开,把认识的客观方面看作现成的既定的东西,即把世界当作一个客观对象去加以把握,以静态的方式去探讨主观如何达到对客观的认识。近代自然科学正是在这种思维模式支配下蓬勃发展起来的。但是，按这种思维模式所理解的物理世界是一个机械的因果连结的世界，对这个世界的探究必然导致终极因和第一推动者。同时，由于把思维（心灵）抽象出来成为与物相对的实体，更由于理性的过度运作，结果是理性、思维、精神越来越成为独立的实体，乃至膨胀、升华为神圣化的实体。因此，近代哲学家们在论证他们的学说时，最终还是离不开少不了神或上帝，而且把它置于自己构造的体系的顶端，作为自己体系的支撑或起点。这里的神或上帝具有双重意义：宗教信仰意义上的主宰者，即宗教神；学理意义上的形而上的前提或假设，即发展了的理性神。当然，在不同哲学家那里，这双重含义的比例不尽相同。在唯理论派哲学家的体系中，这一点表现得尤为突出。西方哲学的神学品性和数学自然科学的理性是同步发展的。

近代哲学的领路人笛卡儿的哲学就兼具科学理性和神学品性。他的体系包含三个实体：自我（思、心）、物质（物）和上帝，其中心和物都是相对实体，上帝则是最高实体，是绝对者，是宇宙的终极原因，上帝按同一模式、规律创造心灵和物质世界。因此，从本体论上说，上帝在笛卡儿的体系中居最高地位，这是明显的宗教神学印记。但是，笛卡儿哲学的出发点是"我思"，这我思是从一切物质东西包括肉体之中剥离出来的思维实体，是认识的主体，是人类全部认识的出发点、前提、基础。就连上帝也是从"我思"推论出来的，即上帝的存在是人心运用理性对心中关于上帝的天赋观念进行逻辑推理的结果。显然，这个上帝是经过改造的理性化了的，所谓上帝的创造也就是理性的创造。所以，从认识论上讲，笛卡儿是把认识的主体、自我、理性置于首位，他用自我、理性淡化和改造了宗教意义上的上帝。斯宾诺莎遵循笛卡儿的理性主义，但并不赞同其实体观和上帝观。他认为，神是唯一的绝对的实体，个别事物是实体的样式，心（思想）和物（广延）是实体的两种属性。他所谓的神并非超自然的主宰，而就是作为整体的自然，神在自然之内，自然在神之内。自然万物相互作用，互为因果，构成一个错综复杂而又是必然的因果链锁或因果系列，成为一种永恒的固定不易的自然秩序，这是不能违背的，斯宾诺沙称之为"神的决定和命令"。人作为整个自然因果链锁中的一环，必须遵循自然的这种必然性。人运用理性不断揭示事物的原因，最终达到对神这个第一致动因或宇宙终极因的认识，人与自然（神）就获得统一，达到了自由的境界，也是人的心灵的最高德性。斯宾诺沙的哲学是一种泛神论，他的神主要是形而上意义上的理性神。与此不同，莱布尼兹的哲学则具有浓厚的神创世界的宗教品性。他认为，世界是由无限多的精神实体单子所构成的，上帝是最高最完善的单子，它全知全能全善，是唯一创造一切的单子，其他一切都是被创造的单子。所有单子从最低最原始的到最高的上帝，构成一个无穷的连续系列，宇宙万物就成了一个连续的整体。又认为上帝在创造单子时就已预定安排了每个单子的变化发展，每个单子各自独立变化发展，又和谐一致形成协调有序而又保持整体的宇宙万物。世界是一个合乎理性的体系，一切事物都有充足理由，上帝是一切事物的最后的充足理由。上帝按计划创造世界，并且是根据善的原则，即根据道德必然性原则进行创造的，他所创造的这个世界是一切可能世界中最好的一个。莱布尼兹的神既是理性神，但更具有强烈的宗教神的含义。

上述唯理论派哲学都将宇宙万物之存在归结为实体，而最高实体则是上帝或神，但这种最高实体是由理性逻辑地推演出来或就是理性的设定，它兼具形而上学和神学的含义。17、18世纪的欧洲哲学家在本体论上大多以实体为核心，实体主义是他们的基本思路，虽然他们的实体观各有差异，但都程度不等地包含有神学的品性，即使唯物论派也无例外。18世纪的法国唯物论者把宇宙万物的存在归结为物质实体，物质具有广袤和运动两种本质属性。物质实体作为终极存在是他们的本体论也是他们的哲学的基础，他们据此反对宗教神论，主张无神论。但他们所说的运动主要是机械运动，这种由外力引起的运动不可避免地导致"第一推动力"的结果，因此虽然他们反对宗教神，而且相当尖锐激烈，但他们的物质概念中却蕴涵着形而上学的神；而且，他们的物质实体是排斥意识的能动作用的。因此他们的本体论虽然是唯物论的，但是非辨证的、机械的、消极被动的，他们的物质实体绝不能是马克思的新唯物论的基础。值得注意的是，这种物质观长期影响着我国学术界。

从理论上说近代经验派哲学家的思路与实体主义是相背的，因为如果将认识局限于感觉经验范围内的话，就无法获得对超感觉超经验的或一般的普遍的整体的东西的认识的，而实体却正是这样的东西，特别是超验的最高实体上帝。因此，经验派哲学家如果恪守经验之道，则必然会与形而上的追求发生矛盾，从而也必定会对彼岸世界的上帝产生怀疑、动摇。但事实上却没有一个经验派哲学家能彻底清除其哲学的神学品性，有的甚至比理性派哲学家更具宗教神学的品性，如巴克莱。他反对物质实体的客观实在性，但丝毫不反对精神实体上帝的客观实在性。他的哲学就是要说明上帝是一切知识的最终根源，上帝是宇宙的最高主宰。他的哲学实质上是一种以经验论的知识论为表现形式的宗教神学。当然，这是一个极端的例子，多数经验派哲学家并非如此，因为超经验的上帝的存在是与经验论相抵触的。洛克以比较温和的方式削弱了包括上帝在内的实体存在的实在性和意义，他认为，人类理智在经验范围内不可能获得关于实体的确定的知识，实体不是一个明白清晰的观念，实际上它是一个人们不知其为何物的假设，用来"支撑"能给我们产生简单观念的那些性质。物质实体、精神实体都如此。我们认至上的主宰有无边无际的存在、能力、智慧和其他的美德，因此就形成人心所能形成的最完全的上帝观念。洛克把上帝变成了理智的一种假设，但不敢否定它。较之洛克，休谟对实体和上帝的实在性的怀疑和否定则要大胆得多。他认为，心灵、自我、上帝等等都不过是一些流动中的知觉的集合或一束知觉。至于知觉、感觉的来源则是不可知的，物质、上帝均非感觉的根源，感觉的最终原因是人类理智所不能解释的。休谟也反对用物质实体、用"力"或用最高的神、上帝来解释因果性概念。休谟否定了形而上的终极原因和本质的实在性，也否定了对终极原因和本质的追求。按他的看法，世界上只有两大类知识：一类是关于量或数的抽象推理的知识，即数学；一类是关于事实和存在的经验推理的知识，即自然科学。除此之外，都是诡辩和幻想。神学和经院形而上学均非此两类知识，事实上已被休谟排除在知识之外。看来休谟已意识到西方哲学的神学品性，他的观点对传统西方哲学是富有挑战性的，但这种挑战只是局限于经验论，其思路和视野是极其狭窄和有限的，他并未彻底抛弃形而上学和神学，倒是给了另一位大哲康德以极大的启发，使他从理性主义的独断论的迷梦中惊醒过来。

康德认为，人类理性具有追求形而上的本性，要求达到绝对、完整、最终的东西，即追求"灵魂"、"宇宙"、"上帝"；但是，理性一旦要去把握这些东西的时候，又陷入了矛盾境地，无法把握它们。为此，康德提出了"批判哲学"，即对理性进行批判，对理性活动加以限制和划分，即把理性的认识活动与实践活动明确划分为两个不同的领域，使自然学说（科学）和道德、宗教学说各自保住自己的地位，各有各的根据，各有各的地盘。在康德看来，上帝、自由、灵魂（不朽）不能凭借思辨理性去认识，却正是实践理性的对象。实践理性在这里的运用正是道德可能性的根据，因为实践理性本身包含着道德律，包含着人类行动的根本原则。但是人性还是存在着弱点，人除了理性还有欲望，在经验世界上，道德并不必然地与幸福连在一起，善有善报恶有恶报并不一定能兑现。然而理性的道德律、理性的自由又是不可抗拒的，绝不会因此而让步。于是，由于理性本身使然，为了让道德律产生应有的结果，使道德与幸福连结起来，康德提出，必须设定上帝和心灵不朽。上帝作为最高的理性，是道德世界的主宰；心灵不朽则确保实践的持久性，是使道德律完全实现的条件，加上（意志）自由，这是康德为实践理性、为人的道德所提出的三条公设。当然，这三者不是知识的对象，而是信仰的对象。这样，康德在理性的认识活动中是否定了上帝存在的证明，否定了上帝作为自然界的最终原因最高本质，否定了通过认识活动达到上帝。但是，康德在理性的实践活动中，为了达到至善，又设定了上帝的存在。在康德哲学中，与理性的认识活动和实践活动相对应，出现了两个世界：自然世界或现象世界，这是一个必然王国，为机械的因果性所统治，一切都处于无止境的因果联系的链锁之中；智性世界或理想世界，这是一个自由王国，为目的性所支配。前者是理智和科学的领域，后者是信仰和道德的领域。道德要实现至善，必须要使心灵永恒（不朽），要有一个道德的最高主宰，因而道德必然导致宗教，这种宗教是以实践理性为根据的纯信仰。道德形而上学和宗教形而上学在康德哲学中合成一体。康德看到了西方哲学及与之相关的宗教论证中的问题，他试图通过批判方法使哲学和宗教明确各自的根据、范围和作用，他并不是要根除哲学的神学品性，而是试图为哲学的神学品性找到更合理的依据和作用。

但是，康德的理性批判哲学遭到了黑格尔的反批判。黑格尔的哲学体系是一座有着严密逻辑结构的宫殿，这座宫殿的顶端便是宗教和哲学。如果说康德把人类理性所追求的形而上的最高目标都排除在理性的认识活动之外的话，那么黑格尔不仅肯定了形而上的绝对无限的最高存在，而且肯定宗教和哲学能把握绝对存在，因而都是绝对知识。因此，黑格尔反对康德把宗教排除在理性的认识范围之外而归之于纯信仰的观点。在他看来，人类理性完全可以认识宇宙的本质和秘密，可以认识上帝。宗教和哲学在内容和对象方面是同一的，即都是绝对理念、绝对精神的展现，不过宗教是以感性表象的方式展现绝对理念、绝对精神，哲学则是以概念的方式展现绝对理念、绝对精神。黑格尔的绝对理念、绝对精神是理性实体。他坚决反对康德式的现象和本质、自然界和本体界、必然王国和自由王国的划分。黑格尔强调思维与存在的同一（思有同一），这是他哲学的基本原则，两者同一于绝对理念、绝对精神，也就是同一于理性。他认为，理性内在于世界之中，是世界的灵魂，是一切事物存在的根据和运动的本源，是存在事物的本质、内核。他用否定性的辩证法展现了概念范畴的矛盾运动的发展过程,绝对理念、绝对精神的辩证发展过程,实际上也就是理性的辩证发展过程,宗教正是这个发展过程中的一个阶段。黑格尔强调绝对精神发展到最后阶段宗教和哲学的合一,两者都是对神的研究和解释,只是方式不一。当然,黑格尔所理解的神、上帝就是绝对理念、绝对精神,也就是脱离了人的客观化、神圣化了的人的理性,脱离了人的客观化、神圣化了的人的自我意识。上帝的本质是理性,认识上帝就是理性自己认识自己,就是绝对精神对自己的认识或自我意识。黑格尔把神、上帝理性化,把宗教理性化、哲学化;反之,他也把哲学理性化、神学化、宗教化。黑格尔把西方传统的理性神的观念发展到了极端,也把西方哲学的神学品性发展到了顶点。

三

黑格尔之后,西方哲学家试图改变传统的思维模式和思路,在反形而上学反理性主义的思潮中,他们对哲学的神学品性提出了怀疑、挑战乃至否定。早期实证主义哲学家把神学和哲学(形而上学)看作人类思想发展中的两个不同阶段,但同时又把哲学看作神学的变相,即改头换面的神学。逻辑实证主义哲学家把形而上学和神学看作是一些无法被证实或证伪的无意义的虚妄命题,并据此把它们清除出人类认识领域。著名分析哲学家罗素从经验主义立场出发,运用现代逻辑的分析方法,试图消除上帝存在这样一类形而上学问题。他认为,"上帝"是一个摹状词而不是名称(专名),根本就不存在上帝指称某个存在物的问题,无指称就是无意义,也就谈不上上帝存在之类问题。罗素反对基督教乃至一切宗教,但在理论上和实际上他并未能清除哲学的神学品性。与他齐名的另一位分析派哲学家维特根斯坦则为宗教信仰保留了一个"不可说"的地盘。与实证主义相近的实用主义哲学家反对哲学对绝对、永恒、至善等形而上学实体的追求,但不排斥宗教,而要宗教亦放弃对超自然的最高实体上帝的追求,将上帝降到人世,进入生活世界,使上帝观念成为指导人们行为的信念。

黑格尔之后另一批反传统的哲学家中对哲学的神学品性持批判反对态度最为尖锐激烈的当数尼采。他坚决反对传统哲学和基督教把世界二重化并要人们相信在现实世界之外存在着超感觉的"真实世界"、彼岸世界的主张。他认为,上帝和传统形而上学所追求的最终实体最高本质一样,都是虚构的概念,不是实在的。在他看来,上帝的观念是人把理性、精神当作人的全部本质并把理性、精神外化为独立存在的产物,基督教则把这一错误观念美化神圣化,因此,对上帝的崇拜与对理性、精神实体的崇拜是一致的,上帝的观念正是理性主义膨胀泛滥的结果。尼采看到了西方哲人运用理性和逻辑所构造的形而上的概念体系与以基督教为核心的传统价值体系之间的内在联系,并以自己的权力意志说、循环流变说、永恒轮回说予以破坏和颠覆。他以"上帝之死"闻名于思想界,并以"超人"取代上帝。海德格尔正是通过对尼采这句话的分析,更加清楚地揭示了西方哲学和神学的一致性。他认为,尼采所说的上帝不仅是一个神学概念,而且是一个表示超感性世界的名称,表示理念和理想领域的名称,自柏拉图以来,西方哲学的主流一直把这一超感性的形而上的领域当作真实的和真正现实的世界,而感性的物理的世界却是表面的非现实的世界。尼采的"上帝之死"意味着超感性世界没有作用力、生命力了,这不仅意味着上帝已不可信,意味着反基督教,更意味着西方形而上学的终结,柏拉图主义的西方哲学的终结。海德格尔把柏拉图以来的西方哲学归之于形而上学,而形而上学在某种意义上就是本体论。较之尼采海德格尔对西方哲学的神学品性有着更为深刻而透彻的了解,他曾作出这样一个著名的论断:"形而上学是存在—神—逻辑学(Onto—Theo-Logie)"。(海德格尔:《形而上学的存在—神—逻辑学机制》,参见《海德格尔选集》下,上海三联 1996 年版第 829 页)海德格尔对哲学与神学的这种融合是十分反对的,他坚决主张哲学与神学必须分离开来。在他看来,西方哲学的神学品性是由作为其核心的本体论具有神学性质所造成的,而本体论的神学性质不仅是由于希腊本体论哲学被基督教神学所采纳和改造,更是由本体论对存在问题探究的思维方式、思路及其所运用的逻辑方法所决定的,即这种本体论本身必然导致形而上的神。另一方面,海德格尔也批评神学的哲学化。基督教神学总想利用哲学来论证教义信条,结果上帝也成了一个最高的存在者,神学也变成了形而上学。其实神学无须求助于哲学论证,求助于本体论证明,因为宗教信仰来自上帝的启示,与哲学无关。正是从哲学与神学分离这一基本立场出发,海德格尔力图清除哲学的神学因素,无论是前期的对 Dasein 的生存状态的分析还是后期的运思,都在力图避免哲学的神学化的思路。在他看来只有这样才能真正追问到存在的意义。正由于此,海德格尔一方面肯定尼采反上帝、反形而上学,另一方面他又批评尼采的"权力意志"说仍然停留在形而上学传统之中、停留在本体论的思维模式之中,因而未能真正清除神学因素。但必须指出的是,海德格尔要从哲学中清除神学因素,是要清除由理性神发展而来的形而上学意义上的上帝,即作为最高存在者、最终原因、第一推动者意义上的上帝;他并没有否定宗教信仰意义上的上帝,只是反对把形而上学的上帝与宗教神学信仰的上帝混同起来。他在后期的著作中,强调世界(Welt)是天、地、神、人的"四重整体",(海德格尔:《物》,参见《海德格尔选集》,上海三联 1996 年版第 1165—1183 页)他在去世前(1966 年)的谈话中声称:只还有一个上帝能救渡我们。(同上书,第 1289 页)这就是说,神、上帝在世界之中还是占有一席之地,还在不断影响海德格尔对真理、对存在之意义的追求。因此,尽管海德格尔一心想要把哲学与神学分离开来,要把神学因素从哲学之中清除出去,但实际上却未能做到。在他对存在的孜孜不倦的执著的追求之中,我们可以看到"存在"被神圣化的倾向。60 年代以来,在西方出现了一批比海德格尔更激进更彻底的反传统反形而上学的思想家,他们抛弃传统思维方式,力图消解、否定终极性、确定性、绝对性,但这样做又会导致相对主义和主观主义,使人失去准则和规范,无所适从,陷于混乱。西方哲学家面临这样一个难题:哲学的神学品性是传统形而上学的不可分的组成部分,要彻底反传统反形而上学,就必须消除这种神学品性,而这样做又必然会动摇瓦解西方人的精神支柱基督教;要想保留巩固基督教这根精神支柱,那么西方哲学的神学品性也就不可能被彻底清除。

[此文原发表于《哲学研究》2000 年第 9 期]

西方哲学的神学品性
——黄颂杰老师关于西方哲学和宗教关系论述

刘光顺

黄颂杰老师指出,"现当代西方学术界越来越意识到西方哲学具有基督教神学的品性",[①]本体论与有神论以及哲学与基督教关系之间存在着特定的关联:对事物之所以为该事物的本因的探究导致对物性的探究,而探究的路径更多地是借助于人的理性,但这种探究最终会不同程度上导致学说神性品性的出现。

一、 对自然事物本性的探究导致世界统一性解释的诉求

按照亚里士多德的说法,哲学产生于惊奇,惊奇于外界自然世界的变动不居,惊叹于具体事物的丰富多彩。古希腊早期的哲学家在数量众多变动不居的世界事物中,感觉到似有不随现象改变而改变的背后规律的存在,有作为万物始基的最初元素存在。对本源本质本根的探究使得古希腊人对世界的最初来源进行了多种解释,用水、气、火等具体有形物质以及数、存在、元素等无形事物加以分析。

但苏格拉底扭转了人们关注的重点,他将人们的视线从天上拉向地面,要人从对自然世界构成因素、结构、运行等的关注转向对人自身德性的寻求。黄老师指出,苏格拉底的一生在致力于教育人,通过问题诘难的方式,让人在自我否定已有结论的过程中再去领悟到、抽象出应当遵循的普遍性原则。他孜孜不倦地否定智者学派从功利主义出发的实用主义路线,认为应当超越变动

[①] 黄颂杰:《西方哲学论集》,上海人民出版社,2016年,第256页。

的表象，探究其下隐藏的不变的恒常的规则。实际上是让人不迷信肉体感官的感觉，而应通过内在的理性去超脱各种可见有形短暂事物对自己的迷惑。这里实际提出了肉体的直观和精神的理性在界定外物意义上的话语权大小的比较问题。

柏拉图继续沿着可见的并非是事物本质的思路向前推进。他不仅认为表象背后有本质，而且还断定这本质、一般、普遍脱离具体、个别、时空而存在，由此产生有关虚假可感世界与真实理念世界的区分。柏拉图的理念论设定了经由感觉见证的世界和经由理性获知的世界的截然不同。当其将抽象的不动的恒常的理念世界界定为惟一真实的世界时，也就否定了肉体感官凭借天赋自然功能通过对外界事物观察接触而获取知识智慧的可能性，凸显了理性的重要性。黄老师提出，从柏拉图开始，世界被明确的二重化。

但不动的理念何以产生不断变化的世界万物，柏拉图试图通过理念的分有说和模仿说来修补学说面临的内在挑战。但这种解释也会面临不得不求助于无限后溯的第三者问题。为回应这种问题，亚里士多德不得不另辟蹊径。当然这和其与导师的研究思路不同也有很大关系，黄老师认为，亚氏更多地从实验观察入手，而非逻辑推演论证经由一般普遍推到具体个别，因为亚氏作为国师的地位使得他可以收集到大量的实证材料加以研究。如果说柏拉图的求知是求本源，那么亚里士多德的求知是求事物背后的原因。亚氏认为任何事物都是形式与质料的结合。动力因诱发事物向某个方向运行，目的因节制规范事物运行的方向，形式因使得事物在运行中尽可能保持其质的稳定性，质料因则提供事物变化的载体。事物得以运动的动力及其运动的方向目的，实际上被事物自身的本质即形式所匡限规定，因而动力因目的因都可归并到形式因里面。当事物在形式因目的因作用下行动时，事物也就由潜能走向现实。当亚氏用这套理论去解释世界中事物的不同类别差异时，就自然得出纯粹形式和纯粹质料的存在可能。世间有形的事物，都由一定的形式与一定的质料相互结合构成。而形式越高级质料越少，事物等级就越高级，由此，世界形成一个形式等级由低到高不断更替的无穷系列。而事物不仅追求成为自己形式的完全实现，还追求向更高等级的形式的事物跃迁，由此构成一个生生不息的变动世界。由此会导致第一推动者、不动的动者设定，它是万物的原因目的至善，是思想与思想对象的同一，也就是神。"亚氏的第一哲学或形而上学就这样从本体论走向神论。"①

奥古斯丁直接承接了柏拉图的有关论证的思路,将之和基督教嫁接起来。希腊哲学中的求根源求始基求推动者求原因,最终会导致对第一推动者、不动的动者等设定。虽然在柏拉图那里的至善理念、亚里士多德的纯粹形式等只是理论体系设定的最高事物,但只要再向前一步,就具有了宗教学说中的神的位置。奥古斯丁借鉴了柏拉图世界两分、灵与肉对立、感性与理性对立等想法,而给以宗教的解释。他认定天国和尘世分属不同的领域,尘世的基督徒构建的世界里,也有有形教会和无形教会的区分。虔诚信奉的基督徒构成无形教会,不虔敬者不信者异教徒等构成有形教会,两种教会的对立也表现为上帝之城和世俗之城的对立。

笛卡尔在哲学发展中寻觅出了一条新的路径,将人自身的理性作为逻辑推演的起点从而去建构学说体系建立的基础。他运用普遍性的怀疑去否定人们通常习以为常的观念,进而力图发现坚实不动的基点,就是我思。我是进行思考的,自然我是存在的。我思的存在要想获得普遍性的保证需要以上帝做保证,自然推导出他物的存在。从而在人自身内部寻找起始点。它更将心与外物、思维与存在等彼此相对。黄老师认为,这种从人类理性内部建构学说起点的努力具有哲学转向的意义,以往人们总是从人之外部探究世界存在的基础。

近代唯理论与经验论的争论实际上涉及到这样一个问题,通过对外界自然事物的观察分析即物性的研究,是否可以构建人类必然性知识的基础,是否可以获得对世界事物的统一性解释。唯理论者主张理性是人类建构认识的唯一基础,只有经由理性推演分析,通过概念范畴的推演而建构起来的学说才能超越感性经验的零碎偶然拥有一致性必然性。笛卡尔试图借鉴几何学知识通过逻辑分析建构严格缜密的伦理学说,霍布斯、洛克等也试图借助于理性的自明性、普遍性来建构社会政治学说。他们将学说的起点归结为先验的事物,如笛卡尔直接推导出上帝的存在,斯宾诺莎虽不赞成人格神的存在,但他学说中的整体自然、宇宙的和谐等需要一种普遍性支撑,而这被看作是神的决定或理性命令,他的神是一种理性神。而莱布尼兹学说体系中的最完善单子的设定,只能看作是宗教中至善涵义的另一种表述,他更用前定和谐解释物质与精神

---

① 黄颂杰、章雪富:《古希腊哲学》,人民出版社,2009 年,第 382 页。

的关联。许多唯理论者学说中的最高实体,"是由理性逻辑地推演出来或就是理性的设定,它兼具形而上学和神学的含义"①。

经验论者对人是否能认识最终的事物持一种怀疑态度。休谟表现的最为典型。他认为知识只能分为两大类:一类是根据感性经验推理的知识即自然科学,一类是经由抽象推理而得的知识即数学,其他都是诡辩或主观联想。借助于经验、理性人们不能证明神的存在,但基于个人的情感信仰可以认可上帝的存在。巴克莱虽然提出事物是观念的集合,反对物质实体的实在性,但却认为上帝是一切知识的最终根源、是世间万物呈现某种秩序的发动者。洛克则认为上帝是学说构建过程中不可或缺的理论设定,"当人们追究世界的起源和有思维能力的人类的起源时,就必然会推演出上帝这一创造万物的'纯粹精神'实体的存在来"②。

康德则试图消解个人心理存在的主观成分,构建先验自我。他认定个人有与生俱来的感性直观时空形式和各种知性范畴,从而可以赋予经验以普遍性,从而为自然立法;人的本性在于其拥有自由,可以不受本能欲望以及社会诱惑干扰的左右,从而为社会立法。

近代许多学者反思以往对自然事物的研究,发现其存在的问题和缺陷,试图用新的事物或路径建立对物性的统一性解释。

柏格森认为原有理论建构过程中将事物纳入到空间格局之中加以分析的方法有着巨大的弊端,是用物理学层面的切割法将事物将其从与其他事物的联系中切割分别出来,看作是既定的、不变的、恒常的事物来加以研究。人们通常将时间空间化,将具体事物化为一个方位用几何学加以研究,简化为一个点用数学加以研究。以往的认识方式有些类似于近代出现的电影拍摄—放映方式。时间是不同质的,不可以被分割,不能被计算,它是一种意识之流,时刻在不断地冲动一往无前不会重复没有目标,不需要以任何载体为基质。应当从时间流逝的角度去分析万物,绵延的上升形成精神,下落则形成物质,两者一定比例的混合则形成兼有意识与肉体的人。意识是唯一的实在。世界不应被理解为物质材料构成的死寂世界而应被理解为充满生机活力的精神世界。绵延只能靠人的自我感觉自我进入自我体验来加以把握,也就是只有置身于

---

① 黄颂杰:《西方哲学论集》,上海人民出版社。2016 年,第 262 页。
② 全增嘏:《西方哲学史》,上海人民出版社,1983 年,第 573 页。

意识之流的流动中才能把握它。它永远在运行之中,因而蕴含着无穷的可能性。"从时间和流变的视角来探索宇宙万物的奥秘是现代西方哲学的一种基本思路,这与西方传统追求绝对的实体性思维方式是对立的。"[1]

对世界万物背后的统一性的追求,尽管有不同的表现形式。但"基督教神学本体论与西方哲学思维模式是一脉相承、密切相关的。西方哲学的实体主义、本质主义、绝对主义的思维模式必然导致一神论;基督教神学本体论又强化了这种思维方式"[2]。

二、 对人本性的探究导致对超越的宗教相关事项的设定

人是处于现实社会之中,对人自身结构、归宿、终极关怀等的解释,促成了一些学者设定超越的事物。

对人本性的界定使得理论的构建有一个神学方向。柏拉图和亚里士多德的不同理论不仅在宇宙生成论上有很大差异,在有关人的定性上也存在巨大差异,对于人心灵的构成因素及其作用功能等有不同看法。柏拉图认定理念世界是真实的世界,因而人的灵魂因其精神属性具有优越性,是不朽的高尚的应当追求的。而肉体从属于变动的可感世界因而是可朽的堕落的应予抛弃的,是灵魂的牢笼。人在世间的生活就应当通过灵魂中的理性控制肉体的情感和欲望。只有将欲望控制在一个最低的限度内,人的灵魂才可以再次得以飞升,重新回到理念世界。后期的伦理学政治学有关设定也与此分类设定有关,"灵魂说是柏拉图的本体论、知识论乃至社会政治伦理说的重要论证基础"[3]。亚氏则认为,既然事物由质料和形式结合而成而非单一成分组成,那么物质的肉体在人的生命构成、意义追求中也有非常重要的意义。人应追求幸福,不过这种幸福已经不同于柏拉图建构在理念论基础上的彼岸的幸福,而是认为幸福就在此世界之中,从他提出的幸福应当具备的三个条件:健康的身体、必备的财产、良好的德性就可以看出来。基于形式比质料更重要更根本,亚氏认为精神层面的生活比与物质相关的生活更高级,由此他认为思辨的生活,高于可以获取财产利益的政治的生活,更高于肉体满足的生活。也就将

---

[1] 黄颂杰:《西方哲学论集》,上海人民出版社,2016年,第198页。
[2] 同上书,第237页。
[3] 黄颂杰、章雪富:《古希腊哲学》,人民出版社,2009年,第141页。

心灵的纯粹的自我满足当做了目的本身,看作是自足的应予追求的。当两者都将精神层面的追求看作是最高的最后的目标时,也就使得理性成为人与其他事物区别的重要方面,它和最高事物相连。两者"将人的理性抽象化、神圣化为神"[1],"都把神看作最高实体、最终目的,神是至善,是理性的对象,是形而上意义上的理性神"[2]。

宗教理论借用了西方哲学的论证思路以及逻辑关联,从而使得哲学与宗教相互支撑、相互促进、相互引导。在精神高于物质、灵魂高于肉体的模式下,奥古斯丁指出,人生的目标就是追求灵魂的得救,尘世的生活丝毫不值得留恋,而应加以限制和摒弃。肉体欲望是灵魂的牢笼,要通过禁欲苦修等方式来向上帝靠近。原罪虽通过肉身的承继累积到亚当的后世子孙,但其负面效果主要还是来自于精神层面。由于原罪,上帝撤去对人的保护,人性就被破坏,完全思慕邪恶。只有来自于上帝的关注,恩典的赐予,人才能从邪恶中转归。人作恶虽然有先天的因素,但根本上还在于自身,是个人自我的选择决定了个人行为的方向。奥古斯丁对原罪的阐释以及苦修的推崇等深深影响了人们信众的生活。

而阿奎那则主要借鉴亚里士多德的有关观点。如果说奥古斯丁低估了人通过自然禀赋而来的理性能力的话,阿奎那则对人具有的理性能力给予了积极评价。他认为凭借着自然理性,人也是能够认识与上帝有关的知识,理性可以为信仰做论证。如果有了上帝的赐予,个人就会获得信仰之光,加增人认识外界事物的能力、感悟理解超自然事物的可能性。由此,人被赋予自由意志,可以自我决定自己行为,但也必须承担行为的后果。在个体意志自由判断问题上,阿奎那虽认为理性等来自于上帝,但是以自然法在人心上普遍烙印的形式对具体人加以赐予。因而它只是提供给人行为的潜在的有限的原则诸如保全生命等,而非如赐予动物那样有着明晰的直接的既定的赋予如何为天敌等。这种潜在性无定型性就给人发展提供了极大的空间。阿奎那也认为精神高于物质、灵魂高于肉体,由此尘世生活不过是通向天国的客旅,禁欲苦修等是通达永生的可能路径。他将人的心灵中诸多方面加以界定分类,并给出不同对待的方法。其理论后来被认定为天主教官方哲学,深深影响了中世纪学者。

---

[1] 黄颂杰:《西方哲学论集》,上海人民出版社,2016年,第276页。
[2] 同上书,第401页。

而近代学者的改革不断拓展着宗教哲学在理论界、社会实际生活的影响力,使得日常的感性的生活沐浴着更多的神性光辉。马丁·路德则将人原罪前后的本性做出了不同的评价。将超自然因素的影响放置入人的心灵之中。他认为因为原罪,人完美无瑕一心向善的本性遭致破坏,从此,人就如同被外物所驾驭的驴子,被骑在其上的驾驭者所控制所牵引,但是被魔鬼所牵引还是被上帝所牵引,人所思慕的完全不同。当人信靠耶稣以后,人心的状态结构就完全发生了变化,并有圣灵进驻到人的心间,引导控制人的思想行为。也就是说,在信靠以后,因为超自然力量的介入,人获得心灵的重生,从而不再被罪恶所控制,可以自由地行善,也不被地狱死亡所辖制。因为免除了死后能否升入天堂的恐惧焦虑,人就应在日常生活中以耶稣为榜样爱世人服务社会,满怀信心地去按照《圣经》要求行事,尽管不可避免地也会犯罪。

人性完善及解决终极关怀问题需要设定超越的人格神。人们通常认为康德是德性伦理的提倡者,其强调以普遍性的要求约束自我而不考虑现实中人的实际情况人的具体处境,显得过于理想化。但康德认为人和动物区别重要的地方在于人拥有自由,这种自由突出表现在他不同于自然物那样被外在的必然性所支配,也不同于动物那样服从于自身的本能,还体现在他可以抵制来自于社会的诱惑和干扰而不去服从外在的压力而丧失自我选择的自由。理性要求人为道德而道德过有德性的生活,而人的欲望则使得人有现实层面的满足需要。人在世上生活很难使得德性与幸福一致相称,要调动人在现世积极地去趋善避恶即发挥自由意志,就必须设定人的灵魂可以不朽,它可以一直去践行或期待最后公正的到来。而上帝存在则是维护前者的有力保障。康德还认为既然外界事物不是一种现存的存在,它的形成来自于人的借助于时空、范畴等的建构,那么那些不在时空范围之内,不能为我们经验所把握的事物就不是我们研究的对象,"是实践理性的对象,是实现道德理想所必需的公设"[1]。由此这些属于先验的实践理性研究的对象,凭借其人类对自身颁布命令。"康德以先验主义的形式把人的主体性思想置于突出的地位。"[2]康德突出了人的理性,彰显了人的主体性,给个人心灵构成添加更多先验的成分。

构建无所不包的体系使得学说的带有神学特征。黑格尔则试图消弥康德

---

[1] 黄颂杰:《西方哲学论集》,上海人民出版社,2016年,第329页。
[2] 同上书,第82页。

哲学中物自体与事物、主观与客观、精神与物质等的分歧对立,他用绝对精神的自我思考、自我外化、自我回归来将整个思维、自然、社会、人类等都包括进来。绝对理念的展开实际上类似于基督教的上帝创造世界的另一种表述,他以纯粹的概念的逻辑推演而预表了整个世界的生成。绝对精神既是实体又是主体,自身包含有自我否定的因素,由此演变为非我,在非我本我对立冲突到一定程度时进而形成达到新的平衡。"有意志有意识的个体人只是绝对精神发展中微不足道的被动的一环,人的存在、人的主体性被膨胀起来的、实体化了的理性、精神所吞没。"[1]通过绝对精神的内在演化、展开、回归,而将自然等都纳入到精神之中,消弭了物质的存在,在客观精神的演变中达成了二元的统一。"黑格尔把神、上帝理性化,把宗教理性化、哲学化;反之,他也把哲学理性化、神学华、宗教化。"[2]

近代西方哲学的出现似乎可以看作是对现实状况困惑的一种解释,在纷纷变动中重构新的一体化解释。对于反本质主义反根源等对传统西方形而上学的抨击,黄老师敏锐地透过现象看到了本质。在诸多看似决然割裂、截然对立的反讽背后,实质是一种神似的迂回。尼采以上帝死了来对西方旧有哲学进行反抗,但他用以抵制原有哲学传统设定的概念范畴最终却被其放置于本源的地位。如他以超人取代上帝、以个体主观的意志取代先验天赋的理性(通常在诸多学者学说中的设定)、以意义价值取代客观世界、以有血有肉肉体的强调取代对理性精神的抽象夸大实体化。他反对追求最高实体、上帝、绝对,认为这些都是理性的虚构,主张真正的实在是无法确定的冲动、永恒的循环,即权力意志的流变。"尼采摆脱了西方传统的实体的静态的形而上学,同时又创造了意志流变的动态的形而上学。"[3]柏格森试图销毁原有学说的实体观,他以无时不在变动的绵延取代静止凝固的实体、用时间取代空间、用精神取代物质。即或当代的存在主义,在对一切既存的事物、理念都加以反对的同时,但又将虚无、任性而为、当下就好等作为信奉的对象,或者说将自我认可制造的理念偶像化,将之放置到神的位置而加以崇拜,出现了新的形而上学的建构。

---

[1] 黄颂杰:《西方哲学论集》,上海人民出版社,2016年,第83页。
[2] 同上书,第265页。
[3] 同上书,第212页。

三、西方哲学主流派别中蕴含浓厚神学品性的原因分析

同是探究自然、人类特征即物性、人性，何以中国儒学并没有出现强烈的宗教倾向？可以对比儒学和西方哲学一些方面寻觅西方哲学浸润神学品性的原因。

谈论西方哲学的特点，当认定其有着强烈的神学品性时，很大程度上是拿它和在中国历史上长期占统治地位的儒家学说相比较而得出结论的。有人也试图分析儒家学说蕴含的宗教特性，但似乎这样的分析将宗教泛化了。儒家学说和基督教思想在历史上相当长时期在一些方面有着诸多的相似点：都有系统成文的文本学说、有很多对其服膺并身体践行的信众、有特定的祭祀机构和特定的礼仪规范。但实际的运作中儒家学说却并不能算作严格的宗教学说。

儒家学说和西方哲学确实有着诸多不同，"中西传统文化和思想之间的矛盾冲突与中国人对本体论的难以理解有着直接或间接的关系，基督教与中国传统思想的冲突同样如此"[①]。中国哲学中没有西方柏拉图式的二元对立、理念与事物的区分之本体论，用本根论似乎更加合适。就本体论的差异，中国哲学的本根论与西方哲学的本体论至少存在着以下几个方面的不同：西方有二重世界的划分，并且有真实虚假的区分，而中国哲学多认为最高事物与现实万物混同为一，现实世界也不存在真假的疑问；西方以追求最高真理求知为目的，中国哲学以寻求内圣外王之途为理想；西方哲学研究往往导致有神论，中国哲学往往归结为伦理教化；西方哲学通常用具有严格规定性的逻辑推演来建构学说体系，而中国传统文化则使用内涵具有极大伸缩性的词语来象征类比某些事物，更强调人对外界的直观体悟。[②] 传统文化不同部分虽然与宗教与佛教道家等相互激荡切磋，以至于含有某些宗教的成分，但在中国由于特殊的国情，他们的影响仍旧有限。

西方诸多学派因为将最高事物界定为与感性世界不同的超越的事物，如柏拉图的至善、亚里士多德的纯形式、阿奎那的上帝、黑格尔的绝对精神，因而它允许人们对自然外物加以研究，用以证明最高事物的优越性。但儒家将最

[①] 黄颂杰：《西方哲学论集》，上海人民出版社，2016年，第248页。
[②] 同上书，第247页。

高事物归结为与人类社会共存共在的事物,没有设定有一个超越当下世界、与现实世界截然不同且是现实世界的摹本的理念世界,而是将最高事物溶于现实感性事物之中。如孔子说,道不远人,远人非道;朱熹主张共同的理以月印万川的方式存在于事事物物之中。因而更多时候为维护大一统的社会结构而不主张对具体事物的特性进行太多的研究,以免偏离社会对人伦的强调。中国古代虽然有科学的四大发明,但都没有继续深入下去。而西方学者在将对自然事物的研究提升到统一性普遍性超越性层面以后,往往为了证实这种特性,就会以日常生活中诸多感性事物的特性来证实它,越丰富越充分的细节越能证明自己结论的正确性。如阿奎那基于亚里士多德的形式质料学说论证上帝为最高等级是至善以后,就推论说,其他事物都分有上帝的至善而存在,其他多样的事物彼此存在着极大的差异,展现着上帝善的多个方面。人们研究事物发现事物的特性越多越能说明上帝造物的智慧奇妙。

而儒家学说出于服务现实的伦理构建,"它竭力协调中央集权的政治制度和极其分散的自给自足的小农经济之间的关系。它首先关心的是如何为人间治乱,求取太平盛世的理想"[①]。它试图通过一些捷径论断世界万物的统一性,由此得出世界伦理、道德规范、社会生活的建构应遵循统一的模式。如人应向自然学习,就有天不变道也不变的说辞。要么像孔子孟子那样鲜言性命,要么像程朱理学和陆王心学那样将对外物探究的功能尽可能压低并服从于伦理道德的构建。他们唯恐人们从对不同事物多样的截然差异中受感悟启发形成世界应有多种不同的想法,因而更多地强调了相同的一面事物的共性,而排斥对不同事物具体差异的研究。朱熹从天理的一致性要求各阶层成员服从外在的要求灭人欲以复还天理,而王阳明则要求人挺立不变的本心时时刻刻破心中贼。这方面与西方一些学者著书立说为荣耀上帝、引导世人个人灵魂得救截然不同。

即或是对人的特性以及人类社会的研究,中国学者也尽可能将其纳入到自然的轨道,而消解弱化其神学品性。虽然天被界定为多重含义,被赋予多种功能,但其和柏拉图的超越感性世界的理念以及基督教的人格神还是有很多差异。"中国传统思想的主流是天人相合……这个'天'并非西方哲学中那个

[①] 黄颂杰:《西方哲学论集》,上海人民出版社,2016年,第248页。

与可感世界相分离的实在界。"[①]对人的来源,儒家多归结为自然事物如气。儒家学说在初创时期时很少论及超越事物的。孔子本人很少谈论怪力乱神,而主张将更多的精力放置在人类社会事务的处理上即如何协调人与人之间的关系。他提到,未能事人,焉能事鬼?儒家将人伦道德规范的来源也将之归结为自然的赋予或人心的领悟。伦理从何而来,不同于西方学者通常归结为神的赐予,儒家试图将之非人格化。朱熹虽提出要格物致知,但通过对外界一物一物的格,最终还是服务于达到一定程度之后,期待有一个质的飞跃即豁然贯通,则众物之表里精粗无不到,吾心之全体大用无不明,从而能贯通物理和伦理,通过对具体事物特性的探究可以进阶到伦理德性探究。而心学则认为理无需外求,人去除私欲让其自然显发出来。王阳明指出,理就在心中,到心外对具体事物的特性进行探究来求理是错误的,正确的做法是先立其大树立本心,自我道德意识一旦确立,其他自然规则就会在本心发用中自然应现,阳明学说也就封堵了为获得社会伦理还需要以探究自然物理为前提的假定。

对现实社会的变动不居,个人际遇的沉浮变迁,儒家为何对终极事物多存而不论?

儒家学者确也看到了现实社会的变动不居,但他们更多的是将其看作是自然规则运行的过程,将之去魅化。如朱熹和王阳明都将世界的根源归结为自然的理和气,它随处应现,遍布一切事物。朱熹认为理具有先在性不变性永恒性,不随时空的变化而变化。阳明说,此道千古不磨心,东西南北古今中外皆如此。朱熹应对现实中出现的诸多问题,提出的解决方案是排除个别的当下的具体的欲望干扰,恢复到普遍的超越的共同的要求,通过灭人欲达到存天理的共同性要求。阳明则提出要通过首先挺立共同性一般性的道德意识,让其在具体的个别的环境中当下自然应现以判断是非正误抉择行为取向。

对于不能从理论上加以解释说明的方面,儒家也保留有神秘的言说。如朱熹就对现实展现上人人同是禀赋有全善的理气,何以后天出现人与人之间、亲兄弟之间在德性能力品质等方面甚大差异,朱熹将之归为先天和后天因素的共同作用,如先天的在禀气上有精粗、厚薄等不同,后天有环境等不同。阳明则将人与人在德性能力等方面的差异归结为人对自己良知践行的态度问题:愿意践行与否、下的功夫大小等都是人德性差异的重要原因。当然不同

[①] 黄颂杰:《西方哲学论集》,上海人民出版社,2016 年,第 248 页。

人的利根不同也是一个重要原因。而孔子虽主张为人应为自己理想可以知其不可而为之,但现实中仍有许多不如意的地方,孔子就将其归结为不可琢磨不可违抗的命或天,要求人畏命顺天。通过保留一些神秘的因素,只是给人以自我安慰。由于它并不主张通过对死后的灵魂解放、神灵的报偿等给人以自信慰藉盼望,因而这种学说更多地是强调人应在当下应积极有为。儒家不把希望寄托在天国,而是把实现理想追求即修齐治平放在现世,在追求过程中求诸己,结果即或不如意,心安就好,不同于宗教学说中的神的安慰或报偿。

而学说在社会中所处的地位又在一定程度上影响和决定了其展开论述的范围以及可能的空间。古希腊哲学的理性主义和巴勒斯坦犹太人的信仰主义逐渐融合产生了不同于原始犹太教的基督教学说,逻辑更加严密、体系更加完善,逐渐被社会各界所接受,并成为社会主导思想。这种地位反过来使得其认定的世界二分、精神物质对立、灵魂高于肉体、教会高于世俗等观念被反复宣扬而在社会生根发芽,累积积淀成为人们根本的观察分析世界的原则起点,使得在这种文化大环境熏陶下的学者或多或少难免受其宗教神学思维方式影响,其后期在理论阐述、体系构建过程中不可避免地受其影响。即或是后现代出现各种新的学派,以一些神学命题无法证实或证伪不属于哲学研究范围主张将其清除出研究领域,但他们却也面临一个难解的困境:"要彻底反传统反形而上学,就必须消除这种神学品性,而这样做又必然会动摇瓦解西方人的精神支柱基督教;要想保留巩固基督教这根精神支柱,那么西方哲学的神学品性也就不可能被彻底清除。"[1]而儒家学说从其产生的背景以及后续发展一直未有取得思想或组织的独立,一开始就处于依附性工具性的地位,被统治者当做维护自身统治的工具。"以儒家学说为主体的中国传统哲学,依附于并服务于以尊君、敬父、事亲为核心的宗法制度",[2]因而其文本、内容、重点、意涵等均由当朝的统治阶级根据自我需求、独特判断而选择性的公布解释。特别是在专制王权不断加强对社会控制的情况下,对儒家学说的解释弘扬等都受到了极大限制,后世诸多理论的建构也只能在世俗统治者认可范围进行小心阐释。有时将世俗统治者推拥到无可附加的地位,也消解其理论一致性、超越性、内聚性的诉求。

---

[1] 黄颂杰:《西方哲学论集》,上海人民出版社,2016年,第268页。
[2] 同上书,第48页。

同时各宗教机构不断顺应时代变化调整自己,使得其能随着世界的发展而不断更新,以新的理论解释、新的实践路径增强着其亲和力,吸引着其他哲学学者向其靠近。罗马天主教会作为世界上有影响的宗教派别也因应时代发展,不断在理论上推陈出新,使其虽然带有宗教特性但却吸引影响广大学者和民众。第二次梵蒂冈大公会议就提出,为应对科学技术发明不断出现的现状要吸收各种科学思潮,充实完善教义;针对各种不同观点理念不断涌现的趋势则提出思想开放,积极开展与其他不同派别对话。这种改变增强了对其他学说的吸纳力,对世界理论研究如新托马斯主义研究和社会实践如南美解放神学实践等都产生了积极影响。儒家学说在服务于封建皇权的背景下,在人间小康大同等盛世追求中日益变得僵化封闭。

基督教：两希文化的"道成肉身"[①]

寇爱林

基督教最主要的源流传统有两个，即希腊文化传统和希伯来文化传统，[②]从前者基督教生成了自身之"道"——内在的神学精神，从后者基督教获得了自己之"肉身"——外在的宗教形式，二者在公元最初的几个世纪里的结合最终导致了基督教的产生和发展。借用"道成肉身"的基督教教义打个比方，基督教的创立本身也可以说是一个两希文化"道成肉身"过程。[③] 基督教正是通过把重理性思辨的希腊哲学和重信仰启示的希伯来犹太教相结合，铸成了自身及其神学教义。

一、基督教之"道"：古希腊哲学

希腊文化的精神首先和最主要的表现为希腊哲学，而希腊哲学则源于希

[①] 本文的问题、思路和基本框架、主要内容都是在师从黄颂杰先生读博时已基本草就却未竟的习作，毕业后因为工作的缘故也一直没再去修改、完整。直到前段时间重读黄老师《西方哲学论集》中有关宗教的文章，又颇受启发，才重修完稿。这篇旧文新作，既是对昔年老师教诲之感念，亦是对先生八秩之寿贺。

[②] 关于基督教的起源是一个非常庞杂的问题，可以从政治、经济、社会、文化乃至基督教共同体成员的阶级构成等诸多方面予以分析和阐释。即就是从思想文化的因素而言，也是一个相当复杂、众说纷纭的问题。卓新平先生把基督教产生的文化因素归结为古巴比伦、古埃及、古波斯、古希伯来和古希腊罗马文化五个(可参阅张志刚主编：《宗教研究指要》之第四章"基督教"，北京大学出版社，2005年，第111—114页)，其中最重要的是古希腊罗马文化和希伯来文化。本文主要从两希文化这个因素来分析基督教的产生问题。

[③] "道成肉身"(Incarnation)是基督教的核心教义之一。作为上帝的独生子，三位一体中的第二位，耶稣基督由童贞女马利亚籍着圣灵而怀孕，获得肉身降世为人，成为救世主来拯救人类。圣子就是道，耶稣基督成为人的过程就是道成肉身。"太初有道，道与上帝同在，道就是上帝。"(《新约·约翰福音》1：1)显然，基督教教义之道成肉身不同于两希文化之道成肉身而为基督教。道成肉身的耶稣基督始终是圣父、圣子、圣灵在本质上相同的三位一体之上帝，而古希腊文化和希伯来文化则在基督教这个统一体中仍是两种本质不同的文明。本文只是在一种类比的意义上使用"道成肉身"一词来喻意基督教产生的两希文化源流传统及其关系。

腊神话及其宗教。希腊宗教从本质上来说是一种没有理性基础的自然主义多神崇拜,是用拟人化的超自然、超人间的力量(神)来说明和解释自己所面对的世界。"据公元2世纪一位基督教作家所说,希腊人有365位神。"[1]虽然实际并不见得真有这么多的神,但经过荷马的神话渲染、赫西俄德的神谱编纂,以宙斯为首的奥林帕斯十二主神构成了古希腊神话宗教或荷马宗教的正统神族。希腊诸神有男(如宙斯、波塞冬、阿波罗)有女(如赫拉、雅典娜、阿佛洛狄特),与人同形同性不同命。他们有着比人更加健美的身体,拥有人所不及的超能力,但又和凡人一样有七情六欲,喜欢饮酒作乐、争风吃醋,甚而有时还到人间拈花惹草、滋事生非。当然,神始终是神而不是人,他们不会死亡,奥林帕斯的天庭始终是神界而非人间。此外,在希腊民间还广泛流传着厄流息斯教、狄奥尼索斯教和奥菲斯教等神秘主义宗教,它们通过神秘的祭仪及其肉体上的迷醉、精神上的狂喜,"着眼于个体,寻求个人的纯洁与解救,引导人们同上帝相结合"。[2] 无论是正统的荷马宗教还是民间诸宗教,相对于后来的宗教(尤其是基督教),古希腊宗教具有如下的几个主要特点。(1)古希腊人的宗教是由诗人、艺术家等深陷世俗生活的希腊人创造和发展起来的,而不是由远离世俗生活又具有特别神性的祭司、先知、圣人等创造发展而来。(2)古希腊宗教没有自己权威的圣书宝典、统一的教规、正统的教义,也没有至高无上的神祇。虽然名义上宙斯为诸神之首,执掌神界的最高权权力,但却无权过问波塞冬、哈迪斯的海洋和冥界事务,而且以雅典娜、阿尔忒弥斯为城邦神的雅典人和以弗所人也对此抱有不同意见。(3)古希腊宗教的神是希腊人基于对自然和人事的现世考量而非心理情感的罪责意识所产生,因而古希腊人的神是神人同形同性的集人之优点与缺点于一身的感性神灵。(4)古希腊的宗教更强调实践而非信仰,希腊人把各种节日、献祭、祭祀、巡游和密仪都纳入宗教框架之内,在肃穆与狂欢中既取悦于神又与神做交易以获得想要的好处,甚而把颂诗、戏剧、体育竞技等活动也纳入这个宗教体系之内。(5)古希腊宗教提供的不是来世的灵魂救赎与信仰,(充其量也不过是冥界的欢乐),而是获得现实的帮助,或者个人的财富与成功。(6)宗教并不独立于政治、战争和私人生活,而是深度嵌入了公共领域和私人领域,并对城邦和个人的事务起到关键性的决

---

[1] 西蒙·普莱斯:《古希腊人的宗教生活》,邢颖译,北京大学出版社,2015年,第13页。
[2] 伊迪丝·汉密尔顿:《希腊方式》,徐齐平译,浙江人民出版社,1988年,第258页。

定作用。

随着希腊人思维能力的增强,他们便开始对这种宗教进行反思,运用经验和理性去解释人类所面临的问题和探索宇宙万物的本原。"这种追求本原的思维方式必然导致神、上帝的观念,并最终形成一神论的宗教即基督教。"[1]早期的自然哲学家是以观察与想象基础之上的类比与宣称的方法来研究世界的本原或始基问题。在神学上坚持自然神论,以自然本身说明自然。当泰勒斯宣称世界的本源是水的时候,就否定了宗教神话赋予天体和天象的神圣性与神秘性,神灵本身被降格为"自然"的现象或自然物,而神性也随之成了自然的本性。不独如此,早期的希腊哲学家们也开始运用自己的理性去批判原始的宗教祭仪和神灵观念,虽然仍带有神话思维的特点。赫拉克里特说,人们向神像祷告就像和房子在说话。克塞诺芬尼更是愤怒地指责"荷马和赫西俄德把人间认为无耻丑行的一切都加在神灵身上:偷盗、奸淫、尔虞我诈"[2],要求抛弃传统的神人同形同性论而代之以"全视、全知、全闻"的不动的、唯一的自然神。苏格拉底甚至不惜以身服鸩也要反对向年轻人讲述关于神与神之间的不义与阴谋的荷马神话宗教,[3]而提倡传播一种新的"理性神"。理性神的观念"是希腊哲学成熟时期理论的组成部分,是希腊古典时代的产物。苏格拉底开创了这种理论,柏拉图和亚里士多德则将其发展为体系"。[4] 柏拉图和亚里士多德捍卫了苏格拉底的思想,坚定地抛弃了神人同形同性论的神话宗教观念,要求从人自身出发去解释自然现象和人类事务,运用自己的理性思维去构造新的神观,建立系统的"理性神学"。柏拉图在《蒂迈欧篇》里的创世思想和旧约《创世记》的说法非常类似,他的思想为基督教神学奠定了理论基石:感性与理性、可感世界与理智世界、肉体与灵魂的二元分立在基督教那里成为灵魂与肉体、上帝之城与尘俗之城的对立;对肉体的鄙弃和灵魂的净化导致了后世基督教禁欲主义的盛行;灵魂认识理念的奥秘通过普罗提诺和奥古斯丁变成了基督教神秘主义。亚里士多德对基督教的影响也是深刻而全方位的,尤其体现在他的逻辑学和"实体说"上。前者为基督教神学提供了论证上帝教义的

---

[1] 黄颂杰:《西方哲学论集》,上海人民出版社,2016年,第230页。
[2] 北京大学哲学系外国哲学史教研室编译:《西方哲学原著选读》(上),商务印书馆,1997年,第29页。
[3] 参见柏拉图《欧绪弗洛篇》5D—7C 和《理想国》2.377A—378E 之内容。
[4] 黄颂杰:《西方哲学论集》,上海人民出版社,2016年,第256页。

工具,后者把苏格拉底开始、经柏拉图的理性神学系统化,使古希腊哲学与传统宗教观念划清了最后界限:神是唯一的、至善的理性神,自身不动却又是推动万事万物运动的第一推动者;而且关于神是不能由感性的想象来表达而须由哲学的范畴来表述,靠逻辑推理来论证。[①] 显然,对于柏拉图、亚里士多德而言,神应当受到人们的尊崇,但这个神不是传统的与人同形同性的神,而是最高的、至善的神,它掌控宇宙中的万事万物及其活动,自身却是不动和永恒的。当然,他们的理性神也不同于人格化了的犹太人之雅赫维,更不是基督教之上帝。但不可否认,柏拉图为基督教,尤其是中世纪的教父哲学提供了思想资源,而亚里士多德则为中世纪的经院哲学准备了理论基础。就此而言,我们可以说以柏拉图和亚里士多德为代表的整个希腊哲学就是在为基督教的出现做准备。

当罗马人征服了希腊并且雄心勃勃地武力征服世界之时,也亟需一种宗教为庞大的帝国提供精神和文化上的统一。在某种意义上说,希腊文化既为后来的罗马人准备了宗教的内容与精神,也为其准备了宗教的形式,但是理性神的观念对于喜好建功立业、追求物质主义的罗马人来说太形而上学了,而多神论的神话宗教对罗马人则喜忧参半:喜的是可以直接借助宗教的整合完成帝国的政治和文化整合,忧的是希腊传统宗教中的某些元素又是罗马精英集团和统一大业的危险。因此,罗马人一方面沿袭了希腊多神宗教体系中一些元素,如神庙、祭祀和节日等,甚而把罗马的神祇和希腊宗教的神祇大致相对应[②];但另一方面以公元前186年元老院镇压酒神仪式和公元前181年焚毁毕达哥拉斯著作的事件表明罗马人又力图摆脱希腊观念对罗马宗教的影响,尤其是要抛弃神话宗教中所有带有亵渎和中伤神的内容,把神看作是邪恶、无用、下流等希腊习俗和观念,因为这些不仅损伤了神,而且更会损害被奉为神的罗马建国者和皇帝的尊严与权威。罗马人转而从东方寻找自己信仰的神圣力量,从特洛伊流亡而来的先祖埃涅阿斯的传说与史诗使罗马人在相当长的时期内都相信,他们的城邦从根本上是源自东方,而这一观念使他们很快发现并接受了来自东方的与古希腊宗教在形式和内容上有着巨大差异的犹太教。

[①] 参见亚里士多德《形而上学》第十二卷第10—14章的内容。
[②] 例如,宙斯——朱庇特,赫拉——朱诺,雅典娜——密涅瓦、阿佛洛狄特——维纳斯,阿瑞斯——马尔斯,等等。在此意义上,人们一般把在基督教崛起之前的古希腊和罗马的宗教统称为古希腊罗马宗教。

二、 基督教之"肉身"：希伯来犹太教

希伯来文化的核心是犹太教,犹太教产生于犹太民族对自身遭遇的信仰反思。犹太民族是一个苦难深重的民族,自从犹太人的祖先希伯来人在公元前二千纪中叶由沙漠进入巴勒斯坦以来,在数千年的历史中,除了前11世纪到10世纪扫罗、大卫和所罗门时代的王朝时期外,就没有摆脱过外族人的统治和奴役,长期以来一直处于失国状态。这使犹太人经常追问自己:既然上帝在祖先亚伯拉罕时就答应保护以色列,为何大卫、所罗门的王国会被摧毁?为何犹太人一次又一次的遭逢劫难,流离失所?有些人就开始反省自己:犹太人也曾答应要遵守上帝的戒律,但以色列人并没有严格遵守,才导致了如许的苦难与不幸。所以犹太人不把失落家园的原因归于外族的侵略,而是归咎于自己祖先的不洁和对上帝的不诚而招致的天罚结果。这在犹太教最早的经典"摩西五经"或"律法书"[①]中,犹太人表述了这种基于不幸意识的"原罪"意识或罪孽感的宗教思想。

正是这种原罪意识或罪责感促成了犹太人从多神论的希伯来宗教向一神论的犹太教之转变。公元前13世纪的出埃及事件标志着摩西创建了人类历史上最早的一神教——犹太教。他初步制定了一神教的教义、教规,设立了专职的祭司制度,并以律法形式规定了希伯来人的宗教信条和伦理道德准则。这些律法和祭司制度主要表现为"摩西十戒",是犹太教的核心。[②] 它们强调了对上帝的服从和忠诚,以及犹太社会成员的道德礼仪行为,成为犹太人不可违背的基本行为规范和犹太教的律法基石。

按传统的说法,基督教的创始人和权威大师耶稣出自犹太教。耶稣亲炙的十二个门徒也是犹太人,为基督教的传播做出最大贡献的圣保罗也是犹太人,最早的基督教被当作犹太教的一个支派。因而,基督教直接起源于犹太教,它坚持犹太教的一神论而非古希腊的多神论,强调犹太人的禁欲守德而非希腊人的纵欲肆为,尤其在宗教的形式,如圣教历史、律法、圣经、礼仪圣事等方面都与犹太教一脉相承。[③] 当然,这并不否认基督教和犹太教在宗教形式

---

① 即《旧约》中的《创世记》、《出埃及记》、《利未记》、《民数记》、《申命记》,约于公元前444年前编集。
② 参见《旧约·出埃及记》20：2—17。
③ 罗素认为在基督教中包含的最重要的犹太因素有圣史、上帝选民、公义、律法、弥赛亚、天国六个方面。参见罗素:《西方哲学史》(上),何兆武、李约瑟译,商务印书馆,1963年,第392—393页。

和一些基本观念上也存在着的分歧。具而言之,基督教与犹太教在如下几个主要方面存在着区别与联系、批判与继承的关系。其一,圣典。记叙上帝开天辟地、创造万物以及犹太人历史的《旧约》也是基督徒的圣史,只是犹太教还尊奉《塔木德》,而基督教则适应时代发展在传教需要和希腊哲学影响下编纂出了《新约·圣经》。按照基督徒,《旧约》是上帝通过摩西和以色列人在古代的立约,而《新约》则是上帝通过耶稣和基督徒在新时代的立约,新约胜过并要取代旧约。其二,节日。当基督教还是犹太教内部的一支派别时,也守安息日和逾越节;而当它从犹太教中脱离出来后,就改安息日为礼拜日,改逾越节为复活节,又增加了纪念耶稣诞生的圣诞节等节日。其三,教会。基督教的教堂是犹太教圣堂的变形,也袭用了犹太教的教会这种组织形式,但认为教堂是"上帝在人间的居所",教会是"基督的身体",并发展出一套教会论。其四,圣事礼仪。基督教沿用了犹太教的祈祷、唱诗、读经、讲道等礼拜仪式和禁食、洁净等习俗,但取消了献祭和割礼等严格戒律和烦琐礼仪,实行较为简便的宗教仪式。其五,上帝和启示的观念。基督教承袭了犹太教"至高一神"、"救世主"的人格神观,信仰"先知"和"启示"等观念,但不同意犹太教把雅赫维(耶和华)视为"唯一之真神",反对只有犹太教徒是雅赫维的"特选子民"。基督教坚持上帝是三位一体,耶稣是上帝之子,是希腊哲学中的道(logos),凡信奉上帝的人都为其"选民",都会蒙上帝之恩。其六,道德伦理。犹太教要求恪守"摩西十诫"等律法,通过一种强制的、否定的方式,即惩罚来规范人的行为,注重的是人们的外在行为及其后果,可以说是种效果论的道德观。基督教则是种动机论的道德观,也承认"摩西十诫",把爱神、爱人看作是所有诫命中首要和最大的戒律,通过一种肯定的方式即自我良心来协调人的行为,强调内心动机与外在行为效果的一致。就此而论,其七,犹太教的核心是"因行成义",一个人能否成为义人,不重在其信仰,而在于其行为,即是否恪守律法,做符合上帝意志的善行。[①] 基督教的核心则是"因信成义",认为仅有戒律是不够的,还要超越律法,须凭借对上帝的信、望、爱才能成为义人,"人称义是因着信,不在乎遵行

[①] 按照傅有德教授的分析,犹太教至少在《圣经》和拉比阶段,只有律法,没有信条,至少没有明确的普遍认可的信条,只是后来受到希腊哲学、继而基督教的影响,斐洛及之后的迈蒙尼德等人才为犹太教确立了信条。参见张志刚主编:《宗教研究指要》之第三章"犹太教",北京大学出版社,2005年,第93页。

律法"①。其八,末世论与救赎说。基于犹太民族的苦难史,犹太人普遍相信"末世论",认为大卫王的后裔、"复国救主"弥赛亚会降临人间,复兴犹太国,给犹太人带来"一千至福年"。这种信念鼓舞着当时中下层犹太人屡次掀起弥赛亚运动,反对塞琉西王朝和罗马帝国的统治,以便在有生之年进入上帝之国永享幸福。基督教在最初时也接受了弥赛亚主义的"末世论",但后来随着公元1世纪保罗教派的崛起而逐渐以"救赎说"取代。基督徒因着耶稣基督的道成肉身,受难与复活而有了获救的希望,有罪之人可以凭借对基督的信仰而得到救赎和解脱。但这种解脱不是如犹太教在现世而是在来世,不是在地上而是在天国,不是肉体的得救而是灵魂的得救。正如赵林教授所指出,"从犹太教'末世论'到基督教'救赎说'的理论发展意味着基督教最终摆脱了犹太教的浅薄的现世主义和狭隘的民族主义藩篱,成为一种关于灵魂得救(彼岸主义)的福音和普世主义的宗教"。②

基督教出自犹太教,在宗教形式及启示观念方面,基督教得自于犹太教的远超古希腊罗马宗教,并从犹太教母体那里获得了自己的肉体——圣典圣史、教会圣事、律法启示等物质载体和外在形式。然而,此肉身不能等同于彼身体,基督教毕竟与犹太教有着本质上的不同。基督教要不成为犹太教的"肖像",还须经过古希腊理性哲学对犹太教因素的改造才能成其为自身。

三、基督教的"道成肉身"

基督教从犹太教那里所获得的肉体(宗教形式)及其连带的教义思想,需经过希腊理性主义哲学的洗礼才能为自己所消化,基督教不同于犹太教的精神内核也需有希腊哲学的锻造才能成其道。古希腊哲学以早期自然哲学作为开端,经过古典时期的理性哲学的发展形成了理性神和一神的观念,为基督教的出现做好了准备,并最终在希腊化时期为基督教神学所汲取和接纳,并被后者用来为自身作辩护,从而对基督教神学的形成与发展产生了直接的关键性影响。

希腊化时期哲学的最大特点就是希腊文化和东方文化的综合,出现了希腊的哲学与东方神秘主义宗教相混合的宗教潮流。斯多亚学派在反对传统的

---

① 《圣经·罗马书》3:28。
② 赵林,"论基督教与犹太教的文化差异",《宗教学研究》,1997年第2期,第101页。

拟人化宗教的同时,主张以"寓意释经法"从古代作者的作品和古老的传说中寻找哲学的解释,使古老的宗教信仰和哲学见解联系起来。亚历山大的犹太人斐洛将寓意释经法和犹太教对《圣经·旧约》的解经传统相结合,"通过诠释,完成了将希腊哲学的逻各斯引入犹太文化的工作,为基督教整合两希文化开辟了通道。"[①]斐洛认为宗教和最好的希腊哲学,即柏拉图哲学是同一的,因而把东方的犹太教及其《圣经》(即旧约)和西方的希腊哲学,尤其是柏拉图哲学相结合,使希腊哲学与犹太教相融和,使理性主义与启示运动相调和,对基督教及其神学产生了决定性影响,以致恩格斯评价说斐洛"是基督教的真正父亲"。[②] 新柏拉图主义,是晚期希腊哲学中最值得注意的流派,它把希腊哲学,尤其是柏拉图的哲学与基督教结合起来。其创立者和代表人物是普罗提诺,他以柏拉图哲学为主,吸收了包括亚里士多德在内的希腊先贤们的思想,把希腊哲学和犹太神学、理性主义与神秘主义相结合,提出了一个由太一、理智和灵魂构成的三一本体论。在基督徒看来,普罗提诺的太一就是上帝,理智就是圣子,灵魂则是渗透于每个信徒的圣灵。太一通过自我规定而呈现为理智,就是道成肉身,理智通过流溢出灵魂而与太一重新合一,这就是基督的救赎和复活。他的思想通过圣奥古斯丁对基督教神学产生了无法估量的影响。

希腊化时期一大批拥有希腊文化背景、精通希腊哲学的早期基督教护教士们不仅通过信仰为基督教摇旗呐喊、现身说法,更是直接汲取、利用希腊哲学,尤其是柏拉图主义来为基督教辩护,调和解决基督教在改革犹太教过程中产生的诸如"三位一体"等教义问题,并在与各种多神论宗教及其哲学流派的辩驳中开始形成了基督教的神学思想。在《圣经·新约》中保罗、路加、约翰的著作就显示出了希腊哲学的深刻影响,牛律大学神学教授查德威克明确肯定了柏拉图对保罗的影响:"在圣保罗身上,存在某些柏拉图学派的东西,尤其是在《哥林多后书》第三、四、五章中,和哥林多人讨论不休问题的时候。"[③]再如,三位一体说是基督教的核心教义之一,虽然325年的《尼西亚信经》就确认上

---

① 王晓朝,"两希文化汇聚的产物——犹太哲学家斐洛的'逻各斯'",《浙江大学学报》(人文社科版).2000 第 5 期,第 17 页。
② 恩格斯:"布鲁诺·鲍威尔和早期基督教",《马克思恩格斯全集》(19 卷),北京:人民出版社,1963 年,第 328 页。
③ A. H. Armstrong, *The Cambridge History of Later Greek and Early Medieval Philosophy*, Cambridge 1967, p. 158.

帝只有一个,在本质上是相同的,是同一本体,具有圣父、圣子、圣灵三个位格;但是关于圣父、圣子、圣灵之间的相互关系及其何以是同一个上帝的问题却一直存有争议,甚而在早期基督教那里是基督教正统和异端的判定标尺。阿里乌斯派是在尼西亚会议上被判定为异端的,其原因就在于该派根据普罗提诺的三一体理论,认为圣父、圣子、圣灵是三个神,与尼西亚信经相违背。与普罗提诺大约同时代的基督教教父奥利金也利用柏拉图主义,"把上帝观念与本体论上的 being(存在)连接起来"论证三位一体。[①] 他认为:上帝是独一无二的、至高的、绝对无形的一元;圣子由上帝、圣父所生;圣子与圣父是同一性质,不能与圣父分开,但圣父是第一位的,而圣子低于圣父,是第二位的神;圣灵与圣父、圣子同质,但在序列上是第三位的神。显然,奥利金的这一思想与普罗提诺的三一本体论相接近,最终也正统教会定为异端而遭到批判。后来,奥古斯丁扬弃了普罗提诺的三一本体理论。一方面,他同意普罗提诺关于太一不能由任何东西所派生,认为圣父也不可能由任何其他东西所产生。但另一方面,他始终坚持圣子不像普罗提诺的理智那样具有生育的能力,它不能直接生出圣灵,圣灵出自圣父;而且更为重要的是圣父与圣子、圣灵本质相同,是一个本体,而不是普罗提诺所言的三个本体。换言之,圣父、圣子、圣灵只是区别三个位格间关系的称谓,并不意味着有三个上帝或本质。这样,奥古斯丁不仅对散见于《圣经》中的但又不尽一致的相关论述进行了系统的论证和调和,而且也在理论上对《尼西亚信经》的三位一体教义做出了权威解释,从而使三位一体真正成为基督教的核心信条和正统教义。

如果说柏拉图为教父哲学提供了思想的来源,那么亚里士多德就为经院哲学提供了理论的基础。如果说柏拉图主义为基督教提供了信仰的内容,那么亚里士多德主义就为基督教提供了论证的形式。最后一位教父和第一个经院哲学家安瑟尔谟利用亚里士多德的三段论对上帝所做的"本体论证明",虽然在当时就遭到高尼罗及之后许多人的反对,但是他试图利用亚里士多德哲学论证基督教教义、用理性证明信仰、使哲学服务于神学的努力在西方哲学和基督教神学中占有重要的地位。经院哲学的集大成者托马斯·阿奎那反对安

---

① 黄颂杰:《西方哲学论集》,上海人民出版社,2016年,第236页。关于基督教神学家们,包括奥利金、奥古斯丁、安瑟尔谟和托马斯阿奎那利用古希腊的本体论来论证基督教神学的问题,可参见黄颂杰先生在"基督教哲学本体论与中国传统思想"(原载于《学术月刊》2000年第4期,后收录于2016年出版的《西方哲学论集》)一文的精彩分析。

瑟尔谟用先天性的方法论证上帝的存在，因为观念不是存在的原因，通过先天的无与伦比的上帝概念不能推出上帝的实际存在；但是他却赞成安瑟尔谟对亚里士多德哲学的利用，并且自觉地把亚里士多德哲学与基督教神学相结合，依据亚氏"第一推动者"的理性神思想提出了关于上帝存在的五种证明，即事物运动的证明、最初因的证明、可能性与必然性的证明、事物等级的证明、目的因的证明。这五种证明被认为是基督教史上的伟大创举，因为至少在表面上，它是在理性的指导下，从人们所熟知的种种上帝产生的结果之后天经验现实出发，一步步的推知和论证了上帝及其存在。

凭借创始人的"牺牲与复活"、早期领导人的非凡经历和坚定信念，利用希腊哲学对犹太教的改造，基督教用了很短的时间就从犹太教的母腹脱颖而出，作为争先恐后向新建立的帝国效忠的许多宗教之一而出现在庞大的罗马帝国中，并且在三个半世纪内就超过了它所有的竞争者，乃至胜利地挫败了帝国官方要除去它的企图。313年罗马皇帝君士坦丁颁布了米兰敕令，承认基督教的合法地位。392年，狄奥多西皇帝定基督教为国教。基督教终于在罗马帝国取得了统治地位，并且凭借它的远见卓识和有进取心的成员，凭借对柏拉图-亚里士多德哲学的接纳与融合，成为此后在西方占主导地位的文化。

作为罗马帝国晚期以来西方世界文化代表的基督教，从它的西方文化资源中秉承了古希腊哲学的理性精神，成就了自身之"道"，建构了自己的内在本质；而从它的东方文化资源中采撷了希伯来犹太教的圣史圣事，获得了自己的"肉身"，塑造了自己的外在形式。基督教的创立本身就是希腊文化理性哲学之"道"和希伯来犹太教之"肉""道成肉身"的结果。基督教正是通过把重理性思辨的希腊精神和重信仰启示的希伯来精神相结合，把理性与信仰、理性神与人格神相结合，铸成了自身及其神学教义。如果没有（犹太教的）圣教历史和律法礼仪，基督教就会成为一种枯燥乏味的形而上学，失去信众基础；如果没有（古希腊）思辨的形而上学和严密的神学体系，基督教就不会成为一种唯灵主义的高级宗教，不能成为一种具有深厚理论基础并且影响深远的文化。

当然，两希文化的道成肉身毕竟是两种异质文化之间的结合，因而古希腊哲学与希伯来犹太教之间的融合并非无差别的绝对同一，而是各自持存自身本质的合二为一。道成肉身后的基督教不仅没有消除两种异质文化之间的内在张力，反而将这种内在紧张关系转化并以更强烈的方式表现为基督教与犹太教、基督徒与犹太人的对立与仇杀，展现为基督教与异教、基督教文明与希腊罗马文明的争执与冲突,反映在中世纪的哲学与神学、近代的启蒙与蒙昧、现代的科学与信仰以及20世纪以来的"宗教世俗化"与"宗教回归"的相互激荡中,使哲学与宗教、理性与启示之间的张力与紧张贯穿于直到现在为止的整个基督教历史与西方文明史。对这个问题的研究是项复杂而浩大的思想工程,非本文所能逮也,需再辟专题研究。

简论托马斯·阿奎那的财物权学说

林庆华

所谓财物(财产、财富),宽泛地说,指地球上一切有形的事物,即自然资源,如土地、水、空气和所有其他自然给定的事物,以及人以自己的劳动对这些资源进行加工而形成的东西,如食物、饮料、衣服、车辆、房舍等。对于阿奎那来说,财物、财产、财富是外在的、暂时的、物质的、可感觉的、看得见的东西,这些东西是我们有能力发现并去使用,可以加工但又无法创造的。本文试从财物的目的、私有财物权和财物的共同使用权这三个方面来概述并分析阿奎那有关财物的学说。

一、财物的目的

要理解阿奎那关于财物的学说,我们就首先必须对他有关人及其目的的看法有一个大致的了解,因为财物是对人而言的,财物权问题涉及到一些基本的人性假定,涉及到对人生最终目的的假定。只有了解了这样一些假定,我们才能更好地理解阿奎那的财物观念。

阿奎那指出,人是由身体和心灵构成的复合统一体。人的各个组成部分——心灵、感觉、生理等都各有不同的需要。从有身体而言,人要保持身体的机能,就必须拥有一定量的物质财富,物质财富是人维持生存的基础和基本条件。但是,尽管人是物质和感觉世界的一部分,却只有理性才在人内占有统治地位,其他的感性欲望多多少少都会服从理性。而且人的理性具有独立的生存活动,正是理性才使人成为位格(person),位格是所有自然中最完善的东西。

理性具有自主性,自主性是人的本质属性,它使人与自然的其他事物区分开来:"人与其他非理性受造物之区别,在于人是其行为之主宰。为此,只有人是其主宰的行为,称为真正人性的行为。人之为其行为之主宰,是靠理性及意志,为此说自由意志乃意志及理性之性能。所以,真正称为人性的行动,是出于经过考虑之意志的行动。"①

涉及到人的活动或行为,阿奎那指出,人有两个目的或两种幸福,一个是自然的目的,另一个是超自然的目的,前者是不完美的幸福,后者是完美的幸福。在讨论这两种幸福时,阿奎那首先提出了他对终极目的的一般理解。他根据亚里士多德的观点,认为每个行为者在行动时总有一个目的,这一目的就是某种确定的善。善是人类行为的动机或理由。他接着指出,人的行为必定有一个终极目的,这是行为所指向的最终的东西。阿奎那一再强调,终极目的必须是绝对的圆满,它完全满足和实现人的所有欲望,使人再无任何别的欲求。

阿奎那进一步指出,上帝就是人所追求的终极目的。人渴望幸福,就是渴望与上帝在一起,直观上帝。因而,最高的幸福,就是"享见天主的本体"。然而,人能得到的最大圆满,即完美的幸福,是超越人类自然能力的幸福。也就是说,单靠人自己的努力无法达到这种幸福,这幸福只有通过人的信仰和上帝的恩宠才能得到。

关于不完美的幸福,阿奎那又称之为尘世的福气。在他看来,不完美的幸福不是一种我们可以欲求的无所缺的状态,它不能使人达到完全的满足。阿奎那说,人们今生就可以拥有这种不完美的幸福,表现在人所获得的肉体快乐、财富、权力、尊严和荣誉等等方面。不过他认为,获得这些东西并不意味着人们达到了圆满的幸福。首先,肉体的快乐,主要是指食色两方面的愉悦,相对于人类最高贵的理智而言,它们仅仅是感官上的需要和满足,它们会阻碍人们的思辨,使人耽于物质的享受而远离理性的事物。其次,圆满的幸福也不在于财富。自然的财富,如满足衣食住行等自然需要的东西,只可用来维持人们的自然存在。人为的财富,如钱财,只可使人方便地购得自然的财富,但绝对购买不到精神性的东西。最后,荣誉也不是人圆满的幸福,这是因为,贪图荣誉的欲望往往会荼毒人高尚的灵魂,摧残那种应该成为人们最高愿望的精神自由。值得注意的是,阿奎那虽然认为获得肉体快乐、财富和荣誉等等不是圆

---

① 圣托马斯·阿奎那:《神学大全》,第四册,周克勤、李震等译,中华道明会与碧岳学社,2008年版,第3页。

满的幸福,但它们毕竟是属尘世的幸福,因此也是非常有价值的东西,我们绝不可鄙视它们。

由上可见,阿奎那排除了财富为人生的终极目的,但他也不否认物质财物在人们追求尘世幸福中所起的作用。虽然人的最终目的不在于财富,但物质的东西也有其工具或使用的价值,就是说,外在的财富是人们达到尘世幸福的一种手段,"为现世所能有之不完美的幸福,需要外在的东西,不是关系到幸福之存在本身,而是似工具辅助幸福,幸福则在于德性之动作,如在《伦理学》卷一第十三章上说的。因为人在现世生活中,有身体上的需要,无论是为观赏活动,或为实践德性;而且为实践德性,还有许多其他需要"。[1]

二、财物私有权

为了维持基本的生存,为了获得尘世的幸福,人就必须拥有一定的物质财富。阿奎那从两个方面区分了人对财物的拥有,即照管和分配财物及财物的共同使用,这样他就把财物权分为两种权利:私有财物权和财物共同使用权。

1. 私有财物权的合理性

阿奎那清楚地表明,人们有权把某物据为己有,并有权处理此物。也就是说,个人拥有财物是许可的。对于这种获得和处理财物为己有的权利,阿奎提供了三个理由来加以支持。第一,比起财物共同拥有来说,人们更关心他独自照管的东西。正如人们所看到的,当处理公有的东西时,人们常常想不劳而获,而把工作推给别人去做。第二,如果每个人都拥有属于他们自己的财物,那么人类的生存就会更有秩序;而如果所有人负责所有的事情,则会产生混乱。第三,因为每一个人都满意于他自己的财物,争吵、不和与仇恨就会得以避免,人的生活会更宁静,更平和;财物公有,人们之间往往容易发生纠纷。假如私人拥有财物,可以激发人们更好地关心物质的东西,社会冲突会变得更少,假如每个所有者都满足于他自己合法的需要,那么财物私人所有制就是必要的、有益的。从阿奎那提供的这些理由看,他就不是根据人性本身而是根据人类生存的历史条件和状况来说明私有财物权的合理性。

---

[1] 圣托马斯·阿奎那:《神学大全》,第四册,周克勤、李震等译,中华道明会与碧岳学社,2008年版,第58页。

2. 私有财物权是人法的规定

从上面的论述可以看到,私有财物存在的正当理由不在于人对外在物质的自然支配权,因而对财物私有权确立的依据,我们就必须从人的制度或人法中去寻找。根据阿奎那的观点,财物私有制是一个由立法者去决定的事情,也就是说,这一制度是一种法律性的体制,"说财产公有是属于自然法,并不是因为自然法规定了,一切的东西都应该为大家所公有,没有什么东西可以私有,而是因为财产的(实际)分有,不是出于自然法,却是由于人们的约定,而这是属于人为的法律"①。财物私有制并不违背自然法,而是对自然法的补充,符合人的理性的要求,是为了服务于人类共同体的福祉而由人的理性设计的制度。我们可以看到,阿奎那试图证明的是,私有财物权是一种可以客观地证明的正当机制,其客观的、历史的正当性在于这一事实:它是一种建立在理智思考之基础上的制度。作为人的理性思考的产物,私有财物权是一种暂时的、因而是不完善的制度。

3. 侵犯他人财物权的行为:偷盗和抢劫

在现实生活中,常常会发生侵犯他人财物权的行为,这行为就是偷盗和抢劫。偷盗和抢劫属于通过不自愿的交易而发生的罪,这两种罪的直接目标均指向他人的财物。偷盗是未经所有者同意就暗地取走他人拥有的财物,而抢劫则是通过暴力公开夺走他人财物的罪行。阿奎那解释道,偷盗和抢劫之所以是罪,是因为这两种行为都涉及到违背财物所有者的意愿,是故意侵吞不属于自己的他人的财物。在这两者中,抢劫是更大的罪,因为通过暴力而做的行为更直接地违背他人的意志,因此,会对财物所有者造成更大的伤害。

阿奎那强调,严格地说,偷盗和抢劫都是死罪,因为这两种行为,从神学的意义上说,伤害邻人,违背了基督教爱的命令;从社会学的意义上说,这两种行为一旦成为一般的习惯做法,人类社会就会变得不再安宁,甚至无法继续存在。在此意义上,私有财物权是神圣不可侵犯的基本人权。人类制定的有关法律在一定程度上可以保障此项人权不被他人侵犯。

三、财物的共同使用权

阿奎那认为私有财物权不是一种建立在人性基础之上的绝对权利,而是

---

① 圣托马斯·阿奎那:《神学大全》,第九册,周克勤、李震等译,中华道明会与碧岳学社,2008年版,第234页。

一种由人法确立的相对权利,这一权利是从属的、工具性的,服务于所有人的需要。就是说,一切财物都可以由人类共同使用。

1. 财物的共同使用权

阿奎那指出,所有的财物都是供人使用的,因而特定所有者对物质东西的占有要服从于这种使用。就此而言,人们就不应该把身外的东西视为己有,而应该把它们看作是共同拥有的财物。在人类社会中,每个人都有权利公平分享和使用自然给予的资源,没有什么东西、没有什么资源天生就为某一个人或某一群人所独有。

在阿奎那看来,人拥有外在的东西是自然的。此处,"自然的"一词并不意味的"在生物学上无法避免的"或"符合自然规律的",其意思是"恰当的或道德上正当的"。从物质东西的本性来说,人对它们不拥有绝对的统治权,这一统治权属于上帝,上帝是世间万物的创造者,是被创造的一切东西的所有者。因而外在的东西服从于创造它们的上帝,并不服从人的意志或欲望。但相对于其他受造物来说,人天生就有对外在事物的支配和使用权。在此,阿奎那区分了上帝和人对世界事物各自不同的权利。

人类之所以对外在的东西有自然的使用权,是因为作为按上帝的肖像和模样创造出来的理性受造物,人类必须使用外在的东西来达到他们自己的目的,即最终获得尘世的幸福。可以说,自然秩序中的所有组成物,除人本身外,都是可以为了人的好处而被恰当使用和消费的资源。阿奎那说道:"人借着自己的理性和意志,能够使用身外的东西,为人自己的利益,一如它们是为了人而受造的;因为不完善的东西,常是为完善的东西……人对其他受造物的这种自然的或合于本性的主权,是根据那使人成为天主肖像的理性,而宜于人的。"[①]对任何所有物实施支配和使用权利的基础是理性对人自己的行为、心灵和意志的行为所拥有的支配权。与人可以支配他内在的东西一样,他同样能够支配外在的东西,这是人之为人的特征。人对其心灵和意志行为所拥有的支配权也延伸到物质的东西。之所以如此,正如阿奎那所说的,第一是因为"较不完善的东西必须为了较完善的东西"这一原则,第二是因为人要获得他作为理性存在的圆满发展就需要使用外在的东西。

[①] 圣托马斯·阿奎那:《神学大全》,第九册,周克勤、李震等译,中华道明会与碧岳学社,2008年版,第232页。

2. 剩余财物和紧急需要下的财物使用问题

由前述可知,阿奎那对共同使用财物的正当性是毫不怀疑的。他在确立了财物权的范围时,同样也认为,一个人拥有的东西,是作为共同拥有的东西来拥有的。在他看来,外在事物必须为人的需要服务,这是上帝的或正义的要求。正义要求人们必须尽可能重视和促进人的福祉,这是"爱人如己"这一最高诫命引出的一个基本原则。尽可能帮助有需要的人,这是阿奎那和基督教传统特都别强调的道德要求。

阿奎那指出,从使用方面看我们可以把所有的财物划分为三种。第一种是人们为了自己和受赡养者的生存而必需的财物,这是一种"绝对的必需",即生存必需品;第二种是人们为了履行自己对自己的亲属和家人的教育,维持自己的生意或职业,偿还自己的债务等等方面的责任而需要的财物,这是一种"相对的必需";第三种是在人们为第一类"绝对的必需"和第二类"相对的必需"作出合理预备后剩下的财物。

按照阿奎那,如果一个人有多余的财物,那么这种过剩就是以牺牲他人为代价而拥有的,因为物质的东西具有这样一种本质属性:"一个人不能享有过多外在的财富,除非别人缺乏它们。的确,现世的财物不能同时被许多人所享有的。"[①] 使用过剩财物来救济穷人是正当的,"依据人为法律的物质分配和占有,不可以阻碍这一点,即人类的需要必须用这些物资来供应的。所以,凡是某些人大幅有余的东西,按照自然法,应该把它们作为救济穷人之用。是故,盎博罗修于《教会法律类编》第四十七编,说:'你所保存的,就是饥者的食物;你所储藏羊的,就是裸的衣服;你所埋在地下的钱,就是使穷困人获得益自由的赎身之价'"。[②] 穷人得到财物来维持基本的生存,这是他们本来应有的权利。

而且,阿奎那指出,法律有责任强化以对社会有益的方式使用过剩财物的道德义务。不管在获得和交换物品的事情上私人拥有者有什么合法的自由,当涉及到共同使用这一问题时,民法就有义务去调节这种自由,以有利于作为一个整体的社会。如果不这样做,就有可能引发社会的毁灭。因为拥有过剩

---

① 圣托马斯·阿奎那:《神学大全》,第十册,周克勤、李震等译,中华道明会与碧岳学社,2008 年版,第 428 页。
② 圣托马斯·阿奎那:《神学大全》,第九册,周克勤、李震等译,中华道明会与碧岳学社,2008 年版,第 243 页。

的财物而不去救济穷人,这是社会混乱的重要根源。

阿奎那进一步表明,财物使用权是首要权利,它优先于获得和交换权,获得和交换权是私有财物权,私有权属于次要权利。使用权如果与私有权发生冲突,优先的权利应该是使用权。阿奎那以人们在急迫情况下的需要为例子对此加以说明,"一个人应易于与人共享,以支持别人的急需。为此,宗徒在《弟茂德前书》第六章17及18节里说:'至于今世的富人,你要劝告他们甘心施拾,乐于通财'。"①

阿奎那认为,有严重需要的人为了维持其生命可以暗中或公开拿走他人的东西。其论证如下。私有财物权依赖的是人法,而且这一权利受到这一事实的限制:物质的东西是由其创造者为了服务于人的身体需要而预备的。通常说来,私有财物权制度可以服务于这一目的。但是当这一制度无法实现此一目的时,此种制度就会被"使用物质的东西以维持人的生命"这一更基本的原则所取代。"由于有急需的人很多,无法用同样的东西去救济所有的人,所以人人各自决定如何分施自己的东西,以救助那些在急需中的人。可是,如果需要是这样明显而紧迫,显然地必须用当前可用的物品去解救;例如,一个人有生命危险,而又别无他法解除,这时他就可以使用别人的东西,去解救他自己的急需,无论这些东西是公开地或暗中取得的。这并不是真正的偷窃或抢劫。"②因此,当急迫的需要存在时,即在生命受到严重威胁的情况下,从他人那里拿走了为了维持生命所必需的财物,就不仅是正当的,而且严格地说,"盗劫"不能被认为犯了偷盗或抢劫罪。这证明了财物使用权对于私有权的首要性。

四、小结

由上分析,对于阿奎那有关财物权的学说,我们可以得出这样一些基本的结论。第一,人的终极目的在于心灵的幸福,而非物质财物的积累和消费,财物只是人生活的手段,是人达到圆满的工具;第二,人对外在东西的使用源于不完善的事物是为了有利于较完善的事物而存在这一原则,因此对有形东西

---

① 圣托马斯·阿奎那:《神学大全》,第九册,周克勤、李震等译,中华道明会与碧岳学社,2008年版,第234页。
② 同上书,第243页。

的支配权标志着人拥有高于其它一切受造物的地位;第三,地球财物的使用属于全人类而不属于任何"所有者",财物的本质是其共同的使用,而不是私人所有,所有人都有获得生活必需品的基本权利;第四,每个人都有义务照顾他人的需要,把多余的财物给予穷人和有需要的人本来就是应该的,因为生存的权利是人类第一位的权利,谁也不能剥夺人的这种权利;第五,良好的社会秩序和法律制度要求财物私有权从属于使用权。总之,人不是为了外在财物而存在的,相反外在财物是为了人而存在的。正如 Anthony Parel 所说,"阿奎那的财物权学说是其关于人的本性和命运、其人文主义的更宽广学说的一部分。正是在其财物学说中体现出来的人文主义价值才具有永恒的价值。"[①]

[①] Anthony Parel, "Aquinas on Property," in *Theories of Property: Aristotle to the Present*, edi. by Anthony Parel and Thomas Flanagan, Waterloo: Wilfrid Laurier University Press, 1979. p. 89.

上帝·世界·人
——透析哥德曼悲剧观的生存论意义[①]

刘 芳

人生在世,弹指一挥间。雁过留痕,人呢? 总是有所期望,有所追求。在熙熙攘攘、平凡琐碎中寻求存在的终极意义和价值,这一直是哲学探究的永恒主题之一。精神的依托、终极的关怀、至善的理想、幸福的生活,是人性所使然,也是人性内在深层次的需要。然而,悲剧人的命运却注定了这场追逐和寻求只能以失败告终。本文所讨论的是作为西方马克思主义者的哥德曼,在《隐蔽的上帝》中对于这一问题的解读。面对理性的个人和无限的空间,上帝只能缄默无言,而悲剧人也只能"打赌"上帝存在。虽然身陷物化世界,但悲剧人秉持永不"享受它或喜爱它"的姿态,"在现实世界里拒绝世界"。本文试图在此基础上讨论人的生存论价值以及在当下中国市场语境下的重要意义。

一、悲剧的诞生:上帝的缄默无言

哥德曼在《隐蔽的上帝》中所讨论的悲剧观不是简单地在文学艺术语境中所指涉的悲剧,而是对社会历史发展特定阶段中人的生存状态的确认,是个人寻求摆脱困苦的解脱之路。这一悲剧观始于17世纪,是与理性主义和经验主义的世界观相对立的另一种世界观[②]。在这种世界观中,表明的是上帝、世界

[①] 本文系作者主持的2013年度上海市哲学社会科学规划项目"西方马克思主义视域下的宗教信仰研究——基于卢西安·哥德曼的独特视角"[项目编号:2013EKS004]、2013年度华东理工大学文科培育基金"解放与救赎——西方马克思主义宗教信仰理论研究"[项目编号:W01322004]的阶段性成果。

[②] 世界观概念是哥德曼辩证法思想研究的重要范畴,是一种理论研究方法。它作为一种思想形式,不是某个个人,而是一种群体或集体意识的产物。哥德曼认为,在自启蒙运动以来的西(转下页)

和人三者之间的危机,这三个因素原本是相互依赖,缺一不可的。"其中的每一个因素都要依据另外两种因素才能存在,才能表明自己的特点;反之,另外两种因素也只能依据这一因素而存在和表明自己的特点。"① 然而,启蒙以来的理性主义和个人主义(哥德曼统称为个人主义)世界观却打破了这一和谐整体。"启蒙并不仅仅只是一场将信仰下降为迷信和'上帝的科学'的战斗。同时,也是对世界概念的批判性认识,根据理性知识,即纯粹理性去理解人与世界关系的一种方式。"② 于是,在个人主义的世界观中,"上帝的声音不再直接向人讲话了。这是悲剧思想的根本点之一"③。

西方哲学一直有着宗教和神学的品性。对于基督教传统而言,上帝的存在是毋庸置疑的真理。④ 但是,随着启蒙运动的兴起,理性成为衡量一切的标准。骄傲狂妄的人类认为凭借理性和科学的成就,完全可以创造自己崭新的世界。因而,在这样的一个时代,人人逐利,宗教神学被边缘化,价值尺度被彻底颠覆。上帝成了一个毫无意义的价值悬置,人们不再相信上帝,甚至直言上帝死了,粗暴地将祂从人类的生活世界中赶了出去。神的意志在经济人的心中了无痕迹,世界坠入一片黑暗之中。社会历史进入到悲剧观之中,它首先体现的是一种人与上帝、自然、社会,人和人之间关系的深刻危机。一个始终不存在和始终存在的上帝,这便是悲剧的中心。但是,总有一些人,哥德曼所说的悲剧人,没有放弃,依然在苦苦追求,从一个黑暗进入另一个,上帝的存在变成了一种憧憬,一种内心的坚信,一种不能肯定的和自相矛盾的坚信。因为,对他们而言,如果丧失对超越维度的追求和希望,人类所受的悲苦又有什么意义? 如果说人生真的只是一场悲剧,今生的悲苦没有永生的许诺,生命的意义

(接上页)方历史中出现了这样几种世界观类型,它们分别是:理性主义、经验主义、悲剧观和辩证法。它们之间的交替变更构成了整个西方近代思想史发展的真实脉络。笔者在此先"悬置"这种世界观划分的"科学性"依据,而只是依据哥德曼的思想来表明作为一种研究方法,这一界定有其重要意义。

① Lucien Goldmann, *The Hidden God*. Translated from the French by Philip Thody. London: Routledge & Kegan Paul, 1964., p. 82.
② Lucien Goldmann, *The Philosophy of the Enlightenment The Christian Burgess and the Enlightenment*. Translated by Herry Mass, Routledge & Kegan Paul London, 1974, p. 6.
③ Lucien Goldmann, *The Hidden God*. Translated from the French by Philip Thody. London: Routledge & Kegan Paul, 1964., p. 36.
④ 参见黄颂杰:《论西方哲学的宗教和神学之品性》,载《西方哲学论集》,上海人民出版社,2016年,第256—268页。

究竟何在?

因此,在悲剧人心目中,上帝并没有死亡,也没有消失,祂依然存在于这个世界上,只是由于失去了和人交流的手段,背过身去,隐匿在云端,沉默无语。用帕斯卡尔的话说,这是一个"隐蔽的上帝",为什么这么说呢? 因为理性主义的胜利不可避免地"取消了两个密切联系的概念,即共同体与宇宙的概念,而用另外两个概念来代替,就是有理性的个人和无限的空间"。[1] 前者是具有神性的事物,而后者则是世俗生活中的对象而已。失去了前者,上帝也就失去了与人沟通交流的可能性。

一方面,这里"有理性的个人"是指马克思所说的那个符合资本主义市场交换中三个基本条件的"孤立的、自由的和平等的个人",是"笛卡尔和费希特的'我',莱布尼茨的没有门也没有窗子的单子,古典经济学家的经济人代替了中世纪以来的社会的和宗教的人"。[2] 经济人,马克思也指认为经济动物。这种人只会受到物欲的驱动,"理性主义在人的方面只涉及——极而言之——一些孤立的个人,对这些孤立的个人来说,其它的人是他们的思想和行为的客体"[3]。因此,原来作为超越性的非凡的上帝之城不在了,使人超拔出现世的人与神的垂直关系也不复存在了,过去人类神圣共同体的本真形式被摧毁了,代之以"无数的理智、平等并且可以相互替换的个人"。[4]

理性主义将上帝和共同体这二者都消除了;因此,任何外部的规范都再不能强加到个人头上,去指引个人,成为个人生活和行动的指南和准绳。善与恶、理性与荒谬、成功与失败混在一起,德性变成文艺复兴时的 Virtu(道德),而道德又成为17世纪上流社会有教养的人的明智行为与处世之道。[5]

因此,没有了彼岸世界,失去了共同体的个人的确自由了,人有了自由意志,完全可以自己选择,这也就意味着必须要完全为自己负责。然而,孤立的个人是无法承担这样的重任的,人不是神,也成不了神。在人的社会中,道德变成了功利化、世俗化的处事方法、谋利工具。人失去了他之所以是人的神性

---

[1] Lucien Goldmann, *The Hidden God*. Translated from the French by Philip Thody. London: Routledge & Kegan Paul, 1964., p. 27.
[2] Ibid., p. 29.
[3] Ibid., p. 31.
[4] Ibid., p. 31.
[5] Ibid., pp. 30 - 31.

依托之后,彻底变成了"物"。理性主义完成了对市民社会中原子化的、可以相互替换的个人的塑造,并成功地将社会的精神和情感价值逐步从人的实际意识中消除。这个世界只剩下了物,人与人之间所有的关系都变成了赤裸裸的金钱关系。

另一方面,"理性主义使得自然界也受到同样的变革",过去那种源于"自有永有者"的整齐有序的宇宙观念被无情摧毁了,代之以"无限的、也没有质料的不定空间的概念,各个部分都完全相同并且可以相互替换"。[1] 这就是哥德曼所说的那个空洞而无限的物理学空间。在这个空间中,再也"不能为我们提供关于自由意志、灵魂不死和上帝存在的任何情况"。这里没有了来自上帝的光,没有了升天的希望和道路,剩下的只有永恒的无言的黑暗与绝望。

随着笛卡尔和伽利略的著作的出现,理性主义机械论用更为人们所熟悉的机械论物理学空间(他们认为这种空间是完全和绝对真实的),去代替亚里士多德物理学中虚假和想象的空间。这是使技术在未来有可能出现巨大成就的工具空间,对待善与恶都漠不关心的空间;面对这种空间,除去技术的成败之外,人的行为再不能面对其他问题……在这样的空间里,人的任何真正价值都不在具有必然的基础,相反一切无价值都是可能的,甚至是很可能的。[2]

这是一个价值中立的空间,工具性和功效性是它唯一的本质。既然任何一种价值判断都是可能的,那也就意味着任何价值判断都是不可能的,没有确定无疑的真理,一切都是相对的,这必然会导致虚无主义。因为"人和物都变成了普通的工具,成为有理性、有理智的个人的思想和行动的客体。由此产生的结果就是沦落为客体的人、有形的自然和空间,都以客体的形态出现,在人类生活的重大问题面前缄默不语"。[3] 因此,人和自然在市场社会中成为客体(物化对象),空间失去了灵性,人也不再有福音。更重要的是,当过去的自然宇宙和人类共同体消失了,上帝也就"失去了与人交流的仅有手段",在这个工具性的金属世界中,神不再能向人讲话。实际上,这是人"类"的沦丧,人失去了超感性的本质,沦为客体化的物。人与神之间神圣的联接被物化后,人成为原子市民社会中的原子个人,直接的类不存在了。哥德曼说,理性主义已经

---

[1] Lucien Goldmann, *The Hidden God*. Translated from the French by Philip Thody. London: Routledge & Kegan Paul. 1964., p. 31.
[2] Ibid., pp. 34-35.
[3] Ibid., p. 31.

"毫无困难地从个人的经济和社会行为中消除共同体思想和严格意义上的全部道德准则。"于是,上帝悄然离开了世界,我们已经失却了能够指导人的道德力量。于是,世界混沌一团,当大多数人在物欲横流中纸醉金迷、醉生梦死时,悲剧人没有放弃,他们依然坚信上帝存在,上帝的目光依然在注视着这个世界,只是确认上帝的存在方式不再是单纯的理性或是信仰,而是——"打赌"。

二、悲剧人的命运:"打赌"上帝存在

面对自由、平等的理性个人和工具理性、物化对象建构起来的物理空间,上帝缄默不言。但是,祂并没有离开,祂的目光依然在关注着这个世界,只不过不再评断和发声。哥德曼引用青年卢卡奇的话说:"悲剧是一场游戏,是关于人及其命运的游戏,上帝便是这场游戏的观众。但他只是个观众,他的语言和他的运作都不介入演员们的语言和运作。只有他的眼睛在看着他们。"①在这个物化世界中,人是自己命运的导演和唯一主角。可以凭借自身的自由肆意而为,但也必须完全为自身的行为负责,没有谁可以依赖。这是一种可悲的境界。按照舍斯托夫的话说,这种"悲剧的哲学"呈现了如下一个情境:"希望永远地丧失了,而生活却存在着,在前面还有许多生活在等待着。"②然而,没有了对上帝存在的确信,悲剧人只能"打赌"上帝存在。上帝并不是一种实证的要求,不是要在沉默的黑暗中寻找外在的光亮,而是要在自身不灭的灵魂深处重建价值抗争的大地。用哥德曼的话说,在悲剧人心里,"上帝是一个实际的公设,或是一种打赌,而不是理论上的确实性"。③

实际上,这是因为对处于堕落状态的世人来说,上帝的存在已经变成一种希望,变成内心的坚信;这就是说是不能肯定的和自相矛盾的坚信,是人在退避隐修和弃绝世俗生活后再不能找到的坚信,变成安全可靠的庇护所;人正是应当在世俗生活里,或者至少面对着世俗生活,既表示拒绝一切相对价值,又表示追求政治的和超验性的社会准则。④

---

① 转引自 Lucien Goldmann, *The Hidden God*. Translated from the French by Philip Thody. London: Routledge & Kegan Paul. 1964., p. 31.
② 舍斯托夫:《悲剧的哲学》,漓江出版社,1992年,第79页。
③ Lucien Goldmann, *The Hidden God*. Translated from the French by Philip Thody. London: Routledge & Kegan Paul. 1964., p. 77.
④ Ibid, p. 284.

因此，在悲剧人的世界中，上帝的存在"不再是千真万确和肯定无疑的"了，只能"打赌"上帝存在。而且，必须"打赌"。因为上帝与世界，作为永远不可能同时达到的两个极端，如果只有一端，而没有另一端——或者，即使有另一端存在，却不朝它张望——人，都无须打赌。可是，悲剧人之所以悲剧正是由于这两个永恒存在（尽管一边是存在和不存在的）的对立面的张力引起的，打赌就是两者之间紧张的绳索。这根绳索牵扯着悲剧人，令他挣扎，令他绝望，令他无从逃脱却又不能趋近于任何一端。

上帝的隐遁和沉默是真实的。并且这个"隐蔽的上帝是存在和不存在的，并不是有时存在，有时不存在，而是始终存在和始终不存在的"①。这便是悲剧观之所以成为悲剧观的全部意义源泉。它同时意味着上帝的存在和不存在。换句话说，这不是"是"或"不是"，而是"是"和"不是"。上帝始终存在，和始终不存在。祂不是对于信仰祂的人"显在"，而对不信仰的人"不在"，或是由于理性的认识能力或单纯的情感因素无法认识祂，而是在任何情况下都是始终存在和不存在的。正是因为上帝的永恒存在，现实世界的真实性被贬损，人才有挣脱人生悲苦的希望；而同样由于上帝的永恒沉默（不在），上帝之城已经关闭，世界又具有唯一的实在性。这种矛盾和冲突，"应该"与"是"二元对立，是悲剧人永远无法摆脱的挣扎之境。

可是他们从不放弃和绝望，反而在物性世界的黑暗中坚定自己的信念和希望。因为"人已经在'船上'"。如果不赌，他就失去了获救的可能性。帕斯卡尔说，"假如你赢了，你就赢得了一切，假如你输了，你却一无所失。因此，你不必迟疑去赌上帝存在吧。"②这是一个很有意思的逻辑，帕斯卡尔用数学的概率论来保证打赌的理性逻辑，如果赌输了你没有任何损失，但是假设能够赌赢了，你就获得了一个光明的人生和对整个世界的改变。看似是一个非理性的结论却依赖一种理性的证明方式。

所有的赌徒都是以确定性为赌注以求赢得不确定；然而他却一定得以有限为赌注以求不一定赢得有限，这并不违反理智。……因此在一场得失机遇相等的博弈中，当所赌是有限而所赢是无限的时候，我们的命题便有无限的力量。③

---

① Lucien Goldmann, *The Hidden God*. Translated from the French by Philip Thody. London: Routledge & Kegan Paul. 1964. , p.36.
② ［法］帕斯卡尔：《思想录》，商务印书馆，1985年，第110页。
③ 同上书，第111—112页。

用海德格尔的话说,我们"被抛入世",没有依赖。一方面我们具有了自由选择的权利,但同时也具有不得不选的无奈。无论是日常小事还是人生的重要关头,我们往往都会有一种打赌的心态,我们虽然会运用理性去计算得失,帮助我们去衡量判断,从而做出一个优势选择,但是,每当在人生的关键时刻,我们往往依赖的是直觉和运气,所以,我们只能和命运"打赌"。在电影《星光俏佳人》中,女主角"波波"最后在面临选择时,她拿起了硬币,进行了打赌。事实上,在生活中,很多情况下我们都会像波波一样,在手中或心中拿起了硬币,当硬币抛向天空的那一瞬间,其实我们心中就有了答案。这不是一个简单的"迷信"问题,而是涉及到我们生存的状态。有时候,我们想把难题交给"命运",我们希望打赌自己可以赢得一切。然而,生活的悲剧性却不断揭示无论我们如何选择,我们都会后悔、失望,懊恼自己当初没有作出另外一种选择!

这或许又涉及到人的有限性,我们总是在不断追逐上帝、绝对、总体和本真人类共同体(真),但是现实本身无法立刻印证这种希望是否有实现的可能。帕斯卡尔、康德、马克思、哥德曼都选择了"打赌",这或许并不是如一些学者所言理论上的不足或缺陷,而是人性或生活本身的一种"无奈"。一方面,对于"真"的追求已经失去了意义,"真"其实早在黑格尔之后就已经被马克思的"历史性"所取代,人最真实的存在消融于每一个历史性瞬间之中。因而,"打赌"并非赌一个实体性的"一"(柏拉图的理念、巴门尼德的存在、中世纪的上帝、黑格尔的绝对精神),而是就人的不断寻觅过程赋予了意义。既然"真"从来不是一个凝滞的本体,那么人所能做的只是在一个个当下和时间断裂中不断地找寻。我们不是达不到目标,而是目标根本不存在。所谓的"真"其实是寻真,是一个随着历时性发展而不断被建构出来的批判性反思关系,这才是"打赌"的全部意义。另一方面,正如本雅明说:"惟因没有希望,希望才给予我们。"人,这棵会思的芦苇,虽然脆弱无力,却永存希冀。死亡是我们每个人永远无法跨越的障碍,但生活本身还需要继续,需要我们用心去体会生命的多重色彩,对于超越维度永恒的希冀是每一个个体永不破灭的追求,那么我们就必须打赌,这种对于未来的美好希望会引领我们奋发向上、锲而不舍,每一个当下的努力是连接未来希望的桥梁。只有"向死而生",把每一个今天当做最后一天去生活,人生这场悲剧或许才会在细节上显示出喜剧的色彩。这也许才是关于打赌和悲剧观最确切的注解。

三、 悲剧人的选择：在世界中拒绝世界

那么，面对上帝的隐蔽或者缺席，人与世界的关系又如何呢？这是一个怎样的世界？这不再是神创的现成的世界，而是由我们的实践活动建构起来的活生生的现实世界。哥德曼说，这是"我们自己的历史世界，或是我们同时代人的世界，我们所属的社会群体的世界"，这是一个一定历史条件下人们面对的现实世界，而不是形而上学的本体论的抽象世界。面对上帝的隐蔽，"对于悲剧人而言，世界是乌有，同时也是一切"①。这又是一个看似矛盾的答案。由于上帝的不在，世界变成了虚无；但是上帝同时也在，又保证了现实世界在上帝面前的永恒和有意义。因此，人只能在现实世界中拒绝世界，面对物化的生活，不忘初心，永远保持对于真善美圣超越维度的不懈追求，但是同时也不能放弃此生的俗世生活，在改变世界中依然心存对上帝的希冀。"只要他活着，他便生活在这个世界上——上帝的目光迫使他永远不要'享受它或喜爱它'。"②

在哥德曼那里，隐蔽的上帝并非有时存在，有时不存在，而是始终存在和始终不存在。这充分体现了绝对的道德准则与现实存在的共存性的深刻冲突，悲剧人的悲剧性正在于他面对理想与现实时的矛盾：既不能躲进"上帝之城"，也不能热衷于现实物质世界，更不能通过绝对精神的历史性来达到（因为人总是有死者），而只能在对立冲突的两个极端之间寻找平衡。

然而，在上帝和世界这两个极端之间，悲剧人无法选择甚至趋近任何一端，他的整体的、综合对立物的要求指认着"是"和"不是"的同时并存，即在物质世界内部自相矛盾地拒绝世俗生活。尽管这种态度看似是一个悖论的存在，但这个悖论却丝毫不具有荒谬的成分。悲剧人拒绝承认乌有和一切之间的渐进程度和逐步的过程，不同程度的存在即是不存在，只有绝对的"是"和绝对的"不是"，两者根本对立却又始终并存。

对这种悲剧来说，问题不在于在世界上"很好地"完成它的职责，或是"很好地"利用财富，也不是对它的职责一无所知，或是将财富抛掷不顾。在这里

---

① Lucien Goldmann, *The Hidden God*. Translated from the French by Philip Thody. London: Routledge & Kegan Paul, 1964, p.50.
② Ibid., p.60.

和在各处一样,悲剧只考虑一种形式的有道理的思想和态度,是和不是,也就是一种反论:过那种生活,而又并不享受它或喜爱它。①

这就是悲剧人面对世界的一种"协调一致又相矛盾的态度"。一方面悲剧人由于受到上帝存在的阻止而不能接受世界,但同时又受到上帝不存在的影响而不能完全脱离世界,所以,他只能"在世界之中拒绝世界"。悲剧观浓厚的悲剧色彩正在于善与恶的恒久无法分离,至善是不可能脱离甚至战胜恶而独立存在的。由于上帝的同时存在和不存在,人既不能对世俗生活漠不关心,逃避到山林中隐修或永生中去,也不能沉沦于现实世界,任物欲的横流载沉载浮。

哥德曼以赞赏的语气指出,晚年的帕斯卡尔正是以"过那种生活却不热爱它"的姿态践行了自己的悲剧观。对于一个具有极高科学素养和理性水平的人来说,帕斯卡尔一边享受着现实生活并且同时保持自身的宗教信仰。日常生活与超越世界的行为是无法分离的,我们既要在现实世界中努力提高生活品质,同时也要维持自身的道德修养,这三者之间是相互统一在一起的。悲剧人就是生活在这种世界观之中,思想、感性生活及社会关系的构成无法分裂开来,我们既要运用自身的理性,又要执守着上帝信仰,还应当切实地生存于世。这种分裂的综合正好是一个无法逃脱的悲剧,是每一个人必须承担的命运。因此,在帕斯卡尔看来,眼前的世界不仅是无法逃避的,而且是需要他深入其中的。因为只有身在其中,才有资格去反对这个世界。只有"在现实世界中拒绝世界",通过这种生存方式我们才能体现上帝的绝对存在,并通过这种对立关系的张力来体验、认知与理解自身的存在意义,这是一场验证上帝的存在性与世界的虚无性的游戏,而悲剧人是它的主角。

四、悲剧人:孤寂者的道路

悲剧人的悲剧性正是因为他始终处于矛盾、冲突、对立和悖论之中,无论是面对隐蔽的上帝,他只能"打赌";还是在上帝和世界之间,他只能选择"在世界中拒绝世界";更为可悲的是,他本身作为一个有死者,即是一个矛盾的存在物:

人是矛盾的存在物,是力量和弱点、崇高和无能的结合;人和人在其中生

---

① Lucien Goldmann, *The Hidden God*. Translated from the French by Philip Thody. London: Routledge & Kegan Paul, 1964., p. 50.

活的世界是有根本的对立,相互对立而又不能相互排斥或联合的对抗力量,相互补充而又永远不能形成整体的各种因素构成的。①

人就是矛盾、悖谬的集合体,二律背反的对立冲突就是人的真实状态。人既不是天使,也不是野兽,而是两者的中项。我们总是企图超越对立、荒谬、矛盾和冲突,却总会发现只是从一个陷入另一个,循环往复,直到死亡。人之为人就在于在一切和乌有之间徘徊,达到任何一个极端都不可能。

现实的人是一个被分裂的存在,在各个方面都是由对立的因素构成的,其中每一个因素既是不足的,同时又是必不可少的:如精神和肉体,善和恶,正义和暴力,内容和形式,几何学精神和敏感性精神,理性和情欲等等。只选择这些对立的诸因素中的一种,必然会导致一种错误,如同一切错误一样,因为它是局部的真理,所以更加危险。②

因此,人相对于宇宙(空间与时间)的永恒与无限而言是荒诞的与虚无的。而相对于自身而言永远都是一个悖论。他始终处于一种分裂和对抗之中,而且这种对立和冲突是永远无法摆脱的。正如哥德曼所言,"人之所以为人,是因为他不能选择这些因素中的某一个。也不能接受关系的破裂和对立。他必然向往一种综合、一种绝对真理,完全的善,真正的和实际的正义,灵魂和肉体同时不死,并在各方面依次类推"。③ 悲剧人所追求的正是这种不可能的可能性。

因此,悲剧人选择的这条道路注定是孤寂的。面对隐蔽的上帝,他只能独白。因为祂始终沉默,从不回答。所以,"人在没有理智的世界和隐蔽的、缄默的上帝之间感到孤寂"。④ 另外,面对物性世界中的其他大多数人,他也是孤独的。因为他们都处于沉睡状态,不愿醒来。

悲剧人和其他的人的关系是双重的、朴素矛盾的关系。一方面他希望拯救他们,把他们引导自己这里,使他们不要睡着,把他们提高到自己那样的水平;另一方面,他意识到他与他们之间存在着一条鸿沟,他接受并肯定这条鸿沟,而让人们处于无意识之中,因为他们是宇宙的一部分,即使宇宙摧毁了人

---

① Lucien Goldmann, *The Hidden God*. Translated from the French by Philip Thody. London: Routledge & Kegan Paul. 1964. p. 60.
② Ibid., pp. 218-9.
③ Ibid., pp. 218-9.
④ Ibid. p. 68.

类,他也会毫无所知。①

　　这不由让人想到了柏拉图的"洞穴比喻",当哲人企图告诉洞穴里的人,他们所看到的世界是虚假的,只要转过身去就可以看到那个真实的世界。但是,你永远叫不醒一群装睡的人,这个哲人最终命运只能是被乱棍打死。悲剧人的命运是孤独的,面对物欲横流的金属世界,他的声音也注定是微弱的。在哥德曼的心目中,今天的悲剧人就是他这样的马克思主义者。虽然理论和现实都遭遇了巨大的挫折,却永不放弃对于理想社会(共产主义)的追求。赌上帝存在,即是赌共产主义的可能胜利,只有在现实世界中积极地行动,才会有解放的希望和实现目标的可能性。

　　虽然以悲剧为名,哥德曼笔下的这一悲剧观思想却投射出了毋庸置疑的积极的色彩。因为正是对悲剧本身的坚持使得它脱离了荒谬,从而具有崇高和伟大的意味。他虽然看到了这一切,认识到这一切最真实的情况而又不承认它们,并且坚定信念,在现实世界中去改变世界,从而不断趋近理想。作为一棵会思想的芦苇,正如帕斯卡尔所言"人唯一真正伟大之处在于意识到自己的局限和弱点",②然而,这种有限性,并不妨碍他对于总体性(绝对、无条件者、上帝、本真人类共同体)的永恒追求,因为对于绝对的追求是人的天性。

　　理论研究的重要意义是指向社会现实。处于市场经济转型下的当代中国社会,在经济平稳发展的背后,道德滑坡、伦理失衡的现象比比皆是。面对工具理性和物化世界的浸染,唯利是图、谋财害命的现象似乎国人也已经司空见惯。中国社会因为从古自今缺少宗教文化土壤的积淀,缺乏对于超验层面的追求,因而,正如谭仲鹬教授早就指出的那样,"在缺乏终极关怀的中国大地上,呈现的无非是一种熙熙攘攘的表面繁荣所掩盖下的阴郁沉闷,单调与无聊,虚幻的乐感文化之下为生活奔波劳命的生命之苦,缺乏悲剧意识却为悲剧所扰不得不承受生活中的种种悲哀。"③因此,在这一境遇之下,也需要当代中国的悲剧人秉持本性,保持清醒,虽然现实本身还需要不断变革和超越,但是依然不放弃对于本真世界的追求,依然在金属世界中追求意义和价值。人只

---

① Lucien Goldmann, *The Hidden God*. Translated from the French by Philip Thody. London: Routledge & Kegan Paul. 1964. , p. 82.
② Ibid. , p. 183.
③ 谭仲鹬:"关于帕斯卡尔《思想录》的哲学思考",《法国研究》,1989 年第 3 期,第 99 页。

有在对完满的希望中才能体认到我们存在的意义，只有在对我们存在的体认中才能成为我们自己。从这个角度而言，哥德曼的悲剧观思想和打赌说，不仅有利于我们对于现实的批评和反思，也促使我们加快变革现实的步伐。这也许就是我们可以从哥德曼那里所能得到的一些有益的启示。

索洛维约夫的"一切统一"概念及其当代意义

潘明德

【写在前面的话】我是 2003 年 9 月考取黄老师博士研究生的。由于自己的硕士阶段并非外国哲学专业,毕业后又没有从事外国哲学专业的教学与研究工作,因此,虽然考取了黄老师的博士研究生,自己知道自己的西哲功底有限,需要比其他师兄弟下更多的功夫,才能加以弥补。也正因为如此,黄老师对我也特别关照,不仅专门为我开列了阅读书籍清单,还经常给出一些题目让我思考,要我将思考的结果写成文字交给他审阅,然后再将点评反馈于我。在黄老师的悉心指导下,我对西方哲学逐渐有了明确的认识,西方哲学的基础也日益厚实,对于一些问题也形成了自己的看法。2004 年我将自己对国内西方哲学研究存在的一些问题的认识写成"当前西方哲学研究存在的四个误区"一文,寄给《河北学刊》,结果很快就收到该刊主编田卫平老师同意刊发的回信。该文发表后引起了比较大的社会反响:被《新华文摘》、《光明日报》、《文摘报》等论点摘编,被《高校文科学术文摘》全文转载,并且在首届中国人民解放军政治理论研究优秀成果评选中获得三等奖。在我的博士论文写作中,黄老师更是倾注了大量的精力。首先帮我选题。这个问题不简单,由于我学的是俄语,因此选题范围只能局限在俄罗斯,而这个民族在 19 世纪之前,在世界哲学舞台上从未扮演过重要角色,于是范围又缩小为俄罗斯 19 世纪之后的哲学。经过与黄老师反复讨论,最终将有俄罗斯新宗教哲学之父称号的索洛维约夫的宗教哲学思想确定为我的论文研究的对象。事实证明,黄老师的这一决定是正确的,我的论文不仅顺利通过了答辩,而且在网络上收到不少好评,并因此被何光沪、高师宁先生主编的"基督教文化研究丛书"选中,由花木兰文化出版社出版。

跟随黄老师读博的时间虽然只有短短的三年,学到的东西却让我受用终生。可以毫不夸张地说,读博之后,我的人生之路上所取得的任何成绩都无不与恩师的教诲与表率有关。总起来看,黄老师对我的影响可以包括"为人"与"为学"两个方面。

黄老师的师德不仅为他的学生所称道,而且可以说是有口皆碑。他老人家为人正直,又宽厚谦和;淡泊名利,又热爱事业;在工作上总是兢兢业业、一丝不苟,严以律己,宽以待人。对学生,他是慈祥的长者,对老师,他是谦和的同事。这里我要特别表一表黄老师对学生的关心与爱护,因为关于这一点,我有切身的体会。黄老师对学生的关心不仅体现在学习上,而且还体现在工作与生活上,可以说是全方位的。在学习上前面我已经以自己为例谈过了,他对我是这样,对其他同学也是这样,区别也是有的,那就是因材施教。对不同资质、不同基础的学生,黄老师采取不同的方法指导,通过开列不同的阅读书目、布置不同的作业以及安排出国深造等,以达到不同的培养目标。学生毕业后,绝大多数都能够找到比较称心的工作,但也有极个别的同学由于种种原因,一时难以如愿,这时,黄老师总是不遗余力地给予帮助,包括给建议、推荐,甚至亲自联系有关单位等,直到目的实现。我自己读的是在职博士,不存在就业问题,但由于多种原因,毕业后想回上海工作,对于我这种年龄和特殊身份的人来说,要找到理想的单位谈何容易,更何况我还有特殊的要求。在我联系单位的过程中,黄老师真可谓是费尽了心思,只要有一丝希望都不放弃,只要是熟人都联系,让我对"一日为师,终生为父"这一古语有了另一种理解。

黄老师师从我国著名哲学家全增嘏先生,深得全先生的真传,治学严谨,理论功底深厚,潜心学术研究,在西方哲学领域颇多建树,在学术界享有较高的声望。

黄老师的学问对于我来说,那是高不可攀,不可企及,他老人家的为学之道却深深地影响了我。我现在也从事教育工作,虽然没有做出什么成绩,但无论是教学还是科研,我都始终坚守黄老师示范给我们的基本职业操守。在教学上坚持一条基本原则,那就是:对得起学生,看得起学生。说实话,读博之前,我对表现不好的学生非常恼火,很轻视他们,是黄老师对学生的态度让我发生了改变。在科研上,我坚持的一条基本原则是:有感而发,见解独立。对自己不感兴趣的问题不涉足,对自己缺乏研究的问题不发声。所以,虽然我所取得的成果不多,档次不高,但我对它们是敝帚自珍。

黄老师对我帮助与影响，其实不是文字所能全部表达的，我一直想表达对黄老师的谢意，苦无机会，这次他老人家八十寿诞正好为我提供了这样的机会。借这次活动之机，写下这段文字，既是为他老人家祝寿，也算了却我的心愿。最后衷心祝黄老师寿比南山，健康永驻，岂止于米，相期以茶。

一、"一切统一"概念溯源

"一切统一"概念是索洛维约夫宗教哲学思想中的核心概念，可以说，是他整个哲学体系的逻辑起点，他的整个体系就是以它为基石，通过将它应用于各个领域而建立起来的。然而，这一概念并不是他自己独创的，它早已存在。它是以古老的思想——一切存在于一切之中为基础而提出的。第一个详细研究这个概念的人是新柏拉图主义者普罗提诺，他将它理解为存在的内在结构。他认为，感性世界并不具有与一切统一相适应的这种结构，只有想象的或者理想的世界才具有这样的结构。在物质世界里，一切统一被歪曲了，只能被保持在不完善的形式里。一切统一原则意味着不同元素的和谐结合，这种结合不是依靠局部元素的限制而获得的，相反，是依靠每个局部元素的完善的、活生生的表现而获得的。一切统一概念在教父学中得到了进一步的发展，它被解释为包含在上帝中的所有事物的形象，上帝关于世界的"亘古常存的构想"。在文艺复兴时期，尼古拉·古让斯基对一切统一概念进行了深入研究。谢林也对一切统一概念进行过专门的研究。1827 年至 1828 年，谢林在慕尼黑作了题为"宇宙时代的体系"（Система мировых эпох）的演讲，试图解释这一开始在他学说中起重要作用后来由于受具有泛神论性质指责的影响而逐渐修改的概念。他在这次演讲中说："关于一切统一的意思——这里指的是通常的意思，在于所有存在的东西都是从上帝那里汲取存在的，因而都是延伸的实体，它们通过上帝并在上帝中存在，——这是任何真正宗教的基本意思。"[①]慕尼黑演讲之前很久，在《哲学与宗教》一书中，谢林的一切统一指的是包含生物所有阶段的整个绝对世界和在完满与完善的统一中的宇宙。更早的时候，在同一哲学中，宇宙的统一在谢林那里是作为精神和自然的完善的与连续的统一

---

① 转引自 Гайденко П. П.，《Владимир Соловьев и философия Серебряного века》[M]，Прогресс-Традиция，2001，472с.。

出现的,是作为上帝的艺术作品出现的。在对话《布鲁诺》中,谢林着重指出,不应该将上帝思考为世界的超验的创造者,因为上帝对于世界来说,是内在的艺术家,它从里面产生物质。谢林自己承认他关于一切统一学说来源于斯宾诺莎的泛神论与他的前辈布鲁诺。建立在布鲁诺学说基础上的作为一切统一的上帝的概念,起源于尼古拉·古让斯基的对立的一致原则,即在神的身上统一的和无限的,最小的和最大的事物都具有一致性的原则。尽管谢林与他的同时代人还不知道尼古拉.古让斯基的作品(当时尼古拉的遗产还没有被公开),但是由于布鲁诺的原因,关于一切统一作为对立的统一这一论题成了谢林神智学的主导原则。索洛维约夫的一切统一思想主要来源于斯宾诺莎与谢林,其中斯宾诺莎虽然没有明确提出过一切统一概念,但他的实体概念显然包含着一切统一的含义,即由实体概念显然可以分析出一切统一概念。索洛维约夫已明确承认了斯宾诺莎对自己的影响,因此他们两个的核心概念之间具有的这种关系显然不会是偶然的。谢林的一切统一思想则给索洛维约夫以直接的影响。谢林的这一思想如他自己承认的,开始也是受斯宾诺莎泛神论的影响而提出的,后来由于费希特与雅科比对其泛神论的指责而进行了修改,强调了统一中的对立成分。索洛维约夫也不同意泛神论的观点,他认为,自然主义的泛神论没有把一切理解为神的存在的永恒完满,而只是理解为自然现象的总和,唯心主义的泛神论则把作为存在物的上帝与上帝的客观理念等同起来了。而他自己所理解的作为一切统一的上帝既不可能只是一般的存在,也不可能仅仅是某个东西,即它不仅是抽象的理念,而且有自身的内容、对象或客观本质。这样,在索洛维约夫这里,一切统一概念脱离了抽象性,成为一个具有客观内容的概念,不仅在一切中包含具体的差异,而且"统一"与"一切"也相互区别。

二、"一切统一"概念在索洛维约夫哲学体系中的地位

要弄清楚"一切统一"概念在索洛维约夫哲学体系中的地位问题,必须联系他当时所面临的哲学环境与他从事哲学研究的目的。他所面临的哲学环境不仅让他了解了哲学所存在的根本问题并由此规定了他的哲学研究目的,而且也为他提供了最直接的研究手段与方法。

索洛维约夫所处的时代正是西方近代哲学由于其不可克服的二元分立缺陷走到尽头之时,这无疑为他的哲学研究规定了基本的目的与方向,即像后来

许多现代西方哲学家那样,超越分裂,克服片面的、抽象的认识论,建立一种新型的哲学理论。为了完成这一任务,索洛维约夫必须借助于现有的思想资源为自己的新哲学学说建立一个支撑点,或者说逻辑起点,这对他很重要,因为起点的好坏将直接影响他的新理论的成效。对于他来说,这样的思想资源可以来源于两个方面,一是本民族的,另一就是西方哲学。由于当时的状况决定了他不可能片面地从某一方面取得资源,因为,俄罗斯本身还没有真正意义上的自己的哲学,而西方哲学又陷入了不可克服的分裂之中,因此,最佳的选择似乎是从二者的结合方面寻找答案,一切统一概念就是他的选择结果。一方面,这一概念早就存在于西方哲学之中,并且又为在哲学上最早影响他的人——谢林所详细研究过,另一方面,这一概念可以很容易与俄罗斯民族本身的宗教理论结合起来。事实上,索洛维约夫所采用的"一切统一"概念,既是一个不同于谢林等西方哲学家的哲学概念,同时又是一个具有宗教意义的概念。

我们通观索洛维约夫整个哲学体系,不难发现,从它的创立目的到它赖以支撑的基础,再到它用以解决问题的方法,都离不开一切统一概念。可以说,没有一切统一概念,就没有索洛维约夫的宗教哲学,不理解一切统一概念,就不可能理解他的宗教哲学理论。

首先,一切统一概念是索洛维约夫宗教哲学的前提。索洛维约夫受叔本华的影响,将世界看成表象,但认为在表象背后存在着更加本质的东西,即构成绝对原则的基本存在物,它包含三个方面的内容:第一,它是不可分割的原子;第二,它是单子或活生生的、起作用的力量;第三,它是理念或确定的存在物。他认为,正是这些众多的基本存在物之间的相互作用与相互区别构成了我们表象世界的真正原因。这些基本存在物之间的关系是建立在下述条件之上的:"它们相互间是直接地相互区别的,同时它们在某种共同的方面相互间又是一致或平等的,而且,若使理念之间的关系是实质性的,那么这个共同的方面自身应该是实质性的,即是独特的理念或者是基本的存在物。"[1]这样一来,理念之间实质性的关系就类似于各类概念之间的形式逻辑关系,即如果一些存在物的理念相对于同一个存在物的理念的关系如同是种的概念与类的概念的关系,那么这后一个存在物就涵盖了这些其他的存在物,把它们包含在自

---

[1] [俄]索洛维约夫,《神人类讲座》,张百春译,华夏出版社,1999年,第54页。

身之中，其他的这些存在物相互之间是区别着的，但是它们相对于这个存在物是平等的，后者是它们的共同的中心，以自己的理念同样地补充着所有其他的存在物。同样，几个这样的有机体将在另外一个拥有更普遍的或更广泛的理念的存在物之中找到自己的中心，于是它们就成了新的更高级的有机体的部分或器官，这个新的有机体将满足所有的与它相关的低级存在物的需要，或者在自身中包含着它们。这样的过程不断持续，最后我们一定能达到最普遍的和最广泛的理念，它应该在自身中内在地包含着所有的其他理念。由此可见，这样的基本存在物之间无疑具有内在的统一性、完整性，索洛维约夫称那个最普遍的理念为善的理念或爱的理念，他说："因为作为众多理念的机械总和的理念的完整性是不可思议的，这个完整性只能是众多理念的内在统一，这个内在的统一就是爱。"[1]哲学知识的完整性就来源于这种具有内在完整性的基本存在物领域，因为真正哲学的对象，"不是被归结为我们的知觉的现象世界，也不是被归结我们的思想的观念世界，而是有其内在生命关系的存在物的生动的现实性；这种哲学研究的不是现象的外在秩序，而是存在物及其生命的内在秩序，该秩序是由存在物和原始存在物的关系决定的"[2]。这里似乎存在着一个问题，即按照上述说法，索洛维约夫宗教哲学理论的前提应该是基本存在物的内在统一性，而不是一切统一本身，这立即就涉及到他的一切统一概念的宗教意义。因为他的一切统一概念并不是从基本存在物的相互关系中取得的，上面只是他对基本存在物的统一性与完整性的具体说明，而不是论证，无宁说基本存在物之间的相互关系只是一切统一的一种具体体现。实际上一切统一在他那里是既不能通过经验途径获得也不能用理性加以证明的，只能通过信仰来加以把握，因此，一切统一对于索洛维约夫完全是一个超验概念，他有时干脆将它称为上帝。

其次，统一性、完整性是索洛维约夫宗教哲学所追求的终极目标。索洛维约夫认为，本来神的世界是一切统一的，但由于被产生的统一——世界灵魂希望以另外的方式拥有一切，即想像上帝那样从自身出发拥有一切，而不是依靠上帝拥有一切，这样，世界灵魂就必然地丧失了自己的中心状态，从神的存在的一切统一的中心降低到众多的被造物上来，丧失自己的自由和对这些被造

---

[1] ［俄］索洛维约夫，《神人类讲座》，张百春译，华夏出版社，1999年，第55页。
[2] ［俄］索洛维约夫，《西方哲学的危机》，李树柏译，浙江人民出版社，2000年，第209页。

物的统治。当世界灵魂不再联结一切时,一切就丧失了自己的普遍联系,世界的统一体就分化为众多的个别元素,它们自己代表自己,获得了分离的利己主义的存在,这个存在的根源就是恶,而它的结果就是痛苦。因此,恢复从神的统一中堕落了的分散的自然世界的统一,使它们重新回到上帝的怀抱,是对它们的救赎,对于它们无疑具有头等重要的意义。这自然成了索洛维约夫宗教哲学的终极追求。正如我们在他的哲学里看到的,在人类社会领域,他要实现精神社会(教会)、政治社会(国家)与经济社会(地方自治会)三者之间的统一;在知识领域,他要建立完整知识,实现神学、哲学与科学的统一;在民族关系方面,他既尊重民族性,又反对民族主义,希望实现理想的神权政治,建立普世教会,实现教会的世界联合。

三、索洛维约夫的"一切统一"思想与自然主义的泛神论以及无神论之间的区别

前面已经说过,谢林的一切统一思想就曾受到过具有泛神论性质的指责,原因就在于斯宾诺莎的实体概念,作为绝对的现实性本身,不包含任何他物的必然性,不能有效地说明作为多的有限物的存在,而是导致对它们的否定,因此,作为实体的上帝实际上被否定了,这样一来,我们的现实就是唯一的,上帝就没有任何肯定的内容,它与这个世界混合了,这个世界就被认为是上帝的直接内容,我们也就过渡到自然主义的泛神论。在泛神论者这里,有限的自然界就是一切,上帝只是空洞的词语。由此再向前进一步,干脆否定上帝,就成了无神论。为了区别于泛神论,更是为了否定无神论,索洛维约夫赋予了一切统一里面的"一切"以实在的内容,认为,与作为绝对统一的存在物上帝对立,"一切"是多,但这个多是绝对统一的内容,是为统一所克服的多,是归结为统一的多。他将这种归为统一的多看作活的有机体,并因此认为上帝也是活的有机体。这种有机体不仅具有普遍意义,而且也是完全个性的。因为:第一,有机体中的元素越多,构成有机体的独特的存在物越多,其中的每一个元素所拥有的结合关系就越多,因而其中的每一个元素就越是依赖于其他的元素,于是,所有的这些元素之间的联系就越不可分割、越有力,整个有机体的统一就越是不可分割的、越是有力的。第二,有机体里的元素越多,它们之间的结合关系就越多,该有机体里的元素在其他存在物里、在其他有机体里的这种结合的可能性就越少,这个有机体也就因此拥有更大的独立性、独特性。第三,由于任

何关系和任何结合同时必然地就是区分,因此,有机体里的元素越多,该有机体在自己的统一里就代表着越多的区别,它就越区别于所有的其他元素。也就是说,有机体的统一原则把越多的元素归向自己,这个统一原则自身就越肯定自己,因此,这个有机体就更加个性化。所以,索洛维约夫说:"存在物越是普遍,它就越是个性化,因此,绝对普遍的存在物,就是绝对个性的存在物。"[1]为了更好地说明他的这一思想,他还进一步将绝对存在物,即上帝或一切统一本身与它的内容、本质或理念区分开来,认为前者作为原则的统一,是产生的统一,后者作为现象中的统一,是被产生的统一。他将产生统一的原则称为道或逻各斯,将被产生的统一称为索菲亚,认为我们可以在逻各斯里找到绝对存在物的直接表达,在索菲亚里找到内容、本质或理念的直接表达。正如存在物区别于自己的理念但同时与它又是同一个东西一样,逻各斯也区别于索菲亚,同时又内在地与之结合。索洛维约夫所说的一切统一正是逻各斯与索菲亚的结合,这样的结合构成了普遍的同时又是个性的有机体,这个有机体就是基督。因此,在索洛维约夫那里,上帝是完整的存在物,是普遍的有机体,它以众多的构成元素为前提。他认为,与统一一起,属于作为完整存在物的上帝的还有多,这是实体理念的多,是潜能或力量的多,并拥有一定的独特内容。神的世界因此必然地比我们的可见世界无限地丰富,这个神的世界的现实显然只对实在地属于这个世界的人,才完全地开放。按照这样的理解,那些自然主义的泛神论者和无神论者显然不属于神的世界。这样,他的一切统一就不再是空洞的抽象,而是有具体的内容了。但是对一切统一作这样的理解,有破坏神的绝对性或把自然界引入神里的嫌疑,对此,索洛维约夫解释道:"正是为了使上帝与我们的世界,与我们的自然界,与这个可见的现实区别开来,才必须承认在上帝里有自己独特的永恒本质,自己独特的永恒世界。否则的话,我们关于神的思想将会比我们关于可见世界的观念更加贫乏、抽象。"[2]他认为无神论正是先将神归结为纯粹的抽象,然后再摆脱这种抽象并进而否定神的。

四、"一切统一"思想的当代意义

索洛维约夫的"一切统一"思想尽管是从宗教哲学的角度提出的,具有

---

[1] [俄]索洛维约夫,《神人类讲座》,张百春译,华夏出版社,1999年,第110页。
[2] 同上书,第112页。

超验的性质,但这并不影响它对于当前我国建设和谐社会所具有的启发意义。

当前我国人民正在致力于和谐社会的建设,对于我们理论工作者来说,深刻认识与理解和谐社会的本质含义无疑具有重要的实践意义。

按照索洛维约夫的理解,万物本来都处于统一之中,它们构成一个和谐的、有机的统一体。人类社会作为这个统一体的一个组成部分,自然也应该是和谐统一的。然而在现实的世界里,由于恶的存在,即个体片面的自我肯定,或者叫做利己主义——把自己与其他一切对立起来,进而吞没或排斥他者,整个世界包括人类社会就出现了不和谐——痛苦。这种不和谐的状态是不正常的、不应该的,因为它与神的世界的存在相对立。索洛维约夫认为,这种不正常的状态不会一直存在下去,它会随着世界本身的进一步发展而逐渐得到解决,即逐渐发展为和谐的、正常的神的世界,这一过程即是他所说的"世界过程"。

索洛维约夫的"一切统一"思想对于我们构建和谐社会至少有两点作用:其一,它使我们对构建和谐社会充满了信心,因为社会本来就应该是和谐的,不和谐只是暂时的状态。这说明我们构建和谐社会是符合社会发展规律的,因此我们必然会达到目的。其二,它为我们构建和谐社会指明了途径。既然社会的不和谐、不正常是由个体片面的自我肯定或利己主义意识所造成的,因此,要改变这种状况,构建和谐的社会,就必须限制或改变个体的这种片面的自我肯定意识,恢复它们的"一切统一"意识。现实社会中这种利己意识主要表现在两个方面:在人与自然的关系方面表现为人类中心主义;在社会关系方面则表现为不顾整体利益,片面强调局部利益,不顾长远利益,片面强调眼前利益。第一个方面导致的结果必然是人对自然的过分占有与统治,从而使人与自然之间的关系渐趋对立。第二个方面导致的结果必然是社会的统一性与整体性遭到破坏,从而使人与人之间的关系日益紧张。现在的问题是如何才能完成上述任务,在索洛维约夫那里,这一点是通过神的意志做到的。对于我们,这一途径显然行不通,我们则必须通过自己的努力才能实现。这就是我们首先必须对这种利己意识进行分析,找出它们产生的主客观原因,然后从主观与客观两个方面对它们进行改造,以引导它们发展为合理的自我意识,并使其最终认识到人类社会的有机统一性。当然,构建和谐社会是一个系统工程,需要做好方方面面的工作,处理好各种关系,非片面工作所能解决,这里所谈的只是由索洛维约夫的"一切统一"思想而引发的感想而已,非全面论述该问题,故不及其余。

[本文原载《河南师范大学学报》2008年第2期]

后现代哲学的"宗教转向"
——以瓦蒂莫为例

朱彦明

瓦蒂莫(Gianni Vattimo,1936—)是意大利当代著名哲学家,也是当今世界知名哲学家之一。在哲学和社会科学上,他先后被授予了人文科学的普朗克奖、政治思想研究上的阿伦特奖以及总统勋章。他也是世界上很多著名大学的名誉博士、客座教授。值得一提的是,他曾经在20世纪90年代到新世纪初在欧洲议会中任职,他在政治上推行他的哲学思想并赢得了很多支持。瓦蒂莫在哲学界的影响,一开始主要限于欧洲大陆范围,他的思想导师是尼采和海德格尔,但也批判地吸收了伽达默尔、洛维特(Karl Löwith)、哈贝马斯以及法国后结构主义者比如福柯、德里达、德勒兹以及利奥塔等人的思想。随着他的著作被陆续翻译成英文以及他与罗蒂等思想家的交流,他的思想也在英美世界产生了反响。尤其是他的典型的哲学概念"弱小思维"(pensiero debole; weak thought),已经成了他的后现代哲学的标签。[①] 特别是20世纪90年代以来,在宗教"回归"或"复兴"的大背景下,瓦蒂莫也开始集中关注宗教问题,并提出了新的神学概念。他的思想,在后现代哲学的"宗教转向"中很有代表性。本文以瓦蒂莫为例研究后现代哲学的"宗教转向",拟通过一斑窥豹的方

[①] "弱小思维"的观念,最早由瓦蒂莫在20世纪80年代提出来。它在意大利产生了很大反响,得到了很多哲学家的响应。其中就包括罗瓦蒂(Pier Aldo Rovatti)、艾可(Umberto Eco)、卡尔基亚(Gianni Carchia)、拉戈(Alessandro Dal Lago)、费拉里斯(Maurizio Ferraris)、埃莫罗素(Lenoardo Amoroso)、马可尼(Diego Marconi)、科莫利(Giampiero Comolli)等。1983年瓦蒂莫还与罗瓦蒂编著了《弱小思维》(2013年被译成英文在纽约出版)的集子。这部集子,可以说是代表了一种从不同视角出发的反形而上学基础主义倾向的带有交叉学科性质的知识总汇。这可以说是二战后意大利哲学的一个重要贡献。"弱小思维"影响,远远超出了意大利本土,随着瓦蒂莫的作品被陆续翻译成英文,随着他与德里达、哈贝马斯、罗蒂等世界知名哲学家的不断地对话、争论,他的"弱小思维"也引起了哲学界的热烈讨论。

式,揭示后现代哲学这种新趋向的成败得失以及我们可以从中获得的启示。

一、后现代哲学"宗教转向"是如何发生的?

西方哲学一直有着宗教和神学的品性。学界的研究,不断地揭示出这一点。[①] 在古希腊,它的形式是理性神的观念或神学目的论。苏格拉底开创了这种理论,柏拉图和亚里士多德将其体系化。它通过理性寻求宇宙万物的根本原因,这方面也导致了对最终原因、目的、最高实体的追求,其形而上学指向一个绝对者,"第一推动者"。这就是理性神的观念。到中世纪时期,基督教哲学开始用哲学论证基督教教义、信条。它不仅采纳的希腊本体论,而且也利用其知识论和伦理学,建构了一种庞大的经院哲学和神学体系。西方近代哲学致力于知识的基础和确定性的追求,将人的理性置于最根本的位置上,这在一定程度上改变了中世纪时期哲学作为神学婢女的地位,使古希腊的理性精神重新得到了发扬,并以新的数学化的形式将之普遍化,应用于自然研究,推动了近代科学的发展。在这个基础上,近代哲学也把宗教理性化了。上帝概念被理解为最高实体、自然(神)、最完善的单子、道德根据(人类行动的根本原则)、绝对理念或绝对精神等。黑格尔在此方面完成了宗教的哲学化或哲学的宗教化。他的哲学同时也是他的神学。海德格尔在讨论黑格尔的时候,他用"存在—神—逻辑学"[②](Onto-Theo-Logie)这个三联式来论断西方哲学与宗教或神学的关系,这实际上指出了西方形而上学与本体—神学在逻辑上的一致性。

后黑格尔时代的哲学和宗教的关系发生了一些明显的变化。一方面,哲学不得不消除绝对的观念,形而上学的绝对基础和上帝概念都遭到了批判。另一方面,形而上学要么被相互竞争的对世界的解释所取代,要么就是将之重新概念化,以新的方式表达出来。我们这里先从后现代思想鼻祖尼采这里说起。尼采的"上帝死了"的命题,不仅宣布了信仰的绝对基础的不存在,而且认为知识和道德的客观基础也不存在。尼采与黑格尔左派的一致性的地方是,他们认为上帝的概念是人创造的。但是,尼采却宣布一切都是人的解释,包括道德本身。在尼采之后,海德格尔继续挑战西方形而上学或本体—神学,挑战

[①] 参见黄颂杰:"论西方哲学的宗教和神学之品性",载《西方哲学论集》,上海人民出版社,2016年,第256—265页。
[②] 海德格尔:"形而上学的存在—神—逻辑学机制",载《海德格尔选集》(下),上海三联书店,1996年,第829页。

其"存在—神—逻辑学"。他宣布了它的"终结",并欲把哲学引向"思"(Denk)。在此方面,他和尼采也影响了后结构主义以及后现代主义对传统形而上学或本体—神学的批判。

德里达认为,如果上帝作为最高知识的基础和依据,那么这必然是一种权力要求。他这里无疑继承了尼采的思想。尼采说:"一直到现在,教士类型的人始终是统治者!他决定何为'真'、何为'假'的概念。"[1]如果上帝选择了犹太人而不是阿拉伯人,选择了基督教徒而不是犹太人,选择了新教徒而不是天主教徒,这就等于使上帝进入了权力游戏。一旦上帝选择了站边,代表了真理,或赋予某个民族特权而否定其他民族,宗教的这种暴力就不可避免。在德里达看来,如果我们将宗教或上帝具体化、确定化,比如三大宗教(犹太教、基督教和伊斯兰教),它的暴力就无法避免。历史上不断的宗教战争就是一个表现。还有,黑格尔和海德格尔的哲学弥赛亚主义、福山的"历史的终结",都是把哲学或神学真理在场化,这种逻各斯中心主义的思想暴力是非常明显的。[2]还有,现代国家的建立,虽然在某种程度上避免了过去的宗教战争,但是却又以新的形式引发了它。"犹太—基督教的西方以各种美好的理由(国际法、民主、人民自主、民族或国家,甚至人类命令)进行军事'干预',从某方面看,难道不也是宗教战争吗?"[3]这样看来,西方形而上学或本体—神学,不管古代的形式,还是现代的表现,都与暴力纠缠在一起。或者说,它是暴力在思想上的表达。

后现代哲学的另外两个代表,意大利的瓦蒂莫和美国的卡普托(John Caputo),前者是尼采和海德格尔的追随者,而后者则是德里达的追随者。他们都受到尼采所谓的"上帝死了"以及海德格尔思考的形而上学或本体—神学的"终结"的影响。像德里达一样,他们都认为形而上学塑造的最高主宰的神,最高权威的上帝,上帝被思考为"最终价值","第一原理",绝对者,这完全是为了控制和操纵人服务的。并且,上帝的权力位置一旦被人(现代主体)占有,就把理性工具化以服务于人支配自然和统治全球的目的。瓦蒂莫认为,上帝被思考为我们关于世界的客观知识和价值的来源和基础。这意味着一种"绝对

---

[1] Nietzsche, *Twilight of the Idols and The Anti-Christ*, translated by R. J. Hollingdale, England: Penguin Books, 1990. p. 179.
[2] Derrida, *Specters of Marx: The State of the Debt, the Work of Mourning, and the New International*, translated by Peggy Kamuf, New York: Routledge, 1994. p. 58.
[3] 德里达、瓦蒂莫主编:《宗教》,杜小真译,商务印书馆,2006年,第34页。

真理",也意味着一种绝对权力。"要是某人想告诉我绝对真理,这是因为他想控制我,指挥我。"①卡普托像瓦蒂莫一样反对权力上帝。他说:"上帝死了,它指的是一种持续的、从未完结的对本体—神学的上帝的解构方案。这对我来说首先是最高权力的上帝。"②所以,对于瓦蒂莫和卡普托来说,不管传统形而上学,还是神学,抑或它在现代的变形,实际上都与暴力和统治纠缠在一起。

在后现代哲学视域中,传统形而上学或本体—神学,甚至现代主体形而上学,统统都被理解为一种权力装置或暴力机器。形而上学或神学的"宏大叙事"、"元叙事",都遭到了哲学家的拒绝。哲学家不是认为神学无意义,而是认为它与权力和暴力纠缠在一起。一旦它被作为知识、道德和存在的绝对基础,它的统治和主宰的权力要求就暴露无遗。但是,我们这里还要关注事情的另一面。很多后现代主义者对传统宗教或神学的批判,并没有走向无神论立场。对他们来说,批判传统宗教和神学,恰恰为创造新的神学话语准备了条件。比如,瓦蒂莫说:"正(仅仅)是由于形而上学元叙事已经瓦解,哲学才重新发现宗教的可信性,并且能够超出启蒙时代的批判模式来审视公共意识的宗教需要。"③后现代哲学对启蒙规划的检讨,批判其世俗化和无神论倾向,打破了启蒙理性主义坚持的知识与信仰、理性与宗教之间的对立。这些都为哲学与宗教在后现代背景下"再商谈"准备了条件。

尼采早就批判过无神论的"苍白"。他虽然宣布"上帝死了",但是他却为人类未来准备了酒神。海德格尔认为过去的神学并没有真正触及神性,他晚年坚持"只有一个神才能救渡我们"。这种救赎之神,被德里达理解为未来之神,"弱的"弥赛亚力量(他继承了本雅明的思想),事件。在尼采、海德格尔以及德里达思想的基础上,包括瓦蒂莫和卡普托在内,很多后现代哲学家都创造了新的神学概念。后现代哲学的"宗教转向",当然就是从这个背景来说的。

但是,不管怎样,后现代哲学的"宗教转向"的真正发生,还直接地与20世纪70年代之后西方宗教"回归"或"复兴"的现实背景相关。20世纪后半期西方"去世俗化"趋势开始强烈反弹,宣布了自启蒙以来世俗主义的自我理解的失败。在现实生活中,宗教"回归"或"复兴"无法遏制地发生了。这甚至成了

---

① John Caputo, Gianni Vattimo. *After the Death of God*, New York: Columbia University Press, 2007. p. 43.
② Ibid., p. 67.
③ 德里达、瓦蒂莫主编:《宗教》,杜小真译,商务印书馆,2006年,第95页。

人们日常经验的一部分。世界范围内,出现了很多新创立的宗教或教派,有的则是回归原教旨主义的形式。宗教势力的发展,逐渐与政治结合在了一起,成为地区的或国家的不安定因素,不断地造成冲突和武装斗争,甚至在国际关系中,宗教都发挥了重要的作用。这种现实中的宗教"回归"或"复兴"运动,其原因是复杂的。但是,它却有力地回击了西方自启蒙以来的世俗化的自我理解。瓦蒂莫就表示,他正是受到这种宗教经验的影响,才转向集中关注宗教问题的。[1]哈贝马斯作为启蒙规划的继承者,他在20世纪60年代还坚持宗教属于私人领域里的事情,但是他后来逐渐改变了这种立场,特别是进入新千年,他不仅反对启蒙理性排斥宗教的做法,而且认为宗教可以在公共领域中发挥作用。[2]哈贝马斯的例子说明,哲学家对于现实中这种宗教运动,是无法置身事外的,他必然要回应这个问题。需要采取怎样的态度对待现实宗教运动,需要哲学家作出回答。

总之,后现代哲学的"宗教转向",既是自身理论发展的要求,也是现实条件的刺激和影响的结果。后现代哲学一开始并没有集中关注宗教问题,或者形成对宗教的肯定的观点。但是,在20世纪80年代之后,这种情况就发生了改变。德里达就是一个重要例子。他在80年代之后讨论友谊、爱、礼物、死亡等问题,把亚伯拉罕、基尔克果和奥古斯丁作为对话者,这也被学界看成是他的解构主义的"宗教转向"或"神学转向"。[3]特别是进入90年代,德里达与神学家的"对谈"、"圆桌会议",他提出的"没有宗教的信仰"、"没有弥赛亚的弥赛亚主义",都引起了很大反响。[4]后现代哲学家还提出了很多其他类似的神学

---

[1] Gianni Vattimo, *Belief*, California: Stanford University Press, 1999. p. 28.
[2] Jürgen Habermas, "Religion in the Public Sphere", in *European Journal of Philosophy*, Vol. 14, no. 1, 2006, pp. 1-25.
[3] 参见:Arthur Bradley, "Derrida's God: A Genealogy of Theological Turn", *Paragraph*, 29: 3 (2006) 21-42。不仅是德里达,像利维纳斯、海德格尔以及大陆哲学的其他代表都被作为大陆哲学"宗教转向"的标志。参见:Hent de Vries, *Philosophy and the Turn to Religion*, Baltimore: The Johns Hopkins University Press, 1999.
[4] 德里达从1997到2001年在美国维兰纽瓦教会大学参加的三次"宗教与后现代主义"圆桌会谈,论文集都被编辑出版。它们分别是:*Deconstruction in a Nutshell*, edited by John Captuo, New York: Fordham University Press, 1997; *Questioning God*, edited by John Caputo, Mark Dooley, Michael J. Scanlon, Indiana: Indiana University Press, 2001; *Augustine and Postmodernism*, edited by John Caputo and Michael J. Scanlon, Indiana: Indiana University Press, 2005。

概念,比如"弱小神学"①、"后形而上学神学"、"后上帝的上帝"、"后形而上学的上帝"等。这些都可以说是后现代哲学的"宗教转向"的标志。

二、 弱小思维:瓦蒂莫的后现代哲学

20世纪西方哲学的发展,往往靠批判形而上学为思想开辟道路。无论是大陆哲学,还是英美分析哲学,很多哲学家都将矛头指向了传统形而上学。海德格尔、伽达默尔、阿多诺、哈贝马斯、利维纳斯、福柯、德里达、德勒兹、利奥塔、维特根斯坦、罗蒂等,都属于这个思想谱系。形而上学,不管是对"始基"、"本源"、"同一性思想"、"超验所指"、"第一原理"、"永恒真理"的追求,还是它以"我思"为核心的主体哲学模式,都遭到了哲学家们的重新拷问。在这个基础上,哲学的"改造",往往要求重塑哲学表述方式,避免走形而上学"老路"。不管这种努力成功与否,它都可以说代表了20世纪尤其是60年代以来西方哲学的一个主要特点。当然,在这个思想谱系中,我们还应当加上意大利哲学家瓦蒂莫。

瓦蒂莫提出的弱小思维的概念,当然也是针对形而上学传统的。像阿多诺、利维纳斯等人一样,瓦蒂莫把形而上学与暴力关联在一起。阿多诺对奥斯维辛的反思时说:"奥斯维辛证实了纯粹的同一性的哲学就是死亡。"②如果说阿多诺攻击的是同一性哲学的暴力,那么利维纳斯则将矛头指向了关于存在的普遍结构的知识即本体论。他认为,哲学本体论将他者还原成存在的一个没有任何具体特征、没有"面孔"(face)的"样本"(example),它不允许思考自我与他者之间的差异。它不允许我们活在差异中。这就是它的暴力倾向。③德里达在评论利维纳斯的时候,还写了《形而上学和暴力》的长篇论文。同样,

---

① "弱小神学"(weak theology)的概念,不仅与瓦蒂莫和卡普托有关,而且还在罗宾斯(Jeffrey Robbins)以及多明我会神学家恩格尔(Ulrich Engel)那里存在。卡普托表示,他的弱小神学与瓦蒂莫是类似的,但是他还从罗宾斯和恩格尔那里借鉴这个概念的内涵。"强大的"神学教条,在现代性视域中与笛卡尔主义追求确定性的范式交织在一起。弱化,就是要放低姿态,因为真正意义上的上帝完全超越了我们的理解。卡普托表示,他希望重新发现这种弱小的、含混性的神学,可以抑制那种强大神学的暴力倾向。参见 John Caputo, Gianni Vattimo, *After the Death of God*, New York: Columbia University Press, 2007. pp. 73 - 74。
② Theodor Adorno, *Negative Dialectics*, translated by E. B. Ashton, New York: The Continuum Publishing Company, 1973. p. 362.
③ Emmanuel Levinas, *Otherwise than Being or Beyond Essence*, translated by Alphonso Lingis, The Hague: Nijhoff, 1981. p. 177.

瓦蒂莫也写了一篇《形而上学与暴力》的论文。他表明,虽然形而上学不能等同于暴力,但是历史上的大的暴力事件比如天主教教会惩罚异教徒、20世纪的奥斯维辛等,往往都有着形而上学的支撑。也就是说,形而上学乃是暴力的根源。形而上学以"真理"(这往往被看成是不变的原理和规则、自我确定性、先验形式、科学确定性等)的名义抑制了不同声音。"所有形而上学范畴都是暴力范畴。"①

但是,在思考如何摆脱形而上学思想暴力上,瓦蒂莫并不认同阿多诺和利维纳斯。在他看来,阿多诺要求以审美经验来克服同一性哲学,利维纳斯将对形而上学的克服转变成了一种带有宗教倾向的伦理学,他们都并没有真正摆脱暴力。因为阿多诺想要通过一种本真性审美经验超越现实,打破宰制世界,这等于回到形而上学的原始经验,而利维纳斯思考宗教加在我们身上的"责任",同样也是回到形而上学("无限性")暴力上。② 这些都只能带来暴力的"恶性循环",根本无法克服暴力。所以,克服形而上学思想暴力,主体哲学是不成功的,黑格尔的历史主义(因为绝对精神的在场)也是不成功的。就是哈贝马斯要求超越主体哲学的交往行为理论也是无法成功的。因为他思考的交往理性,立足于普遍性的道德基础,仍然具有很强的排斥性。依赖主体的力量,或者回到某种原初经验或普遍性范畴,根本无法真正超越形而上学及其暴力。于是,瓦蒂莫的后现代哲学选择了尼采和海德格尔作为思想导师。"当代哲学中拒绝形而上学的最'有力的'理由来自于形而上学与暴力的连接,尼采认出了它,海德格尔将之理论化。"③对待形而上学,尼采和海德格尔都不是简单地"否定"或"拒绝",他们都思考了形而上学自身的"弱化"(weakening)过程和趋势,思考它的"命运"。

尼采宣称的"上帝死了",表明一切知识和道德的绝对基础不存在了,这意味着形而上学元叙事的消亡。但是,这种元叙事的消亡,是一个历史过程。尼采在《偶像的黄昏》中所谓的"真实世界"最终变成了"虚构故事"。他指出这是

---

① Gianni Vattimo, *The Adventure of Difference: Philosophy after Nietzsche and Heidegger*, translated by C. P.. Blamires and T. Harrison. Cambridge: Polity Press, 1993. p. 5.
② Santiago Zabala(ed.), *Weaking Philosophy: Essays in Honour of Gianni Vattimo*, Montreal & Kingston: McGill-Queen's University Press, 2007. pp. 409 - 410.
③ Ibid., 2007. p. 405.

"最久远的错误的终结","人类的顶峰"。① 这说明,形而上学元叙事的消亡,并非是一次性事件,而是一个历史的过程。从柏拉图到基督教,从康德到实证主义,"真实世界"从"可以达到"到变成"一个无用的概念"而被抛弃,表明了形而上学元叙事的自我耗尽。这个历史过程,标志着形而上学元叙事的(绝对)要求逐渐降低、弱化并最终消亡。所以,关键问题不在于要"否定"或"拒绝"形而上学,而是思考它的变化过程,然后想方设法转变它、扭转它,赋予它不同的意义。"形而上学,道德,宗教,科学,这一切在本书中都仅仅被看作谎言的不同形式,人们借助于他们相信生命……这一切只是人追求艺术、追求谎言、逃避'真理'、否定'真理'的产物。"②尼采的这段话把形而上学看成是生命对世界的解释的一种形式。在他这里,形而上学仍然是可以理解的,但是这不是那种元叙事结构,而仅仅是对世界的一种解释,一种带有前提条件的解释。

同样,海德格尔也在现代技术—科学"总体组织"的时代思考"存在的命运"。海德格尔把现代形而上学的本质理解为"座架"(Ge-Stell)。一方面,这种"总体组织"就标志着形而上学的暴力本质,因为"座架""把我们囚禁于一种昏沉的强制性中"③。但是,另一方面,"座架"的本质是从传统而来的,它只不过是作为虚无主义的形而上学的一个现代结果而已。看不到这一点,就无法理解"拯救"的可能性。于是,海德格尔把我们带向了对人在"座驾"中的命运的反思上。"人类如此明确地处身于座架之促逼的后果中,以至于没有把座架当作一种要求来觉知,以至于他忽视了作为被要求的自己,从而也不去理会他何以从其本质而来在一种呼声领域中绽出地生存,因而决不可能仅仅与自身照面。"④"座架"指向了一种"总体组织"的暴力,同时它也指向了一种可能性,即倾听"存在的呼声"。即是说,"座架"不仅代表了形而上学的最后阶段,而且也是"拯救"的机会。从尼采和海德格尔这里,瓦蒂莫认识到,克服形而上学及其暴力,不是简单地"拒斥"形而上学,或者寻找替代形式(那样只能是重复暴力,陷入暴力的"恶性循环"),而是思考形而上学的历史、"命运",弱化它的绝对要求,重新理解它,并赋予它不同的意义。

---

① 尼采:《偶像的黄昏》,周国平译,光明日报出版社,1996年,第27页。
② Friedrich Nietzshce., *The Will to Power*, translated by Walter Kaufmann. New York: Vintage Books, 1968. p.451.
③ 海德格尔:《海德格尔选集》,孙周兴等译,上海三联书店,1996年,第944页。
④ 同上书,第945页。

在尼采和海德格尔的启发下,瓦蒂莫把他的弱小思维的后现代哲学,解释为一种虚无主义的解释学。它标志着在"上帝死了"或者形而上学元叙事瓦解之后一切皆是解释的思想:没有"原文"(text),只有解释。基础主义的消亡,带来了多视角解释世界的可能性。这正是自由的标志。一方面,弱小思维代表了一种"乐观的虚无主义"①。他在这方面明显是尼采的追随者。另一方面,弱小思维也是一种"弱小本体论"(weak ontology)。"存在"现在变成了"事件",变成了"一系列的故事",而不是"宏大叙事"、"元叙事"。弱小思维作为一种本体论,它是"对形而上学遗产的……扭曲、回溯以及反讽地接受"②。这既是西方思想的"命运",也是它的"目的地"。形而上学的基础概念,连同它的暴力,最终消亡了。这能够帮助我们以轻巧、柔和和温和的字眼来思考世界。

瓦蒂莫比较了两个德文词,一个是 Überwindung,另一个就是 Verwindung。前者是辩证地克服、扬弃的意思,后者则是扭转、扭曲、卷绕等含义。前者是黑格尔辩证法的概念,后者则是海德格尔在《同一性与差异》中使用的概念。瓦蒂莫当然倾向于后者,因为即使是辩证地克服,也只是"保留"传统中有利于未来发展的东西,而扭转或扭曲概念则更为戏剧化和反讽。所以,弱小思维就意味着一个历史过程,事件过程,正是这个过程的内容的转变或扭转,实现了解放。③瓦蒂莫认为,这条通向后现代的道路,通向弱小思维的道路,正是尼采和海德格尔开辟的。"尼采和海德格尔给出了一条'缓和'的道路,一种倾听的道路,人们不必要一遍又一遍地设置基础架构,而是承荷着它,把它接受为命运,扭转它,并将之世俗化。"④不管瓦蒂莫对尼采和海德格尔新的解读是否有问题,他的弱小思维的后现代哲学,还是与福柯、德里达、德勒兹以及利奥塔等后结构主义者以及后现代主义者有区别。与他们不同,瓦蒂莫的弱小思维不是试图与形而上学传统一刀两断,而是从一种虚无主义解释学上思考传统自身的改变。形而上学元叙事的消亡,是一个过程,后现代哲

---

① Gianni Vattimo,"Optimistic Nihilism", Common Knowledge, No. 1,1992. pp. 37 - 44.
② Gianni Vattimo, *The End of Modernity: Nihilism and Hermeneutics in Postmodern Culture*, translated by Jon R. Snyder. Baltimore: Johns Hopkins University Press, 1988. p. 28.
③ Gianni Vattimo. "'Verwindung': Nihilism and the Postmodern in Philosophy", *Substance*, vol. 16. no. 2, 1987. pp. 7 - 17.
④ Santiago Zabala(ed.). *Weaking Philosophy: Essays in Honour of Gianni Vattimo*, Montreal & Kingston: McGill-Queen's University Press. 2007. p. 421.

学是传统自身演化的结果,也是我们在后现代的积极的、乐观的选择。

三、 弱小神学:没有上帝的基督教

虽然瓦蒂莫在20世纪80年代就写了一些关于宗教的论文,但是他此时对宗教的关注还是零散的。他的宗教方面的专著,还是90年代之后的事情。除了与德里达共同编著的《宗教》(1995年意大利文出版,1998年被译成英文)以及与罗蒂合作的《宗教的未来》(2004年意大利文出版,2005年被译成英文)之外,他还单独完成了《信仰》(1996年意大利文出版,1999年被译成英文)、《基督教之后》(2002年意大利文出版并在当年被译成英文)。还有,他近期的专著或与人合作的著作,也都大幅篇章地涉及宗教议题。比如,为了纪念德里达,他和卡普托在2007年合作了《在上帝死了之后》。在2009年他写成了《告别真理》(2011年被译成英文),其中专辟一章讨论宗教的未来。这也就是学界所谓的瓦蒂莫的"宗教转向"。[①] 在笔者看来,虽然瓦蒂莫早期就有关于宗教的讨论,但在20世纪90年代之后,他的兴趣集中到宗教问题上,这也是不争的事实。

那么,瓦蒂莫为什么要转向宗教问题呢?这当然与冷战结束以来的"宗教回归"的背景相关。可以这样说,宗教在当代生活中的回归,是当代人对宗教的根本经验。人们对宗教的渴求,对神的思慕,有着重要的情感基础。有的是对世俗主义、享乐主义和消费主义的厌倦,有的是对环境破坏、基因研究的恐惧,有的是对生存意义丧失的担忧,有的则是希望回到过去,将现代化看成是破坏人的生存的罪魁祸首(比如原教旨主义的方式)。凡此种种,不一而足。总之,这种回归的经验,不仅是个人经验,而且还是群体经验,不光是个别现象,而且也是普遍现象。宗教作为"被遗忘的"东西、似乎销声匿迹的"踪迹",重新焕发了活力。它在现代性中的(被排斥)命运,它经历的磨难与创伤,看起来只不过是一种"熬过"。瓦蒂莫关注宗教问题,当然与上述背景相关。他自己也说,没有上述"宗教回归"经验,他不可能一下子转向宗教、集中地关注宗教问题。[②] 当然,作为一名哲学家,瓦蒂莫像德里达、利维纳斯等人一样,他对

[①] Massimo Verdicchio, "The 'Weakening' of Gianni Vattimo", *Textual Practice*, 2006, 20(4), pp. 637 - 654.

[②] Gianni Vattimo, *Belief*, California: Stanford University Press, 1999, p. 28.

宗教的思考，主要是一种哲学上的理解和反思。这当然是从他的弱小思维的后现代哲学出发的。

在思考宗教上，瓦蒂莫同意德里达的观点，即"宗教回归"，不可能重新回到那种具体的、历史的宗教（比如教会、宗教仪式等）上，也不可能回到经文原义上。它只能是"踪迹"，"踪迹的踪迹"（被遗忘的"踪迹"）。"宗教回归"，就是使这个"踪迹"重新焕发活力。或者说，它是一种"复兴"运动。但是，不管怎样，瓦蒂莫还是与德里达有区别的。德里达对宗教的原始经验（"荒漠"、"黑暗"等）的解释，以此来批判它被神圣化、纯化、人道化、文明化和历史化的种种做法，而瓦蒂莫的态度却是非常明确的，这就是他所谓的基督教人道主义。这是他在大学时候就确立的目标。"我想对一种新的基督教人道主义作出贡献，从个人主义的自由主义和集体主义的、决定论的马克思主义中摆脱出来。"[1]他选择现代性问题作为研究对象，以尼采和海德格尔的思想为指引，但是从他们对形而上学或本体—神学的批判上，瓦蒂莫又重新转向了基督教信仰问题。

如果"上帝死了"或形而上学元叙事消亡了，那么科学主义的、历史主义的现代性叙事，它对宗教的排斥，它的傲慢的无神论，同样也失去了可信性。因为这些都是以新的基础主义的形式形成的形而上学，仍然是暴力的、不宽容的思想。形而上学元叙事的消亡，说明体系哲学声称把握现实结构、历史规律或现实的"唯一真理"的知识方法"终结"了。于是，哲学无神论的强烈的理由也就不存在了。"今天再也没有顽强的、貌似有理的哲学理由成为一个无神论者了，或者拒绝宗教了。"[2]瓦蒂莫认为，现今的哲学仍然对宗教保持沉默，这是过去的那种哲学无神论的思想惯性，但"阻碍"已经不存在了。宗教在远离了公共领域时一直有着重新回来的需要，这与形而上学元叙事的消亡并发现宗教可信性可以统一起来。这两者既有平行性，又有着一致性。尤其是在后现代多元主义条件下，无论是哲学，还是神学，都是在倾听传统、阅读传统弱化的真理信息。"正是因为后现代多元主义的经验，我们才能把存在思考为事件，它的真理不是反思现实的永恒结构，而是一种必须能够听到的历史信息，我们被召唤着作出回应。这种真理的概念，不仅对哲学有效，而且对神学也有效。"[3]

---

[1] Gianni Vattimo, Belief., p. 2.
[2] Ibid., p. 28.
[3] Gianni Vattimo, *After Christianity*, New York: Columbia University Press, 2002, p. 6.

只有后现代真理被理解为一种历史信息，才能使我们认真地对待宗教。那么，我们如何理解历史中传递下来的宗教信息或者"踪迹"呢？瓦蒂莫认为，如果这方面要与形而上学元叙事的消亡相一致的话，那么上帝就不再是在《圣经》中给予的那个耶和华神了，而是在历史传递中不断地变化的形式，经历了不断的解释和再解释。宗教作为文化传统的一部分，它虽然被遗忘、被压制、被拒绝，但是我们仍然能够从中发现它的"踪迹"。今天，我们需要它重新换发活力。这种从宗教中找回"踪迹"的做法，虽然被体验为一种"回归"，但是它已经无法再回到前现代的信仰宗教了。所以，它只能理解为"复兴"。因为那种信仰宗教，上帝和教会的权威，本身就带有了暴力的性质。宗教的"回归"或"复兴"，意味着重新获得传统，这属于伽达默尔所谓的"效果历史"（effect history）。从奥古斯丁和他对三位一体的反思开始，基督教神学在其最深的根基上就已经成了一种解释学，它不仅关乎启示，上帝与人的沟通，它还规定了对上帝的理解。这无法再用形而上学元叙事的术语来思考。因此，三位一体的上帝不是我们宗教复兴的形而上学基础，用福音书的语言来说，上帝毋宁是要召唤我们阅读时间的符号。[1] 对始源的认识已经变得无关紧要了。这种判断既适用于哲学，也适用于它所重新找回的宗教。

所以，我们要思考宗教的"回归"或"复兴"，就不应当再思考那个最高权力的上帝概念。我们应当思考一个弱小的上帝。这不再是传统神学叙事，而是真正的弱小神学。那么，这种弱小神学的主要内涵是什么呢？瓦蒂莫引用了新约腓立比书描绘耶稣救世主的这一段话："他本有上帝的形像，不以自己与上帝同等为强夺的，反倒虚己，取了奴仆的形像，成为人的样式。既有人的样子，就自己卑微，存心顺服，以至于死，且死在十字架上。"（《新约·腓立比书》2：6—11）这段话通常被解释为神性放弃（kenosis）。它表明，救世主耶稣放弃了上帝的形象和权威，放弃了最高主宰的权力，化身成人的样子，自我谦卑。这实际上也代表了神学自身弱化倾向，它不是表达那种信仰真理，也不是树立一种神正论，而是表达一种弱小神学。即是说，真正体现基督教价值的不是旧约中的那个作为最高主宰的上帝概念，不是自然秩序的神的观念，不是教会权威的基础和来源，也不是教义学，而是神的自我放弃所体现出来的仁慈和爱。

---

[1] 德里达、瓦蒂莫主编：《宗教》，杜小真译，商务印书馆，2006年，第100页。

"弱小思想中的基督教遗产首先乃是基督教的慈爱观念以及它对暴力的拒绝。"[1]

后现代基督教,应当是没有上帝(最高权力)的基督教,它的核心思想是爱。从这里可以看出,在后现代背景下,瓦蒂莫不是基督教的否定者或怀疑者,但是,他讨论基督教不是在一种普遍原则和要求上,也不是在教会权威和教义学基础上,而是着重其中的博爱精神和谦卑价值。我们不应当在基督教教义学说中寻找其普遍性,而应当从这种普遍性转向爱的价值。因此,没有上帝的基督教,最终指向了一种爱的伦理学。神性放弃所体现的爱的原则,世俗化为一种爱的伦理学。这是没有形而上学基础的伦理学,即伦理学不是确定绝对的规则和律令,而是康德的那种为了尊重他者(将人理解为目的而不是手段)伦理学思想,但与此同时又去除了他所谓的共同一致的理性标准。由此,瓦蒂莫提出了"有限性的伦理学"(ethics of the finiteness)的概念。它表明,尊重他人,就是尊重人的有限性、具体性和独特性。"尊重他者,首先是承认有限性是我们每一个人的特征,防止抹杀每一个人身上存在的不透明性。"[2]设定一种普遍性的理性标准,或给出一种普遍的人性,都不是真正地尊重他者。到这里,我们看到,瓦蒂莫的基督教人道主义落实到一种没有绝对基础保证的伦理学上,他的没有上帝的基督教,他的弱小神学,都最终指向了这个方面。

瓦蒂莫的弱小神学,实际上与他的弱小思维的后现代哲学是根本一致的。他的这种"宗教转向",不是从哲学转向信仰问题。而是说,他转向宗教问题,实际上就是他的弱小思维的后现代哲学对宗教的反思和理解,即弱小神学。如果说弱小思维是在形而上学元叙事消亡的背景下产生的后现代哲学,那么弱小神学则是基督教信仰元叙事消亡的背景下的后现代神学。这种消亡,一方面是历史的趋势,形而上学元叙事自身变得不可信,基督教信仰教条也是一样。这是它们自身的"命运",历史的趋势。另一方面,人为的因素也在其中起到了关键作用。瓦蒂莫从解释学的角度来理解这种哲学和神学元叙事的消亡,他认为解释的过程,就是弱化这种元叙事的过程。比如,尼采和海德格尔就是这种解释者。从他们的解释中,我们逐渐远离了那种元叙事的暴力,走向了缓和、柔和的立场。基督教道成肉身,当然就是这种柔和的解释,上帝化身

---

[1] Gianni Vattimo, *Belief*, California: Stanford University Press, 1996, p. 44.
[2] Ibid., p. 100.

为人,自我谦卑,已经把那个作为信仰的绝对基础的上帝变成了一个爱的上帝。所以,后现代"有限性的伦理学"之所以可能,就是因为上帝的概念被弱化后转变而来的。没有这种弱化的解释,就不会有真正的基督教伦理学。

四、 对"宗教转向"的总结和评价

从古代到近代的发展,西方哲学的宗教或神学品格是非常明显的,后现代哲学尽管批判了传统的宗教或神学,但是它同样也有着明显的宗教性或神学性。这一点我们从以瓦蒂莫为代表的后现代哲学家身上就能够看出来。这说明西方哲学发展到现今,它的宗教或神学品格依然是突出的。[①] 不过,后现代哲学不像传统形而上学或本体—神学那样追求最终者、绝对者和"第一原理",也不像西方近代理性主义那样塑造一个类似于神的权力主体。这些都被后现代哲学作为批判的对象。上帝被思考为绝对,等于设置了一个至高权力,上帝的概念因此也变成了某种"统治形象"。一旦知识、道德和存在以上帝的概念为基础,它就不允许被怀疑,别的立场就没有价值了。从古代神本主义向近代人本主义的转变,大写的人取代了神的位置,权力位置被人填充。于是,现代主体也是一个像神一样的"统治形象",它的最高意志就是统治全球。启蒙理性欧洲中心主义的逻辑,打上了强烈的殖民主义的烙印。后现代哲学对宗教或神学的思考,不是思考一个权力神,而是思考弱小的神,"没有宗教的信仰"、"没有弥赛亚的弥赛亚主义"。随着形而上学元叙事的消亡,神学概念也应当随之改变。如果哲学不再塑造一个绝对基础,"第一原理",那么上帝也就不再是信仰的绝对基础。正如瓦蒂莫所理解的,上帝通过道成肉身变成了人,化身成爱。

后现代哲学的"宗教转向",挑战了现代性的理性与宗教、知识与信仰的二元论,建立了哲学与宗教之间的"亲密"关系。瓦蒂莫认为,哲学与宗教在后现代可以相互辉映、相互验证。一方面,西方神学本来有着利用哲学来解释自身的传统,如果后现代哲学概念撤销了那种元叙事的表述,走向了多元解释的概念,那么后现代神学就能够从中获得启发,比如把神从教义权威、信仰基础上

[①] 参见黄颂杰:"宗教伦理化探索——试论宗教在现代社会中的价值取向"、"论西方哲学的宗教和神学之品性"、"西方哲学的人性与神性之历史演化——兼论马克思哲学在哲学上的革命性变革之一",载《西方哲学论集》,上海人民出版社,2016年,第228—235页、第256—268页、第275—299页。

转向了爱的原则。另一方面,没有神性放弃体现的仁慈和爱,就不会有对多元解释的宽容和接受。也就是说,哲学上的多元解释概念,没有神学美德的支持,只能重新回到过去,或变成某种不宽容的思想。所以,当代思想肯定了福音书的信息:最重要东西是仁慈、爱,而非任何确定性真理。"后现代虚无主义(元叙事的终结)正是基督教的真理。"① 瓦蒂莫还认为,尼采和海德格尔宣称的形而上学的"终结",只不过是《圣经·新约》上仁慈和爱的主旨的哲学翻译罢了,尽管他们并没有真正理解这个方面。"基督教是一个驱动思想传统的刺激,一个信息,它最终使之摆脱了形而上学。"② 上帝的神性放弃,走向了人间和俗世,上帝是像我们一样的虚弱者,他放弃了权威,也放弃了作为确定性真理的保证。哲学的当代发展,尤其是后形而上学或后现代哲学的发展,远离了那种确定性真理,拒绝了形而上学暴力,这种倾向,验证的正是神性放弃的基督教遗产。

不管怎样,后现代哲学的"宗教转向",都落脚到一种伦理学视域上。经过后现代哲学的批判,基督教从哲学上吸收其本体论或宇宙形而上学的维度已经不可能了(那被看成是重塑暴力),但是,其伦理道德思想却是有价值的,并且转变成了某种没有形而上学基础保证的伦理学。像爱、宽容、责任、公正、仁慈、奉献、自我谦卑、尊重他者等,在后现代仍然被作为主要的伦理和道德观念。并且,在后现代哲学对宗教或神学的理解中,实际上将伦理学放到了一个最根本的位置上。我们仍然可以从瓦蒂莫这里看出来。亚里士多德谈论他与老师柏拉图之间的关系的时说过"我爱我师,但我更爱真理"。在瓦蒂莫看来,这句话在今天应当重新理解。难道真理永远是第一位的东西吗?比如,人们今天对罗马教皇的欢呼(比如罗马教皇 2015 年访美,万人空巷),这难道是因为他说的话是真理吗?很显然,人们不是爱罗马教皇代表的教会信条和道德真理,而是响应了宗教所体现的仁慈、友爱以及相互包容的召唤。③ 所以,第一位的东西,乃是对他人的仁慈、友爱和宽容,而不是道德或教义上的真理。宗教只有作为爱才有真正的意义。

---

① Gianni Vattimo With Richard Rorty, *The Future of Religion*, edited by Santiago Zabala, New York: Columbia University Press, 2005, p. 51.
② John Caputo, Gianni Vattimo, *After the Death of God*, New York: Columbia University Press, 2007, p. 35.
③ Ibid.

同样,在德里达的启发下,卡普托将后现代伦理学理解为"没有伦理学的伦理学"(ethics without ethics)。这是上帝不在场的伦理学。上帝的不在场,他指向未来的正义,恰恰激发了我们对他者的责任。德里达像齐克果一样,把伦理学不是理解为一种绝对规则,而是理解为无条件的责任。这被他称为"超级伦理的牺牲"(hyper-ethical sacrifice)。"这意味着一种对唯一性的责任,与此同时,它也使我们超越或牺牲我对共同体的普遍责任。"[①]也就是说,要想实现这种伦理学,我们需要放弃自身对共同体的责任,实现一种无条件的真正的责任。正如亚布拉罕为了信仰拿自己的儿子献祭一样。真正的责任,必然是这种悖论性的对日常责任和义务的超越,达到某种纯粹的形式。

无疑,后现代哲学的"宗教转向",存在着一些值得我们肯定和吸收的东西。其一,后现代哲学的"宗教转向",虽然与20世纪后半期的宗教"回归"或"复兴"的大潮流密切相关,但它是从哲学上回应现实。无论是德里达,还是瓦蒂莫、卡普托,他们都反思了现实中存在的宗教狂热、原教旨主义以及宗教恐怖活动。他们把宗教的积极价值与暴力倾向区别开来,这是值得肯定的。后现代神学,从宗教中发现那种缓和和柔和的真理和价值,无疑有利于抵制宗教极端主义。其二,后现代哲学对宗教的思考,着重于其伦理学价值,它对爱、责任、宽容等伦理价值的强调,并使之剥离掉背后的教条主义和权威主义,其中包含了对传统的创造性的转化的一面。这被认为是西方思想的又一次启蒙,或者说区别于18世纪的"新启蒙"。它是把古与今重新连接起来的新思考,而不是用现代进步主义摧毁过去。这方面也启发我们思考中华文化的当代转化以及文化自信问题。

但是,对于这种"宗教转向",我们还是可以提出两点质疑:第一,它是哲学转向宗教,还是让宗教适应哲学,这一点是模糊的。如果说它是哲学转向宗教,那么它为什么没有讨论宗教信仰内容、它的教义、仪式、教会机构等方面呢?比如,瓦蒂莫就有意忽略了天启、救赎、末世论等观念。他讨论的不是历史宗教,也不是具体的宗教信仰,他只不过从中抽出了爱的原则,将之理解为基督教遗产的核心。如果这个爱的原则,没有了上帝的信仰、没有了教义的基础,那么它的超越性、纯粹性都成了问题。所以,我们这里不明白的是,瓦蒂莫

[①] John Caputo, Gianni Vattimo, After the Death of God. New York: Columbia University Press, 2007, p. 206.

究竟是讨论基督教爱的原则，还是讨论世俗的爱。可以说，他挖掉了爱的信仰根基，只留下了空洞的爱的形式。他对宗教的态度，他的弱小神学，看起来不过是符合他的弱小思维的东西，或者说他用弱小思维的后现代哲学清洗了基督教信仰内容。这看起来不过是让宗教适应他的哲学罢了。尽管他要求成熟的哲学意识应当向基督教遗产认同，但是这个基督教遗产，实际上早就被他的弱小思维过滤了。

第二，如果瓦蒂莫用弱小思维过滤宗教，这与现代性对宗教的态度并不相悖，反而还有着内在的一致性，尽管瓦蒂莫批判了现代性叙事。现代性自由主义框架将宗教逐入私人信仰领域，为宗教设定了很多限制和约束。瓦蒂莫虽然认为宗教可以重新在公共领域发挥作用（这个方面他类似于哈贝马斯），但是，他并没有真正地让宗教"回归"，因为那些信仰内容还是被排除在外了，只留下空洞的爱的原则。这方面不是同样限制了宗教吗？只不过，他不是像启蒙代表那样消解（历史）宗教，而是通过尼采和海德格尔来思考一种没有上帝的基督教，没有元叙事结构的神学。这方面也反映了后现代哲学"宗教转向"的普遍问题，比如"没有宗教的宗教"、"没有弥赛亚的弥赛亚主义"、"后上帝的上帝"等说法，实际上等于用哲学的"奥卡姆剃刀"剃掉了大部分的基督教信仰内容，使之只剩下空洞的伦理学原则。

德日进的"宇宙性基督"

朱晓红[①]

耶稣会神父德日进(Teilhard de Chardin, 1881-1955)是地质学家、古生物学家,他在中国住过的22年(1923至1947,其中1924至1926曾返法国)里,不仅参与了"北京猿人"的发现,而且写就了他最重要的神学作品,《神的氛围》(Le Milieu Divin, 1927)、《人的现象》(Phenomenon of Man, 1938-1940)。因教廷和耶稣会怀疑他的宇宙进化神学思想,并对其进行限制,这些神哲学著作直到他去世之后才问世,甚至他的葬礼也只有12个人参加。然而,他去世10年后,关于他的研究书目索引长达94页,专著10本,1967年研究他的文章高达404篇[②];他的神哲学以及人文社会思想激起人们的广泛兴趣,各界人士都能从他的思想找到灵感;很多六七十年代成长起来的西方基督徒,对德日进充满感情;非洲塞内加尔的政治家、哲学家、文学家桑戈尔(Senghor, 1906-2001)也说,是德日进把他从信仰危机中拯救出来;人们称赞德日进是"20世纪基督徒知识分子的代言人"[③]。在宗教哲学领域,德日进被

[①] 本人1995年考入复旦大学哲学系西哲博士生,师从黄颂杰教授。在黄老师鼓励下立志研究天主教哲学。哲学系与温哥华维真学院建立博士生交流合作计划之后,把我作为复旦第一个博士交流生送去学习,为我学业顺利完成打下基础。毕业留系工作之后,黄老师也给了很多的支持,邀请我参与他主持的上海社科和国家社科项目,特别是国家社科项目"新托马斯主义和当代天主教社会哲学思想"。为了完成课题,他邀请我们一起和他跑书店和图书馆,找资料,为我们报销书费,大家一起在书店附近的饭馆吃饭……这些事情虽然过去近20年,但仍历历在目——对刚刚工作、囊中羞涩的"青椒"(青年教师)来说,那真是一段非常难得的经验,他以特殊的方式辅助我科研起步。谨以这篇文章,献给黄老师从教55周年及八十大寿,以表示心中的感恩。

[②] 参见陆达诚:"德日进声誉的新高峰",《中国天主教》,2003年第2期第17—18页。

[③] 参见陆达诚:"从存有化角度来看德日进宇宙观的基督论",《存有的光环-马塞尔思想研究》,复旦大学出版社,2016年,第122页。

誉为当代科学和宗教对话的先行者,被看作是第四种模式的代表①。

大陆编译出版了德日进的不少著作,比如有两个译本的《人的现象》②,以及《人的未来》③、《人在自然界的位置:论人类动物群》④,由于在这些著作中大量使用生物、有机体演化、大地层、生命层、心智层等等特别概念,让人们拿起书本会产生不堪卒读的感觉,不过《德日进集:两极之间的痛苦》⑤这部中文著作选可读性很强。台湾地区出版了不少翻译和研究德日进的中文书目,比如译著有郑圣冲翻译的《神的氛围》、《爱的弧线》,《人的现象》亦有三个版本⑥。相应而言,大陆关于德日进的相关研究成果多集中在地质、考古、古生物领域,针对他的人文、哲学和神学思想研究成果较少⑦,学位论文非常少⑧,主题比较有限,主要讨论德日进的科学与宗教、理性与信仰灵修关系层面。本文在这些研究的基础上,就他的宗教神学的一个关键概念进行探讨:从演化论、基督教灵修角度来理解德日进的"宇宙性基督"(The Cosmic Christ)的特点和意义,并对其《圣经》依据及与教会传统神学的关联进行探讨,指出宇宙性基督并非泛神论,相反,这个理论为宗教和科学、宗教与现代社会的对话提供了一种新的语言。

一、宇宙性基督和世界演化

德日进的"宇宙性基督"(the Cosmic Christ)这一概念最早出现在他1916

---

① 参见伊安.G.巴伯:《科学与宗教》,书中提出了科学和宗教有典型的四种模式:对立冲突、无关分离、对话互补、系统整合;阮炜等译,四川人民出版社,1993年。
② 分别是德日进,《人的现象》,范一译,辽宁教育出版社,1997年;以及李弘祺译,陆达诚校订,联经出版社,1983年。新星出版社,2006年。
③ 德日进:《人的未来》,许泽民译,陈维政校译,贵州人民出版社,2009年。
④ 德日进:《人在自然界的位置:论人类动物群》,汪晖译,北京大学出版社,2015年。
⑤ 《德日进集:两极之间的痛苦》,王海燕编选,上海远东出版社,2004年。
⑥ 参见李弘祺:"有关德日进思想的中文书目",《人的现象》,北京新星出版社,2006年,第231页,书目中提到的69年李贵良翻译,以及1972年郑圣冲翻译的两个版本,加上李弘祺翻译的这本1983年在台湾联经出版事业公司出版的,就是三个版本。
⑦ 比较突出的有徐卫翔:"求索于理性与信仰之间——德日进的进化论",《同济大学文科学报》2008年6月19卷第3期,第17—25页。韩清平:"德日进:促科学和宗教"复婚"的神父",http://blog.sina.com.cn/s/blog_702de27d0102w94u.html;"从《神的氛围》看德日进的灵修境界",http://blog.sina.com.cn/s/blog_702de27d0102wdex.html 两篇论文;以及前文提到的陆达诚神父《存有的光环》一书中"从存在化角度来看德日进宇宙观的基督论"的章节。
⑧ 目前所能检索到的,只有山东大学的一篇硕士论文,《德日进科学与宗教关系思想初探》,2012年,作者为张来平。

年3月13日的日记里,在他后来的论文"关于宇宙基督的笔记"(Note On the Universal Christ,1920)及"我的宇宙"(My Universe. 1924)等诸多论文中,对此概念又做了较多的阐释。1927年出版的《神的氛围》(Le Milieu Divine),从神秘主义角度诠释了人和宇宙基督的关系。在《人的现象》一书中,德日进按照"物(matter, geosphere)——生命(life, biosphere)——思想(thought, noosphere)——超位格(hyperpersonal)"的进程,对人类作为整体现象进行讨论,并把宇宙最终完满的时刻称为"奥米加点"(Omega-Ω-point),等同于基督[1]。

因此,德日进的"宇宙性基督",就是指历史耶稣在死而复活后,超越了一切限制,充分展现祂原有的神性,成为这个宇宙的终点和中心:宇宙演化过程中,祂不仅作为推动宇宙及人类继续演化的能量,同时也是吸引并向上推进万物的方向及目的。因此,"宇宙性基督"既是指推进宇宙演化的动力,更是指宇宙演化的目标"奥米加点"。[2]

谈论这个宇宙性基督,必须要了解德日进上述的"物——生命——人(思想)——人类合一(超生命)"这个宇宙演化结构。在德日进看来,宇宙的一切都是演化,演化体现在生物、社会、心理等各个层面。宇宙的演化按照发散、收敛、浮显的程序,从最初的颗粒,收敛演化出分子、细胞,浮显出植物、动物……整个演化进程是辩证的:既发散,受热力学第二定律的影响不断熵化,呈现为"切线能"向外放射,又有收敛,有意识的"向心能"牵引着放射切线做另一种运动,从而改变了物理学定律的作用,使得整个演化朝向完满的终极目标"奥米加点"汇聚而去[3]。由于意识能的作用,整个宇宙论不是简单的只有物质的"cosmology",而是因"心智的创生"(Noogenesis)而形成的"宇宙创生"(cosmogenesis)。在这个创生过程中,生命的出现、思想的诞生都是演化过程的关键临界点,其中人是这个发展过程的极致。但是,人化(hominization 即人的演化)[4]必然朝向"超人化"(hyper-personization)、超生命的精神圈方向发展,也就是朝向"奥米加点"聚敛和提升。

---

[1] 参见"原序"和"尾声基督的现象",德日进:《人的现象》,李弘祺译,陆达诚校订,新星出版社,2006,第1—2页,第210—216页。
[2] 德日进:《人的现象》,第210页。
[3] 同上书,第15—19页。
[4] 同上书,第118页。

多维视角下的西方哲学

在德日进看来，"奥米加点"的出现是必然的。"所谓的'奥米加点'——它的精华和完整性——所致的是由精神圈从地表逐步释放的意识积累、集中所储蓄而成者。"① 直接说，"奥米加点"其实就是"意识之总和"，宇宙是广袤的，但是人化的宇宙就是一个精神圈，它按照"两个积极的理由：爱和超生命"②，把不同的意识聚敛形成的"奥米加点"，将宇宙的一切融会消化于中。

近代以来，以亚里士多德为代表的希腊哲学、以托马斯为代表的基督教思想中的目的论思想，遭到了自然主义者们的无情批判，不仅自然界，整个人类世界都彻底地去目的论化，人的生命和其他自然物一样，都没有任何"至善"的终极目的，如斯宾诺莎的《伦理学》中所展示的那样，人类社会被驱逐了目的因，享有和自然实体一样的均质性（hemogeneous）。我们可以说，这类从近代以来愈来愈甚的世俗主义思想，正是德日进所担忧的。而他的学说，不仅要在宇宙中为思想和精神找到一席之地，还要再度把这种目的论的思想引入自然和人类社会。他走的路线是：把物质内化，用精神意识抵抗着热力学的第二定律，想象宇宙朝向既定的目的演化，生命朝向超越的目标的跃升，最后，万物回复到那一位真神（someone）③。这样，宇宙和位格不互相排斥，而是提携并进，"唯一的能够容忍人类位格的宇宙必定是一个一往直前正在位格化的宇宙"。④

直观地看，不少人认为，德日进把这个"奥米加点"和"宇宙性基督"等同的推论是有某种局限性的，因为对于这个完满、终极、超越的奥米加点，不同宗教信仰的人士都可以用自己信仰的对象来命名⑤。但是德日进何以能将这个"奥米加点"称作"宇宙性的基督"，进而把这个精神参与进化的"宇宙创生"等于"基督创生"（Christogenesis）⑥，将"人化"的过程以"基督创生"来结束？

在德日进那里，正是宇宙具有位格化的特性，才表明了"宇宙性基督"的必然性。应该说，宇宙性基督不属于科学和哲学的探讨对象，而属于信仰的对象。不过，德日进坚持说：虽然自己从基督徒的身份，看到世界之现象背后有

---

① 德日进：《人的现象》，第184页。
② 同上书，第191页。
③ 同上书，第209页。
④ 同上书，第209页。
⑤ 参见陆达诚："从存有化角度来看德日进宇宙观的基督论"，《存有的光环-马塞尔思想研究》，复旦大学出版社，2016年，第123页，文中提出类似的问题，他的回答是，就德日进的思想自身而言是自洽的。
⑥ 德日进：《人的现象》，第215页。

一位具体化的神在支持及推动；创造工程之完结也是由基督主导，以"基督创生"来结束；但是自己的这个推论，仍是以一个从事自然科学的人，而不是从虔诚信徒的角度得出的[1]。他提出了三个理由[2]。

第一，基督教信条和这个演化学说对世界的看法具有本质的一致性。作为生命本源的上帝，祂用来创造、完成和净化世界的方法，就是把自己浸濡到被造的世界中去：通过道成肉身的基督，进入世界，包含、改变、收卷万物，回到上帝自身。但是人们往往把基督教当作是一个民族的宗教，或者把它仅仅当作伦理的宗教，而没有把基督教看成是一种普世的、关于世界创生演化的宗教。第二，宇宙现在处在演化的第三阶段，即人（思想）组成的精神圈里，只有基督教提供了不同于其他宗教、不同于其他"自然学者"的"生存的价值"和"实体价值"。这个价值就是基督之爱，"基督之爱"就是宇宙之爱的体现。第三，基督运动可以完全整合现代科学所展示的演化过程，这表明这个古老的宗教有非凡的成长能力。"人化"的事业以"基督创生"开始，作为圣言的耶稣参与了创世，历史的耶稣参与了创化，复活的基督使宇宙逐步基督化，达至"奥米加点"——此时为宇宙性基督生成之刻，也是宇宙超越现世性之刻，是完全基督化之宇宙耀入永恒之刻。

二、宇宙性基督与基督徒的灵修

从有关他的各类传记可以知道，德日进从小就是一个专注沉思、富有宗教感受的人，"我发现从记忆所能及的很早的时候起（10岁以前），我身上就存在一种明显占上风的执迷，对绝对上帝的执迷"[3]。正是这种欲求绝对的内心情感，带领他十八岁进入耶稣会的初学院，三十岁晋铎。人们称他是"宇宙人"：进入耶稣会之后，他到过北美、英国、埃及、南非、法属索马里和阿比西尼亚、红海，也到过蒙古戈壁、中国黄河流域、南部各地、长江流域、四川、广西、广东、印度中西部、爪哇、缅甸等地，进行考古勘查和挖掘[4]。从自己的个体经验，德日

---

[1] 也正是这个原因，德日进坚称自己的著作《人的现象》不是形而上的著作，也不是神学的论文，而是科学的著作。也正是这个原因，德日进坚称自己的著作《人的现象》不是形而上的著作，也不是神学的论文，而是科学的著作。参见《人的现象》序言。
[2] 参见德日进："基督的现象"，《人的现象》，第210—216页。
[3] 参见德日进："我的内心世界"，《德日进集》，第29页。
[4] 参见"德日进简介"，德日进：《神的氛围》，郑圣冲译，光启出版社，1996年，第18—20页。

进看到这个宇宙与他崇信的基督具有"共同外延"①:宇宙在基督内,基督在宇宙内。他认为,人们思想中和实际生活中的二元论,即宇宙和上帝的分离的二元论,是导致人们内心分裂焦虑的根源。②而一个"神修者"和"能见者",既能感受到宇宙和个体生命的合一的那种"均质周期",同时也能感受到世界汇聚在耶稣这个"大写的人格"、"宇宙灵魂"上,从而产生一种深沉的情感,像爱世界一样爱耶稣③。这就是德日进在内蒙古萨拉乌苏河谷写就著名篇章"在世界祭台上的弥撒"时的灵修经验,"宇宙性基督"是这种经验的核心④。

德日进把整个宇宙看作是一个被祝圣的圣饼,在"降世天神的面酒圣体"下面,是"万有普在"⑤。天主教司铎每天都会用面饼和葡萄酒举行弥撒圣祭,在蒙古荒漠戈壁上,德日进无法按照规定方式举行弥撒礼仪,但是他举行了以大地为祭台、将人类劳苦的果实当作祭品的献祭,整个宇宙变成了一个被祝圣的圣饼,天地变成了举祭的圣殿。

这个大面饼像一个熊熊的火炉,不停地播射火焰。每当一颗火星辐射到树丛中时,即刻被一圈火圈包围起来。这样,一个世纪随着另一世纪,圣体圣事的饼(在一个接一个的司铎手中变得愈来愈大),这个饼被另外一个更大的饼紧紧包围,后者无限倍地更大,它即宇宙本身。宇宙逐步地被宇宙之素(Universal Element)所吸收。⑥

德日进的作品中不乏这类神秘主义经验的描绘,他把人类生命和整个宇宙之间的那种神圣合一的关系表达得非常热烈:"一切温情、一切欲望、一切占有、一切光明、一切深邃、一切和谐,以及一切热情,都在同一时刻同等地闪烁,在你与我之间建立起一种无法用言语表达的联系。——耶稣!"⑦

司铎们每日的弥撒献祭中,以耶稣之言将面饼祝圣,被祝圣的面饼发生质

---

① 参见德日进:"我的内心世界",《德日进集》,第32页。
② 同上书,第36页。
③ 参见德日进:"神秘氛围",《德日进集》,第3—27页。在这篇1917年的作品中,德日进描述了灵修经验的不同状态,他用"神修者"和"能见者"作为灵修的主体,按照天主教的翻译,其实"能见者"就是有灵见或神见(the vision)的人,是"神见者"。
④ 德日进:《在世界祭台上的弥撒》(1923年),梅谦立、张海燕译注,台湾《人籁》杂志社,2008年3月刊。本文使用的版本来自"德日进之友"所发送的微信公号。
⑤ 德日进:"论基督维",《德日进集》,第38页。
⑥ 德日进"我的宇宙"(1924年),本文转引自陆达诚:"从存有化角度来看德日进宇宙观的基督论",《存有的光环》,第125页。
⑦ 德日进:"神秘氛围",《德日进集》,第25页。

变,成为耶稣自己;在世界祭坛举行的弥撒,就是以基督之言将天地这个大面饼祝圣,被祝圣的天地间发生质变,成为基督自己。其实这正是基督教信仰生活的奥秘:每个有信仰者,因圣洗圣事而分享基督的司祭职分,在俗世生活中成圣,使自己更肖似耶稣基督,在家庭、工作的各种场合见证信仰、圣化世界。信仰生活给了人们这种参透基督奥秘的能力;因为这个"宇宙性的基督",世界上的一切都是神圣的,而那些生活在二元世界中的基督徒则看不到这点。德日进说,大多数进教堂的基督徒,将俗世的工作看作是灵修的累赘,即便是在祈祷中把日常生活和工作献给天主,心里还是会认为这些俗世事务是一种分心,认定只有专事祈祷或宣道的生活才是宗教的生活。德日进称这种基督徒是"双重人格或左右为难"的基督徒,他认为这类基督徒的理解是错误的,"因着(宇宙性基督)的创化,更因天主子降生成人的德能,为明眼人,在世上没有一件事是庸俗的了"。[1]

如果宇宙性基督是世界演化的终点,德日进以此质疑那些以物质为"均质"的一元论的世界观,那么,宇宙性基督同样也质疑那种二元论,即只追求精神生命而贬低物质世界的观点。德日进区分了四种不同的人生状态。第一,追求纯粹的灵性生活,压抑并抛弃对物质世界的追求;第二,放弃福音,追随感官生活;第三,不做分辨,得过且过;第四,爱神和爱世界融洽协调。只有第四种才是健康的灵性。在基督信仰传统的灵修教导中,能把为世界和为神而生活结合起来的纽带是"意向纯真"或说"承行主旨"[2]。不过,德日进认为,服从和驯顺只是第一步,人还要参与宇宙演化进程,忠信地"把大地的一切元素,建设成一个大器"[3]。一方面,他履行人类的共同职责,圣化世界,另一方面,他也超越了物质的惰性,朝向理想的下一个目标。这样的人,既是人类中最关怀人世的人,同时也是人世中最能超脱的人,他"不仅在可触摸的活动领域中和神相遇",也在努力人化的时候,超越自我并"融合在这个神的氛围中"[4]。这样,普世的基督和存在真理就合一在教会的教导中,也体现在个人的灵修中,德日进自己也说,"我一生的喜悦和力量,就在于这两种精神成

---

[1] 德日进:《神的氛围》,郑圣冲译,光启出版社,1996年,第51页。
[2] 参见韩清平:"从《神的氛围》看德日进的灵修境界"。
[3] 德日进:《神的氛围》,第45页。
[4] 同上书,第60页。

分(宇宙趋同和基督浮现)汇聚在一起永不枯竭并爆发出异乎寻常的闪光"①。

三、宇宙性基督和传统神学中的基督论

"宇宙性基督"之名称虽然是由德日进系统阐发,但其内容完全来自基督徒的信仰。首先是圣经传统。按照福音书和保禄书信,耶稣神性的先在性是新约肯定并强调的。三位一体中之第二位,在道成肉身之前,是以圣言(word)的形式而存在的;祂倒空自己的神性,以肉身人形进入世界,直到在十字架上受难,吐出最后一口气,从肉身的物质束缚中解脱;祂死后三天复活显现,这时新生命已不受时空局限;耶稣升天时,信徒看到云彩接走了耶稣,耶稣在升天前答应说:我天天同你们在一起,直到世界的终结(玛 20:20)。这些关于历史性耶稣的具体事件:教会称作降孕、受难、复活、显现和升天的奥迹,构成了基督徒的共同信仰。德日进用演化论的科学语言,让这些内涵得到了另一种生动的表达:

> 早在保禄与若望的见解里,我们便能看出上帝创造、完成和净化世界的方法乃是借着有机方式把它们联结到祂身上,来统一世界……作为生命本原的基督也曾卑下自己,成为人来住在人当中,好把祂所参与的意识活动加以提升和净化,予以指引并赋予活力。借着川流不息的交通和升华,基督便能把大地的心灵汇集到它身上去。而一旦祂包含了万物,改变了万物之后,祂自然会把祂自己以及祂所征服的一切都收卷起来,重新用最后的姿态回到祂一直不曾离开的神圣焦点里去。那便就是保禄所说的,上帝在一切里面了。②

这使我想到国内倡导"宇宙的基督"的神学家丁光训主教。他在 1991 年以"宇宙的基督"为题进行过演讲,后来收录在《丁光训文集》中③。他明确说

---

① 参见德日进:"论基督维",《德日进集》,第 39 页。
② 德日进:《人的现象》,第 212 页。引文中部分字因为全文用词习惯,本文做了调整,比如"它"改为"祂";保罗改为"保禄",约翰改为"若望"。
③ 丁光训:"宇宙的基督",《丁光训文集》,译林出版社,1998 年,第 90—99 页。

自己的"宇宙的基督"是受"解放神学、德日进神学和过程神学的启发"[①],特别是受到德日进"宇宙的基督"这一思想的启发;这个"启发"帮助他跳出了传统基督论的框子,也"从一个较小的、只同教会信众联合的基督,过渡到一个很大的、充满万有的基督"[②],形成了一个"充满活力的基督论"。他说,强调基督的宇宙性,可以帮助我们明确两个问题:1. 基督的主宰、关怀、爱护普及整个宇宙。2. 基督普及到整个宇宙,祂的主宰以爱为其本质。然而有人却不喜欢丁主教"宇宙的基督"的提法,认为这种说法"跳出了圣经的框子",《圣经》里的"拿撒勒人耶稣"不认识丁光训的"宇宙的基督",认为这是一种"更改了福音"的肤浅的人文主义,是"不信派"的典型。对于该批评文章的写作方式和观点,本人并不完全认同,但是对其中的一个观察倒是确实认同的,那就是,关于基督的宇宙性探讨,"大体上是在圣经启示的范围内,以耶稣的神性为基础进行的"[③]。

在教会初期,围绕着三位一体的第二位的认识有很多争议,但是,最终教会明确了耶稣基督的神性和其他二位是本质合一,没有区别。耶稣基督的神性,不仅仅停留在历史耶稣的阶段,祂在道成肉身之前直接参与了创世,在升天之后亦与世界同在。教会不少神学家结合宇宙论、创造论和救赎论的层面来探讨基督位格,比如提出"复归元首"(Recapitulation)的爱任纽(Irenaeus,约 130 - 200),他认为救赎就是恢复创造的过程,耶稣基督借着道成肉身,扭转了因原罪带来的败坏和死亡,整个世界得到了圣化,"道最初的时候与神同在,万物是藉着祂造的,祂也一直是与人类同在的,在这末世的时候,按着父所指定的时间,成为一个受苦的人,与祂自己所创造出来的结合……"[④]

---

① 丁光训:"来自解放神学、德日进神学和过程神学的启发"(1985 年),《丁光训文集》,译林出版社,1998 年,第 188 页。
② 同上书,第 203 页。
③ 该批评文章注释说,在德日进之前,德语神学家从 19 世纪 20 年代已开始使用相关概念,来探讨基督论的宇宙性内容;1850 年以后,这一讨论也进入了英语世界。这些神学家的讨论,大体上是在圣经启示的范围内,以耶稣的神性为基础进行的。在德日进之前使用过"宇宙的基督"这一概念的神学家有 A. M. Fairbairn, James Denny, G. B. Stevens 及 W. R. Inge 等。见李信源,"一个不信派的标本之四:丁光训的基督论",本文参见 http://www.niubb.net/a/2015/09-04/923955.html,2017 - 5 - 20 登入。本文没有能力去追溯近代基督论的讨论,并对宇宙性的基督进行细致的历史溯源。
④ "爱任纽论在基督内的'同归于一'",《基督教神学原著菁华》,麦葛福编,杨长慧译,台北校园书房出版社,1998 年,第 229 页。

同样，中世纪的波那文都拉(Bonaventura,约 1217—1274)也是非常强调宇宙创造与基督的关系。和会祖圣方济各[①]一样，他强调基督是整个宇宙救主，祂的爱由受造世界呈现出来。圣方济各的著名《太阳颂赞》祷词正是体现了这样的思想，三位一体的本质是爱，祂的绝对自由(也即爱)是创造的原则，爱是宇宙创生的动因，耶稣基督是爱、是受造世界之原，由此，太阳、月亮、小鸟等一切受造界都是天主爱的彰显。早期希腊教父将基督看作世界之元首的思想在波那文都拉那里得到了发展。波那文都拉提出的范型理论(exemplarism)包含三个主要概念，就是发散(emanatio)、范型(examplaritas)和完满(consummatio)[②]。他认为，三一神是有形世界的本原或"范型"[③]，子从父生，世界所有的被造物由祂"发散"而来，其中受造的万物只具有物理存在(ontic)，而唯有人才是兼具物理和本体的存在(ontologic)。神在创造人的理性灵魂时展开为"多"，万物的本体存在受制于人，因为只有后者才有思想；当在人的思想向本原探究时，就是万物向本原回归"一"的过程。"完满"就是万物藉着思想、向造物主还原和回归[④]。这个回归的过程不能离开圣子耶稣基督。"如同万物通过圣言而出于上帝，为使万物完满地回归于上帝，必须在神和人中间，有一中保(《提摩太前书》2:5)，他不仅是神，也是人，以便人回归于上帝。"[⑤]

因此，救赎虽是道成肉身所成就的最大的奥秘，但爱和创造才是三位一体的之本体的最重要的维度；基督不是要把人从受造的世界拯救出来，基督本身就在创造中，基督就是创造的范型、受造界存在的理由。如此，基督论虽然和救恩论不可分离，但是更要从创造论的角度来理解。在德日进的宇宙性基督

[①] 波那文都拉幼时得病曾因圣方济各的祈祷而治愈，后加入方济会，并成为会长。圣方济各(St. Francis of Assisi, 1182—1226)是天主教方济会的创始人，诗歌《太阳颂赞》是他思想的最直观的体现。
[②] 参见李丽娟：《论对上帝的知与爱：奥古斯丁、波那文土拉、库萨及约翰卫斯理的观点》，台湾基督教文艺出版社，2015 年，第 65 页。
[③] 波那文都拉："心灵进入上帝之路程"(二章 12 节)，《中世纪基督教思想家文选》，徐庆誉、谢扶雅等译，上海基督教协会出版，2009 年，第 354 页。
[④] 参见李丽娟：《论对上帝的知与爱：奥古斯丁、波那文土拉、库萨及约翰卫斯理的观点》，台湾基督教文艺出版社，2015 年，第 64—65、78—79 页。
[⑤] 该文本的背景是探讨公义的三个维度，将道成肉身的圣言看作是公正的第一要义。波那文都拉："论学艺向神学的回归"(23)，本文参见溥林译本，http://book.aiisen.com/heart-journey-to-god-17608.html,2017 年 5 月 20 日登入。

中,处处可以看到这些神学家思想的影子。波那文都拉强调进入上帝的"思想"旅程,在德日进这里对应着演化过程的重要阶段"精神圈",前者波那文都拉在理解三位一体的天主时,非常强调祂的至善、自足、祂的自我交流和自我给予的爱,而后者德日进也是如此,强调爱是祂创造的动机,神的氛围无处不在,亲临每一个受造物的深内,受造物都因为祂而得到圆熟和完美。受造和神之间的关系,"犹如一面破碎的镜面,在每一个小碎片中映照出同一个太阳一样"①,受造界反映了神的无限奥秘,受造的物质深藏着无限精神。

可以说,德日进的基督论,不仅强调了耶稣基督的二性,即人性和神性,同时还突出了祂的宇宙性,通过祂整个宇宙走向最后的完满——"奥米加点"。卡尔·拉纳曾经区分过两类基督论:一类是自下而上的基督论(Christology from below),就是从救恩史、人类经验去谈论基督;另一类是自上而下的基督论(Christology from above),就是从本质合一的形上学的角度去谈论基督。拉纳认为,当今基督论最大的问题就是就是割裂耶稣基督的人性和神性,一性论(更多是贬低基督的人性)泛滥②,耶稣基督的神人二性被看作是相通甚至转移渗透,常常是人性被神性合一。为了克服这个倾向,天主教会在20世纪中叶以来特别强调以新约圣经中早期教会经验来理解这个救恩史,历史耶稣是天主通过道成肉身中的自我言说。潘尼卡则提出了第三个类型的基督论,从内而外的基督论(Christology from within),也即在人类意识的内在深处彰显着基督,这是一种"基督显圣"(Christophany)③。美国当代天主教界非常活跃的女性神学家伊利雅·德里奥(Ilia Delio)④这么评论说,如果说潘尼卡试图在人类位格中将基督论的超越和内在的维度统一起来,那么,"宇宙性基督"则在人类位格和创造中统一了基督论的超越和内在维度;因此,对基督论的探讨方法,从强调本质同一的本体论,到强调历史建构的认识论,如今进入到了对

---

① 德日进:《神的氛围》,第119—120页。
② See Karl Rahner, Current Problems in Christology, *Theological Investigations*(Vol. I), trans. Cornelius Ernst (Baltimore: Helicon Press, 1961). &. The Two Basic Types of Christology, *Theological Investigations*(Vol. Xiii), trans. David Bourke(New York: Seabury Press, 1975).
③ Raimon Panikkar, *Christophany, The Fullness of Man*, trans. Alfred DiLascia, (Maryknoll, Orbis Books, 1970), p. 9 - 15.
④ Ilia Delio,方济会修女,美国维拉诺瓦大学(Villanova University)讲席教授,专长科学和宗教对话、中世纪哲学。

道成肉身的超越者——耶稣基督的现象学。[1]

四、宇宙性基督的两点反思

第一,这种宇宙性基督的主张是不是泛神论?确实这种无所不在、处处亲临的神以及"宇宙性基督"的主张,曾经被人批评为"泛神论"。泛神论有很多种形态,最基本的特征就是把自然的最高主宰和自然等同起来,比较典型代表是斯宾诺莎的自然神论,认为万物皆有神性,世界背后有一绝对的神,个体既消融在其中,又是它的体现[2]。面对被看作"泛神论"的指责,德日进有过辩解:

> 讨论到演化时,我们不能不谨防"泛神论"的危险,我们应该清楚知道,在论及一个汇聚着的宇宙时,我并不是说宇宙是由那些基本单位诸中心的汇集熔解而生成的。整个宇宙的统一中心(这中心是要完成他的推动、搜集及稳定的功能)必须看作是先于一切的,也是超越的。如你高兴,你仍可称它做"泛神论"(这是从知识论上的意义来说的),但这是一个绝对合法的泛神论——因为如果这世界的反省中心是可以有效地"与上帝合而为一"的话,那么这一个状态绝不是由同化(上帝变成一切)而来的,而是由爱的区分和共融的行动得来的(上帝完整地在每一个人里头)。这种看法完全合乎基督宗教的正统教义。[3]

在这个问题上,波那文都拉也有过类似的辩解。世界是神的痕迹,受造物的美、和谐、秩序、能力等,就如同一面镜子反映出神的无限能力、智慧和良善。一切受造物从本性上讲都是那永恒智慧的某种模样和肖像[4]。但是,波那文都拉说,这并不是暗含着泛神论的观点,因为这种相似不是参与性的相似(similitudo participationis),而只是一种比拟性的相似(similitudo imitationis)[5],从

---

[1] Ilia Delio, Christology from Within, *Heythrop Journal*, XLVIII(2007), pp. 438 - 457.
[2] 参见《基督教大辞典》,上海辞书出版社,2010年,第166页。
[3] 德日进:《人的现象》,第225页。
[4] 波那文都拉:"心灵进入上帝的旅程"(二章12节)。
[5] 参见薄林:"波那文图拉及其《心向上帝的旅程》",《宗教学研究》,2002年第3期(136—141页),第138页。

而与泛神论划清了界线。所谓比拟性的相似,首先是一种知识论层面的,作为小宇宙的人去认识大宇宙的世界,事物的形象通过我们的感官进入我们的心灵,从而我们了解了事物的秩序。所谓参与性相似,是指在本体层面而言,万物只是分享了神的部分存在的本质,等到"圆满"(consummation)的时候,部分融入整体,个体被同化、消融丧失。德日进认为,泛神论和宇宙性基督都给予了一种关于宇宙发展到圆满的设想,但是泛神论的终点是神将一切吸收,个体最终成为一种空无。而宇宙性基督的演化终点是"天主在一切内成为一切",也就是说,每一个受造的个体性都将保存并得到最大的圆满[①],"一"和"多"在这里有一个动态的平衡,"多"最终不是以虚无化的方式消失在"一"中,这与滴水入汪洋以及盐粒化入盐液完全不同,无数个"一"的个体与奥米加点同中有异,彼此在爱中联结在一起。

第二点,德日进的宇宙性基督是对话的产物和对话的学说。作为一种对话的神学,他特别反对那种极端自然主义者和宗教的避世二元论者。他指出,现代人面对着一种二元论的张力,即物质世界和灵性世界、自然和宗教之间的对立,他称之为"宗教情感上的二元论",灵魂在两个绝对存在:宇宙和超验上帝之间挣扎。一方面,作为生活在世界上的人类,受制于各种世俗的信念,他说,"本世纪(也是目前)最大的诱惑就是(而且将来会越发如此)觉得自然界、生命及人类比《圣经》中的上帝更加贴切、更加神秘、更加具有活力"[②];他指出,这些世俗信念本身并不足以推动世界前进;世俗主义成为一个无法逃避的困境,人类成为一盘散沙,"像一窝受惊动的蚂蚁……最明显的就是互不相顾,各奔东西"[③]。另一方面,作为生活在世界上的宗教人,宗教危机也是无法摆脱的现实,"基督教失去旺盛的生命力和迷人的魅力,因为它不再像它应该做到的那样涵盖人世间一切人性的东西"[④],面对这种现象,宗教基要主义者的盲目乐观是无济于事的。因此,德日进区分三类人,他说,"有些人说:'让我们耐心地等待基督复临'。有些人说:'还是让我们完成地球的建设吧。'还有些

[①] 德日进也有类似的观点,参见《神的氛围》,第122—123页。
[②] 德日进:"我的内心世界"(1918年),《德日进集:两极之间的痛苦》(28—37),王海燕选编,上海远东出版社,2004年,第36页。(后文注释将该书简写为《德日进集》)
[③] 德日进:"人类达成普世共识的构想与希望"(1950年),《人的未来》(193—198),许泽民译,陈维政校译,贵州人民出版社,2009年,第193页。
[④] 德日进:"问题的核心"(1949年),《人的未来》(177—184),许泽民译,陈维政校译,贵州人民出版社,2009年,第181页。

人认为：'为了加快基督复临，让我们完成地球人的打造。'"①如果说，第一类人是乐观的宗教人，第二类是世俗主义者，那么第三类人就是德日进自己。德日进虽然因自己思想前卫被教会当局所冷藏，但是他对教会忠信有加，他说，"我坚信教会的教理和修法早已给了我们这场征服战一切必要的条件"②，在他眼中，宇宙不是没有目的的机器，基督降生成人，以"宇宙性基督"的身份，将受造物带入开放的体系、充满希望的未来。

作为对话的神学，他看到对话的必然性。首先，在德日进看来，宇宙演化是无可争议的事实，一方面，演化让世界复杂化，尤其是当人类出现之后，无论是心智、文化、组织等各方面都趋向分散和多样化；但是，另一方面，演化引导人们趋同，整个宇宙都变成一个在机体和心智上都自我趋同的巨大系统③。就这一点来看，德日进无疑是一个预言家：殖民主义的解体、新民族国家崛起、打破冷战之铁幕的梵二会议、人类居住的场所变成了"地球村"、在国际政治上出现了寻求利益结盟的"欧盟"和多国峰会；社交媒体让天涯变成咫尺……人们不得不对话。德日进指出，两种力量推动着对话，人们只能顺从这些走向对话的力量；其中第一种力量就是"通过外在和内在决定因素的作用而造成初步强制统一的压力"④，第二种是自由的力量，以自觉自愿的原则运作并产生亲和影响⑤，类似佛教所说的愿力，也类似天主教灵修的境界"意向纯真"或说"承行主旨"。

其次，正如宗教对话的理论塑造者和积极推动者、美国天普大学教授斯维德勒所指出的那样，这个世界正告别"独白时代"，处在"对话时代"的入口⑥，对话的目的就是学习改变，做出相应的行动，最终在实践、认知和更深层的精神领域，彼此成就。德日进在不同层面进行过对话的尝试，并展示这种对话的美好未来。比如他在分析西方宗教和东方信仰之间关于灵魂升天、道成肉身

---

① 德日进："问题的核心"(1949年)，《人的未来》(177—184)，许泽民译，陈维政校译，贵州人民出版社，2009年，第177页。
② 德日进："我的内心世界"(1918)，《德日进集》(28—37)，37页。
③ 德日进："论人世间责任的演变"，《德日进集》，第216—217页。
④ 德日进："人类达成普世共识的构想与希望"(1950年)，《人的未来》(193—198)，许泽民译，陈维政校译，贵州人民出版社，2009年，第193页。
⑤ 德日进："人类达成普世共识的构想与希望"(1950年)，《人的未来》(193—198)，许泽民译，陈维政校译，贵州人民出版社，2009年，第196页。
⑥ 斯维德勒、莫泽：《全球对话时代的宗教学》，朱晓红、沈亮翻译，四川人民出版社，2012年，第十一章。

等等理解上的分歧之后,提出无论是宗教还是科学传统之间,都需要合作和交流,从而互相促进彼此丰富,走向各自演化的极点①。当然是否是这些对话实践尝试帮助他发展"人的现象"——演化的思想,这又是另外的一个课题。

---

① "远东的贡献"(1948),《德日进集》,第331—338页。

从歌剧《茶花女》看西方
艺术的宗教维度

徐卫翔

威尔第中年时期的代表作《茶花女》虽然是从当时流行的小说改编的,但在创作歌剧时,作曲家与脚本作者通力合作,对原作小说进行了很大的改动,削减了不必要的枝蔓,使故事情节更为集中,作品立意更加崇高,达到了近乎古典悲剧的戏剧效果。本文主要立足于将该歌剧作为戏剧作品,通过深入解读其文本,关注剧中出现的一系列关键概念和特定表达方式,揭示出作品中所包含的几种不同伦理取向的内在冲突,进而说明该歌剧所代表的西方艺术背后所依靠的宗教(特别是基督教)的思想资源。

一

在以赛亚·伯林的文集《反潮流》(Against the Current: Essays in the History of Ideas),收录了一篇讨论作曲家威尔第的文章。乍一看,文章的标题语出惊人:"The 'Naïveté' of Verdi"(威尔第的"素朴")[①]。在一般的意义上,naïveté(来自形容词 naïf、naïve)这个法文词指的是一个人天真、幼稚、头脑简单。作为音乐史,尤其是歌剧史上最重要的作曲家之一,在人们看来,威尔第无论如何也与头脑简单幼稚毫不相干。

伯林说他不是在寻常的意义上用这个词的,他是借用了席勒的说法。席勒在《论素朴的诗和感伤的诗》(Über Naive und Sentimentalische Dichtung)

[①] Isaiah Berlin, *Against the Current: Essays in the History of Ideas*, New York: The Viking Press, 1980, pp. 287 - 295. 中译本见伯林:《反潮流:观念史论文集》,冯克利译,译林出版社,2002年,第340—351页。

中区分了两种类型的诗人：一种是在其自我与外部环境，或者是自我内在，意识不到裂痕的诗人，即素朴的诗人；另一种则是处于这种裂痕之中的诗人，感伤的诗人。前者出现于世界的少年期；后者则产生于堕落（the Fall）之后。"堕落"一词让我们想到《创世记》第三章：人在违抗禁令，偷食了那果子之后，有了自我意识，于是人与神、人与世界、人与人、人与自我之间原本和谐的关系被打破了。

无论是席勒还是伯林，都没有在素朴和感伤的诗人间分出个高下：他们只是灵魂的类型不同。每一种类型中都包含了伟大的艺术家。照伯林的说法，属于素朴类型的诗人（艺术家）有荷马、埃斯库罗斯、莎士比亚、歌德、巴赫、莫扎特、鲁本斯等，既有诗人、作家，也有画家、作曲家，包含了一切运用想象力而从事精神创造的领域。感伤型的诗人也古今皆有：欧里庇得斯、维吉尔、贺拉斯都是这一类型的。当然，似乎现代的更多一些：卢梭、陀思妥耶夫斯基、马克思、尼采、贝多芬、李斯特、瓦格纳，等等。而威尔第，则是"西方音乐中最后一位伟大的素朴大师"。

顺着"自我意识"、"自我"这一思路来考虑，或许可以说，所谓素朴的诗人，有点接近柏拉图在《伊翁》中所理解的诗人：他们并没有"自我"，更确切地说，他们并不把他们的"自我"看得很高——既不是出发点，也不是目的地；他们的艺术是为某个高于他们的目的服务的，无论这目的是自然，还是神，又是什么样的神。这样一来，对于素朴的诗人，艺术上的传统、规范、"程式"（formula），并不是约束他们的桎梏，相反，他们往往能够在传统与创新之间找到一种自然的平衡。我们不妨把这称为审美上的右倾。而感伤的诗人则与此不同，在他们的艺术中，自我、自我的个性是第一位的。他们不满于任何陈规俗套，时刻要追求主题、手法、风格的独特性。"新意"，永远比陈旧的成就好。这是一种审美上的左倾。

问题似乎是：艺术总是倾向于创新；艺术家与审美的左倾好像有更密切的联系。近几百年来艺术的历史，往往更看重艺术家独特的表现手法和艺术风格，艺术史上的"发展"，也是以此来衡量的。

无论是在历史上，还是在现实中，围绕威尔第的音乐，都充满了许多相互对立的评价。在威尔第从事创作的年代，亦即浪漫主义运动的高潮，各种新音乐主张的倡导者——感伤的诗人们——指责威尔第是陈旧落伍的保守派。即便如今，认可瓦格纳音乐理念，习惯于瓦格纳式音乐语汇的人，甚至会把威尔第的歌剧贬为"简直是流行音乐"。的确,与瓦格纳等人的德奥歌剧相比,威尔第的歌剧音乐中和声上显得传统、单薄,没有那么多细密的声部,没有连绵不绝的旋律线条,没有太多新奇独特的音响效果;相反,他常运用传统的宣叙调和咏叹调和重唱,人声也很少被淹没的乐队中,出于剧情的需要,音乐还往往会戛然而止。但是,威尔第自己很清楚,用19世纪后半叶交响乐的和声音响来衡量歌剧是不合适的,把歌剧写成交响乐更不可取,"歌剧就是歌剧,交响乐就是交响乐"[1]。他的目的是,用音乐来表现人物的戏剧活动。戏剧性,永远是他的追求。

二

与其他文明传统相比,西方文学艺术最重要的特点,恐怕就是戏剧。诚然,每一种文明,尤其是经过了所谓"轴心时代"的突破而在精神领域取得更高成就的文明传统,都产生了种种艺术形式。各民族都有自己的音乐、诗歌、绘画。

但戏剧,这种通过摹仿人物的行动,在有限的时空条件下,以表演的形式来叙事的艺术,却没有普遍地产生。思想史上最著名的例子,莫过于中世纪伊斯兰哲学家阿威罗伊(Averroës,1126-1198)在注释亚里士多德《诗学》时对"悲剧"和"喜剧"这两个概念的误读。出身于富有叙事诗和抒情诗传统的伊斯兰文明的阿威罗伊,搜遍《诗学》全书也理解不了悲剧和喜剧到底是什么样的艺术活动,只能迂回地去探寻悲剧和喜剧都有什么样的特性,于是他认为,悲剧是赞颂的艺术,喜剧则是讽刺和遣责的艺术。最后,他断定,《古兰经》中到处都有悲剧和喜剧[2]。

与叙事诗以及后世所诞生的各种散文体的叙事作品(如小说)相比,戏剧必须在狭小的空间(剧场)和有限的时间中表现故事,故而不能天马行空散漫敷衍。再加上而早期戏剧演员只有寥寥数人,与歌队一同演出。因此,从一开

---

[1] 参见保罗·亨利·朗:《西方文明中的音乐》,顾连理、张洪岛、杨燕迪、汤亚汀译,杨燕迪校,贵州人民出版社,2001年,页565。
[2] 见阿威罗伊:《论诗术中篇义疏》,刘舒译,华夏出版社,2009年,第47页及当页注3。当代作家博尔赫斯根据思想史的素材,用虚构的方式展现了这一幕。参见《阿威罗伊的探索》,见《博尔赫斯全集·小说卷》,王永年、陈泉译,浙江文艺出版社,1999年,第254—161页。

始,希腊戏剧就重视作品的结构性,通过精心设计的情节,来展现人物的冲突,这就是所谓的"戏剧性"。不知是因为戏剧是一门综合性的艺术,还是因为戏剧本身所具有的极高的难度,或是因为戏剧能够带来最强烈的艺术效果,总之,在西方的传统中,戏剧(尤其是悲剧),乃是一切艺术中最高的[1],是各种艺术的典范,其艺术特性和价值标准,在后世对其他的艺术形式(即所谓姐妹艺术 sister arts)如绘画和音乐都产生了极大的影响[2]。

经历了罗马灭亡后一千多年的沉寂,戏剧在文艺复兴时代重新萌发。但自从 1600 年前后起,戏剧这一古老的艺术形式便走上了两条不同的道路。在北方,开始了近代戏剧(话剧)的兴盛时期:莎士比亚、莫里哀、拉辛、高乃伊、莱辛,一直到 19 世纪、20 世纪的戏剧,代有其人,佳作辈出,是戏剧传统在近现代的正朔。但在意大利,则另有一条试图复兴古代戏剧的道路,那就是一般认为由蒙特威尔第(Claudio Monteverdi,1567-1643)所开创的歌剧。古代的戏剧同时包含了说和唱。近代以后的两种戏剧形式似乎各自继承了一种表演方式:话剧以说为主,由韵文(近代早期话剧都是诗剧)到散文再到日常口语,基本不唱;歌剧以音乐为主,即便是说白(宣叙调)也脱不了音乐。话剧由剧作家主导;歌剧则主要是作曲家的艺术。这两者的分野或许就体现了艺术现代性的特征或者说困境:某一方面技术的发展带来的是艺术整体统一性和质朴性的丧失。但不管是话剧还是歌剧,在其最高的艺术要求,即戏剧性方面,还是一致的。相对而言,歌剧的综合性更高,能够给人带来的艺术感染力也更强——即此而言,大概可以说,歌剧更接近古代戏剧。

众所周知,歌剧《茶花女》(La Traviata)是由法国作家小仲马(Alexandre Dumas,fils)的作品改编而来的。1848 年,小仲马由亲身的经历写出了风行一时的小说《茶花女》(La Dame aux camélias)[3]。故事的情节大家都很熟悉:

---

[1] 在《诗学》的结尾,亚里士多德提出了史诗与悲剧何者更高的问题。面对希腊文学的源头和高峰——以荷马为代表的史诗,亚里士多德却说,悲剧优于史诗,因为,史诗中有的,悲剧中都有;悲剧中有的,史诗中却不一定有。悲剧比史诗更生动,能够在更短的时间内带来更强的效果。

[2] See Christopher Braider, "The paradoxical sisterhood: 'ut pictura poesis'", *The Cambridge History of Literary Criticism*, Vol. 3, *The Renaissance*, ed. Glyn p. Norton, Cambridge University Press, 1999, pp. 168-175.

[3] 参见小仲马:《茶花女》,王振孙译,上海译文出版社,2001 年。该版收录了小仲马的原作小说、小仲马自己改编的话剧以及由歌剧法文版(1852 年——原文如此)译出的脚本。将外国歌剧译成本国语言来演出,在十九世纪很盛行,后来这一做法逐渐被淘汰。法文版歌剧脚本,为了与音乐旋律相配,并不忠实于歌剧原本,本文的分析不据此版本。

一个外省的青年,来到巴黎,爱上了一个交际花,从此二人远离交际界,过起了隐居的生活。青年的父亲得知此消息,认为有辱门风,会影响其女儿的婚事,便找到那女孩,希望她与他的儿子断绝关系。女孩尽管很爱那青年,但为了他的家庭,还是忍痛与他绝交,回到了欢场。青年为了报复女孩的"背叛",公开侮辱了她。女孩出于当初的承诺,不能告诉那青年真相,终于病情加剧,离开了人世。

威尔第在写作歌剧时(与脚本作者皮亚韦 Francesco Maria Piave 合作[①]),对原作(小说+话剧)作了大胆的改编。小仲马的原作,是所谓的 comédie de moeurs(风俗剧),旨在讽刺抨击资产阶级虚伪的道德观念和两性关系。无论是小说还是话剧,每隔几页(几段)都在讨论金钱[②]。小说中,女主角的爱情尽管很纯洁,却也曾经盘算过一边与青年相爱一边与年老的伯爵周旋,爱情金钱两不误。这一切低下的东西,都在歌剧中被大刀阔斧地砍去了。原作中人物有二十来个,歌剧中有姓名的只有十来个人,而真正重要的只是三个人——似乎又是接近古代悲剧的一处。从三位主角姓名的变化中,也许能够透露出一点威尔第的立意:女主角由卑微的雏菊(Marguerite 玛格丽特)变成了高贵的紫罗兰(Violetta 薇奥列塔);两位男主角的姓氏由低谷(Duval 迪瓦尔)变成了高山(Germont 热尔蒙)。

歌剧大胆地删除了原作中的许多场景,最后保留下来的只有三幕四场:第一幕(I):夏天,薇奥列塔家的沙龙,阿尔弗雷多·热尔蒙(Alfredo Germont)向她表白爱情以及她内心的思想斗争;第二幕第一场(II.i):秋天,薇奥列塔和阿尔弗雷多已经在巴黎郊外隐居了三个月,乔治·热尔蒙来找她,经过他的劝说,她答应离开阿尔弗雷多,回到巴黎;第二幕第二场(II.ii),当天晚上,阿尔弗雷多跟到巴黎,当众侮辱了薇奥列塔;第三幕(III):冬天,正值狂欢节,薇奥列塔在病榻上奄奄一息,得知真情的阿尔弗雷多赶回巴黎,二人相聚,薇奥列塔离世。四场之中存在着一种韵律:喧闹(I)、静谧(II.i)、喧闹(II.

---

① 歌剧的脚本创作也是威尔第主导的,见柳波芙·索洛甫磋娃:《威尔第传》,买德颐等译,人民音乐出版社,1997年,第181页。
② 有论者注意到歌剧《茶花女》是威尔第在其晚期喜剧《福斯塔夫》(*Falstaff*)之前唯一的一部会谈论钱的作品。但他似乎没有注意到,歌剧中的谈论方式与小说/话剧完全不同:每次提到钱,都是因为匮乏而非贪欲,而且,在第三幕,女主角特地要求女仆将剩下不多的钱分出一半给街上的穷人。见 Fabrizio della Seta, "New currents in the libretto", *The Cambridge Companion to Verdi*, ed., Scott L. Balthazar, Cambridge University Press, 2004, pp. 79–80。

ii)、静谧(III)。而且,在两个静谧的场景中,欢场上的狐朋狗友都没有出现。

在对原作做减法的同时,威尔第的改编也扩充了许多内容,最重要的体现在老父亲乔治·热尔蒙这个角色身上。在原作中,他只与女主角见了一面,没有太多的情节与他相关。但在歌剧的后三场中他都是重要的角色。更重要的是,他体现了某种价值观和伦理观,构成了与其他几种价值观伦理观的戏剧性冲突。

总之,改编成歌剧的《茶花女》不再是一部仅仅关注现实批判的作品,而是一部近乎古典境界的悲剧,但其所以成功,又是因为注入了某种与古典时代有别的精神资源。

三

虽然如今歌剧被归入音乐,其艺术效力主要由音乐来完成,但一部伟大的悲剧作品,"无论阅读还是演出……都能给我们很鲜明的印象"①。对《茶花女》一剧的完整分析,自然更多地需要从音乐入手。但是,如果我们把它放在戏剧发展的历史中来考察,从文本的角度看,它同样是一部近乎完美的悲剧作品。

在《茶花女》总共三幕中,有一句词中每一幕分别出现了一次:È strano! ②这句话一般被译作"真奇怪!"这句话每次都出现在剧情转折的关节点上。对这句话的意义,暂时还不能说有充分的把握。但这至少说明:第一,剧本的创造有精心且统一的构想;其次,歌剧的作者向我们透露,该剧所传递的不是什么寻常的东西。

第一幕的场景是巴黎年轻貌美的交际花薇奥列塔家的沙龙,宾客如云,喧闹不已,人们所关注的,是美酒和社交场面上的应酬。作为剧情的前提,观众都知道,薇奥列塔身患肺痨——似乎不论中西,这都是烟花女子标志性的疾病。这天,来了个新的年轻人:阿尔弗雷多,他似乎与这个场合格格不入,有些傻头傻脑。当代有些歌剧院新推出的版本,把他的形象塑造成戴眼镜的书

---

① 亚里士多德:《诗学》1462a15。参见罗念生、杨周翰译,《亚理斯多德诗学·贺拉斯诗艺》,人民文学出版社,1962年,第105页。
② Verdi's La Traviata, ed., Burton D. Fisher, Coral Gables, Florida: Open Journeys Publishing, 2001, pp. 53, 57, 88. 本文所引歌剧脚本,均据此版本,以下不一一注明。

呆子。在剧中他好像有几分才气，于是众人撺掇他唱一首"饮酒歌"（Brindisi），薇奥列塔和众人也都加入了。这首歌实在太成功了，到如今在许多欢庆场合人们还往往会唱它，全然不顾它所表达的是整个歌剧所贬斥的价值观。歌中所唱的，是对美酒、爱情的赞颂。但此时的爱情，所指的到底是什么，还不太清楚。在薇奥列塔的唱词中，有这样的话："一切都是虚妄，除了快乐（piacer）"。这里的快乐，是指感官层面上的，因为，它稍纵即逝，不及时把握就会丧失。总之，这仍然是交际界的俗套。

趁宾客们去跳舞，阿尔弗雷多向薇奥列塔表露了内心真实的情感。他关心薇奥列塔的健康，认为她不应该再过目前这种生活。他是在一年前就爱上了她，因为她惊人的美。遇见她的那天，是幸福的、以太般的（eterea）。他心中产生的爱，是神秘的，宇宙的脉动（palpito dell'universo）。这爱带给他的，是苦乐交杂。这里的苦和乐，字面上的意思是"十字架和喜悦"（croce e delizia）。十字架一词，有强烈的基督教的暗示。但剧中其他地方，作者细心地抹去了明显的基督教的痕迹。这又是为何？

待众人散去，薇奥列塔独自面对自己，开始了激烈的思想斗争。真奇怪！在她的生命中，在这样的圈子里，会发生这样的事：有人会真诚地爱她，她也能够真正地爱他。这是她从来没有经历过的，不是快乐（piacer），而是欢乐（gioia），是真诚的爱与被爱的统一（esser amata amando）。似乎从此灵魂就有了依靠。这时她也唱起来阿尔弗雷多的那个爱的主题，似乎他们对爱有了共同的理解。

但突然，她发现这只是个疯狂的梦想。她意识到了自己的处境、身份、职业，在巴黎这样的地方，这怎么可能？所以，还是打消这念头，回到她常规的道路去，日复一日，追逐感官的享受吧。但脑海中依然响起了阿尔弗雷多的歌声。第一幕就在这内心冲突尚未解决中结束了。

到第二幕开始时，已是三个月以后。中间所发生的事情，都略去不交待了。这并不是如有些论者所说的，是剧情安排的"突兀"，而恰恰是戏剧的表现手法：去除枝蔓，将叙事时间留给最有戏剧性冲突的时刻（moments）。此时，他们躲开了众人，在巴黎的郊区（既不是巴黎，也不是乡村）过起了简朴但相爱的生活。阿尔弗雷多觉得自己犹如生活在天上（io vivo quasi in ciel）。但是，风暴即将来临。阿尔弗雷多的父亲，一位老乡绅，听说儿子与一个交际花混在一起，便赶到了巴黎，要向薇奥列塔问罪。他听说儿子要把自己的财产（beni）

送给薇奥列塔。beni 这个词,原意是好东西。按照社会上多数人的看法,好东西,自然就是钱财。来自普罗旺斯(Provenza)的这位老绅士,对儿子所关心的,首先是他的年金。薇奥列塔给他看了一些单据,说明为了维持他们目前已经远较以往简朴的生活,她必须变卖先前攒下的家产。于是他承认这是一种高贵的情操。但他转而希望她进一步作出牺牲(sacrificio)。于是他打出来第二张牌:他的女儿。如果阿尔弗雷多继续和薇奥列塔在一起,他女儿的婚事便要泡汤。薇奥列塔答应暂时和阿尔弗雷多分开。老乔治却不满足,而是要他们永远断绝往来。为了说服薇奥列塔,最后他使出了杀手锏:你现在年轻貌美,但美色(veneri,属于维纳斯的东西)总有消逝的时候,到那时,取代爱的,就会是厌烦。薇奥列塔终于被他说服,答应离开阿尔弗雷多,而且,还不能告诉他真相。

第二幕第二场,薇奥列塔回到巴黎她原来的"朋友们"当中。那时一场热闹的假面舞会:戴上假面具的男男女女,在讲述一个异国的爱情故事。阿尔弗雷多追了过来,在赌局中手气格外顺,赢了大把的钱。他以为薇奥列塔离开他是因为他还不够富有,赢了钱他就可以带她远离。薇奥列塔瞒下真相,谎称自己还爱着以前的保护人,老伯爵。深感自己的爱情被背叛的阿尔弗雷多,当众羞辱了薇奥列塔,还与伯爵定下了决斗的邀约。

第三幕是薇奥列塔凄凉的病房。她已奄奄一息,生命只剩下几个小时。时值狂欢节,窗外传来民众的歌声,他们正要宰杀作为牺牲的公牛。终于,得知内情(recognition)的阿尔弗雷多赶来了。他们决心再也不分离。薇奥列塔想要去教堂,感谢神的眷顾,但她已衰弱之极。老乔治和医生也来了。在最后的时刻,真奇怪(È strano!),她觉得自己的病痛消失了,心中产生了前所未有的力量,进入了真正的"欢乐"(Gioia)。

剧中三次"真奇怪",引出了三次剧情的突转。第一次,薇奥列塔由寻欢作乐转向接受阿尔弗雷多诚挚的爱情;第二次,她出于内心里对阿尔弗雷多的爱,却要回到过去的生活圈;第三次,她以肉体生命为代价,获得了真正的升华。

四

虽然按照当时行内的惯例,从故事背景设置、人物角色类型来看,像《茶花女》这样取材于当代,属于其"小人物三部曲"之一的作品,更接近 comedy("喜剧")。但从精神气质上,我们得说,它自然是悲剧,而且是接近古代悲剧格调的悲剧。悲剧对人物的展现(mimesis),不是静态的,而是通过人的行动(action)。人的行动与伦理有关,故而悲剧也必定与伦理有关[1]。

　　考察戏剧作品的伦理性,自然可以通过人物的行动、选择,可也不妨换个视角,从某个侧面来看。在歌剧《茶花女》中,除了第二幕第二场交际界的假面舞会外,真正提到的地名只有两个:巴黎(Parigi)和普罗旺斯(Provenza)。这样的安排是否有特别的用意? 它们又分别代表了什么?

　　19世纪中叶的巴黎,是西方世界的大都会。其地位,大约相当于古代世界的巴比伦、罗马,或者是当代的纽约。誉之者会说那是人类文明成就的汇集之处,毁之者,则说那是人类罪恶的集中地。在基督教《圣经》中,从开篇的《创世记》,到结尾的《启示录》,巴比伦都是败坏的场所。剧中的巴黎,我们所看到的,只是声色犬马、骄奢淫逸的各色人等。那里的人们,会通宵达旦,追逐感官的享乐。把虚情假意的交易,当作是爱情。又信奉一个原则:逢场作戏可以,切莫当真。第二幕第二场中,宾客们问阿尔弗雷多是否知道薇奥列塔在哪儿? 他回答:"我不知道!"他们纷纷叫好:"不放在心上! 好样的!"(Ben disinvolto! Bravo!)。便是这样一种伦理态度的写照。

　　薇奥列塔也曾经在这个圈子中。但她真正属于这里吗? 第一幕的内心独白中,她对自己有一个明确的定位:"可怜的女人,孤身一人,被抛弃在巴黎,这挤满了人的荒漠!"(Povera donna, sola, abbandonata in questo populoso deserto che appellano Parigi)。

　　与巴黎这个大城市相对的,是老乔治所代表的乡村普罗旺斯。在第二幕第一场的结尾,有一首老乔治的咏叹调:"普罗旺斯的大海和土地"(Di Provenza il mare, il suol)。大地,历来与一种更有德行的生活道路有关。在大地上劳作的人们,固守着传统的道德观念。他们诚实、勤劳、朴素。他们热爱家庭,愿意用自己的辛勤劳动,为子女创造一个良好的生活条件。他们看重名誉,不愿意有什么事情,让他人对自己有所指责。他们保守。他们不会追赶潮流。他们认为自己的生活方式是健康的,他们会唾弃败坏的巴黎。但是,如

---

[1] Cf. Michael Davis' *Introduction* to *Aristotle on Poetics*, tr. by Seth Benardete and Michael Davis, South Bend, Indiana: St. Augustine's Press, 2002, pp. xi-xxx.

果说在败坏的巴黎人看来,感官的快乐是真正的"好",那么,我们看到了,老乔治对薇奥列塔所说的话,首先是钱财。钱财是首要的"好"。钱财本身,自然并不等于是"坏"。但它是否就是充足的"好"?"好",是否还另有可能?

在巴黎和普罗旺斯在两个地名之外,是否还有什么道路可以探寻? 我们来看看阿尔弗雷多。他并没有与任何一个地方相联系。他不喜欢巴黎。在第三幕,将近最后的时刻,他还与薇奥列塔相约,要离开巴黎(Parigi, o cara, noi lasceremo!)。他也不属于普罗旺斯,家乡的大海和土地,他不放在心上。他说得最多的,是一些与天空有关的词儿。他说他遇见薇奥列塔的那天,是"以太般的",也就是说至纯至净,不属于这凡俗的大地的。他说他的爱是"宇宙的脉搏"——简直是一位"自然哲学家"。与薇奥列塔隐居在巴黎郊外——巴黎和乡村的交界处,两边都不是——他说犹如生活在天上。可是他的"天"没有更多的内容,没有更进一步的取向。他的"天"是半天空。

阿尔弗雷多的德性是什么? 他真诚。他有同情心。他有年轻人炽烈的情感(bollenti spiriti, giovanile ardore)。他爱荣誉,不愿意成为吃软饭的拆白党。他为了荣誉可以不惜决斗。总之,他勇敢。他有激情。可也正是这种激情,让他铸成大错,那是因为他不知情。他缺乏认清事物本质的能力。那么,他的伦理道路是什么? 他没有一条成熟的伦理道路。

薇奥列塔的伦理道路又是怎么样的?

且让我们再换个视角来看。

一般而言,道德观念往往和某种信仰联系在一起。信仰起到了为道德观念奠基的作用。在传统文化中,在多少情况下,信仰是对某个神(或某一些神)的信仰。借由神的戒律、教导、学说,以及与神有关的叙事、话语,人们得以指导自己的行为。现代世界当然情况变得更复杂了。信仰不一定是针对神的,也可能是针对某个学说、主义。也会有人主张,道德观念不必以信仰为基础。

坚持某种朴素道德观念的老乔治,应该是信神的。他钟爱自己的孩子,尤其是小女儿,说她犹如天使,是神赐给他的(siccome un angelo, Iddio mi diè una figlia)。在他教训阿尔弗雷多,希望他回到家庭的怀抱,回到普罗旺斯时,他对自己的道德正当性坚信不移。因为,"神指导我[来这里,说这番话]!"(Dio mi guidò!),"神允诺我!"(Dio m'esaudì!):我会重新得到自己的儿子。

我们注意到,这两次提到神,都是援引神为最高的权威,来证明自己的正当性,都使用了第三人称。只有在全剧结尾,薇奥列塔死去时,他才第一次使用了第二人称呼格的神:"哦,神啊! 救救她吧!"(Oh Dio, soccorrasi!)。即便如此,这里的神,依然是尊称"您",而不是"你":是高高在上,威严的神,不是亲密的神。

薇奥列塔也信神,在全剧,从开头到结尾,她提到神的次数,远远多于老乔治。第一幕中,薇奥列塔安排宾客去跳舞,不料,身患疾病的她一下跌倒在椅子上。她脱口而出:"哦,神啊!"(O Dio!)。这一细节也是精心设计的。我们知道,歌剧《茶花女》并没有沿用小仲马作品的原名 *La Dame aux camélias*,而是叫 *La Traviata*,直译是《走上歧途的女子》。跌倒,有两重含义,既说明她身体的疾病,又象征其生活方式的堕落。故事的基本设定是,她是个堕落的女子。她又是个孤苦无依的女子。她是个真正的 povera donna,可怜的女子——虽然她当时并不缺钱,不是个穷(povera)女人。她在身体和灵魂两方面都处于最低处。但是,这一刻,以及在剧中其他场合,紧要关头,重要的时刻,她都情不自禁在呼告神,用的都是第二人称单数:"你"。

老乔治和薇奥列塔言说神的方式不同。这种差异,不是仅仅体现在语法人称的意义上。所谓人称,是体现在言说、对话当中的。人称所反映的,是人的位格(Person)、人的灵魂。所谓第一人称(我)、第二人称(你)、第三人称(他)的顺序划分,是以言说者自己为本位而确定的。强调对话的 20 世纪思想家布伯提出了"我-你"关系。而另一位思想家罗森斯托克-胡絮则认为,这样的顺序大可商榷。作为有限的个体,"我"的力量并不来自我自己,而是我以外,"……在能够有一个我之前,必须有一个你"[①]。"你"优先于"我"。"你"才应该是真正的第一人称。至于第三人称"他",只是在"你"和"我"的对话中所指涉的对象,对"我们"的对话并没有主动地作出贡献,没有表现出"位格性"(personality)。无怪乎在许多语言(如法语、意大利语等)中,第三人称的代词并不能区分有位格的"他"/"她",以及无位格的"它"。而在拉丁语中,严格说来,并没有真正的第三人称的人称代词,有的只是指示代词(is, ea, id)[②]。

现在,我们可以来看一看有关薇奥列塔伦理道路的问题了。对于《茶花女》一剧,我们可以把它理解为不同的伦理观念的冲突。而落实在薇奥列塔身

[①] 参见哈罗德·斯塔默:"英文版导论",罗森斯托克-胡絮,《越界的现代精神——基督教的未来》,徐卫翔译,华东师范大学出版社,2011 年,第 35 页。
[②] 参见肖原:《拉丁语基础》,商务印书馆,1983 年,第 221 页。

上,更可以把该剧理解为她个人伦理观念的发展:随着剧情的展开,她前后走过了几条不同的伦理道路。在第一幕,处于堕落状态的她,在醉生梦死、声色犬马的圈子中,过的是一种享乐的生活。第二幕里,阿尔弗雷多真诚的爱唤醒了她,决然抛弃过去,过上了简朴然而合乎道德的生活。但是,事不随人愿,习传的道德、家庭观念却不肯轻易接纳她。到了第三幕,在各个方面都一无所有的她,却没有放弃(其实她始终坚持着)对那在上者的信仰和呼告。在她与阿尔弗雷多重逢时,想到的是要去神的"殿堂"(tempio)。在她最后离别人世时,她觉得她重归了生命(io ritorno a vivere)。她的道路,是一条从"快乐"(piacer),经由"牺牲"(sacrificio),抵达"欢乐"(gioia)的上升之路。歌剧《茶花女》创作时,索伦·克尔凯郭尔(Søren Kierkegaard, 1813-1855)已是晚年,其著作,在北欧以外很少有人知晓。威尔第和皮亚韦应该没有读过他的书。但两者却有内在的契合,或许是因为它们都产生于同一个大的传统。

五

我们多次强调,歌剧《茶花女》是一部悲剧。乍一看,这么做实属多余:它所讲的,不就是一个"悲惨"的故事吗? 其实不然。悲剧一词如今往往被滥用,常被用于指某个不好的事件,某个不幸的结局。但究其实质,悲剧的侧重点并不在此——诚然,悲剧常有不好的事件和不幸的结局。而悲剧之为悲剧,则在于其严肃,至于其展现人世间最重要的东西。

按亚里士多德的说法,悲剧中最重要的,衡量一部悲剧优劣的,是突转(reversal)和发现(recognition)。其作用,是通过激发起观众的情感(怜悯、恐惧、愤怒等),而起到Katharsis(净化、陶冶)的效果。

悲剧产生于酒神节。是狂欢的节日,而不是庸常的平日;是酒神狄俄尼索斯(Dionysus),而不是别的神,如掌管一切的宙斯(Zeus),或者智慧女神雅典娜(Athena)。酒神节带来陶醉;酒神节伴随着献祭(牺牲);酒神节力图起到使个体融入整全的效果——打破"个体化原则"(principium individuationis)。酒神节原本就是一种宗教。如此说来,我们大概能够理解所谓严肃是什么意思了:不是指板着面孔,而是说沿着某个指向,去安顿个体生命的意义。在西方,戏剧作为最高的艺术、艺术的典范,深刻影响着其他的艺术门类。戏剧性之中所蕴含的宗教性,也体现在其他各种艺术。

文艺复兴之后产生的西方近现代戏剧，其背景已和古典时期不同：经过一千多年基督教的洗礼和教化，人们对神、人、神人关系、人生的意义、人的得救等方面的看法，已然不同。薇奥列塔不是古典意义上的英雄、大人物。她是个卑微的小人物，是堕落的、走上了歧途的女子。但她仍葆有朴素然而坚定的信仰，她知道自身不足恃，只能凭靠某个在上者。她在最后，认为自己获得了新生。这种对生命的理解，是古典时代所不知的。她的原型，也许可以在抹大拉的马利亚（Mary Magdalene）那里去找。先前我们曾说，《茶花女》达到了近乎古典悲剧的境界，那是从其艺术感染力而言的。从精神的质地上说，自然是开出了新的局面了。

把歌剧《茶花女》纯粹往基督教那儿去解读，自然是不合适的。事实上，威尔第刻意避免了这种直接的联系。剧中从来没有提到过耶稣基督。该说教堂（chiesa）的地方，用的是殿堂、神庙（tempio）。唯一跟基督教明确有关的，是十字架（croce）一词，还是在双关的意义上用的。也许，威尔第希望其作品有更普遍的意义，而不仅仅限于基督教世界——尽管其思想渊源在很大程度上来自基督教。

《茶花女》诞生了一个半世纪了，这期间，无论是世界还是西方，都发生了极大的变化。现如今，再说西方艺术的宗教维度，是否有些不合时宜？当然，这是后话了。但歌剧《茶花女》的魅力依然没有减退。

［原文发表在《同济大学学报》（哲学社科版），2015 年第 6 期。本文修改了个别表述］

后蒙昧时期阿拉伯圣俗秩序的解构与重构

王新生

伊斯兰教研究一度是黄颂杰老师的主要的研究方向之一。他在西北大学伊斯兰教研究所期间曾有丰富的研究成果和译作,但是因为时代的原因,一并记在了集体名下。2000年本人从美国天主教大学访学归国,应复旦大学哲学系新建宗教学专业的教学需要,开始从事伊斯兰教方面的教学和研究。这样,在当代天主教之外,本人无意中接续了师门伊斯兰教研究这个"道统",特此提供一篇伊斯兰教方面的文章。

伊斯兰教是随着《古兰经》于公元7世纪初在阿拉伯半岛中西部的麦加城与麦地那城的启示而诞生和发展起来的。当时的一个历史事实是,6世纪末和7世纪初的中东历史被东罗马拜占庭帝国和萨珊王朝时期的波斯帝国这两个"巨人"之间的争斗所主宰。就像当年华约和北约组织双方都努力争取相对弱小的中立国家支持一样,在6世纪和7世纪萨珊帝国和拜占庭帝国也各自寻求扩大在阿拉伯的势力范围,以图压缩另一方的生存空间。不过,对于沙漠游牧民族,武力征服并不奏效,除了遏制他们之外,几乎无计可施,所以双方都通过酬劳边境上的半游牧部落来阻止游牧部落对于人员定居国家的袭击。正是通过波斯边境的希拉王国和罗马边境的爱萨西奈王国、传教士和阿拉伯商人,外来宗教和文化渗透到阿拉伯腹地。以个体意识和财富观念为特征的新文化与阿拉伯社会之前固有的部落集体主义和平均主义形成张力,《古兰经》就是为了解决这种张力和指导阿拉伯社会在圣俗方面的转型而降示的。

一、 牧人-骆驼-枣椰——《古兰经》降示之前阿拉伯游牧部落社会的外三角

就把握《古兰经》的降示对于7世纪初阿拉伯社会转型的作用而言,了解

一些当时的社会观念和习俗是必不可少的。在很多方面,已经脱离游牧生活的麦加人仍然保持着游牧民族的观念和看法。《古兰经》降示之前麦加社会的问题在很大程度上可以回溯到游牧民德与商业活动所滋养的新的生活方式之间的张力,甚至冲突。

阿拉伯沙漠生活的基础是骆驼;"历史上第一个阿拉比亚人(即阿拉伯人)的名字,与骆驼放在一起"[1],这个事实也折射出这一点。假使没有骆驼,就不能设想沙漠是可以居住的地方。游牧人的营养、运输、贸易,无一不依靠骆驼。而椰枣几乎成为除了驼肉之外唯一的固体食物。

因为人口对食物造成不断的压力,针对敌手的生存斗争就变得无休无止。在沙漠中成功生活就需要高度杰出的群体生活艺术。为了面对敌人的时候相互保护、面对自然的时候相互帮助,人们往往成群结队地生活,通常是以血缘关系为基础。

就游牧部落的习性和习俗,艾哈迈德·爱敏在《阿拉伯-伊斯兰文化史》中写道:"本族的任何一个人在外面犯了什么罪恶,全族的人就要为他承担起来;倘若他得了战利品和掳掠物,全族的人都得分享,但好的部分却归酋长所有。假使一个人得不到部落的保护,他便去托庇于别一个部落,承认他是那个部落的一分子。游牧民族的这种思想,可以说是一种部落主义,并非民族主义。而游牧人与其部落互相保护的感情,就是所谓的宗派主义。老于游牧生活的人,宗教观念非常薄弱,除了盲从本部落风俗及因袭祖先之外,便无信仰可言。"[2]

伊斯兰教在社会生活和习俗方面,不仅在信仰上强调信主独一,而且在经济和社会价值方面确立起一套"敬主爱人"的社会规范。特别是以建立在信仰之上的超出部落的人际关系代替了建立在血缘关系之上部落人际关系。

二、酋长-诗人-卜人——《古兰经》降示之前阿拉伯部落社会的内三角

1. 酋长与穆鲁瓦

在《古兰经》降示之前,尽管阿拉伯人形成了多神崇拜,但是尚未形成解释

---

[1] 菲利浦·希提:《阿拉伯通史》第十版(上),新世界出版社,2008年,第33页。
[2] [埃及]艾哈迈德·爱敏:《阿拉伯-伊斯兰文化史》,第一册《黎明时期》,商务印书馆,2001年,第9—10页。

这些神祇及其圣地与他们的精神生活的相干性的神话体系。他们没有任何后世观念，但是由于在旷野中死亡随时降临的缘故，他们相信命运是至高无上的。

在蒙昧时期的阿拉伯游牧生活中形成了一种穆鲁瓦机制。穆鲁瓦并非只是男子气概，它有更广泛的含义，包括作战勇敢、忍受疾苦、献身部落等。穆鲁瓦美德要求阿拉伯人不顾个人安危，绝对服从酋长或头领，积极承担为任何针对部落的冒犯而复仇的武士职责，保护部落的脆弱成员。群体保护和相伴而生的血亲复仇观念滋生出类似《旧约》中"以眼还眼"的古老原则。

为了确保部落的生存，酋长在部落中平均分配财富和财物，倘若本部落的某个成员遭到其他部落杀害，则要通过杀死施暴部落的任何一个成员来进行血亲复仇。就血亲复仇而言，敌对部落中的每个人都是与凶手等值的。因为在伊斯兰教之前的部落社会中个人淹没在部落之中，除了作为某个部落的成员之外没有特定身份，所以没有义务非要对那个特定的凶手复仇。如果凶手杀的是自己部落内的人，那么这个凶手将不受部落的保护。在这种情况下，只有冒犯者自己氏族的酋长可以惩罚他。

在没有中央权威或现代意义上的警力和法制的部落社会地区，血亲复仇是维持社会安全的唯一手段。倘若某个部落的酋长没有进行必要的血亲复仇，这个部落将失去其他部落的尊重，而且成员的安全也得不到保障。于是乎，血亲复仇形成一种粗放的、现成的正义形式，这意味着没有哪个部落可以轻易骑到其他部落头上，还意味着各种各样的部落可能陷入冤冤相报的恶性暴力循环之中。

《古兰经》之前阿拉伯半岛对于暴力犯罪的一种主要威慑也是对于民事秩序的保障，就是对于血亲复仇的恐惧。与全体承担的责任连在一道的血亲复仇原则是一种在沙漠世界保持和平和防止乱杀无辜的有效途径。在游牧部落的原始观念中，不需要也没有义务尊重人的生命本身；但是一个人会避免伤害或杀死另一个人，如果后者属于同一个部落或同盟部落，或者属于一个强大的、肯定会复仇的群体的话，更是如此。[1] 群体保护不仅是阿拉伯沙漠生活的一种本质特征，而且在像麦加这样的城市和像麦地那这样的定居绿洲也是如

---

[1] 参见：[埃及]艾哈迈德·爱敏：《阿拉伯-伊斯兰文化史》，第一册《黎明时期》，商务印书馆，2001年，第9页；比较：[英]爱德华·吉本：《罗马帝国衰亡史》下，商务印书馆，2006年，第337—339页。

此。人们的和平依赖于血亲复仇的原则所维持的脆弱平衡。

2. 诗人与卜人

在伊斯兰教之前的阿拉伯,氏族或部落的显要人物除了酋长之外,就是卜人和诗人。① 阿拉伯人称诗人为"沙仪尔"(shāʻir),本义是"感觉者"。"阿拉伯文里的'诗歌'一词,原来是'知道'的意思,'诗人'原来是'学者'的意思。"② 蒙昧时期的阿拉伯人认为,诗人有一种常人所没有的、精灵所昭示的知识。鉴于诗人与常人所不可见的势力之间有某种相通关系,故一般认为诗人能凭诅咒而伤害敌人。

蒙昧时期阿拉伯诗人的职责是多元的。战时,他的伶牙俐齿与战士锋利的宝剑有同样的威力;平时,他蛊惑人心的群众演说可能危及既定公共秩序。正如现代政治运动中煽动民众的演说家一样,蒙昧时期的阿拉伯诗人的诗歌能唤醒整个部族,使他们行动起来。

那个时代的诗人起着某种现代所谓公共知识分子的作用,与现代的新闻记者也有些相若。凭着听众的背记和口耳相传,诗人的诗歌往往流传很广,成为一种至关重要的宣传工具,所以诗人又扮演着舆论的铸造者和代言人的角色。诗人不但是本部族的预言者、指导者、演说家和代言人,而且是本部族所能有的史学家和科学家。

在蒙昧时期,一个强大的阿拉伯部落必须具备人口多、武力强和才智高三大要素。诗人作为本部族的史学家和科学家,不仅精通本部族的宗谱、传说,明了他们的历史造诣和功绩,熟悉他们的利益、牧场和疆域,而且掌握与本部族相竞争的各部族所有的心理弱点、历史败绩;他的工作就是极尽夸张、渲染等手法,扬本部族之"长",揭他部族之"短"。③ "蒙昧时期的阿拉伯诗人,大多是最受族人尊重的,因为他们的职务是歌颂本族的功德,凭吊本族的亡人,攻击本族的仇敌。"④

3. "穆罕默德主的使者"——整合并超越酋长、诗人、卜人之地位

伊斯兰教初兴之时,古来氏昧民对穆罕默德有许多攻击,其中就有人否定

---

① Richard C. Martin (Editor-in-Chief): *Encyclopedia of Islam and Muslim World* (Thomson Gale, 2004), p.63.
② [埃及]艾哈迈德·爱敏:《阿拉伯-伊斯兰文化史》(第一册),商务印书馆,2001年,第58页。
③ 希提:《阿拉伯通史》(上),新世界出版社,2008年,第83—84页。
④ [埃及]艾哈迈德·爱敏:《阿拉伯-伊斯兰文化史》(第一册),商务印书馆,2001年,第59页。

穆罕默德是真主的使者,认为穆罕默德不过是一位"诗人"。《古兰经》明文指出安拉并未教导穆罕默德诗歌,《古兰经》不是诗人的诗作:"我没有教他诗歌,诗歌对于他是不相宜的。这个只是教诲和明白的《古兰经》,以便他警告活人,以便不信道的人们当受刑罚的判决。"(36:69)"这确是尊贵的使者的言辞,并不是诗人的言词,你们很少信仰,也不是卜人的言辞,你们很少觉悟。"(69:41)。

与之前诗人在昧民心目中的地位不同,《古兰经》对于诗人的地位重新定位,认为诗人只尚空谈,不身体力行,只有迷误的人才追随诗人:"恶魔们附在每个造谣的罪人身上。他们侧耳而听,他们大半是说谎的。诗人们被迷误者所跟随。你不知道吗?他们在各山谷中彷徨。他们只尚空谈,不重实践。"(26:222—226)。

就是说,恶魔附在"诗人"身上,向他传递从天使那里偷听到的谈话内容,但是由于恶魔们被驱离得相当远,其实无法听清,所以所传的只能是谎言,无法带着"众世界的主所启示的"《古兰经》降临(26:192、210):"那对于他们既不是适宜的,也不是他们所能的。他们确是被驱逐而不得与闻的。"(26:211—213)

更为重要的是,伊斯兰教初兴之时,诗人不仅像以前一样缺乏远大理想,在道德上彷徨不已,"他们的诗歌,不外是嬉笑怒骂,描写女子的窈窕娇态,两性的传情恋爱等等"[①],而且"常吟诗讽刺、毁谤伊斯兰教和先知,有一些悖逆者簇聚在他们周围,一道起哄"[②]。总之,没有远大理想目标的诗人们无法引导民众走上正义道路,穆圣所传的、真主启示的《古兰经》则有一整套的理想,要改造人类的生活。"诗家只是说说而不实行,而穆圣是在布道以后,作实行的模范。"[③]

三、 宿命-精灵-多神——阿拉伯社会的老三信

公元600年左右的阿拉伯宗教局面是错综复杂的。除了古已有之的民间信仰之外,那些绿洲中的犹太人的存在以及在也门的数量可观的犹太人,导致

[①] 王静斋,载于《古兰经汉译注释汇集》第二分册,香港天马出版社,第1164页。
[②] 林松,载于《古兰经汉译注释汇集》第二分册,香港天马出版社,第1164页。
[③] 时子周,载于《古兰经汉译注释汇集》第二分册,香港天马出版社,第1164页。

某些犹太教观念的渐渐传播。还有相当程度的基督教的影响,尽管这种影响更加散漫一些。贸易使麦加人与拜占庭和阿比西尼亚这些基督教帝国建立了联系。基督教早已在也门传播开来,特别是在这个地区处于阿比西尼亚的控制下的时候。一些游牧部落的某些部分已经成为基督教徒。此外我们只听说过一些孤立的个人,像穆罕默德的妻子海蒂彻的堂兄沃勒盖、麦加山中的青年基督徒等。但这这些,以及据说麦加还有基督徒墓地这一点,足以令人推定一些基督教的观念已经渗透进阿拉伯的知识圈子。另一方面,更多的阿拉伯人没有成为基督教徒的原因无疑部分是因为这样一个事实,就是基督教具有政治内涵;在当时长期交战的拜占庭与波斯帝国方面,拜占庭和阿比西尼亚帝国官方都是基督教(东正教和一性派),而聂斯托利基督教在波斯帝国则非常强大。[1]

1. 宿命

《古兰经》之前阿拉伯昧民本质上是宿命论者,没有后世和末日审判概念。他们的主导观念是:随着死亡,万事皆休;没有死后复活,因此也没有对于今世的审判。对他们而言,及时行乐是最高的智慧。正是针对此等基于"光阴信仰"的盲目宿命论,《古兰经》才断言安拉决定人们的生辰、祸福和死期(45:26;57:22),才大力宣扬末日审判,在信仰上则体现为信前定和信后世。

死后复活是与末日审判相关的一个条件,但是当年蒙昧时期的那些昧民却认为这个观念是荒谬的和不可想象的。换言之,根据那些昧民的宿命论看法,死亡使一切完结:"我们只有今世生活,我们死,我们生,我们绝不会复活。"(23:37)

在伊斯兰教之前的阿拉伯社会,"光阴"这个要素是某种神秘的东西,是某种对于男男女女的生命具有专制能力的宿命。穆罕默德最初就是向这样一种不信来世生活和最后审判、把一切都押宝押在今世生活之上的文化氛围传布《古兰经》的信息的。

2. 精灵

"精灵"在《古兰经》中出现了29次多,其中还有直接论述精灵的《精灵章》。"精灵生活在我们看不到的世界。他们吃喝、生育。类似于人的情况,其中的一些是公义的,另一些则不然。精灵在创造人类之先就被创造出来,他们

---

[1] 参见:W. Montgomery Watt, *Bell's Introduction to the Qur'an* (Edingburgh: Edingburgh University Press, 1990), p. 8。

的起源是火(15:26—27)。"①

阿拉伯语"精灵"(Jinni)一词的词源说法不一,一说是派生于拉丁文genius 的阿拉伯语词根 janna("那些隐匿或神秘者",或具体一些"被掩盖的"或"掩盖着的"),另一说是来自基督徒用来表明堕落为恶魔的异教徒神祇的亚兰语借用词。在后一种情况下,精灵最初的含义是指堕落的神祇。

在古代阿拉伯精灵基本上是自然精灵,不是幽灵。尽管它们是由无烟的火所构成,但是它们可以呈现为不同的形式,主要是动物形状。例如,蛇可能总是一个伪装的精灵。精灵可以呈现为鸟的形状,而且在一些特殊的情况下呈现为人形。精灵主要居住在人烟罕至的地方、树林附近或废墟中,或者特定的地块,这意味着在贝都因人安下帐篷的时候要安抚它们。精灵通常违背通常的情理行事,大多数情况下造成人们的灾难,包括发疯(阿拉伯语"发疯"的字面意思是"精灵附体","疯人"字面的意思是"精灵附体的人")。因此古代阿拉伯人发展出一整套抵御这些邪恶精灵的可能措施,包括佩戴护身符和诵念咒语。

当年流行的阿拉伯信念认为,诗人和卜人的灵感来自精灵。"在某些情况下,特定的精灵能够获得某种程度的个体性,特别是通过接触到人类不能接触到的知识而获得这种个体性。于是乎,卜人和诗人的灵感在古代阿拉伯和在《古兰经》中都被归于某种被特定精灵所'覆盖'的存在,这种特定的精灵向以这种方式附体的人传授有关实在和未来的话语。的确,古代阿拉伯人把所有'超自然'的知识都归给精灵。《古兰经》72:9 提到精灵能够在天堂之门倾听,获悉在天堂酝酿的神的计划和打算,然后把这些知识报告给特定的人。"②换言之,在伊斯兰教之前的阿拉伯宗教中精灵被当做神的启示的中保。

《古兰经》通过否定穆罕默德是诗人(26:222)、卜人和疯人(52:29;69:42),确立穆罕默德获得启示的来源不是精灵而是真主。穆罕默德参悟到安拉启示的"迹象",并从天使吉卜利勒那里获得真主以阿拉伯语所赐的《古兰经》,最终阿拉伯半岛获得一部经典——在穆斯林看来比犹太教徒和基督教徒的经典启示的日期较晚、但更重要的一部经典。③

---

① Oliver Leaman,"Jinn", *Quran an Encyclopedia* (Routledge, 2006), p. 332.
② Jaques Waardenburgp; *Islam: Historical, Social, and Political Perspectives* (Berlin/New York: Walter de Gruyter, 2002), p. 28.
③ 参见: David S. Noss, *A History of the World's Religions* 11th ed. (Upper Saddle River, NJ: Prentice Hall, 2003), pp. 587 – 588。

3. 多神

就伊斯兰教之前的蒙昧时期的阿拉伯信仰状况而言，多神教成为其主要特征，大致可以归为万物有灵、星宿崇拜和偶像崇拜等。而这些各种各样的多神崇拜正是《古兰经》和伊斯兰教在确立真主独一信仰方面所谴责和否定的。

(1) 万物有灵

伊斯兰教之前的阿拉伯宗教是由原始的闪米特沙漠信仰发展而来的。伊斯兰教诞生之前，在阿拉伯的各个地方，尤其是在贝都因人当中，万物有灵论相当盛行。在对瞪羚、老鹰、秃鹫和骆驼的敬重之中可能已经包含着图腾崇拜。根据公元8世纪的依沙克和希沙姆的《穆圣本纪》的记载，伊斯兰教之前的麦加克尔白中曾经供奉有一只木鸽子和两只金瞪羚。

在这种万物有灵论方面，树木、岩石、洞穴、水泉和水井等自然物都受到极大尊崇。阿拉伯人的生活中最为重要的树木莫过于当属第一的特产植物枣椰树，单单麦地那的各种枣椰树就有百种之多。枣椰树所结出的椰枣是除了骆驼肉之外阿拉伯人主要的固体食物，因此也成为蒙昧时期的阿拉伯人崇拜的对象。另外，"沙漠里的水井，有清洁的、能治病的、活气的凉水，故在很古的时代已变成一种崇拜的对象"①。水泉崇拜中最为著名的是麦加克尔白不远处的圣泉渗渗泉，这个井泉中的泉水对于环绕克尔白圣所的朝圣者们而言是圣水。

伊斯兰教之前的阿拉伯人对石头的崇拜也十分普遍，例如，塔伊夫地方的拉特神就是以一块方形的石头为代表的，彼特拉的左舍拉神则是以一块未经雕琢的长形黑石为代表的。② 而阿拉伯宗教历史上受到崇拜的石头中最为著名的例子当属嵌入阿拉伯半岛最为神圣的圣所克尔白的一角之中的一块黑色陨石，通常称为"玄石"。

(2) 星宿崇拜

游牧的阿拉伯人为了避开白天的酷热，通常在在月光中放牧他们的牲畜。在他们看来月亮使水蒸气凝结成慈爱的露水，滋润着植物和牧场，养育着他们赖以为生的牲畜，他们的生活是受月亮支配的；而太阳恰恰相反，它的烈焰摧毁沙漠中的人类和一切动植物的生命。在此基础上，阿拉伯人形成普遍存在的以月亮为中心的星宿崇拜。就星宿崇拜而言，最为发达的是阿拉伯南方的

---

① 希提：《阿拉伯通史》第十版(上)，新世界出版社，2008年，第86页。
② 同上书，第87页。

拜星教①。

根据《古兰经》我们得知,赛伯邑人崇拜太阳:"我发现她和她的臣民都舍真主而崇拜太阳,恶魔曾以他们的行为,迷惑他们,以至阻碍他们走上正道,所以他们不遵循正道。"(27:24)易卜拉欣谴责包括他的父亲在内的人们的星辰崇拜:他们崇拜星宿、月亮和太阳(6:74—78)。

《古兰经》明文指出,星辰不是神,星辰是安拉的造物,它们也崇拜安拉。"你们的主确是真主,他在六日内创造了天地,然后,升上宝座,他使黑夜追求白昼,而遮蔽它,他把日月和星宿造成顺从他的命令的。真的,创造和命令只归他主持。多福哉真主——众世界的主。"(7:54)

(3)偶像崇拜

在伊斯兰教诞生之前,偶像崇拜盛行,尤其是对于欧萨、默那和拉特三女神的崇拜最为著名。大多数阿拉伯人,无论是在城里还是在乡下,都在崇拜当地的神或女神。这样的一些神祇严格说来是部落神,还有一些则是主宰某些地理区域的"土地爷"。根据《穆圣本纪》的记载,先知穆罕默德对于阿拉伯人中间偶像崇拜的起源有这样的说法:"我看到阿慕尔·本·鲁哈依在火狱中拖曳着他自己的肠子行走⋯⋯他是第一个改变伊斯玛仪的宗教、树立偶像和制度化缺耳驼、逍遥驼、孪生羊、免役驼习俗的人。"②

尽管蒙昧时期阿拉伯人偶像崇拜的情况非常复杂,但是学者们一般把《古兰经》降示之前阿拉伯所敬拜的神祇归为如下范畴:在整个阿拉伯受到敬拜的(1)至高神安拉,(2)连同作为安拉女儿的"三女神"——拉特、欧萨和默那(53:19,20),其中的欧萨特别受到麦加的古来氏族人的敬拜;(3)努哈同时代人的五个神祇(旺德、素瓦尔、叶巫斯、叶欧格、奈斯尔);(4)其他大约35个有名有姓的神祇,其中的胡伯勒因为其人形偶像矗立在克尔白之中而最为著名。另外麦加的名门望族还有其家神,其偶像供奉在家中。《古兰经》之前的昧民相信,所有这些神祇都有其创造能力,在世间事物方面比遥不可及的安拉更加活跃。③

---

① 参见金宜久:《伊斯兰教概论》,青海人民出版社,1988年,第5页。
② A. Guillaume, *The Life of Muhammad: A Translation of Ibn Ishaq's Sirat Rasul Allah* (Oxford University Press, 1982), p. 35.
③ Jaques Waardenburgp: *Islam: Historical, Social, and Political Perspectives* (Berlin/New York: Walter de Gruyter, 2002), p. 25.

一般认为,克尔白内外共有偶像360个。特别是在克尔白黑暗的内部则放入了当地和遥远的神祇的偶像、墙上有壁画。一些偶像围绕着男主神胡伯勒(Hubal,意为"蒸汽"、"精神")。

4. 唯一主神安拉

按照《古兰经》的经文推断,伊斯兰教之前的阿拉伯人对于真主(安拉)并非一无所知,并非毫不信仰,但是它们只是把安拉当作一个遥不可及的创造神祇,认为这种高高在上的神祇与他们的日常生活几乎没有干系。[1] 只有在少数非常情况下,比如海上航行等情况下,这个神祇对他们才有意义。

问题的关键是,在蒙昧时期人们眼中的安拉并非唯一的神祇,因为他们还把许多女儿(37:149)归给安拉,其中包括上文提及的女神拉特、欧萨和默那(53:19—21)。在绝大多数情况下,他们向这些"配主"寻求援助(6:136;10:18)。这就是《古兰经》和伊斯兰教所谴责的"以物配主"。所以,《古兰经》之前的安拉信仰充其量只是停留在唯一主神信仰,而不是有待《古兰经》确立的一神信仰。

5. "万物非主唯有真主"——《古兰经》所确立的安拉信仰

《古兰经》提及安拉2695次,而且一再断言除安拉外别无神灵(例如27:26;47:19;52:22)。针对阿拉伯异教徒、基督教三神论者和索罗亚斯德教二神论者们的错信,《古兰经》宣示安拉是唯一者(例如2:163;4:171;5:73;16:51;112:1),没有助手(例如10:66;13:16),也没有子嗣(例如2:116;10:68;112:3)。《古兰经》归于安拉的各种美名,不仅强调他的唯一性,而且强调他的永恒(太初者、至终者、永生者)、完美(完美者无求者、受赞者)、全能(万能者、大能者、全能者)、全知(彻知者、全聪者、至睿者、明察者)、可靠(托佑者、受托者、庇护者)、恩慈(至仁者、至慈者)和宽爱(至赦者、赦宥者)等。

安拉的活动是无所不包的。惟有他是造物主(例如13:16),而且"无中生有"创造天地(2:117;6:101)。他保持对他的造物的完全控制:维持飞鸟在空中飞翔(16:79),而且从云中降水来滋生果实,做人们的给养(例如2:22)。不仅如此,他维护万物、天地,乐此不疲(2:255)。他参与人类历史:例如,他不仅阻止了一支来自也门的大军在象年摧毁克尔白的企图(109:1—5),而且

---

[1] John L. Esposito, edited, *The Islamic World: Past and Present* (Oxford University Press: 2004), volume 2, p. 47.

在白德尔之战中援助穆斯林(8:11—17)。他肩负对人类提供道德指导的责任(例如92:12)。《古兰经》断言,安拉决定我们的生辰、祸福和死期(45:26;57:22),以反驳伊斯兰教之前的阿拉伯人的盲目宿命论。他对人们所做的一切明察秋毫,即便是对人们最为内心深处的思想也洞若观火(50:17)。他将使死人复活(例如19:66—68),并且根据每个人的行止做出判决(例如7:8;101:6—9)。

四、犹太教-基督教-哈尼夫——阿拉伯社会的新三信

(1) 犹太教

在穆罕默德时代,构成复杂的阿拉伯人口中存在数量可观的犹太人,他们是在历史上躲避战乱而陆续迁居阿拉伯半岛的。例如,公元前722年亚述人灭掉北国以色列的战乱,公元前586年新巴比伦灭掉南国犹大的战乱,公元前333年开始的希腊化时期出现的对于犹太教的宗教迫害,公元65年开始的罗马帝国时期对犹太人反叛的一系列镇压等等。犹太人逃亡阿拉伯半岛的同时,也带来了犹太教。他们与阿拉伯人一道参与到对阿拉伯西部的那些绿洲的集约开发过程之中。其中为首的当属原先称为叶兹里布的麦地那。居民中犹太人为主的绿洲还有诸如泰伊玛(Tayma)、费德克(Fadak)、卧底古拉(Wadi l-Qura)和海邑巴尔(Khaybar)等。

犹太人最后一次大量涌入阿拉伯半岛与公元70年罗马将军提多(后来的罗马皇帝)镇压巴勒斯坦的犹太人反叛、摧毁耶路撒冷有关。经过这次浩劫,大量犹太人迁居阿拉伯半岛南部的也门。犹太人所进行的传教工作,成功地使也门的许多部落信奉了犹太教,到公元2世纪时形成强大的犹太教社团。在也门的希木叶尔王朝曾经出现过信奉犹太教的国王。

在麦加以北大约120英里之外的雅兹里布、即后来的麦地那生活着一些犹太部落,他们可能是公元70年耶路撒冷被罗马将军提多攻陷之后逃到那里的。"犹太教传入阿拉伯半岛,远在伊斯兰教前数百年。犹太教人曾在阿拉伯开辟了许多殖民地,著名者如叶斯里伯(伊斯兰教兴后改称麦地那)。"[1]"这里的犹太教徒,分为奈底尔,盖伊努葛及古赖兹三个部落。"[2]

---

[1] [埃及]艾哈迈德·爱敏:《阿拉伯-伊斯兰文化史》第一册《黎明时期》,商务印书馆,2001年,纳忠译,第25页。
[2] 同上书,第26页。

犹太人在麦地那绿洲定居下来之后,两个阿拉伯部落奥斯族和海兹拉吉族也在公元300年前后从也门移居那里,最初只是先期到达的犹太人的依附民,但是后来"反客为主",成为政治上的主宰者。[1] 622年穆罕默德动身到麦地那的时候,他在麦地那遇到的不仅是两个阿拉伯部落——哈兹拉吉部落和奥斯部落,而且还有三个大的犹太人部落,以及依附两个阿拉伯人部落中的各个家族的一些较小的犹太人群体。[2]

犹太人与叶兹里布的阿拉伯部落尽管存在冲突,但是在宗教信仰方面对于叶斯里布也并非毫无贡献,对于奥斯族人和海兹拉吉族人的精神世界产生了潜移默化的影响,而这为叶斯里布的阿拉伯人比麦加的古莱氏人更容易认穆罕默德为先知做了犹太人始料不及的准备。"犹太人与属于阿拉伯人的奥斯族人和海兹拉吉族人在叶斯里布杂居共处,在他们之间除发生了权力之争外,犹太人在精神方面给这两个族人带来了很深的影响。犹太人在精神方面给予这两个族人的影响要比给予半岛上其他部落的阿拉伯人的影响深远得多。犹太人是'有经人',他们是一神论者。因此,他们责备他们多神论者的邻居把偶像作为接近安拉的手段,并警告他们,先知即将到来,他会同犹太人站在一起消灭他们这些多神教徒。……由于犹太人和奥斯族人及海兹拉吉族人同居共处,也由于两者之间的贸易联系,使这两个阿拉伯族的人比其他阿拉伯人更多地听到了有关精神和其他宗教事宜方面的宣传。叶斯里布的阿拉伯人之所以比其他地方的阿拉伯人能较快地响应穆罕默德的号召,就证明了这一点。"(134)

(2) 基督教

传入阿拉伯半岛的传统一神教,不仅有犹太教,还有后来的基督教。就基督教传入阿拉伯的路径而言,有"南传"和"北传"之别。"南传"路径就是基督教从红海彼岸的非洲阿比西尼亚通过武力和教团传入阿拉伯半岛此岸的也门,"北传"路径就是通过分别与拜占庭的叙利亚接壤的阿拉伯附庸国爱萨西奈王国和与波斯萨珊帝国接壤的阿拉伯附庸国希拉王国零星渗入阿拉伯。其实,在基督教的众多派别当中,传入阿拉伯的是聂斯托利派(景教)和雅各派

---

[1] [埃及]艾哈迈德·爱敏:《阿拉伯-伊斯兰文化史》,第一册《黎明时期》,商务印书馆,2001年,第26页。

[2] 参见 Jane Dammen McAuliffe (edited), *Cambridge Companion to the Qur'an* (Cambridge Univetsity Press, 2006),第26页。

(一性派)两大教派。

聂斯托利派盛行于希拉,雅各派盛行于爱萨西奈及叙利亚各地;卧底古拉也有不少基督教堂;纳季兰(内志)更是阿拉伯半岛基督教的大本营。倘若具体到伊斯兰教之前的麦加和麦地那,"麦加人与信奉一性派的阿比尼西亚、埃及和叙利亚因素互动,与之不同的是麦地那与希拉有联系(希拉可能曾经向麦地那课税),而且从而与萨珊帝国的其他地方有联系,很可能更多接触到聂斯托利教"。[1]

研究表明,"在麦加基督徒很少,且大多数社会地位低下(很可能是阿比西尼亚的奴隶),没有受过什么教育"。[2] 尽管在麦加城本身没有基督教教堂或基督教徒群体,只有像穆罕默德的妻子海蒂彻的堂兄那样的个体,不过,从《古兰经》的经文我们可以推知,麦加有云游的基督教传道人和旷野中的修士、隐士和隐者。还有早期资料表明,伊斯兰教之前的克尔白内的墙壁上不仅有易卜拉欣(亚伯拉罕)的画像,而且还有圣母马利亚和圣子耶稣的画像。

在基督教与麦加人的多元宗教信仰的关系方面,《穆圣本纪》提供了一些相关资料:"使者在光复麦加的那日进入麦加……当使者在光复日礼过晌礼之后,他命令人们把克尔白四周的偶像收集起来,用火焚毁或砸碎……古莱氏人曾经在克尔白里设置画像,包括马利亚的儿子耶稣和马利亚的画像……使者命令擦掉了耶稣和马利亚画像之外的所有画像。"[3]其中的另一则记载因为涉及到《圣经》经文和观念[4],更加令人玩味:"赖斯·本·阿布·素莱姆宣称,在先知担负使命之前40年,人们在克尔白发现一块石头。如果人们所言不虚,石头上的铭文写着:'播种美善收获喜乐;播种罪孽收获愁苦;人岂能作恶而得善？ 荆棘上岂能摘葡萄呢？'"[5]

可见,基督教和犹太教对阿拉伯人的生活和信仰起着潜移默化的影响。"阿拉伯人所以能接触到各种不同的思想文化,能接触到文化世界,还是受犹

---

[1] Gahda Osman,"Pre-Islamic Converts to Christianity in Mecca and Medina-An Investigation into the Arabic Sources", in *The Muslim World*, vol. 95, Jan. 2005, p. 72,参见 p. 75。
[2] 米尔恰·伊利亚德,《宗教思想史》,上海社会科学院出版社,2004年,第996页。
[3] A. Guillaume, *The Life of Muhammad*: *A Translation of Ibn Ishaq's Sirat Rasul Allah*, Oxford University Press, 1982, p. 552.
[4] 参见《诗篇》126:5;《箴言》22:8;《加拉太书》6:7—8;《马太福音》7:16。
[5] A. Guillaume, *The Life of Muhammad*: *A Translation of Ibn Ishaq's Sirat Rasul Allah*, Oxford University Press, 1982, p. 86.

太教徒和基督教徒的影响。并从旁门小道传入一些格言哲理。"①但是由于相对封闭、独立的阿拉伯与邻国之间不仅有海洋重隔、广漠险阻等自然条件的限制和障碍,而且彼此社会情况和文化程度相差悬殊,阿拉伯所知道的各国和各民族的事迹多残缺不全,流传到阿拉伯的各国文化来源支离破碎②。就阿拉伯人对于犹太教和基督教的了解而言,也不免有这种现象。但是《古兰经》对于犹太教和基督教的反应又确确实实基于这两种宗教在阿拉伯的现实存在形态,而绝非教科书中的理论和理想形态。

(3) 哈尼夫

研究表明,《古兰经》之前的阿拉伯人之中还有一些不结盟的一神论者"哈尼夫"。③ 他们信奉安拉是唯一的神祇,主张光复易卜拉欣的正教,但这些人既不是犹太教徒也不是基督教徒④:"穆罕默德时代之前,阿拉伯人中间有一些探索者,他们强烈地脱离偶像崇拜,并且相应地在一种更好的信仰中寻求解脱。在犹太人中间,或许来自那时候仍然活跃的古代传统,阿拉伯人知道易卜拉欣是唯一真神的崇拜者。因此在麦加和麦地那,而且还有塔伊夫,我们发现有一些追求这种真理的人已经放弃偶像崇拜,这些人被称作哈尼夫。"⑤麦加有四位哈尼夫,分别是沃勒盖(Waraqa)、伍拜达拉(Ubaidallah)、奥斯曼(Uthman)和载德(Zaid);麦地那和塔伊夫各有一位哈尼夫,分别是阿布·阿米尔(Abu Amir)和伍麦亚(Ummeya)。

拒载,麦加的四位哈尼夫在麦加人的偶像崇拜仪式上对偶像公开发难之后,分头寻求易卜拉欣的真正信仰。沃勒盖接受了基督教,研究他们的经典,一直保持坚定的信仰,在伊斯兰教兴起之前辞世。据"圣训"记载,"沃莱盖是蒙昧时代信奉基督教的,他通晓希伯来文,并用希伯来文,根据《新约》精神,写了许多作品"。⑥ 伍拜达拉则接受了初兴的伊斯兰教,并为了躲避古来氏人的

---

① [埃及]艾哈迈德·爱敏:《阿拉伯-伊斯兰文化史》,第一册《黎明时期》,商务印书馆,2001年,第183页。
② 同上书,第32页。
③ 参见 Gahda Osman, "Pre-Islamic Converts to Christianity in Mecca and Medina-An Investigation into the Arabic Sources", in *The Muslim World*, vol. 95, Jan. 2005, p. 69 – 72。
④ 参见 Neal Robinson, *Islam*:*A Concise Introduction*, (Richmond:Curzon Press, 1999), p. 76。
⑤ W. St. Clair-Tisdall, "the Sources of Islam", in *The Koran*:*Critical Concepts in Islamic Studies* (RoutledeCurzon, 2004), Vol. 1, p. 62。
⑥ 《布哈里圣训实录全集》(第一部),经济日报出版社,1999年,第4页。

迫害,随后同妻子(阿布·苏夫扬的女儿)乌姆·哈碧芭(Umm Habibah)迁徙到阿比西尼亚,最后在那里皈依基督教。至于奥斯曼则出入拜占庭皇帝的宫廷,得到高官厚禄,并皈依了基督教。最后的一位载德则坚持哈尼夫立场,既没有皈依犹太教也没有皈依基督教。他与自己人民的宗教决裂,放弃偶像,宣称"我崇拜易卜拉欣的神"。①

这些哈尼夫在破除蒙昧时期的多神信仰方面率先打响了第一枪,在确立一神信仰方面对于伊斯兰教的兴起做了有益的铺垫。

五、《古兰经》降示前夕新旧圣俗秩序之间的张力

在伊斯兰教诞生前夕,犹太教、基督教和哈尼夫信仰等新的宗教观念和经商带来的新的生活方式不仅在信仰方面给阿拉伯人带来新的选项,而且催生了个人主义和金钱至上观念,这与传统的部落集体主义和原始共产主义形成张力。

1. 商业社会的兴起

在历史上,及至6世纪末叶,伟大的麦加商人取得了对于来往于阿拉伯半岛西部沿海边缘与地中海之间贸易的垄断性控制。《古兰经》中提及冬季和夏季商队:"因为保护古来氏,因为在冬季和夏季的旅行中保护他们,故教他们崇敬这天房的主,他曾为饥荒而赈济他们,曾为恐怖而保佑他们。"(106:1—4)传统上,冬季和夏季的商队分别向南和向北行进。南下的商路通往也门,但是通过曼德海峡延长到非洲对岸的阿比西尼亚(今称埃塞俄比亚),而且货物还可能通过海路来往于阿拉伯与印度之间。

实际上麦加的商业地位和发达程度超出我们的一般印象。从一些资料我们可以判断,麦加的商业活动不仅在历史上是存在的,而且是大规模的贩运,并非只是止于自用:"当时,从麦加和塔伊夫出发及南方来麦加的商业贸易活动,规模相当可观。一些商队的骆驼可达两千头,货物价值五万第纳尔(金币)。每年从麦加发出的货物,据东方学家西林吉尔的估计,价值可达二十五万第纳尔,约合十六万英镑。"②《穆圣本纪》中对于初到麦地那的穆斯林对于

---

① 参见 W. St. Clair-Tisdall, "the Sources of Islam", in *The Koran: Critical Concepts in Islamic Studies* (RoutledeCurzon, 2004), Vol. 1, p. 62 – 64。
② 穆罕默德·侯赛因·海卡尔:《穆罕默德生平》,王永芳、赵桂云译,华文出版社,2017年,第179页。

麦加商路的侦候活动也佐证了麦加商业活动的大规模和高频次。[1]

《古兰经》最初是面向参与商贸的人们而启示的，这个事实反映在其语言和观念方面。除了上面提到的麦加的商业繁荣及其商队的经文之外，还有学者通过对《古兰经》中的"商业-神学术语"的研究表明，它们被用来表达根本的教义观点，而不仅仅是解说性的隐喻。《古兰经》中可以归入此类的断言包括：人的行为被记录在"功过簿"上（69：19，25；84：7，10）；最后审判是一种清算（84：8）；每个人都得到他的账目（69：26）；公道的天秤被支起（就像交换银钱或货物一样），人的行为被称量（21：47；101：6—9）；每个灵魂因所作所为而抵押（52：21；74：38）；如果一个人的行为受到肯定，他得到酬劳，或工钱（57：18—19；84：25；95：6）；支持先知穆罕默德的事业就是借贷给真主（2：245；5：12；57：11，17；64：17；73：20）等等。[2]

2. 穆鲁瓦制度的失效

伊斯兰教之前阿拉伯部落社会以血亲复仇和集体主义为中心的穆鲁瓦无疑是一种残酷社会机制，但是也有许多长处。它鼓励一种深刻的、强烈的平均主义，鼓励一种对于物质利益的漠然。如此形成的慷慨是一种美德，并且教导阿拉伯人不顾来日。穆鲁瓦在阿拉伯人那里几个世纪一直有效，但是及至6世纪，这种制度已经无力回应时代的新变化。在前伊斯兰教时期的最后时期，即蒙昧时期，好像存在广泛的不满和精神躁动。这种躁动源于外部个体主义观念的引入和经济生活带来的金钱崇拜对部落社会集体人格和集体主义传统价值的挑战。随着商业的发展，贫富分化的出现，个人身份开始从部落的集体身份中分离出来，这样为个体接受与原有集体人格信仰的传统多神教不同的新宗教提供了可能。

个体主义来自阿拉伯半岛周围更为发达的文明社会，主要是拜占庭和波斯两个强大的帝国。处于拜占庭帝国和波斯帝国包围下的阿拉伯半岛，通过这两个帝国边境的阿拉伯人附庸国加萨尼王国和希拉王国渗入外部文化，同时前往叙利亚和伊拉克经商的商人带回文明奇迹的故事，带入外部文化的影响，阿拉伯半岛内地的人们开始有了模糊和初步的个体意识。新观念的渗入

---

[1] 参见 A. Guillaume, *The Life of Muhammad: A Translation of Ibn Ishaq's Sirat Rasul Allah* (Oxford University Press, 1982), pp. 283-285。

[2] 参见 W. Montgomery Watt, *Bell's Introduction to the Qur'an* (Edingburgh: Edingburgh University Press, 1990), p. 4。

带来了从根本上削弱旧有公有道德的个体主义。例如,基督教的后世观念使每个人的永恒命运成为一种神圣的价值,这就造成如何与部落理想——个人服从部落、个人的不朽寓于部落的生存——相协调的问题。

3. 金钱拜物教的出现

麦加的古来氏人从游牧部落时期起着宗教作用的"穆鲁瓦"集体主义,变为定居和商业时期的金钱拜物教,认为金钱"拯救"了他们,感到他们依靠金钱而成了命运的主人,有些甚至认为财富使他们不朽。在伊斯兰教的先知穆罕默德看来,这种建立在财富之上的"自足"膜拜意味着部落集体主义的解体。在游牧时代,总是部落第一、个人第二,因为每个人都知道倘若在"与天斗、与人斗"的恶劣生存环境下生存下来,必须互相依赖。因此,他们有义务照顾群体中的那些贫穷和脆弱的人们。进入经济社会之后,个体主义取代了共产理想,竞争成为新的规范。个体开始积累个人财富,不再关心贫弱的古来氏人。每个氏族,或该部落较小的家族群体为分享麦加的财富而彼此争斗,一些像穆罕默德的哈申家族那样的失势氏族感到生存受到威胁。穆罕默德深信,除非古来氏人在生活中心植入另一种超越的价值、克服他们的自我主义和贪婪成性,他的部落将在内耗中出现道德和政治上的自我解体。

概而言之,古来氏人定居和经商之后,取得了与旷野游牧相比而言的"得救"和安全生活,而给他们带来安全感的则是他们的财富,主要基于个人努力之上的财富积累催生了在现代看来为富不仁的一些贪婪现象,他们依赖财富或(子嗣),而不是安拉。财富观念和个体意识与原有的部落集体主义形成冲突,《古兰经》旨在以安拉信仰为基础的新的集体主义取代原有的以血缘为基础的集体主义,并超克财富对集体主义的侵蚀。而伊斯兰教"五功"中的课功,就是一种在新宗教中某种程度上恢复集体主义的一种机制。

4.《古兰经》的财富观念

按照《古兰经》的精神,人们在尘世的财富只是真主信托给他管理而已,他不能完全据为己有,因为每位贫穷的穆斯林都有其应得的份额:"你们应当信仰真主和使者,你们应当分舍他所委你们所代管的财产,你们中信道而且施舍者,将受重大的报酬。"(57:7)正是在《古兰经》的财产观的基础上的,完纳天课作为一种主命功课建立起来。只有完纳天课,其财富才能够得到净化,余下财富才成为合法的。否则,就侵占了他人的份额。因此《古兰经》才降示这样的启示:"你要从他们的财产中征收赈款,你借赈款使他们干净,并使他们纯

洁。"(9：103)

《古兰经》在有关施舍方面赏罚分明,在对乐善好施的人予以回赐之外,还对那些吝啬的人予以谴责和昭示末日惩罚:"窖藏金银,而不用于主道者,你应当以痛苦的刑罚向他们报喜。在那日,要把那些金银放在火狱的火里烧红,然后用来烙他们的前额、肋下和背脊。这是你们为自己而窖藏的金银。你们尝尝藏在窖里的东西的滋味吧!"(9：34—35)

因此,《古兰经》警告那些吝啬之徒趁早遵照主命施济穷人,以免后悔莫及:"在死亡降临之前,你们当分舍我赐予你们的,否则,将来人人说'我的主啊!你为何不让我延迟到一个临近的定期,以便我有所施舍,而成为善人呢?'但寿限一到,真主绝不让任何人延迟,真主是彻知你们的行为的。"(63：10—11)

《古兰经》想要在世上创造一种公义的秩序,《古兰经》针对之前麦加人金钱至上、金钱万能和金钱己有的财富观念,不仅针对世上的腐败提出警告(7：56、85),而且反复强调止恶扬善(9：67、71)。[①] 建立止恶扬善的公义制度中非常重要的一点是禁止高利贷。从一开始,穆罕默德就在创传伊斯兰教的过程中遵照真主的谕令,不断号召人们遵守正义、善待贫弱。《古兰经》的很多经文抨击麦加的那些商人诸如欺诈、剥削和食利等为人不齿的贸易行径:"他聚积财产,而当作武器,他以为他的财产,能使他不灭。"[104：2—3]

《古兰经》教导说,一旦人们有了聚敛钱财的渴望,那么他将受制于这样的渴望。这种压力使他远离任何更加高级的追求,以至于造成贫弱的人们和孤儿寡母等弱势群体遭受痛苦:"你们不优待孤儿,你们不以济贫相勉励,你们侵吞遗产,你们酷爱钱财。"(89：17—20)

《古兰经》痛斥和谴责在麦加普遍存在的经济和社会的不平等现象,旨在恢复共同体的统一性。根据《古兰经》,人不能恣意支配他的财产。这点在真主派往麦德彦人那里去的阿拉伯先知舒阿卜的故事中表达出来:"他们说:'舒阿卜啊!难道你的祈祷命令你让我们放弃我们祖先所崇拜的[偶像]并命令你教我们不要自由地支配我们的财产吗?'"(11：87)

《古兰经》的下述经文则可以看作对于所规定下来的诫命的一种概括:"你们把自己的脸转向东方和西方,都不是正义。正义是信真主,信末日,信天神,

---

[①] 比较《古兰经》11：116;12：73;13：25;16：88;26：152;28：77;2：205;30：41。

信天经,信先知,并将所爱的财产施济亲戚、孤儿、贫民、旅客、乞丐和赎取的奴隶,并谨守拜功,完纳天课,履行约言,忍受穷困、患难与战争。这等人,确是忠贞的;这等人确是敬畏的。"(2:177)

结语——解构与重构

《古兰经》针对降示时期信仰和社会中的张力,确立了伊斯兰教的六大信仰和五大功修,对于伊斯兰教之前圣俗两方面的秩序进行了解构与重构。

在六信方面《古兰经》明文指出:"归信真主的人们!你们当确信真主和使者,以及他所降示给使者的经典,和他以前所降示的经典。谁不信真主、天使、经典、使者、末日,谁确已深入迷误了。"(4:136)信真主是独一的主,所针对的是伊斯兰教之前的多神教信仰;信天使是真主的仆人和崇拜者,所针对的是伊斯兰教之前把天使误以为是真主女儿的观念;信经典是来自真主的启示,所针对的是伊斯兰教之前人们对于受到精灵(镇尼)蛊惑的诗人和卜人的言词的轻信;信穆罕默德和列圣是主的使者,所针对的是"有经人"对穆圣身份的质疑及其把尔撒(耶稣)神化的错误;信末日实际上一是信万事万物都由真主前定——针对的是伊斯兰教之前人们所信的时间决定一切的宿命论,二是信来世天园和火狱的赏罚——针对的是伊斯兰教之前人们只顾今生今世、不行善积德的陋习。当然,这六信在破旧立新方面的作用是相互支撑和互为补充的。并且为了保证信仰的坚定,又确立了"念、拜、斋、课、朝"五大功修和其他宗教律例及道德规范。

《古兰经》的降示和伊斯兰教不仅对于化解当时社会转型中的矛盾提供了指导,对于蒙昧时期圣俗两个方面继续了解构与重构,而且对于蒙昧时期的阿拉伯人走向文明有着巨大的推动作用。真主向先知穆罕默德启示的《古兰经》向蒙昧时期的人们提出忠告和发出指示,最终把他们从近乎流浪的生活提高到文明生活的水平,从有损人格的龌龊处境提升到适当的优美阶段。这不能不说是伊斯兰教对于世界文明的巨大贡献之一。

我只是一个平凡的教师
——黄颂杰教授访谈

季桂保　吴新文

问：黄老师，今年是您进入复旦从事教学研究60周年，您也将欣开九秩。大家都很想了解您所经历的时代、您的家庭和教育背景，请您做一个简要的回顾。

黄：先更正一下，我从教没有60年。我是1957年考进复旦大学的，从进复旦读书到现在才正好一个甲子。这60年来，我对自己的一个评价，就是"平凡人生"四个字。我是一个平凡的教师。平平凡凡符合我的个性和脾气。当然，人总是要往高处走，这是人的自然禀性，我也不例外。但我总觉得，当我迈开一步到达某一点的时候，只觉得这很平常很自然，没有什么成就感得意感，并不觉得自己高人一等高出一头。所以我对追求卓越并不动心。相反，我喜欢追求平凡，因为在我看来，事物的真相、真理往往是在平凡处，在平凡中才能显示出真实的东西。

我们这个国家、包括我的家庭，是在清朝崩溃的大背景下走入动荡不定的20世纪的。现在有些人喜欢说"康乾盛世"。我对这个康乾盛世的说法是有保留的。事实上，就整个中国漫长的封建社会来讲，真正的盛世只是在汉唐。明代以后，随着锁国政策的实施，中国的封建社会实际上已经开始逐步走下坡路了。所谓康乾盛世只能限于清王朝的历史而言，之后的清王朝已经完全腐败掉了。

与此相比，欧洲经过文艺复兴、宗教改革、地理大发现，到17—18世纪启蒙运动和之后的工业革命，社会生产力大幅增长，资本主义日益发展起来。这跟15世纪以后自然科学和技术在欧洲的兴起和发展是密切相关的。而15世纪以后的中国，科学技术几乎停滞了。16世纪以后，同欧洲历史进程比起来，中国并不是走向进步，而是一步步落后，走向溃败。

问:整个19世纪和20世纪上半叶,对我们中国来讲是战乱不断的时代。

黄:是的,我的家庭也就是在这个战乱当中从农村家庭转化为城市居民家庭的。上世纪20年代的中国特别是上海曾经有过一个短暂的工业化和工商业发展的时期,我的祖父也就是趁这个时机从川沙来到上海,在洋泾浜就是现在的延安东路浙江路那里,从事建筑行业。我们老家是在浦东高桥东边的高东乡。当时浦东川沙农民大多兼有手艺活,最常见的就是泥水木匠,以及其他与建筑行业有关的手艺活。有些人就凭借手艺去上海等城市和海外谋生,甚至承包建筑工程。川沙是侨乡,进出海外的人不少。我祖父积聚一些财富后,就在浦东的黄浦江畔买地造房,营造小康家园。可是好景不长,房屋财产后来在战争中被毁了。我父亲与民国同年,上世纪20年代中期从乡下来到上海祖父身边,接受现代教育。30年代在杨树浦一家肥皂厂当职员,40年代后处于半就业半失业状态,后来在一家轮渡码头工作,解放以后合并到上海市轮渡公司,一直工作到退休。他曾担任杨浦区人民代表、政协委员。我们家兄弟姊妹10个,7男3女,我排行第3,上面一个姐一个哥。我们读书都非常努力、自觉,考试成绩几乎个个都名列前茅,不用父母操心。"文革"前有6个上了大学(华东师大,华东化工即华东理工,复旦,北京轻工,两个中国科技大,其中一个80年代公派留美,获科罗拉多大学博士学位),下面4个弟妹碰上"文革",不过最小的弟弟后来还是进了上海科技大,前些年刚从上海大学退休。邻居和亲戚都很羡慕我们一家有那么多大学生。这也是我父亲最感自豪和欣慰的一件事。最遗憾悲痛的是我妈妈一点都没享受到这份快乐和幸福。我妈妈是一位典型的中国传统文化教养出来的贤妻良母。她是1953年生我最后一个弟弟的时候,因大出血而去世的,当时才40岁,而我姐姐就在那年考进华东师大。

谈起时代社会和家庭教育背景,我不得不谈一下天主教对家庭的影响。我祖父祖母的家乡都是当时天主教传教成功的地区,浦东大道沿黄浦江畔有好几座天主教堂,我们家附近就有一座教堂,居民大都信奉天主教。我的童年时代离不开宗教活动,小学的前一半就在教会办的学校接受教育。50年代起由于马克思主义的政治思想教育和无神论教育,我的宗教意识逐渐消退,取而代之的是强烈的求知欲。50年代我先后就读于高桥中学和高行中学总校,主要是高行中学,这所普通的中学由于历史原因,当时的师资教学力量很强,我的考试成绩在班上一直是前三。课外我还读了大量中外文学名著,中国古典名著基本上是这个时期读的,还有当时流行的一些苏联小说和其他感兴趣的图书。旺盛的求知欲一直持续下去,逐渐成了我的生活方式不可分的部分。

我们家的一条不成文的家训是"责己严,待人宽",我的祖父母和父母都这样,我们兄弟姐妹也程度不等地继承了下来,不知不觉地成为我人生历程中处事为人的一条准则。这使我斗争性弱,在斗争哲学支配的年代显得不适应;但又使我在处理人际关系时缓解矛盾,有利于解决问题。

问:您报考大学,为什么想到要第一志愿报考复旦大学哲学系?

黄:我在中学的时候看书很多,对各种理论问题也是充满好奇。我报考哲学系原因很多,比较关键的是1956年暑期我读了《毛泽东选集》第一卷,当时还是竖排版。我读得非常有劲,还拿了一个笔记本记了不少。这个笔记本至今我还珍藏着。那时我十分敬佩毛泽东,觉得他文章写得真好,深入浅出,有理有力,真的把我吸引住了。进大学之前我对哲学其实是并不了解的,正是因为读了《毛选》第一卷,说哲学是自然科学和社会科学的概括和总结,这句话吸引并启发我去报考哲学系。我考大学的1957年是解放后"文革"前最难考的一个年份。现在哲学系学生有不少不是第一志愿,可当时我们班学生百分百都是第一志愿,还有十几个是从上届甚至上上届非哲学专业转来读哲学的,比如航空专业、物理专业、财经专业、外语专业等。进了大学以后,我才知道哲学抽象难懂,加上那个时候的哲学受苏联版本的影响,都是教条式的那种,主要就是讲世界是物质的、物质是运动变化的、运动变化有三大规律等等。我在本科期间大概一半多时间是在看其他书,包括文学、历史学、物理学、化学、生物学、心理学等等。我读了好些自然科学概论一类的书和各种人文社会科学的书,有的还做笔记。除此之外,其他专业的课也听过很多,比如历史系周谷城、中文系朱东润、赵景深的课等。在复旦听课向来是很自由的,只要你有兴趣有诚意,任何教室你都可以进去旁听。高年级时外系外专业听课全校成风。我们那时学苏联,本科是五年制,到五年级大家都争着去外系听课,生怕找不到座位。周予同开经学课,我们班有大批同学去听。60年代初那几年听名教授讲课在复旦蔚成风气,在寝室里大家争先恐后地议论讲课的内容,有声有色地描绘教师的风采,校园的学术氛围日趋浓厚。可一旦阶级斗争的风雨来临,校园顿时成了斗争的战场。

复旦哲学系成立于1956年,是复旦园里最年轻的系。那时全国哲学系很少,1952年全国高校院系调整时只留下北大一个哲学系,可是高校政治理论课都设有哲学课,全国各地党政机关以及企事业单位也都进行马克思主义哲学教育,到50年代中期出现哲学人才奇缺的情况。1955—1956年高教部急令中国人民大学、复旦大学、武汉大学、中山大学建系招生,复旦大学即以全校政治理论课中的哲学教研室为基础、该教研室主任胡曲园为首、苏联哲学专家为顾问,迅速筹建起哲学系。胡曲园上世纪20年代求学于北京大学期间就投身革命,钻研马克思主义,一度为躲避反动当局追捕潜逃日本,毕业后于30年代初与妻子共同南下上海,在各大学任教的同时,参与地下党的马克思主义研究和宣传,抗战胜利后参与领导进步组织上海市大教联反蒋斗争,解放初他是复旦大学领导机构校务委员会委员兼秘书长,为学校主要领导人之一。1955—1956年他全力投入哲学系的筹建,是复旦哲学系的创建者。胡老在北大求学时的专业是德语,但他更钟情于中国哲学和文化,很想在这方面深入研究,但他服从学校领导决定,挑起马哲课的重任。1957年他连续发文,强调对立的统一是辩证法的核心,矛头直指苏联哲学名家罗森塔尔等人,实际上是反对斯大林的观点,结果遭到批评。1958年他批评大跃进中"人有多大胆,地有多大产"的说法是唯心主义,后来又被批评为右倾。他难以接受愈演愈烈的斗争哲学,直至"文革"结束、中国进入新的历史时期,年逾古稀的他竟然再度活力四射,连续写下许多马哲和中哲论文。他的夫人陈珪如也是北大毕业生,数学专业,但受胡老影响,转向马克思主义。30年代在上海她除了教书,也参与了地下党领导的马克思主义研究和宣传,翻译列宁的经典著作和马克思主义论著,并且参与于光远等人的自然辩证法研究。建系以后她成为马列经典课的主讲教师和自然辩证法学科的开创者。复旦哲学系的另两位奠基者是全增嘏和严北溟。严北溟是1949年国共和谈国民党代表团秘书,谈判失败后留京,由董必武推荐到复旦任教,先在经济系,哲学系的建立更适合发挥他的特长。他熟读经书,才华横溢,讲课热情洋溢,口若悬河,滔滔不绝,引经据典,从不看讲稿,他讲授的中国哲学极受我们学生欢迎。但历次政治运动阶级斗争他总是首当其冲,"文革"中遭牢狱之灾,受尽折磨。他意志坚强,不屈不挠,"文革"之后继续为中哲和佛教哲学做出巨大贡献。全增嘏20年代由清华学堂公派赴美留学,先后在斯坦福和哈佛攻读哲学,1928年回国后在上海各大学任教,兼任当时很有国际影响力的两份英文刊《中国评论》周刊和《天下》月刊编辑,周围聚集大批留学欧美名校回归的知识精英。《天下》的后台是孙科。当时的国民政府极力拉拢他,1939 至 1948 年间二度任命他任立法院立法委员,兼法规翻译委员会召集人,但他坚持不加入国民党。1942 年他任复旦外文系教授,1944－1950 年任外文系主任,直至 1956 年哲学系成立转任外国哲学史兼逻辑学教授。他 30 年代写过一本简明扼要的西洋哲学史。讲授西哲史对他而言可谓驾轻就熟,60 年代初他在国内率先开设现代西方哲学,当时称"现代西方资产阶级哲学批判"。他讲课的特点是逻辑极严密,思路极其清楚,记下来就像一篇文章。他的英文水平在国内屈指可数,在国际上也得到承认,在外文系师生中威望极高。但在哲学系他在英文方面是不露声色的。当时我们只知道他与夫人中文系教授胡文淑合作翻译过狄更斯的《艰难时世》。"文革"后期他被安排到上海市自然科学哲学编译组,他和复旦物理系王福山教授合作带领全组人员以集体名义翻译出版了几百万字高难度的自然哲学名著。他是清代浙东学派代表全祖望的后裔,自幼熟读经书,国学功底深厚,名副其实的学贯中西,可惜这方面的专长始终未能得到展现。上述四老是我在复旦求学时期受影响最深的老师,尤其是全增嘏,他是我当研究生的指导教师,我已在多篇文章中讲述过他。除了这四老外,还有元老级的王遽常,他是 60 年代初从中文系调来哲学系的,因患心脏病在家授业,"文革"中被责令上班,"文革"后不顾年迈多病,为中哲学科建设做了重大贡献。我跟他不熟悉,因为"文革"前我没有见过他,"文革"中我已离开复旦。但我知道他是国学大师,还是国际闻名的书法大家。这五老现在被称为哲学系奠基五贤,是复旦哲学系的第一代名师,这是名副其实的。当然,除了他们,50 年代还有一批中青年骨干教师,是哲学系创建时期不可或缺的教学力量,诸如尹大贻、李成蹊、辛敬良、薛维新、胡景钟、马兵、龚剑鸿、潘富恩、陈京璇、樊莘森等等,60 年代又从外校外系引进教师如刘放桐等,还从头几届毕业生中留下一批教师,成为哲学系当年的新生力量。这批五六十年代的教师可谓复旦哲学系的第二代教师。80 年代开始留下的大批年富力强的教师可称为第三代。宋宽锋提出,中国的西方哲学教学研究可分为三代人的看法是符合实际的,不光西哲,整个哲学学科大致也可以这么说。

讲起复旦哲学系的创建历史,还有一个人值得我们关注,他叫郝孚逸,1949 年复旦外文系毕业留校,1956 年春他在复旦物理系教师党支部书记的任上,被校领导调任政治理论课哲学教研室支部书记,他的主要任务便是筹建哲学系，他为建立哲学系做了大量的具体工作，包括调集教师，筹集图书资料，协调各种关系，等等，是当时胡老不可少的得力助手。全老严老尹大贻李成蹊等都是他调来哲学系的。后来他被调回外文系任总支书记，又当过复旦党委宣传部部长。1964年上海市委文教书记石西民调任中央文化部长时，把他带去北京任职。前些年我们搞系庆活动时都把他忘了，不应该。

上世纪五六十年代政治运动阶级斗争在学校里反复开展，下乡下厂锻炼也持续不断，哲学系受到的影响还是蛮严重的。我们班级从1957年进校到1962年毕业，政治运动和下乡下厂占了差不多一半时间。60年代初中央调整整顿教育体制，发布高教60条，提出教育秩序要制度化正规化，研究生教育是其中一个重要方面。1962年我和姚介厚考上全先生的研究生。那时全先生心情舒畅，劲道十足，李定生那时是系研究生秘书，他曾说过，全先生培养研究生做得最好，认真，严格。关于这方面情况我也写过文章。按规定我们应该在1965年毕业，但1964年全国开始搞城乡社会主义教育运动，俗称"四清"，1965年搞学术大批判，学校党委把文科研究生全部滞留在学校，一直拖到1966年"文革"。

问：从复旦毕业以后，您又是怎么去了西北的呢？

黄：由于受"文革"的影响，我实际上到1968年5月才离开复旦，去了位于西安的西北大学伊斯兰教国家研究所。那时全国研究生人数很少，毕业分配由高教部制定方案，我们的分配方案1965年就已定好，但复旦的文科研究生被拖到"文革"。从1968年5月到1975年2月，我在西北大学伊斯兰教国家研究所差不多有7年。为什么会有这个研究所呢？因为毛泽东在1963、1964年先后做过关于加强对世界三大宗教研究和加强对外国问题研究的批示。这两个批示出来后，高教部和全国高校响应号召，成立了好多研究所，如复旦的世界经济研究所。西北大学的伊斯兰教国家研究所就是这样应运而生的。研究所成立于1964年，还没有明确的研究方向，"文革"就来了。研究所的十几个研究人员大多是来自全国各名牌高校的不同专业的研究生和本科生。虽然是在"文革"期间，但大家还可以在一起查资料、看书、翻译、研究。在研究所期间，我参与翻译出版了一本书《巴勒斯坦、以色列和阿拉伯人》，当然是内部发行，参与编写出版了一本关于巴勒斯坦问题历史的小册子，并且还编了好多内部资料。在复旦研究生期间我已开始承担教学工作，主要是马哲课。但西大伊斯兰教国家研究所是我走上社会的第一份正式工作。这份研究工作与哲研究不一样,我的感觉是比哲学容易做,至少是材料好读好理解,经受过哲学训练,对各种具体情况具体问题的分析理解比较会做,并不感到吃力。而且,我感到在复旦的学术积累和水准素养也不比其他高校差。这不是骄傲,而是自信。1975年春,我重新调回复旦。

问:回到复旦,应该说真正开启了您的西方哲学教学和科研之路。

黄:可以这么说。上世纪70年代末到80年代中期,"文革"结束以后,国内高校逐渐恢复正常的教学科研秩序,当时最紧缺的就是教材。有两部教材,直接奠定了复旦哲学系在国内西方哲学研究领域的重要地位,一本是全增嘏主编的《西方哲学史》,一本是刘放桐主编的《现代西方哲学》。1978年,系里成立了以全增嘏为主编的西方哲学史编写组,我执笔撰写了古希腊罗马哲学和其他部分章节。由于全老当时身体不太好了,我就承担起了负责《西方哲学史》的组织协调和全书的统稿定稿工作。全老是1984年去世的,53万字的《西方哲学史》上卷是1983年10月由上海人民出版社出版,下卷59万字则是1985年5月出版的。这部教材被全国高校哲学专业广泛采用,其后的20多年间不断重印达14次或更多,获得全国优秀教材奖,影响相当大。1978年,系里又把我和刘放桐从西哲史教研室中分离出来,成立了现代西方哲学研究室,在编写西方哲学史教材的同时,我和刘放桐一起开始了现代西方哲学学科建设。当时全国高校对现代西方哲学的课程和教材的需求非常强烈。全老60年代初开设的"现代西方资产阶级哲学批判"课程为我们提供了一条路径。1980年刘放桐主编的《现代西方哲学》出版,填补了国内现代西方哲学教材的一大空白。对于这部教材,我是积极支持的,并参与了部分章节的编写,与此同时,我把更多精力放在了现代西方哲学这门课程的教学上,钻研了黑格尔以后现当代西方主要哲学流派和哲学家,通过努力,不仅使这门课成为全系最受欢迎的课,而且使它成为全校声誉极佳的优秀课程,当时有很多外地和外校的教师前来听课。我还负责举办全国性的现代西方哲学教师进修班并参与讲课,应邀去一些高校、党校、军校讲授这门课程。

高校的教学和科研是不可分的,尤其像现代西哲这样的新课,如果没有研究,既写不出好教材,也很难上好课。我在负责现代西方哲学课程时,花费很大精力重点研究了20世纪现代西方哲学的诸多重要思潮和流派,以及与现代西方哲学关系密切的康德哲学。这些思潮和流派涉及20世纪英美新实在论、胡塞尔现象学、萨特和海德格尔的存在主义、马利坦的新托马斯主义、列维—施特劳斯的结构主义、罗素和维特根斯坦哲学、尼采和柏格森哲学、弗洛姆的人学等等。这些重点研究的一系列成果，除了见诸包括《中国社会科学》在内的学术刊物上的一批学术论文外，1986年出版了《萨特其人及其人学》（与吴晓明、安延明合作），1987年与尹伯成、王沪宁、林骧华合作出版了《当代西方学术思潮》一书，将当代西方经济、政治、哲学和文学思潮融汇一体，推动人们对西方学术思潮有一个综合性的整体了解。此外，我还组织编译出版了《弗洛姆著作精选》一书，集中介绍当时流行的人本主义思想家弗洛姆，赢得了学术界的关注和好评。我在研究现代西方哲学时是很注意与西方哲学史的关联的。80年代现代西方哲学热的时候学术界有一股忽视西哲史的倾向。我是从古希腊开始走上西方哲学研究之路的，深知不懂哲学史就不可能真正理解现代西方哲学。90年代起我就更自觉地把现代西方哲学的研究与哲学史联系起来，正因如此，才使我形成对西方哲学的一系列看法。虽然那时我主讲的是现代西方哲学，但我一辈子没有离开过哲学史，不仅编写哲学史教材，还多次上过哲学史课，而且喜欢从古希腊连续讲到黑格尔。我给哲学专业本科生上过，也给宗教学专业的本科生上过，给硕士生博士生上过。我对西方哲学的理解和见解都是在将现当代与古近代史连结起来的基础上产生的。

问：您在西方哲学研究过程中提出的西方哲学的宗教和神性的品性、以思辨和实践作为解读西方哲学的重要进路等等一系列观点，在学术界影响很大。

黄：这些观点是建立在我对西方哲学史和对现代西方哲学思潮流派人物所作的大量个案研究基础上自然得出的结论，是一些研究心得，谈不上创新。大致从上世纪90年代中期起，我比较强调多视角、多进路、全方位、整体性地解读和研究西方哲学，要把西方哲学史和现代西方哲学的研究综合性地结合起来加以研究。我曾在博士生课上提出这个看法，并且与宋宽锋、朱晓红、吴新文一起研讨撰写了《西方哲学多维透视》。在这期间，我还撰写并发表了不少论著和译著，突出强调科学与神学、逻辑与政治是构成西方哲学的四大要素两大张力，认为看待西方哲学不能仅仅局限于"唯心"和"唯物"的两分，而更应该从思辨与实践的视角来把握西方哲学的精髓。现当代西方哲学家对西方传统哲学的批判其实并没有超越柏拉图和亚里士多德的概念范畴体系，西方哲学变革或转向的进程至今仍然没有完成。西哲学科点组织编写十卷本西方哲学通史，我又重返古希腊哲学，试图从源头上去重新理解西方哲学，并从现当代哲学的视角去重读柏拉图和亚里士多德的经典。这方面的研究成果，就是2009年出版的《古希腊哲学》一书。我还特别强调，西方哲学除了其物性和人性基础之外，还有很强大的神性基础作为其支撑，为此，我还花了相当的精力投入到西方道德哲学、政治哲学和宗教哲学的研究之中，并提出，西方哲学无论是本体论、知识论还是政治伦理学说，不管是思辨哲学还是实践哲学，都离不开灵魂学说；灵魂说是西方哲学的诞生地和秘密之所在，是人性和神性、人论和神论的交汇地。我之所以要做这样的研究，是想表明，西方哲学历史悠久，源远流长，只是局限于任何一种视角、一种关系、一种进路，甚至将其与意识形态、政治斗争紧密而又简单地捆绑在一起，必定会导致误解、曲解或至少是片面的理解，只有从多种角度、多重关系、多维视角进行剖析，才能达到真实而全面深入的理解。关于学术方面的观点看法我在别的文章里有过比较系统清晰的表达。

问：我们知道，在研究和教学之外，您还曾经长期担任了哲学系系主任的工作。这对您的研究有什么影响？您又如何评价自己在哲学系系主任岗位上的工作？

黄：说实话，我从未想到要担任哲学系的领导，没有任何思想准备。我一心只想搞好自己的教学科研，把现代西哲研究室工作做好。但人不由己，80年代学校民主气氛比较浓，1986年春哲学系换届选举，我被推选为主管教学科研的副系主任，当时还比较年轻，心想做三年就完。没想到后面连续二届还要做，从副主任做到正主任，到1995年秋卸任时差不多做了10年时间。历经谢希德、华中一、杨福家三任校长，林克、钱冬生二任书记，程天权接任书记那年也是我即将卸任系主任的时候。那时学校诸多工作中的重点是教学，主管教学的副校长先后是强连庆和严绍宗，二人都是强势人物，一位原是系总支书记，一位是数学家，他们都身兼数职，实际上都是常务副校长的角色，学校工作会议最多的就是教学系主任的会议。但是，90年代起随着赶超世界一流大学的呼声逐渐上升，学校抓科研抓重点学科的工作越来越提升到重要位置，系主任的工作会议也越来越频繁起来，而我也正是在那当口被推上系主任的位置。我常想，我在复旦读书的寒窗十年，有一半时间花在政治运动下乡下厂；我在复旦教书，十年副系主任系主任期间至少也有一半多时间花在会议和社会工作上了。这十年的哲学系可以说是困境中发展壮大的十年。"文革"结束后的头十年,哲学系的恢复发展还是比较顺利的,但从80年代中期开始,办系难的状况逐渐展现,90年代上半期,到了最困难境地。主要难点是二个,一是招生难,二是办学经费严重短缺,所谓创收就更难了。然而,困难没有动摇我们办好哲学系的信心。我现在还记得那时抓教学科研的情景。教学上主要抓老课改造和新课建设,前者的措施一是梳理,将内容重复的课程重新设置,如马哲类课程,将原理和经典及史统一安排,确保马哲的重点地位,又避免重复,二是内容上推陈出新,努力适应时代和社会的需要。开新课也是我们哲学系的一大特色,除了现代西方哲学,还有现代中国哲学、西方马克思主义、马克思早期著作、佛学等等一大批新课。这个时期的科研有两方面,一是国家教育部上海市社科规划项目陆续出台,我系教师拿到不少项目,二是与课程建设相关的研究。教学科研的发展使学科建设大幅上扬。80年代西哲学科已在全国名列前茅,90年代马哲学科开始发力。90年代中期起教师之间矛盾逐渐消解,学科内部和学科之间矛盾也逐渐消解。教师的团结和学科的融合互动也是我们系的好风气。我个人觉得,一个系的学科发展总有先后,但先进学科要带动后面的学科。上世纪80、90年代,西哲学科在系里的领头羊作用是很明显的,西马的崛起使西哲和马哲的互融互动效应充分显示,才有了90年代末以后西哲马哲都成为全国重点学科和大小基地的建立。与此同时,宗教、伦理、科哲等等学科也迅速发展壮大。所以,这十年虽然困难巨大,但学科发展没有受阻,而且为后来学科的快速发展做好了准备。这其中一个非常重要的原因是哲学系人才积累比较充足。我上面讲过,哲学系三代教师的接替衔接是比较好的。八九十年代第一代教师陆续退出历史舞台之时,他们播下的种子培养的人才已经茁壮成长,第二代教师顺利地接替,而第三代教师也已经得到良好的培养。90年代初中期在国外攻博或进修的教师陆续回系,大大增强了哲学系的师资力量,其中西哲教师积蓄最充分,有一部分还充实到马哲、宗教、伦理、科哲等学科。90年代后半期起哲学系之所以能得到快速发展,并跻身全国一流行列,关键的因素就是人才优势。80年代以来复旦哲学系成长起大批优秀的中青年教师群体,为其他高校所羡慕。1994年冬,经过激烈竞争和严格评审,复旦哲学系成为教育部首批"文科基础学科教学科研基地"之一,哲学系开始逐步走出困境。1995年我的任期已满,我似乎感到自己的使命已经完成,新一代的学术带头人俞吾金顺利地接任哲学系主任,带领哲学系走上了快速发展争一流之路。所以,我觉得我发挥了哲学系发展路上一个承上启下的功能。

在担任哲学系副主任和主任期间,我还撰写发表多篇有关如何办系的文章,提出关于培养多种类型哲学人才的设想,强调哲学要与时代紧密结合,而最有影响的是1994年春在《中国教育报》上发表的"综合大学为什么要办哲学系"一文。其中最重要的观点是认为,哲学系不仅要为国家培养哲学人才,而且要为各种专业学生提高素质修养开设各种公选课。当时还没有"通识课程"这一说法,但是事实上哲学系已经开始朝这个方向做了。在同年秋北大哲学系建系80周年庆典上,我又再次提出大学哲学系要为提高人的素质修养作贡献的理念。这一想法萌发于我1988年在俄亥俄大学访学期间,我得知欧美大学设立哲学系相当普遍,而其重要任务之一便是为全校开设各种相关的公选课,以提高学生的素养。

问:从哲学系系主任岗位上退下来之后,您还曾经长期主持过《复旦学报》的工作。这一方面的工作其实很多人并不很了解。

黄:我卸任之后,很自然地想专注于教学科研,不料当年10月学校决定我任《复旦学报》(社科版)主编。尽管没有任何思想准备,我还是不得不承担起这一重任,并且一干就是17年。我接手《复旦学报》的时候,学报因种种原因正处于低谷,编辑部似乎是复旦园里的一个"孤岛",硬件软件都不好。最初的三年,我除了努力改善学报的硬件外,把更多精力放在了加强学报与各系学科建设和学者的联系上,同时不断改进与兄弟院校学报及全国高校学报研究会之间的关系。最值得一提的就是我们邀请校内外学者前后举办了二十多次学术沙龙,刊发了一系列笔谈和学术讨论,触及了一些学术热点,推出了一批学术新人,产生了非常大的影响,许多次学术沙龙的成果被《新华文摘》转载。学术沙龙涉及到的全球化、经济发展方式、可持续发展、经济伦理、传统文化等等问题,即使在今天依然是人们普遍关注的热点问题,在上世纪90年代就属于更加前沿的问题了。经过三年的努力,《复旦学报》逐渐走出低谷,在校内外逐渐重新确立了它应有的地位。在之后的2003年,教育部启动名刊工程,《复旦学报》得到专家学者们的肯定,获准进入首批名刊工程行列。在实施名刊工程过程中,我和学报的同仁们提出并实行了一系列富有创意的举措,其中最突出的是《复旦学报》(社科版)英文刊的成功创刊。当时许多人认为这是不可能完成的事,但我确信,国家高层领导提出中国文化、中国学术走出去的战略,有关管理机构必定会有实际行动。在校领导支持下,我们从2004年秋开始筹划并试刊,到2007年6月获国家出版总署批准的正式刊号,2008年《复旦学报》复刊30周年之际英文刊创刊号正式出版,历经整整四个年头。在此期间我兼做二份期刊,既饱尝办刊的艰辛,也享受到成功的愉悦。今天,各类学术刊物的英文版已经并不少见,但大多并未获得正式的期刊号。在那时《复旦学报》英文刊还算得上是一个创举。

我任《复旦学报》主编期间曾就办刊中的许多问题撰写发表过许多文章,尤其自名刊工程以来,关于学术评价、学术期刊转载率引用率、数字化网络化等等问题成为学术界关注焦点,我也就这些问题发表了好些文章。实施名刊工程以来我对学报工作真是投入了,光看稿量每年至少要有150万字。更重要的是一面看一面要思考分析审核,还要为转载引用等等数据操心,好像总有一只看不见的手在操控自己。当主编确实不容易,当个好主编就更难。2000年我因学报刊发的一篇文章受到高层管理机构的严厉批评。自那以来我时时提醒自己,每篇文章都要认真对待,不可疏忽。这个工作也磨练了我,增长了我的知识和见识,开阔了我的学术视野和领域,认识了众多学术界的友人。

问:在听了您60年学术生涯的简要回顾之后,我们在祝贺您80华诞的同时,深为您的学术科研成就所感佩。这些成就,是您给哲学研究留下的一笔财富。

黄:我想用童年时代做作文时很喜欢用的"光阴如箭""日月如梭"来形容时间的飞逝。我在复旦前前后后已经一个甲子,谈不上什么成就和财富,还是开头我所说的,我只是一个平凡的教师,平凡的人。我总觉得,教师的天职就是教书育人。大学里有很多岗位,如果要我选择,我肯定选教师,我喜欢上课,喜欢与学生交流。我在当主编的时候,还是坚持教师职责,带博士生硕士生,有教学任务的。

至于说到哲学,我觉得我对哲学的悟性并不很好,也比较慢。不过既然搞了几十年,总有些想法可以谈谈。哲学专业在入门阶段比较难,因为它涉及超感性的形而上的道理,一旦入了门,再去读其他专业的书就会觉得比较容易。我觉得学习哲学必须在两个方面打好基础,一是各种哲学经典,二是与哲学相关的各种史。哲学经典数量庞大,怎么读?当然可以向老师和长者请教,但更重要的是自己摸索出一套阅读的路子,比如浏览式的泛读与仔细深入的精读相结合,等等。学会读书是人生的一件大事,但往往被人忽视。人一生总得读通读懂若干经典。史的范围也很广,人生必须要有点史的学问才能真实,头脑里有史的脉络线条才能清晰,因为理论原理概念命题等等都应还原到历史中去理解。系里开设各种原理课概论课史课,这些课是老师们通过对经典和史书研究提炼出来的,当然应该去听。如果这些课与经典与历史相脱节,那就有问题了。本科生当然还应学会运用古汉语和外语。有了这样的基础,就可以进一步深入到哲学的各个门类,或者扩展到各门具体学科领域中去,学习研究各种学科哲学,诸如经济哲学、政治哲学、法哲学、社会哲学、科学技术哲学、宗教哲学、历史哲学、艺术哲学、等等。我主张,硕士、博士研究生,除了一部分人继续从事传统式的理论哲学研究(诸如形而上学、本体论、知识论等等)外,大部分学生应学习研究各种学科哲学,现在大家称为实践哲学。这种想法也不是什么创新,西方哲学自古以来就包含各种实践哲学,现当代就更兴旺了,国外大学图书馆书架上,多的是各种学科的哲学和实践性的哲学。至于中国哲学一开始就是具有实践性的哲学,一开始就是伦理道德哲学、政治哲学。从各种具体学科来讲,也都希望有自己学科的哲学,我当主编的时候许多学科专家跟我说起,希望能从哲学高度提升自己的学科,能发展与自己专业相结合的哲学。去年院庆时,关于哲学发展的方向和前景,我只说了两个字:跨界。跨学科界、跨语言界、跨文化界。我主张学科可以划界,但不可过于森严壁垒,允许跨界。拿哲学来说,除了现有的八个二级学科之外,也应允许师生按具体学科哲学来选择专业方向。我还主张,打通马中西哲学,即哲学专业的师生,无论专治哪一门,都要通晓马中西哲学,但可偏重某种哲学。

我已经退休,虽然还常常想研究些问题,但已力不从心了。我的电脑上还留着好多半截子文章或文章题目,较多的当然是有关西方哲学方面的。不过,我一直非常关注中国和世界的现代化问题。哲学界热衷于现代性研究,我也赞同,不过我现在关心的是现代化的经验层面的一些问题。汪行福有一个关于现代性研究的大型项目,我也参加了开题会,信口开河谈的都是经验性的。我当学报主编接触到无数论题,归纳起来都与现代化有关。近些年来我在思考西哲的研究论题时也都与现代化相关,不过好多还躺在电脑上。

我总觉得,当今世界的主流或主题应是现代化运动。现代化始于欧洲国家,如今已成全球之势。全球化本质上是现代化,无现代化就不可能有全球化。全球现代化已呈多元化的态势,最基本的是以私有制为基础和以公有制为基础的两大类型的现代化。前者以欧美国家为标本，后者以中国为范例。前者历史久，积淀深厚，占尽现代化之先机，给世界带来繁荣，也带来灾难，如今发展滞缓，矛盾重重。后者是从前者的压迫羁绊之中挣脱出来，历经磨难，终成强劲迅猛发展之势，挺立于世界现代化潮流之前列，但也面临诸多难题。这两类现代化既相通相融又相争相斥，它们之间的关系事关人类的前途和命运。这里面要研究的问题实在太多了。

从历史经验看，科技和资本是实现现代化两大不可缺一的要素。关于科技与现代化的关系大家都有所认识，我不多讲，只想指出，当今科技的发展涉及诸多哲学问题，需要哲学家做出响应。科技对现代化的重大作用必须经过资本的运作。如果说科技是现代化的引擎，那么资本便是现代化的操盘手。所谓资本主义就是唯资本为重，以资本为价值标准，以资本为衡量事物的准则，资本家正是通过资本呼风唤雨。资本的特性有两个，增和动，资本必须增值，而增值必须通过运动，两者缺一不可，缺一就不成其为资本。所以，扩张是资本的本性，资本必须扩张。资本的运作造就了资本主义社会的繁荣，国家的强盛，也造成了社会贫富两极分化，国家扩张侵略。马克思对资本作了最深刻的揭露和尖锐的抨击，指出了资本主义的不合理性和必然灭亡的命运。可是实践证明，社会主义国家要搞现代化也必须走市场经济的路，必须运用资本。近几十年来中国经济的高速发展是与对资本的谨慎而又大胆的运作分不开的。看来现代化与资本逻辑的运动不可分。而且正是在资本逻辑的运动中社会主义与资本主义相互之间你中有我我中有你的关系特别明显。那么，社会主义对资本的运作与资本主义有何本质的区别？如何避免资本运作所带来的负面效果？中国特色的社会主义现代化如何创造性地发展马克思主义？又如何抵制形形色色的西方自由主义、克服资本主义现代化的种种弊端恶果？哲学家应当联合社会科学家共同探究世界现代化运动中的各式各样的重大而尖锐的问题。古今中外一切有作为有影响的哲学家都直面时代的矛盾和问题。我还想指出，科技和资本都由人来操作，所以人的素质修养对现代化而言是最为重要的因素。在各门学科之中哲学对于塑造人的素质至关重要，在许多方面具有其他学科不可取代的作用。哲学对现代化研究的重要性由此可见。当然，学术事业需要一代又一代学者接续完成，我很期待年轻学者们做出出色的成果。

作者简介(按文章顺序排列)

张庆熊,男,1950年生,复旦大学哲学学院教授,博士生导师,复旦大学哲学学院博士后流动站站长,《基督教学术》主编。研究领域:现象学、分析哲学、宗教哲学。邮箱:qxzhang@fudan.edu.cn

汪帮琼,1970年6月生,安徽六安人。复旦大学2001级外国哲学博士研究生,师从黄颂杰教授,现任华东理工大学马克思主义学院副教授。主要研究方向:西方哲学、马克思主义哲学。邮箱:wbqxxg@sohu.com

吴树博,男,复旦大学哲学博士,同济大学哲学系副教授。2005年3月至2009年6月师从黄颂杰教授攻读博士学位,博士论文为《斯宾诺莎哲学中的欲望与理解》。主要研究领域:17世纪欧洲哲学、斯宾诺莎哲学。在《世界历史》、《社会科学》、《复旦学报(社科版)》、《哲学门》、《现代哲学》等杂志上发表论文多篇。邮箱:wooschubo@163.com

张小勇,男,1974年4月生,湖北老河口人。复旦大学2002级外国哲学博士,师从黄颂杰教授,现任教于华东师范大学哲学系外国哲学教研室。主要研究方向:西方哲学史、认识论、政治哲学、教育哲学等。邮箱:xiaoyong.andrea@hotmail.com

李学生,男,1970年11月生,山东临沭人。复旦大学哲学系2002级外国哲学硕士研究生,师从黄颂杰教授。现任教于(山东)临沂大学马克思主义学院,主要研究方向政治学、马克思主义哲学。邮箱:linyilxs@163.com

王建军,男,复旦大学哲学院1997级外国哲学博士,师从黄颂杰教授。现为南开大学哲学院外国哲学专业教授、博士生导师。主要研究方向:德国古典哲学。邮箱:j.j.wang@sina.com

作者简介

赵晓芳，1975年7月生，复旦大学2001级外国哲学博士研究生，师从黄颂杰教授。现任上海师范大学马克思主义学院副教授，主要研究方向为现代西方哲学、马克思主义社会批判理论。邮箱：yolanda2003@163.com

汪行福，男，1962年生，安徽黄山人。1986—1989年复旦大学外国哲学专业硕士研究生，师从黄颂杰教授。现任职复旦大学哲学学院，教授、博士生导师。研究领域：外国哲学、马克思主义哲学、西方马克思主义。邮箱：xingfuw@fudan.edu.cn

邓安庆，男，1962年生，江西瑞昌人，复旦大学哲学学院教授、博士生导师，伦理学教研室主任。研究领域：伦理学、德国古典哲学。邮箱：fudandeng@vip.163.com

徐长福，男，1964年生，四川眉山人，2000年9月—2002年6月复旦大学哲学博士后，是黄颂杰老师指导的第一位博士后，现为中山大学哲学系暨马克思主义哲学与中国现代化研究所教授、博士生导师。邮箱：xuchf@mail.sysu.edu.cn

孙玉良，男，1963年生，江苏宜兴人。1983年7月毕业于复旦大学哲学系获学士学位；2008年6月毕业于复旦大学哲学系获博士学位。现就职于上海立信会计金融学院，任马克思主义学院党总支书记、教授。同时兼任上海交通大学马克思主义研究中心特聘研究员；上海机电学院马克思主义学院兼职教授；上海大学马克思主义学科兼职硕士生导师。研究领域：西方哲学和马克思主义理论；主要研究：近现代西方哲学、马克思主义与思想政治教育。邮箱：syliang2006@126.com

吴新文，男，1967年生，江苏连云港人。复旦大学哲学系外国哲学专业1994级博士研究生，师从黄颂杰教授。现任复旦大学中国研究院研究员，兼

任复旦大学思想史研究中心研究员。主要研究领域:伦理学、文化与意识形态理论。邮箱:xwwu@fudan.edu.cn

吕翔,男,2001级博士研究生,现任教于安庆师范大学马克思主义学院。研究领域:马克思主义基础诠释、中国古代哲学基础诠释、西方哲学问题的实质及基点、伦理学实质及问题。邮箱:627860561@qq.com

朱连增,男,1978生,河北承德人。2004－2007年于复旦大学哲学系攻读博士学位,师从黄颂杰教授,毕业后在西藏民族大学任教,现为西藏民族大学马克思主义学院(政法学院)副教授、硕士生导师。主要研究方向为现代西方哲学、中西哲学比较。邮箱:zhulianz5@163.com

余永林,男,1970年生,安徽岳西人。2007级博士研究生,现为浙江树人大学社科部副教授,主要学术兴趣为语言哲学、心灵哲学与西方哲学史。邮箱:yonglinyu@hotmail.com

胡传顺,男,江西彭泽人。2008－2011年毕业于复旦大学哲学学院,获得外国哲学博士学位,现任职于江西师范大学哲学系、马克思主义学院。邮箱:Huchuanshun@hotmail.com

王礼平,男,1975年生,四川荣县人。1998年入复旦大学哲学系,师从莫伟民教授攻读硕士学位;2001年3月免试提前攻读博士学位,师从黄颂杰教授,2005年获博士学位。博士研究生期间赴巴黎高师访学一年,获得法国社会科学高等研究院硕士学位。2005年到浙江大学师从杨大春教授做师资博士后。2012年7月－2014年8月,巴黎高师访问学者。现为浙江大学人文学院哲学系副教授,博士生导师,主要研究方向为法国现当代哲学。邮件:liping.wang@live.cn

余碧平,男,复旦大学哲学学院教授、博士生导师,1986－1989年复旦大学外国哲学专业研究生,师从黄颂杰教授。研究领域:外国哲学、法国哲学、现象学。邮箱:shebiping@fudan.edu.cn

陈联营,男,1979年生,河南洛阳人。2001年9月至2004年6月在复旦大学师从佘碧平教授攻读外国哲学硕士学位,2004年9月至2007年12月师从黄颂杰教授攻读外国哲学博士学位,现任教于河南大学哲学与公共管理学院哲学系。研究领域:西方近现代政治哲学。邮箱:chenlianying@henu.edu.cn

陈华兴,男,1960年生,浙江杭州人。复旦大学1988级外国哲学硕士研究生,1999级外国哲学博士研究生,师从黄颂杰教授。现为浙江工商大学马克思主义学院院长、教授。主要研究领域:西方政治哲学、国外马克思主义、马克思主义哲学等。邮箱:87053209@163.com

王春梅,复旦大学哲学系2006级博士生,现为长安大学马克思主义学院原理教研部讲师。主要研究领域:西方哲学、中西哲学比较研究。邮箱:wangcmwang@126.com。

李世平,男,复旦大学哲学系2009级博士生,现为中共西安市委党校哲学教研部副教授。主要研究方向:先秦儒家思想。邮箱:lispli@126.com。

李虎,男,1973年生,上海人。1990－1996年就读南京大学哲学系,获哲学学士、西方哲学硕士;1996－1999年同济大学文法学院社会科学系哲学教研室助教,从事马克思主义哲学教学;1998年至2003年在职攻读复旦大学哲学系外国哲学专业博士研究生,师从黄颂杰教授,获哲学博士。2005起任职南开大学哲学系伦理学教研室讲师,从事伦理学的教学和研究。邮箱:icefiles@nankai.edu.cn

宋宽锋,男,1967年生,陕西省兴平市人。1996年9月至1999年7月师从黄颂杰教授在复旦大学哲学学院外国哲学专业攻读博士学位。现任陕西师范大学哲学与政府管理学院教授、外国哲学专业博士生导师。长期从事西方哲学和中西政治哲学的教学和研究。邮箱：songkuan@snnu.edu.cn

刘光顺，男，1974年生，湖北襄阳人。复旦大学哲学系2006级外国哲学专业博士生，师从黄颂杰教授。现任职南通大学马克思主义学院，副教授。主要研究领域：伦理学、中西哲学比较、马克思主义哲学。邮箱：liuguangshun@126.com。

寇爱林，男，1973年生，陕西铜川人。复旦大学哲学系2002级宗教学博士生，师从黄颂杰教授。曾执教于华南理工大学新闻传播学院，现任职于西安交通大学马克思主义学院，副教授。主要从事西方哲学、宗教学、马克思主义理论方面的研究。邮箱：kal00@163.com

林庆华，男，1999年至2002年就读于复旦大学哲学系，获博士学位。现为四川大学道教与宗教文化研究所教授、博士生导师。主要研究方向：托马斯主义、天主教伦理学。邮箱：lqh1123@aliyun.com

刘芳，1981年生，哲学博士，社会学博士后。2005年师从黄颂杰教授学习西方哲学。现为华东理工大学马克思主义学院（人文科学研究院）讲师。研究方向：国外马克思主义基础理论与前沿问题，马克思主义哲学、宗教哲学等。邮箱：echofang616@ecust.edu.cn

潘明德，男，2003年9月起师从黄颂杰教授攻读博士学位，2006年7月毕业，获博士学位。现为上海立信会计金融学院马克思主义学院教授，主要从事马克思主义基本原理的教学与研究工作。研究方向：西方哲学、人文社会科学。邮箱：panmingde1962@126.com

朱彦明，男，1972生，安徽阜阳人。华侨大学哲学与社会发展学院教授、博士生导师。2005—2008年在复旦大学哲学学院攻读外国哲学博士学位,师从黄颂杰教授。研究方向:现代西方哲学、西方马克思主义、宗教哲学等。邮箱:zhuyanming2003@163.com.

朱晓红,复旦大学哲学学院宗教学系副教授。1995—1999年在复旦哲学系攻读西方哲学方向博士学位,师从黄颂杰教授,毕业留校工作至今。研究方向:宗教学、基督教哲学、天主教当代神学及中国教会问题、当代新兴宗教、灵恩运动/天主教圣神复兴运动等。邮箱:xiaohongzhu@fudan.edu.cn。

徐卫翔,男,1964年生,浙江衢州人。1984年毕业于天津大学水利系,获工学士学位,1991年毕业于复旦大学哲学系,获哲学硕士学位,1999年毕业于复旦大学哲学系,获哲学博士学位。现为同济大学哲学系教授、博士生导师、同济大学欧洲思想文化研究院副院长。邮箱:xuweixiang@yahoo.com

王新生,男,1963年生,复旦大学大学哲学学院副院长,博士生导师。2001年师从黄颂杰教授攻读博士学位。研究专长:文化历史角度的基督教《圣经》和伊斯兰教《古兰经》研究,伊斯兰教和基督教的比较研究,以及当代天主教神哲学。邮箱:xswang@fudan.edu.cn

季桂保,男,复旦大学哲学系94级博士生,师从黄颂杰教授。曾任《文汇报》理论部主任,上海市委宣传部理论处处长。

后　记

　　黄颂杰教授是我国哲学界德高望重的学者。他于1957年考入复旦大学哲学系，本科毕业后师从全增嘏教授，成为攻读西方哲学的研究生。除1968—1975年在西北大学伊斯兰所工作这段时间外，黄老师一生在复旦大学任教。无论是教学科研、带研究生、担任系领导、任《复旦学报》主编，黄老师在每个岗位上都兢兢业业、淡泊名利、任劳任怨。黄老师治学严谨、用心专一，一辈子辛勤耕耘在自古希腊至现当代的西方哲学领域。他协助全增嘏主编的《西方哲学史》是中国学界西方哲学领域最有影响的教材之一。他为现代西方哲学课程建设发挥了重要作用。他所授课程是复旦哲学系学生收获最大的课之一。黄老师学识渊博，平易近人，提掖后学，为国内外同行所敬重，对复旦大学哲学学院的声誉，特别是对复旦大学外国哲学学科点的发展和壮大，做出了极重要的贡献。

　　我第一次见到黄老师是1983年。当时的大学生对西方哲学非常感兴趣，特别渴望了解尼采、萨特、胡塞尔、海德格尔、维也纳学派等现代西方哲学家的思想。而我所在的安徽大学哲学系在这方面的师资不强，为了满足学生的要求，学校特意从复旦大学请来了黄老师。黄老师来安大讲课是1983年的春天，当时听课的学生非常多，黄老师的课被特意安排在安大附中的礼堂。虽然黄老师给我们上课只有短短的一个月，由于他学养深厚，讲课条理清楚，重点突出，还是给我们提供了一个现代西方哲学的大致图景。这次讲课在我们学生心中播下了对现代西方哲学兴趣的种子，我的同学汪堂家毕业后就直奔复旦而来，三年后我也投奔到黄老师的门下，有幸成为黄老师第一届硕士研究生。

　　我进校时，黄老师不到五十岁，正值年富力强、风华正茂之年。当时他既要教学又担任系副主任,非常忙碌。记得黄老师给我们上的外国哲学原著课通常都安排在晚上,每两周一次,他总是风风火火地骑着自行车赶到相辉堂右侧的200号,两学期从未缺一次课。黄老师带学生的方式与其师相似,师徒相传。他让我们精读原著,做读书报告,做翻译练习,手把手地教我们准确把握原著和表达自己的观点,这些训练至今对我们还很受用。

  抚今追昔,非常感慨!光阴荏苒,从攻读西方哲学的研究生到现在,黄老师已从教五十五周年。2018年是黄老师八秩寿辰,我们本想编一本祝寿文集,追忆黄老师对我们的授业解惑,抒发对老师和师母在生活上对我们关爱的感激之情,表达对老师晚年幸福的美好祝愿。但黄老师坚决反对出祝寿文集。在我们一再坚持下,他要求文集必须是学术性的,不要有歌功颂德和溢美之词。鉴于黄老师一辈子都在从事外国哲学教学与研究,带的研究生也是在西方哲学和西方宗教哲学方向,故我们汇编了这本以西方哲学为主题的文集。

  黄老师在西方哲学上用力之深,研究范围之广,在当今学者中少见。在半多个世纪的教学和研究中,黄老师对西方哲学的研究形成了自己独特的研究思路和方法。横渠言:"为天地立心,为生民立命,为往圣继绝学,为万世开天平",黄老师对西方哲学精髓的理解也大致如此。他指出,西方哲学博大精深、历史悠久,我们应该全方位、多视角、多进路去解读,才能有比较好的完整的理解。研究西方哲学要古今贯通,要重视哲学思想发展的连贯性和继承性,也要重视哲学思想的时代性和历史性。既要了解现当代哲学在以往哲学中的思想渊源,又要重视以往哲学对后世的影响。研究哲学需要关注两条线,一是思辨哲学,二是实践哲学。思辨哲学关心对世界的认识,训练我们的理性思维和判断能力;实践哲学关心人生,为我们提供安身立命的规范和价值,两者缺一不可。秉承师训,本文集研究面非常广泛,从古希腊哲学到现当代西方哲学都有涉及,研究视角和进路也很多,有现象学研究,也有解释学研究,有对西方哲学家的个案研究,也有整体研究,有对西方哲学传统的内部研究,也有对中西方哲学的比较研究,充分体现了黄老师提倡的研究思路和方法,故本文集书名为《多维视角下的西方哲学》。

  文集收录文章35篇,分西方哲学和西方宗教哲学两编。在每一部分开头,我们都特意选取黄老师一篇文章作为引领,揽镜自照,以检验自己的进步和差距。需要交待的是,黄老师桃李满天下,前后共带了60位研究生和博士生,有部分学生毕业后在其他领域工作或从事其他领域的研究,并取得出色的成就，其中有的学生也为本文集提供了很好的论文，但考虑到文集的主题，只能忍痛割爱，在此表示歉意！除黄老师的学生外，文集中有2篇是黄老师亦师亦友的晚辈学者的文章，他们的论文为文集增光添彩，非常感谢！

整本文集以黄老师忆恩师全增嘏的文章开头，以黄老师回顾自己学术人生的访谈结尾，是想表明，学术传承不仅是知识的传承，也是学风和文脉的传承。黄老师从全老那里承继的"学贯中西"、"贯通古今"、"严谨治学"、"悉心育人"的精神，也浸透在他的灵魂和血液之中，并通过言传身教，传递给了他的一代又一代学生。黄老师比自己的老师幸运，全老学贯中西，满腹经纶，满腔热情要把自己的学问传教给学生，但上世纪五十至七十年代特殊的历史境况，使全老未能充分展现和发挥自己的才能和作用，留下了诸多遗憾。黄老师有幸迎来改革开放后中国学术发展的新时代，有机会培养更多的学生，我们为能成为黄门弟子而骄傲和自豪。

黄老师对学生非常关心，无论是学生的学习和就业，还是毕业后的事业和生活，无不如此。仅举一件小事，黄老师七十周岁聚会时，弟子众多，入校时间不同，相互间并非全都认识。当时有人提议让学生各自介绍，黄老师说：还是我来介绍吧！他如数家珍，准确地说出在场的几十个学生的姓名、入学毕业时间、工作单位，我们在惊讶黄老师有这么好的记忆力外，更是对他的舐犊之情感动不已。今天，他的学生也成了老师，许多学生自己也成了导师，培养硕士和博士，活跃在科研和教学第一线。作为黄门弟子，我们不仅感念老师的恩泽，更要像黄老师对全老一样，弘扬师道，发扬诲人不倦、无私奉献、独立思考、严谨治学的精神，以更好的工作成绩和科研成果报答师恩！

让我们以此文集为新的起点，事业上相互激励，思想上相互激荡，教书育人，把哲学之光投入更多的心灵，让世界多一点理性，生活多一点温情。

汪行福

2017年7月于复旦大学光华楼

图书在版编目(CIP)数据

多维视角下的西方哲学:黄颂杰先生从教五十五周年师生文集/汪行福等编. —上海:上海三联书店,2017.10
ISBN 978-7-5426-6097-8

Ⅰ.①多… Ⅱ.①汪… Ⅲ.①西方哲学－文集
Ⅳ.①B5-53

中国版本图书馆 CIP 数据核字(2017)第 241879 号

多维视角下的西方哲学——黄颂杰先生从教五十五周年师生文集

编　　者 / 汪行福　朱晓红　王新生　佘碧平

责任编辑 / 黄　韬
装帧设计 / 鲁继德
监　　制 / 姚　军
责任校对 / 张大伟

出版发行 / 上海三联书店
　　　　　(201199)中国上海市都市路4855号2座10楼
邮购电话 / 021-22895557
印　　刷 / 常熟市人民印刷有限公司

版　　次 / 2017年10月第1版
印　　次 / 2017年10月第1次印刷
开　　本 / 710×1000　1/16
字　　数 / 400千字
印　　张 / 30
书　　号 / ISBN 978-7-5426-6097-8/B·544
定　　价 / 98.00元

敬启读者,如发现本书有印装质量问题,请与印刷厂联系 0512-52601369